JN184616

世界・日本歴史資料集成　第Ⅰ期　第Ⅹ巻

日本差別史関係資料集成　Ⅹ

〔近世資料編(5)　亨保撰要類集、明和撰要集、安永撰要類集、天明撰要類集、寛政亨和撰要類集、南撰要類集、天保撰要類集、嘉永撰要類集〕

原文篇

目次

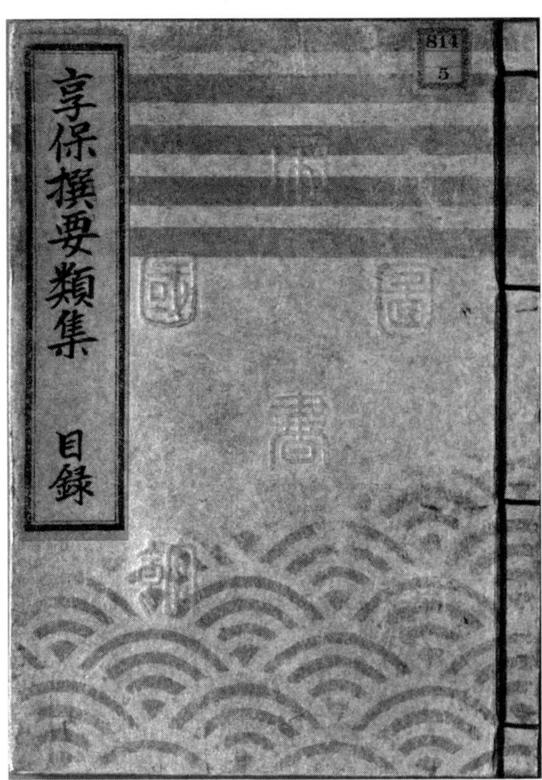

表表紙

一う

二お

享保撰要類集惣目録

二う

三お

一之巻

一 被仰出御書付之部

二冊目

一 執政御仕置筋之部　上下

三冊目

三う

一 隠売女之部

一 三笠附博奕之部

一 諸奉公人宿之類

一 抜荷御仕置之事

四冊目

一 評定所之部

四お

一 地方之部　上下

一 公事裁判之部

五冊目

一 御觸町觸之類

六冊目

一 新地高出畑隠開発下水等之類

四う

七冊目

八冊目

九冊目

五お

拾冊目

拾壱冊目

五う

拾二冊目

拾三冊目

六お

拾四冊目

拾五冊目

六う

一 箱訴之部

拾六冊目

一 御褒美之部

一 倹約之部

一 御入用之事

拾七冊目

七お

一 諸所橋之部

拾八冊目

一 出水之部

拾九冊目

一 堀川浚之事

弐拾冊目

上下

七う

一 上水之部

弐拾壱冊目

一 町人諸願之部

弐拾弐冊目

一 居屋舗抱屋舗之部

一 武家借地之部

上下

八お

一 辻番所自身番屋之事

弐拾三冊目

一 諸證文之部

弐拾四冊目

一 町奉行所之部

弐拾五冊目

八う

一 組与力同心之部

一 同役掛り之部　上下

弐拾六冊目

一 縣宗悉町年寄地割之部

一 町人名字帯刀法衣之事

一 菅野彦兵衛事

九お

一 阿部友之進事

一 奈良屋安兵衛事

弐拾七冊目

一 牢屋之部

一 火消之部

附様々并火消事

一 遠嶋之部

九う

弐拾八冊目

一 養生所之部

弐拾九冊目

一 時鐘之部

一 三拾三間堂之部

一 傳馬人足之部

十お

一 廻船之部

三拾冊目

一 勧進能之部

一 三芝居之部

一 新吉原之部

是より後闕本

三拾壱冊目

十ウ

一 朝鮮琉球阿蘭陀人之絵

一 生類之絵

十一オ

裏表紙

表表紙

一お

表表紙う

享保撰要類集第二十七、中

一う

二お

支溜之部
附様子取扱方之事

二う

三お

支溜并様子振人取之部

壱

一 毎月差上候宗会之者書付溜預ケ之者共
書上ケ申方御渡之事

弐

一 加役方溜預ケ囚人請取方加役方江請取
候以後伺之上御渡之事

三う

三

一 非人溜之儀御尋ニ付申上候事

四

一 囚人并非人溜江遣申間敷旨被仰渡候事

五

一 非人手下之者共致悪事候ニ付非人頭小屋頭共
咎之儀御尋ニ付申上候事

四お

六

一 非人共ざん切ニ可申付伺之事

七

一 非人手下之者共致悪事候ニ付非人頭共
穢多弾左衛門江咎可申付伺之事

八

一 穢多弾左衛門非人頭江申渡候町中裏〻江

四う

非人入申間敷之旨張札為致候事

九

一 非人頭善七松右衛門勤方等ニ付不届ニ付咎合
之事

十

一 穢多弾左衛門由緒之事

十一

五お

一 穢多弾左衛門帯刀致候事

十二

一 穢多弾左衛門組頭之浅右衛門帯刀致させ

十三

一 穢多弾左衛門由緒追加并勤方之事

十四

一 野非人共善七手下之者共渡候ニ付家業之事

五う

十五

一 野非人片付候之事

十六

一 穢多弾左衛門方ニ而右捕ニ成非人無構之儀
申上候事

十七

一 非人手下ニ申付ニ成非人ニ矢庭多ニ之付
弾左衛門評ニ取伺之事

六お

十八

一 追々指迫ニ成非人片付之儀ニ付
申上候事

十九

一 成非人之内小屋持ニいふし 向国之せ
ニ被伺無之候様之事

六う

二十

一 穢多弾左衛門因八幡ノ手下之者居村ニ
相成候儀申上候事

二十一

一 苗字私候儀之事

二十二

一 武士方ニ而請又渡ニ差出ニ而無宿出渡
彩ニ之付申上候事

七お

二十三

一 穢多弾左衛門触ニ相成候儀ニ付 町奉行
差出候書付之事

七う

八お

壱

町奉行江

毎月差出候宗門之者書付之内紙ニ而も
之を差出し申候　但当初より内ニ而
出候之者宗門より内ニ而出候者有之候ハヽ
書載可被申候

右之書付享保二酉年二月五日水野和泉守殿江渡之候

八う

右書付

弐

覚

加役方盗賊人ニ召捕候囚人ニも召捕方
之者ニ付去戌年ニも私共方ニ而一所ニ吟味
仕掛仕候得共当年より加役方雑用金を

九お

格別ニ請取仕候方召捕方之者ニ而候得者
加役方ニ而雑用金も一所ニ請取候様ニ付
仕度奉存候ハ召捕方之者私共方ニ而請取
仕候而も御勘定所ニ而請取申候ニ付申上候以上

七月

中山出雲守

大岡越前守

右書付享保四亥年七月七日井上河内守殿江上ル

九う

折上町奉行江

加役方非人溜并在江囚人共扶持方米ニ

被仰付候旨被請拂候ニ付

当年ゟ加役方雑用金之内ニ而請拂

候様ニ相心得候由御勘定奉行ニ

候請拂候様安部式部山川安左衛門江

申渡候旨申達候

十お

享保四亥年七月

右之書付亥七月十九日井上河内守殿御渡被成候ニ付

中山出雲守方江茂写遣ス

三

覚

一 昨日被仰渡候非人溜之儀ニ付白洲力[illegible]

十う

若出火ニ而も御仕置溜之中ニ而も長屋

造りニ仕其板敷ニ而居候御座候内ニ

[illegible]

[illegible]

[illegible]

[illegible]

[illegible]

十一お

[illegible]

[illegible]

[illegible]

[illegible]

[illegible]

[illegible]

[illegible]

十一う

其旨申候ハヽ則右溜之繪圖致被差上
御用候以上

享保四年亥二月

中山出雲守

大岡越前守

右書付亥二月十四日有馬兵庫頭殿ニ上ル

十二お

叱

寅五月十八日牧野因幡守中山出雲守御役宅ニ而
詰中之間戸田山城守殿被仰渡之趣左之通御座

一 囚人ハ非人溜ニ差置候も不宜事ニ候間
向後溜江差遣申間敷旨被仰渡候無宿
行倒病人も差遣ハて不叶ものハ可遣旨
今迄之通預ケ可申候

右之通被仰渡候由享保七年寅五月十八日退出分

十二う

未之中山出雲守江奉伺候事

大

覚

非人頭善七松右衛門同小屋之出火之者共
火を附候もの人数溜置いたし悪羅科之
者ハ右様成悪党仕候ものも御座候

十三お

遂吟味可申旨被仰渡成候處不届ニ付
善七松右衛門小屋頭急度咎ニ可申旨
奉承知候

一 右之通ニ付善七松右衛門儀過料錢貫文宛
為出候以上過料可申付候ハ右過料之内役
候之儀も弾左衛門ニ請取可申付候

上之御附札
先此度ハ不及過料過怠ニ不及申付候

十三う

一 小屋之儀も小屋ニ而致候処 深川茶屋町方ニ
相成候ニ付 仕置申付候様 深川茶屋町ニ申渡
右仕置之仕方書付相伺候様申渡追而
相伺可申上候

上ケ御附札
小屋之儀ニ候ハゝ深川茶屋町方ニ相成候ニ付 仕置之
申付候様可申渡候

十四お

一 善七松右衛門儀 深川茶屋町ニ罷在候而
其之通不吟味之段急度叱置可申候以上

上ケ御附札
可為伺之通

享保八卯年十一月
大岡越前守
諏訪美濃守

十四う

六
右来も非人之分髪結候分ちゞみ元結
かけ候而髪結候段無届ニ処申渡候者
其外段相知候ニ付いつと非人之元結ニ而
髪を結候も有之候ニ相成候而平生見苦敷
右之趣ニ而相紛レ申候ニ付自今も非人
并組頭之非人共只今迄之通ニ仕其外非人

十五お

共も不残此度右来髪結候よりちゞみざん
切ニいたし手拭ニ而も勿論頬かふりも一切
不為仕候様ニ申付候様ニ

御附札
伺之通可被申付候

右之通被成候而(?)被仰付被下候様ニ
奉伺候以上

十五う

大岡越前守
諏訪美濃守

享保八年卯十一月

右書付卯十一月廿二日松平左近将監殿江上ル之處
言於殿札十二月十日御下知被相渡十八日因幡守殿
深右衛門并七郎右衛門呼出申渡

七

十六お

覚

自今訴人ハ町下之内ニ而火附悪党者出候ハヽ
其訴人ニ褒美として銀貫文可申
付候、但褒美之儀火附悪党者壱人ニ付拾
貫文宛被下候、其人数次第何程も文銭
可被下候事

一 火附悪党者之類ハ小屋ニ候而も訴人次第

十六う

相紛候其科可申付候、若同類雖為有
其科を以相応之褒美可申渡候事

一 無宿訴人之儀も深右衛門方江申出候得ハ自
今訴人之内ニ而火附悪党者之捕候ハヽ及
二人ニ付て深右衛門ニ褒美貫文可申付候事

一 火附悪党者之類ハ町下之訴人之内ニ而深右衛門
并七郎右衛門方ニ捕候ハヽ是又同前之行所

十七お

加役方ニ而も右之通申付候、訴人ハ捕手ニ本ハ之科
申付間敷候事

右之通相極申候ハヽ可被仰付候、以上

享保八年十二月

大岡越前守
諏訪美濃守

右書付卯十二月十二日松平左近将監殿江上ル

但火附悪党者之類と申候て内済之

十七う

十八お

十八う

十九お

十九う

町方ニ而中渡ニ書付写者裏屋張紙ニ仕候と
ゝ書付写も在之候事

九

右之通書付差出之候

一 明暦三年酉年正月十八日十九日大火事之節
焼死人九万七百弐拾七人 此片付浅草寺ニ而

二十お

中付人足三千弐百八拾五人 右之者中ニ候
公儀ニ而ハ及候者之焼米弐百俵被下置 此
焚出人足浅草寺方ニ而中付都合千七百弐拾
人ニ而御座候

一 同二月二日ゟ御九清蔵之焼米一百俵
浅草寺ニ而頂戴仕私共配分仕候

一 延宝三年卯二月廿八日酒田出雲守様ゟ被

二十う

右被下置候御番所様より被成候　仰付候
浅草弁天 吾妻左衛門根田神谷源兵衛様御用ニ
弐百弐間半小屋弐十本之付 早速新小
人ニ而仕ル小屋ニ移シ被成候 御付様目
小頭并人足共御用相勤申候 此小屋ニ
入候人高六百九拾弐人 内女三拾六人 同六月
二日ニ御番所様へ被仰候 右之小屋ニ拾間

二十一お

御銭ニ被成下置候 并入用諸道具共ニ被成
下置候 此段之浅草力原 吾妻左衛門根神谷
源兵衛様ニ被仰付候

一 同巳年辰正月廿三日宮崎若狭守様御番所方
川流ノ浮物ニ被揚候 川ニ被成候　仰付候

一 天和二年戌二月七日小栗安房守様御番所方
在之船被成仕候間御被申上候ニ付右之仕候

二十一う

合弐寸之下置候

一 貞享四年卯三月廿六日御中小姓ニ而方吉様ゟ
国玉様御家来ゟかり安兵衛殿中者殿
之為様ニ同五月廿日甲斐庄飛騨守様ゟ
伊勢五郎兵衛之市者殿江為拝領同年
卯十月ゟ井戸新右衛門様中根日向様
右御奉行様江相伺之候ゟ御用相勤

二十二お

来ニ付左之通りヽ之分々続之中屋ニ而
私囲之内ニ弐百坪之分間之有様ニ置之受
其後御代官大勢ニ而拝領ニ付増地拝
申上候

一 元禄十二年卯七月十二日松平兵部少輔様揚
畑屋敷之増地弐拾間之裏ニ而拾五間
幅之除地之下置ニ御定杭東ニ而下水幅

二十二う

七尺水ニ而下ヶ幅四尺八寸南ニ而弐拾間西ニ而拾五間
此度御立会之御方々様

保田越前守様御与力
植竹得右衛門様

同心組
佐野佐次右衛門様

松前伊豆守様御与力
平塚伊右衛門様

二十三お

同心組
中條長右衛門様

右之細井九左衛門様御手代
郡大助様

長田右衛門様御手代
八郎兵衛殿

日松屋右衛門様御手代
武右衛門殿

二十三う

右大工手間帳面相添申候

伝八郎殿

右之通、右之金子ニ而修復仕、其上一ヶ溜
三間梁ニ七間、二ヶ溜三尺梁ニ拾弐口宛
建坪弐拾弐坪右溜之請負之儀ハ私方入用ニ而
建置候、尤外ニ女溜弐尺梁ニ六間之所
在之候処、宝永七年ニ破損仕候ニ付、只今

二十四お

一 女溜之儀、私囲之内ニ在之申候、
元禄十二年卯七月十七日保田越前守様江
申上候、御断申上候女溜之儀、御免之者
之様申方卯七月朔日ゟ安藤番所様ゟ方
被成候、井上新右衛門様・稲垣主殿様中根宗様江
女溜之人数高弐百八拾八人、内女七人、其外
之儀、此様方ゟ其年壱人ニ付弐合五勺、女之

二十四う

右之合弐合五勺ツヽ扶持米ニ而男女共ニ壱人弐合
五勺相渡ニ付、此米高四石八斗七合
五勺組合四拾九石五斗余、俵数百拾俵余
但金五両壱分余相請取

右之儀ニ付右之金子ニ付方様

保田越前守様江
稲垣近江守様

二十五お

右之段
小川久右衛門様
世良喜三郎様

松前伊豆守様江
小林右衛門様

右之段
保科右衛門様
平野伝左衛門様

右之通去ル亥ノ年分書付差上候

一 同年卯十二月十八日去ル午閏人雑用銭同
七月朔日より同閏九月廿九日迄去月備之
合三拾六貫七百文銀七十弐匁 但壱人ニ付拾
弐銭宛ニ積り〆書面之懸り書付差上候

一 同卯年中諸番之儀ニ付 御用ニ付参勤
去ル御役様よりも手代并人足日々定番御用

相勤申候

一 同年卯九月八日不残翌年辰十二月晦日
迄年分勤め菜種代金三百弐拾四両弐分
と銀九匁九分書付差上候 右年々寺社御奉行
様御番所様御勘定様去ル午ノ之者共
菜代金之方去ル差上候

一 同十四年巳十二月五日本所去小屋新非人

引移し申旨被仰 御用ニ付去ル兵八力吉田
十郎兵衛様同長谷金右衛門様御年寄
四人右之通去ル之人合之分被仰 御用ニ付横田
小頭并人足共申候 此去ル小屋へ入れ人高弐百
八拾人同女拾七人翌年午六月三日去ル小屋
藤兵衛仕去ル小屋并入用諸色代金不残ニ而
内弐貫分私より分相渡候処之通下置候

一 同拾六年未四月廿日 保田越前守様より右之
私共様ニ而被仰付候 先規之通金弐両
被下置 同五月十日 根岸肥前守様より
被下置候

一 弘化四年午十二月八日中橋新非人去ル小屋
弐間半之拾間之去ル小屋弐ケ所ニ而 御用ニ付翌
九日小南之去ル小屋壱間四方之番小屋

二十七う

弐ヶ所有来ニ而浅草小屋詰り候ニ付浅草御
中ノ口同月廿五日増小屋弐ヶ所ニ而間有来
仕候得共猶横田小路番人足共御用相勤
中ノ口并浅草小屋ニ入候人足三百八拾人相増来ニ月
廿四日浅草小屋浅草之内本所小屋同前之
諸色共ニ而御拂下置候
右之段之浅與力

二十八お

吉田政右衛門様
右下役
吉澤伝右衛門様
辻　縫右衛門様
中村左右衛門様
右下役
長崎権七郎様
満田伝兵衛様

二十八う

右下役
井野伊兵衛様
矢部彦右衛門様

一 享保四年亥六月廿四日中山出雲守様ゟ
御書付ニ八王子ゟ浅捕方凡八拾人余
浅草御中ノ口ゟ浅草與力安部彦兵衛様
原　兵右衛門様右組八人宛御付候

二十九お

一 同年亥十二月八日浅草御蔵ニ而両番浅草
御蔵附人足三拾人御座候　御書付ニ同七十二月
廿七日ニ拾人増人足御座候　御書付都合ニ拾人
浅草御蔵御米出シ之節も人足百
五拾人以下為相詰申候
一 丹羽遠江守様御勤役之節
御城先不浄物御掃除之御座候　御書付

二十九う

川出可被成候以上

一 享保七年寅ノ四月十八日南御番所様江
御訴ニ而傳馬人足之儀 仰付候ニ付同月十九日
江守屋出ノ者後之様ノ者小屋地田舎方九人
長八間半ニ渡被成候

御足令之定中様
鈴木逸八郎様

三十お

佐久間治右衛門様

右之小屋壱ヶ代金之事同様弐拾張棒
弐本網ニ代金弐分ニ而不足ニ尤六月朔日ゟ
人足衆ニ只今之御用相勤申候

一 同年寅五月十五日より新之女牢舎之内相守
之女牢之付佐久間治右衛門様ヘ被仰付相守之
女私牢下ださまし中女外之女様ニ人足夜作

三十う

番之者之御用相守之儀ニ申候 貴様之
して出用立其文程不足ニ

一 同年寅十二月十二日小石川白山御薬園御用
人足之儀 仰付卯正月四日ゟ人足出シ
申候尤出火之節ニ付人足弐拾人宛出シ
申候吉田作右衛門様御世話ニ而右衛門様ヘ相
渡候

三十一お

一 中山出雲守様ニ而四年目吉田政右衛門様
ゟ仰付相勤申候ニ付卯五月ゟ七月迄人足
四人宛毎日御遣相勤申候

一 猶破損仕候節ハ修復金被仰付之年
以前卯年より二ヶ月之請負ニ而相勤候
書上候金子割仕候

一 享保六年巳十月六日猶又被仰付候ニ付之段

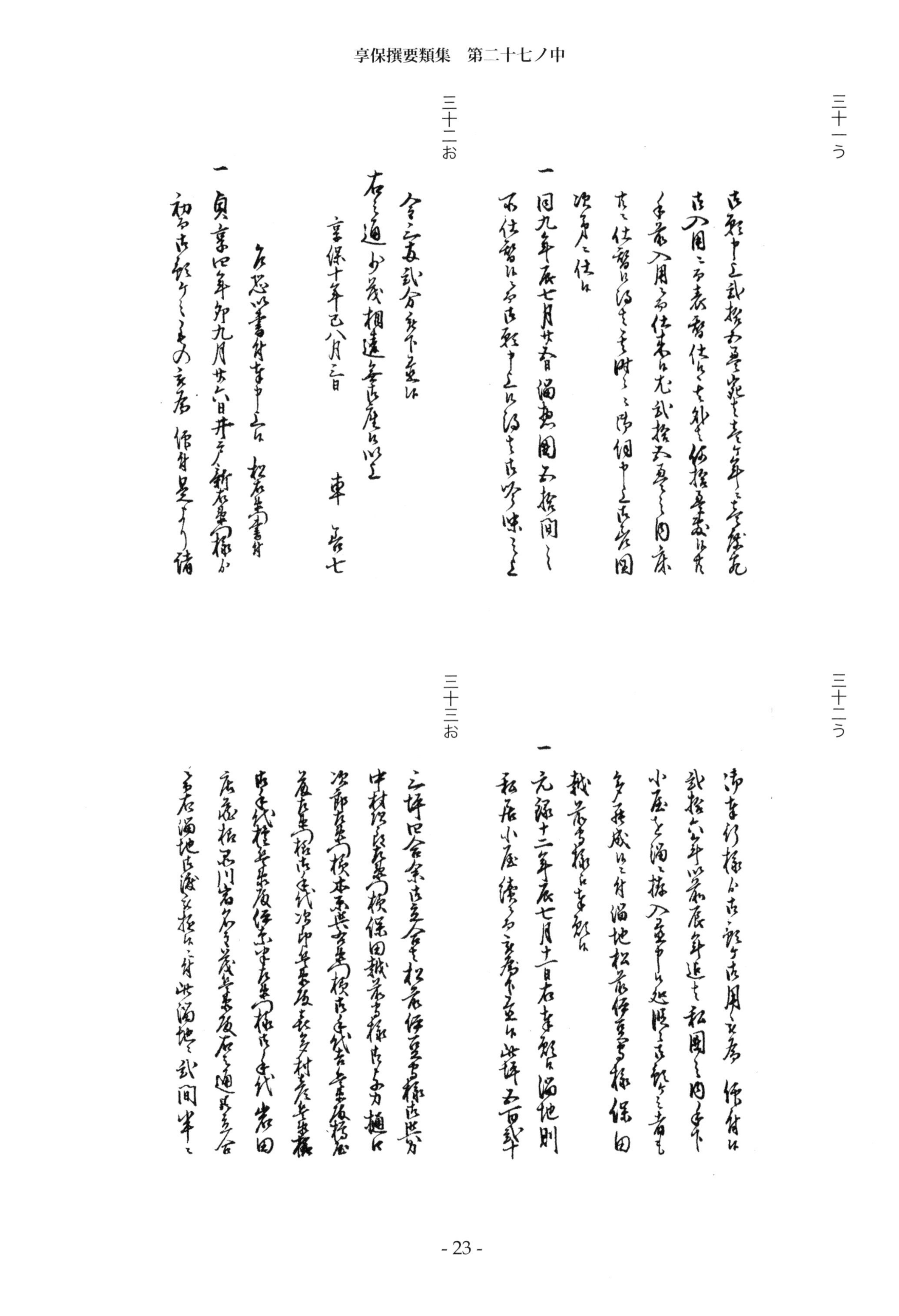

三十一う

三十二お

三十二う

三十三お

三十三う

七間半二階ニ而新規ニ私入用ヲ以建
候段ケ様之通り入置申候同十五午年二月
十日消失焼仕候ニ付去ル亥年右御奉
番所様ニ奉願候而同三月八日金子
百両御下ケ金ニ成候　依之同十三日
櫓屋敷右衛門様ヲ以暮本又右衛門様同ニ
六右衛門様山田喜助様松波吉右衛門様依之会

三十四お

ヲ以右金子百両ヲ拝借仕候ニ付則弐間
半ニ五間其二階有之候而消弐ケ所ヲ建候段
ケ様之者入置申候七年以前享保八年二月
十三日消失焼仕候ニ付先年之通消ヲ建今
度願申上候而源七郎去子年二月廿七日南御番
所様御内寄合ニ而右金子拾五両　当
御番所様御与力種衛右衛門様　中山

三十四う

出雲守様御与力阿部彦五兵衛様依之合ヲ以右
金子五両ヲ拝借仕候ニ付則弐間半ニ七間二階有之ニ
消弐ケ所ヲ建候段ケ様之通入置申候

一　元禄十四年巳十二月十一日松前伊豆守様
御番所ヲ以御願　御付日本橋江戸橋弐ケ所
御小屋ニ入候浪人ヲ以弐百八拾人翌午年
六月廿一日迄御付候　此節之浪人六拾弐人

三十五お

斤付申候尤始終之内増減御座候人ニ付
粥米黒米ヲ以壱合味噌并薪等請候粥
為結申候此時之役人松前伊豆守様御与力
吉田十郎兵衛様保田越前守様御与力
長谷金右衛門様伊奈半左衛門様御手代
小川角右衛門様奥田武右衛門様同廿一日御小屋
不残諸道具之外七拾両人ニ而御下座

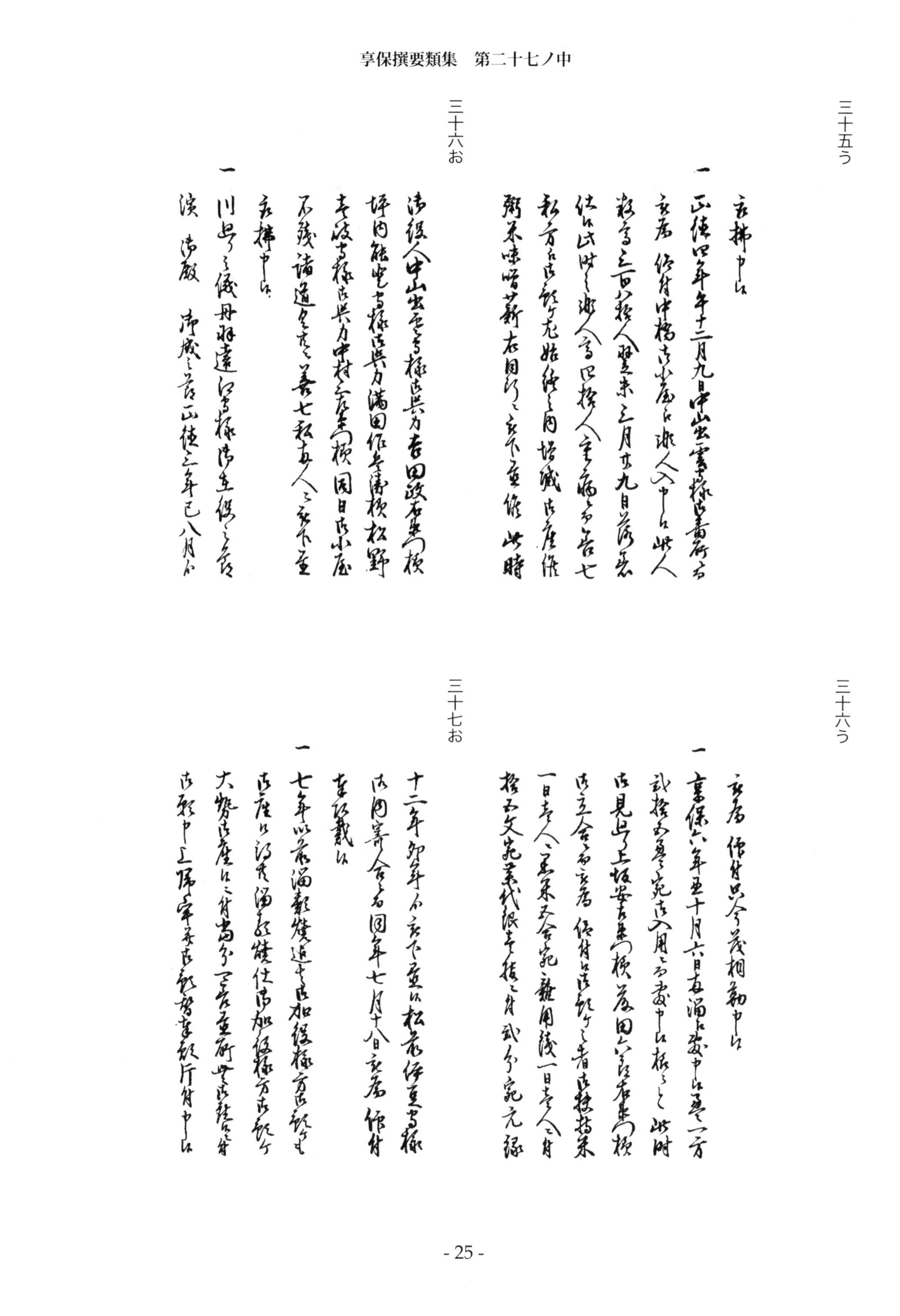

三十五う

三十六お

三十六う

三十七お

三十七う

右御番所様江茂今日右之通一ヶ条願候
御論所ニ罷成候以後右御加役様ニ申上
候得者御関所ニ而先年之通ニ被仰付候旨
御意ニ御座候得共今以右御加役様ニ茂
不申右御番所様斗ニ茂御座候処先
年寺社御奉行様御勘定方様ニ而も先年
之通不埒之仕合ニ御座候　依之

三十八お

右之通一ヶ条書上ヶ申候　御付被仰付候
書付奉差上候ニ付九年以来諸御奉行様
方江茂御座候　御付相勤申候
右之通相違無御座候以上

享保十年巳八月三日　石川松右衛門

三十八う

十

覚

一　私先祖摂津国池田より相州鎌倉ニ而
相続仕候長吏以下之者従前頭勢私
先祖ニ支配仕候　依之
頼朝公御證文ニ鎌倉鶴岡八幡宮之節
納候得者御書物之儀者則御判物之写書付ニ而も

三十九お

在之候得共先例之通鎌倉八幡宮
御祭礼御神輿先立之儀者長吏共
烏帽子素袍著仕来リ相勤申候
一　其節御入国之時私先祖武兵衛御中之
是ニ鎌倉ニ而隠ニ相勤申候得共ニ付
支配長吏以下支配仕候　小田原
小田原長吏太郎左衛門　小田原　氏政公之

三十九う

御証文を以出来以前之通ニ被成下候様
奉願候処其証文無之 只今私先祖ニ被下候
之後藤庄緑文中年上様仁田村馬屋へ
長束之儀付甲斐 信玄公御証文を以
御訴訟仕候処ニ而証文御評定ニ而 其上私ニ
被下置候

一 御入国之御時御馬具揃 踏段被

四十お

仰付御馬屋御衍様様門御奉行之私
先祖之就之様門迄拝参以御馬
御役仕候ニ付 御庭長屋自分職仕
来候御引例毎年正月十一日
御城様御差所之分職仕候中之事
西之御丸下御厩御判分職通網之方へ
為香自分職仕候

四十う

一 御入国之御時者式台迄年始之
御礼元日 御老中様ニ罷出 其外
御役所様ニ相勤申候

一 従先前御上之御関所通り申候而私
一判ニ而御関所様ニ申上候判形儀仕
通申候

一 私不残仕合判ニ濃州表御金銭之節

四十一お

私先祖ニ前々より集居申候
御判形ニ被下候判形今之用申候

一 九拾年程以前竹御損し申候

御城様ニ上職心細工仕候様相職仕候
一 職人商之被仰付候而御役仕候由 猶又
瀬戸物町小田原町迄相詰候而
六拾八人之内毎日罷出 地代商仕来候

四十一う

浅草観音市場行方ニ往立商仕候者も
右地代毎年十二月市場商仕来ニ致取纏候
細工并商ニ仕来り私一家之家業ニ
御座候
一 御役目相勤候ニ付御殿江 御用向之節
御絆纏着用ニ而并武州府中御殿下総
小金村御殿江御絆纏着之上ニ而罷出候御陣

四十二お

大鞁ゟ御太鞁并陣御用之御太鞁
御用被仰付候ニ付
一 御仕置者御経之晒物磔火罪獄門張
捨札文字雕并耳鼻削切支丹御吟味之間ニ
御座候ニ付四拾四年以前石谷備後守様神尾
備前守様御代武州鈴ヶ森村ニ磔之人
被為仰付 御評定所ニ被為 仰付

四十二う

御書付下置候私先祖之者ニ
仰付候ニ付御傳馬町諸長屋之為持相
成中ニ付此外ニ至支配之間ニ代ニ相届
相成ニ付致中ニ付猶又長道具為持中ニ付
一 御武器御鎗持所御拵ニ付私先祖
同記之中名主衆今ニ同様之御用中ニ付
一 年来風儀之時茅場町之御役所 雜物

四十三お

被下置大火事之節今ニ至焼残取截仕候
九鬼忠隆深川ニ而磔ニ付町場所ニ
石谷備後守様ゟ今ニ至取截仕候御渡候
被仰付候ニ付似セ幟札雜物取截仕候
塗蔵并改方并五郎作様ゟ銀子取截仕候
丹羽遠江守様ゟ御尋ニ付
被仰付候ニ付御渡被為遊候御炎人金子

四十三う

不存寄候以上

一 当五月中

大綱吉様御位牌所御祈願所ニ付米五百俵

浅草寺領之内寺並ニ依願則年々本坊ゟ割渡

配分仕候

一 御入国之御時御国家御祈祷之儀本坊住持ゟ

之相勤候寺ニ而有之候、其後中寺神尾備前守様

四十四お

御奉行之節御尋ニ付得其意

御当所様衆徒之内下坂本大坊配分以下候

一 私共配当ニ長吏共之年貢之田地并

居屋敷并ニ皆年貢之田地之所年貢

差上候者数多御座候処水帳面ニ記載仕

之也一村之長吏共年貢収納仕者も御座候

右之通此度御尋ニ付書上候処写之

四十四う

書上候共少茂相違無御座候以上

享保十年巳九月

浅草
弾左衛門

鎌倉居住長吏弾左衛門支配之

一 長吏　座頭　舞々　猿楽　陰陽師

壁塗　土鍋　鋳物師　辻目暗　非人

猿引　鉢扣　弦差　石切　土器師

四十五お

放下　笠縫　渡守　山守　青屋　坪立

筆結　墨師　関守　鐘打　獅子舞

蓑作　傀儡師　傾城屋

右之外ニも数多有之候、是皆長吏ニ

其上ニ在之也、此内盗賊之者ハ長吏として

可行之、湯屋風呂屋傾城屋之下たるへし

座し人形舞ハ式部卿八幡之下たるへし

四十五う

證人名長吏源左衛門　[illegible]

治承四庚子年九月

頼朝御判

四十六お

上州平井村長吏太郎左衛門訴申ニ付太郎左衛門

並紀州之又太郎左衛門与様　中条茂

左衛門之旨儀許平伝之平井長吏太郎左衛門

一　於上州武之輩上義ニ拘之方有之

急度可申候程能無紛ニ小田原ニ

而可有旨依状如件

弘治二年四月十日

評定衆

石巻

下野守判

長吏

太郎左衛門

四十六う

一　長吏源左衛門御国御免之儀付

仰出候処源田道之儀様合申之判

太郎左衛門平方源田之本源太夫ニ

返之様申々之処能事之上源田

孫次郎代福島源之郎之蛇旨

之　仰付ニ而源左衛門無相違可申付

此上源左衛門能角申付者也之段仰

四十七お

御国事

一　長吏源左衛門之輩　御分国之之

既搦之長吏所ニ至之申ニ付此處

既搦之代官取川之被　仰付候

付上之諸細可申之見遣之太郎左衛門

相申付之処成候得　何之旨

不入之地ニ至之とも　科人之之

四十七う

構之方不可有之候、此段被仰付者也
仍如件

永禄二年八月七日

狩野大膳亮奉之

長吏
太郎左衛門へ

四十八お

定

西上州長吏職、并諸役事、為始小幡谷
累代吾分不相計様通先規歴然之旨
自今以後不可有之諸相違、畢竟可為旧例
之旨所被仰下也、仍如件

天正四年八月七日　朱印　諏訪部大膳亮奉之

西上州長吏
助左衛門へ

四十八う

御傳馬一疋従江戸小田原迄無相違
可出之、是者康光従白浜之依御
用之、被出者也、仍如件

辰
二月六日

遠常陸　判
内修理　判
大石見　判
長谷七左　判

四十九お

伊傳兵　判

江戸
品川
神奈川
ほとかや
藤沢
平塚
大磯
小田原迄

四十九う

五十お

五十う

五十一お

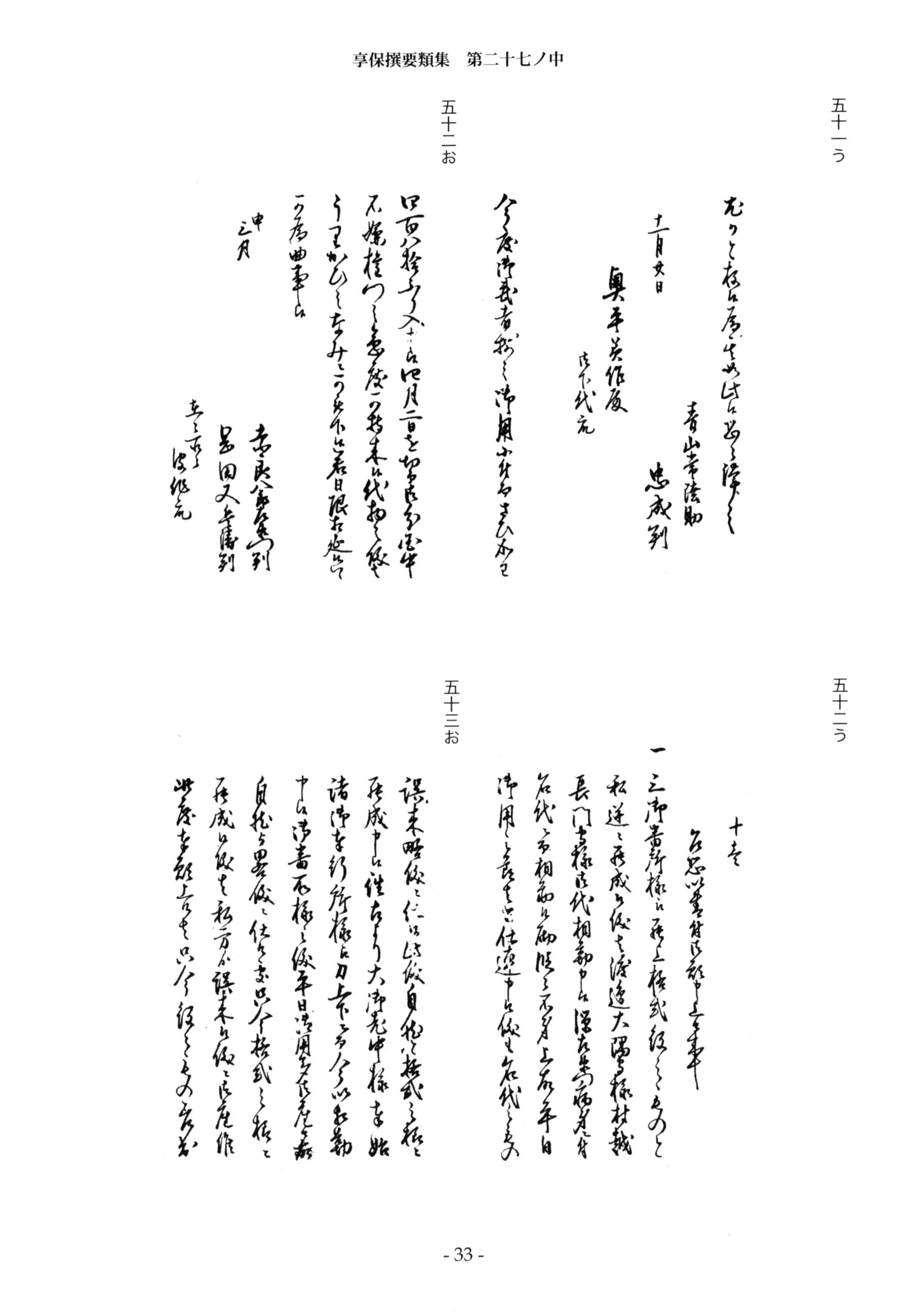

五十一う

五十二お

五十二う

五十三お

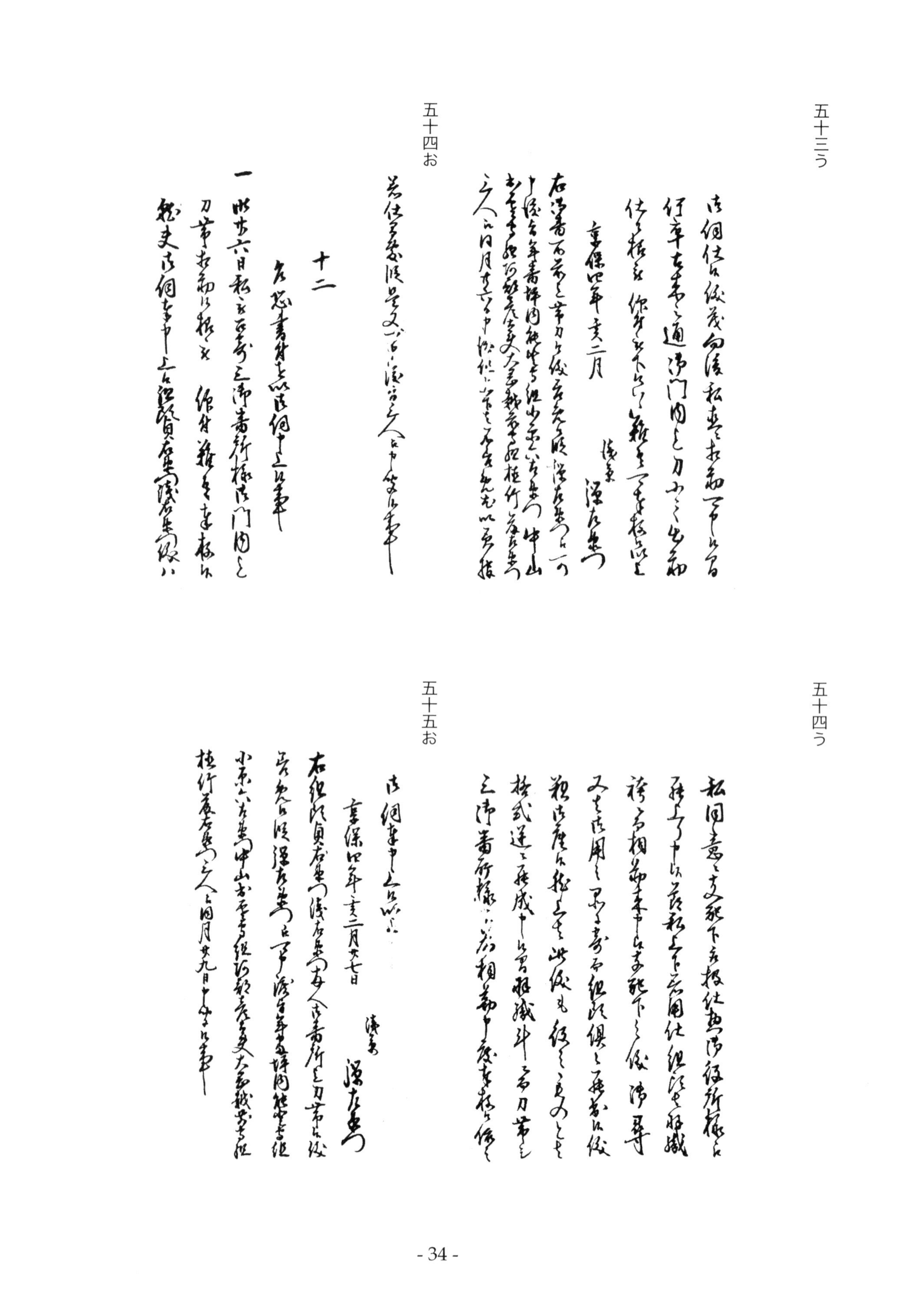

五十三う

五十四お

十二

五十四う

五十五お

五十五う

十三

追而左之通書付

右之趣以書付申上候

一 此度私由緒書等ニ付先達而申上候處
古證文等も写ニ付由緒書之通ニ候上ハ
三判(?)申上候様ニ被仰付候ハヽ猶又罷出申上候
書物等ニ御座候ハヽ委細ニ申上候様ニ可仕候

五十六お

身延山登山之節私并弟子共同様之
寺社奉行所ニ而御吟味被仰付候處本寺
当寺開山日光開山之私ハ申候其外当
地寺之　御朱印　御書下頂戴所持
仕候由緒之儀ニ付而ハ本寺殿中ニ

一 此度本寺公儀　御時代中井浜日蓮上人
御判形之儀私方ニ奉所持候ニ付右之内

五十六う

日蓮聖人より之ゆつり之書二通　法華経
并巻物之儀陸奥守殿今私方所持仕候
此段ニ付候記等も御座候

一 御上洛之節並ニ板倉周防守殿　池田殿
大村長吏八左衛門方ニ而浦井付　御朱印
請取候儀ニ付　御朱印頂戴仕候其書付
御所御判物并御朱印諸ハ拙者方ニ所持仕候様

五十七お

被仰付候所持仕候
御代々之様ニ　御朱印頂戴仕候御殿
御目見之儀先達而申上候通ニ而御座候
御上洛之節御道中ニ而御目見仕候
縁付ハ存候得共外ニも其通ニ長吏
右ハ私方ニ所持仕候申上候

一 先年日光　御社参之節　御目見仕候

五十七う

右者 御酒之 御厩ニ而 御上覧ニ付
被仰付私共手前之稽古拾弐人ニ而運相勤申候
此節も右様持致仕候得共此度右急ニ頼
来候ニ付 御前之様之 御持府子
致義仕候而今府持仕候
右之書上ニ通リ書付書右様ニ而書加ニ
来候之候以上

五十八お

享保十年巳九月日
浅草 源右衛門

御役目相勤候覚

一 御入国以来西之 御丸御厩ニ而今以御伴縁
御用次第相勤候
一 御陣大鼓御用次第張上申候
一 作事御用之節何ニ而も差上相勤申候

五十八う

一 御尋者御用之道具限ニ 仰付次第
相勤申候
一 御牢屋敷焼失之節者囚人預り候様ニ被仰付
被下候外例ニ而夜番人加勢相勤申候
一 御成之節馬場中ニ人足差出相勤申候
一 御飛脚之御用之節ニ御役人足大勢
差出相勤申候

五十九お

一 御仕置者之役一件相勤申候
一 同傳馬役相勤申候
一 同人用之諸色買上相勤申候
一 関八州長吏之者共私方ニ而裁許仕
御公儀様ニ而差上申候諸法度之義并日
中候諸事差引仕申候長吏之外ニ而も
右者地ニ而其上ニ出入之節者私方ニ而訴候

五十九う

御付諸事差引仕申候

右之通役儀古相勤申候以上

享保十年巳九月

浅草

弾左衛門

六十お

寛行

長吏職事

法名

利阿

右代官

四郎兵衛

同

太郎兵衛

山内

弥三郎兵衛

六十う

右任右大将家御判旨相模国鎌倉由井長吏頼木今利阿東八ヶ国長吏下進退者也然而役御文書陸奉鶴岡御寳殿龍利阿深致役上座石下手依為此回致山内左衛門頼助藤次七郎左衛門頼通何茂八幡宮掃除以下役無懈怠可相勤状如件

六十一お

鶴岡少別当法眼良信

大永三年癸未三月廿二日

頼朝御判於鶴岡中請時官途也

六十一う

下山内
大永三年癸未二月廿二日
長吏五郎左衛門

六十二お

下
法名利阿
孫舎由井長吏頼久
大永三年癸未二月廿三日
極楽寺分内田畑之年貢五百文之所
如前々出置者也仍如件

六十二う

己丑
八月十六日
資親
極楽寺
華阿中

六十三お

十四
当商地[illegible]人東百七十文之[illegible]
中[illegible]書付
[illegible]
当商地
[illegible]人
[illegible]人
右頒日[illegible]人多[illegible]細仕[illegible]付[illegible]

六十三う

[illegible]

車善七手下ニ而仕候而悪事ニ不為仕間

[illegible]

八月

大岡越前守

六十四お

右書付丑七月廿日松平伊豆守殿ニ上ル

伺之通可申付旨被仰渡候

丑
八月九日　大岡越前守

[illegible]

申上候書付

覚

[illegible]

六十四う

[illegible]

六十五お

[illegible]

九月

大岡越前守

右書付丑九月二日松平伊豆守殿ニ上ル

伺之通可申付候向後之儀も書面之通

可仕旨被仰渡候

丑九月廿日

大岡越前守

六十五う

十五

享保十九寅年十一月廿二日酒井讃岐守殿被上候

無宿人片付方之儀ニ付申上候書付

伺之通可申付旨被仰渡奉畏候

寅十一月廿二日　　大岡越前守
　　　　　　　　　稲生下野守

覚

近年所々ニ而無宿人多相成候付溜在来之

六十六お

中付追拂セ候得共無宿之もの方々参候
者ニ候故際限無之候ニ付先年ゟ無宿人多
ク有之候故悪事仕候儀ニ付大勢西国江
遠流ニ被仰付候而も御果不申無宿人之分
ハ手下ニ相渡申度旨兼而申上置候得共
○此度右無宿人之分見合致候無宿人
手下ニ仕候様之一つ申渡候ハヽ右之通可申候

六十六う

而未仕置相廻候様仕候先年ゟ無宿人之
儀切不申候故絶候而悪事仕候も以後
ハ手下之分儀も切候旨此度手下江相極
候而も自分ゟ申付悪事仕候者ハ右之通
ニ而仰付候ハヽ限り相戒諸もの無宿人ゟ
有之候共其様ニ存候又此度相渡り候
ハ手下之内悪事仕候ハヽ其品ニ吟味仕

六十七お

誡仕置相伺可申候

一　先年無宿人多出候故小屋出来仰付
〆物之外ハ被致も有之由及承候唯今
右之通被成候而も却而無是よりも集り
無宿人多可罷成候哉此度手下ニ相極候通
無宿人ハ手下之者仕候方可然奉存候

右之通奉伺候以上

六十七う

六十八お

六十八う

六十九お

六十九う

向後右之儀会所前ニ而申付候様相伺候処
申付可然旨被仰候以上

戌
正月　　　　町奉行

寛保二戌年正月十九日本多中務大輔殿ヘ上ル

野非人片付之儀ニ付申上候書付

伺之通片付候様可申付旨被仰渡候旨表ニ

戌
五月廿六日　　　　町奉行

七十お

去秋ゟ本所近辺其外所々明地ニ野
非人多集り住居之様ニ罷成候由右
体之者相払候様ニ申付候得共又々方々ゟ集り
居候ニ付而ハ風俗も悪敷ニ付追々毎組
同心共差遣為見分住居之様ニ成候
ハヽ召捕候様申付候処延引所々明地之非人
集り居候而ハ世上風俗ニ拘り候ニ付

七十う

者共ニ為致尋候而も一通リ申付候而ハ御法度之者
申付候ても今之住居ニ罷出候所々
増候ニ付召捕候而も右之野非人共之仕業之義
ニ有之候ニ付探索穿鑿為致申付為捕享
保十九寅年伺之通非人頭共ニ為仕
可申候ニ付内之町奉行之御役所ニ而申付候ても
重ニ為致候様可申付候哉申上候以上

七十一お

戌
正月十九日　　　　町奉行

十六

寛保二戌年四月七日本多中務大輔殿ヘ上ル

戌正月廿一日より四月迄之召捕候
野非人員数之儀申上候書付

七十一う

当正月廿日御奉行所穢多弾左衛門江申付
去ル廿一日より寒夜召捕申候非人員数
左之通ニ御座候

七百四拾弐人

内　四人ハ町方ニ片付不申候而御渡候者
七百三拾八人ハ非人手下ニ御渡候者

右ハ一昨五日迄召捕候員数ニ而御座候

七十二お

此以後茂寒夜相廻シ召捕次第石河
重而之者茂御渡シ候ハヽ非人手下ニ御渡候様ニ
穢多ニ申付候様ニ可仕候以上

戌
四月七日　石河土佐守

寛保二壬戌年四月十二日本多中務大輔殿江上ル

去戌正月廿一日ゟ当戌閏四月廿九日迄召捕非

七十二う

人召捕候員数申上候書付

去戌正月廿日御奉行所穢多弾左衛門江申付
去ル廿一日ゟ寒夜召捕候野非人員数左之通
ニ御座候

去戌正月廿一日ゟ
同四月五日迄　七百四拾弐人

内　四人ハ町方ニ片付不申候而御渡候者
七百三拾八人ハ非人手下ニ御渡候者

七十三お

右ハ去年四月七日書付申上候野非人
員数ニ御座候

去戌四月六日ゟ
当戌閏四月廿九日迄　九百弐拾弐人
不残非人手下ニ御渡候者

右未書付不申上候野非人員数ニ而御座候

去戌正月廿一日ゟ
当戌閏四月廿九日迄
都合千六百六拾四人

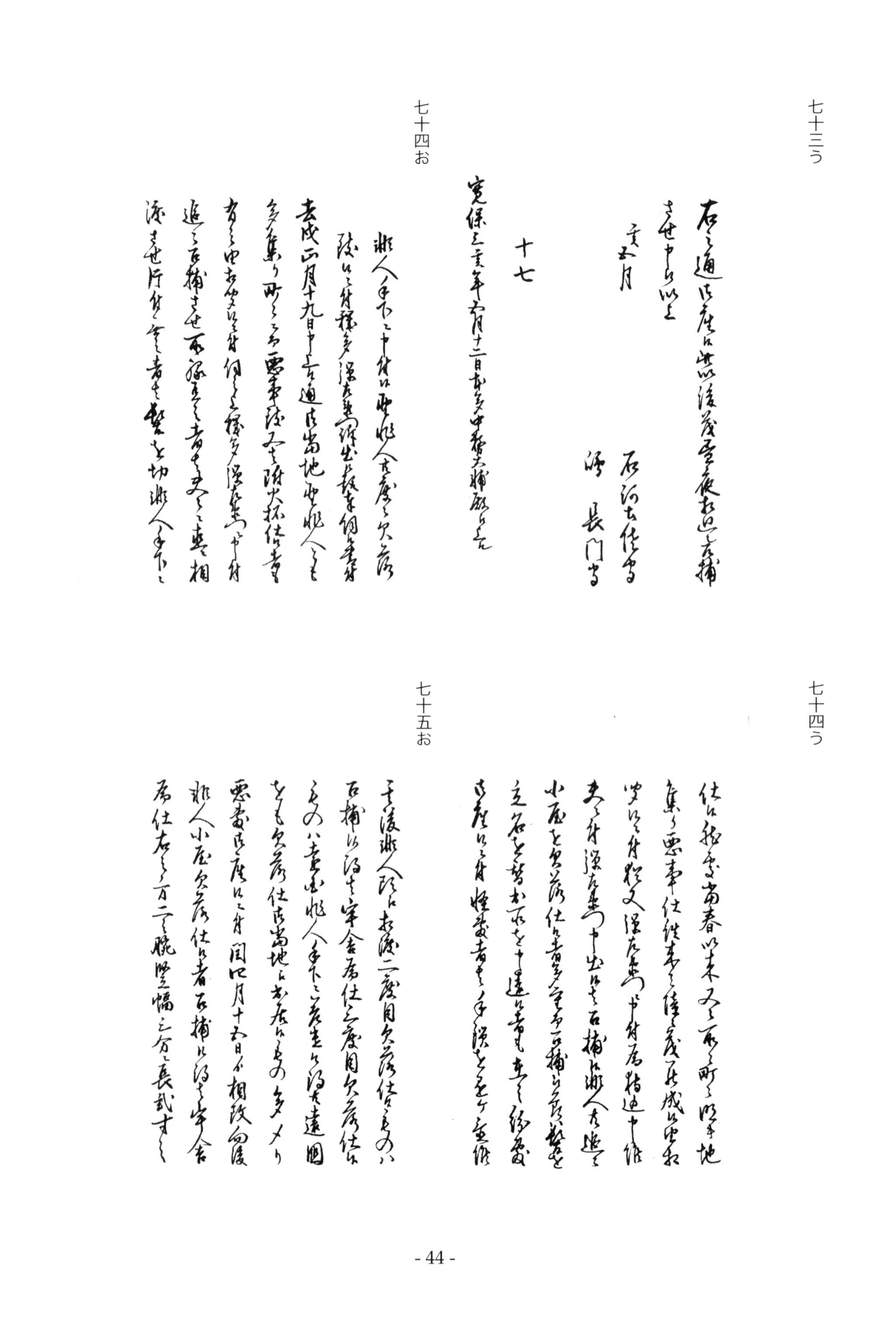

七十三う

[illegible]

十七

[illegible]

七十四お

[illegible]

七十四う

[illegible]

七十五お

[illegible]

七十五う

七十六お

七十六う

七十七お

七十七う

毎年片付書上候人数書大坂町奉行所
書付を以申上候、浄瑠璃太夫共世話いたし候
者之内ニ而取締方片付候様ニも可相成候ニ付、其外
片付方之儀了簡仕、猶一方ゟも相候ハヽ
町方上方之取締候ニ付別紙年日向ニ付大坂
表之儀相尋候処、高田表年[illegible]ニ中者
致世話[illegible]人[illegible]之者取之事ニ付[illegible]

七十八お

片付書上
此浪人之内ニ而伊勢参[illegible]
候旨及承申候
尤是迄取扱こし来候ニ付年々右人数
書上仕候旨申上候ニ付右之段浄瑠璃太夫共ニ
密ニ相尋候ハヽ浄瑠璃太夫共ゟも申立候旨
相尋可申旨申上候ニ付、浄瑠璃太夫共へ病気之

七十八う

[illegible]立候ニ付延引仕、此度[illegible]
右之趣申聞相尋候処浪人取扱ニ相尋
其[illegible]申[illegible]
此[illegible]浄瑠璃太夫共中出候浪人取ゟも相尋
[illegible]浪人共之[illegible]
少之[illegible]取締方之日切之[illegible]
大勢取成候ニ而も[illegible]

七十九お

[illegible]之[illegible]地ニ[illegible]大勢ニ而も
相成[illegible]
[illegible]御用人足相成[illegible]
[illegible]浪人[illegible]大坂
表ニ送[illegible]浪人[illegible]
[illegible]浄瑠璃太夫共[illegible]浪人[illegible]浪人ニ
相成候[illegible]

七十九う

ニ証人ニ相立候儀難成事候間
此段ハ詮議仕事様ニ追て捨述候
非人共手下ニ申付候内実難ニ相見候
御座候も右之者之内ハ百人之内一両人死罪も
小屋持之中ニ而立かへて家斬もとらせ
候ハヽ非人頭共方へ申付て家斬斤付て
申付置事様ニ右之者共之様可然候

八十お

弾左衛門申候ハ
右之通穢多弾左衛門申出候当地之者
何年斤付候段世帯仕候者も有之候哉之
支配之儀右ニ付て非人之外手下之者
向川売主ニ候之都而科人出来了仕候
右者中興当時之非人頭格別相増候
ニ而も無之候此之者共ハ余之儀承知候者

八十う

猶又法之も不成候様ニも有之候ハヽ一ヶ所ニ
於て人相伺候様ニ成下置候事同候
非人頭共小屋頭支配仕候之内多人数
有之候付欠落仕候者之外捕ニ成候之
入墨仕入墨之節有之者ハ死罪一ヶ中
付之皆弾左衛門申出候段右之通申
付候之右段欠落候ニ付之入墨弐節

八十一お

有之者死罪之相極可申候旨弐　伺之候
此段ハ御下知次第一ヶ申渡候

亥
六月

石河土佐守
嶋　長門守

控九

寛保三亥年七月本多中務大輔殿ニ上ル

八十一う

野非人之内小屋持仕候様深右衛門江
相尋候処申上候書付
書面之持迯非人小屋欠落仕候者召捕
候ハヽ通平常之入墨を申付入墨弐筋
有之者向後死罪ニ申付且又心底改
置候者小屋持申付壱人ツヽ為用
弐百貫文宛為取候ハヽ凡壱ケ年ニ拾
五人余之積只今深右衛門江為用相渡置

八十二お

毎年小屋持之者五六人宛七月書出
させ申候捨非人より此者壱年季相渡候
為用之残持来之仕来壱年之六月迄
捨非人共不足之分相渡尤捨非人分差除ハ
中々深右衛門不足之分何時も相渡申候間
深右衛門江申付置候様奉存候

亥
七月廿二日
石河土佐守
嶋長門守

八十二う

先達而奉伺候趣多深右衛門方ニ而野非人共
持迯いたし候ニ付小屋欠落仕候もの仕置等
申付候者有之候ニ付追而御尋之趣吟味
仕候処申上候ニ付小屋欠落仕候者ハ立戻り
入墨仕入墨弐筋有之ものハ欠落召捕候ハヽ
死罪ニ申付候様相定候ハヽ小屋持ニ
申付候段壱ケ年之内百人ニ五六人より

八十三お

拾人斗ニ候得共是ニ相極候申候ニ而ハ不相
成候得共深右衛門ニ而野非人共之内
心底をも改候もの之内小屋持ニ申付
候もの段壱ケ年ニ凡何人程も小屋持ニ
可申付候哉小屋持申付候得共相成候ニ
入用茂可有之候ニ付何程可有之候哉
入用有之候ニ付而も小屋持ニ申付候間

八十三ウ

人多ニ雖申付候も有之候ニ付小屋持ニ被仰付
候場所地頭之儀ニ候ハ、其方も有之候ハ、皆
相尋候而可申達候、中ニ候
此段ハ四ケ所非人頭共ニ茂是ヨリ小屋頭七
兵衛ニ相尋候処、車善七・深川善三郎・山本八
久兵衛共ニ申上候ハ、右之通仕候小屋持ニ
非人病死仕子孫無之相続相成候者

八十四オ

候小屋ニ付而者、小屋持仕候子孫無之
候小屋ヲ不残相仕小屋持共ニ被仰付
候ニ付、右相続之者を見立小屋持ニ
仕候者ケ様之訳大概壱ケ年ニ
廿人程宛茂小屋ニ右小屋持仕候段
入用等相掛リ候ニ付、小屋持成候
茂右人組之酒抔ニ而相振舞非人頭江

八十四ウ

少々之者ニ至迄も金銀入申候
右之小屋作
一 小屋持ニ成候得者、前々より之非人ニ而も小屋頭ニ
相並候得共、世渡世仕候非人頭ニ而小屋頭ニ
中ヲ貰ヒ候テ紙屑拾ひ勧進等仕候
者ニ而も相応之上前ヲ貰ヒ助成仕候小屋
持ニ而残し切ニ不仕候

八十五オ

一 新規ニ小屋持ニ申付候ハ、其方共ニ可申
場所ニ無之、広く非人共ニ而藁捨ヲ
所ニ而も新規ニ候ハ小屋ヲ掛候、右之者ニ
一 遠方ニ被仰付候処之様ニ相振候者共ニ而御
仕候、其方小屋持ニ被仰付候ハ、百姓抔ニ
新規ニ候而入申候儀、有之候ハ、無之候様
可申者ニも見立小屋持仕候様申ニ候

八十五う

八十六お

八十六う

八十七お

八十七う

於其人者不足ニて当人之者申出候様可申聞

之儀者御入用候共も右之段可申出事

二十

延享四卯年二月九日松平右近将監殿江渡候書付写

[illegible]

稲生下野守一代之間一座完関八州ノ中下大

八十八お

居村ゟ当日迄請書呼候仕候稲生下野守殿近年

病身ニ罷成候職右衆役見計被勤候右

稲生下野守役当月下旬罷立候中ニ先格之而

右屋敷より役を為持罷越候中ニ依之

申上候以

二月

八十八う

二十壱

一　壱字船　　　壱艘

右者川流之儀ニ付御役　延宝四年辰

四月出来候後拝借相成所ニ差　石出瀬掛

川之稼船之通船申出候　依付渡用

船並修復今般之下置候ニ付後者右之船

破損仕候節ハ被下置候之節修復今般之下置

八十九お

請杯之儀者被仰付候年貢御免許

下之下置候後元禄十六未年　正徳

三巳年享保元申年同十八丑年延享元子年

請杯ゟ請負申候此度右之船打捨難用

出来候ニ付今般下置候旨申伝候通

請杯ゟ申付候以上

延享四年卯十二月　　　東　善七郎

八十九う

右役料之儀ニ付東苔七ゟ先ニ紙面之通
相違無御座候以上

吉良屋市右衛門 印
橋本屋兵右衛門 印
喜多村彦兵衛 印

表書之通相違無御座候以上

能勢肥後守 印
馬場讃岐守 印

九十お

二十弐

寛延二巳年二月九日松平右近将監殿江上ル

右小姓組山岡新五郎組合辻番所江入
出家衣類盗取候無宿伊兵衛出家候ニ付伺候ニ付

伺之通出家下付旨被仰渡奉畏候以上

巳二月九日　能勢肥後守

芝愛宕下天徳寺前小姓組蜷川
下総守組山岡新五郎組合辻番所之

九十う

入出家衣類ニ
無宿
伊兵衛

右之者去巳之通去巳十二月十四日新五郎
方ゟ請取相尋候上無宿者入候ニ付出家江
出生中付無之候処出家衣類盗取候ニ付
勢州津小浜町清右衛門方ニ而自分之致
出家候旨出家致候由出家中ニ而取之通

九十一お

出家之中付之義事伺ニ依之先達而被仰渡
候趣ニ見分書差上之通済仕候以上

巳二月　能勢肥後守

二十三

御心得之儀ニ付吟味書付

喜多村彦兵衛

九十一う

右之者共願候ハ燈心之儀者未不深右衛門
親一名之蔵分之国之用之難立候ニ付手下之
者共之為請高弐拾九年以前ゟ下総ニ而
八ケ村常陸国ニ而八ケ村都合拾六ケ村より
作り出候藺草一名ニ而買取、於当地蝋燭屋共
江燈心売手之者共売来候処享保八卯年

九十二お

常陸国八ケ村之百姓共ゟ出藺草作り候段
不勝手之由ニ而相止メ申度段中山出雲守様江
相願申上候ニ付、藺草相止候而も不苦候哉之
義ニ付被為仰付候下総八ケ村之藺草ニ而
当地燈心足之合候段申上候ニ付、常陸八ケ村
相止申候ハゝ、以後当地蝋燭屋共ゟ常陸ニ而
仕候燈心ニ付候而ハ蝋燭出来、難儀仕旨訴訟

九十二う

美濃守様江訴訟申上候ニ付、弥常陸国ニ而
藺草作候段 仰付、当地ゟ燈心
問屋共ゟ仕候抱越之手下共蝋燭燈心斗ニ而
無之手下共蔵分之燈心小売せり売を
町方ニ而仕候処及承候ニ付、人数付候段、右
問屋ニ而も燈心小売仕せり売等
仕候ものも有之候間、手下之ものゝ義一向

九十三お

不罷成難儀仕候、右両人之答并組
御公儀様御役人衆ゟ受右之通不罷成
難儀及渇命候者多候得共相勤兼候由
手下之一統ニ廣之持数申候得、右問屋ニ而
蝋燭燈心之外小売不仕様ニ意趣を以
作付深右衛門并大勢之手下之者相立候様
成候様ニ相願申候

九十三う

右躰之儀ニ付燈心並拵候九人之者共ニ
相尋候處下総常陸ニ而拾六ヶ村之内
常陸國八ヶ村ニ而藺草作候儀相止候ニ付
殊之外拂底ニ而商売ニ難成今更無之
百匁ニ拾目位ニ相成候ニ依之右用蝋燭共此屋
分二月ニ至候而蝋燭屋共右商売之者更ニ致
難儀之段弐拾九ヶ年以前卯年頃ゟ居候段

九十四お

御勤候之段相願候ニ付又之常陸八ヶ村ニ
藺草を作燈心拵出之候様御評定所ゟ
之 作付則常陸八ヶ村ニ而蝋燭共ニ買場ニ
之 作付候處燈心ハ下直ニ相成拾弐年ニ而
弐貫五六百目位迄より年々下直ニ相成四貫
弐三百目ニ売買仕候處拾四年以前年々
日本橋稲荷新道松村弐兵衛与申者之本組

九十四う

蝋燭屋共仲ヶ間問屋与號候處燈心ハ壱
両ニ相成今更売買弐百目ニ売候
之付外之蝋燭屋共相談候處右之段相願
候處御吟味之上我等儀問屋相止候様
作付候村々又之能人共当時九人之者共方ニ
燈心拵出候以蝋燭屋ニ売渡申候
其儀御勤候之段下総八ヶ村ハ深右衛門

九十五お

手下之者共ニ買場ニ而 作付候得共残
一ヶ年ニ凡弐拾ヶ年余茂 右之通買取残
事拵立候ニ付右八ヶ村之者共難儀仕九人之
者共方ゟ御世話共ニ拾之處之指出候
下総八ヶ村ニ右手下之者共ニ 作付ニ拾不
世話ニ不仕候ニ付御年貢茂上納不相成
候迷惑ニ候一外ニ何角申之由ニ而

九十五う

百姓共并少茂若方へ差出候ニ付蠟燭
屋中ゟ少〻宛成共掛異ニ相違而相願ニ付
無是非少〻宛世話仕候付燈心須山ニ召成
其後も下直ニ相成申ニ付深谷馬ノ手下之者共
下総八ヶ村之藺草不残買取申置之処
勝ノ手ニも相成不申候ニ付武稼年来少〻宛
買取候ニ付百姓共九人之者共ニ相頼候儀ニ御座候

九十六お

且又　御本丸西御丸ニ御用燈心前〻より
下売仕候外御屋敷方より誂ニ而蠟燭
燈心請負仕候町人ニも下売仕候ヶ様之儀
ノ手下之者共心得違ニ而小売せり売抔仕候様申之
儀ニ而御届候屋敷方之手下之者共ニ一切
買取候者無之様成候ニ丸町方之ノ手下之
者共より相頼申ニ付燈心屋九人之者共候之

九十六う

下総之燈心商人宿仕来候処少之不限
燈心持参之旅人も蠟燭屋之相對之以
売買仕候儀ニ御座候ニ付燈心も須山ニ持参
仕候事ニ相成不申候旨只今迄之通ニ而引
仕度候ニ付右之通ニ御座候常陸八ヶ村共
蠟燭燈心ニ而蠟燭屋共買取申候儀ニ御座候
下総八ヶ村共深谷馬ノ手下之者共　紬燈心之

九十七お

引請候上者此八ヶ村共手下之者共方ニ而
買取申候ニ付少〻宛買取候下総八ヶ村之
燈心捌不申候ニ付御年貢等差詰百姓共
旅人宿九人之者共相頼候儀ニ付手下之
者共九人之者方町方小売之儀相頼候ニ付
下総八ヶ村之分不残深谷馬ノ手下ニ買取候様
一ヶ所　館林尤商附燈心抔之下直ニ御座候

九十七う

係同屋様ニ而 仕付ニ以又ニ為出ニ相成一節
都合宜様ニ付深存寄無之出ニ付御状候
悦心屋右之書付を以遣し且又当村悦心屋
所ニ而右之段別紙ヲ以申上候以上

未
六月
喜多村喜右衛門

九十八お

裏表紙

表表紙

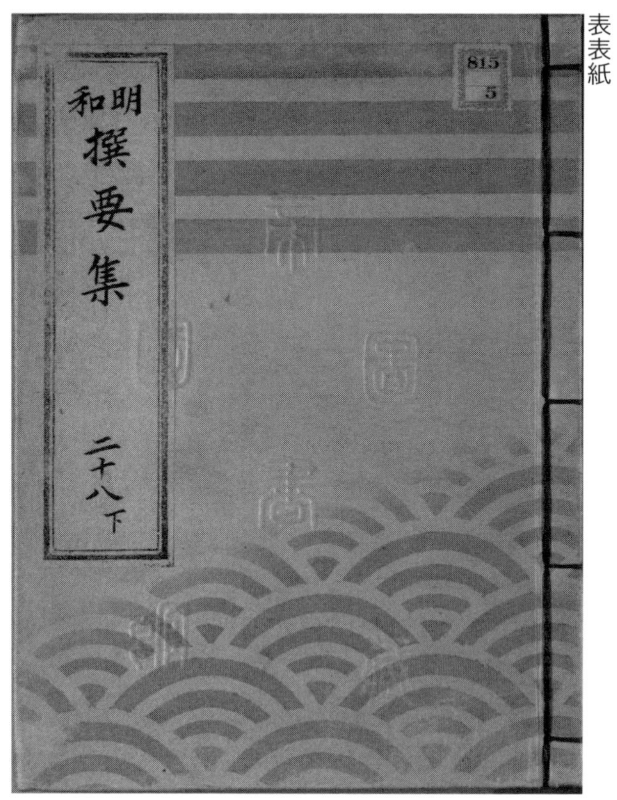

三お

表表紙う

三う

四お

四う

五お

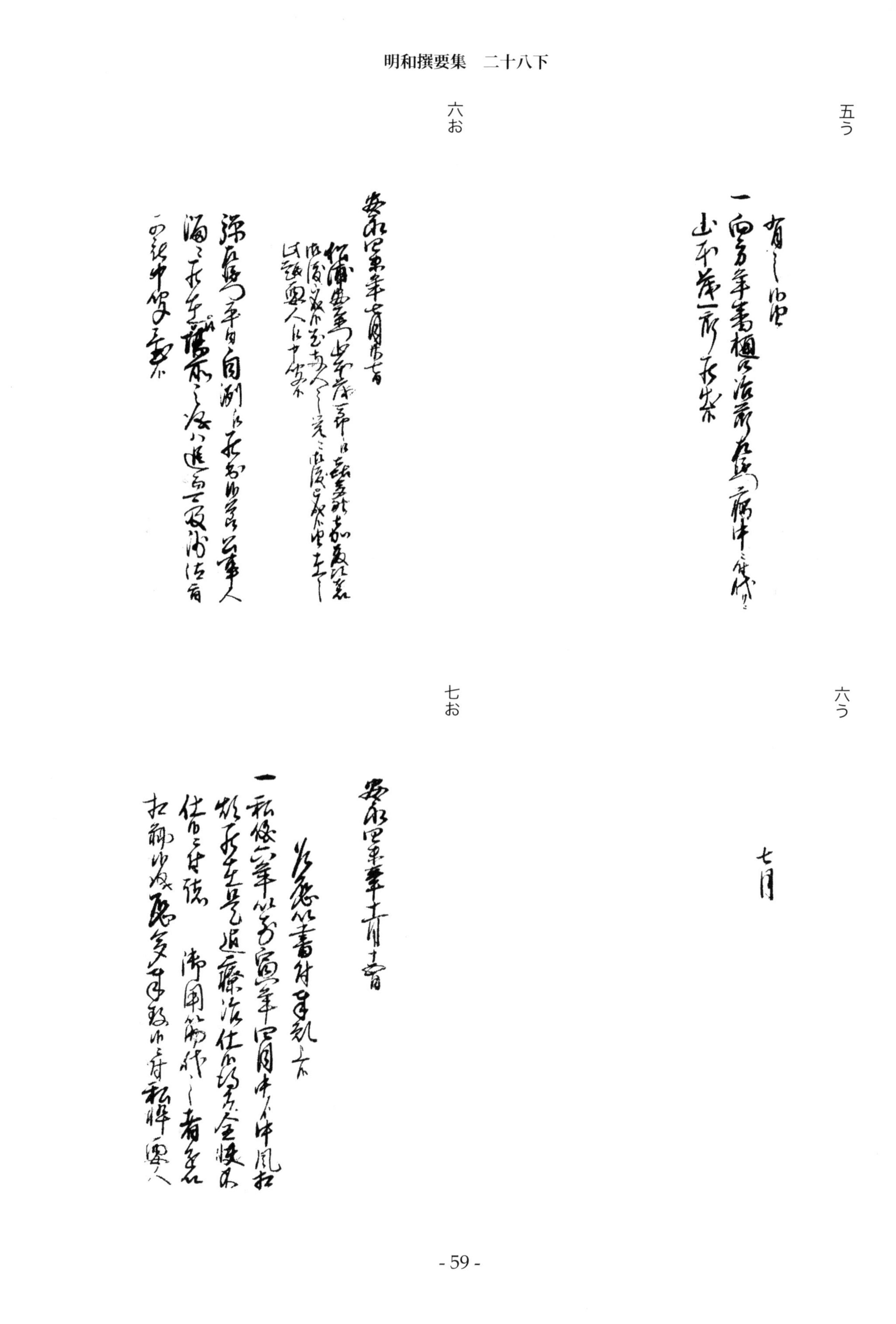

五う

六お

六う

七お

七う

御同見之為　仰付被下置候様奉願
上候処去ル七月廿七日先様ニ通被
御筆之様願之旨　御同見之
為仰付難有奉存候処私義
今以快方不仕候ニ付難も覚
束奉存候ニ付何卒私義退役
之為仰付候　西安人ニ相願奉願

八お

之為仰付被下置候様奉願上候

未
十二月十五日

深谷
猪之助

八う

九お

稗田又猪之助退役願一件書留写

服部仁助

九う

十お

十う

十一お

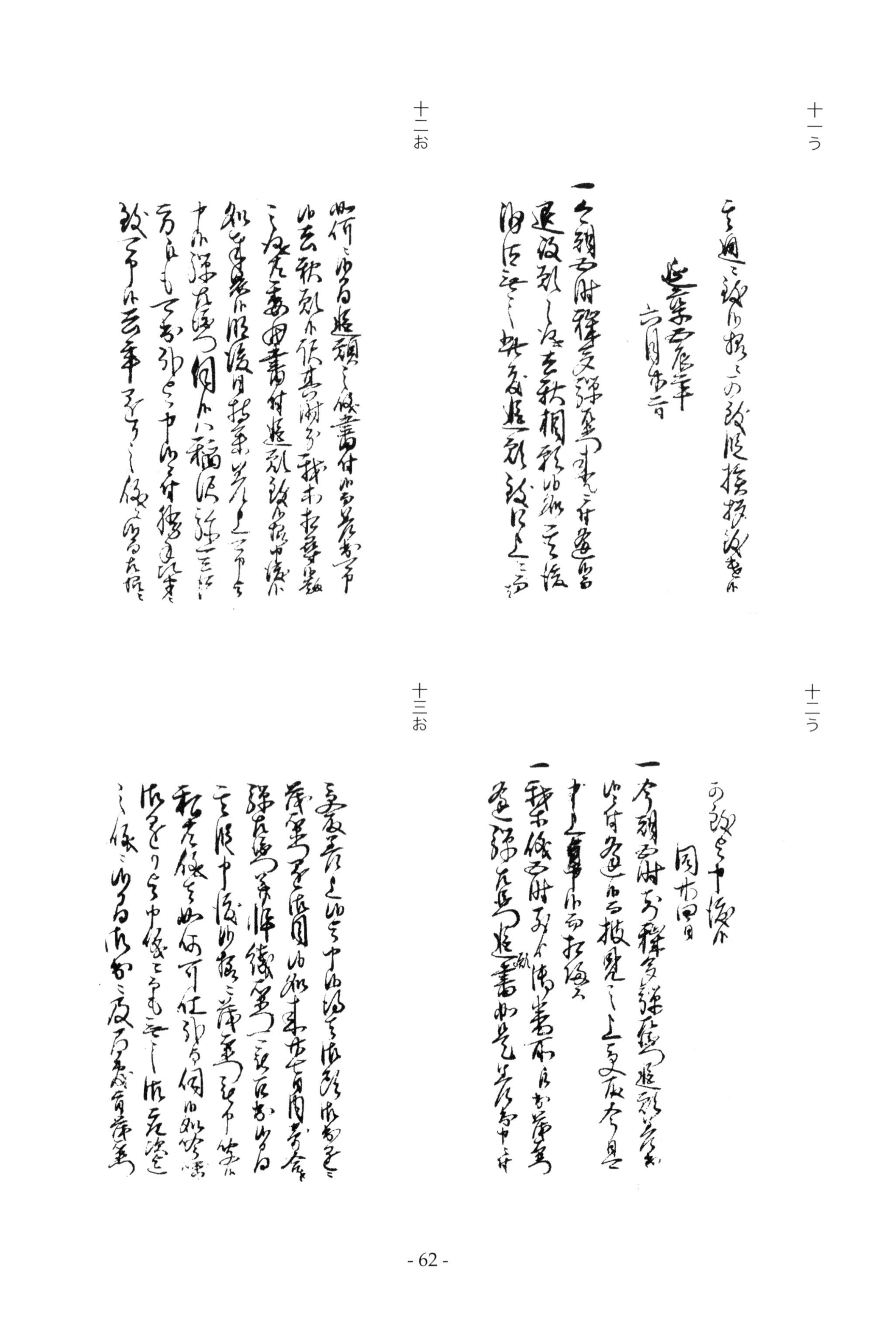

十一う

十二お

十二う

十三お

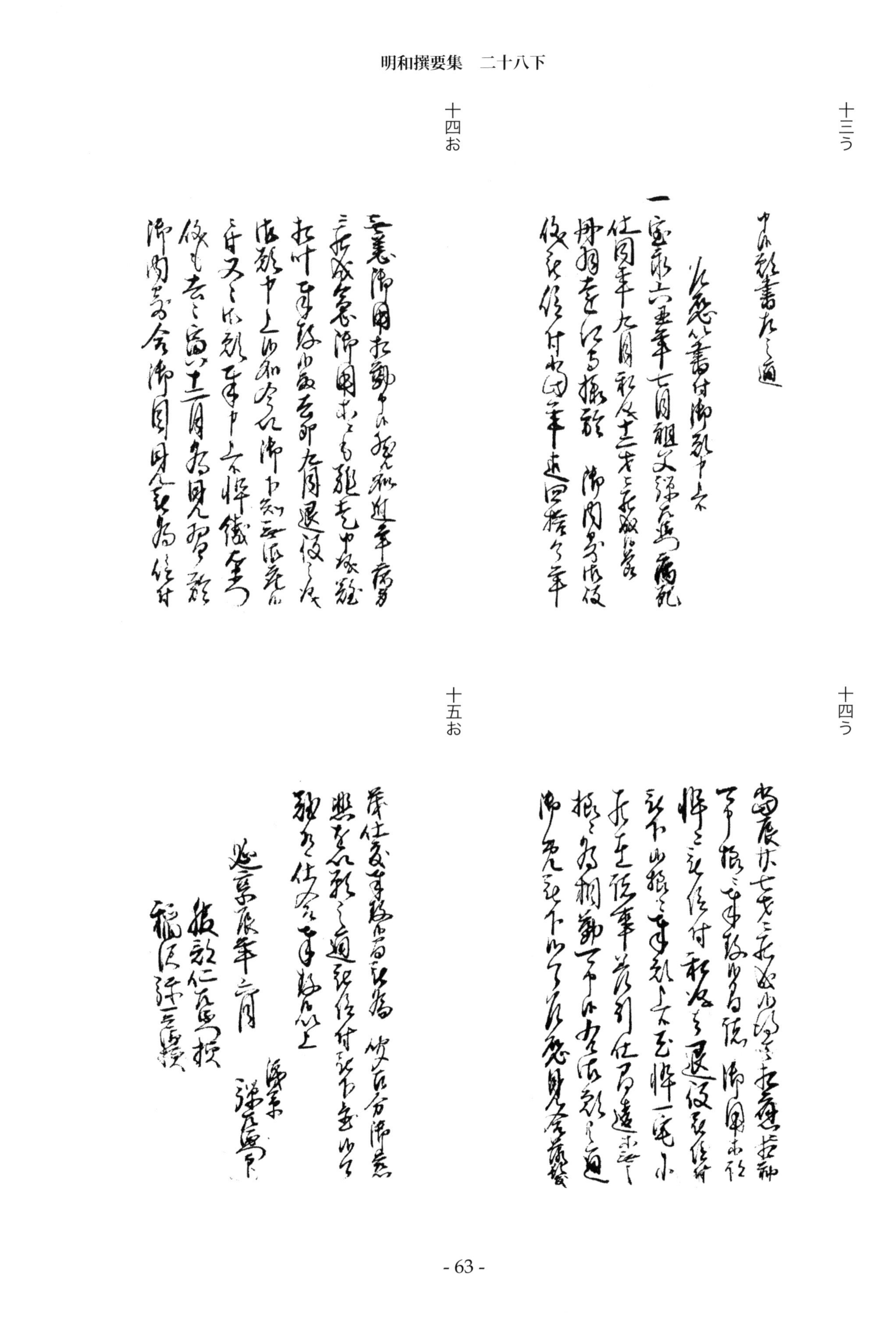

十三う

十四お

十四う

十五お

十五う

十六お

十六う

十七お

十七う

十八お

十八う

十九お

十九う

二十お

二十う

二十一お

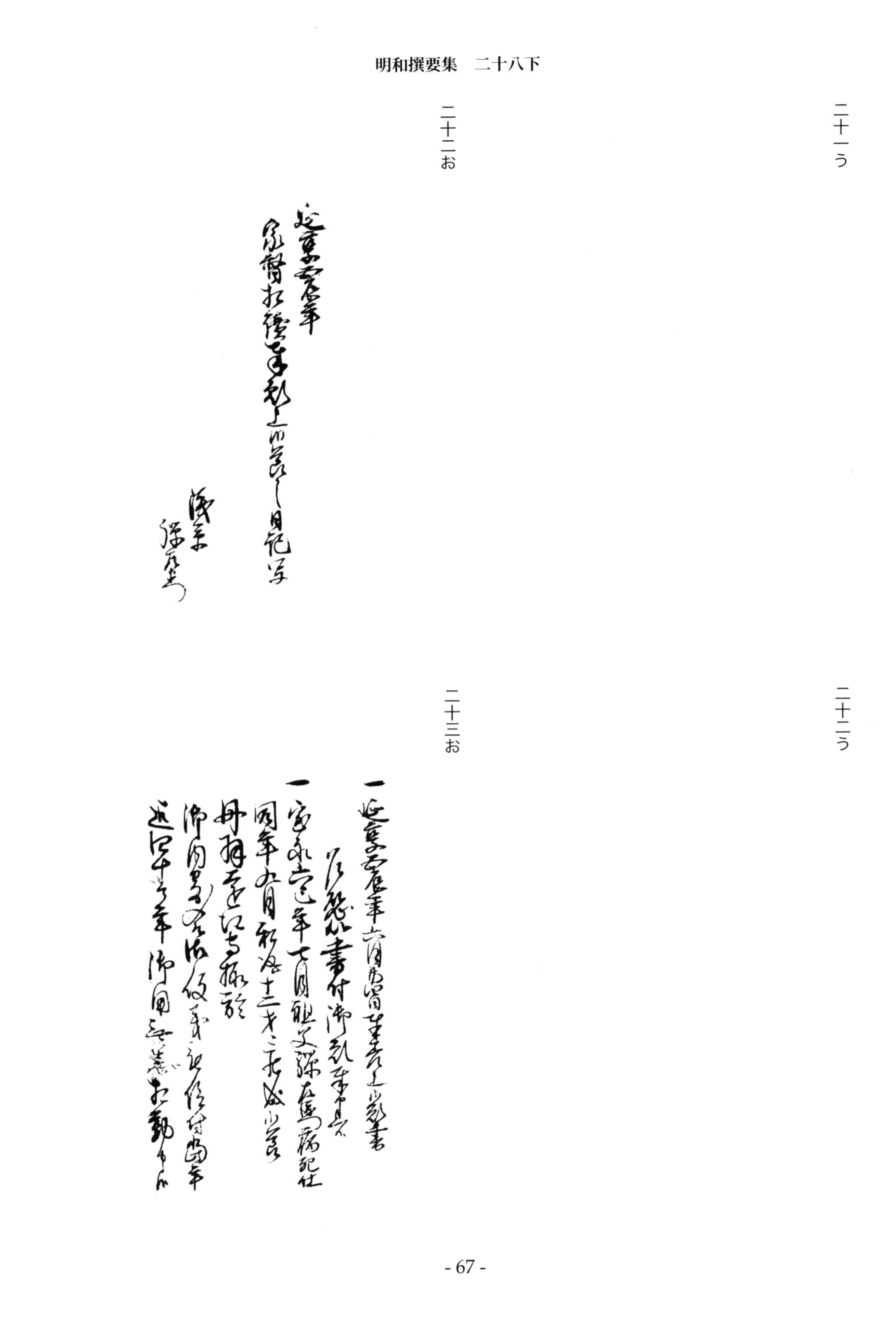

二十一う

二十二お

二十二う

二十三お

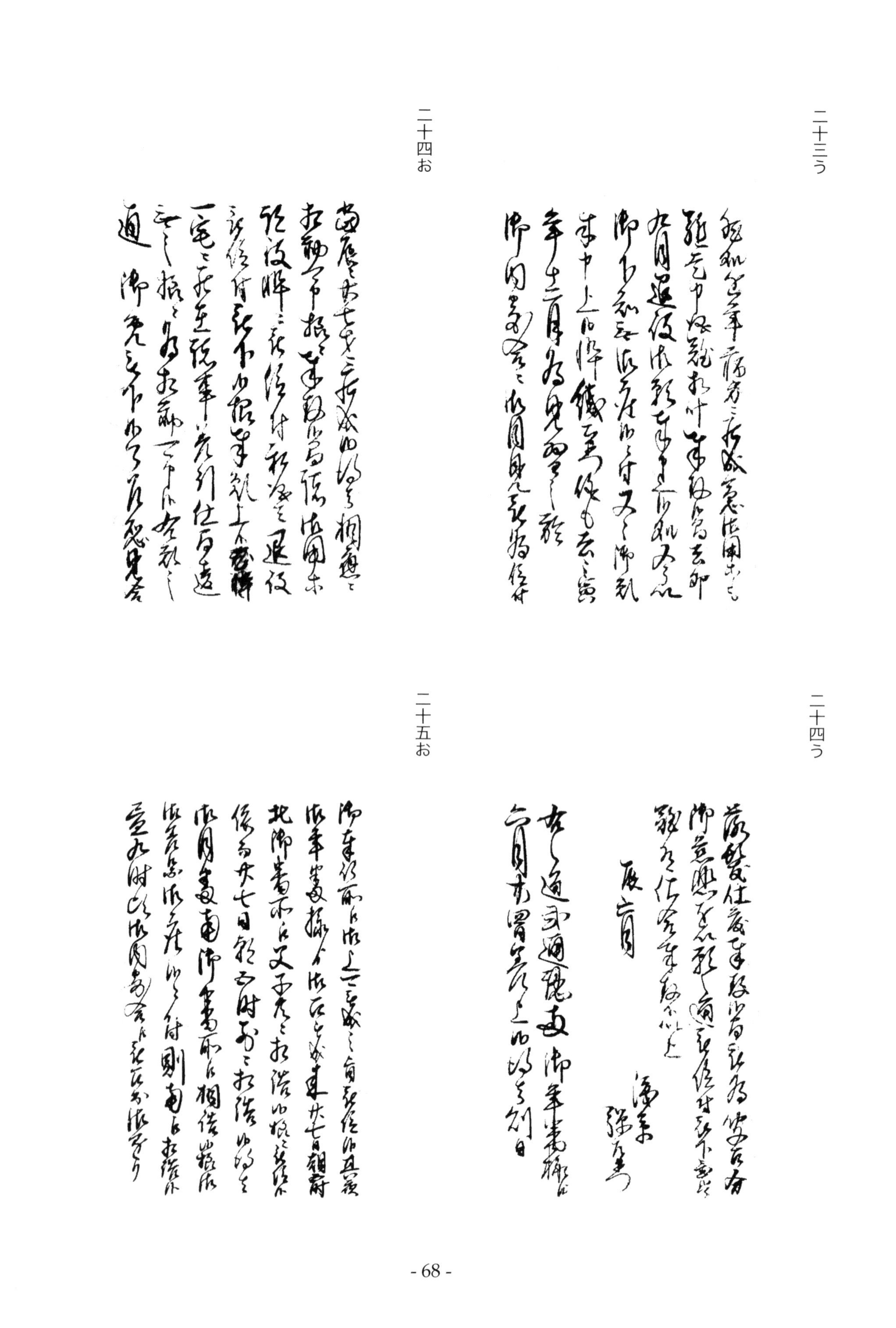

二十三う

二十四お

二十四う

二十五お

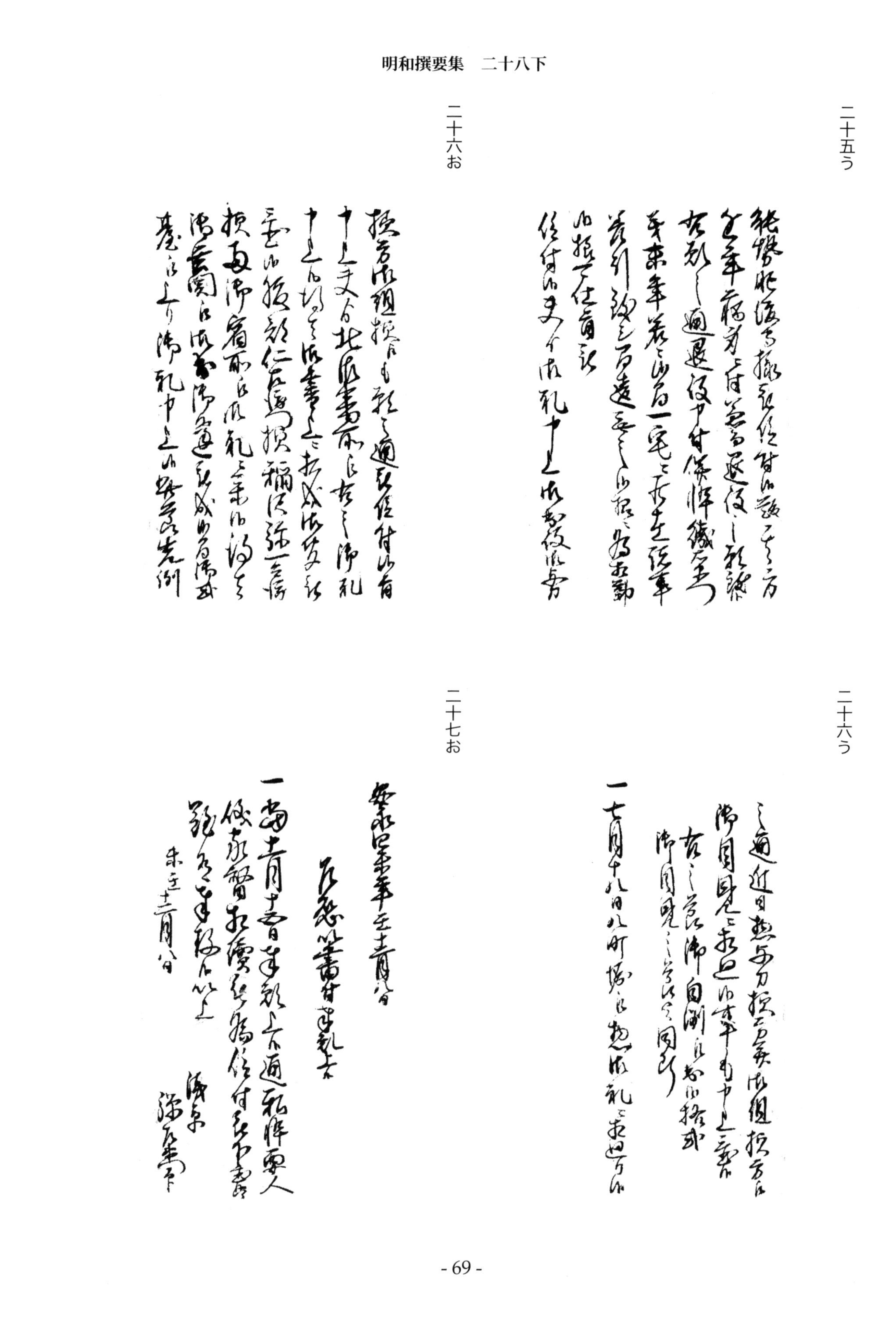

二十五う

二十六お

二十六う

二十七お

二十七う

二十八お

二十八う

二十九お

二十九う

三十お

三十う

三十一お

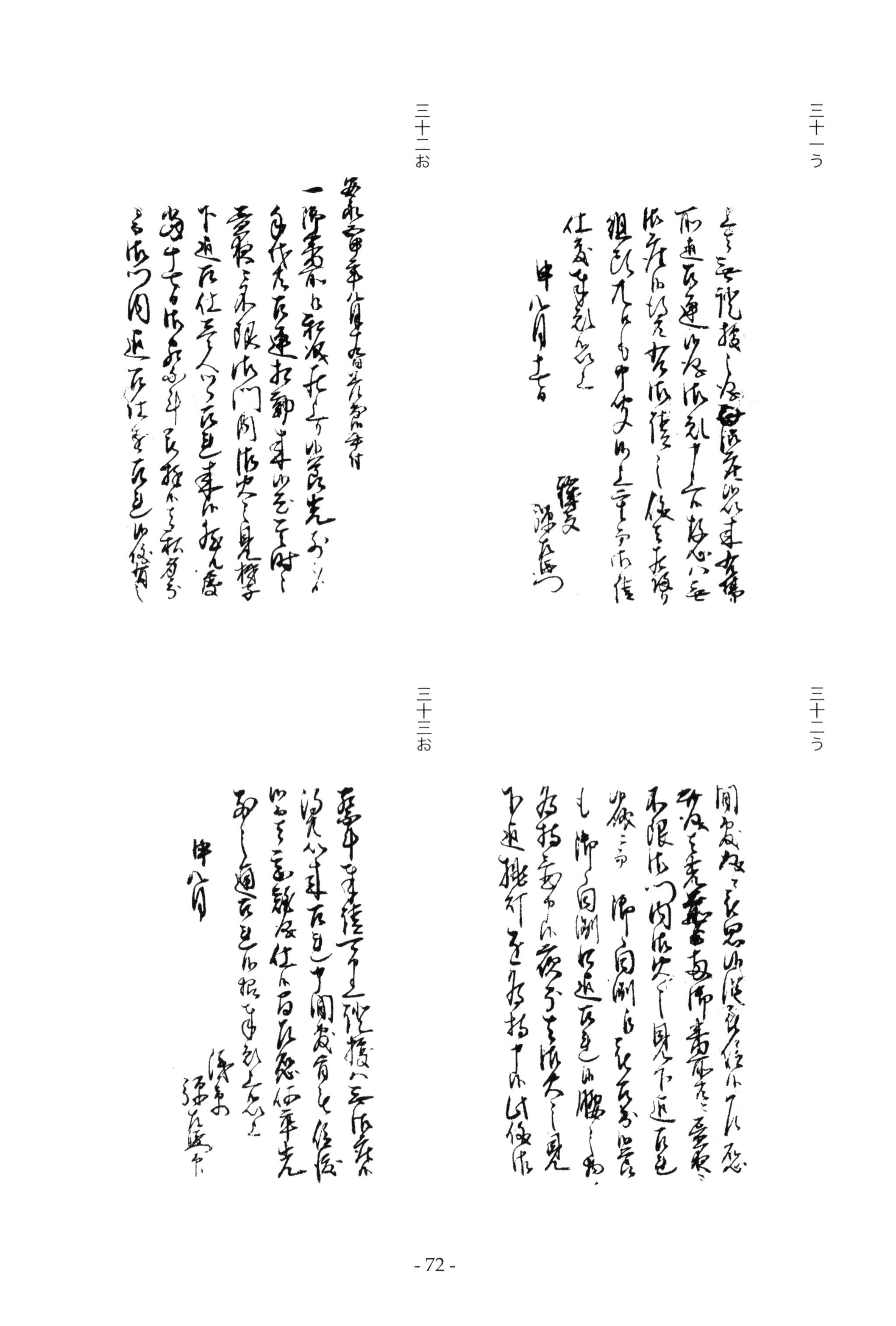

三十一う

三十二お

三十二う

三十三お

三十三う

三十四お

安永七戌年十月

町奉行江

近年穢多非人共之義風俗悪敷百姓
町人ニ対し法外之働いたし或ハ百姓躰ニ
紛之様成者有之小商売等ニ立入見世

三十四う

及六ケ敷申懸候而百姓町人共も
我風ニ拘り用捨いたし置候故法外
増長いたし就中中国筋ニ而穢多非人
兼而差免し置候殺生職悪業之もの之宿
又ハ盗賊之もの致世話候も相拘寄
候ニ穢多非人中ニ而村々ニ盗賊ニ入候もの有
近し引出し死罪遠流等被仰付中付

三十五お

候故風俗不宜悪しく右躰法外有之候盗
悪事いたし候者共[illegible]百姓町人ニ対し
法外いたし候ハ百姓町人并ニ候者ハ
急度御仕置申付候筈ニ候穢多非人
兼而覚悟いたし候様急度申渡置候旨
有之候ニ付心得候様申渡候事
其外御法度之趣奉行江申達候取扱も

三十五う

三十六お

三十六う

三十七お

三十七う

之通御金渡下置候ニ付、諸色代金等致
別紙写之通仕訳帳御渡被成候帳面相改
御書付之通候帳面差上申候

安永七戌年六月

品川
松右衛門

三十八お

安永七戌年七月九日於 御城大隅守江渡候

曲淵甲斐守

酒被渡之節品川松右衛門差書差出候処如右
及伺届不申候相渡候先例ニ相成候
此度も右之通取斗可申事

三十八う

三十九お

宝暦十二未年十月十八日大岡越前守内寄合ニ持参
差出候処如左ヶ札附出ス

佐相伺書

依田豊前守

浅草品川施酒去度之善悪有之候ニ付
伺之通被渡中付候書面相伺候処左ノ通

三十九う

四十お

四十う

四十一お

四十一う

四十二お

四十二う

四十三お

四十三う

四十四お

安永七戌年正七月十四日年番調ニ依り大溜弐ヶ所修復

大溜弐ヶ所[illegible]後之事

北川溜[illegible]破損[illegible]毎年嵩上ヶ相調候

右ニ付[illegible]後之事

四十四う

四十五お

安永七戌年八月

［北川溜[illegible]仕候ニ付[illegible]御入[illegible]
[illegible]

[illegible]

北川溜破損仕候ニ付[illegible]溜[illegible]溜[illegible]
仕候[illegible]仕[illegible]御入[illegible]
[illegible]

四十五う

四十六お

四十六う

四十七お

四十七う

四十八お

四十八う

四十九お

四十九う

五十お

五十う

五十一お

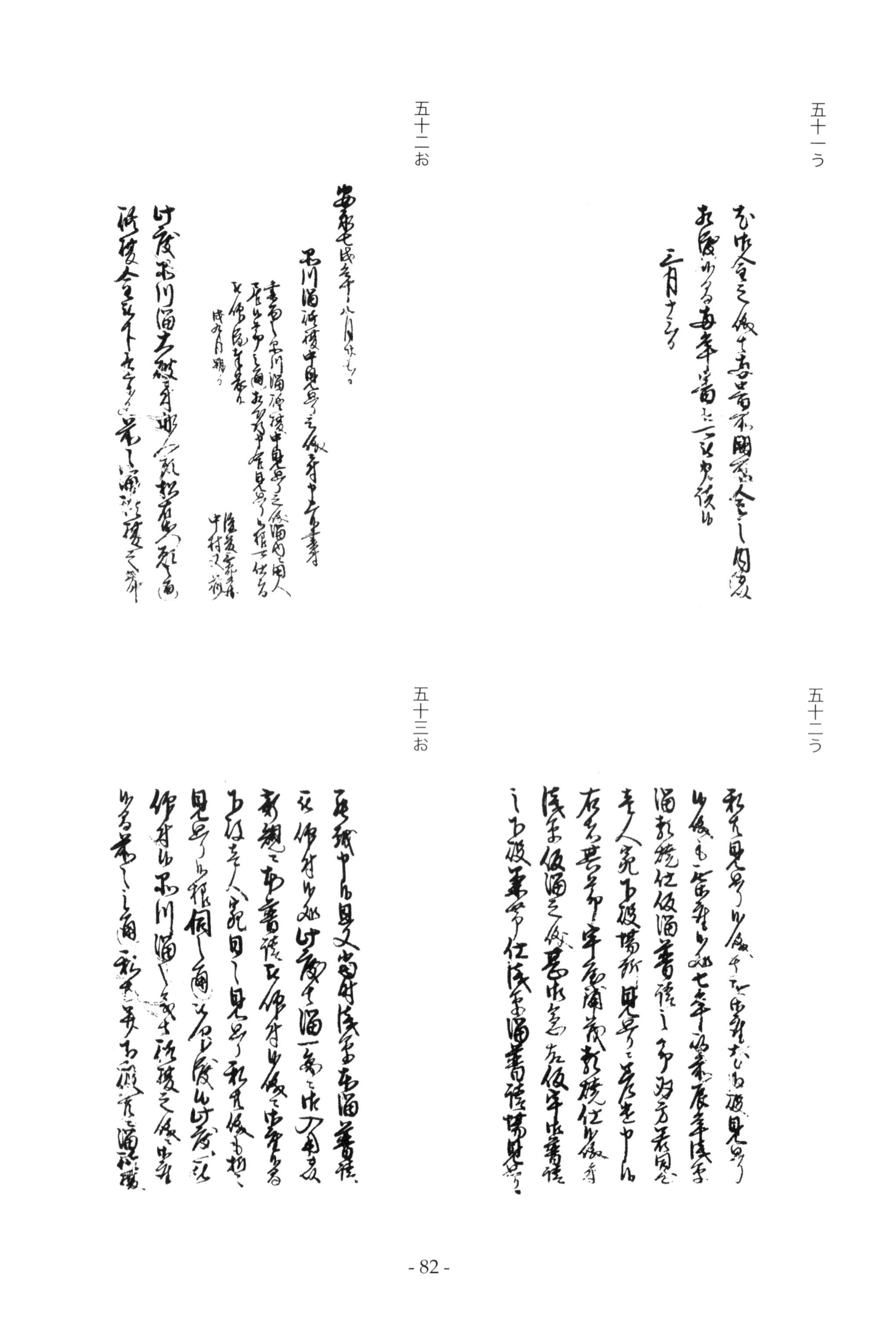

五十一う

五十二お

五十二う

五十三お

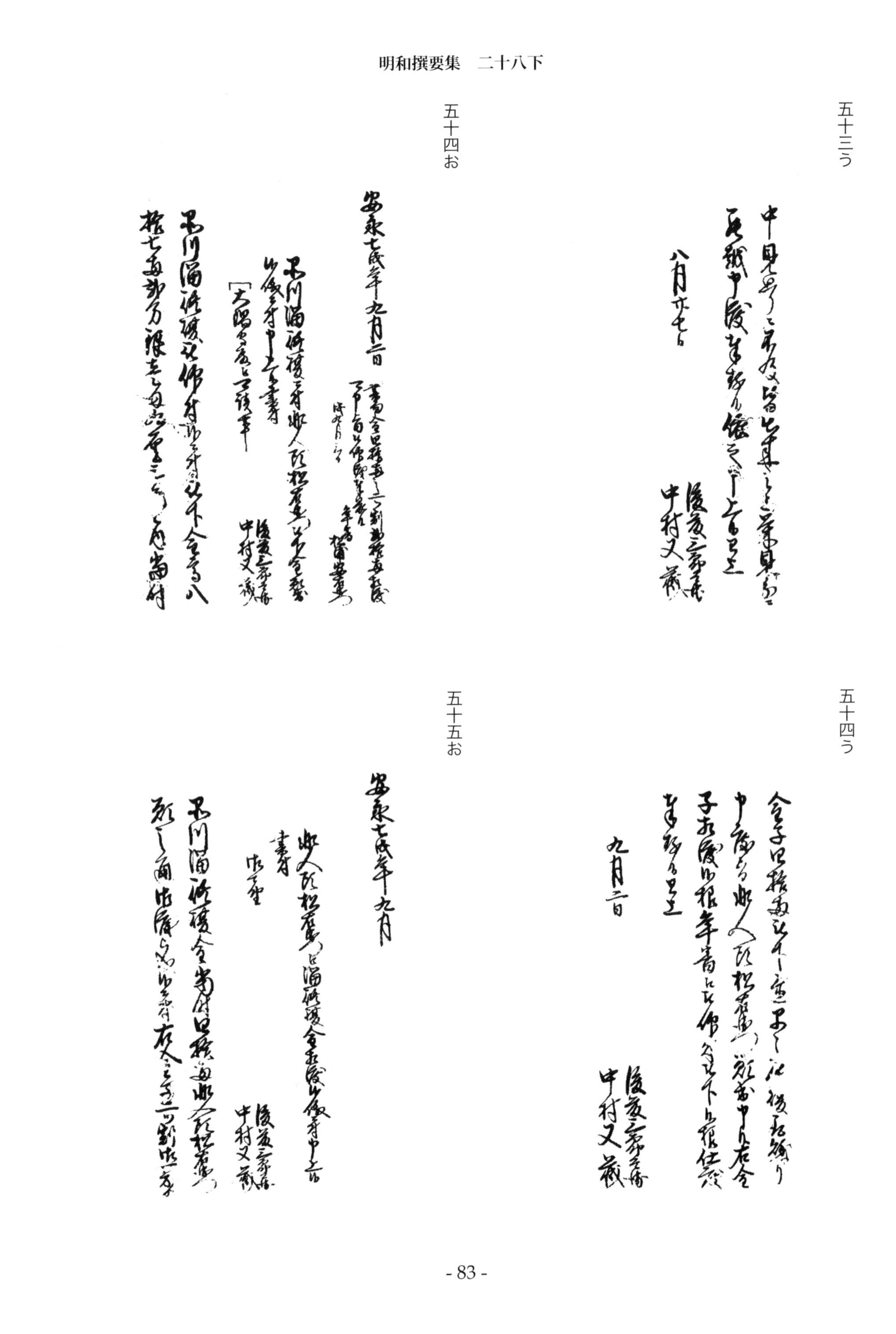

五十三う

五十四お

五十四う

五十五お

五十五う

五十六お

五十六う

五十七お

五十七う

十二月十二日

後藤三右衛門
中村又蔵

五十八お

安永七戌年十二月

五十八う

戌十二月

後藤三右衛門
中村又蔵

五十九お

裏表紙

表表紙

中表紙お

表表紙う

一う

二お

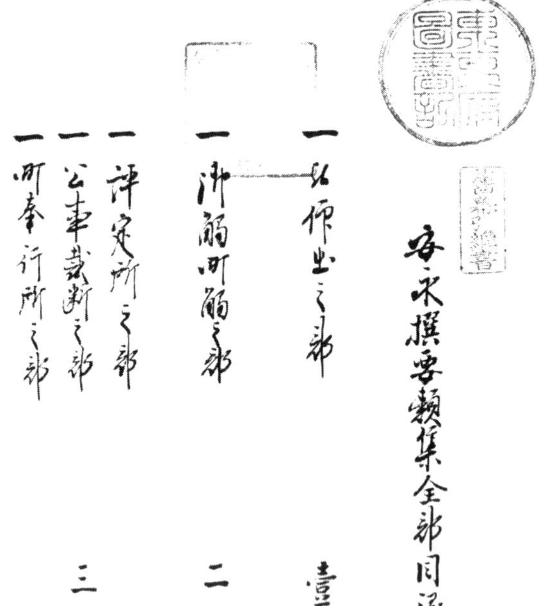

安永撰要類集全部目録

一 御仕置之部 壹

一 御觸町觸之部 二

一 評定所之部

一 公事裁許之部 三

一 町奉行所之部

二う

一 御役儀之部 四

一 御法事之部 五

一 御成之部

一 神田川之部

一 高札之部 六

一 日雇座之部

一 請人宿之部

一 奉公人宿之部

三お

一 米穀之部 七

一 金銀銭之部 八

一 薬種之部

一 書物之部 九

三う

四お

四う

五お

五う

一 組中之部　二十六

一 支配向之部　二十七

一 三芝居之部

一 吉原町之部　二十八

一 附録　二十九

裏表紙お

裏表紙

表表紙

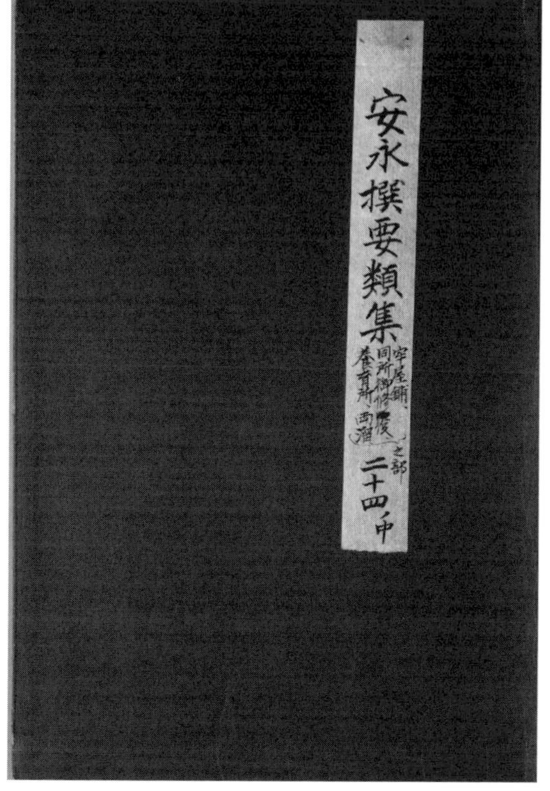

中表紙

表表紙う

一う

二お

養育所

壱
一 当宿養育所出来候ニ付牧野大隅守より達書付

二
一 右養育所相止候ゟ山村信濃守ゟ達書

二う

三お

両溜

壱
一 非人頭善七儀溜并川〻不浄もの打揚ケ候川岸ニ船打積候ニ付御下ケ金相願候始末書取調差出候書付

二
一 右ニ付町年寄差出候書付

三
一 右善七差出候積書并積書付

四
一 穢多頭弾左衛門方ゟ当宿溜込ニ差出候者同所へ戻し候ニ付同人差出候書付

五
一 素人ゟ非人ニ成候者素人ニ立戻候者差戻し候ニ付右弾左衛門差出候書付

六
一 当溜取建候後溜并其後仕法替り候得共所不知ものも溜江入置御城外人足共差出来候ニ付非人頭善七松右衛門差出候書付

弐ケ條

三う

七　一　淺草溜囚女溜江預ケ候者入墨之上囲ひ遣
度旨非人頭善七願之趣牢屋見廻り方差出之見
書付

八　一　右善七差出候願書絵図仕様内訳帳　四ヶ條

九　一　右女溜普請出来ニ付牢屋見廻り出来栄
見分之届書付

十　一　右代金善七江可相渡候儀ニ付牢屋見廻り方差出候書付

四お

十一　一　淺草二ヶ所溜新規建出シ候牢屋見廻り伺書付
其外一件書付　四ヶ條

十二　一　品川溜修復之儀牢屋見廻り方差出候伺書付

十三　一　右ニ付非人頭善七差出候書付並仕様帳内訳帳
三ヶ條

十四　一　右溜修復直段積之儀御手当差出候伺書付

十五　一　品川溜修復ニ付前々非人頭松右衛門相願ニ付

四う

牢屋見廻り方差出候書付

十六　一　右ニ付右松右衛門差出候書付　二ヶ條

十七　一　品川溜修復普請出来ニ付代金不残可相渡旨之
儀ニ付牢屋見廻り方差出候書付

五お

五う

六お

無宿養育所

六う

七お

安永九子年十月廿四日於　御城大隅守殿ゟ被渡

「曲淵甲斐守殿江　　牧野大隅守

此度於深川茂森町ニ無宿養育所
被　仰付、以来出生無之無宿共差遣し、尤
遣候間、職業を為覚、無宿ニ無之様ニいたし
撫育申付、引請候者於有之ハ其以上右
養育所へ差出可申候、尤無宿養育所江

七う

難儀之分ハ役所江呼出遣候
右ハ主殿頭殿江伺之上申渡申候

子
十月

八お

天明六午年五月廿七日於内寄合請取之

一　甲斐守殿江　　　山村信濃守

深川常盤町之宿書面折之儀
今般伺之上相止申候段申渡申候

午五月

八う

九お

支

溜

九う

十お

十う

十一お

十一う

[illegible]

十二お

[illegible]

十二う

[illegible]

十三お

[illegible]

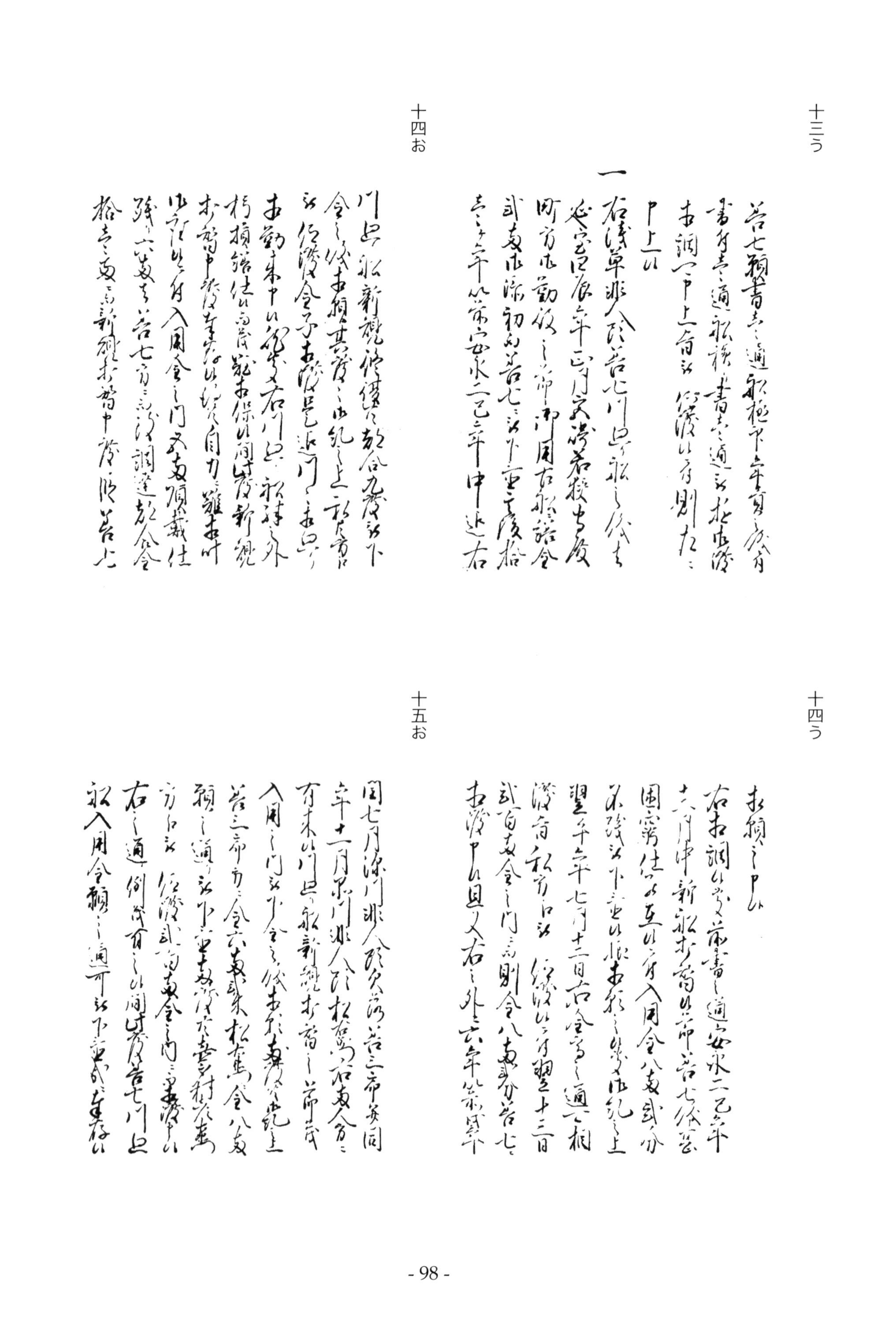

十三う

十四お

十四う

十五お

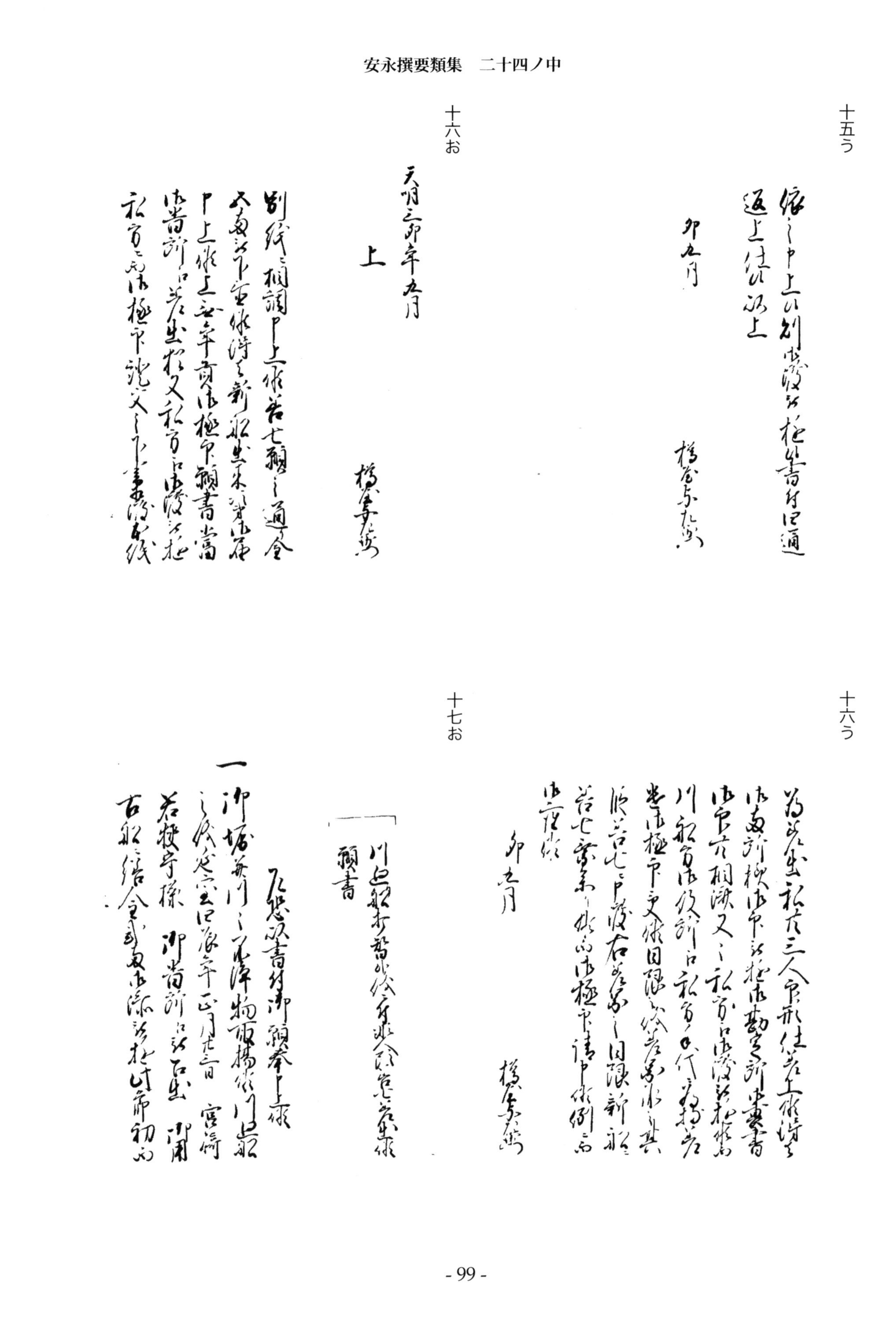

十五う

十六お

十六う

十七お

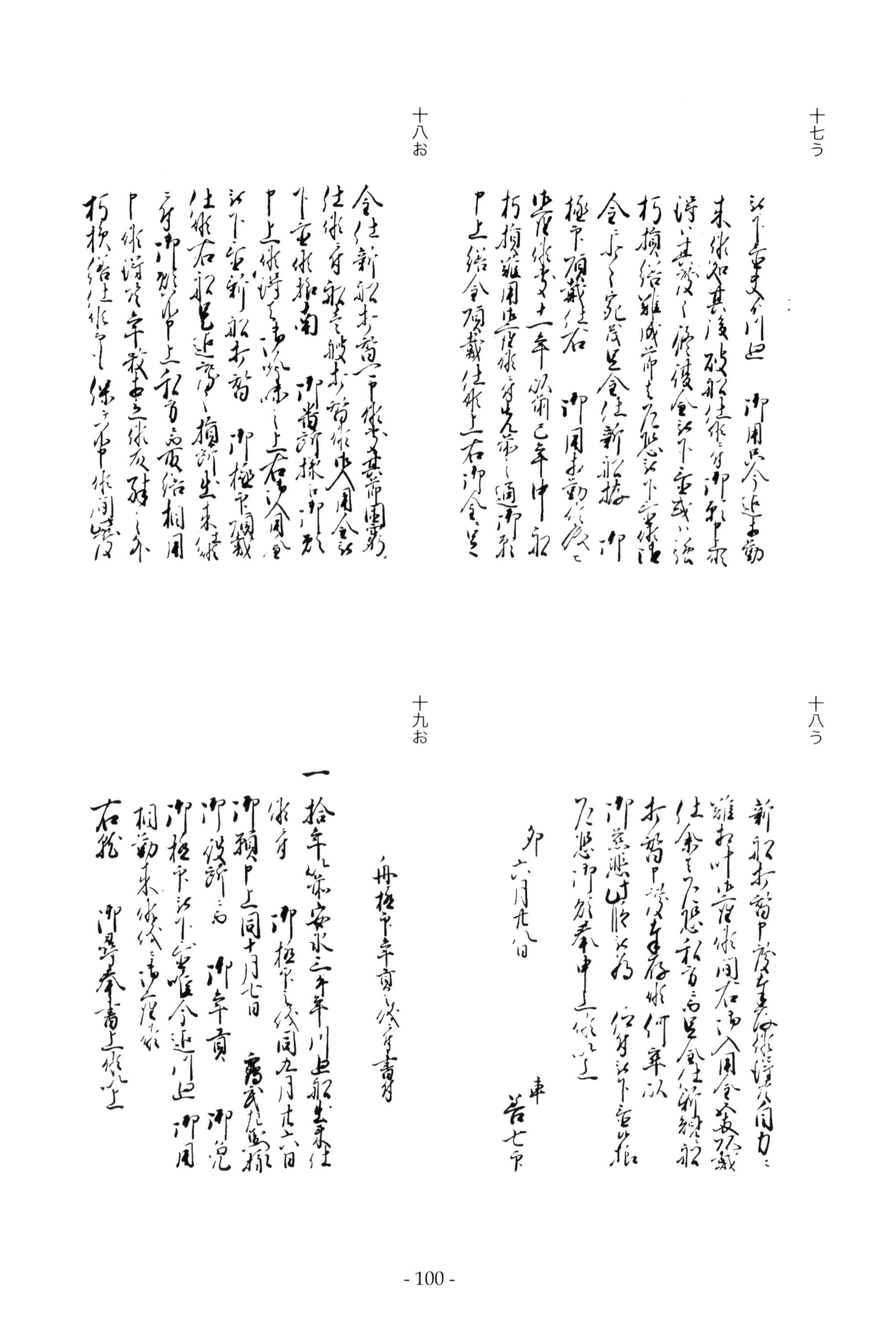

十七う

十八お

十八う

十九お

十九う

卯七月六日　東
　　　　　　岩七

二十お

一 赤智船積書
新造茶船壱艘造立入用書上

一 新造茶船壱艘　長サ三間三尺
　　　　　　　　横前所巾四尺
一 根棚板　松　長所巾壱尺壱寸六分
一 同弐枚所　同断
一 上棚　同断

二十う

一 船梁六挺　檜
一 小縁　同断
一 ミよし　杉同し
一 くり小縁　同断
一 ちり座板之ふち　同断
一 せいもん立　檜

二十一お

一 外ト小縁　杉同し
一 板子　松　長所巾壱尺六寸
一 舟釘　壱わり弐分
　　　　釘拾本
一 縁付釘　同 拾壱本
一 かい落釘　同 拾六本
一 上棚釘　同 拾四本

二十一う

一 小緑釘

一 こも表同様申候

一 樽　壱挺

代金拾壱匁

内金八両預り戴候ニ付左ニ奉存候

同 拙者取之

右様 御尋奉書上候以上

卯七月六日

東 善七

二十二お

天明八申年三月差出候書付

一 私方ニ差置候女宿指込之者諸任役人様方ゟ御尋被仰付候間深谷方指込ミ之者ニ御座候ニ付然ル所御座候ニ付如何様之儀御座候哉ニ付御書付可致旨当三月廿六日当御番所御呼出ニ而被仰付候ニ付明廿七日右之通奉書上候

二十二う

一 女宿指込役之代

[illegible]

一 同人足

右之通奉書上候得者人足数之儀[illegible]計ニ而ハ無御座候難見分候間勝手次第御用之節者私之宿ゟ御差出可申上候得共猶又右之通ニ御座候旨御尋ニ付御受申上候

右之者相違無御座候以上

申三月

浅草 深谷九郎

二十三お

寛政元酉年八月指込女宿[illegible]

一 指込女宿[illegible]

但[illegible]

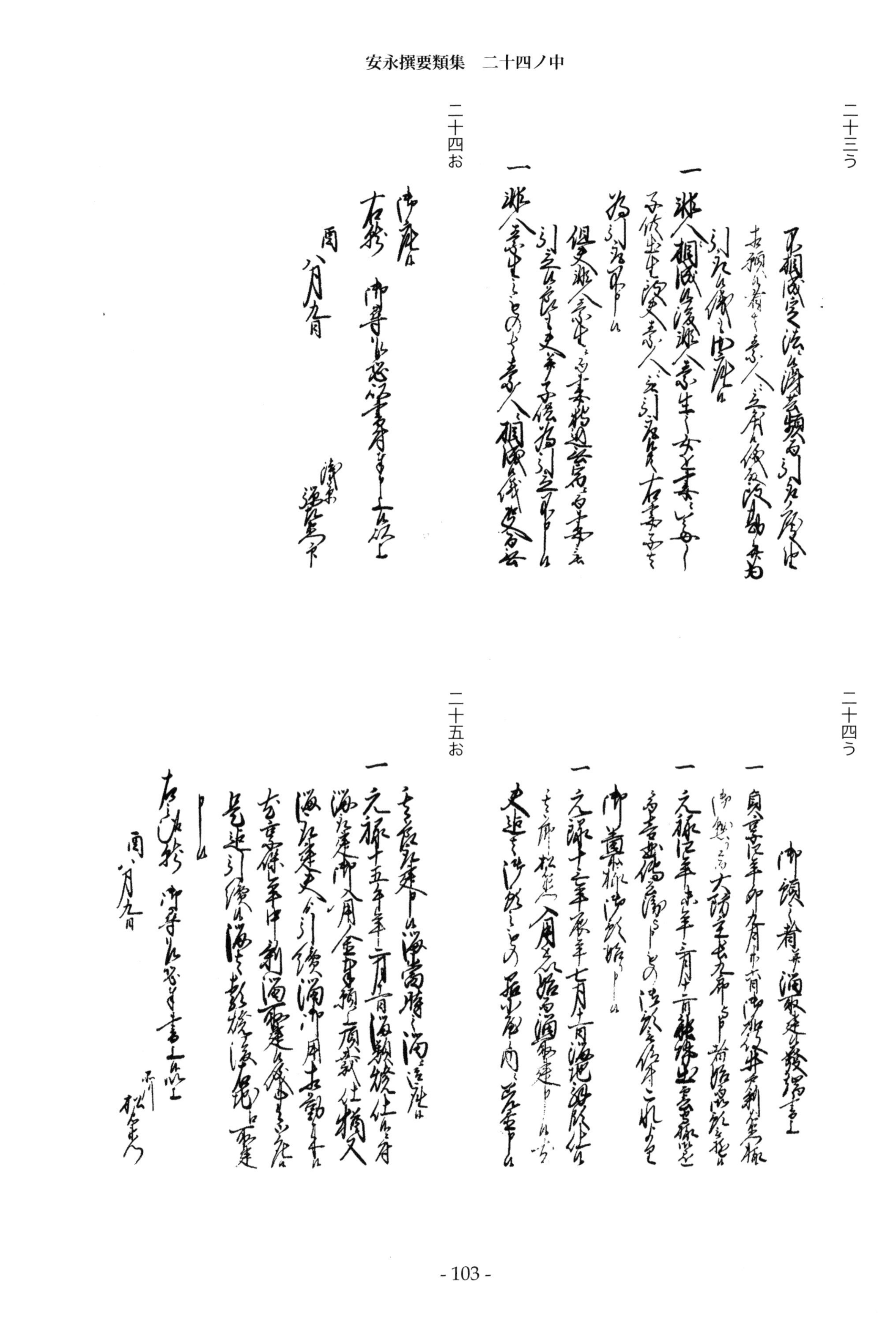

二十三う

二十四お

二十四う

二十五お

二十五う

二十六お

二十六う

二十七お

二十七う

二十八お

二十八う

二十九お

二十九う

三十お

三十う

三十一お

三十一う

六年以前辰四月類焼仕候女溜絵図面

女溜
梁間　弐間
桁行　六間　但図之通
柿葺

三十二お

浅草女溜新規ニ相建候仕様帳　申　廿七

一　六年以前辰四月類焼仕候右図之通女溜
此度梁間弐間桁行六間軒高九尺方瓦作柿葺
壱ケ所　同所板囲ニ而付ケ壱尺弐尺宛ニ補理有之
者入置候壱尺弐寸宛囲ニ而仕切残三尺之壱尺宛
当溜ニ仕候、并者屋壱尺ニ弐尺ニ而弐寸宛ニ柿葺
中央東西之間ニ所小丸太組囲板張ニ仕新規ニ相
建申候仕様左之通申上候

三十二う

一　本家囲者屋之本柱木両側ニ壱寸五分本家囲之儀ハ
三尺毎ニ壱本宛右者長サ六尺ニ而東西弐間宛角柱木
弐間末口三寸五分丸太梁木弐間末口四寸五分丸太梁桁尾
引同木棟木縁木弐寸末口三寸丸太囲者屋并本家之
庇ニ余木松八本メ壱寸五分廣木舞木壱寸五分貫木
垂木木舞貫本家ニ余木松九本拾本メ壱寸囲
者屋本家庇ニ柿葺板長壱尺ニ付敷板ニ松
六本メ壱寸同根太板松六分板本家囲右之通
格子木小丸太壱間毎ニ九本宛柱松四寸ニ壱寸ニ

三十三お

桟木門柱同天井外柱同松六分板者屋外柱同
敷囲松六分板本家囲者屋敷通貫木壱寸宛
貫中央東西之間ニ所木弐尺末口三寸丸太長高
七尺ニ仕候

右者左之通

一　東弐間四寸角　拾六本
是ハ女溜本家者屋ニ遣申候

一　木弐間末口三寸五分丸太　五拾四本
是ハ本家并囲者屋之柱并外囲桁ニ遣申候
門桁弐本并本家并囲遣申候

三十三う

一 杉弐間末口二寸九分　八拾本　内四拾本ハ古木御用ニ
　是ハ御殿北中之間床并棟木隅木縁天井押縁并通り
　迄ニ遣申候

一 松弐間末口四寸九分　拾四本　内八本古木御用申候
　是ハ本家并囲番所之梁尾引ニ遣申候

一 松弐間六本〆二寸　三拾八本
　是ハ本家囲番所根太并天井之縁ニ遣申候

一 松九尺拾本〆二寸　三拾四本
　是ハ本家二ノ木ニ遣申候

三十四お

一 松壱間鋪居木　拾四挺
　是ハ本家囲番所敷居鴨居ニ遣申候

一 杉二寸五分貫　百六拾六挺
　是ハ本家囲番所中之間床数囲板塀ニ通貫ニ遣申候

一 松弐間八本〆二寸　三拾本
　是ハ本家囲番所棟木ニ遣申候

一 杉木舞竹　百二拾五挺
　是ハ右同所屋根ニ遣申候

一 杉小割　拾八本
　是ハ右同所打〆ニ遣申候

三十四う

一 松六分ノ板　五百四拾六枚　内三拾枚古板御用申候
　是ハ本家囲門柱目天井根太外柱目并数囲板柱目
　番所根太板ニ遣申候

一 松壱間厚壱寸ノ板　七枚
　是ハ溜門之流ニ遣申候

一 松九尺四寸ニ五寸挽木　弐挺
　是ハ本家并通り根太上下檀ニ遣申候

一 同壱間四寸ニ五寸挽木　五挺
　是ハ門脇ニ右門柱ニ遣申候

一 杉戸　拾六枚
　是ハ本家并通り囲番所入口ニ遣申候

三十五お

一 杉屋根板　五拾七把　[illegible]
　是ハ本家并底囲番所屋根ニ遣申候

一 杉棟打板　六間分
　是ハ本家囲番所ニ遣申候

一 竹釘　六升五合
　是ハ右屋根葺ニ遣申候

一 大弐寸釘　六百五拾本
　是ハ右屋根棟〆釘ニ遣申候

一 板屋根葺　弐拾弐人

三十五う

一　同手傳人足　　拾弐人

一　中鍛釘（三百五拾匁）　　弐百本
　是ハ本家同前屋根ゟ天井迄[illegible]打付申候

一　大釘　　七百八拾本
　是ハ本家同前屋根木舞[illegible]打付申候

一　次釘　　壱万六千五百本
　是ハ本家同前[illegible]打付申候

一　是ハ四寸釘　　五百六拾本
　是ハ本家同前屋根[illegible]打付申候

三十六お

一　五寸挽続　　壱ツ
　是ハ本家戸前口ニ懸ケ申候

一　四寸挽続　　六ツ
　是ハ本家戸前口[illegible]入口ニ懸ケ申候

一　四寸輪掛続　　弐掛
　是ハ本家戸前口中[illegible]入口ニ懸ケ申候

一　三寸輪掛続　　四掛
　是ハ同入口ニ懸ケ申候

一　付続重ね三寸五分　　四掛
　但定続之

三十六う

　是ハ同ニ懸ケ申候

一　大工　　百三拾五人

一　手傳人足　　五拾人

一　車　　弐拾輌
　是ハ諸材木引取候車力ニ而御座候

右之通ニ御座候以上

寛政元酉年五月　　東　若七

三十七お

浅草女淵新規相建候門試帳

東　若七

一　女淵壱ケ所　　桁行三間　梁間弐間　柿葺　　軒高九尺

右仕様門試

一　銀百拾弐匁
　是ハ女淵本家[illegible]ニ懸ケ申候
　東弐間五寸角柱拾六本　但壱本ニ付銀七匁宛

三十七う

一 銀百四拾四匁五分　　松弐間末口三寸五分九本弐拾本
　　是ハ御本丸奥向台所屋根板張替外趣ニ相用申候　　但壱本ニ付銀六匁七分宛

一 銀四拾弐匁四分　　松弐間末口三寸九本三拾六本
　　是ハ御殿向中奥表奥ニ棟木隅木軒天井押縁并通椽
　　廻り等ニ相用申候　　但壱本ニ付銀六匁四分宛

一 銀弐拾五匁　　松弐間末口四寸九本六本
　　是ハ御本丸奥向台所之渠庇引ニ相用申候　　但壱本ニ付銀五匁宛

一 銀三拾五匁弐分　　松弐間六本ゟ三寸三拾八本
　　是ハ御本丸囲台所屋根之并天井廻り縁ニ相用申候　　但弐本ニ付銀九匁宛

三十八お

一 銀拾弐匁六分　　松壱間浦在木拾五挺
　　是ハ右同所浦之庇明キ取ニ用申候　　但壱挺ニ付銀九分宛

一 銀百拾七匁八分六厘　　松三寸四分角百六拾六挺
　　是ハ御本丸囲台所中奥表熱囲板壁并通
　　廻り等ニ相用申候　　但拾挺ニ付銀七匁壱分宛

一 銀拾七匁　　松九尺拾本ゟ三寸ニ拾五本
　　是ハ御本丸雪木ニ相用申候　　但拾本ニ付銀四匁宛

一 銀弐拾壱匁　　松弐間八本ゟ三寸ニ拾本
　　是ハ御本丸庭囲台所之雪木ニ相用申候　　但拾本ニ付銀七匁宛

三十八う

一 銀三拾六匁五分四厘　　松木舞竹百三拾四挺
　　是ハ右同所屋根ニ相用申候　　但拾挺ニ付銀弐匁七分宛

一 銀拾匁八分　　松小割拾八本
　　是ハ右同所野ゟ[illegible]ニ相用申候　　但拾本ニ付銀六匁宛

一 銀三百八拾七匁　　松六分五厘板五百拾六枚
　　是ハ御本丸囲門拝見天井板之外拝見并熱囲板
　　拝見台所屋根之板ニ相用申候　　但拾枚ニ付銀七匁五分宛

一 銀拾壱匁弐分　　松壱間厚壱寸八枚七枚
　　是ハ渦門水流ニ相用申候　　但壱枚ニ付銀壱匁六分宛

三十九お

一 銀拾四匁五分　　松九尺ゟ三寸挽木弐挺
　　是ハ御本丸本通椽之上下框ニ相用申候　　但壱挺ニ付銀七匁壱分宛

一 銀弐拾四匁　　同壱間四挺
　　是ハ同所之右門廻ニ相用申候　　但壱挺ニ付銀六匁宛

一 銀四拾六匁　　松戸拾六枚
　　是ハ御本丸本通并囲台所入口ニ相用申候　　但壱枚ニ付銀弐匁九分宛

一 銀百四拾匁七厘五毛　　板屋根拾坪
　　但壱坪ニ付[illegible]

一 銀弐百三拾四匁六厘　　熱打代

一 銀四拾七匁七分　　熱役料代

三十九う

四十お

四十う

四十一お

損不少多分相成候要害ニ茂差障候間兼而近く
通梁間三間桁行五間之内二箇所宛
三箇所弐尺三尺仕切木通リ五尺之下巳人
五寸屋根下庇共尾垂松皮葺ニ仕新規建並
申度且又庇下九尺五尺ニ而御座候巳年以来
竹七人用ヲ以補理損不少差支候ニ付右
五尺ニ相用二三箇所新規相建申度且
右願候右代金積并代金六拾九両壱分
程弐朱五厘ニ而御座候ニ付右金御下渡方

之儀奉願上候尤且之引方ニ而前々之通竹七
申上候右之通申立候得者御修復之節者差存候
別竹七差出候願書仕様書帳面絵図面
相添奉伺候右之通御修復被成下候様奉願
申上候以上

七月廿二日

新築右衛門
蜂屋新五郎

浅草三ケ所新規建並候仕様帳

竹七

一 二ケ所壱ケ所 桁行五間梁弐間軒高九
尺五寸之下巳人五尺五寸屋根下庇
共松皮葺仕右之内三尺巳方二ケ所弐尺三尺
三ケ所仕切新規建並候仕様左ニ奉申上候

一 本柱松丸太四寸角間柱之儀七本柱之
残九尺五寸ニ而申候壱尺五寸弐尺之新栗弐間
五寸角桁梁木共母屋隅木杉弐間末口

四寸九尺梁松弐間末口六寸九尺梁桟尾引
松弐間末口四寸九尺弐寸本松弐寸角天井竿縁
松弐間六分丸太手通貫檜本并杉大貫束
板松六分五厘板家根土居葺杉板ニ而一寸五分尾
次庇松皮葺大株五通九尺垂隅株ニ通巳尾
止新通庇草平尾壱尺杉通五寸壱尺内打付并根太
板松弐尺厚壱寸五分板根太松弐尺弐寸角格子
五尺之新格子庇松四寸五寸桟木同建子
松三寸角天井外打付松六分五厘板外打付

四十三う

押縁杉弐間末口三寸丸太弐ツ割ニ仕壱間毎ニ
九本宛腰竪ニ打付申候
　木寄せたし通

一　栗弐間五寸角　　　　　　　　拾壱本
　　是ハ本家中仕切壁隅ゟ弐間之所立居ニ遣申候

一　杉弐間末口四寸丸太　　　　　弐拾弐本
　　是ハ本家本柱ニ先残丸太間柱ニ遣申候

一　杉弐間末口四寸丸太　　　　　拾壱本
　　是ハ榑棟木母屋并隅木ニ遣申候

四十四お

一　杉弐間末口三寸丸太　　　　　五拾本
　　是ハ外枠目押縁弐ツ割ニ仕遣申候

一　松三間末口六寸丸太　　　　　四本
　　是ハ本家梁ニ遣申候

一　松三間末口四寸丸太　　　　　九本
　　是ハ梁桁并庇引ニ遣申候

一　松弐間末口四寸丸太　　　　　四本
　　是ハ梁桁ニ遣申候

一　松壱間三寸角　　　　　　　　五拾七本

四十四う

　　是ハ格子建子ニ遣申候

一　松弐間弐寸角　　　　　　　　百四拾弐本
　　是ハ本家庇壁隅ゟ貫木并根太天井巳縁
　　西之家庇鴨居柱間柱ニ遣申候

一　松弐間六分〆二寸　　　　　　三拾六本
　　是ハ本家天井竿縁ニ遣申候

一　松弐間八分〆三寸　　　　　　拾本
　　是ハ天井廻縁ニ遣申候

一　松弐間厚壱寸大板　　　　　　百七拾弐枚

四十五お

　　是ハ内枠目并根太板ニ遣申候

一　松六分大板　　　　　　　　　五百九拾壱枚
　　是ハ屋根裏板并天井其外中仕切外枠目
　　壁腰ニ遣申候

一　松壱間四寸ニ五寸桃木　　　　拾挺
　　是ハ格子上下框ニ遣申候

一　松大貫　　　　　　　　　　　九挺
　　是ハ廣小舞ニ遣申候

一　松三寸五分貫　　　　　　　　六拾五挺

四十五う

是ハ通貫大升板継目押縁ニ遣申候

一 杦三尺戸　八枚
　是ハ揚戸ニ遣申候

一 杦尾根板　三人縄也 百六拾把
　是ハ本家并庇ハ尾根ニ遣申候

一 竹釘　壱斗八升
　是ハ右同前

一 杦拵折板　弐間分
　是ハ本家尾根ニ遣申候

四十六お

一 大弐寸釘　千八百本
　是ハ本家并庇ハ尾根ニ遣申候

一 板尾根葺　三拾六人

一 同手伝人足　拾八人

一 堆麻平尾　弐千八百枚
　是ハ越尾根弐寸目ゝ葺申候

一 唐草平尾　百五拾枚
　是ハ彩通ニ遣申候

一 丸尾　百本

四十六う

是ハ棟并隅棟ニ遣申候

一 巴丸尾　八本
　是ハ隅棟彩通ニ遣申候

一 亞地鬼板尾　弐枚
　是ハ棟度隅ニ遣申候

一 唐草隅尾　四枚
　是ハ彩通ニ隅ニ遣申候

一 尾釘　拾八本
　是ハ尾止ニ遣申候

四十七お

一 次寸釘　百五拾本
　是ハ右同前

一 針銅　弐拾匁
　是ハ鬼板尾懸并本尾ニ遣申候

一 葺土　六拾荷
　是ハ尾根葺ゆニ遣申候

一 葺手間　弐人

一 手伝人足　九人

一 車　四輌

四十七う

是ニ而尾引板ニ而東方ニ而庇ニ而

一 中結釘 二百六十匁
是ニ而扉木根太外方桁押縁木打付ニ而遣申候
千四百本

一 大六寸釘
是ニ而内桁同前根太板押縁并大打付ニ而遣申候
六千五百本

一 四寸釘
是ニ而庇根太板打付ニ而遣申候
四千七百本

一 次六寸釘
是ニ而外桁同中仕切木打付ニ而遣申候
壱万八百本

四十八お

一 貫木并挟物
足ニ而戸前口弐ヶ所ニ遣申候
弐口

一 付挟竹子三寸
足ニ而右同所
弐組

一 付挟竹子弐寸
足ニ而右同所
弐組

一 六寸実綻
足ニ而右同所
弐ツ

一 五寸実綻
弐ツ

四十八う

足ニ而右同所

一 海老錠
足ニ而右同所
弐口

一 大工
弐百拾弐人

一 手伝人足
百弐拾六人

一 丸石
弐拾

一 車
是ニ而備枝木引板ニ而車方ニ而仲ニ而
三百弐拾

右之通ニ御座候以上

寛政元酉年七月
東
若七

四十九お

浅草三之間新規建直シ門扉帳
東
若七

一 三之間壱ヶ所
桁行五間
梁間三間
瓦松皮葺
軒高九尺

右仕様門扉

一 銀百弐拾壱匁
東弐万六寸角拾壱本
但壱本ニ付銀拾壱匁宛
足ニ而本家中仕切木隠シニ而弐万ニヶ所土台ニ遣申候

四十九う

一　銀百八拾七匁
是ハ本家本柱ニ而残り九本為柱ニ而申候
松弐間末口四寸九分廿弐本
但壱本ニ付銀八匁五分宛

一　銀六拾六匁
是ハ桁梁木母屋并福木ニ而申候
松弐間末口四寸九分拾壱本
但壱本ニ付銀六匁宛

一　銀七拾五匁
是ハ外側目押縁弐ツ割ニ仕而申候
松弐間末口三寸九分五拾本
但壱本ニ付銀壱匁五分宛

一　銀四拾八匁
是ハ本家梁ニ而申候
松三間末口六寸九分四本
但壱本ニ付銀拾弐匁宛

一　銀五拾八匁五分
是ハ梁挟并尾引ニ而申候
松三間末口四寸九分九本
但壱本ニ付銀六匁五分宛

五十お

一　銀九匁六分
是ハ梁挟ニ而申候
松弐間末口四寸九分四本
但壱本ニ付銀弐匁四分宛

一　銀百三拾六匁八分
是ハ格子建子ニ而申候
松壱間三寸角五拾七本
但壱本ニ付銀弐匁四分宛

一　銀弐百拾三匁
是ハ本家床并縁板敷床根太天井廻り縁雨戸敷居
鴨居方柱ゟ下ニ而申候
松弐間弐寸角百四拾弐本
但壱本ニ付銀壱匁五分宛

一　銀三拾弐匁四分
是ハ本家天井竿縁ニ而申候
松弐間六歩〆三寸三拾六本
但壱本ニ付銀九分宛

五十う

一　銀七匁
是ハ天井釣木ニ而申候
松弐間八歩〆三寸拾本
但拾本ニ付銀七匁宛

一　銀七百廿弐匁四分
是ハ門側目并根太板ニ而申候
松弐間厚サ壱寸板百七拾弐枚
但壱枚ニ付銀四匁弐分宛

一　銀四百四拾七匁七分五厘
是ハ屋根裏板并天井板外中仕切外側目板ニ而申候
松六分大板五百九拾七枚
但拾枚ニ付銀七匁五分宛

一　銀五拾匁
是ハ格子上下框ニ而申候
松壱間四寸ニ五寸挽木拾挺
但壱挺ニ付銀五匁宛

五十一お

一　銀拾匁八分
是ハ廣木舞ニ而申候
松大貫九挺
但壱挺ニ付銀壱匁弐分宛

一　銀四拾六匁壱分五厘
是ハ通貫天井板押目押縁ニ而申候
松弐寸〆貫六拾五挺
但拾挺ニ付銀七匁壱分宛

一　銀廿八匁
是ハ格子下ニ而申候
松三尺戸八枚
但壱枚ニ付銀三匁五分宛

一　銀三百五拾三匁七分八厘
三拾五坪半
古瓦葺代
但瓦共

一　銀三百九拾壱匁六分
三拾五坪半
尾松皮葺代
但瓦共

五十一う

一　銀三百七拾匁九分七厘　鉄釘代

一　銀八拾弐匁六分　鉄鋲拘代

一　銀三百七拾八匁　大工弐百五拾弐人
　　但壱人ニ付銀壱匁五分宛

一　銀百五拾壱匁弐分　手伝人足百廿六人
　　但壱人ニ付銀壱匁弐分宛

一　銀三拾匁　丸石　弐拾
　　但壱ツニ付銀壱匁五分宛

一　銀百四拾四匁　車三拾弐両
　　但壱両ニ付銀四匁五分宛

五十二お

是ハ諸材木引取候車力ニ而御座候

〆銀四貫百五拾七匁五厘
　代金六拾九両壱分銀弐匁五厘

右之通御座候以上

寛政元酉年七月　　　車
　　　　　　　　　　若七

五十二う

寛政元酉年十月廿四日

〔浅草溜御修復ニ付見分〕

御届

浅草溜御修復ニ付新規之儀見分之上申上候処
二三ヶ所取繕被仰渡候ニ付今日分見分仕候、相掛リ申候
右之外相願候儀無御座候ニ付此段申上候以上

十月廿四日　　　伊沢信之助
　　　　　　　向方
　　　　　　　　永井吉蔵

五十三お

寛政元酉年五月

〔非人松右衛門品川溜御修復奉願候儀申上候書付〕

書面品川溜御修復取繕之通
可申渡旨被仰渡奉承知
八月廿四日

松浦五左衛門
蜂屋彦太郎

非人松右衛門品川男溜女溜其外板
塀等屋根破損仕候ニ付此度御修復之儀
奉願候是迄萱屋根ニ而御座候処瓦葺ニ
仕候積清入用金百五拾六両弐分銀八匁

上二

五十三う

壱分九厘七毛相掛り候旨私共迄申立候
浅草溜も節ニ入尾菁ニ而御渡被下候品川
溜儀右申立候通尾菁ニ而御渡被下候得共
要害保チ兼ニ而一旦ニ方ニ御座候ニ付右者
困窮ニ至り候儀ニ御座候間先前之通リ貫
茅ニ而御附被下候ハヽ先年御渡被下候例も
年数相成候ニ付破損仕候段申遣シ御座候間
何卒右之取極之内御渡被下度奉願候
奉存候御渡被下候ハヽ御渡被下候儀ニ御座候

五十四お

私共右場所見分仕候処申上候
取調申上候通相違無御座候
付仕候間松右衛門願書差上候ニ付
例書仕相添候
奉伺候以上

酉五月

非人頭
善三郎

五十四う

一

乍恐以書付御願奉申上候

品川囲溜屋根内外破損仕候ニ付屋根
補修并ニ本溜茅葺替等之儀
茅通坂塀普請并同所溜屋根右者溜
惣体破損仕候ニ付此度御修復被成下候様
奉願上候別紙仕様帳相添差上申候
囲溜之分金百三拾弐両ニ分銀拾匁
七厘六毛、女溜之分金三拾弐両二分銀

五十五お

九匁壱分弐厘壱毛都合金百弐拾六両
弐分銀八匁壱分九厘七毛相掛り申候
右溜之儀ハ近年屋根茅尾菁ニ仕度
此段右仕様帳面之通り尾菁ニ仕度
奉存候此儀ハ通り溜之儀ハ方ニ
前ニ茅町家之建並候得共万一出火
有之候節ハ火之用心兼寛政七年
卯三月廿二日品川寺門前出火有
之候節火之粉相掛り候儀も御座候得共

五十五う

萱屋根ニ而も難防殊又石川溜之儀ハ
海辺ニ而大風之節ハ風中ニ候度〻
屋根損候ニ付而も莫太之入用ニ而諸色
候得共度〻之儀ニ成候得ハ莫太之入用ニ而も
難叶候ニ付、此度御修復奉願上候得共
御修復度〻之儀ニ成候而ハ恐入存候ニ付
屋根萱ニ仕候ハヽ右ニ而要害宜存候
奉存候、然ル八年以前寅年御修復
奉願上候入用金頂戴御修復仕候後

五十六お

惣囲矢来共外囲〻破損仕候分共ニ
近年入用ニ而御修復仕置候得共年来相成
溜之儀ニ御座候間汀持杭朽腐候ニ付又当夏
中大風之節屋根大破仕候処、萱者当年
申上候通屋根之儀惣体破損仕候ニ付
何卒此度御慈悲右之通被仰付被下置候ハヽ重形ニ通
御修復被仰付被下置候様奉恐入候、以書付
御願奉申上候、以上

寛政元酉年九月

石川
松[illegible]

五十六う

石川溜所〻御修復仕様書上

一 桁行拾間梁間三間折高サ壱丈壱尺
屋根萱男溜壱ヶ所并通シ戸八ヶ七尺附庇
間打臥八尺宛ニ矢来飾湯呑場雪
隠共屋ニヶ所溜外囲板塀共

此仕様

一 右屋根下地椽松三寸角廣木尺居
松中貫ニ仕松屋根板壱寸五分足ニ萱

五十七お

一 立屋萱共天井損候分八分通繕申候
并側共後通雪隠廻本柱三拾本之内
朽候分松丸太長弐間末口五寸削立尺寸
角ニ而〆弐本取替残り六本右同木ニ而根
継惣土台下家石仕椿共五寸角ニ而取替
壱間毎ニ松小丸太拾壱本宛打付有之
候処朽候分八分通取替内外羽目板不残
張打替揃子窓二ヶ所ニ五尺宛ニ〆松丸太
削立三寸角ニ而取替申候

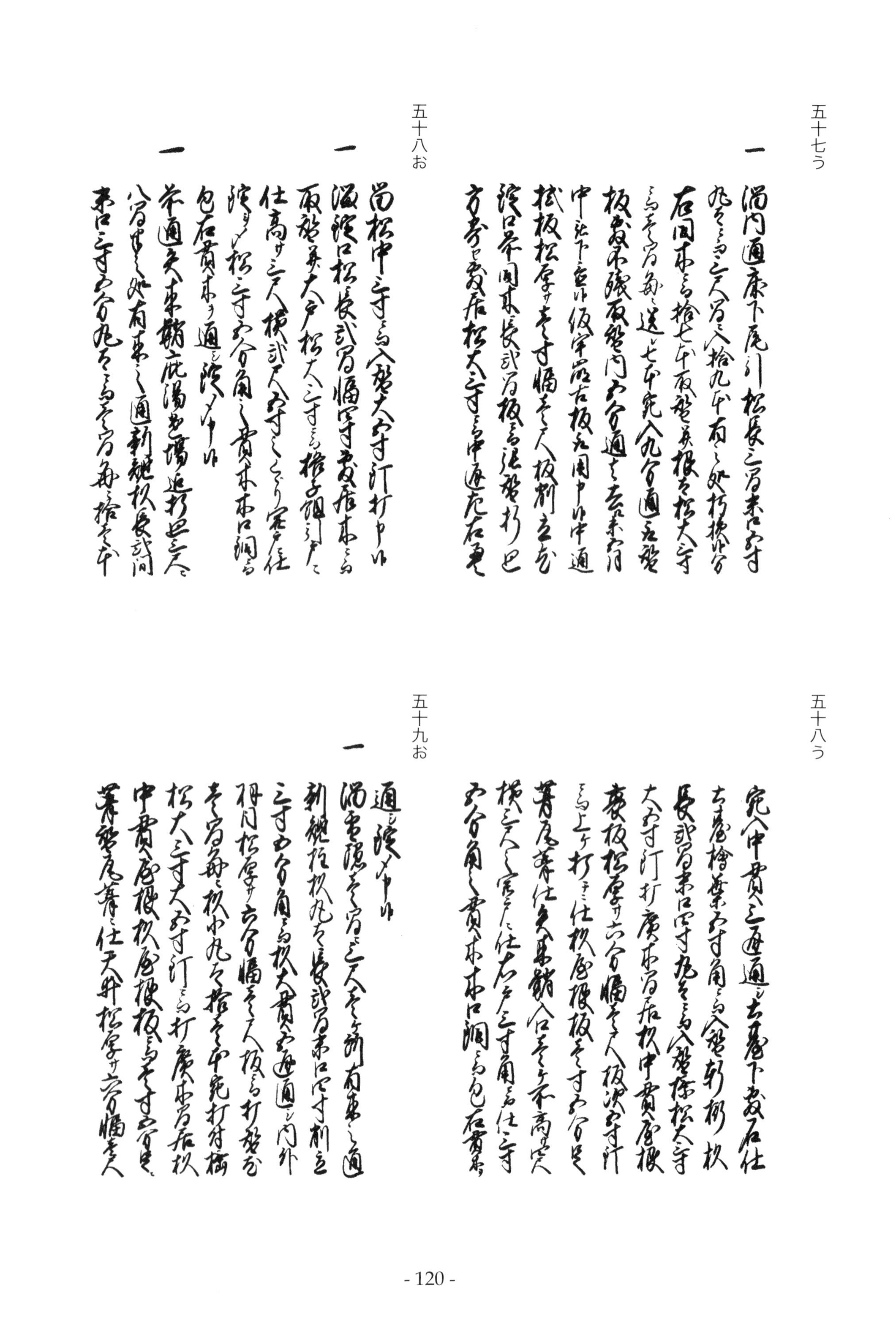

五十七う

一

五十八お

一

一

五十八う

五十九お

一

五十九う

板ニ而上ヶ打仕端板ハ仮宇留方板ヲ
用先磨掃除割方丸く鋲打立方板
ニ而箱ニ囲蓋ヲ仕渡シ置申候

一
同端根鼻弐尺ニ九人前本ニ通新規
柱根丸太長弐尺末口六寸削立ニ寸宛
角ニ而根入壱尺ハ相建通ノ通ニ桁同木ニ而仕
桁厚サ六分幅壱尺ハ板ニ而内外突付目
次壱寸釘打桁差上ニ尾垂根ハ仕申候
下水ヲ付松厚サ壱寸幅壱尺ハ板ニ而浪切

六十お

左右羽目同壱尺角杉板小丸太檜壱本
宛打付檜松大ニ寸大ハ壱寸釘ニ而打腰
本尺居柱中貫ハ莫大釘松厚サ六分
幅壱尺ハ板上ヶ打ニ仕居根柱板壱ハ寸
五分ニ宛笠尾垂ニ仕候

一
右番屋ニヶ所共柱長弐尺末口ニ寸宛
丸太ニ而柱桁株木ニ而取建柱中貫込通ヲ
通松厚サ六分幅壱尺ハ板ニ而竹羽目次
壱寸釘打檜松大ハニ寸大ハ壱寸釘打腰

六十う

本尺居柱中貫次壱寸釘打柱居根板
壱寸五分宛笠尾垂内番屋ニ所尾垂
残ヶ弐ヶ所板居根葺右内番屋前口
弐尺ニ而引違打ヶ所共端囲入口番屋
前口九尺ニ如是延打右ニヶ所共
尾引根ハ皮板末方本取用申候

一
鵜囲板塀折廻檜尺末高サ七尺ニ塀柱
柄損ハ分取本長壱丈末口六寸丸太ニ而
根継仕貫大貫ヘ而丸板居根松厚サ

六十一お

幅壱尺弐寸板ニ而打株木笠本壱松
大ニ寸ニ仕桁猿頭松中ニ寸次壱寸釘
惣居延大サ六寸也ニ竹打遠ニ仕立
入口壱尺引戸くゞり付渡申候

女溜御役渡仕様書上

一
桁行ニ間梁間弐間軒高サ七尺居根
尾葺女溜壱ヶ所茶通口壱弐間付庇

六十一う

矢来際ニ内壱尺宛人溜并端者屋
壱ヶ所後通ニ尺八ニ尺附庇囲ニヶ所
并廻板塀共

出仕様

一 右溜屋根下地椽松ニ寸角庇木同居
杉中貫ニ仕杉屋根板壱寸五分ヒニ葺
立庇葺ニ仕候

一 本柱打扠候分根継共夜塀杉中貫

六十二お

ニ通リ廻ニ壱尺角毎ニ杉小丸太九本宛
立松厚サ六分幅壱尺之板割立夜羽目
仕次五寸釘打外ハ押縁杉中貫ニ而
壱尺角毎ニ送リ二通宛同釘打并廻立
ニ尺ハ横九尺ハ格子窓上下松木夜指木ハ
格子松太ハ三寸壱尺角毎ニ格ニ本宛立杉
中貫ハ弐通廻ニ而二尺ハ入口壱ヶ所
右戸同木ニ而格子ニ鋪リ戸ニ仕渡メ申候

一 惣土台下敷石仕土台檜葉五寸角

六十二う

入庇ニ松長弐間末口四寸九本ニ尺ニ付
入根太板敷ニ致シ古木古板取用候
事ニ而松中ニ寸大入五寸釘打申候

一 溜後通ニ尺八ニ尺附庇孔雪隠入口囲
高サ六尺入奥行ニ尺八横四尺ニ仕ニヶ所
天井縁松中ニ寸入松厚サ六分幅壱尺
板次五寸釘ニ而上ヶ打ニ仕并通格子松
長弐間末口ニ寸九本割立四尺入口ニ六本宛
立杉中貫弐通リ廻ニ而高サニ尺横

六十三お

羽目ニ仕渡メ仕切間杉大貫ニ通リ廻ニ右
松板ニ而張切後通本柱杉長壱丈末口
四寸九本割立杉中貫四通リ廻ニ杉小
丸太壱尺角毎ニ九本宛打付松厚サ六分
幅壱尺板ニ而夜羽目ニ仕次五寸釘打
外ハ押縁杉中貫ニ而壱尺角毎ニ送ニ通
宛次五寸釘打根太板敷ニ致ハ古木
古板ニ而仕候

一 ニ尺ニ壱間之雪隠羽目天井右同様ニ

六十三う

一 仕端板松厚サ壱寸幅壱尺板張ニ差渡
ニ差渡シ壱寸小丸太継打立松板ニ而箱樋ニ組古
木古板取用申候

一 溜桝六尺ニ弐間付庇矢来鶴嘴溝
裏板松厚サ六分幅壱尺板次ハ五寸釘
打、本柱杭長サ壱丈末口三寸程ニ削立
壱間毎ニ杭小丸太九本宛打付杭中
貫ハ三通り通シ三尺ニ渡口壱ヶ所右同木ニ而
館築戸ニ仕杭三寸角ニ貫ハ本木古網ニ而

六十四お

一 右貫ハ本ヨリ通シ渡申候尤形口弐間ニ而
壱サ四寸巴ツニ竹ニ而忍返仕溜鶴嘴ニ
繰壱ヶ所ニ同壱間仕切流シヨリ付古木
古板取交仕候

一 溜桝通高サ七尺ヘ折巴シ弐間五尺板塀
本柱栗長サ壱丈末口三寸丸太ニ而杭
中貫ハ五通り厚シ松厚サ六分幅壱尺板
次ハ五寸釘打柵棟木松中三寸大五寸釘
打忍返シ仕戸三尺ニ入口壱ヶ所右戸松

六十四う

中三寸ニ而館右松板張引戸ニ仕渡メ
古木古板取交仕候

一 壱間ニ九尺ニ雪隠壱ヶ所屋根杭板ニ而
壱寸五分ヨリ仕尾ツ差青竹外横ツ打古木
古板ニ而仕候

右者溜治御普請仕候儀ハ前ニ通り修復入念仕立
可申候尤出来溜ニ致ハ古木古板多ク取用仕立可申候

以上

酉五月　　深川　松右衛門

六十五お

深川溜所之御修復御入用内訳帳

一 桁行拾間梁間三間形高サ壱丈壱尺
屋根溜壱ヶ所　前通七間附庇同打
延シ八間半ニ矢来鶴嘴溝雪隠居
三ヶ所溜外囲板塀共

右御入用

一 金七拾壱両弐分銀六匁六分
　諸材木竹屋根板屋石釘網共代

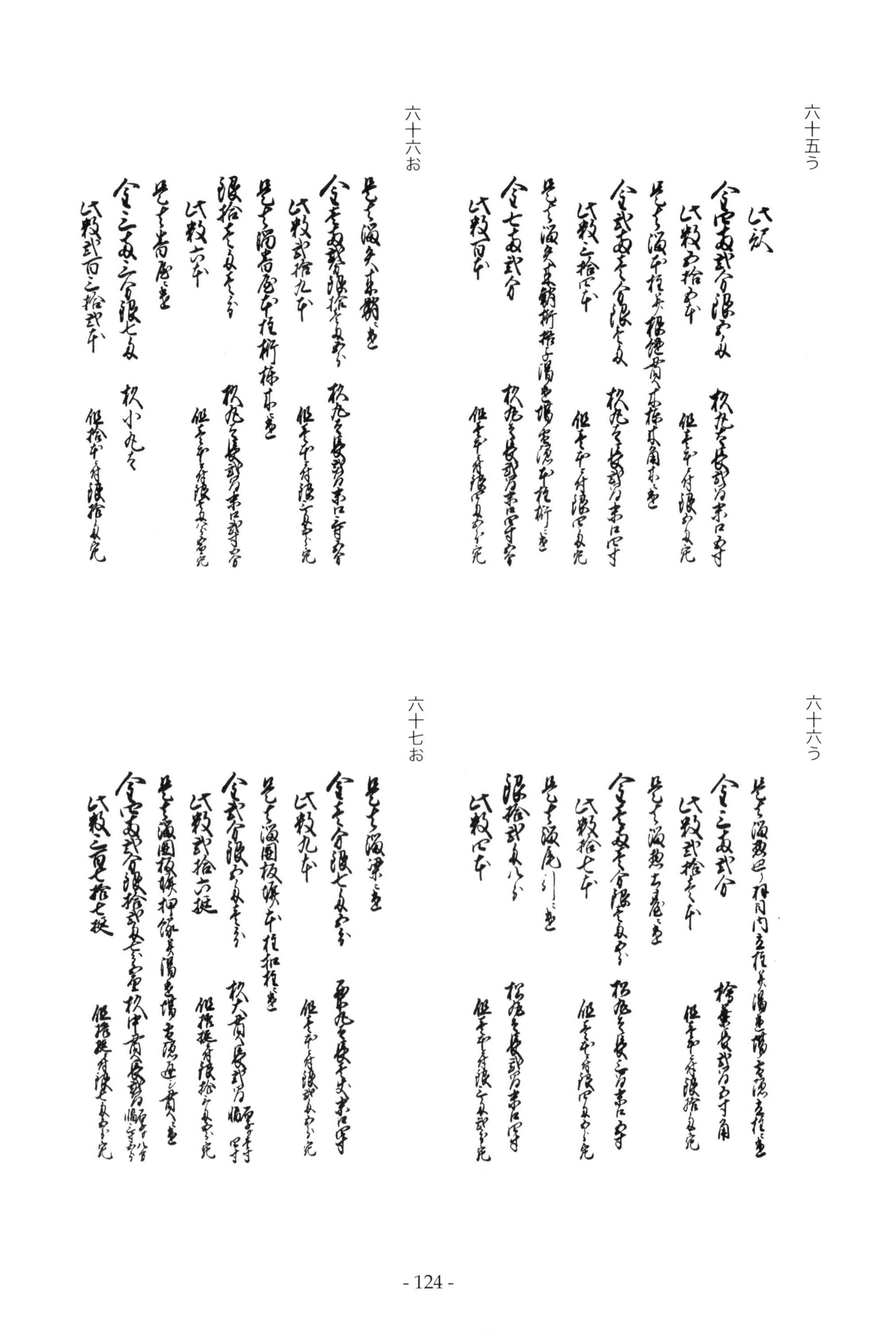

六十五う

六十六お

六十六う

六十七お

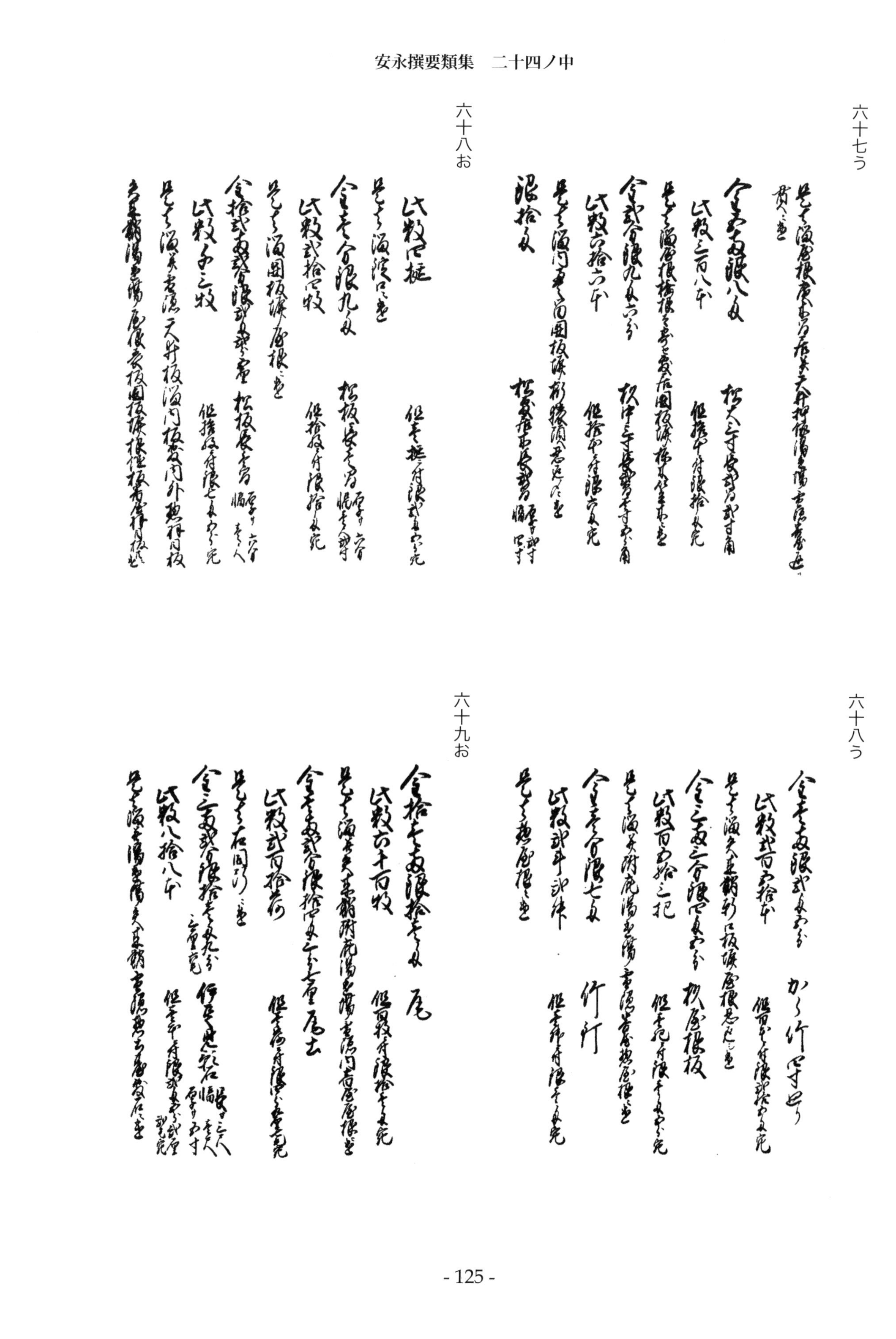

六十七う

六十八お

六十八う

六十九お

六十九う

一 金拾弐両三分永八文三分　打銅物代

此訳

金壱両弐分永拾三文九分壱厘　打大守

此数四百八拾弐本　但百本ニ付永弐百八文七分宛

是ハ湯殿根太板張板敷湯殿流板張等ニ用ル

金弐両弐分永拾三文壱分壱厘　同四寸

数三百弐拾本　但百本ニ付永弐百六分宛

是ハ湯殿根太板張湯殿流板張等ニ用ル

七十お

金壱両永六文　綿寸

此数七拾本　但壱本ニ付永八文宛

是ハ湯殿床下敷木下張ニ用ル

金壱両永弐文弐分　綿弐寸

此数三拾本　但壱本ニ付永六分宛

是ハ湯殿床下敷木下張ニ用ル

金壱両永三文　安浪守

此数六通　但壱通ニ付永拾七文宛

是ハ湯殿ニ用ル

七十う

金壱両永七文弐分　浪守

此数四百通　但壱通ニ付永七文宛

是ハ湯殿勝手外ニ用ル

浪拾三文四分　洞板

此数四百枚　但壱枚ニ付永弐文宛

是ハ湯殿口貫ニ用ル

浪七文弐分　尾灯

此数六拾本　但拾本ニ付永壱文弐分宛

是ハ橋尾根ニ用ル

七十一お

一 金三拾九両弐分永弐百文　職人手間賃代

此訳

金壱両永壱百文　板屋

此人数四拾人　但壱人ニ付永弐百文宛

金壱両永三文　屋根葺手間

此人数弐拾人　但壱人ニ付永三百文宛

金弐拾両永百文　大工手間

此人数七百弐拾人　但壱人ニ付永百八文宛

七十一う

七十二お

七十二う

七十三お

七十三う

七十四お

七十四う

七十五お

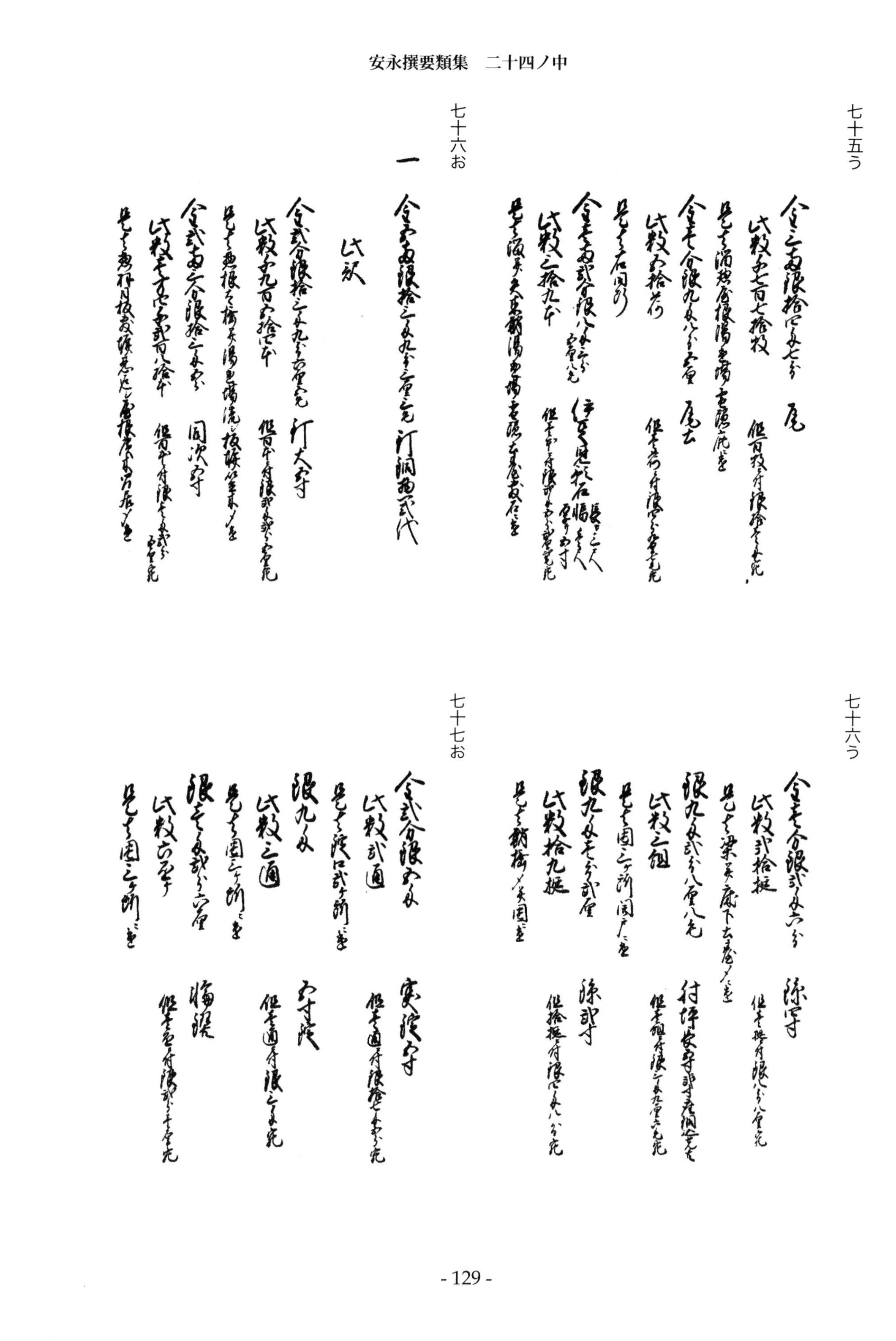

七十五う

七十六お

七十六う

七十七お

七十七う

銀七匁八分　洞板
此数三枚　但壱枚ニ付銀弐匁六分宛
先キ壱貫文迄
銀弐匁也分　尾竹
此数弐拾本　但拾本ニ付銀壱匁弐分宛
先キ壱籠銀二き
金八両銀六匁三厘　職人車力
一
此訳

七十八お

金壱分銀六匁　板金銀青銅賃銭代共
此人数拾人　但壱人ニ付銀弐匁宛
金壱分銀六匁　尾青銅賃銭代共
此人数七人　但壱人ニ付銀三匁宛
金三両三分銀九匁　大工銀賃銭代共
此人数百三拾人　但壱人ニ付銀壱匁八分宛
金弐両銀七匁壱分三厘　右之銀賃銭代共
此人数七人　但壱人ニ付銀五匁三分宛
金弐両銀拾三匁五分　鳥居金賃銀賃銭代共

七十八う

此人数八拾九人　但壱人ニ付銀壱匁五分宛
金壱分銀六匁　大八車
此車数七輛　但壱輛ニ付銀三匁宛
金壱分銀壱匁八厘　尾張俵
此数弐俵　但壱俵ニ付銀九匁五分宛
都合金三拾弐両弐分銀九匁壱分弐厘壱毛
右者女湯男湯御修復御入用諸品直段随分吟味仕
奉書上候通相違無御座候

七十九お

男湯女湯両湯御修復御入用
都合金百拾六両弐分銀八匁壱分九厘七毛
右御入用奉書上候通相違無御座候以上
寛政元酉年九月
□川
松右衛門

七十九う

寛政元酉年七月

西丸御修復畳張積御伺申上候書付

〔山村信濃守殿江讃岐守
八月廿二日御渡申付候事

御作事方
高橋八郎左衛門
中村文蔵
安彦源助

西丸御修復之儀御入用松屋□若七相願
宿屋見世ノ〆申上候処御修復積り御伺可
申上旨被仰渡候ニ付、永富町　白子屋勘七
大伝馬町　家主平吉仕候書付御渡

八十お

畳張積り申付候処左之通御座候

永富町
白子屋
勘七

一　本川畳
金百三拾九両
松屋□方ゟ積候代金
百三拾六両弐分銀八匁壱分九厘七毛之見合
弐両壱分銀六匁八分三毛
勘七積りゟ高
大伝馬町
家主　平吉

一　同
金百八拾七両弐分
但表張新規ニ仕候積ゟ入札仕候由承候間
仕直し請負仕候節ハ平吉申上候

八十う

一　浅草畳
金三拾弐両弐分
畳七百〆積候代金
三拾壱両壱分銀八匁七分七厘之見合
壱両銀六匁弐分五厘五毛
勘七積りゟ高

永富町
白子屋
勘七

大伝馬町
家主
平吉

一　同
金八拾三両壱分
右者同前之由承候間仕直し請負仕候節ハ
平吉申上候

八十一お

右之通ニ而勘七積畳張ニ付松屋□若七積
畳張下直ニ御座候間松屋□若七儀御取計
仕候者之由承候間仕候ニ而被下置候
致候而代金之儀此上引方一向無御座候
旨申上候間宿屋見世ノ〆御礼申上候通
右松屋□若七積畳張ニ而御修復被仰付
可然哉ニ奉存候、則先達而被成御渡候書付
之通ニ御座候ニ付請負人共差出候書付
相添此段申上候以上

但右品御渡被仰付候ハヽ代金之義ハ當所
二ヶ所ニ而御渡可被極儀ニ奉存候

酉七月

鴻池伊助
高橋八郎右衛門
中村文蔵
安藤源助

寛政元酉年九月六日

書面代金弐拾壱両御当所二ヶ所ニ而御渡有之候様被仰渡奉畏候
酉九月六日　高橋八郎右衛門

不川溜渫御渡ニ付代金奉願候儀申上候書付
書面之通代金弐拾壱両被下置候旨
被仰渡奉畏候
九月六日　加銃多兵衛
蜂屋新次郎

此度非人頭松右衛門願之通不川溜
御渡被仰渡候処御手当被下候ニ付

十五

右御入用金百弐拾六両弐分銀八匁壱分
九厘七毛之内金弐拾壱両者金被下置
候様仕度旨松右衛門儀別紙之通奉願候
先例も御座候間願之通被仰渡候様
仕度奉存候依之申上候以上

九月六日

加銃多兵衛
蜂屋彦次郎

十五

寛政元酉年九月六日

乍恐以書付御願奉申上候

一
不川溜破損仕候ニ付此度男溜女溜備
前屋板塀共御修復御願奉申上候
ニ付此御入用金百弐拾六両弐分銀八匁
壱分九厘七毛積仕度旨先達而奉願
候処昨二日当　御番所様ニ被召出願之
通御入用金被下置候旨被仰渡難有

十六

八十三う

八十四お

八十四う

八十五お

八十五う

八十六お

裏表紙

表表紙

一お

表表紙う

天明撰要類集　目録

一う

二お

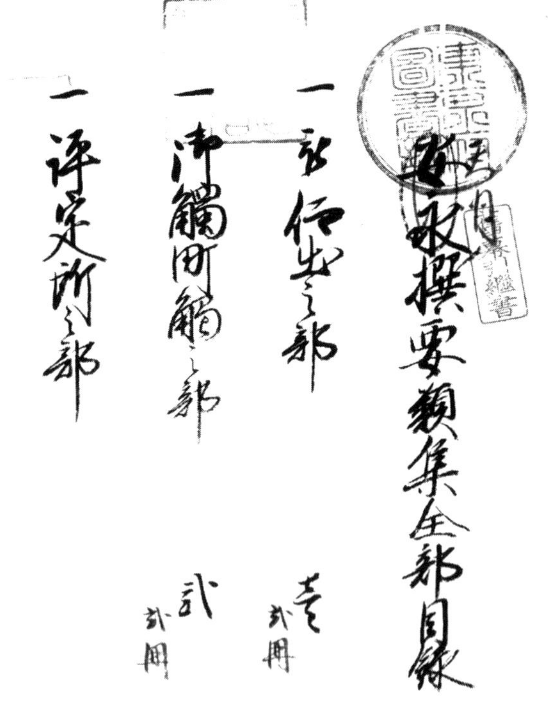

[illegible]政撰要類集全部目録

一 御仕置之部　壱　弐冊

一 御觸附觸之部　弐　弐冊

一 評定所之部

二う

一 公事裁断之部　三

一 町奉行所之部

一 御祝儀之部　四　弐冊

一 御法事之部　五　弐冊

三お

一 御成之部　六

一 神田川之部

一 高札之部

一 日雇座之部

一 旅人宿之部

一 奉公人宿之部

五う

六お

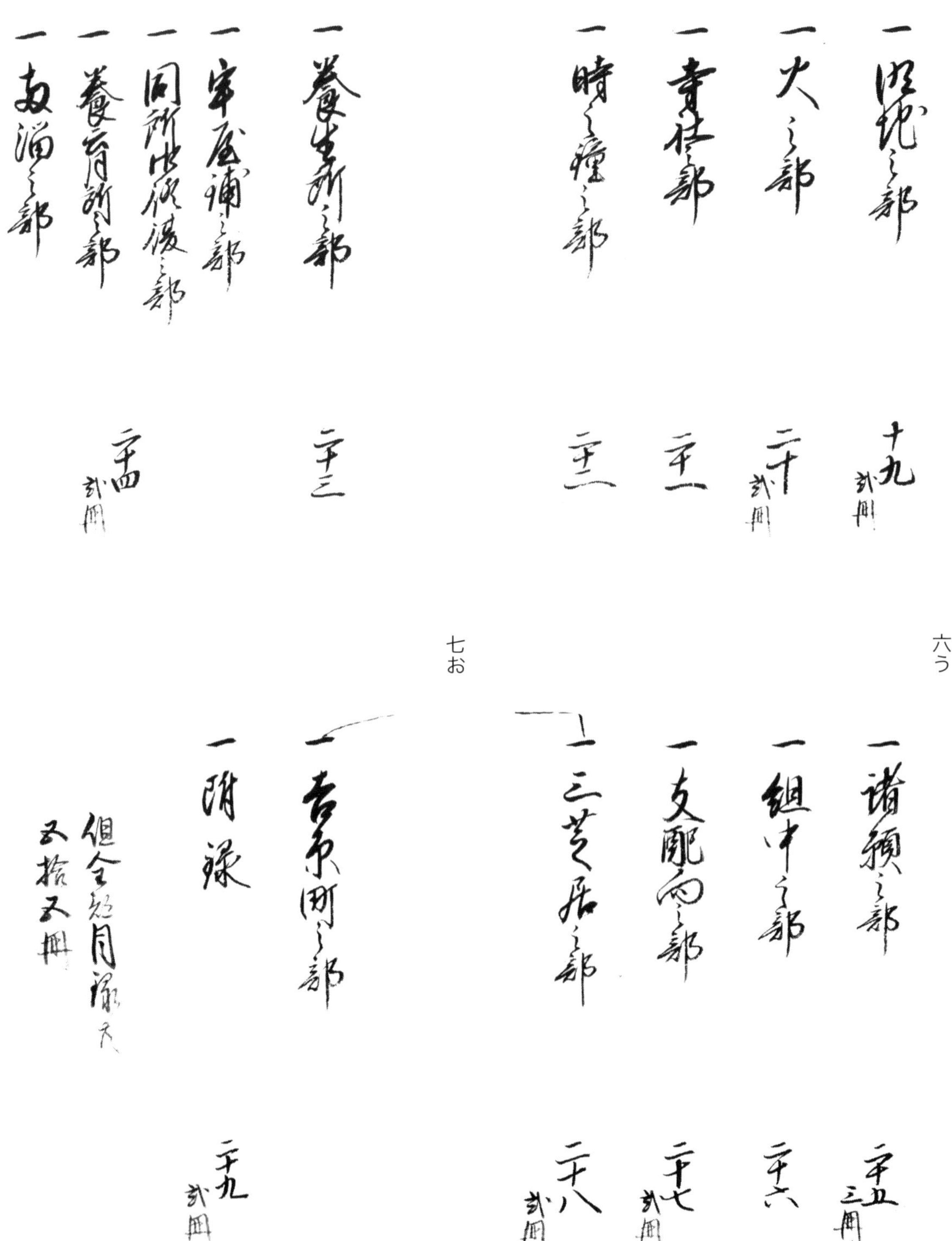

六う

七お

裏表紙

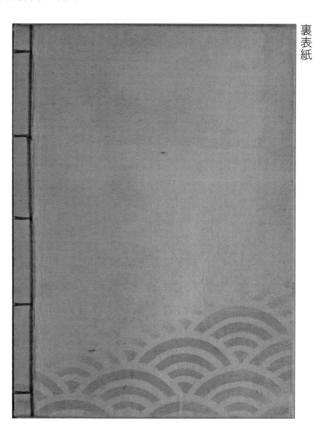

表表紙

表表紙う

一お

天明撰要類集　第二十四上ノ下

一う

二お

二う

三お

三う

車力小使人足賃銀仮并諸小屋上下
諸道具損料都而一式請切

一銀拾四貫三百拾匁壱分　諸材木代
　此訳
銀五拾四匁　栗長弐間大サ六寸角
本数五本　但壱本ニ付銀拾匁八分
是ハ東西揚屋四ケ所柱根継ニ遣

四お

銀弐拾四匁壱分　栗長壱丈大サ七寸角
本数弐本　但壱本ニ付銀拾弐匁弐分(?)
是ハ東口揚屋土台ニ遣
銀百七拾壱匁　栗長弐間　幅壱尺　厚壱寸五分
本数二拾八枚　但壱枚ニ付銀四匁五分(?)
是ハ東口揚屋四ケ所内羽目板ニ遣
銀六百九拾壱匁弐分　松長弐間　幅壱尺　厚壱寸五分
本数百九拾弐枚　但壱枚ニ付銀三匁六分
是ハ右同所内羽目板是ハ本床ニ遣(?)
銀六拾六匁　栗長弐間　幅壱尺　厚壱寸

四う

本数弐拾弐枚　但壱枚ニ付銀三匁
是ハ右同所外羽目板ニ遣
銀弐百四拾弐匁四分　松長弐間　幅壱尺　厚壱寸
本数百壱枚　但壱枚ニ付銀弐匁四分
是ハ右同所外羽目板床板并ニ窓上縁ニ而隠シニ遣(?)
銀九拾壱匁八分　栗長弐間　幅四寸　厚壱寸五分
本数拾壱挺　但壱挺ニ付銀壱匁八分(?)
是ハ右同所胴縁貫ニ遣

五お

銀弐拾壱匁六分　松長弐間　巾四寸　厚壱寸五分
本数拾八挺　但壱挺ニ付銀壱匁弐分
是ハ右同所胴ぶちニ遣(?)
銀三拾九匁七分弐厘　松長弐間　巾四寸　厚壱寸
本数三拾弐挺　但壱挺ニ付銀九分六厘(?)
是ハ右同所板継押縁并ニ窓セ外通
銀八拾六匁四分　松長三間　大サ三寸角
本数四拾本　但壱本ニ付銀弐匁壱分六厘
是ハ右同所根太ニ遣
銀九拾匁　松丸太長弐間　末口七寸

五う

本数拾五本　但壱本ニ付銀六匁
是ハ右同断大引ニ遣
銀四匁八分　松長弐間　中壱尺 厚弐寸
本数壱枚　但壱枚ニ付銀四匁八分
是ハ東西揚屋二ヶ所敷板ニ遣
銀三匁八分四厘　松長弐間　大サ四寸角
本数壱本　但壱本ニ付銀三匁八分四厘
是ハ右同断根太ニ遣
銀百九拾弐匁　杉長弐間　大サ五寸角
本数三拾弐本　但壱本ニ付銀六匁

六お

是ハ東西揚屋二ヶ所敷板上小屋組足
木ニ遣
銀二拾八匁四分　松長三間　大サ弐寸角
本数四拾本　但壱本ニ付銀九分六厘
是ハ西弐間半床板并雪隠敷板下ニ遣
銀二拾八匁四分　松長弐間　大サ弐寸角
本数四拾本　但壱本ニ付銀九分六厘
是ハ右同断敷板上并格子足木ニ遣
銀百八拾弐匁四分　松長弐間　中壱尺 厚弐寸
本数三拾八枚　但壱枚ニ付銀四匁八分

六う

是ハ西弐間半床板并雪隠敷板下ニ遣
銀三匁六分　松長壱間　大サ四寸
本数壱本　但壱本ニ付銀三匁六分
是ハ右同断格子巻ニ遣
銀拾弐匁六分九厘　松長弐間　大サ四寸二分角
本数三本　但壱本ニ付銀四匁弐分三厘
是ハ右同断格子台ニ遣
銀拾匁八分　栗長弐間　大サ六寸角
本数壱本　但壱本ニ付銀拾匁八分

七お

是ハ右同断柱根継ニ遣
銀八匁壱分弐厘　栗長壱丈　中七寸 厚三寸五分
本数壱挺　但壱挺ニ付銀八匁壱分弐厘
是ハ西弐間半土台剥木ニ遣
銀弐百五拾弐匁　栗長壱間　中壱尺 厚壱寸五分
本数五拾六枚　但壱枚ニ付銀四匁五分
是ハ西弐間半并同板并屋根雪隠共ニ遣
銀百五拾六匁　松長弐間　中壱尺 厚壱寸
本数六拾五枚　但壱枚ニ付銀弐匁四分

七う

是ゟ右同所かし相同并雪隠玉縁きん
隠ニ遣　栗長弐間　巾壱尺　厚壱寸
銀九匁
本数三枚　但壱枚ニ付銀三匁
是ゟ右同所格子窓下かし相同板ニ遣
銀九拾九匁八分四厘　松長弐間　大サ四寸角
本数弐拾六本　但壱本ニ付銀三匁八分四厘
銀百三拾八匁弐分四厘　松長弐間　大サ八寸角
本数九本　但壱本ニ付銀拾五匁三分六厘

八お

是ゟ右同所大引ニ遣
銀拾五匁壱分弐厘　松長弐間　大サ三寸角
本数七本　但壱本ニ付銀弐匁壱分六厘
是ゟ右同所落間根太ニ遣
銀三拾弐匁四分　栗長間　大サ守角
本数三本　但壱本ニ付銀拾匁八分
是ゟ右同所落間大引ニ遣
銀拾匁八分　栗長九尺　大サ六寸角
本数壱本　但壱本ニ付銀拾匁八分

八う

是ゟ右同所水吐桶ニ遣
銀八匁壱分　栗長弐間　大サ三寸角
本数三本　但壱本ニ付銀弐匁七分
是ゟ右同所力丑ニ遣
銀弐匁壱分六厘　松長壱間　巾六寸　厚三寸
本数壱挺　但壱挺ニ付銀弐匁壱分六厘
是ゟ右同所雪隠入口戸敷居ニ遣
銀四拾八匁六分　栗長弐間　巾五寸　厚壱寸二分

九お

本数弐拾七挺　但壱挺ニ付銀壱匁八分
是ゟ右同所桐縁貫ニ遣
銀拾壱匁弐分五厘　欅長四尺　巾壱尺六寸　厚五寸
本数壱挺　但壱挺ニ付銀拾壱匁弐分五厘
是ゟ右同所倉入口ニ遣
銀三拾三匁六分　松長弐間　大サ弐寸角
本数三拾五本　但壱本ニ付銀九分六厘
是ゟ右同所窓并上打付格子見本ニ遣
銀百六拾八匁　松長弐間　大サ五寸角

九う

本数弐拾八本　但壱本ニ付銀六匁
是ハ右同所岩槻上小倉様足木ニ遣
銀百四拾四匁　桧葉長九尺　巾六寸　厚弐寸
本数四拾枚　但壱枚ニ付銀三匁六分
是ハ揚屋四ケ所西弐間半水流打合セケ所ニ遣
銀四匁弐分　松長壱間　巾壱尺　厚壱寸六分
本数七枚
是ハ右同所水吐之箇所ニ遣

十お

銀拾九匁弐分　桧葉長弐間　大サ弐寸角
本数拾弐本　但壱本ニ付銀壱匁六分
是ハ東西牢裏鞘掃除其外所羽目繕ニ遣
銀六拾六匁壱分弐厘　栗長四尺　巾七寸　厚三寸五分
本数拾弐挺　但壱挺ニ付銀五匁五分壱厘
是ハ右同所雪隠踏板繕ニ遣
銀百九拾壱匁壱分　栗長弐間　巾七寸　厚三寸五分
本数弐拾六挺　但壱挺ニ付銀七匁三分五厘
是ハ東西牢裏鞘外雪隠其外所雪隠踏板繕ニ遣

十う

銀五拾七匁六分　松長弐間　巾七寸　厚三寸五分
本数拾弐挺　但壱挺ニ付銀四匁八分壱厘
是ハ右同所火除戸並八ケ所ニ遣
銀三拾八匁四分　杉丸太長弐間　末口三寸五分
本数拾六本　但壱本ニ付銀弐匁四分
是ハ右同所同断ニ遣
銀弐拾二匁四厘　松長弐間　巾四寸　厚壱寸
本数弐拾四挺　但壱挺ニ付銀九分六厘

十一お

是ハ東牢之方腰板羽目繕ニ遣
銀七百五拾六匁　松長弐尺　大サ三寸角
本数三百五拾本　但壱本ニ付銀弐匁壱分六厘
是ハ牢屋敷根太渡通之弐ケ所雪隠ニ遣
銀八百四匁　松長壱間　巾壱尺　厚六分
本数千三百四拾枚　但壱枚ニ付銀六分
是ハ右同所裏板ニ遣
銀九拾八匁四分　松長弐間　巾四寸　厚弐寸

十一う

本数四拾壱挺　但壱挺ニ付銀弐匁四分
是ハ右同断廣小舞也
銀六拾九匁三分六厘　松長弐間　末口弐寸角
本数四拾壱本　但壱本ニ付銀九分六厘
是ハ右同断尾棰ニ也
銀三拾八匁四分　松長弐間　巾壱尺　厚弐寸
本数八枚　但壱枚ニ付銀四匁八分
是ハ東西半湯殿棚ニ揚り段弐ケ所ニ也

十二お

銀弐拾八匁八分　松長弐間　末口三寸五分
本数拾弐本　但壱本ニ付銀弐匁四分
是ハ右同断同所ニ也
銀七拾六匁　栗長弐間　末口三寸角
本数拾本　但壱本ニ付銀七匁六分
是ハ東弐間半服棟間先茶所壊土台也
銀百弐拾壱匁四分四厘　栗長壱丈　末口四寸角
本数弐拾四本　但壱本ニ付銀五匁六厘

十二う

是ハ右同断柱ニ也
銀四拾八匁　栗長壱丈　末口四寸
本数弐拾四本　但壱本ニ付銀弐匁
是ハ右同断加柱ニ也
銀弐拾八匁八分　栗長弐間　巾四寸　厚壱寸
本数弐拾四挺　但壱挺ニ付銀壱匁弐分
是ハ右同断加貫かせ元ニ也
銀弐拾三匁三分六厘　松長弐間　巾四寸　厚壱寸

十三お

本数六拾六挺　但壱挺ニ付銀九分六厘
是ハ右同断胴縁貫ニ也
銀九拾九匁　わら竹　末口六寸廻
本数六百六拾本　但拾本ニ付銀壱匁五分
是ハ右同断ニ也
銀六拾弐匁四分　竹尺　末口壱寸廻　巾壱尺
本数三本　但壱本ニ付銀拾弐匁八分
是ハ右同断入口ニ也

十三う

銀拾三匁五分　栗長弐間　巾五寸　厚三寸
本数二挺　但壱挺ニ付銀四匁五分
是ハ右同所入口踏石之敷居ニ遣
銀七拾五匁　潜り大戸　大井壱尺四方
坪数壱坪　但壱坪ニ付銀七拾五匁
是ハ揚座敷入口裡門ニ遣
銀七匁弐分　松長壱間　巾壱尺　厚壱寸六分
本数拾弐枚　但壱枚ニ付銀六分

十四お

是ハ右同所戸扉框月ニ遣
銀拾四匁四分　栗長弐間　巾六寸　厚四寸
本数弐挺　但壱挺ニ付銀七匁五分
是ハ右同所敷居鴨居ニ遣
銀三拾匁　栗長弐間　大サ五寸角
本数四本　但壱本ニ付銀七匁五分
是ハ揚座敷四新座敷渡通柱根継ニ遣
銀九拾七匁弐分　栗長弐間　大サ六寸角

十四う

本数九本　但壱本ニ付銀拾匁八分
是ハ右同所土庇ニ遣
銀四百七拾五匁弐分　松長弐間　巾壱尺　厚壱寸五分
本数百六拾弐枚　但壱枚ニ付銀二匁五分
是ハ右同所四新座敷渡廊下仕切框月板ニ遣
銀百拾匁八分八厘　松長弐間　巾四寸　厚壱寸六分
本数七拾七挺　但壱挺ニ付銀壱匁四分四厘
是ハ右同所椽縁貫ニ遣

十五お

銀三匁八分四厘　松長弐間　巾四寸　厚壱寸
本数四挺　但壱挺ニ付銀九分六厘
是ハ右同所腰月板継同押縁ニ遣
銀四拾三匁弐分　松長弐間　巾壱尺　厚壱寸
本数拾八枚　但壱枚ニ付銀弐匁四分
是ハ右同所四新座敷湯殿継所雪隠羽目板新座敷板敷ニ遣
銀二拾匁弐分四厘　松長弐間　大サ四寸角

十五う

本数拾四本　但壱本ニ付銀弐匁壱分六厘
是ゟ右同新樋たこ迄
銀四拾八匁　松丸太長弐間　末口七寸
本数八本　但壱本ニ付銀六匁
是ゟ右同新大川迄
銀拾九匁弐分　桧葉長弐間　巾六寸 厚壱寸
本数八枚　但壱枚ニ付銀弐匁四分
是ゟ右同新茶與箱四ツ迄

十六お

銀拾四匁四分　松長弐間　巾壱尺 厚壱寸弐分
本数四枚　但壱枚ニ付銀三匁六分
是ゟ右同新壱ニ新居内樋同板迄
銀三匁八分四厘　松長弐間　大サ弐寸角
本数四本　但壱本ニ付銀九分六厘
是ゟ右同新壱ニ新居弐ニ新居内出世迄
銀二拾八匁四分　松長弐間　巾壱尺 厚壱寸
本数拾六枚　但壱枚ニ付銀弐匁四分

十六う

是ゟ右同新表口外格子下樋同迄
銀三匁八分四厘　松長弐間　巾四寸 厚壱寸
本数四挺　但壱挺ニ付銀九分六厘
是ゟ右同新下長押迄
銀二拾四匁九分六厘　松長弐間　大サ弐寸角
本数二拾六本　但壱本ニ付銀九分六厘
是ゟ右同新表格子鴨居八本迄

十七お

銀拾九匁弐分　松長壱間　巾壱尺 厚四分
本数四拾枚　但壱枚ニ付銀四分八厘
是ゟ右同新同所迄
銀二拾六匁　地割戸二枚割七本様　大サ三尺ニ壱間
戸数八本　但壱本ニ付銀四匁五分
是ゟ右同新内台所弐ケ所入口迄
銀六拾九匁壱分弐厘　松長弐間　巾四寸 厚壱寸

十七う

木数七拾弐挺　但壱挺ニ付銀九分六厘
是ハ右同断渡り廊下膝高欄柳貫ニ遣
銀四拾五匁六分　松長弐間　巾壱尺 厚弐寸
木数拾九枚　但壱枚ニ付銀弐匁四分
是ハ百姓家床板ニ遣
銀四拾七匁五分弐厘　松長弐間　大サ三寸角
木数弐拾弐本　但壱本ニ付銀弐匁壱分六厘
是ハ右同断根太並水流ニ遣

十八お

銀三拾六匁　松丸太長弐間　末口七寸
木数六本　但壱本ニ付銀六匁
是ハ右同断大引ニ遣
銀拾八匁　栗長弐間　巾壱尺 厚弐寸
木数六枚　但壱枚ニ付銀三匁
是ハ右同断水流ニ遣
銀拾匁八分　栂木長九尺　大サ六寸角

十八う

木数壱本　但壱本ニ付銀拾匁八分
是ハ右同断水吐樋ニ遣
銀弐拾弐匁五分　栗長弐間　巾壱尺 厚弐寸五分
木数五枚　但壱枚ニ付銀四匁五分
是ハ右同断内格子下相目ニ遣
銀拾弐匁　松長弐間　巾壱尺 厚壱寸
木数五枚　但壱枚ニ付銀弐匁四分
是ハ右同断外格子下相目ニ遣

十九お

銀拾五匁　栗長弐間　大サ五寸角
木数弐本　但壱本ニ付銀七匁五分
是ハ右同断柱根継ニ遣
銀六拾四匁八分　松長弐間　巾壱尺 厚壱寸五分
木数拾八枚　但壱枚ニ付銀三匁六分
是ハ右同断内長押同足板ニ遣
銀弐拾壱匁六分　栗長弐間　巾五寸 厚壱寸五分

十九う

本数拾弐挺　但壱挺ニ付銀壱匁八分
是ハ右同断格子戸之外桐縁貫是有ニ也
銀三拾八匁四分　松長弐間　中壱尺　厚壱寸
本数拾六枚　但壱枚ニ付銀弐匁四分
是ハ右同断外羽目是板ニ也
銀弐拾八匁八分　松長弐間　大サ弐寸角
本数二拾本　但壱本ニ付銀壱匁四分四厘
是ハ右同断窓枠上ケ付格子是本ニ也

二十お

銀七拾弐匁　松長弐間　大サ四寸角
本数拾弐本　但壱本ニ付銀六匁
是ハ右同断小屋組是本ニ也
銀拾匁八分　栗長弐間　大サ六寸角
本数壱本　但壱本ニ付拾匁八分
是ハ右同断土台ニ也
銀拾四匁四分　松長弐間　中壱尺　厚壱寸
本数六枚　但壱枚ニ付銀弐匁四分

二十う

是ハ右同断口新屋床板ニ也
銀拾匁八分　松長弐間　大サ三寸角
本数五本　但壱本ニ付銀弐匁壱分六厘
是ハ右同断根太ニ也
銀拾八匁　松丸太長弐間　末口
本数三本　但壱本ニ付銀六匁
是ハ右同断大引ニ也
銀弐拾弐匁五分　栗長弐間　中壱尺　厚壱寸五分

二十一お

本数五枚　但壱枚ニ付銀四匁五分
是ハ右同断格子戸門相用之外長相用
切継ニ也
銀三匁六分　栗長弐間　中五寸　厚壱寸弐分
本数弐挺　但壱挺ニ付銀壱匁八分
是ハ右同断桐縁貫ニ也
銀六匁　栗長弐間　中壱尺　厚壱寸
本数弐枚　但壱枚ニ付銀三匁

二十一う

是ハ右同所水遣所ニ遣
代七匁弐分　松長弐間　巾壱尺　厚壱寸
本数三枚　但壱枚ニ付代弐匁四分
是ハ右同所外羽目板ニ遣
代拾壱匁五分弐厘　松長弐間　巾尺　厚壱寸
本数拾弐枚　但壱挺ニ付代九分六厘
是ハ右同所内壁板継押縁外下屋押ニ遣
代拾五匁　栗木長弐間　巾壱尺　厚壱寸

二十二お

本数五枚　但壱枚ニ付代三匁
是ハ右同所鞘之内湯遣所ニ遣
代拾匁　栗丸太長壱丈　末口四寸
本数五本　但壱本ニ付代弐匁
是ハ右同所縁根太ニ遣
代弐百五拾匁五分六厘　松長弐間　大サ三寸角
本数百拾六本　但壱本ニ付代弐匁壱分六厘
是ハ百姓家屋根谷垂木ニ遣

二十二う

代弐百四匁　松長壱間　巾壱尺　厚六分
本数三百四拾枚　但壱枚ニ付代六分
是ハ右同所裏板ニ遣
代三拾六匁　松長弐間　巾五寸　厚弐寸
本数拾五枚　但壱挺ニ付代弐匁四分
是ハ右同所広小舞ニ遣
代拾匁四分　松長弐間　大サ三寸角
本数拾壱本　但壱本ニ付代九分六厘

二十三お

是ハ右同所屋根ニ遣
代二拾六匁七分弐厘　松長弐間　大サ三寸角
本数拾七本　但壱本ニ付代弐匁壱分六厘
是ハ揚屋敷東之方惣塀上忍返シ等ニ遣
代弐拾壱匁壱分弐厘　松長弐間　大サ三寸角
本数廿弐本　但壱本ニ付代九分六厘
是ハ右同所棟桁ニ遣

二十三う

銀三匁八分四厘　から竹　大サ四寸廻り
此数百九拾弐本　但壱本ニ付銀弐分
是ハ右同断矢切ニ遣
銀七匁六分八厘　松長弐間　巾四寸 厚壱寸
本数八挺　但壱挺ニ付銀九分六厘
是ハ右同断段番所椽尾桐縁貫ニ遣
銀三拾八匁四分　松長弐間　巾壱尺 厚弐寸
本数八枚　但壱枚ニ付銀四匁八分

二十四お

是ハ揚屋後外湯殿様揚り段根太ニ遣
銀四拾八匁　杉丸太長弐間　末口三寸六分
本数廿本　但壱本ニ付銀弐匁四分
是ハ右同断湯殿様揚り段并湯殿廻り丸ニ遣
銀三拾八匁四分　檜葉長弐間　巾六寸 厚弐寸
本数八枚　但壱枚ニ付銀四匁八分
是ハ右同断湯殿かこい廻り柵四ツ目垣ニ遣

二十四う

銀七拾弐匁　栗長弐間　巾壱尺 厚壱寸
本数廿四枚　但壱枚ニ付銀三匁
是ハ牢庭井戸役人長屋茶井戸二ケ所ニ遣
銀七拾弐匁　栗長弐間　巾壱尺 厚壱寸
本数廿四枚　但壱枚ニ付銀三匁
是ハ牢庭井戸役人長屋茶井戸二ケ所ニ遣
銀四拾匁　栗丸太長壱丈　末口四寸

二十五お

本数弐拾本　但壱本ニ付銀弐匁
是ハ右同断井桁根石ニ遣
銀七匁六分八厘　松長弐間　大サ三寸角
本数八本　但壱本ニ付銀九分六厘
是ハ右同断水溜縁ニ遣
銀百七拾弐匁八分　檜葉長弐間　巾壱尺六寸 厚三寸
本数廿四枚　但壱枚ニ付銀七匁弐分

二十五う

是ハ右同断井戸化粧側弐ヶ所ニ而
銀四匁八分　　松長弐間　中四寸 厚壱寸
木数五挺　　但壱挺ニ付銀九分六厘
是ハ右同断蓋ニ而
銀壱匁九分弐厘
木数弐本　　松長弐間　大サ二寸角
但壱本ニ付銀九分六厘
是ハ右同断桟ニ而

二十六お

銀四拾六匁八分　　松長壱間　中壱尺 厚六分
木数七拾八枚　　但壱枚ニ付銀六分
是ハ法当所羽目并補板ニ而
銀八匁四厘　　松長弐間　中壱寸五分 厚八分
木数拾弐挺　　但壱挺ニ付銀七分七厘
是ハ右同断羽目縁貫ニ而
銀五匁七分六厘　　松長弐間　中四寸 厚三寸

二十六う

木数六挺　　但壱挺ニ付銀九分六厘
是ハ右同断中之方腰羽目縁貫ニ而
銀八拾四匁　　松長壱間　中壱尺 厚六分
木数百四拾枚　　但壱枚ニ付銀六分
是ハ右御使場納屋三部屋并米舂部屋羽目縁ニ而
銀六匁四分八厘　　松長弐間　厚壱寸五分
木数拾弐本　　但壱本ニ付銀五分四厘

二十七お

是ハ右同断尾桟ニ而
銀六拾四匁　　大戸
戸数壱本　　大サ壱丈四方
但壱本ニ付銀六拾四匁
是ハ裏門脇北罷場ニ出入門ニ而
銀弐拾八匁八分　　松長壱間　中壱尺 厚六分
木数四拾八枚　　但壱枚ニ付銀六分
是ハ右同断戸尻羽目家根縁ニ而

二十七う

銀八拾壱匁
木数百三拾八枚　但壱枚ニ付銀六分　松長壱間　巾壱尺　厚六分
是ハ百姓家并四面之殼板張替ニ遣
銀七拾弐匁　栗丸太長壱丈　末口四寸
木数三拾六本　但壱本ニ付銀弐匁
是ハ右同家ニ増柱加ニ遣
銀四拾三匁七分六厘

二十八お

木数四拾八枚　但壱枚ニ付銀九分壱厘
是ハ右同家之胴縁貫ニ而板継押縁ニ遣
銀拾七匁弐分八厘　松長弐間　巾四寸　厚壱寸
木数拾八挺　但壱挺ニ付九分六厘
是ハ右同家ニ増柱加貫ニ遣
銀四拾七匁六分　松長壱間　巾壱尺　厚壱寸
木数九拾六枚　但壱枚ニ付銀六分
是ハ右同家根板ニ遣
銀七拾弐匁九分六厘　松長弐間　大サ　弐寸角

二十八う

木数七拾六本　但壱本ニ付銀九分六厘
是ハ右同家根板椽桁ニ遣
銀七拾三匁四分四厘　松長弐間　大サ　三寸角
木数三拾四本　但壱本ニ付銀弐匁壱分六厘
是ハ右同家根之恙返ニ遣
銀四拾九匁三分弐厘　松長弐間　大サ　弐寸角
木数四拾弐本　但壱本ニ付銀九分六厘
是ハ右同家椽桁ニ遣
銀七匁六分八厘　加ミ竹　廻り四寸五

二十九お

竹数弐百四拾六本　但壱本ニ付銀三分
是ハ右同家矢切ニ遣
銀三拾弐匁四分　栗長弐間　大サ　六寸角
木数三本　但壱本ニ付銀拾八匁八分
是ハ右同家柱根継ニ遣
銀七拾弐匁　松長壱間　巾壱尺　厚四分
木数百弐拾枚　但壱枚ニ付銀四分八厘

二十九う

是ハ右同所小見出ル
銀弐拾四匁九分六厘　松長弐間　巾四寸　厚三寸
木数弐拾六挺　但壱挺ニ付銀九分六厘
是ハ右同所押縁ニ出ル
銀弐拾壱匁九分　竹小舞
此坪七拾坪　但壱坪ニ付銀四分九厘
是ハ納戸内壁ニ出ル

三十お

銀七拾三匁九分　栗長弐間　末口七寸角
木数九本　但壱本ニ付銀拾四匁七分
是ハ右同所土台ニ出ル
銀四拾弐匁　栗長弐間　巾三寸八分　厚三寸
木数拾四枚　但壱枚ニ付銀三匁
是ハ右同所破風並庇下流ニ出ル
銀四拾弐匁九分　栗長弐間　巾六寸　厚三寸

三十う

木数九挺　但壱挺ニ付銀四匁九分
是ハ右同所框庇ニ出ル
銀七拾弐匁　栗長弐間　巾壱尺八寸　厚三寸
木数弐拾五枚　但壱枚ニ付銀三匁
是ハ右同所雨戸懸甲ニ出ル
銀三拾八匁　栗丸太長壱丈末口四寸
木数拾九本　但壱本ニ付銀弐匁

三十一お

是ハ右同所椽根太ニ出ル
銀四匁八分　松長弐間　末弐寸角
木数五本　但壱本ニ付銀九分六厘
是ハ右同所水切縁ニ出ル
銀八拾六匁四分　椹葉長弐間　巾六寸　厚三寸
木数拾二枚　但壱枚ニ付銀七匁弐分
是ハ右同所雨戸化粧側ニ出ル

三十一う

銀拾九匁弐分　松長壱間　胴中壱尺 厚六分
木数三拾弐枚　但壱枚ニ付銀六分
是ハ楢木家宮塀弐ヶ所羽目板ニ壱
銀九匁三分八厘　松長弐間　胴中壱寸五分 厚八分
木数拾四挺　但壱挺ニ付銀六分七厘
是ハ右同家納縁貫家根床下ニ壱
銀四匁八分　松長弐間　胴中壱尺 厚壱寸

三十二お

是ハ右同家踏板ニ壱
銀三匁四分四厘　杪長弐間　胴中三寸 厚六分
木数八枚　但壱挺ニ付銀四分三厘
是ハ右同家家根縁ニ壱
銀四拾三匁弐分　檜長九尺八寸六寸角
木数四本　但壱本ニ付銀拾匁八分
是ハ楢木家性田花木ニ壱

三十二う

銀九匁六分　杪九寸長弐間末口三寸五分
木数四本　但壱本ニ付銀弐匁四分
是ハ右同家庇桁柱ニ壱
銀拾四匁四分　松長弐間　六寸 弐寸角
木数拾壱本　但壱本ニ付銀九分ニ厘
是ハ右同家家根木ニ壱
銀拾匁三分弐厘　杪長弐間　胴中三寸 厚六分

三十三お

木数弐拾四挺　但壱挺ニ付銀四分三厘
是ハ右同家家根小舞貫ニ壱
銀五拾弐匁五分　栗長弐間　六寸 大寸角
木数七本　但壱本ニ付銀七匁五分
是ハ宮殿上火見台ニ壱
銀拾六匁八分　松長弐間　胴中七寸 厚壱寸
木数四挺　但壱挺ニ付銀四匁弐分

三十三う

是ハ右同所階子之分

銀拾九匁弐分　　桧丸太長弐間　末口三寸位

木数八本　　但壱本ニ付銀弐匁四分

是ハ右同所根太ノ口搗込之分

銀弐拾三匁五分弐厘　　杉長弐間　巾四寸　厚弐寸

木数弐拾挺　　但壱挺ニ付銀九分六厘

是ハ右同所東之分

三十四お

銀七匁弐分　　栗長弐間　巾四寸　厚三寸

木数弐挺　　但壱挺ニ付銀三匁六分

是ハ右同所笠木之分

銀拾壱匁五分弐厘　　杉長三間　巾三寸　厚四分

木数弐拾四挺　　但壱挺ニ付銀四分八厘

是ハ右玄関前庇結之分

銀弐拾匁三分三厘　　杉長弐間　末口三寸角

三十四う

木数弐拾弐本　　但壱本ニ付銀九分六厘

是ハ物書所前庇之分

銀弐拾七匁六分弐厘　　杉長弐間　巾三寸　厚六分

木数六拾四挺　　但壱挺ニ付銀四分三厘

是ハ右同所小舞貫之分

銀弐匁八分八厘　　杉長弐間　巾四寸　厚三寸

木数三挺　　但壱挺ニ付銀九分六厘

三十五お

是ハ右同所床小舞之分

銀三匁七分弐厘　　杉長弐間　末口三寸角

木数三本　　但壱本ニ付銀壱匁弐分四厘

是ハ右同所尾棧之分

銀弐貫五百六拾壱匁弐分四厘　　松長弐間　巾三寸五分　厚壱寸五分

木数四百三拾四挺　　但壱挺ニ付銀五匁九分六厘

是ハ右所下水渕板庭板之分

三十五う

三十六お

三十六う

三十七お

三十七う

平数弐百九拾八枚　但壱枚ニ付坪弐分

是ハ右同所柱根継ニ遣

坪百四拾八分

本数百九拾挺　松長弐間　巾四寸　厚弐寸　但壱挺ニ付坪九分六厘

是ハ右同所松貫かせきニ遣

坪拾六分八分

平数六拾九枚　松長弐間　巾壱尺　厚四分　但壱枚ニ付坪四分八厘

三十八お

是ハ右同所入口戸ニ遣

坪拾七分弐分八厘

本数拾八挺　松長弐間　巾・厚四寸角　但壱挺ニ付坪九分六厘

是ハ右同所入口戸ニ遣

坪九分六分

本数拾挺　松長壱間　巾・厚四寸角　但壱挺ニ付坪九分六厘

是ハ表通門柱根継ニ遣

三十八う

坪六拾分七分弐厘　松長弐間　巾八寸　厚四寸　但壱枚ニ付坪七分六分八厘

本数四枚

是ハ右同所木戸弐ケ所ニ遣

坪弐拾八分八分　松長弐間　巾壱尺　厚壱寸五分

本数拾八挺　但壱挺ニ付坪壱分六分

是ハ右同所廊下根太ニ遣

坪八分六分　杉長弐間　巾壱尺　厚壱寸五分

三十九お

本数拾挺　但壱挺ニ付坪八分六厘

是ハ右同所中根太ニ遣

坪弐拾九分

本数四拾挺　松長弐間　巾壱尺　厚八分　但壱挺ニ付坪四分八厘

是ハ右同所中根太ニ遣

坪壱分弐分四厘

本数壱本　松長壱丈　太サ二寸四分角　但壱本ニ付坪壱分弐分四厘

三十九う

四十お

四十う

四十一お

四十一う

銀弐拾壱匁八分　松長弐間　巾三寸 厚六分

本数六十挺　但壱挺ニ付銀四分三厘

是ハ松口木小羽目ニ遣

銀弐匁八分八厘　松長弐間　巾四寸 厚壱寸

本数三挺　但壱挺ニ付銀九分六厘

是ハ右同木床小羽目ニ遣

銀弐匁七分六厘　松長弐間　角二寸角

四十二お

本数六本　但壱本ニ付銀九分六厘

是ハ右同木瓦ニ而辻番所庇ニ遣

銀弐匁七分六厘　松長三間　幅三寸五分 厚四分

本数拾弐枚

是ハ右同木庇縁ニ遣

四十二う

四十三お

一銀壱貫七百四拾弐匁九分　諸掛銅物代

此訳

銀弐百九拾匁　指渡長三寸

此数弐万四千本　但百本ニ付銀三匁五厘

是ハ揚屋御木戸西弐間半并揚屋表百姓牢内羽目板押下水之外ニ遣

四十三う

銀三百弐拾匁　　指渡長弐寸五分〆

此数弐万七千本　但百本ニ付銀壱匁弐分

是ハ本目外羽目板揚床板并宰庭ニ

縁揚床裏百姓宰床板外羽目板并戸ニ至迄不残

甲之外不申候

銀六拾五匁弐分八厘　　指渡長六寸〆

此数弐千四百六拾本　但百本ニ付銀弐匁八分

四十四お

是ハ揚床四寸角根足東西宰ニ用根継并揚床裏

根足百姓宰根足ニ用根ニ付外不申候

銀百三匁　　指渡長弐寸〆

此数壱万三百本　但百本ニ付銀壱匁

是ハ東西宰并百姓宰裏板ニ用根ニ付

銀弐拾五匁　　桐長壱尺八寸　厚弐寸

此数五丁　　但壱丁ニ付銀五匁

四十四う

是ハ揚床四寸角東西弐間宰水吐樋ニ付

銀八拾六匁五分　　長壱丈八寸五分

此数八百六拾壱挺　但拾挺ニ付銀壱匁

是ハ西弐間宰床ニ用小段ニ付

銀八拾弐匁五分五厘　長壱丈八寸五分

此数五百八拾五挺　但拾挺ニ付銀壱匁七分

是ハ本目外根足ニ付

四十五お

銀六拾五匁五分六厘　　指渡長五寸〆

此数弐千九百六拾本　但百本ニ付銀弐匁弐分

是ハ西弐間宰床ニ用小段揚床ニ用根

継ニ外不申候

銀百九匁壱分弐厘　　指渡長弐寸五分〆

此数四千九百六拾本　但百本ニ付銀弐匁弐分

是ハ東ニ宰縁揚床裏板ニ外不申候継足

四十五う

銀拾四匁五分六厘　　指渡長六寸尾行
代数五百弐拾本　　但百本ニ付銀四匁八分
是ハ東西宇揚ケ揚屋表口程宇之外取ニ〳〵
[illegible]根横尾結之
銀五拾匁[illegible]　　指渡長八寸尾行
代数千六百八拾本　　但百本ニ付銀三匁
是ハ[illegible]根[illegible]尾結之

四十六お

銀四拾七匁五分弐厘　　指渡長六寸[illegible]行
代数七百九拾弐本　　但百本ニ付銀六匁
是ハ東西宇表鶴[illegible]
銀弐百弐拾匁　　指渡長弐寸行
代数弐万弐千五百本　　但百本ニ付銀[illegible]
是ハ[illegible]
銀拾八匁七分五厘　　指渡長[illegible]寸五分行

四十六う

代数三千七百五拾本　　但百本ニ付銀五分
是ハ揚屋表[illegible]
銀四匁八分八厘　　根[illegible]
代数弐枚　　但[illegible]
是ハ表[illegible]門[illegible]根[illegible]之
銀百四拾匁四分　　羽[illegible]
代数百拾六枚　　但[illegible]

四十七お

是ハ西武屋宇[illegible]
[illegible]

四十七う

卅枚六分　　但、壱本ニ付銀壱匁七分之積

是ハ揚座敷合壁門并死罪場ゟ出口門迄

銀拾八匁　　囲貫頭物之込表長屋

卅枚拾弐本　　但、壱本ニ付銀壱匁五分

四十八お

是ハ石月家来戸迄

銀七匁弐分　　楯板長壱寸平縁

弐枚ニ拾八挺　　但、拾挺ニ付銀壱匁弐分

是ハ右門ニ而麁略ニ付

四十八う

四十九お

一 銀五貫六百四拾弐匁七分

此訳

尾張屋倉右衛門
大庄屋ニ代

銀百拾匁　　五兵衛　六人前壱坪

此坪弐坪　　但、壱坪ニ付銀拾匁

是ハ牢屋根修繕迄

銀六拾匁　　荒木田　六人前壱坪

此坪弐坪　　但、壱坪ニ付銀拾匁

四十九う

五十お

五十う

五十一お

五十一う

銀弐百四拾八匁
此数七拾艘
但壱ヶ年ニ嶋根七拾艘壱ヶ年ニ付壱艘ニ付相究ル
海士
但壱艘ニ付銀三匁五分
銀百五匁
此数三拾艘
但壱ヶ年分
砂
但壱艘ニ付銀三匁五分

五十二お

一 銀拾六貫六拾九匁七分
此訳
銀壱貫三百七拾六匁
此数六百八拾人
銀弐貫七百六拾六匁弐分
此数八百六拾人
銀三拾六匁
諸職人并ニ百人ヽ出夫足
手傳并代ニ付百人ヽ出車力
運送方賃銀被下候代
大工賃銀被下候
但壱人ニ付銀弐匁弐分
人足賃銀被下候
但壱人ニ付銀三匁弐分
石切賃銀被下候

五十二う

此数九人
但壱人ニ付銀四匁
銀百三拾四匁四分
此数百六拾七人
瓦葺賃銀被下候
但壱人ニ付銀弐匁弐分
銀四貫弐百六拾六匁
此数弐千五百九拾人
手傳上下百人ヽ出夫足
手傳并代ニ付百人ヽ出車力
運送賃銀被下候
但壱人ニ付銀壱匁七分
銀壱貫九百匁六分
此数壱千百拾八人
右諸手傳人足壱ニ出車力
運送賃銀被下候
但壱人ニ付銀壱匁七分

五十三お

銀弐拾弐匁壱分
此数拾三人
屋根葺手傳人足車力運送賃銀
被下候
但壱人ニ付銀壱匁七分
銀七百拾匁六分
此数四百拾八人
瓦葺手傳人足車力運送賃銀
被下候
但壱人ニ付銀壱匁七分
銀壱貫百匁
此数六百四拾八人
小屋掛手傳人足車力運送賃銀
被下候
但壱人ニ付銀壱匁七分

五十三う

一 銀壱貫百六拾四匁六分
　此訳
　銀百八拾弐匁
　　此坪数六拾弐坪
　銀八拾壱匁六分
　　此石数六拾壱石

諸小屋代材木竹木〆切
上ケ下ケ諸道具並職人其外
外手間料払代
大工並　二百　八人
　　　　三百　拾人
鳶並日雇人足諸色
但坪壱坪ニ付銀三匁宛
竹矢来
但壱間ニ付銀壱匁六分

五十四お

銀八百四拾四匁
銀二拾七匁六分
　此数弐百五拾枚
銀弐匁六分
　此数六本
銀七匁
　此数七本

上小屋其外仮小屋代材木竹木
〆切諸色損料払代
銭 八百
但壱枚ニ付銀壱匁六分
水縄　六拾房 掛
但壱房ニ付銀六匁
尺杖　長弐間　弐寸角
但壱本ニ付銀壱匁

五十四う

合銀弐拾九貫四百八拾匁　小判六拾両割
　此金四百九拾八両

右之通御入用候　御作事方ニ而御入用相違無之
候ニ付、何れも御座候ニ付、委細申上候

辰十月　　　　中川□
　　　　　　　　長□□

五十五お

天明四辰年十一月十一日山村信濃守殿江相談之上、同十二日
寺社奉行江相渡し、右之写同十二日松本伊豆守殿江
遣ス

「町奉行所」
　　　　　　　松本伊豆守
　　　　　　　赤井豊前守

寺社方御門揚り屋之儀者、此度御揚屋江添入東
西牢屋敷之長吉和助不残外ニ而修復之儀

五十五う

五十六お

五十六う

五十七お

五十七う

五十八お

五十八う

五十九お

五十九う

勤可申候此段書付御座候以上

正月

石出帯刀

六十お

天明元丑年二月

牢屋敷新規御普請并御修復之節見合之分
下役同心役之者扶持方等書抜

享保十七子年御修復
職相勤申候

一 金高百五拾両

六十う

同二十卯年御修復
出来相勤申候

一 金高百七拾三両

元文元辰年御修復
出来相勤申候

一 金高百弐拾八両

同二巳年御修復
出来相勤申候

一 金高五百両

六十一お

同三午年御修復
出来相勤申候

一 金高三百七拾両

同四未年御修復
出来相勤申候

一 金高二百九拾三両銀拾弐匁

同五申年御修復
出来相勤申候

一 金高四百七拾九両弐分

六十一う

寛保元酉年御修復
御老中相勤候ニ付
一 金高六百四拾二両三分
同二戌年御修復
御老中相勤候ニ付
一 金高四百八拾九両弐分
同三亥年御修復
渚長門守殿御掛り
一 金高四百八拾八両

六十二お

延享元子年御修復
石河土佐守殿御掛り
一 金高五百七拾九両壱分銀拾弐匁四分
同三寅年御修復
渚長門守殿御掛り
一 金高九百四拾二両弐分銀拾匁
同四卯年御修復
能勢肥後守殿御掛り
一 金高三百九拾両

六十二う

寛延元辰年御修復
馬場讃岐守殿御掛り
一 金高百四拾七両三分
同二巳年御修復
同御掛
一 金高四百四拾両
同三午年御修復
同御掛
一 金高弐拾八両弐分銀拾壱匁九分弐厘弐毛

六十三お

宝暦二申年御修復
山田伊豆守殿御掛り
一 金高三百四拾壱両壱分銀四匁三分三厘弐毛
同三酉年御修復
能勢肥後守殿御掛り
一 金高弐百四拾二両
同四戌年御修復
依田和泉守殿御掛
一 金高弐百拾二両

六十三う

同寅年御修復
同断
一 金高弐百九拾両二分
同年御修復
同断之分
一 金高弐拾両
同七丑年御修復
大庭織部殿御支配
一 金高四百六拾四両二分銀五匁[illegible]分[illegible]厘二毛

六十四お

同八寅年御修復
依田和泉守殿御掛り
一 金高弐百拾九両壱分銀拾二匁九分弐厘八毛
同十辰年新規御普請
依田豊前守殿御支配
一 金高四千八百七拾両
[illegible]年三分一御修復
明和三戌年八月
同御掛り
一 金高弐百四拾七両

六十四う

酉年三分一御修復
同寅年八月
牧野大隅守殿御掛り
一 金高三百六拾壱両
猶又帳外残分御修復
明和七寅年十二月
右同御掛り
一 金高九拾九両弐分
安永二巳年七月新規御普請
牧野大隅守殿御掛り
小普請方御役人

六十五お

一 金高弐千八百七拾両ニ[illegible]
依[illegible]年御修復[illegible]二百姓[illegible]
[illegible]
安永四未年九月
牧野大隅守殿御支配
一 金高弐百九拾九両
帳外残分御修復
同申年七月
右同御掛り
一 金高三拾七両弐分

六十五う

東ハ弐間半並揚り屋揚座敷
西ハ半間不浄所共ニ御修復
安永七戌年十二月
此方御掛り
一　金高弐百六拾弐両弐分
西ハ半東ハ弐間半共ニ
天明元丑年七月
此方御掛り
一　金高百拾六両二分

六十六お

右之通ニ御座候以上
巳二月

六十六う

六十七お

天明五巳年二月
牢屋補理増御修復代金減少仕候付
申上候書付
吉田忠兵衛
牢屋敷先達而御下知相済候御修復代金六百
拾八両余之内此度増御修復代金六拾九両有之都合
七百弐拾七両有之候処右之揚屋ニ而西弐間半御修復

六十七う

相撲ニ而又々流浪之者出来候ニ付弥々増令
相預ケ中ニ而間後堅ク致合法申唱ニ付致成
中ニ先年寺社御掛ヶ多有之安永二年
新規諸書付之内武才六百七拾壱ニ至見合
之度ニ御諭後此一月之分二紙相撲ニ付薄ヶ
ニ御触後者も皆由為達度見合拾分一ヶ高案
相納候者別紙ヶ右通者書合壱武拾

六十八お

右觸書と仰有しを引合下テと奉存候之
己二月 吉田善兵衛

裏表紙

表表紙

表表紙う

一お

一う

二お

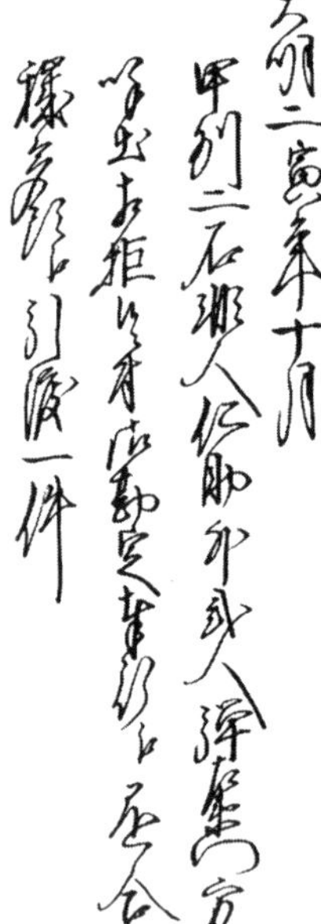

二う

三お

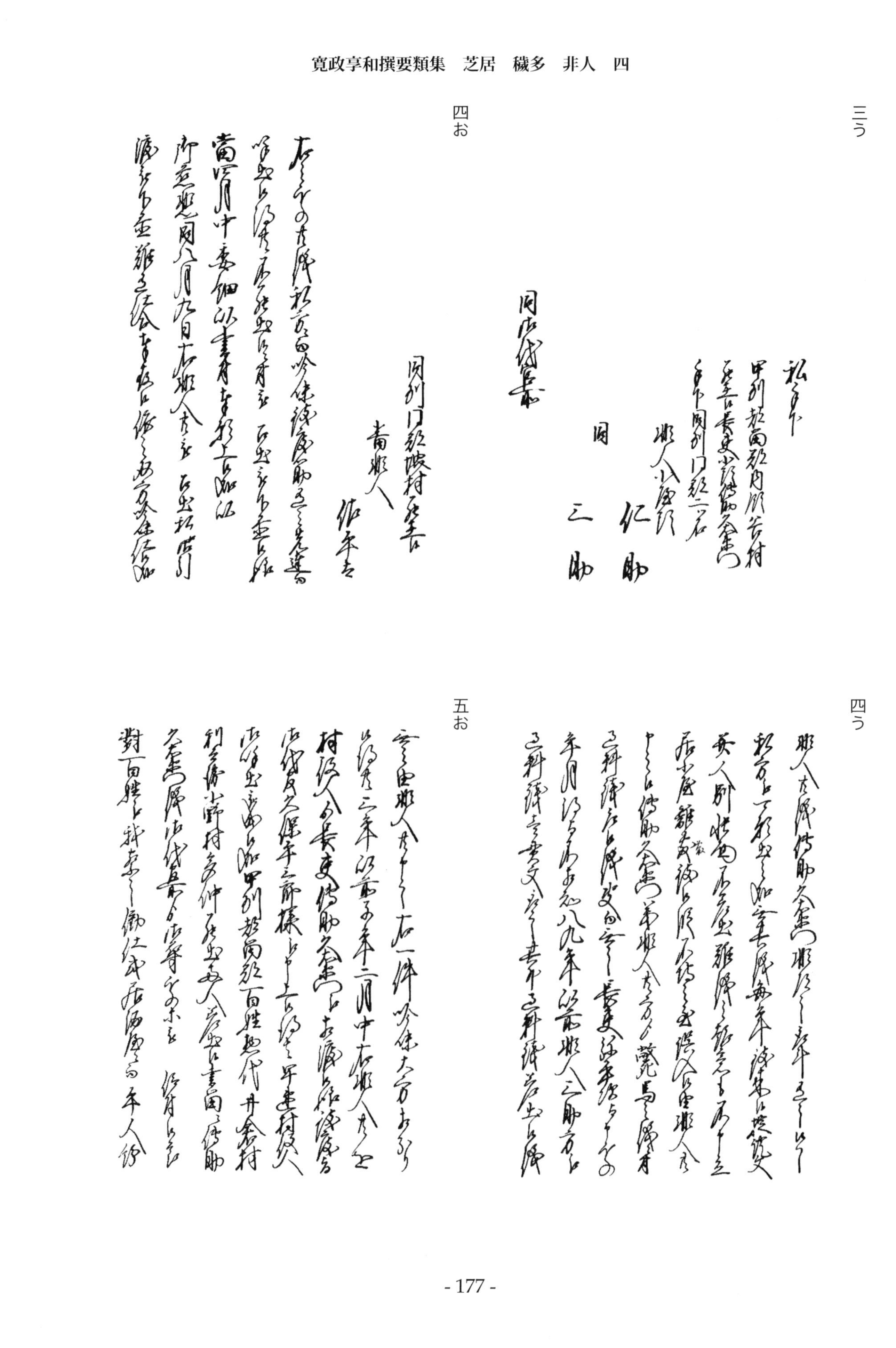

三う

四お

四う

五お

五う

当申九月

六お

牧野大隅守

六う

当申十月

七お

天明八申年九月

七う

八お

山村信濃守殿　久保田十左衛門

久世丹後守殿分下総国葛飾郡
葛西領村吉田村之者共儀江戸
表操場屋共へ對談之上蘭芋

八う

御放操場役人抱置候操場屋共
へ貴殿ゟ当書面方へ致当人之者
共儀ハ右武ヶ村共儀之蘭
芋御放操人抱置ト如蘭芋御
之儀ハ先列彩治郡八ヶ村同国
葛飾郡五ヶ村下総国相了郡
三ヶ村都合十六ヶ村之限ト内外
治郡八ヶ村共江戸表操場屋

九お

共操場役人蘭芋御備葛飾郡
相了郡八ヶ村共弾左衛門方由緒
之蘭芋御備之上如葛西領村吉田
村共蘭芋御放ト由之葛西領村八
安永四未年吉田村共儀天明三
卯年弾左衛門方相手取蘭芋
御差留之儀ニ付願不及御訴
ト如此吟味之上人相違之由之

九う

而ニ是迄ハ藍草作鑑札手放来
止ト由、然処右弐ケ村共、去ル
地窪之場所柄年々、被水害
及難儀候ニ付前々之通藍草作
鑑札返上鑑札焔硝屋共、方へ差戻
段右申立之通鑑札焔硝屋共
方へ相対之上鑑札焔硝藍草
作場ニ相成候ニ付承知之上申付候

十お

間も猶左様ニ付方差障之儀も有
之間敷ト心得候得共重々相様
候及取合候

申
九月

十う

下札

此面之藍宿村吉田村ニ而藍
草を作鑑札焔硝屋共へ鑑札
之外ニ売ト候様取計候得共右
方ニ而藍草之外盛ニ相成共右
弐ケ村ニ而油絞人ニ売出候ハ
藍玉中ト此段右二ケ村へ申付
候ト相致候処右様ニ申出

申
十月

山村役所等

十一お

一 下総国藍宿村吉田村弐ケ村ハ是迄
地窪之場所ニ而藍草之外作物
難出来ト申ニ付鑑札焔硝ニ相成ト

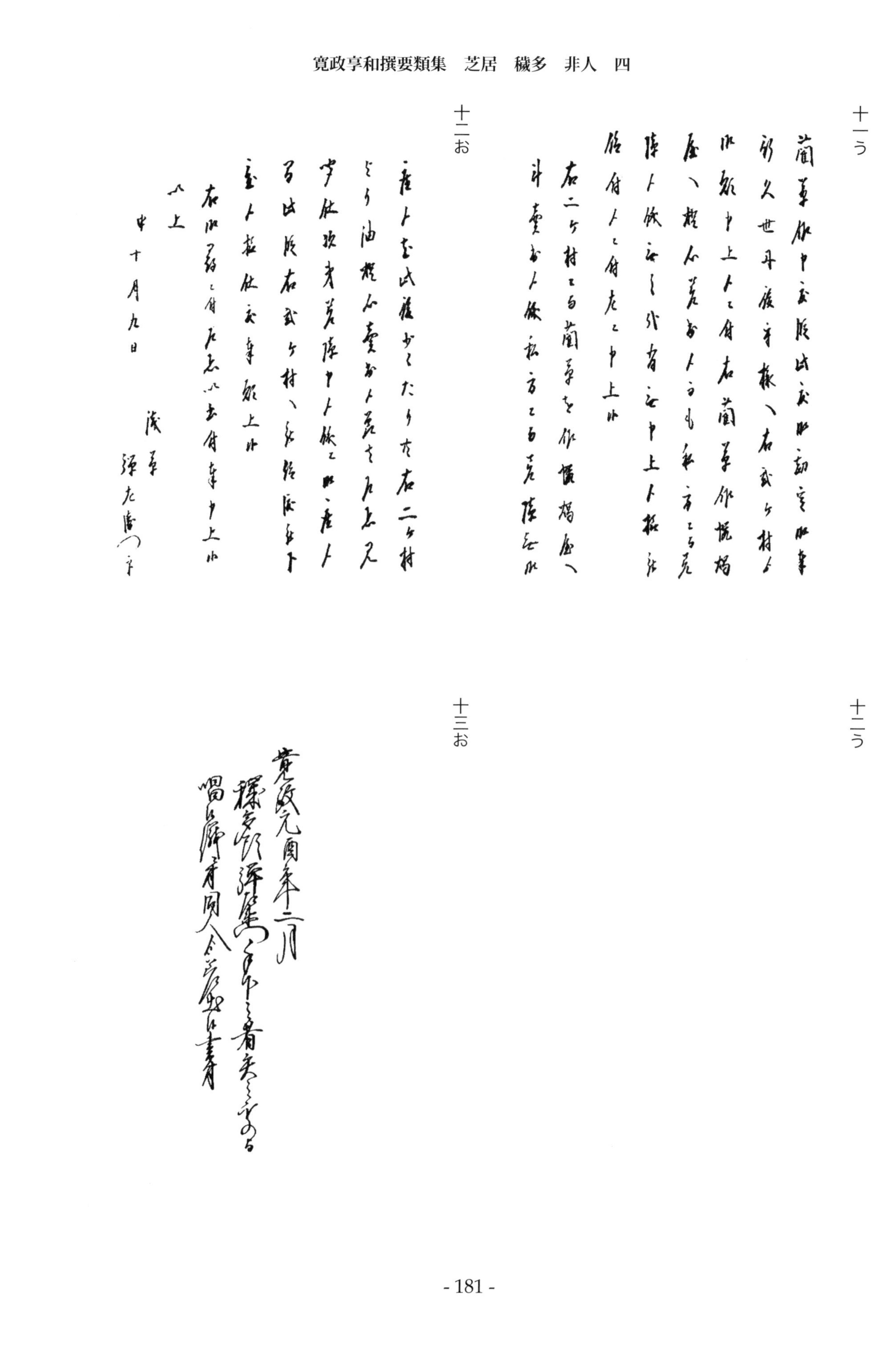

十一う

十二お

十二う

十三お

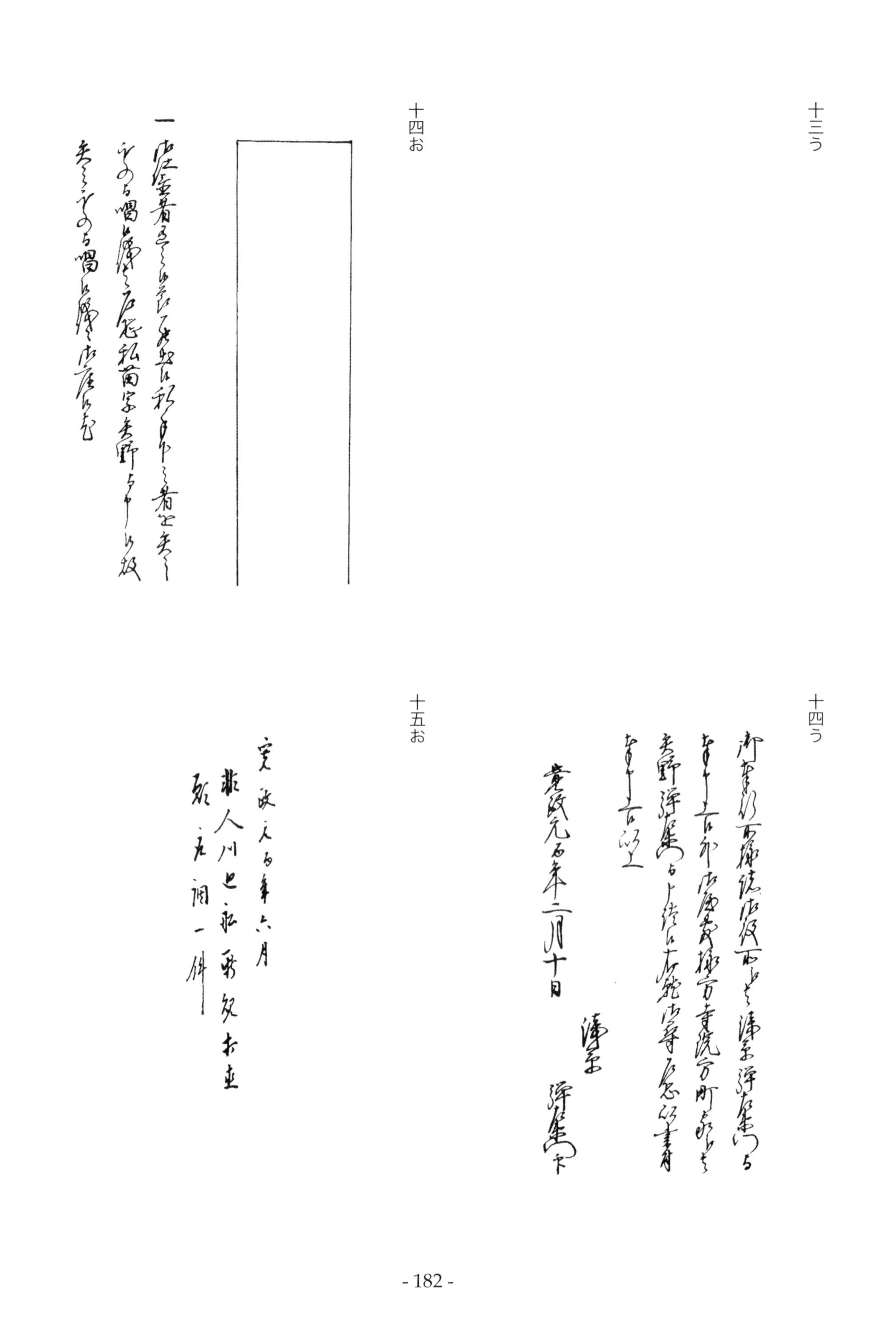

十三う

十四お

十四う

寛政元酉年二月十日

十五お

寛政元酉年六月

十五う

十六お

右者以書付御触事申上候

一御成之節荒川通船差留川ニ而通
川流不障様又ハ見苦敷様有

十六う

有之候て、見斤付人様、元禄十
六年未二月十三日丹羽遠江守
様御書付ヘ以被仰渡候
傍付候

一浜御殿、御成ニ付浜御殿
川筋川通船荒ゟ不障様ニ見斤
付人様正徳三年巳八月六日国
御書付ヘ被仰渡候　傍付人

十七お

右之通ニ被為仰付人御触方
有合申ニ被ニ以川之通
御成之節川通ニ而前参人ゟ
浜御殿川筋之義ハ実ニ被
傍付ニ而通人ハ猶も不障様ニ流し
参人荒ハ被傍付候并ニ被ニ而
引斤付人如右申ニ被大殿住用
立不申人ニ付ニ被差被仰候ニ

十七う

右当川上清兵衛殿初中度来候
ニ而新規借用金取下置候取
御座候此度 清極寺預り仕
度旨去ル十七年以前ヨリ十月十
日西清蔵取扱ニ而申上候処
同年十二月廿日取替置候
然所右金三両取下置候之所皆
金仕取並被下当皇申年

十八お

二月中御年貢同月十一日清年貢
清兵衛 清極寺預り仕候処右
取替候大破仕月立不申候之所
猶又取並被下当中度取扱
拝借金七両之内並積立外
取遣ニ而調代金並両並
都合金九両右之通り内金並
両取並之分調達仕候旨何年

十八う

拝金八両取下置取御年ニ上
清極寺預り仕候処十二年
以前 寛永七年戌七月廿八日西
清蔵取扱ヽ申処上候処候ニ
此吟味之上同十一月十日取替ニ
但候 然ル所清金八両取下置
候ニ付取扱当同十二月二月
並ニ而年来同月廿二日清年貢清

十九お

兄清極寺預り仕候右取を以
川上清兵衛殿初度来候処取ニ而
完顕ニ付ニ清極寺ニ借不申
ニ相成手入候後仕只今ニ而右月
ヽ度旨大破仕一向新規木
不取扱月立不申候此段取
取並被下当川上清兵衛
中度年々候之右新年以清玄

十九う

[illegible]

二十お

[illegible]

六月十二日

長川

松右衛門

二十う

安永七戌年十二月川口村証文写

一 言字証　壱通

右者川筋取揚候証

元禄十六未年二月

二十一お

[illegible]

二十一う

ト知右船大破仕用立不申ト百
寳暦十二未年十月新規造立
ト入用金銀下至ト拙者頭上
ト知金之為銀下至ト之節呈金
仕新船造立度拙下之義被願
申上候年貢御免被拙下候
下置呈之候利ち節來下知
又之右船持撰ト之節此度新

二十二お

船造立て申入用金九両之ら候處
ト知當時困窮仕難及自力渋
金右両調達仕候金八両銀下
置ト拙者頭上ト知頭之願候金
願載仕新規造立仕ト之候拙
下度願上候以上

安永七戌年十二月

石川
松右衛門

二十二う

右願船之儀拙人路石川松右衛門
諸若御ト紙面之通相違無
御座候以上

素多村庄兵衛
東石庄市右衛門
檜屋嘉右衛門

表書之通相違無之候

二十三お

牧野大隅守殿
曲淵甲斐守殿

石川松右衛門不漁ニ付船新造入用拝借申上候一件
中村又蔵
長谷源伯

二十三う

右之者
浄蔵之葭川也非人居者不浄者
在所舟人非及大破候儀ニ付
未成此度非得貸者暦中度依
之先例も有之人足金七両三
分弐朱被下置候様奉願候

不浄川
松右衛門

二十四お

右非人共右之所年寄方武右
南金之内より被下人先例ニて
出松右衛門願之趣所年寄方
ニて右非人足ニ付居人足月番所
年寄へ非人足之被成候付候得共
相仕度義ニ付下候之松右衛門
召上人願出返上仕候以上
六月十八日

二十四う

中村又蔵
安藤源助

不浄川松右衛門川也非人足被下人相当
願人ニ付右調中上候出付
出而之川也非人足金八両三分弐朱之内
書面ハ調達被候金七両三分弐朱被
之通被下置人ニ付出方右金之内ニ而
候て中旨被仰渡候以上
酉七月廿日
　奉行所　西名和

二十五お

本文右松右衛門芝居人
願出之付候之

右之通右願人ニ松右衛門願出
年寄ニ而中村又蔵并安藤源助
中上ニ而出付候得被相人ニ付先
例右非人如左之通相居人
一不浄川非人頭松右衛門小屋浄川也
非人之義元禄十六未年二月

二十五う

丹羽近江守殿所方取替被
之儀初而ニ而　御附松名儀へ
方ニ有来人右取ニ而川ゟ右出
右勤来人外右取右破大破仕
修立不申ニ付宝暦十二未年
十月松平能登守殿所方取勤
候之儀川越取扱立入入用金
被下置候様申候段私方へ

二十六お

ニ仕候処調中上ケ上同年十
二月十九日願之通り　御付金
子三両致方両金之内ニ而右
候方私方へ被　御下置　大目
森為村長右衛門方ニ而松右衛門
へ相渡申候
一安永七戌年七月牧野大隅守
殿所方取勤候之節又人右

二十六う

取大破仕一向用立不申ニ付然
処右立入入用積金七両之分差
橋木其外取返シ代百両之分
都合九両右掛人知宝暦十二
未年取替右立入人差出松右衛門
方ニ而差金仕右立人へ去年ゟ
困窮仕差金仕人共色々右成
取扱人へ相渡金百両調達

二十七お

仕人ゟ御金八両被下置人
相松右衛門右願之通茂兵衛
村長右衛門方へ調不仕候右
願中上ケ知同十一月七日願之
通金子八両被下置候ゟ預り
両金之内ニ而右候而中ゟ大隅
守殿御仕候同人方ニ而松右
衛門へ相渡申候

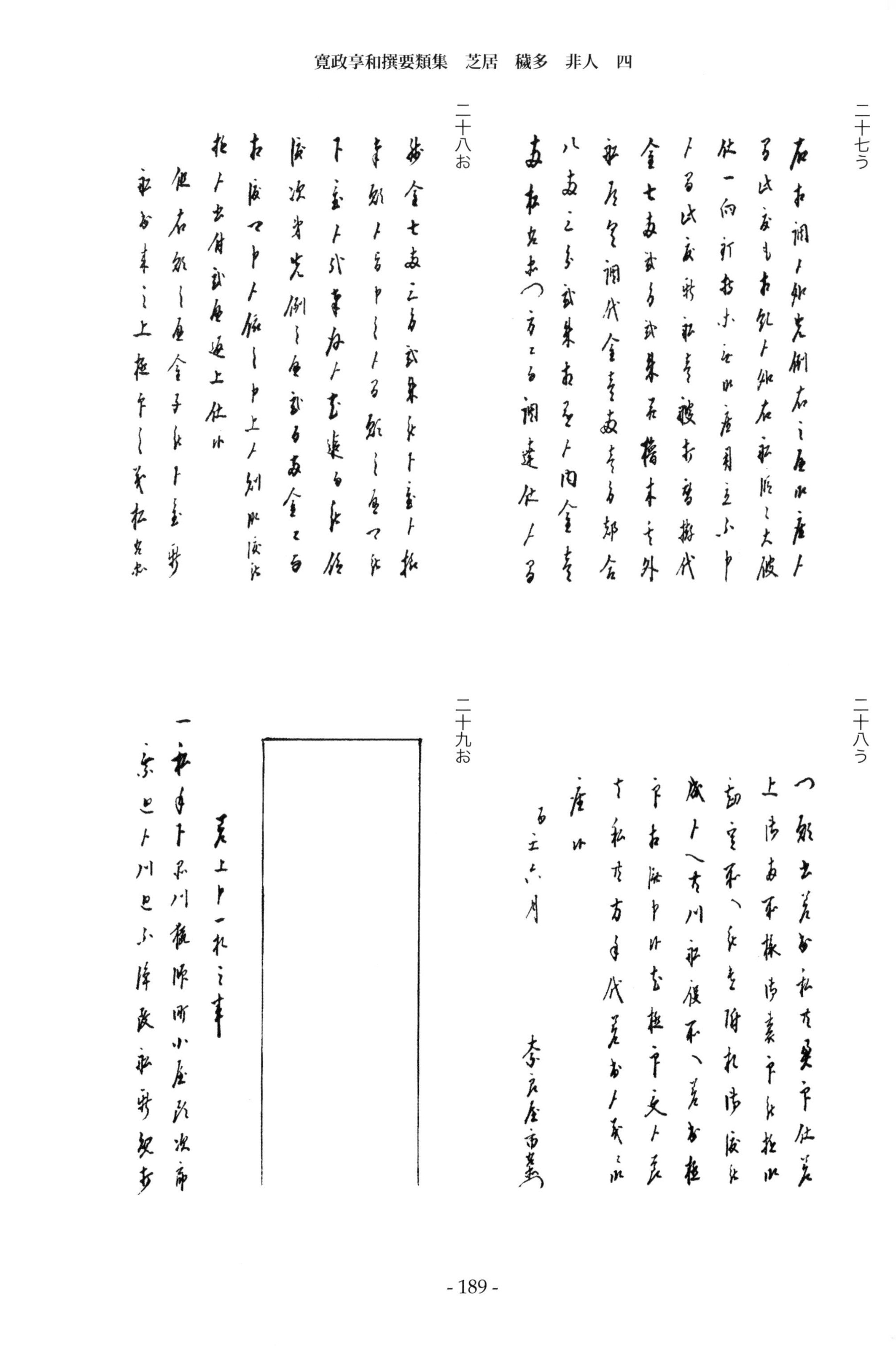

二十七う

二十八お

二十八う

二十九お

二十九う

[illegible]奉仕人ニ付此[illegible]許[illegible]

上[illegible]へ[illegible]

[illegible]引合[illegible]右[illegible]遠[illegible]

[illegible]丈夫ニ[illegible]奉仕人[illegible]

件

寛政元酉年八月十二日

松川

松右衛門

三十お

惣赤杉

一 小菓私 [illegible] 長丑[illegible]

一 私梁 桂栄

三十う

一 大べり 橋本

一 上こべり 桂栄

一 みゝ ― 志ん地

一 か ― 一 [illegible]

一 橋 一 梃

右之[illegible]遠[illegible]上

子 八月十二日

松川

松右衛門

三十一お

小[illegible]私[illegible]

此[illegible]出 [illegible]

一 [illegible]人[illegible]松右衛門方ニ而[illegible]申[illegible]

小[illegible]川[illegible]私[illegible]

[illegible]

三十一う

申候旨当六月十二日松右衛門江
談申上候処同七月四日江[illegible]
下置候ニ付、私共[illegible]奉仕
候得松右衛門江日[illegible]申上今日迄
[illegible]松右衛門方ゟ差別紙ニ私共
不去付ニ引合者致候処者遠ニ[illegible]
丈夫ニ者奉仕候ニ付[illegible]申上候以上
八月十二日　[illegible]

三十二お

寛政元酉年十二月
深川猟師[illegible]
新規造立船之一件

三十二う

三十三お

御相談書
山村信濃守

深川猟師[illegible]川上船入用金[illegible]
[illegible]別紙之[illegible]
[illegible]

三十三う

三十四お

三十四う

三十五お

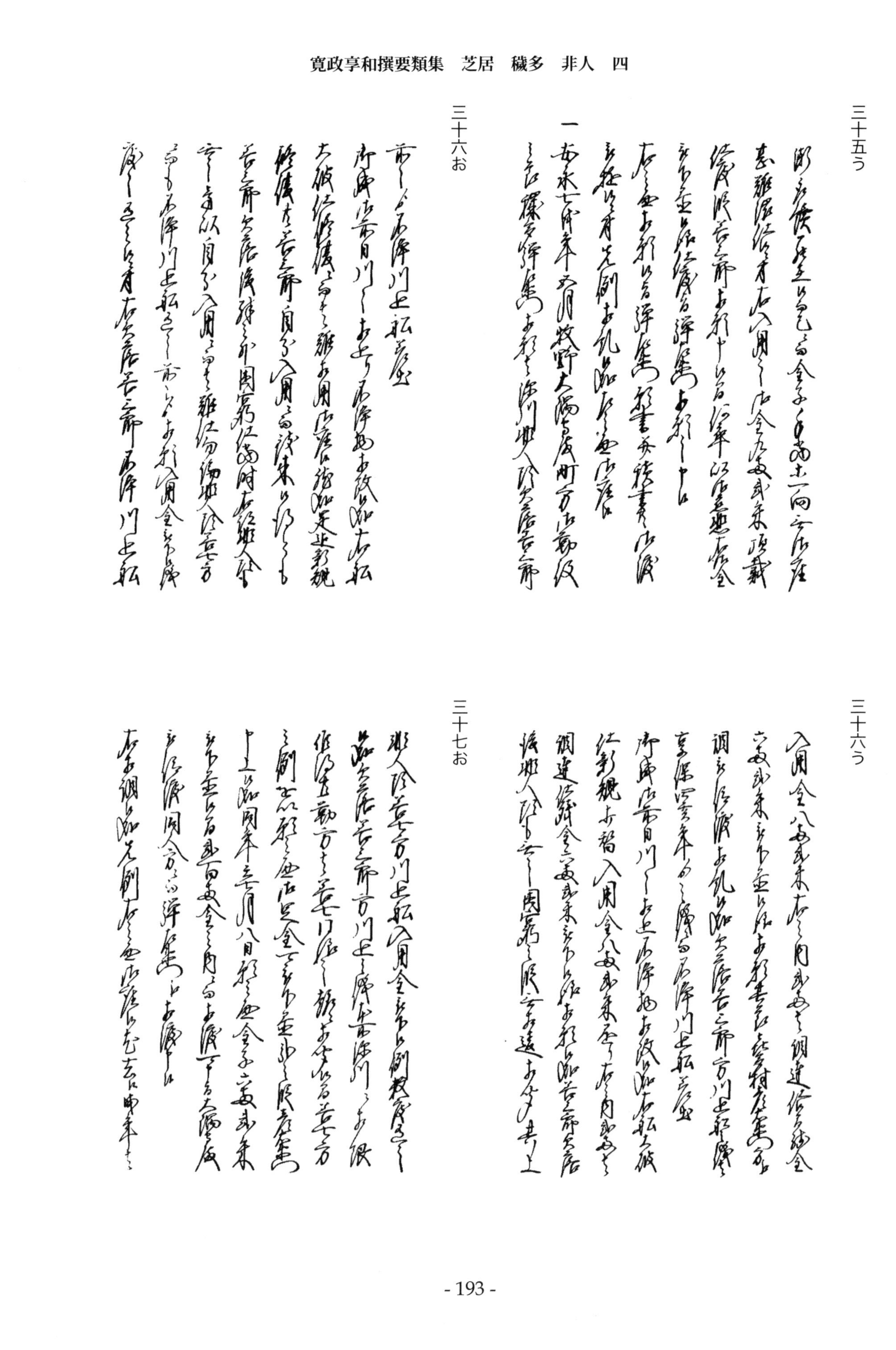

三十五う

三十六お

三十六う

三十七お

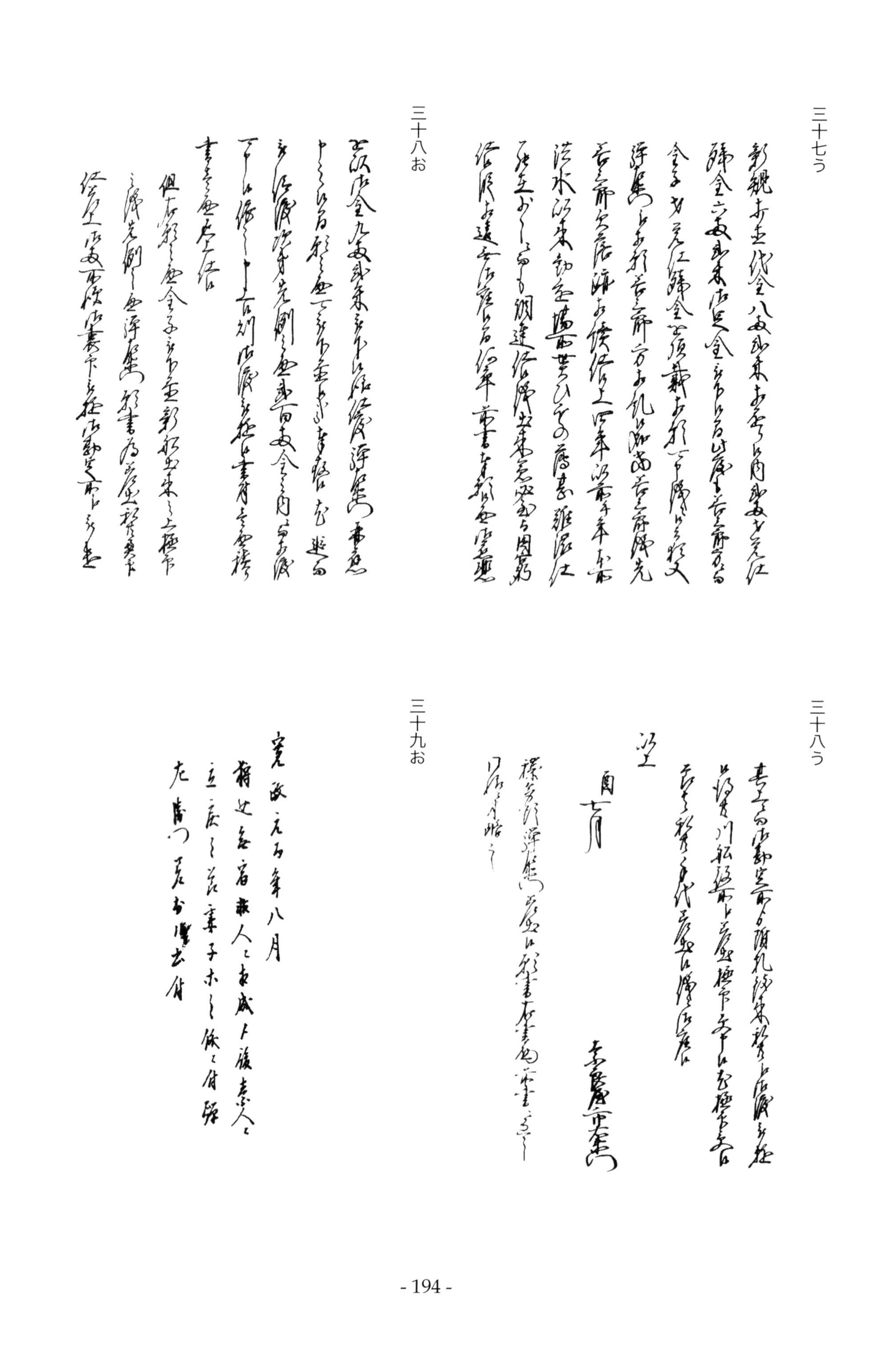

三十七う

三十八お

三十八う

三十九お

三十九う

四十お

一 狩込ニ而召捕女ハ非人ニ相成候
後右躰之ものハ素人ニ引直候哉
非人小屋頭共方へ申来候節ハ

四十う

非人頭共より町方へ申出候上引直
人より抱主小屋頭共方へ掛合
引直候儀を申出
但十ケ年以来非人小屋ニ居候
ものハ素人ニ不相成定法之処
へハ類ゟ引直之儀由申聞候人も
のハ素人ニ立戻候儀取計被勤
然而引直り候節も此度有之

四十一お

一 非人ニ相成候後非人素生之女を
妻ニ致子供出生致候ハヽ素人ニ
成引直候ハ右妻子ハ為引直不
申候
但夫非人素生之者狩込ニ而召
之者妻ハ引直候得共夫婦子
供為引直不申候
一 非人素生之ものハ素人ニ相成

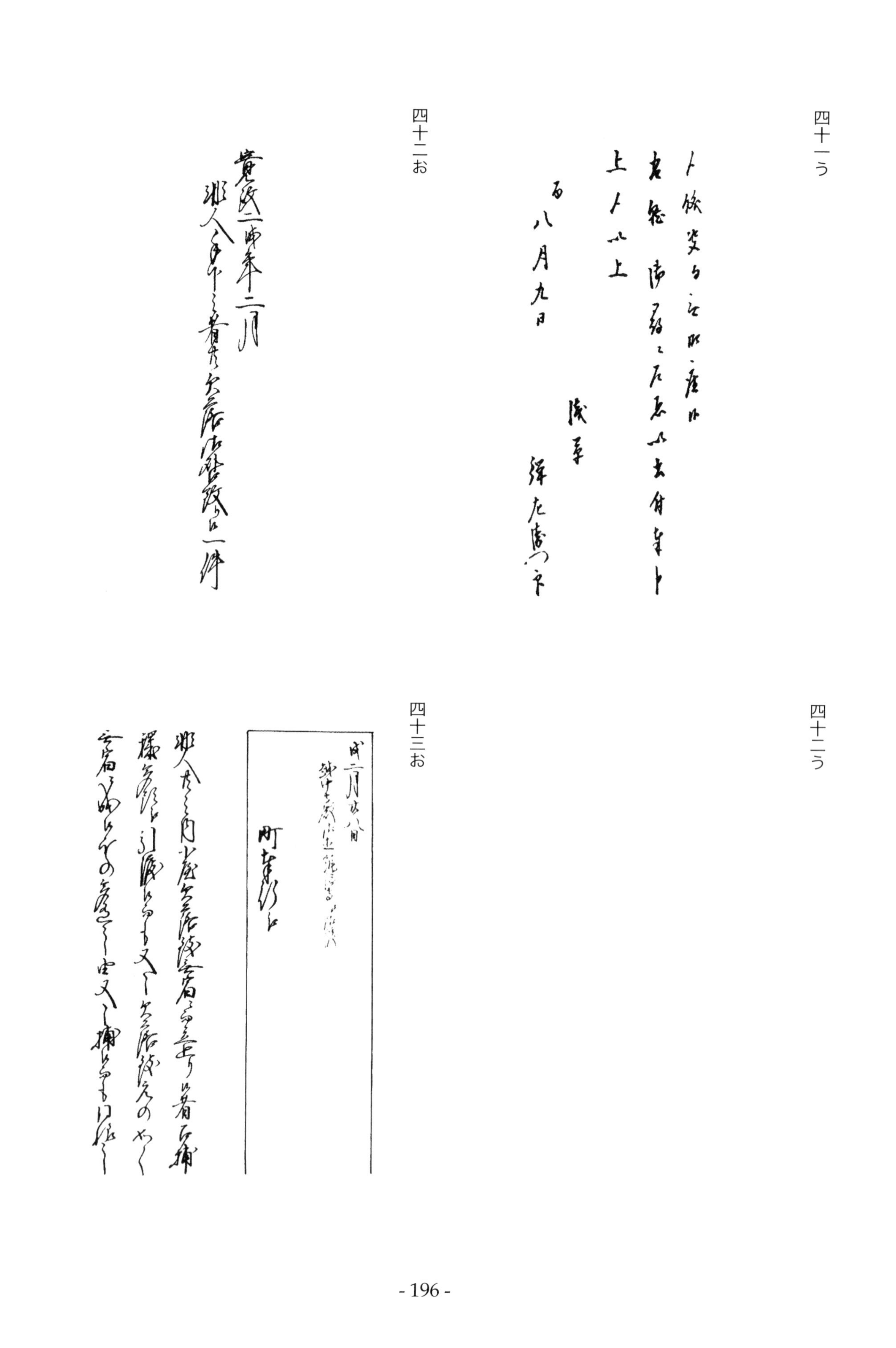

四十一う

ト被変候ニ付取ニ遣ル

右始末御届ニ罷出候以書付奉申

上候以上

戌

八月九日

浅草

沢左衛門

四十二お

寛政二戌年二月

非人手下之者共欠落取計候一件

四十二う

四十三お

戌二月廿八日

[illegible]

町奉行所

[illegible]

四十三う

四十四お

四十四う

四十五お

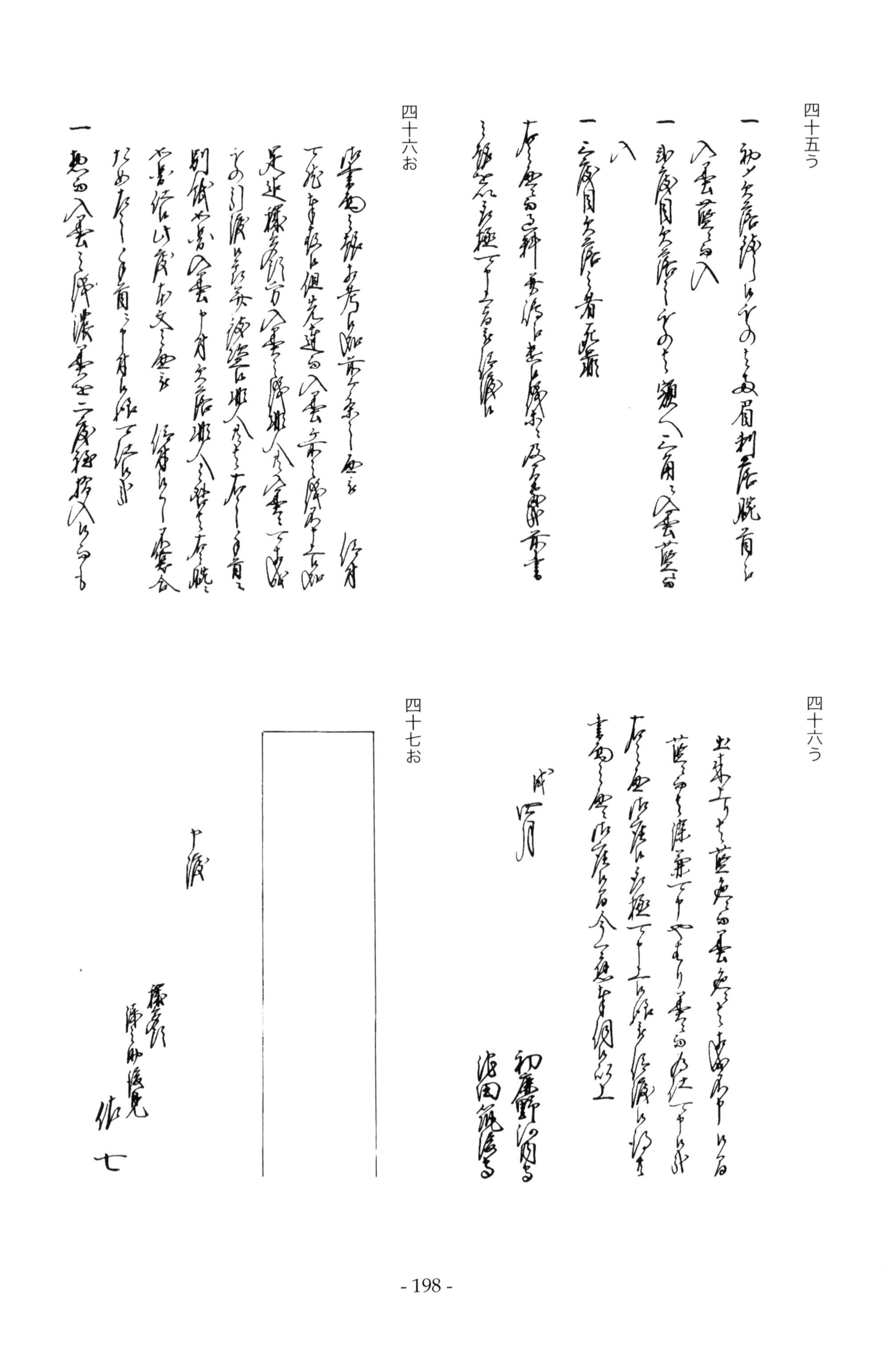

四十五う

四十六お

四十六う

四十七お

四十七う

四十八お

四十八う

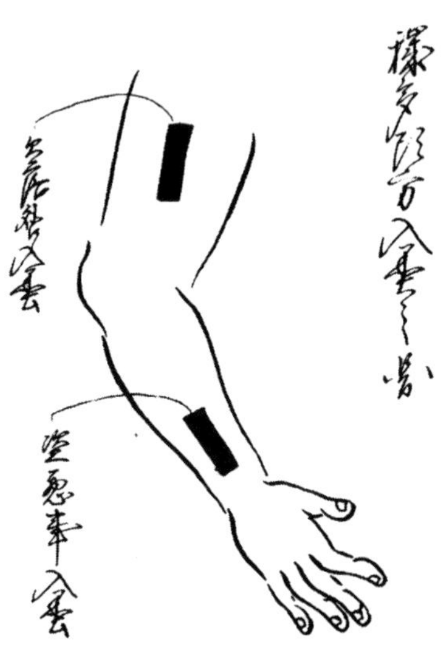

四十九お

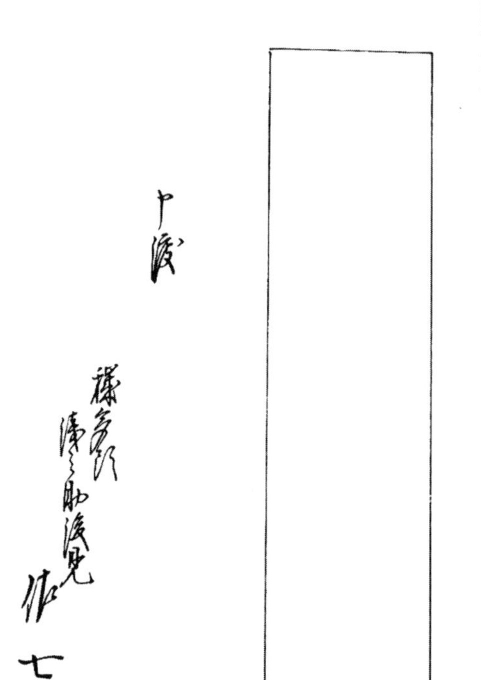

四十九う

五十お

五十う

五十一お

五十一う

五十二お

五十二う

五十三お

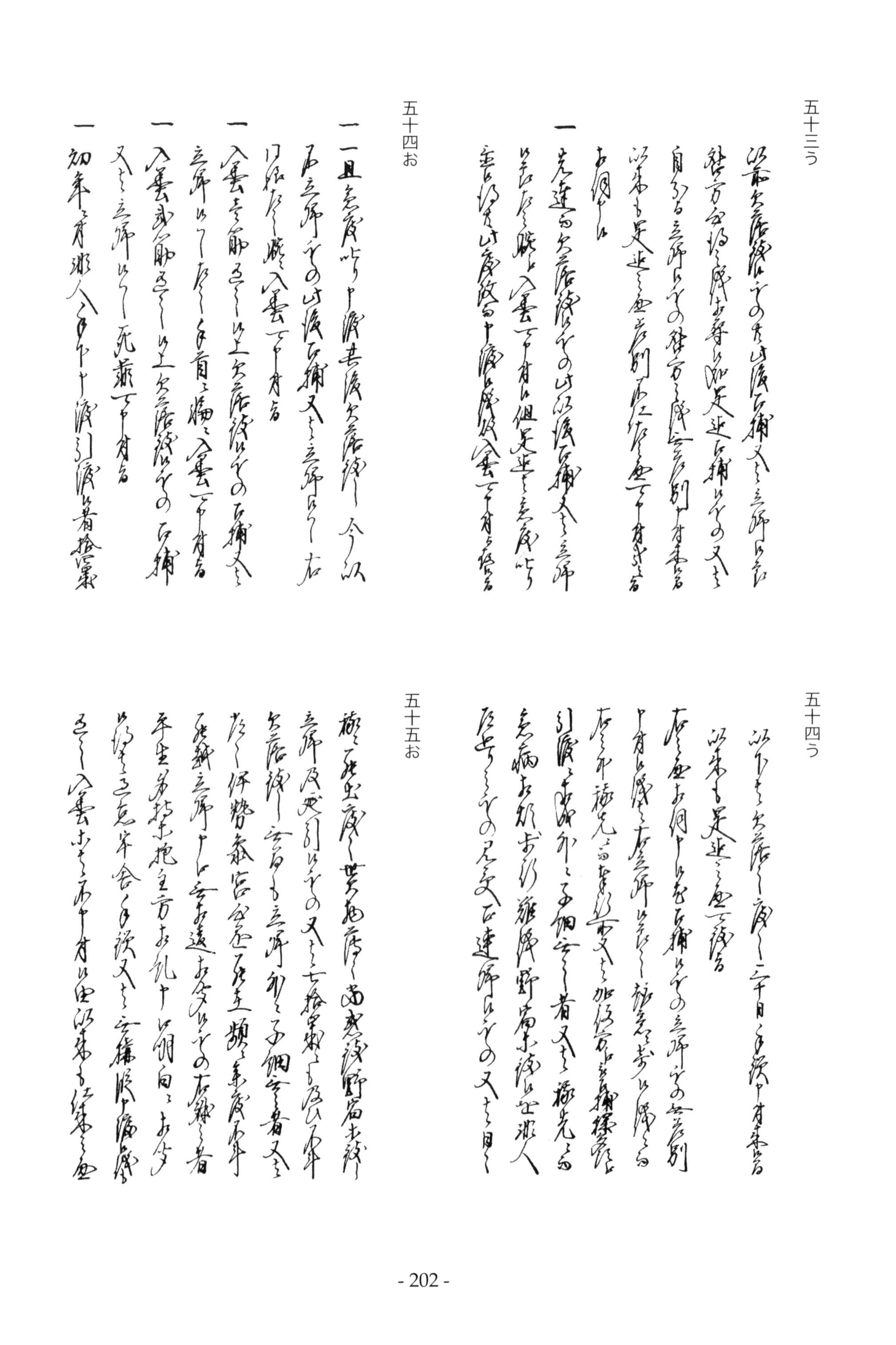

五十三う

五十四お

五十四う

五十五お

五十五う

五十六お

裏表紙

表表紙

表表紙う

一お

寛政二戌年十二月
穢多頭弾左衛門与浅草善七退身
其外とも出入一件

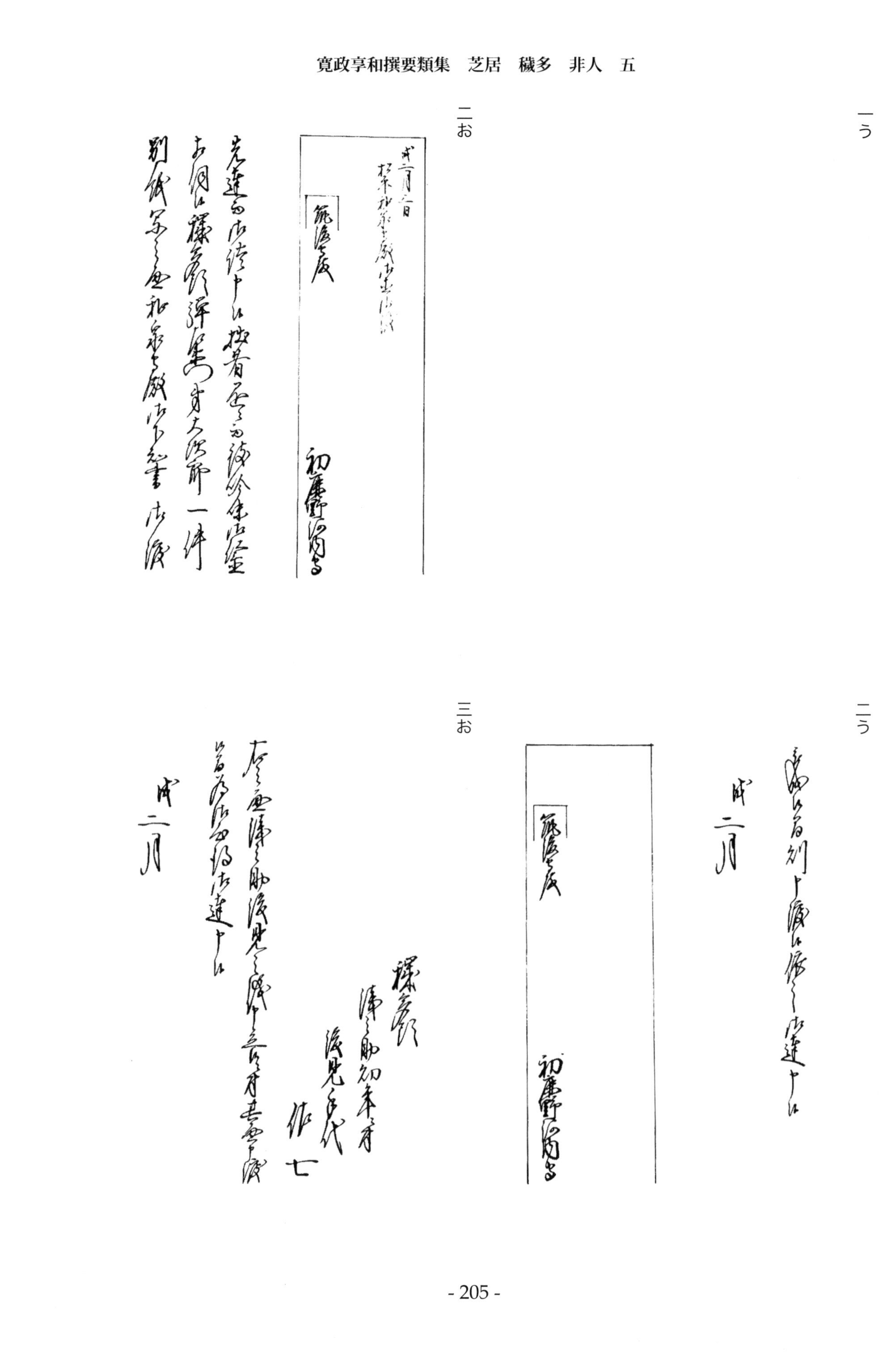

一う

二お

二う

三お

三う

四お

四う

五お

五う

平四郎

孫兵衛

[illegible]

依之組下[illegible]

右[illegible]

源兵衛

急度叱り

右[illegible]

六お

六左衛門

初右衛門

留右衛門

[illegible]

彦助

叱り

右[illegible]伜

[illegible]

[illegible]

叱り

六う

右伺之通[illegible]以上

七お

寛政二戌年七月

穢多女[illegible]

且[illegible]

[illegible]一件

七う

八お

八う

九お

九う

十お

十う

十一お

十一う

[illegible]

寛政二申年七月

清水

清之助後見

十二お

一 [illegible]

十二う

[illegible]

十三お

[illegible]

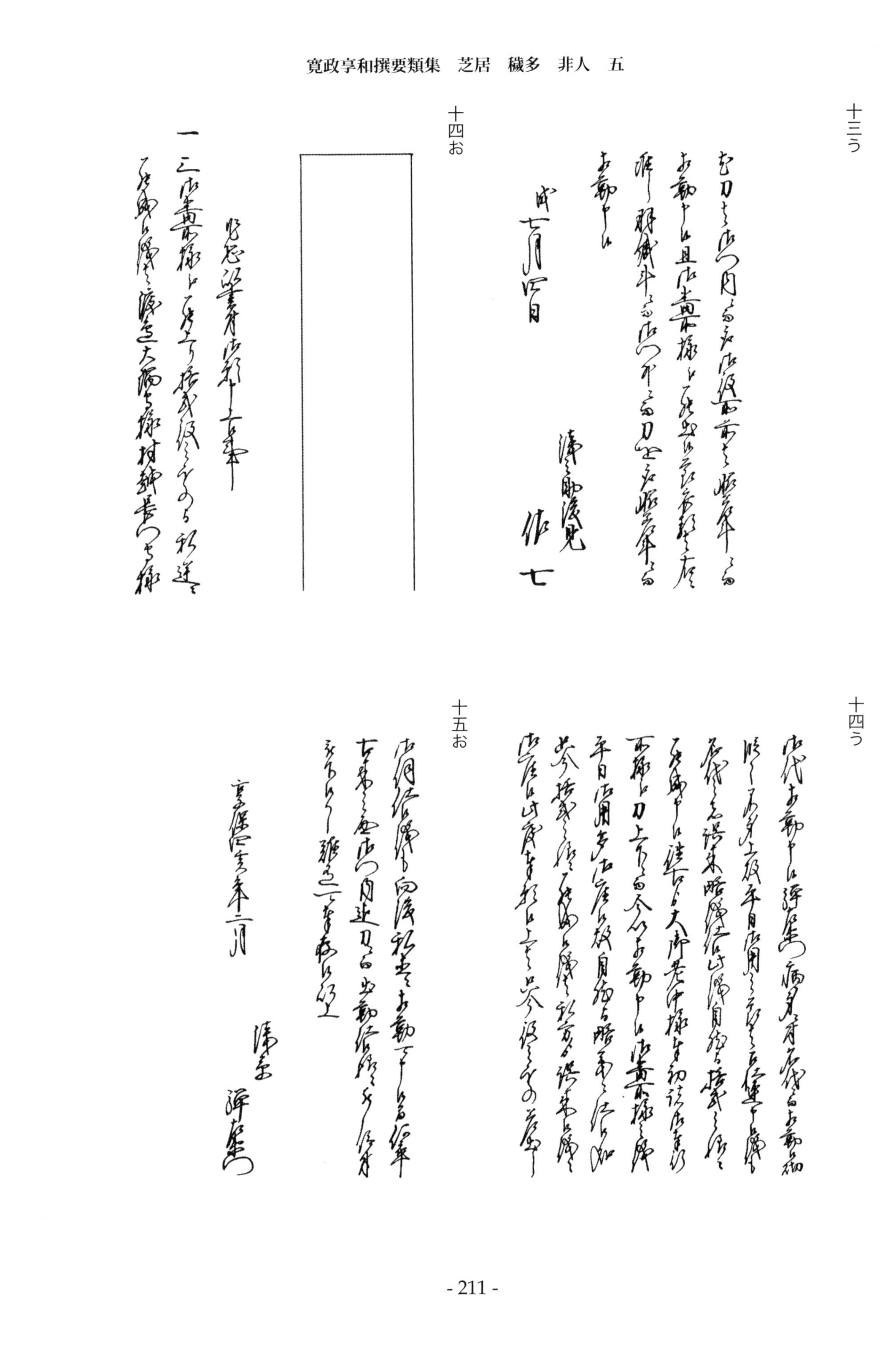

十三う

十四お

十四う

十五お

十五う

十六お

十六う

十七お

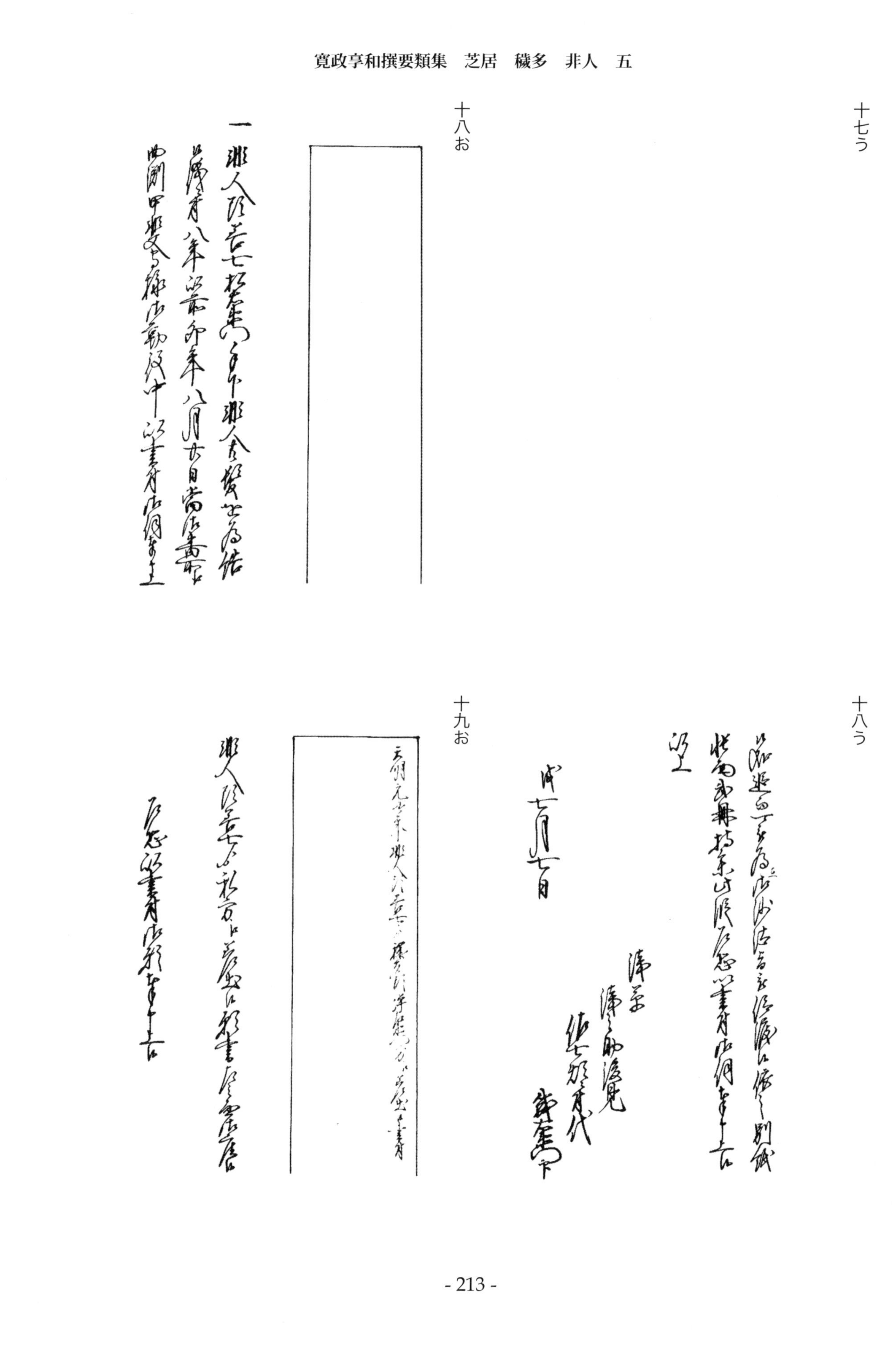

十七う

十八お

十八う

十九お

十九う

二十お

二十う

二十一お

二十一う

二十二お

二十二う

二十三お

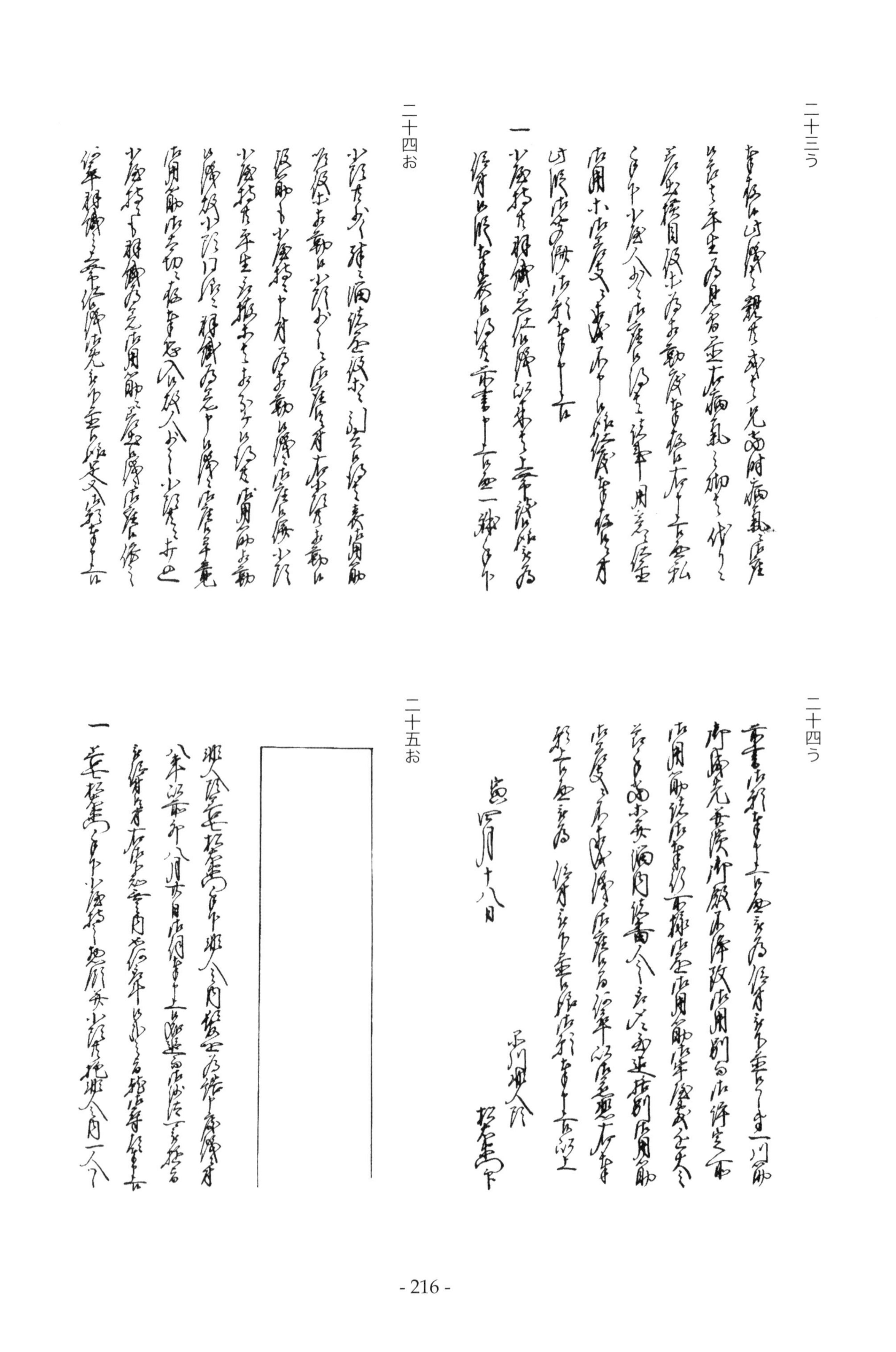

二十三う

二十四お

二十四う

二十五お

二十五う

無宿ニ而抱非人之内七八人穢多方江差遣候ニ付申上

候、右之者共何れも別紙之通無断(?)ニ付

一　小屋頭共支配之内病身ニ而非人ニ相成候

相退候者共之内御用ニ付穢多方江差遣候

旨、願之通被仰付候、右穢多方江差遣申候

右之趣ニ付書付を以申上候以上

戌　九月八日

浅草溜　弾左衛門代

車善七手下

二十六お

非人頭善七抱非人之内穢多方江差遣候

旨、願之通被仰付候

中條

高橋

非人頭善七抱非人之内穢多方江差遣候ニ付申上候

八年以前卯年八月御尋ニ付申上候處、御聞届被成候

二十六う

追而御沙汰可被及旨被仰渡候、其後何之御沙汰も

無之候ニ付、去戌九月中善七抱非人之内穢多方江差遣

候旨弾左衛門代善七申上候、右之通被仰付候

右之趣申上候

一　非人頭善七抱非人之内小屋頭支配之内病身之者共

穢多方江差遣御用向相勤候様仕度旨

小屋頭共小屋頭手下之者共人数相減申候

二十七お

小屋頭共支配之内非人之内穢多方江差遣御用向

相勤候、小屋頭共支配之内病身之者共

穢多方江差遣候、御用向相勤候

非人之内穢多方江差遣候

一　小屋頭共支配之内病身之者共穢多方江差遣御用向相勤候

退候者共非人之内別紙之通

二十七う

二十八お

二十八う

二十九お

二十九う

三十お

三十う

三十一お

三十一う

近来江戸端々ニ而男女雇人者之内不届之衣服等
若致出候ハゝ其のもの共ニ新規之雇人者之内
主人之衣類も盗取候ニ付、主人方ニ而詰合雇人請候ハ
申渡候ニ無之候、右者是迄ニ致候儀有之候
右衣(?)ハ雇人ニ而も有之候ハゝ、召捕吟味之上、急度可申付候

酉
二月

三十二お

明和二酉年二月十八日於江戸町奉行所被仰渡候写

一 今日雇主方之様ニ而、書付を以申合候処、近来
江戸端々ニ而男女雇人者之内不届之趣ニ而衣類等
出奔候ハゝ其のもの共ニ新規之雇人者之内主人之

三十二う

衣類も有之候ニ付、盗取候品有之、雇人請人
申渡候ニ無之候、右者是迄ニ致候儀有之候ハゝ、右衣
雇人ニ而も有之候ハゝ、召捕吟味之上、急度可申付候
右之通被仰渡候ニ付、依之御請申上候、以上

明和二酉年二月十八日

旅籠町
浮屋□

三十三お

明和二酉年二月浮屋□ニ而雇人請負書之写

一 雇人者為主人方ニ而身元之儀、請状取置候
一 御公儀様御法度之儀相背申間敷、雇人請人初而之

三十三う

一 非人小屋并長押庇縁側等〆造用不申法ニ而
御座候

一 非人共物貰之儀往還橋際等ニ而不申并町方裏町ニ
参候儀表町ニ罷出申候法ニ而御座候

一 非人共居小屋之儀細工不仕法ニ而御座候

一 非人稼之者ハ辰巳之方を可相稼事ニ付稼仕
候もの斬髪仕候もの共皆平非人ニ而御座候

一 出火之節ハ場所ニ非人共ハ差留ル不申候儀ニ付無之

三十四お

申付置候

一 出火之節ハ非人共大勢ニ出候儀ハ一向無御座候

一 町家拝借等之者ニ相雇候もの年日出入仕候得共
出火之節ハ其場所御役中ニ而無之候小屋場所之者共
場所ハ非人共立寄御役中ニ而御備之透ニ場所ニ
差出之節ハ場所ニ相詰候様申付置候

一 非人男女共衣類之儀木綿無地之外絹布類一切
為用不申法ニ而御座候

三十四う

一 小屋之内ニ而小頭儀構ニ付ての相勤候無之候
小頭之外非人小屋主并平非人ニ而も相勤候
筈ニ候得共相勤候上下共平日之儀候小屋主
ニ而も猥ニ相勤候儀ハ小頭之外ハ相勤候無之
候

一 非人共斬髪之儀ハ初而来月ゟ無之候ニ付
之儀ニ而御座候処享保年中ゟ相成候ニ付
其已前ゟ致來候非人ニ而も斬髪之候

三十五お

前書之通りニ付小頭并小屋頭之もの共斬髪候
不仕候

一 非人小頭小屋主之ものハ古木綿給紙肩絵
之類并古着等ニ而仕候外得而羽織着候
三味線弾共ニ稼之者共ハ夫々之ものニ而も勝手
稼ニ而御座候

一 廓中非人共勝手次第之儀ニ付取締ニ而不相成候様
不仕候ニ而御座候不致出火之節ハ是迄之通り申付

三十五う

三十六お

三十六う

三十七お

三十七う

三十八お

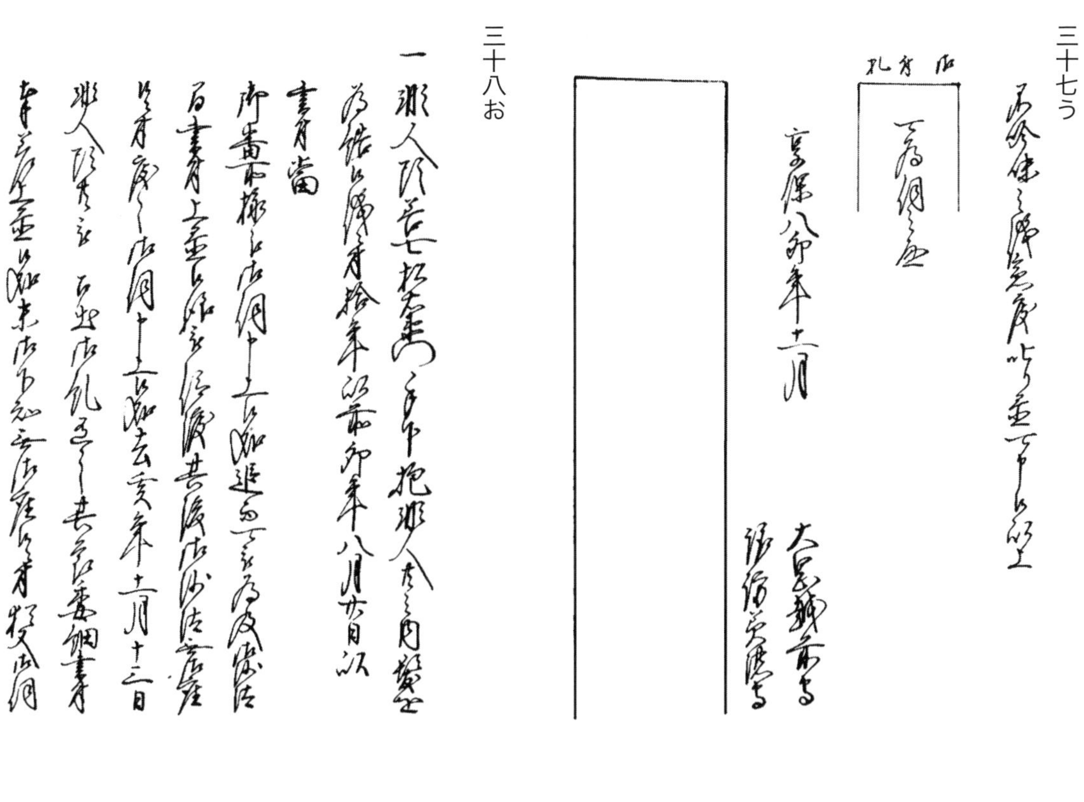

三十八う

三十九お

三十九う

一 小頭　七拾四人
一 小屋持　百九拾弐人
〆弐百六拾六人
但右小頭小屋持親方未来 御用向相勤退役
隠居其外小屋持并方参会之時八拾六人ニ御座候
此外之者者極老病身ニ而御座候

下ケ札
此八十六人之内
小頭之親　十七人
小屋持之親　三十弐人
小屋持之伜　三十七人

四十お

右役名之もの勤役

一 小頭拾弐人　是ハ両座之手代当日之弐人ツヽ相詰小屋ニ差置御詰所御用向相勤申候
一 小屋持弐人　是ハ右書役ニ御座候
一 小頭弐人　是ハ両勘定役当日之一人ツヽ相詰小屋ニ御詰所御用帳面等相調申候
一 同　四人　是ハ両組役当番所御詰所人別〆金子申付役申候

四十う

一 同　壱人　是ハ両頭本御役所并諸事世話役ニ御座候
一 同　拾八人　是ハ両上番人当番之三人宛相詰申候
一 同　六人　是ハ両使番人当番之壱人宛相詰申候
一 小屋持二拾弐人　是ハ両見張請負当番弐人交代弐人ツヽ相詰申候
一 同　弐人　是ハ両番ニ御座候
一 同　二拾四人　是ハ両内人業等役当番弐人交代弐人ツヽ相詰申候

四十一お

一 小頭六人　是ハ女溜上番人当番之壱人宛相詰申候
一 小屋持拾四人　是ハ女溜見張請負当番弐人相詰申候
一 小頭八人　是ハ両溜小頭内人出役并諸請負世話掛ニ御座候
一 小屋持廿七人　是ハ右小頭小頭方参会二十四人之内当日之七八人ツヽ相詰小屋ニ相詰申候
一 同　壱人　是ハ寺社御奉行様方并両御番所様御用相勤ニ御座候

四十一う

一　同　壱人　[illegible]

一　同　拾人　[illegible]

一　同　弐人　[illegible]

一　同　三人　[illegible]

一　同　六人　[illegible]

四十二お

一　小頭　弐人
　　小屋持　壱人　[illegible]

一　小屋持　壱人　[illegible]

一　同　五人　[illegible]

一　小頭　弐人
　　小屋持　壱人　[illegible]

一　小屋持　壱人　[illegible]

四十二う

一　同　六人　[illegible]

一　同　壱人　[illegible]

一　同　四人　[illegible]

一　同　廿六人　[illegible]

四十三お

一　同　四人　[illegible]

一　同　弐人　[illegible]

一　同　壱人　[illegible]

一　小頭　壱人　[illegible]

一　小屋持　壱人　[illegible]

四十三う

四十四お

四十四う

四十五お

四十五う

一 小頭壱人　右ハ浅草溜預り死罪仕置者
小屋持三人　壱人ツヽ差出候ニ付人足差遣候由ニ御座候

一 小頭　四人　是ハ大罪仕置者壱人ツヽ差出候ニ付
小屋持　弐人　中追放役節ニ付而人足差遣候由
小屋持ニ而御勤十弐人　三日晒之内相勤申候

一 小頭　四人　右ハ引廻し之上獄門仕置者壱人
小屋持　四人　ツヽ差出候前書中追放之者人足
小屋持ニて御勤拾四人　差遣候由ニ相勤申候

四十六お

一 小頭
小屋持
小屋持ニ而御勤壱人　是ハ引廻し之上死罪仕置者壱人ツヽ差出候　右同断

一 小頭　八人
小屋持　六人
小屋持ニ而御勤壱人　是ハ日本橋三日晒仕置者一人ツヽ差出候　右同断

一 小頭　三人
小屋持　弐人
小屋持ニ而御勤十六人　是ハ磔仕置者壱人ツヽ差出候　右同断

四十六う

一 小頭　弐人
小屋持　弐人　右ハ並者之壱人ツヽ差出候前書役節ニ付而人足差遣候由ニ相勤申候

一 小屋持弐人　是ハ浅草溜預り入墨者一人ツヽ差出候前書役節ニ付而入墨役人足差遣候由ニ相勤申候

右国廻ニ付右之通
御用向小頭小屋持ニ而四拾六人并凡六拾人程

四十七お

日々出役相勤申候右之通
仕置場之仕出し者ハ仕置者ニ付一ツヽ差出候ニ付
様同役之者共上出役共ニ浅草溜預り者共
酒迄差出大ニ候而ハ中ニ候
…
小屋持之者共有之候

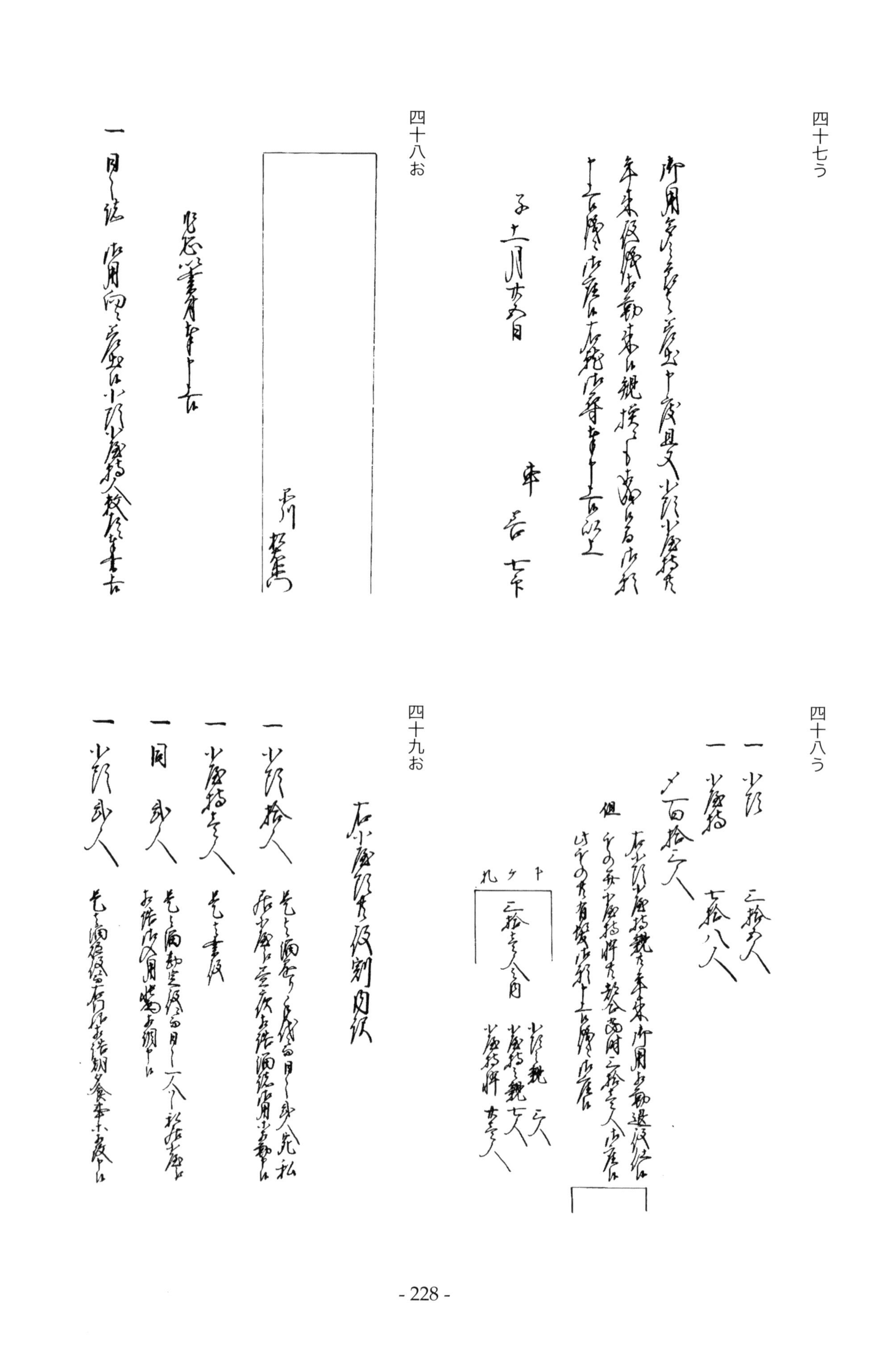

四十七う

四十八お

四十八う

四十九お

四十九う

一　小屋持　拾人　是ハ酒上書人ニ而三度二入ニ付無御座候

一　小頭　五人　是ハ酒乱書人ニ而三度三入ニ付無御座
酒乱咎有書人也又ハ御座候

一　同　四人　是ハ酒狂書人ニ而三度三入ニ付無御座候

一　小屋持　拾人　是ハ酒乱悪懸者ニ而三度五入ニ付無御座候

一　同　五人　是ハ酒乱書人ニ而三度一入ニ付無御座候

一　同　拾人　是ハ酒乱入墨敲ニ而三度一入ニ付無御座候

五十お

一　小頭　四人　是ハ酒乱人不届有之悪者ニ付若者共ニ
差置申候

一　小屋持　拾六人　是ハ古例ニ而抱入弐拾人之内ニ而四人ニ
相成居候ニ付無御座候

一　小頭　壱人　是ハ弦差出者ニ而御用立候得

一　小屋持　壱人　是ハ古例ニ而

一　小頭　二人　是ハ故障之者ニ而御用立候ニ付差遣置
只今ニ而壱人ニ付無御座候

五十う

一　小屋持　六人　是ハ古例ニ而抱置ニ而二入ニ付無御座候

一　小頭　弐人　是ハ病気故ニ御座候ニ付一人ニ
付無御座候

一　小屋持　七人　是ハ古例ニ而抱置ニ而三度一入ニ付無御座候

一　小頭　壱人　是ハ病気ニ付御用立候得

一　小頭　壱人
小屋持　壱人　是ハ其　御殿川筋其外御用之節
差遣候ニ付無御座候ニ付一入ニ付其外何レ
御用ニ付差出ニ付其外川筋相勤申候

五十一お

一　小屋持　弐人　是ハ古例ニ而壱人ニ付無御座候

一　同　壱人　是ハ
御用ニ付差出ニ付其外川筋相勤申候

一　小頭　壱人　是ハ酒乱者ニ而其外御用之節差出候
世話役ニ候

一　小頭　壱人
小屋持　壱人　是ハ古例者其外御用ニ付差出者ニ付又ハ上
御用者其外御用之者共世話役ニ候

一　小屋持　弐人　是ハ其外川筋差出者ニ而其外御用之節小屋
持並世話役其外御用世話役ニ候

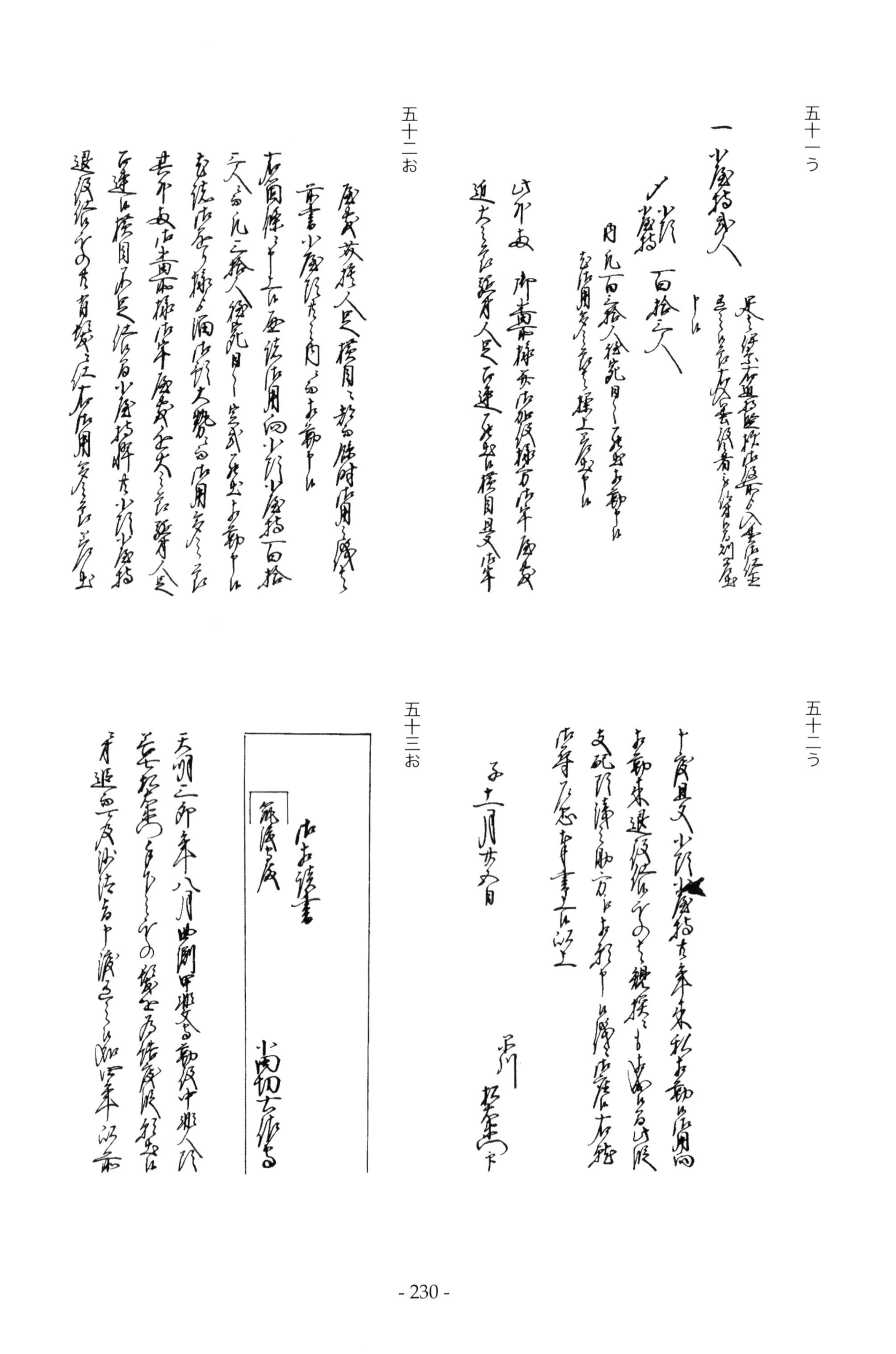

五十一う

五十二お

五十二う

五十三お

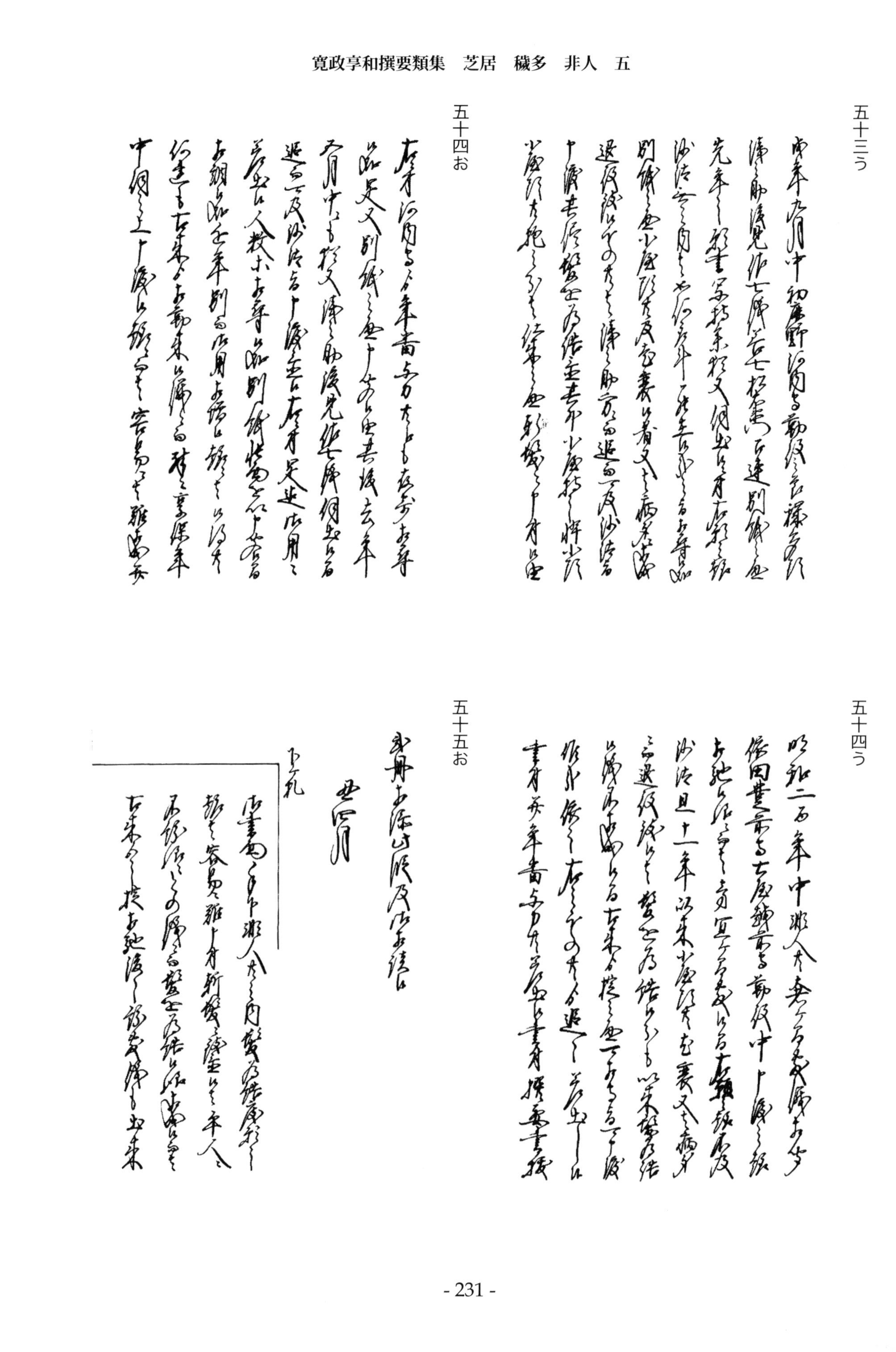

五十三う

五十四お

五十四う

五十五お

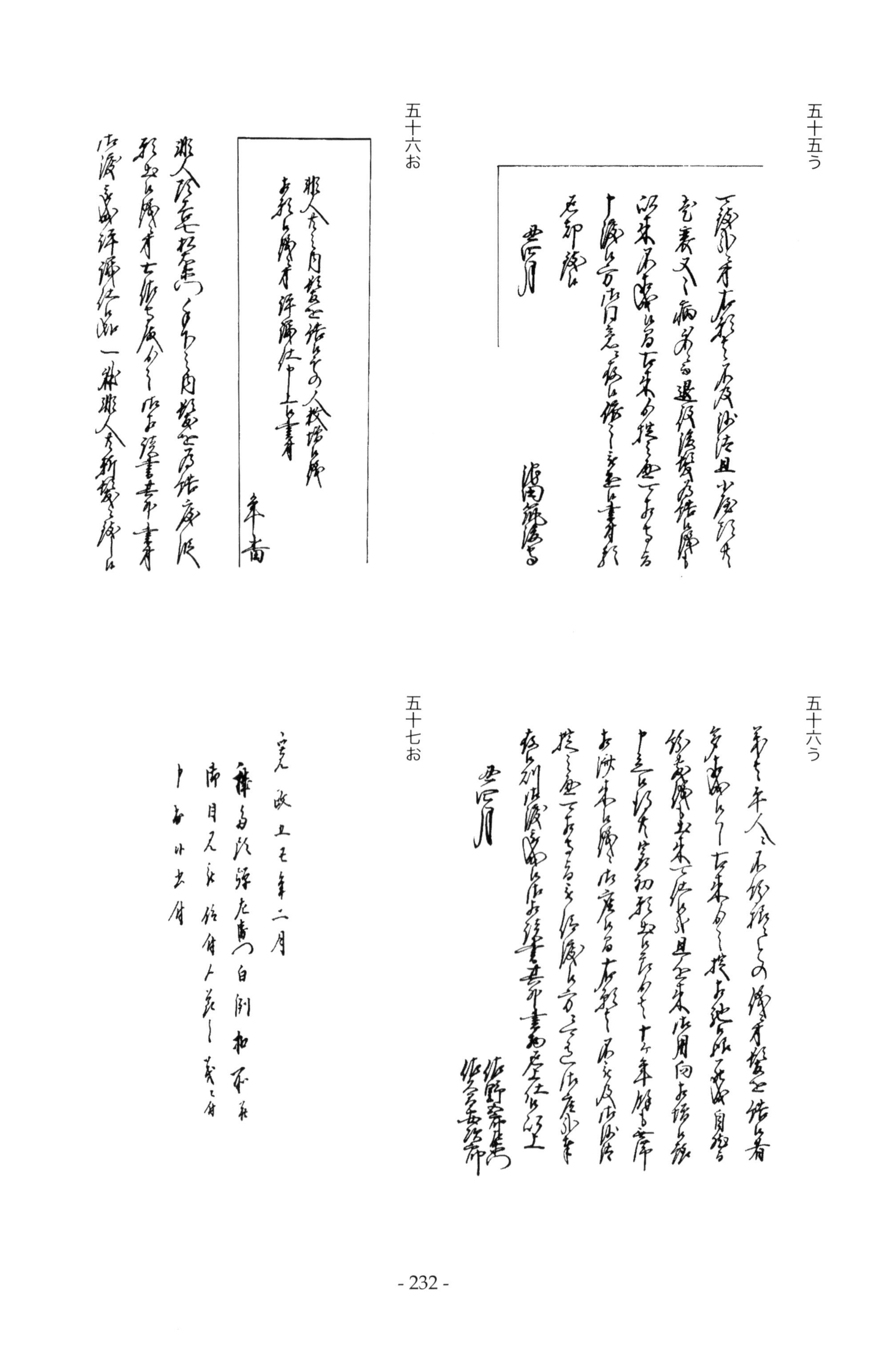

五十五う

五十六お

五十六う

五十七お

五十七う

五十八お

五十八う

五十九お

五十九う

六十お

六十う

六十一お

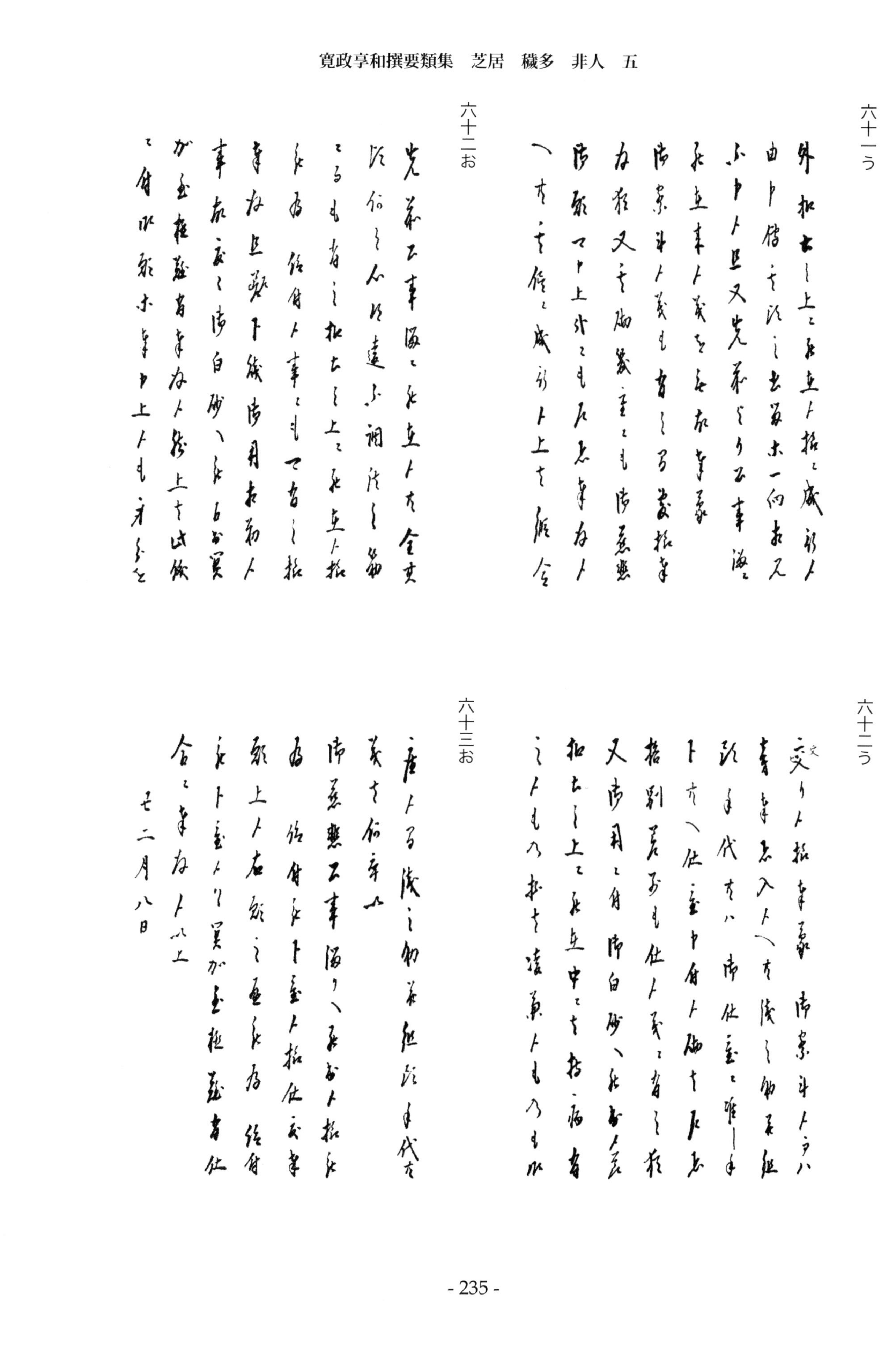

六十一う

六十二お

六十二う

六十三お

六十三う

六十四お

六十四う

六十五お

六十五う

六十六お

六十七お

六十七う

六十八お

六十八う

六十九お

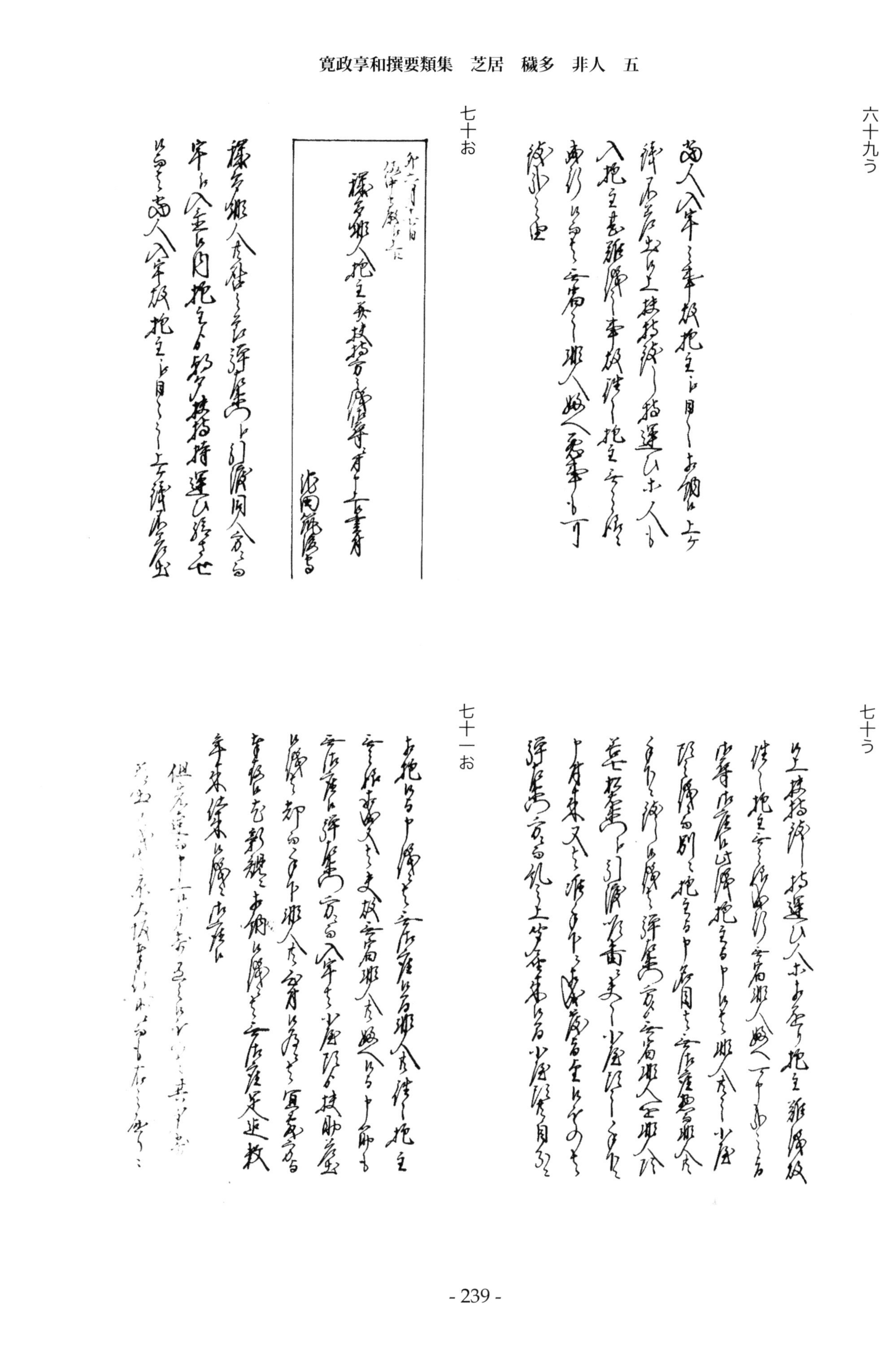

六十九う

七十お

七十う

七十一お

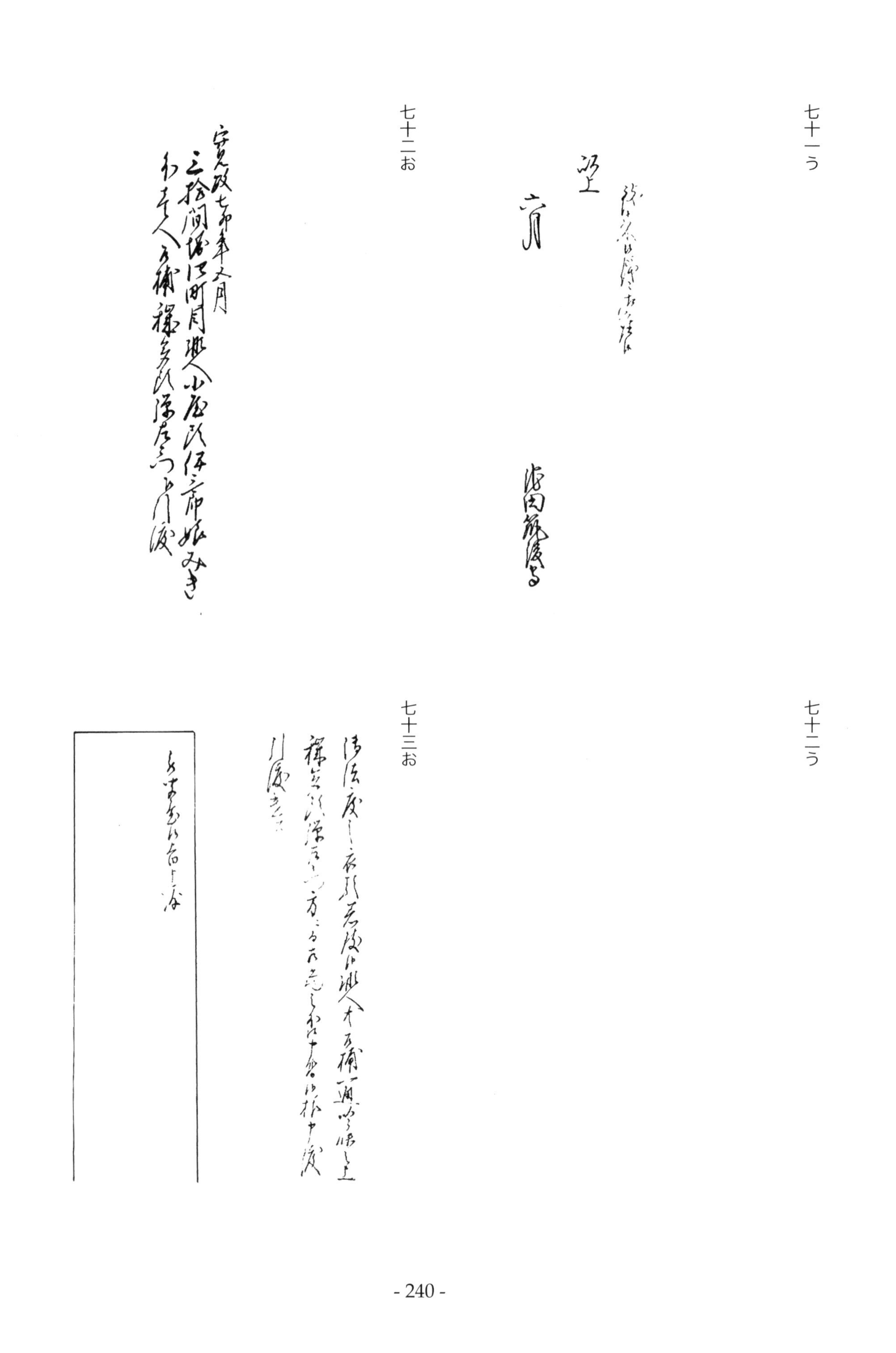

七十一う

七十二お

七十二う

七十三お

七十三う

[illegible]

七十四お

[illegible]

七十四う

[illegible]

七十五お

[illegible]

七十五う

以上

卯八月十八日

[illegible]

源左衛門

七十六お

寛政八辰年九月

近来非人共身形平人ニ紛敷

義ニ付、右締出付源左衛門

差出し一件

七十六う

七十七お

一 近来非人共身形平人ニ紛敷相成

人共ニ而も月代髪を結候もの

多有之、男女ニ不限紛敷ニ而不取

七十七う

儀ニ候、先月十七日私共右之
共結候事恐入候儀ニ付非人ニ紛
者共ニ付結候之趣少々知
一同事忍入候儀知不申非人ニ者
平人ニ紛髪結之義ニ者忍割紙を
以来手下上ケ候又此上ニ而結候方ニ
猶仕平人ニ紛敷髪結致
ニ仕候者御座候ハヽ召捕候ニ付尺

七十八お

少淡者急ニ吟味仕度奉存候
斗ニ申候此段御手書覚ニ奉存
ミ付之事願上候以上

辰

九月五日

浅草

弾左衛門下

七十八う

近来非人共身形平人ニ紛髪且
女非人共義も平人同様髪を
結男女ニ不限都而紛髪ニ候外

七十九お

抱非人共之衣類又髪を結候
もの多く有之趣、彌不届
儀ニ候、先月十七日私共右之
結候事恐入候儀ニ付平人ニ紛
相以来左之通申付候事有之

一 非人頭善七・松右衛門・善三郎・久兵衛
儀手下小屋頭共都合七百六十
四人之者髪を結候ものニ御座

七十九う

候船内百十九人之役留相勤候
も入ニ付是迄之振ニ而若者狩
百六百四十五人之小屋頭并八兵
衛儀ニ而髪を為結候ニ而平人之
勝手ニ為致候事ニ候
但役留相勤候百十九人之内ニも
其外之振ニ相分を相勤候五童
主事ニ而割遣も仕候者之外小屋

八十お

一右役留相勤候男女之事ニ候
非人又此上者惜仕事ニ而割遣
相極候而可申事ニ候
一抱非人之儀ハ髪を結候者一向ニ
相成候髪も少寸余ニ而斬月ニ
覆髪相致候而候上又手拭ニ
儀を無之事又之見及ニ而若者
之大の被下候も天窓へ巻付斬

八十う

髪を隠し不申候抱大八寸を振り
手拭を為持候而不申由相改
候ニ而平人之勝手ニ為致候事ニ候
一女非人之儀ハ無之結髪天長
紙を巻深相用髪を出不申振
を為若年寄ニ平人之勝手ニ為致
事ニ候
右之通覆髪申付候而も不申由相

八十一お

致割遣候而申付候事ニ候依之
右之以書付申上候以上
辰
九月五日
浅草
弾左衛門

八十一う

一明和二酉年二月事若上並人先
前々より非人抱出之遠近所
非人男女とも子共被雇ニ而候

八十二お

不届至極候、右躰之者人抱違
御聴候事ニ入ル
此段非人共之儀ハ男女ニ不
限、市中木綿之外結其一切可
為不申候、木綿ニ候とも目立
不申様為致又抱非人とも
儀ハ者ニ准木綿着可仕
候儀先前より之抱ニ而ハ候人

八十二う

一非人女之内ニ前所素人同様ニ仕
立、身を売致候ものも有之由達
御聴ニ候
此段非人共之儀ハ前出同様ニ而
候髪ハたぼを取為不申事
来ニ仕、木綿を為着用之儀
不仕候様ニ而ハ、候且又者社地
同又ハ明地ホ水茶屋之内ニ而

八十三お

浄瑠璃を語り、所方門ニ
立候とも武士之袖ニ仕候
もの有之候、右之者も右体之
有目立不申様仕候人ニ紛
致候候之者を分仕候様可致
申付置候ニ付、候別而身売
不致、一体人ニ紛交候者之候
不届候ニ付、急度可申付

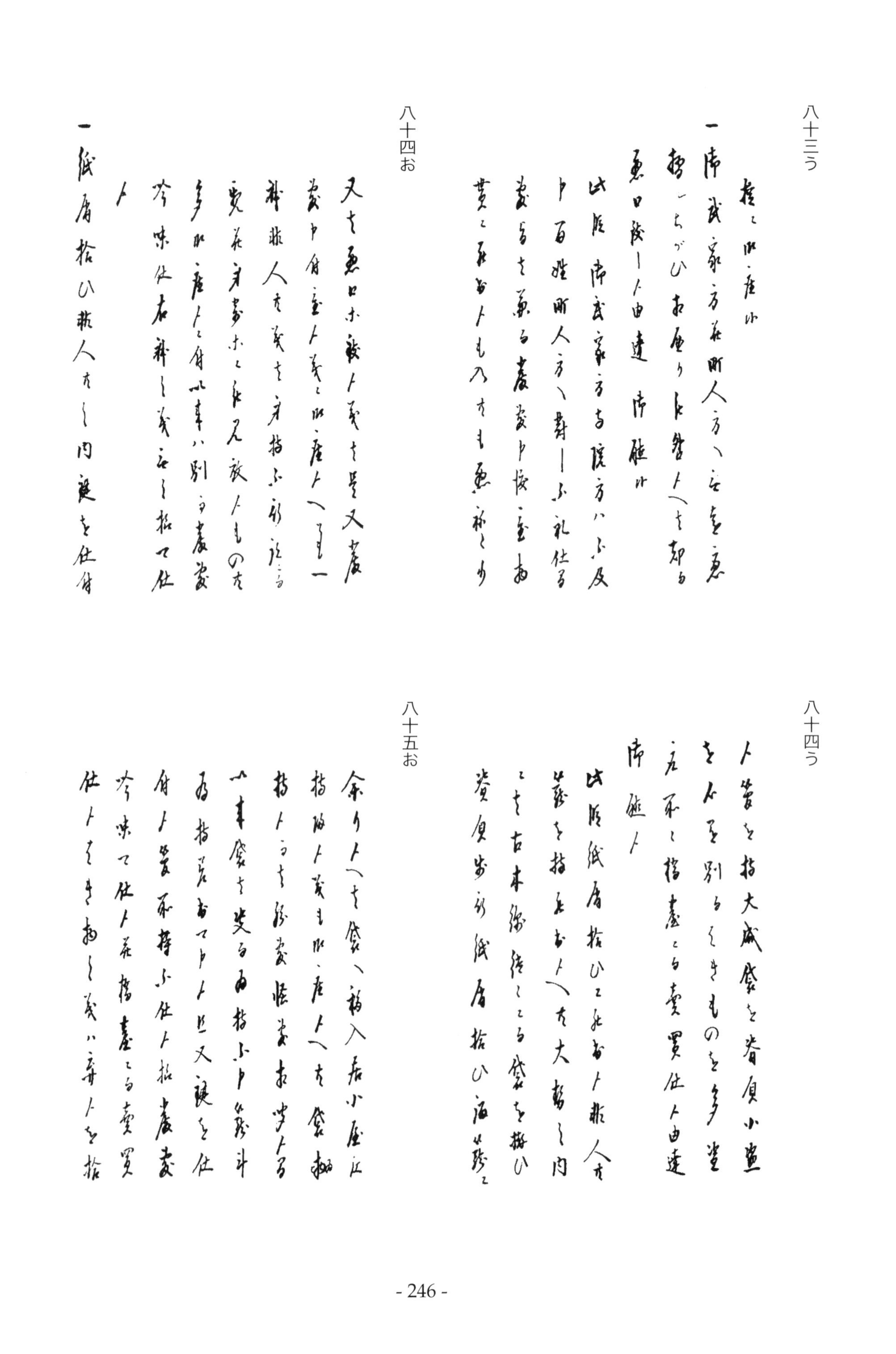

八十三う

八十四お

八十四う

八十五お

八十五う

ひ候とも其之證文不相當仕
候もの有之又處其外之仕候
一御穿鑿被成候囚人非人共取締御
穿鑿之上追中推摘之、其外出所
候もの之何論之事ニ而寄無之候
居所被成候もの共も而中々取
候ニ付候也無之事ニ而候
来之節ニ而相成候処囚人之方外斤

八十六お

出て中来ニ付其之外右之通被
来候もの共ニ付出取出候ニ付而右之通
被仰付候処極々有之候ニ而御
右之通ニ付而被仰付候処右
之趣達　御役人
此段囚人之引渡人様目人足も
家業成候而仕候由ニ而
之處右中段御一同御座候ニ而

八十六う

居所被成候もの共ニ付出せ候
其外及中聞も候来之節ニ付
相成候而仕候由段中引渡人
條囚人大切之候ニ付而、居人ハ
居候人も又其外合ニ而相成
ニ付其小荷物之事等ニ而候
も有之ニ付而其外来人其ハ
少ニ付其合相ニ而御座候

八十七お

人足ニ而仕候由中引渡人候ニ付而又
之處　御用取締之事も右
因相外出ニ其外人足中引渡別
ニ而非取締一同人之候ハ非人
様目人足も其外ニ而候取ニ付
然之中引渡人候ニ而ハ其人足又
御穿鑿被成候ニ付取締御穿鑿被成
之因人へ引渡人之上御穿鑿候

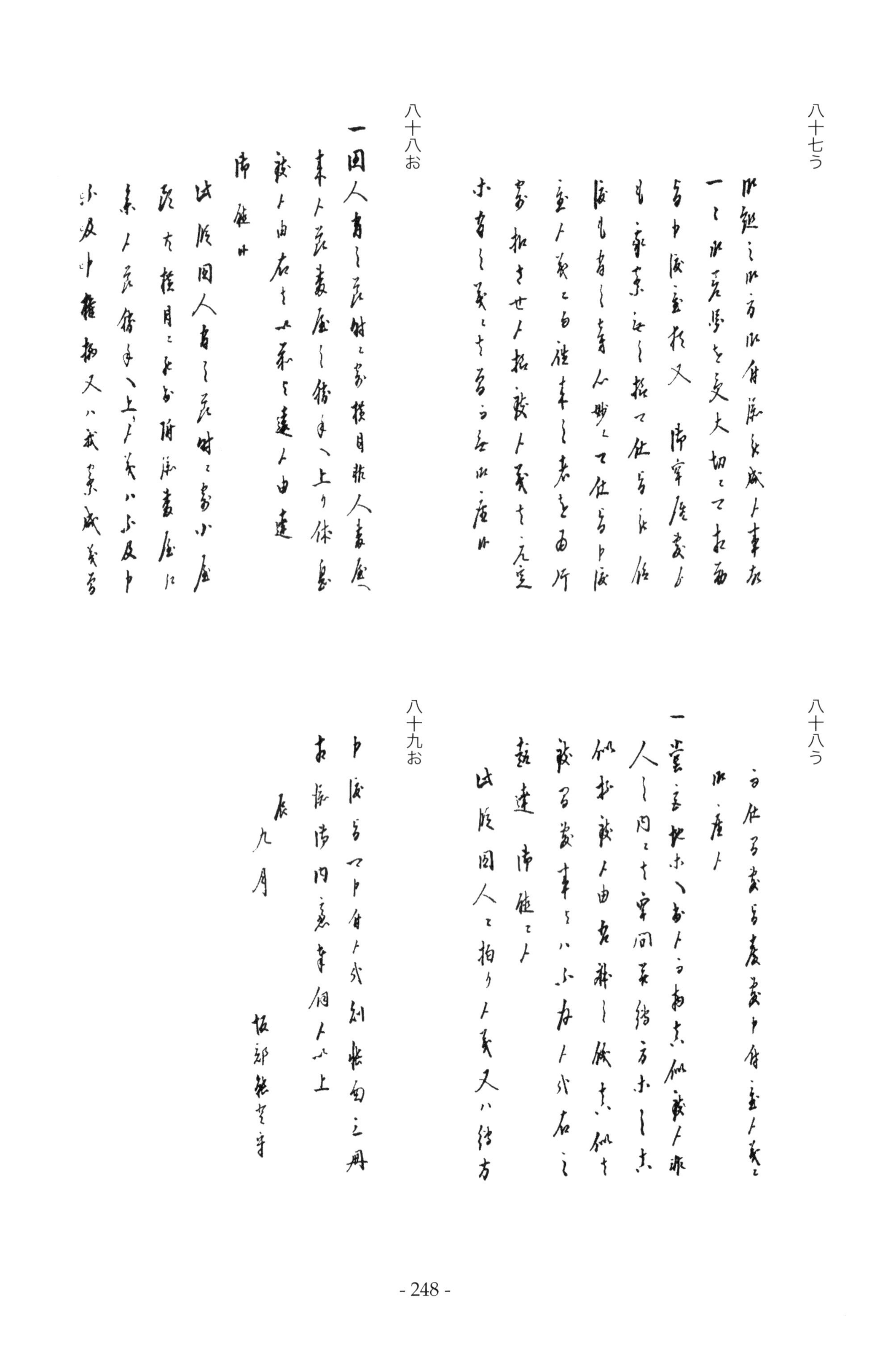

八十七う

八十八お

八十八う

八十九お

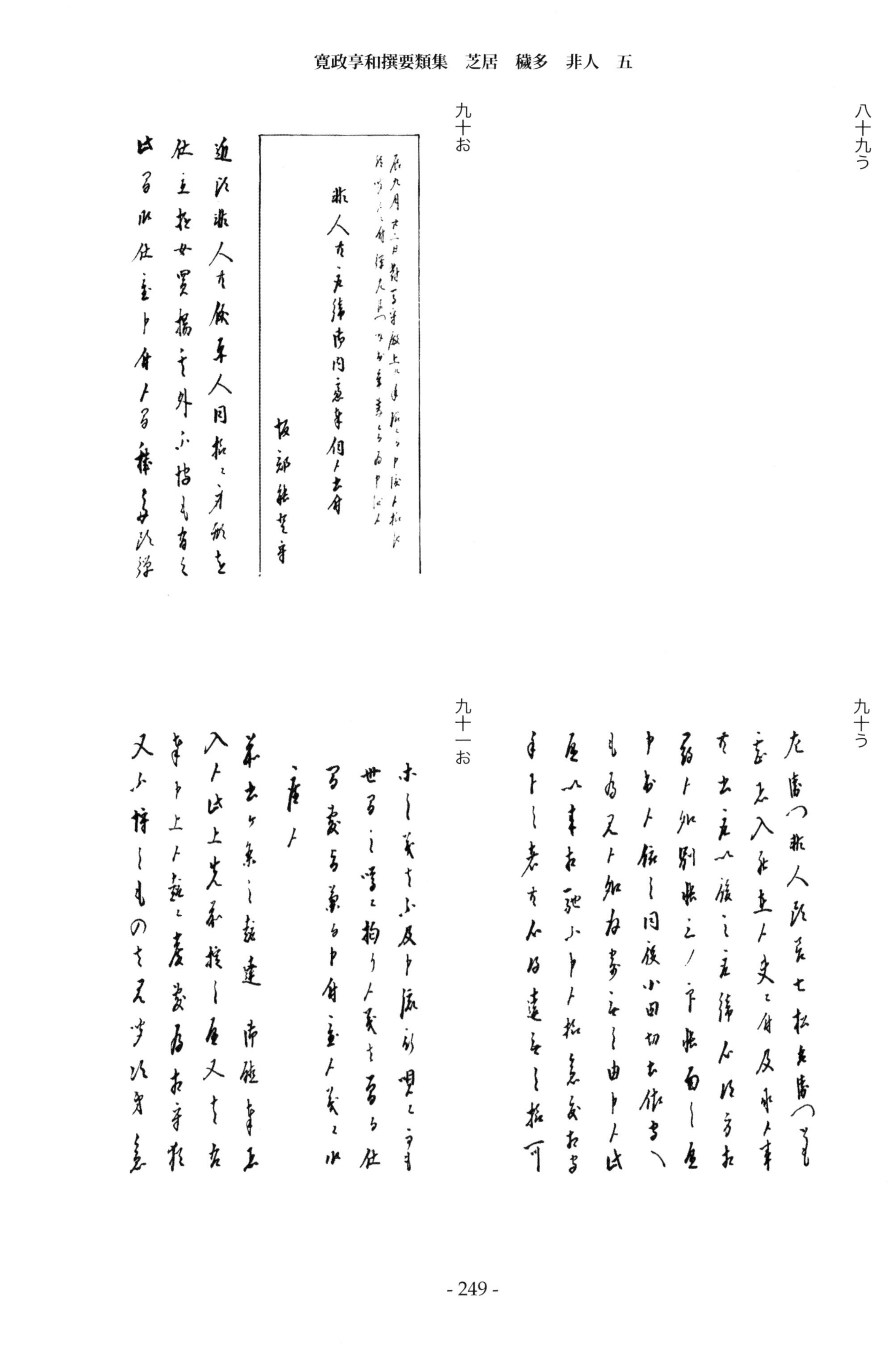

八十九う

九十お

九十う

九十一お

九十一う

九十二お

裏表紙

表表紙

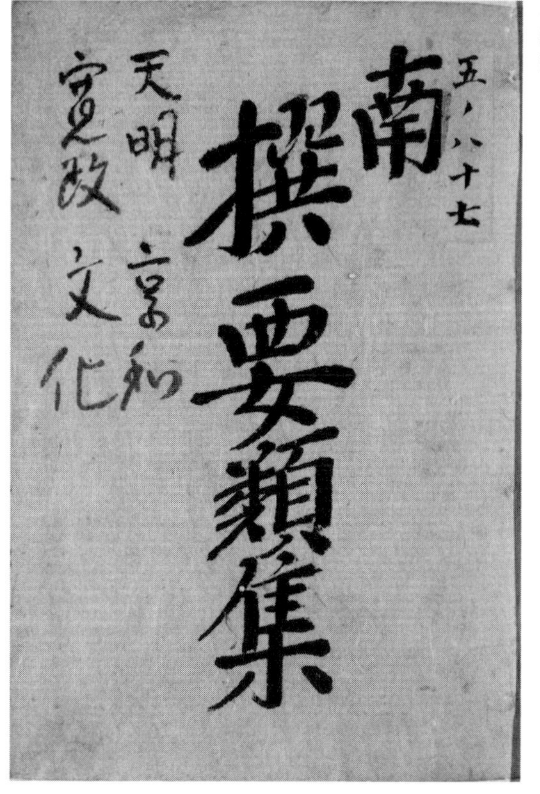

中表紙

表表紙う

中表紙う

一お

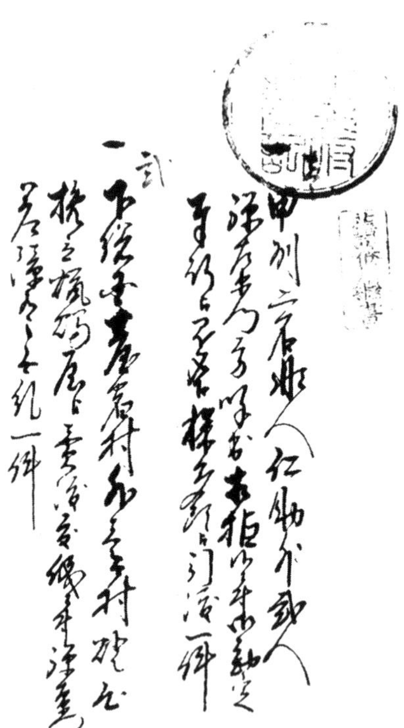

一う

二お

二う

三お

三う

四お

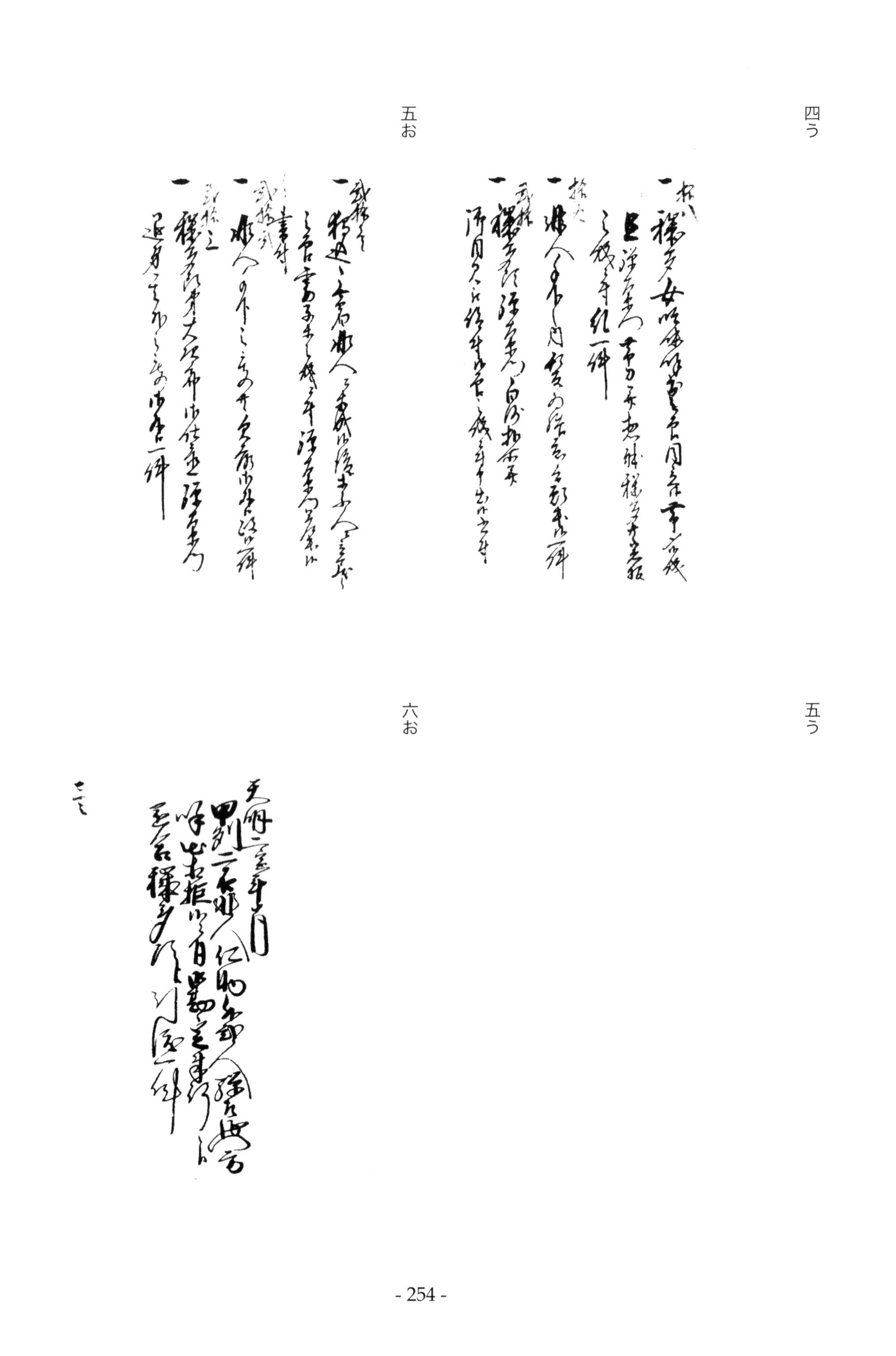

四う

五お

五う

六お

六う

七お

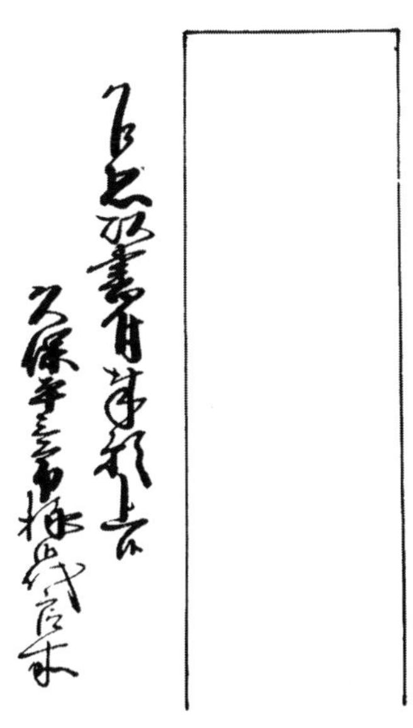

八お

七う

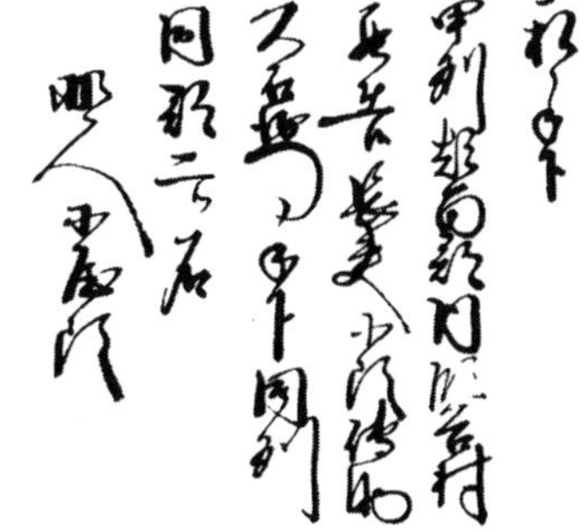

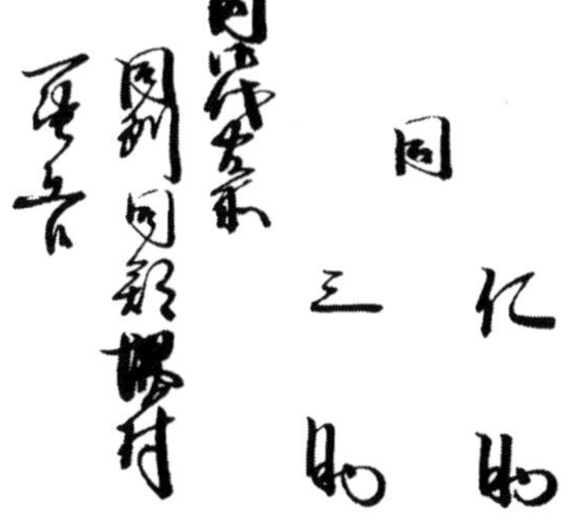

八う

九お

九う

十お

十う

十一お

十一う

十二お

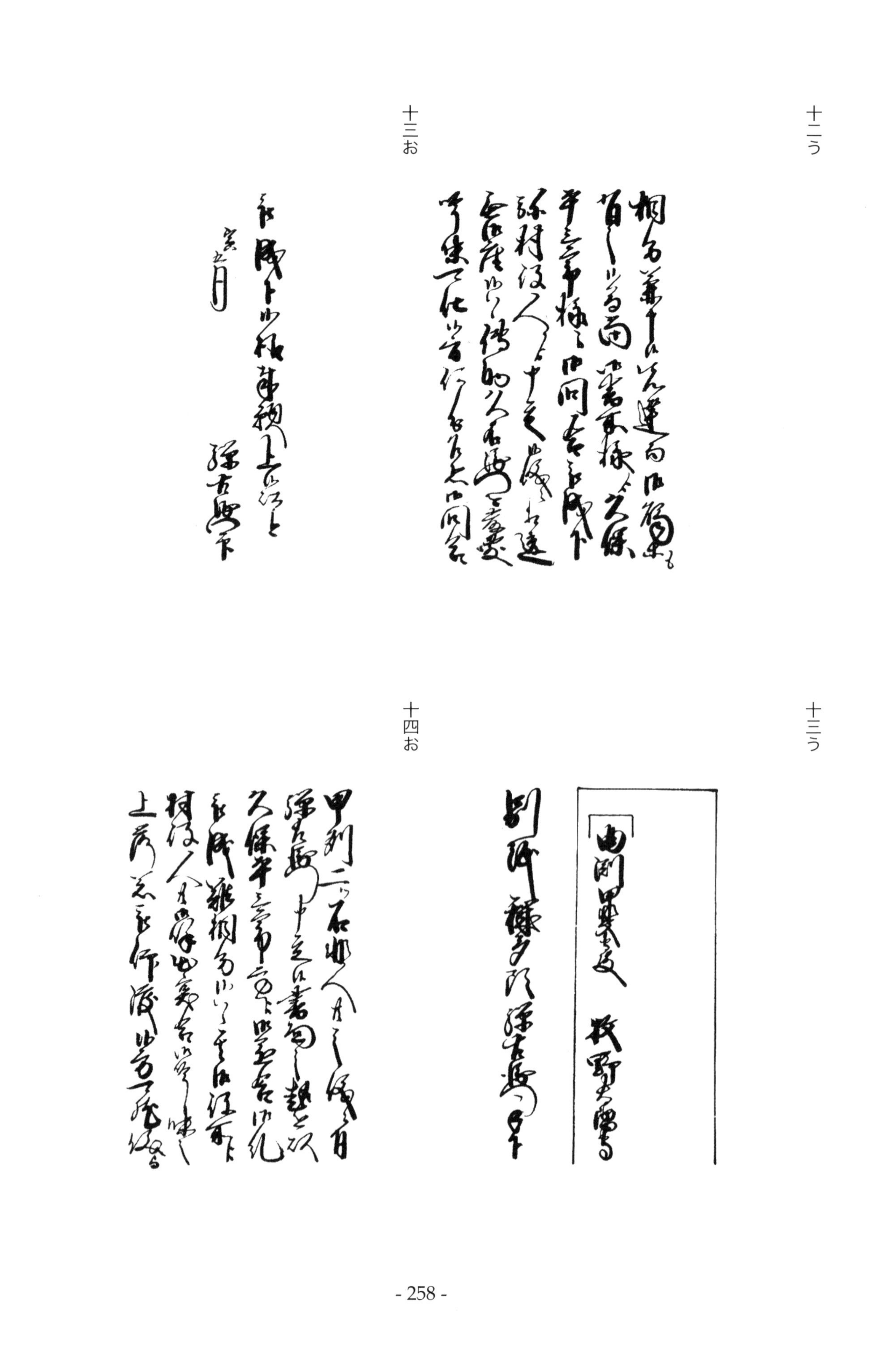

十二う

十三お

十三う

十四お

十四う

十五お

二

十五う

十六お

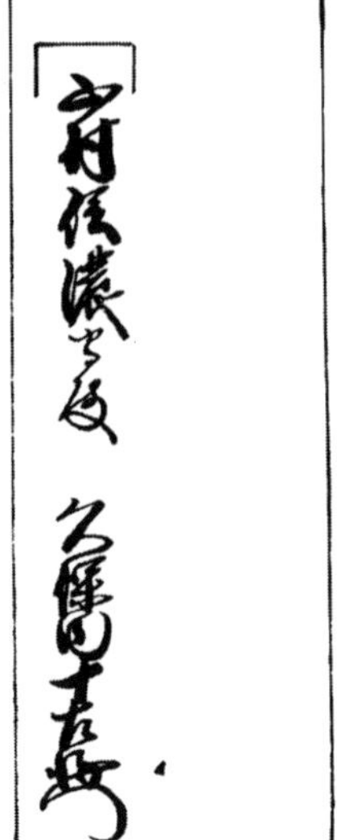

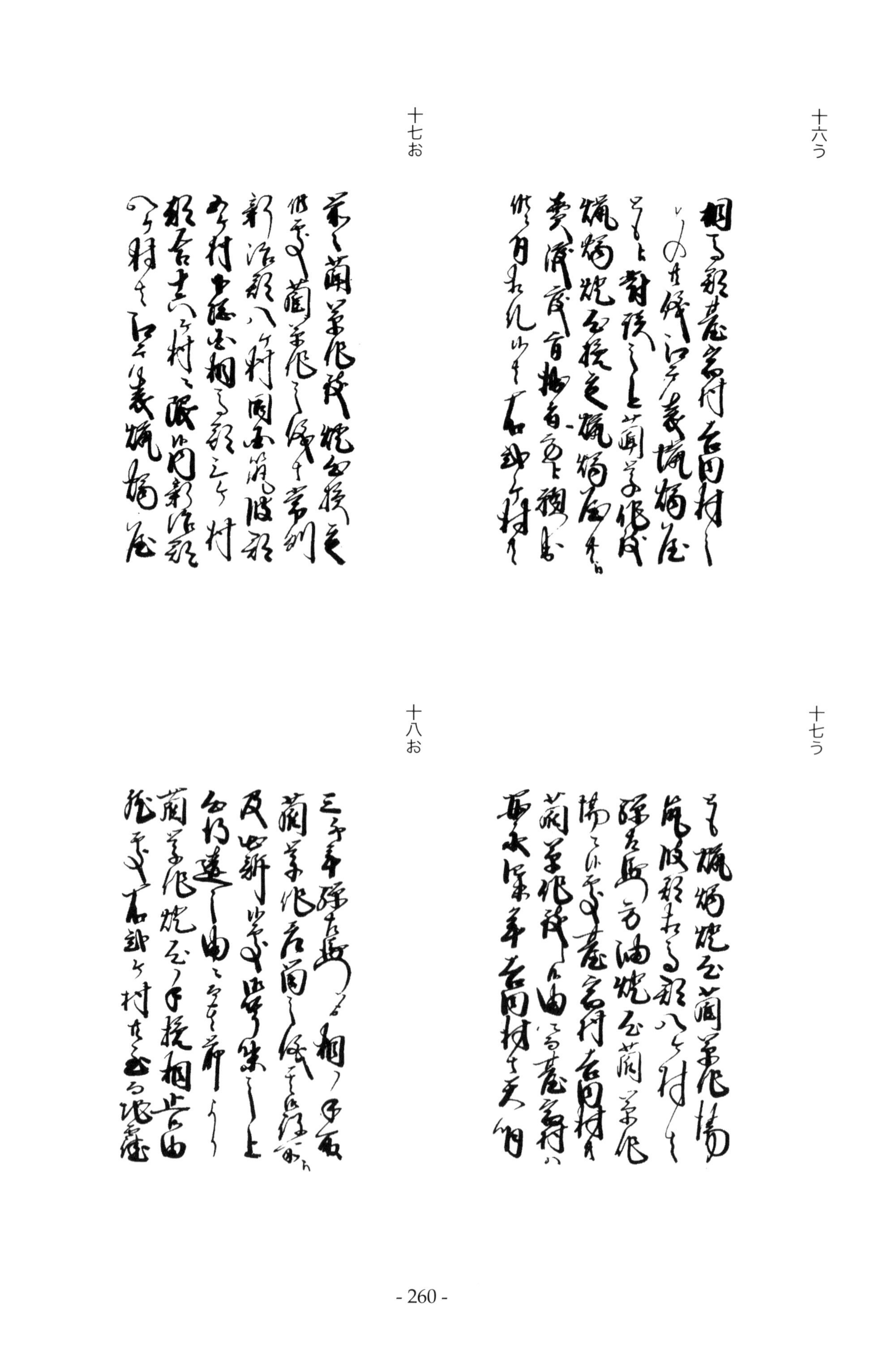

十六う

十七お

十七う

十八お

十八う

十九お

十九う

二十お

二十う

二十一お

二十一う

二十二お

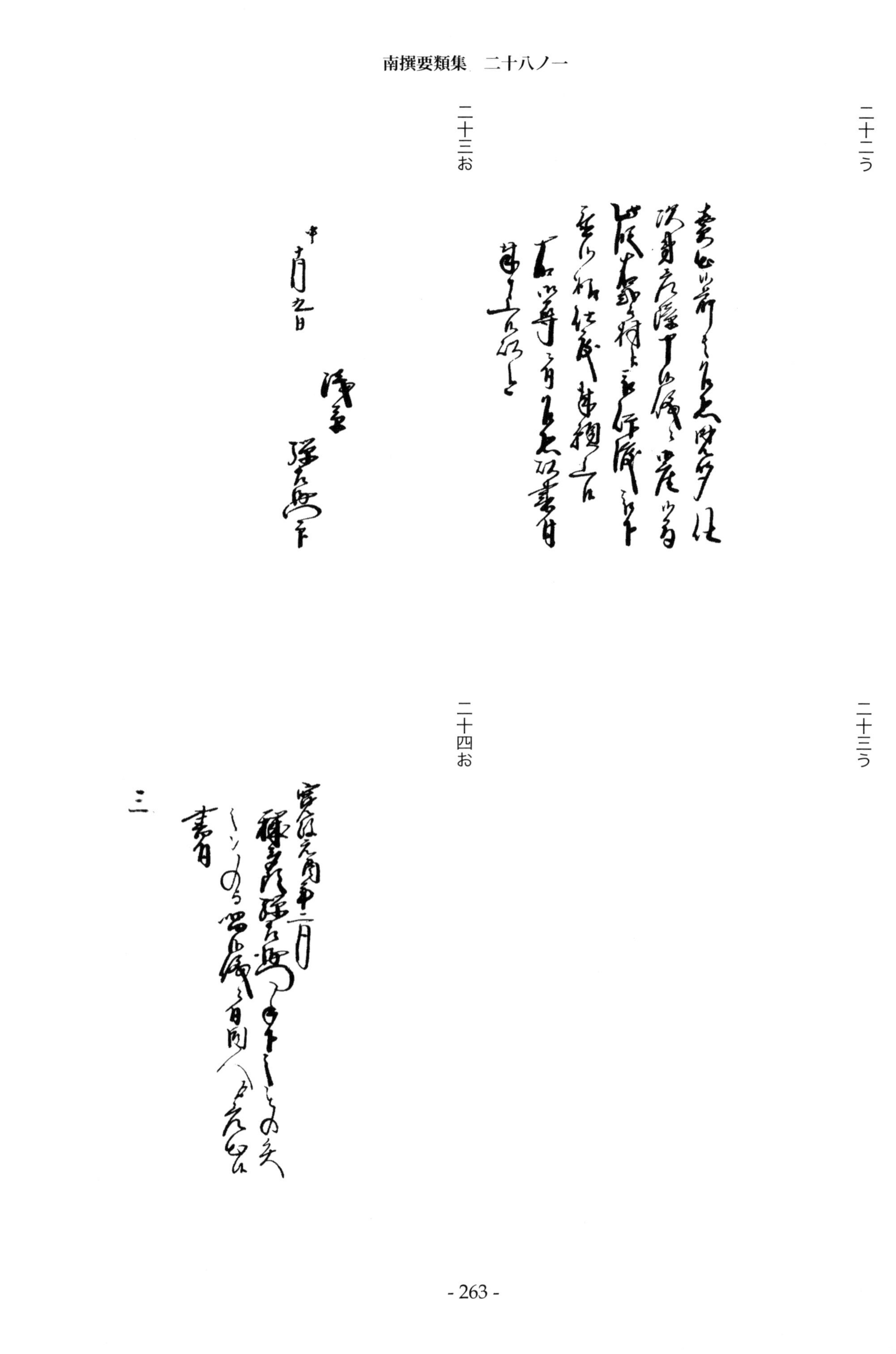

二十二う

二十三お

二十三う

二十四お

三

二十四う

二十五お

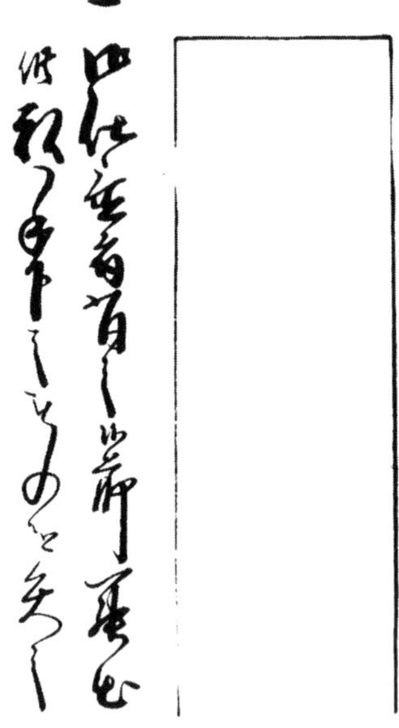

二十五う

二十六お

二十六う

二十七お

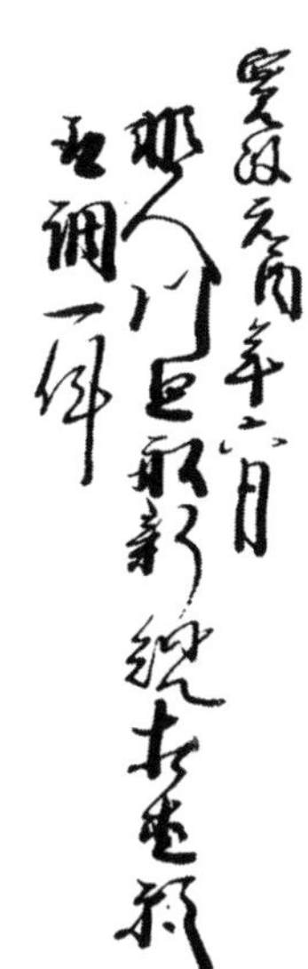

二十七う

二十八お

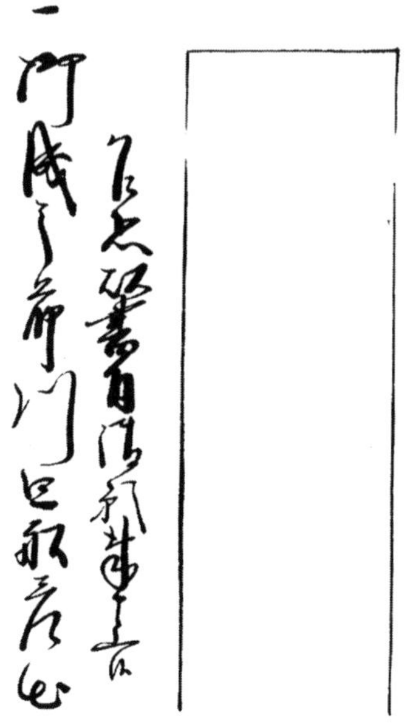

二十八う

二十九お

二十九う

三十お

三十う

三十一お

三十一う

三十二お

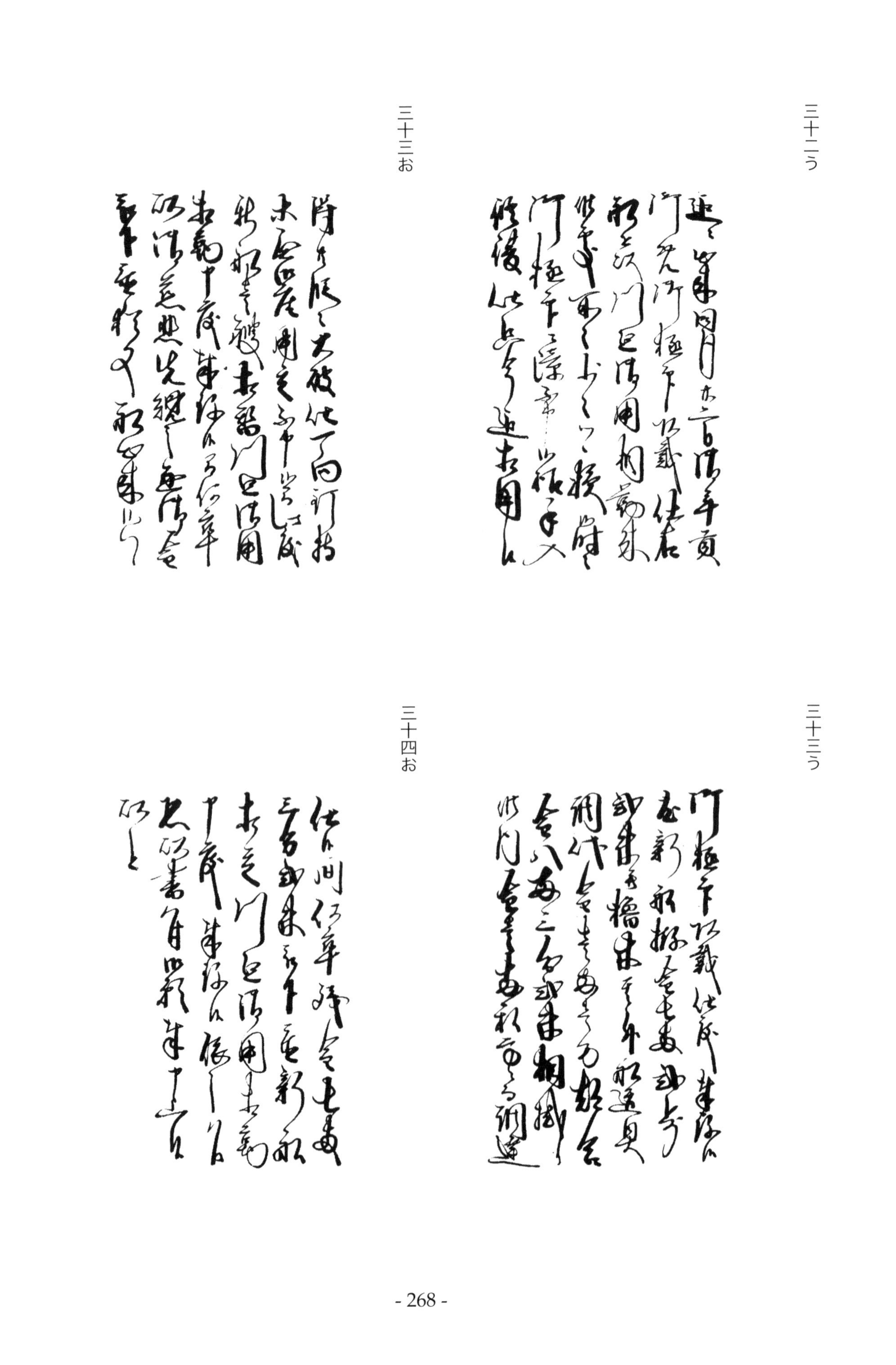

三十二う

三十三お

三十三う

三十四お

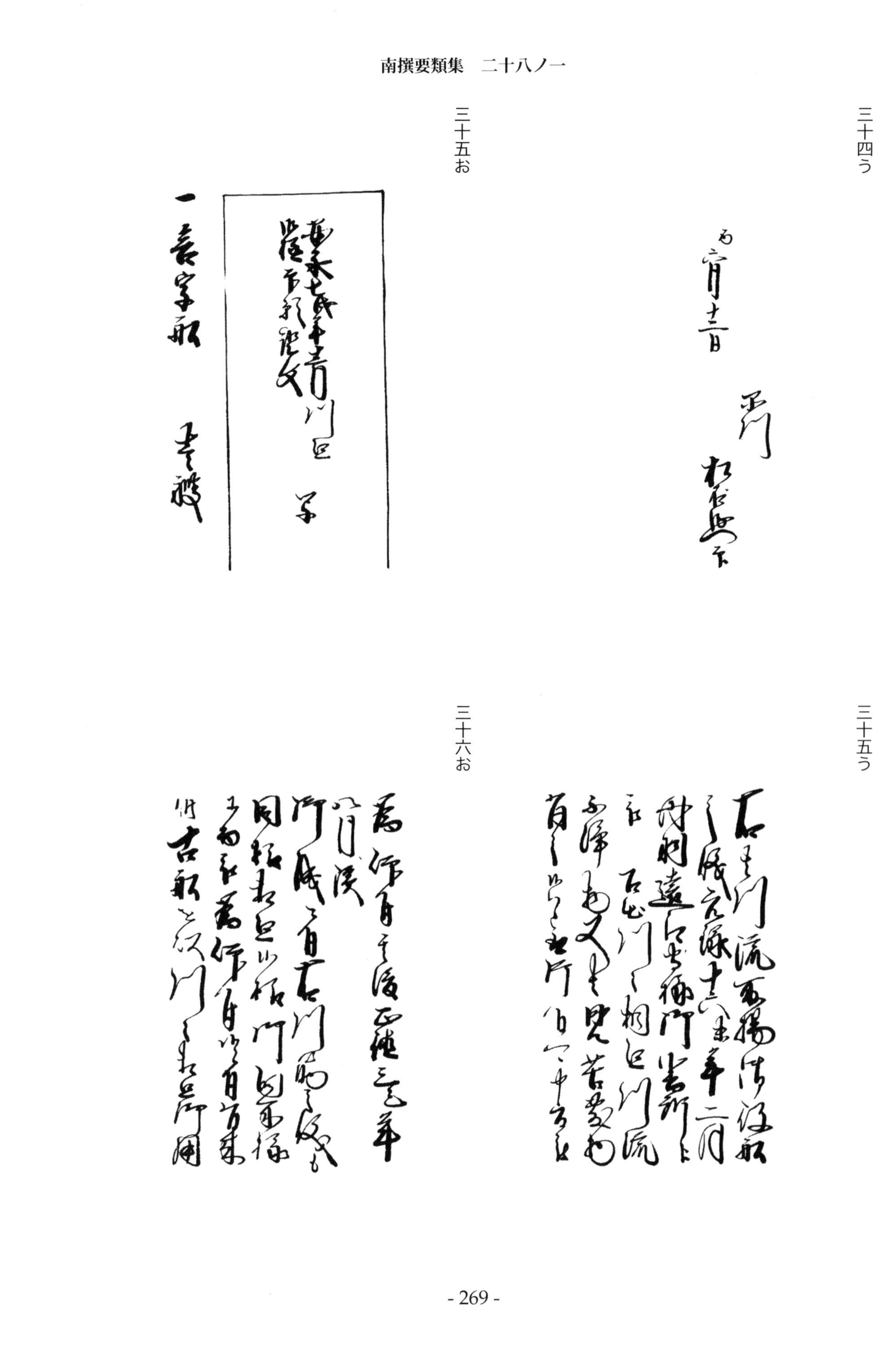

三十四う

三十五お

三十五う

三十六お

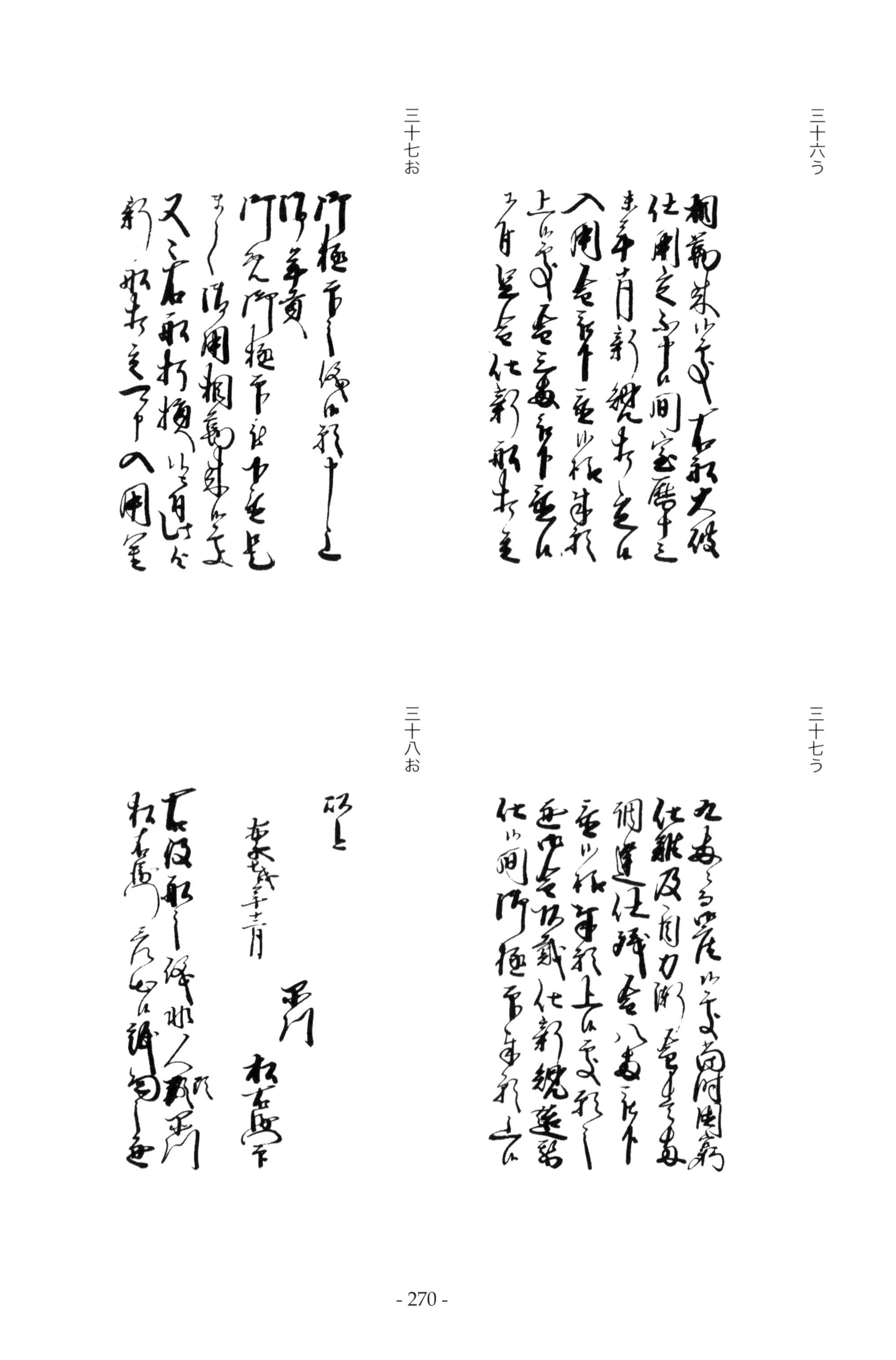

三十六う

三十七お

三十七う

三十八お

三十八う

三十九お

三十九う

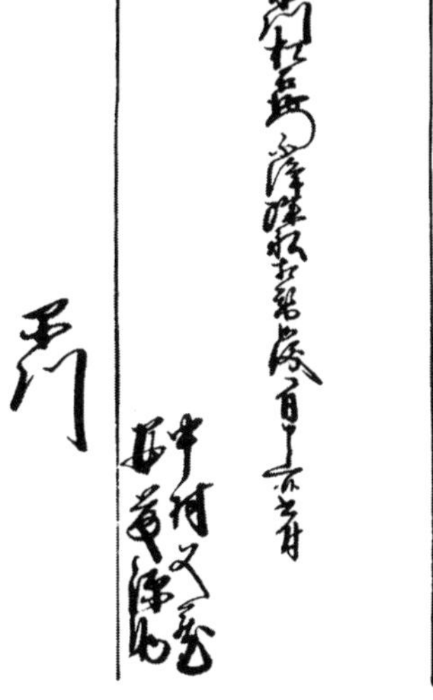

四十お

四十う

四十一お

四十一う

四十二お

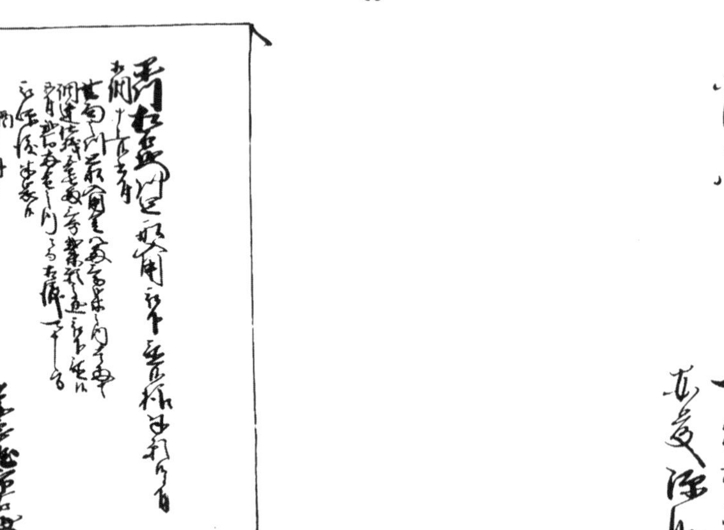

四十二う

四十三お

四十三う

四十四お

四十四う

四十五お

四十五う

四十六お

四十六う

四十七お

四十七う

四十八お

四十八う

四十九お

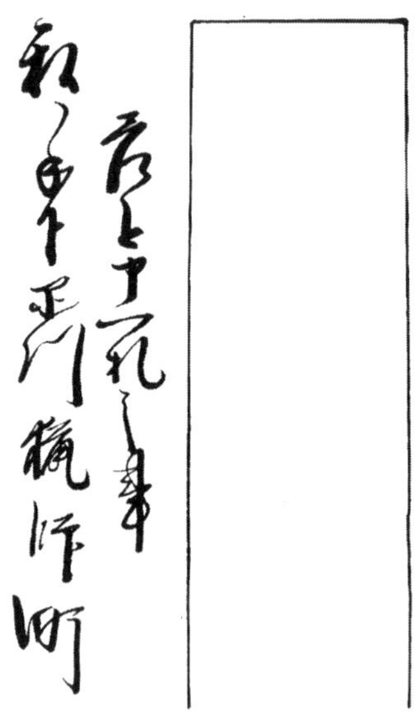

四十九う

五十お

五十う

五十一お

五十一う

五十二お

五十二う

五十三お

五十三う

五十四お

五十四う

五十五お

五十五う

五十六お

五十六う

五十七お

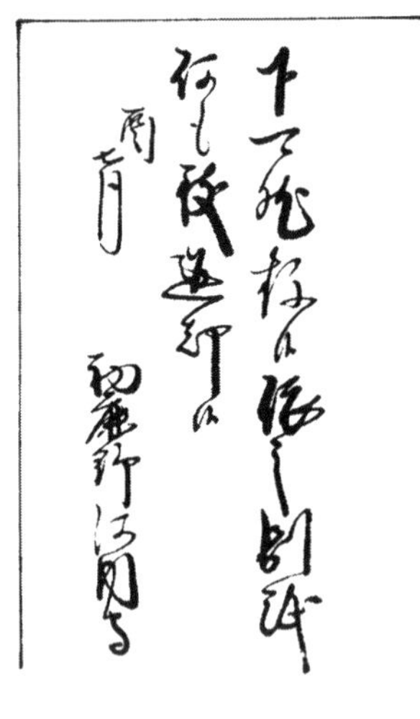

五十七う

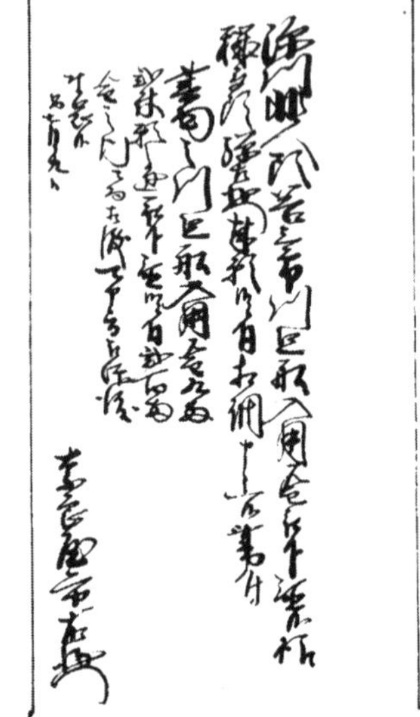

五十八お

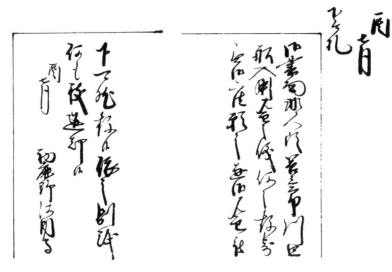

五十八う

五十九お

五十九う

六十お

六十う

六十一お

六十一う

六十二お

六十二う

六十三お

六十三う

六十四お

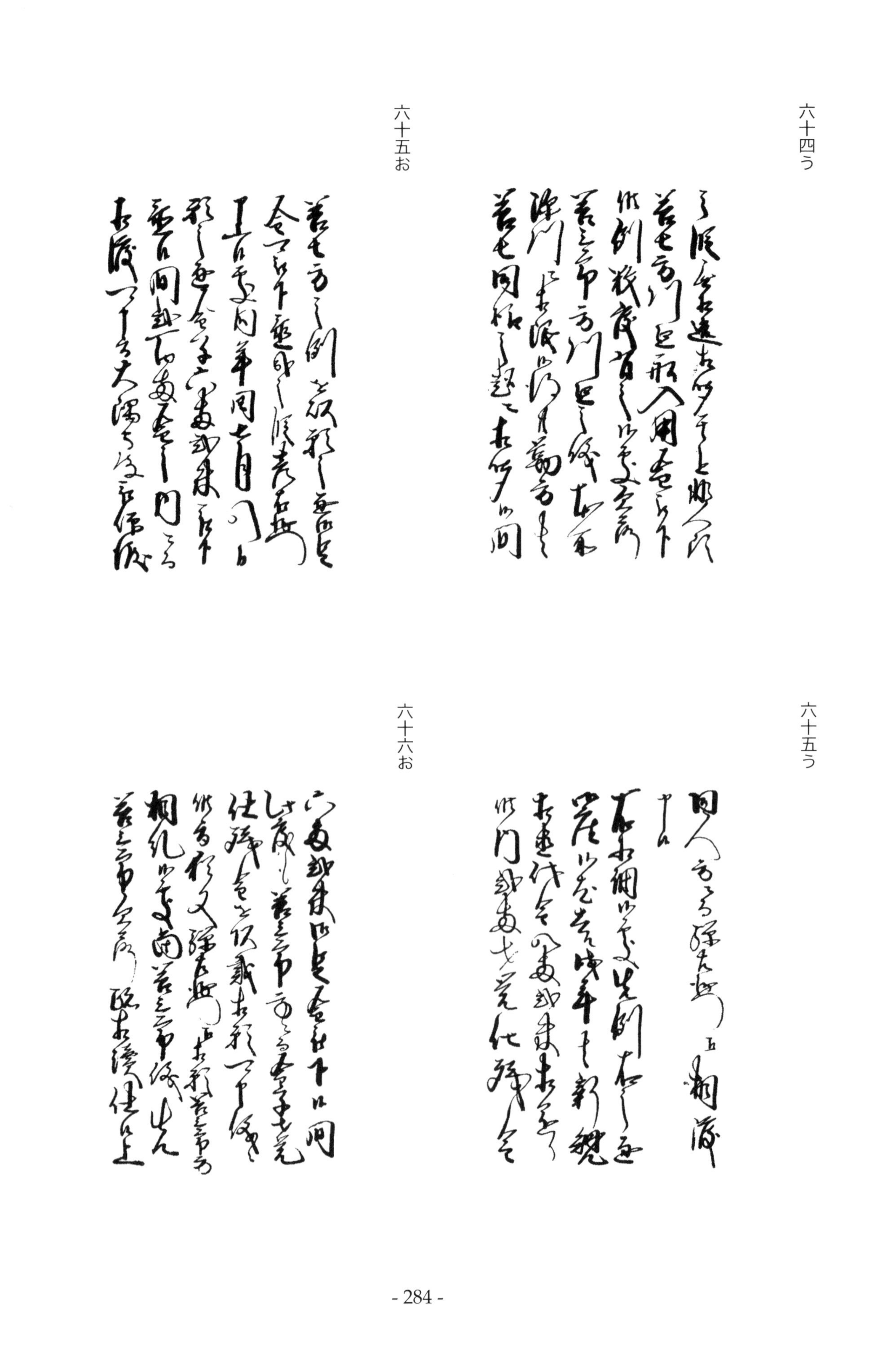

六十四う

六十五お

六十五う

六十六お

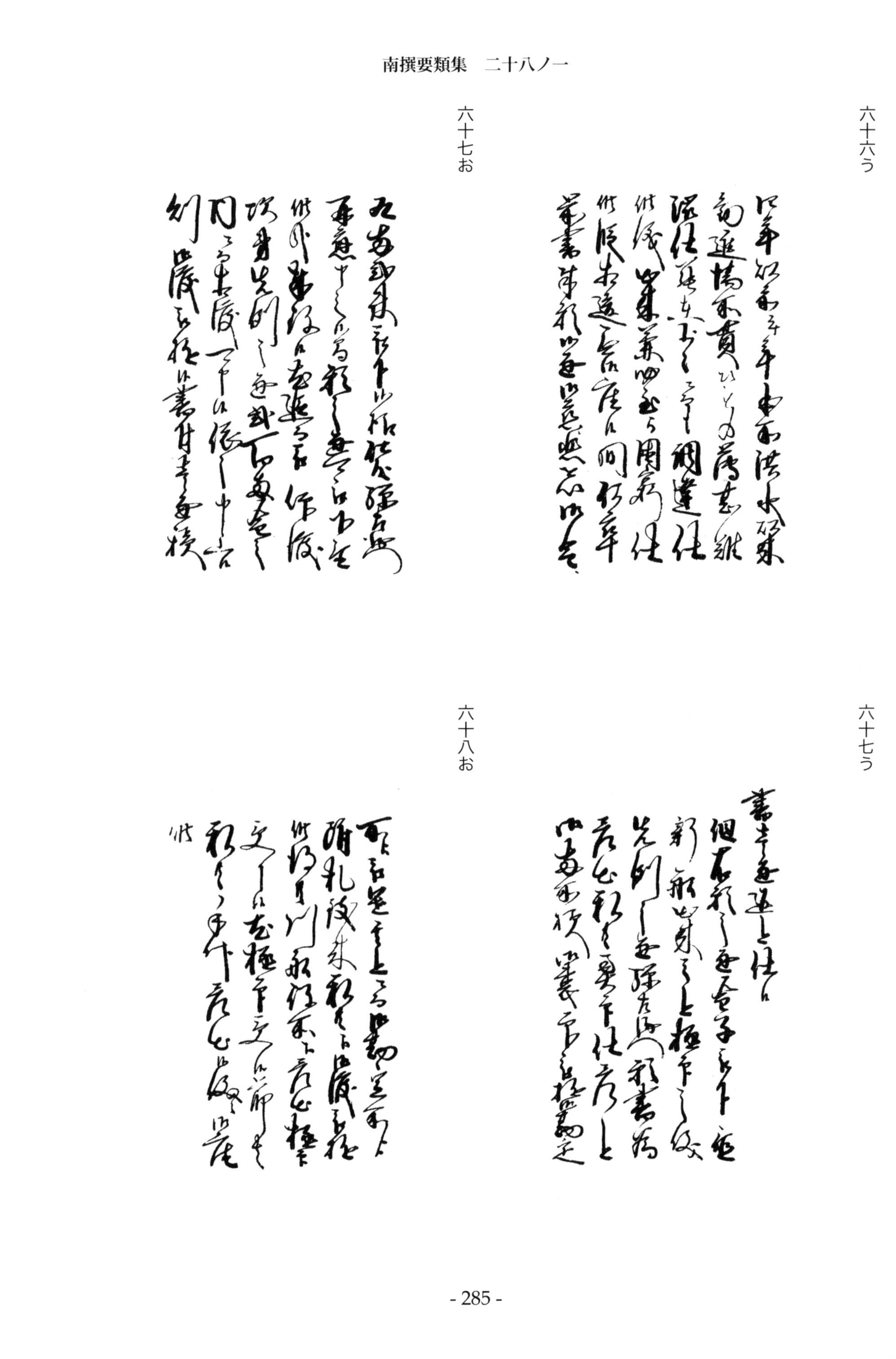

六十六う

六十七お

六十七う

六十八お

六十八う

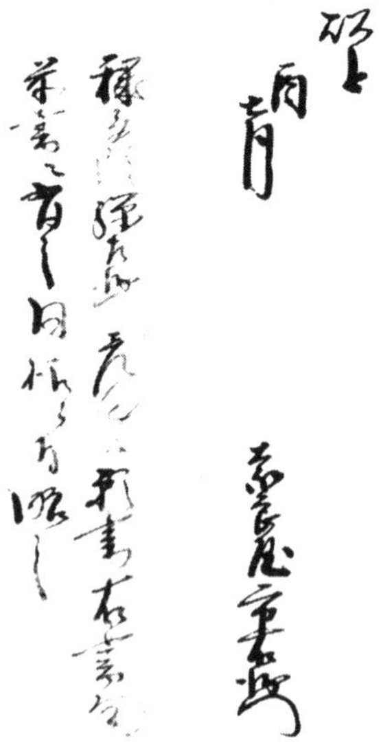

六十九お

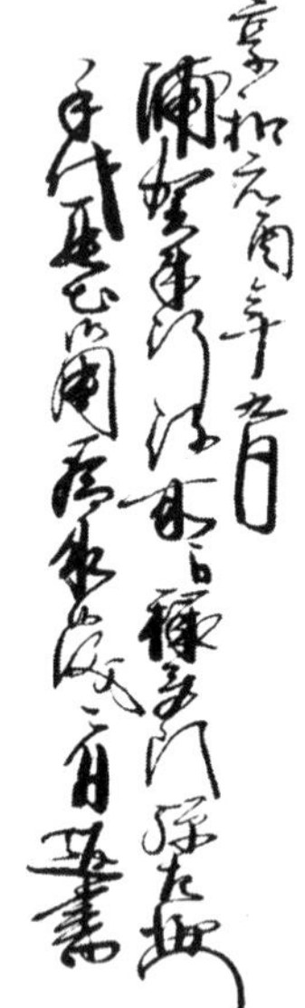

六十九う

七十お

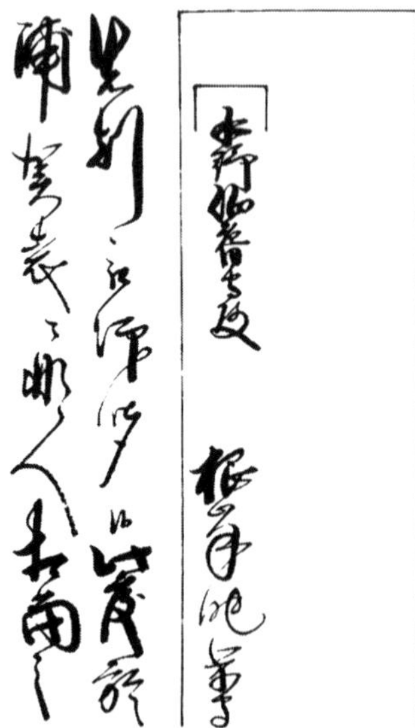

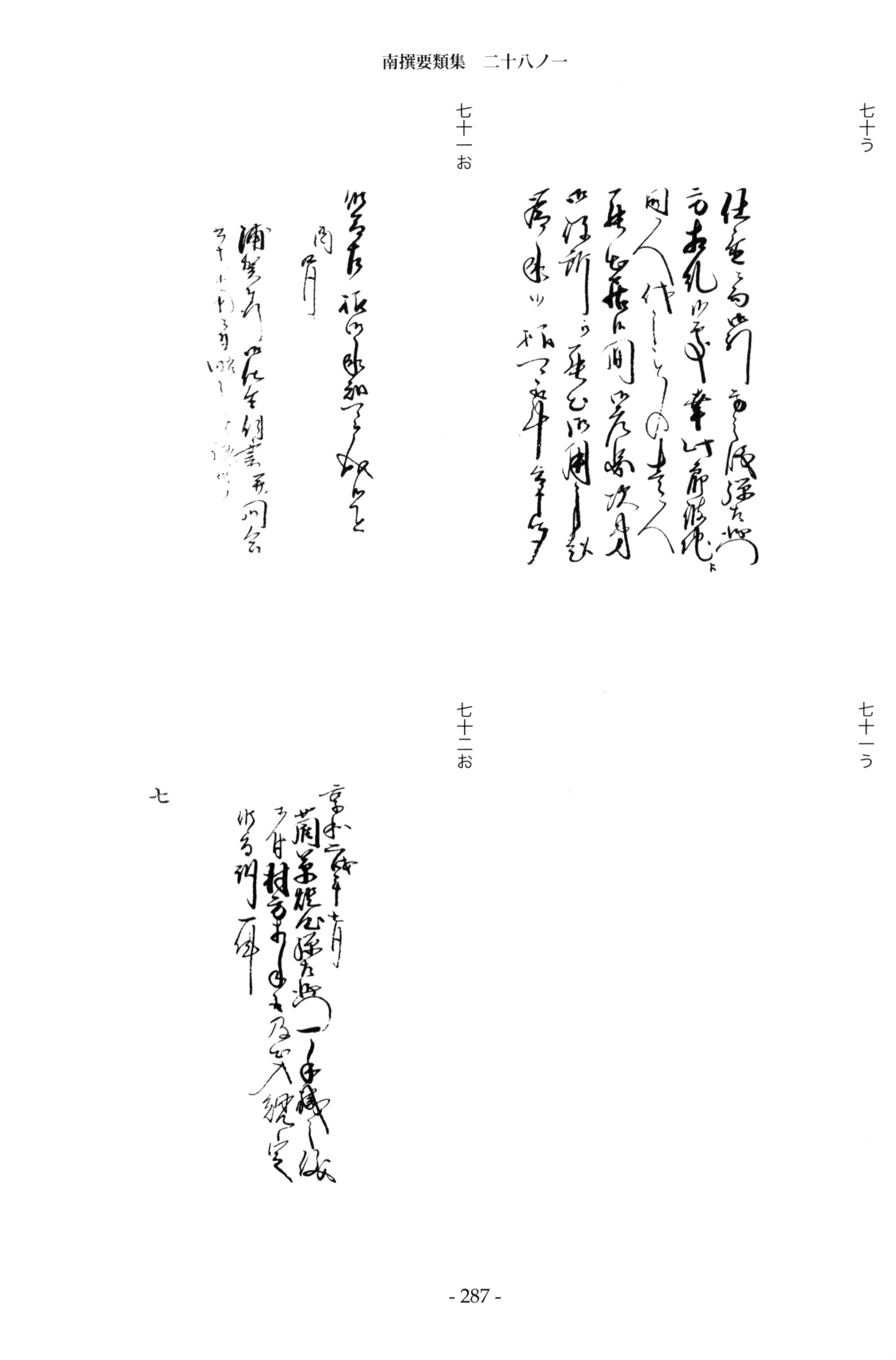

七十う

七十一お

七十一う

七十二お

七

七十二う

七十三お

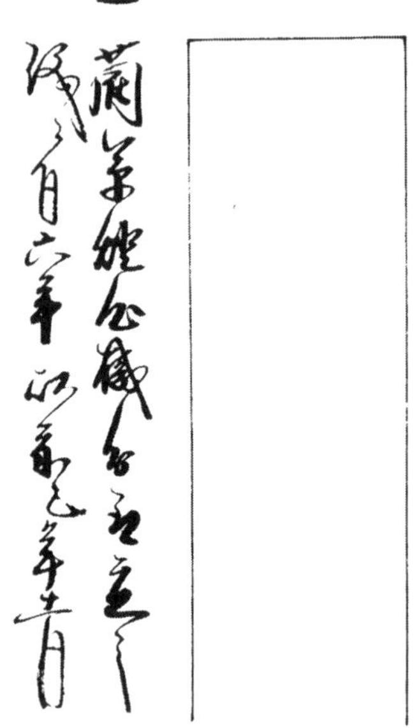

七十三う

七十四お

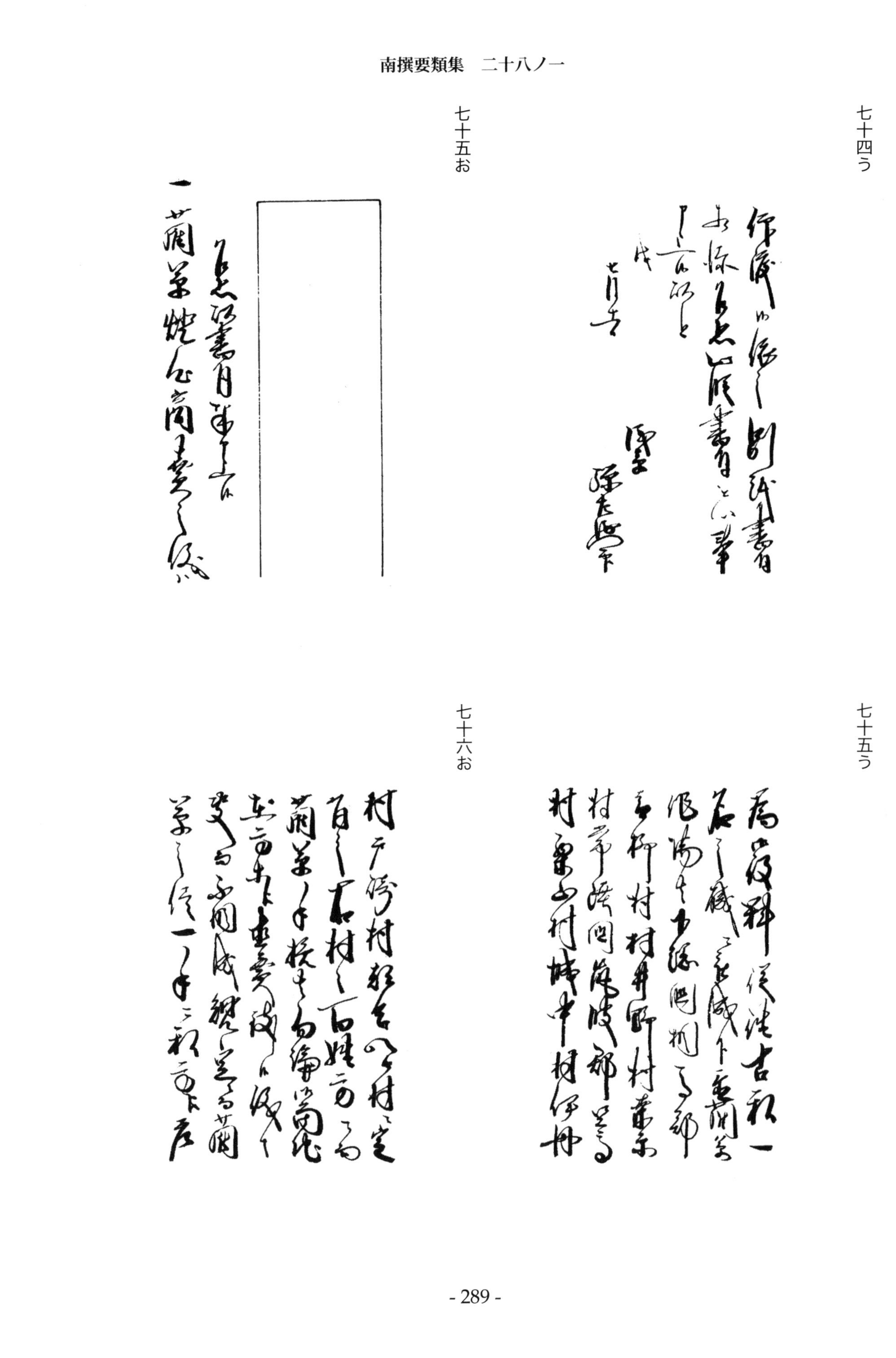

七十四う

七十五お

七十五う

七十六お

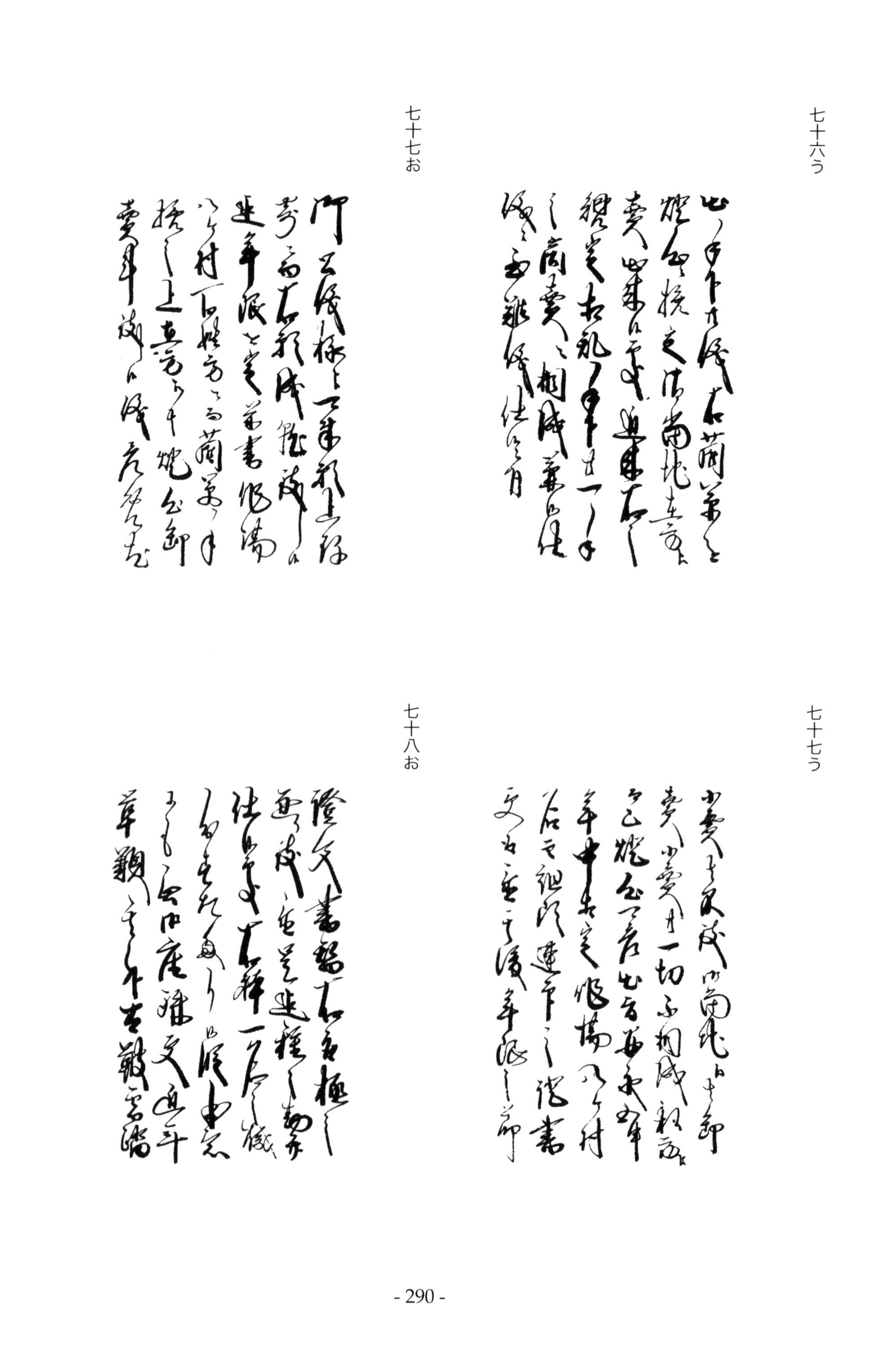

七十六う

七十七お

七十七う

七十八お

七十八う

七十九お

七十九う

八十お

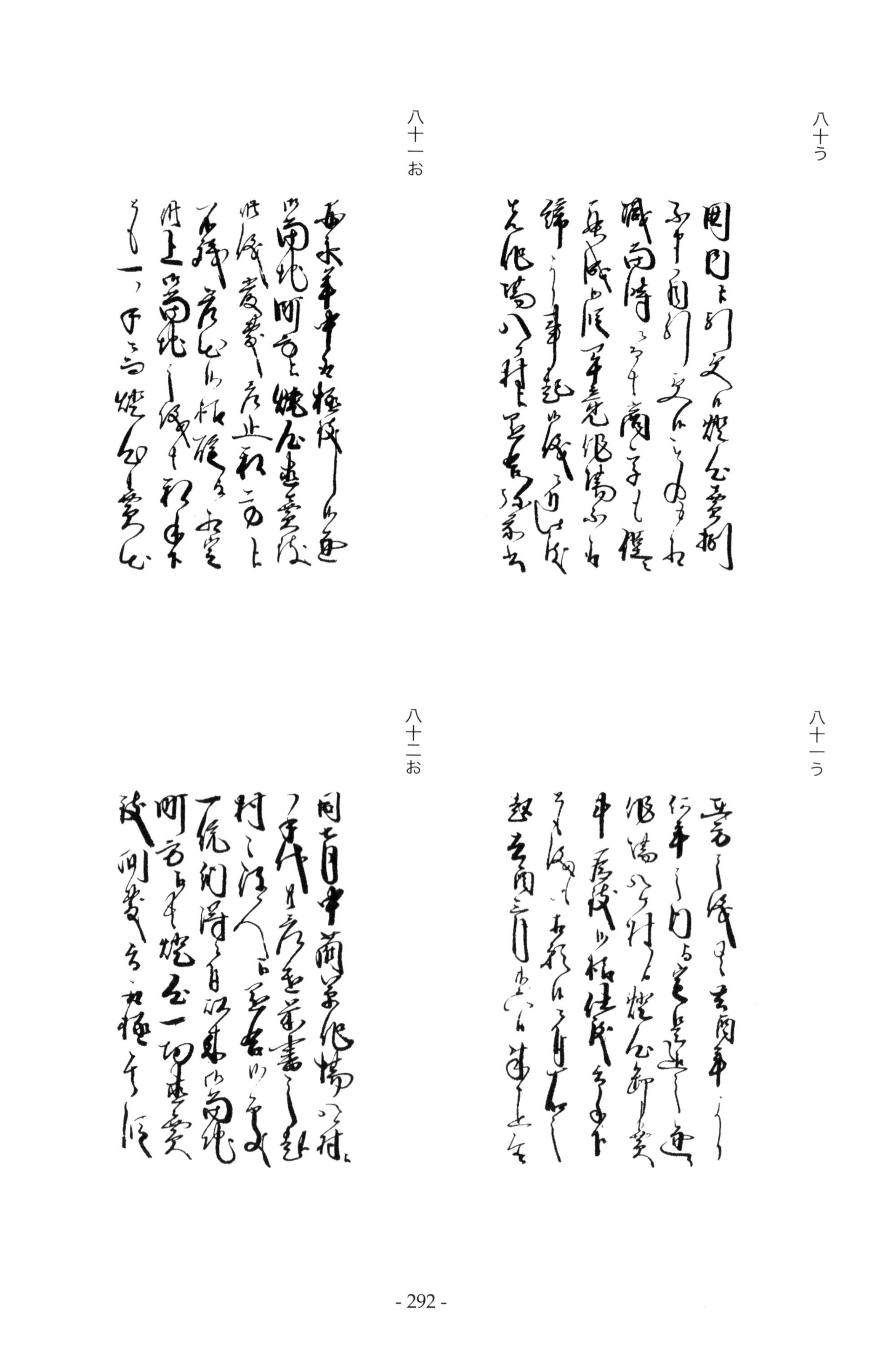

八十う

八十一お

八十一う

八十二お

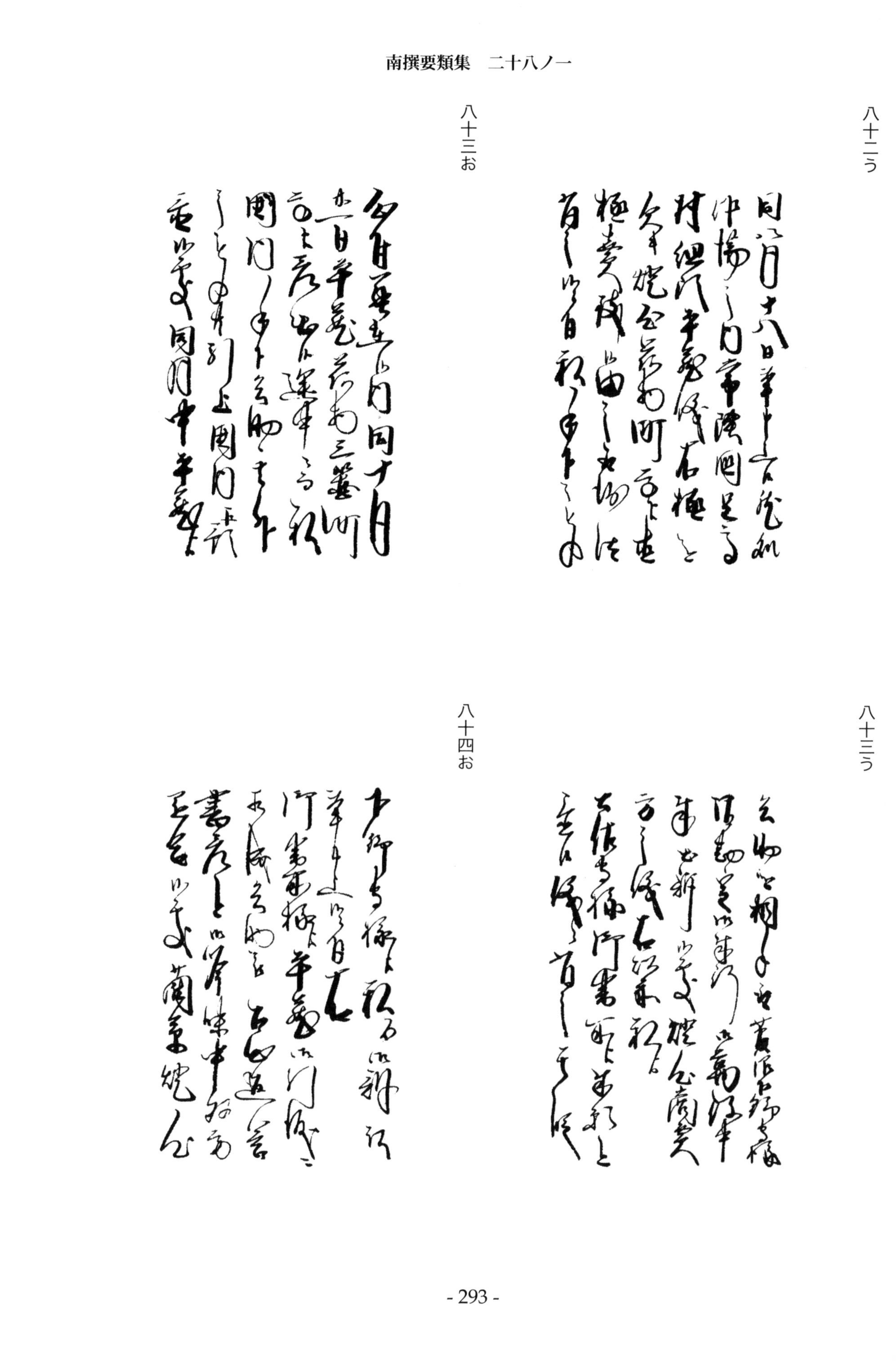

八十二う

八十三お

八十三う

八十四お

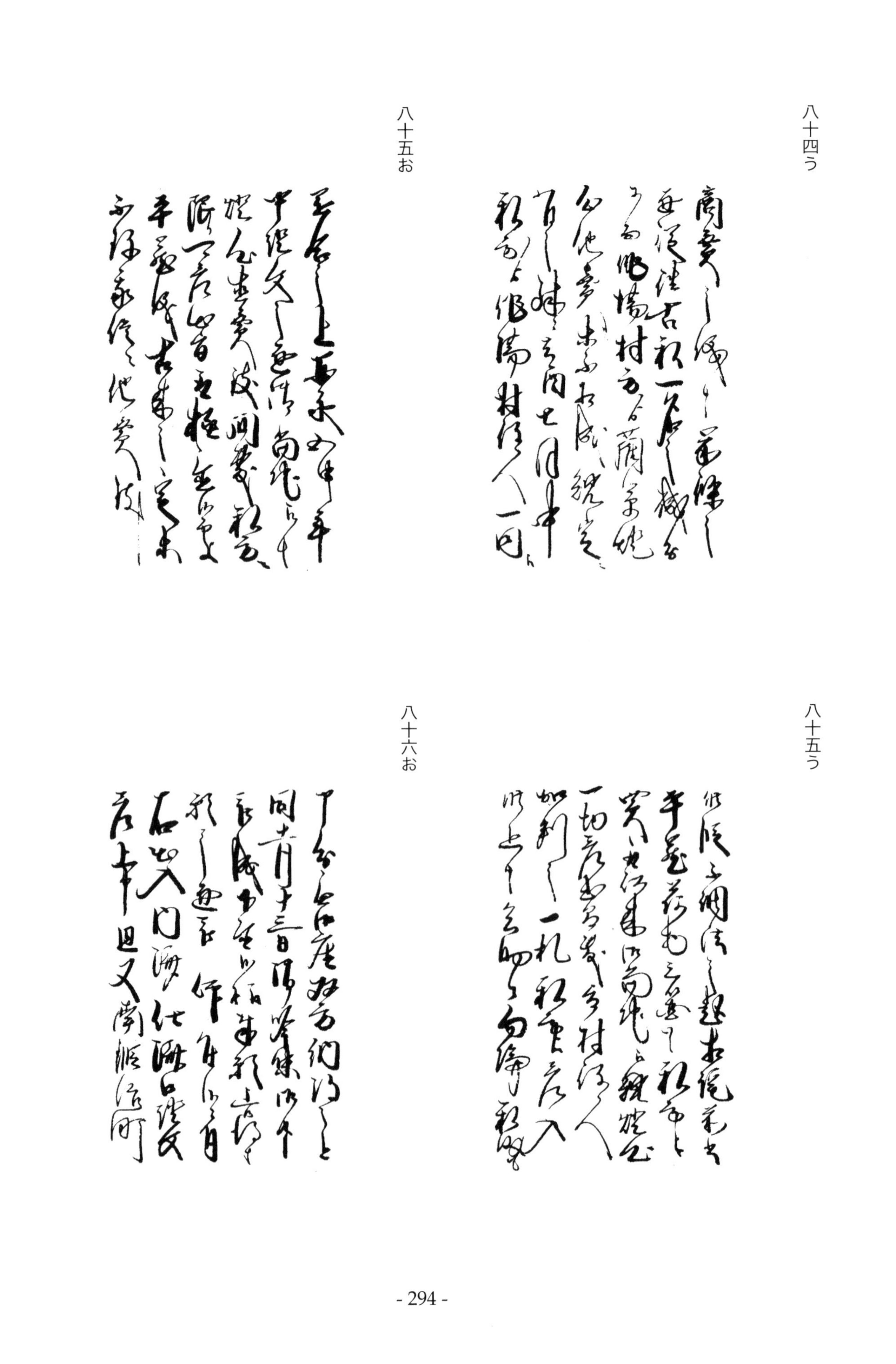

八十四う

八十五お

八十五う

八十六お

八十六う

八十七お

八十七う

八十八お

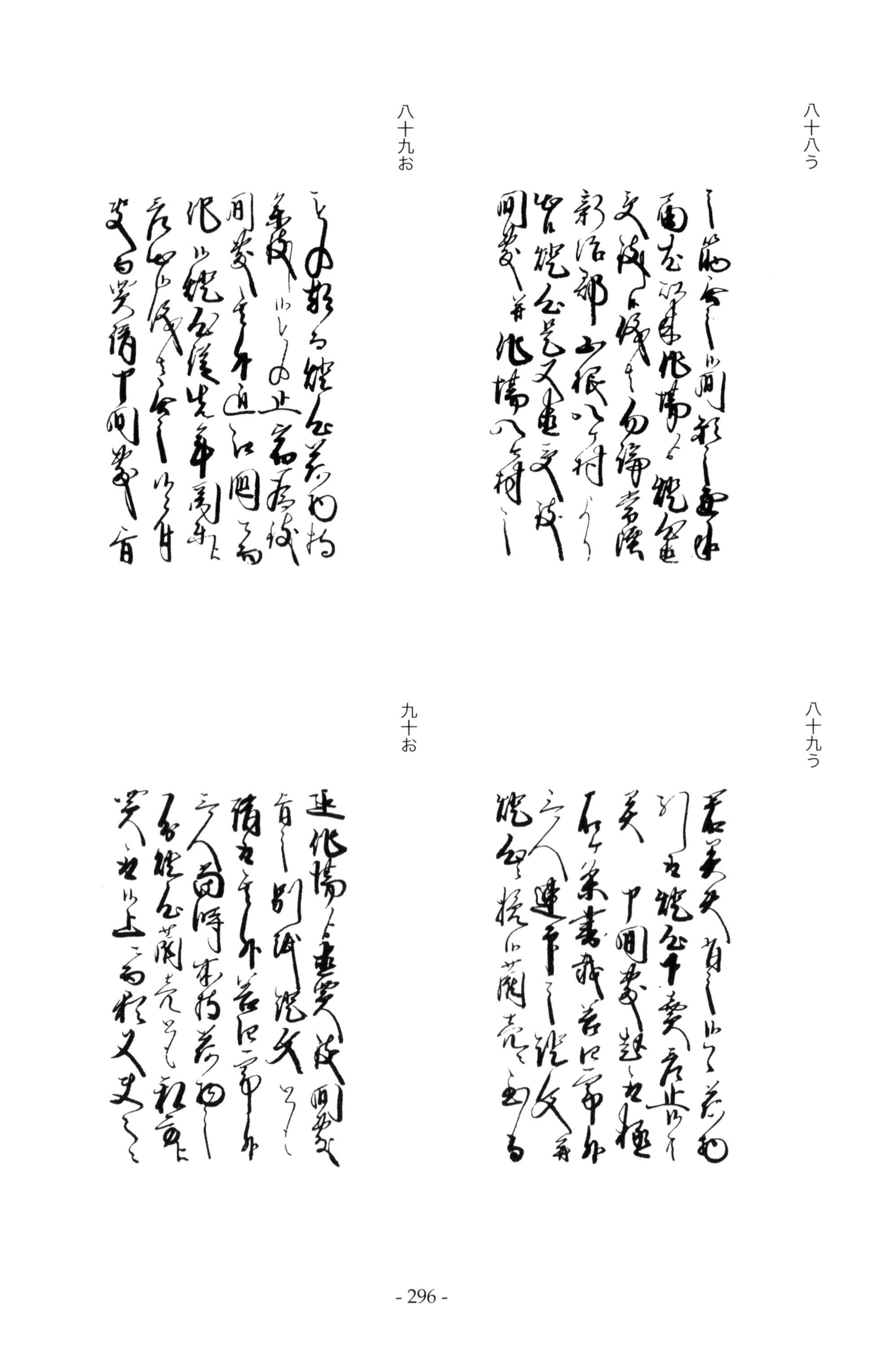

八十八う

八十九お

八十九う

九十お

九十う

九十一お

九十一う

九十二お

九十二う

九十三お

九十三う

九十四お

九十四う

九十五お

九十五う

九十六お

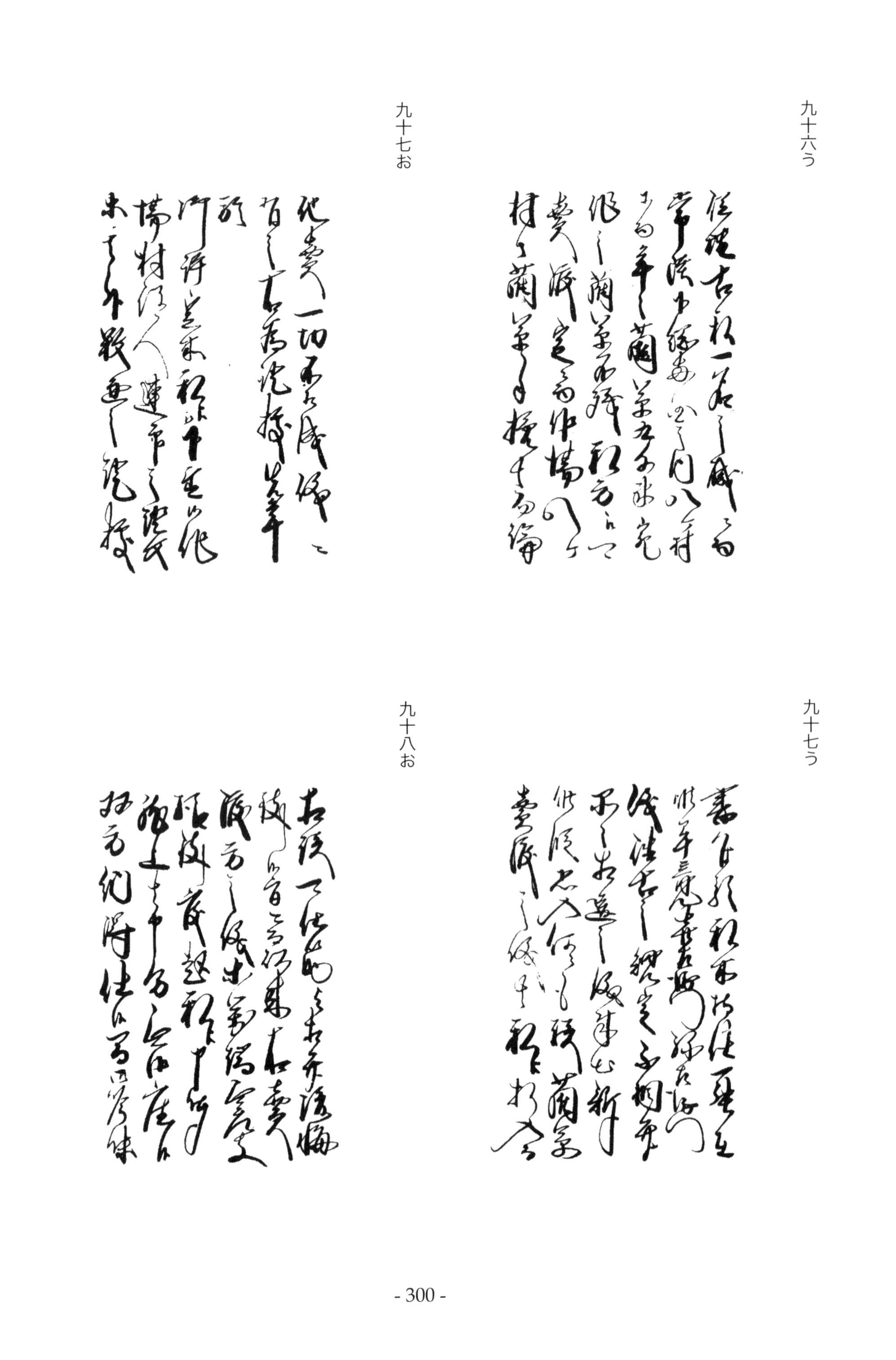

九十六う

九十七お

九十七う

九十八お

九十八う

九十九お

九十九う

百お

百う

百一お

百一う

百二お

百二う

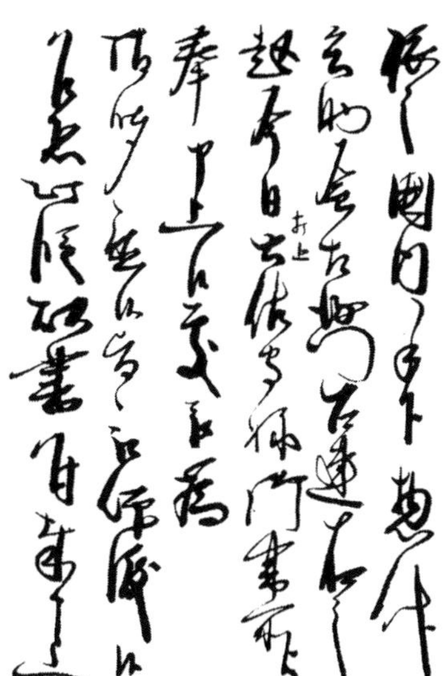

百三お

裏表紙

表表紙

表表紙う

一お

一う

二お

八

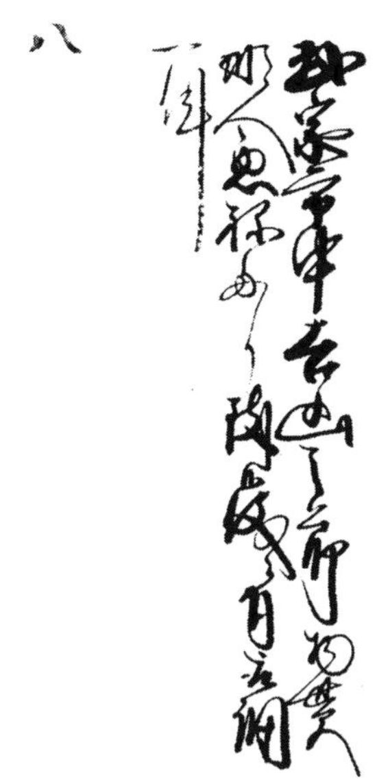

二う

三お

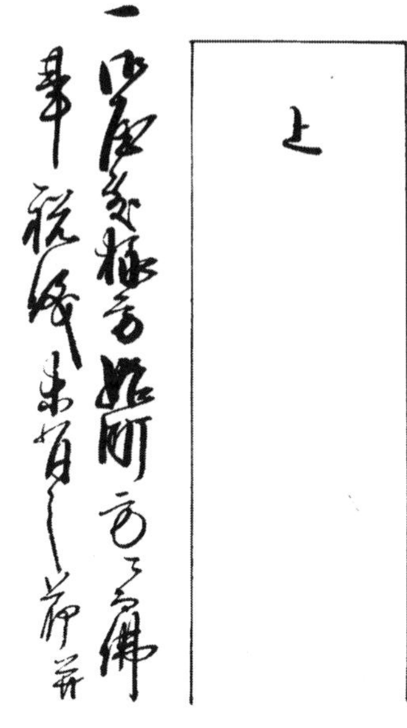

三う

四お

四う

五お

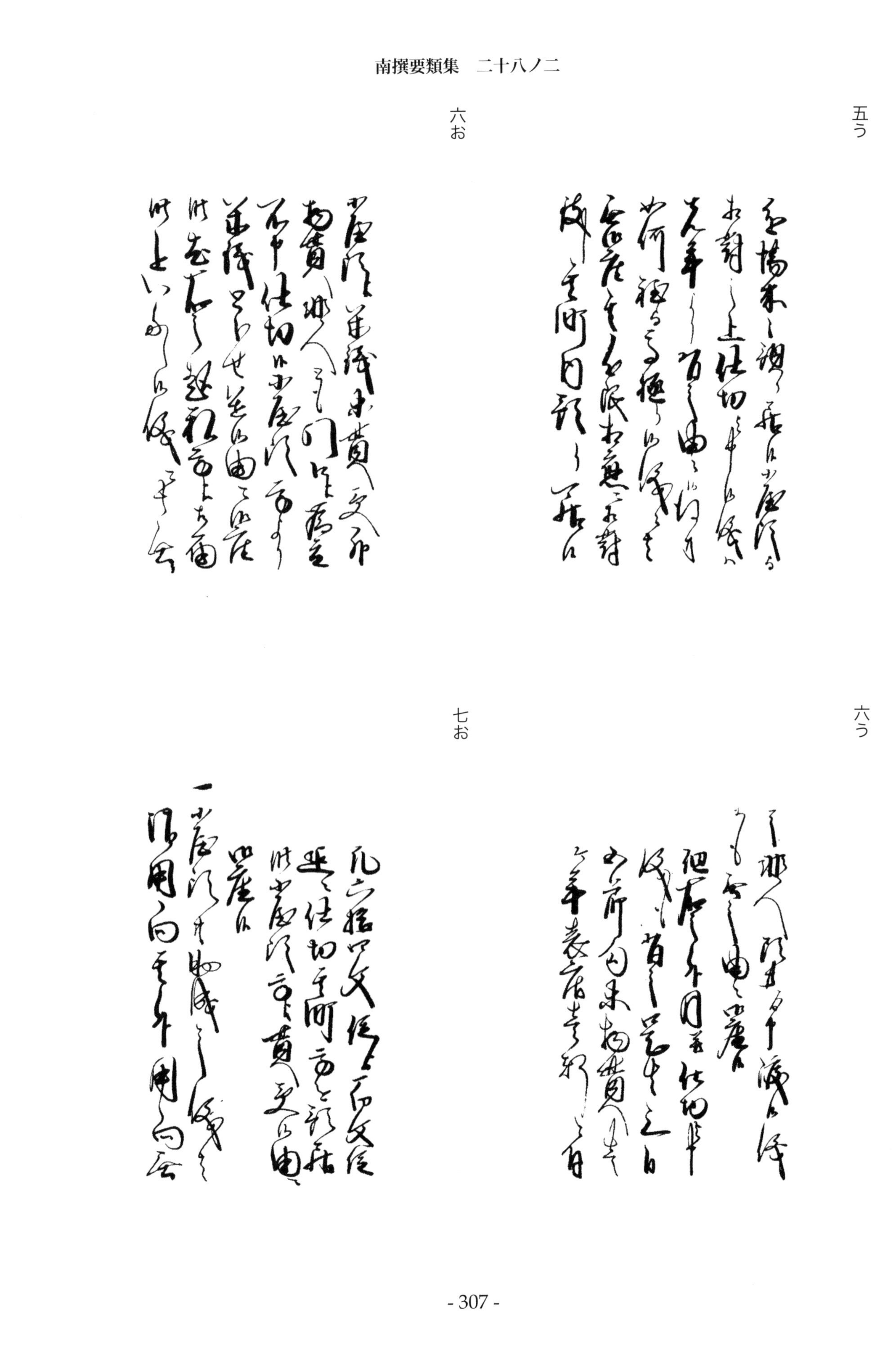

五う

六お

六う

七お

七う

八お

八う

九お

九う

十お

十う

十一お

十一う

十二お

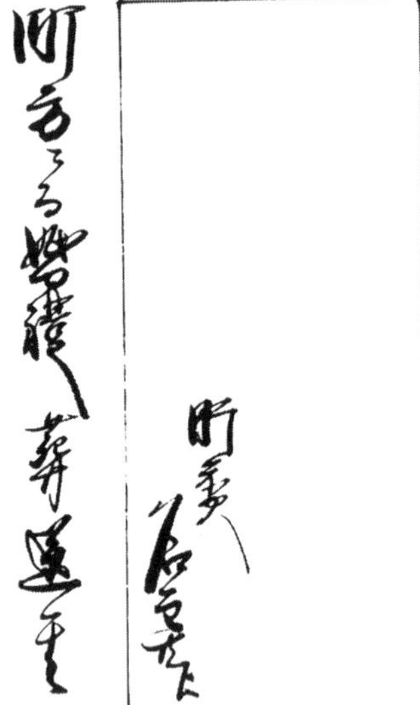

十二う

十三お

十三う

十四お

十四う

十五お

上

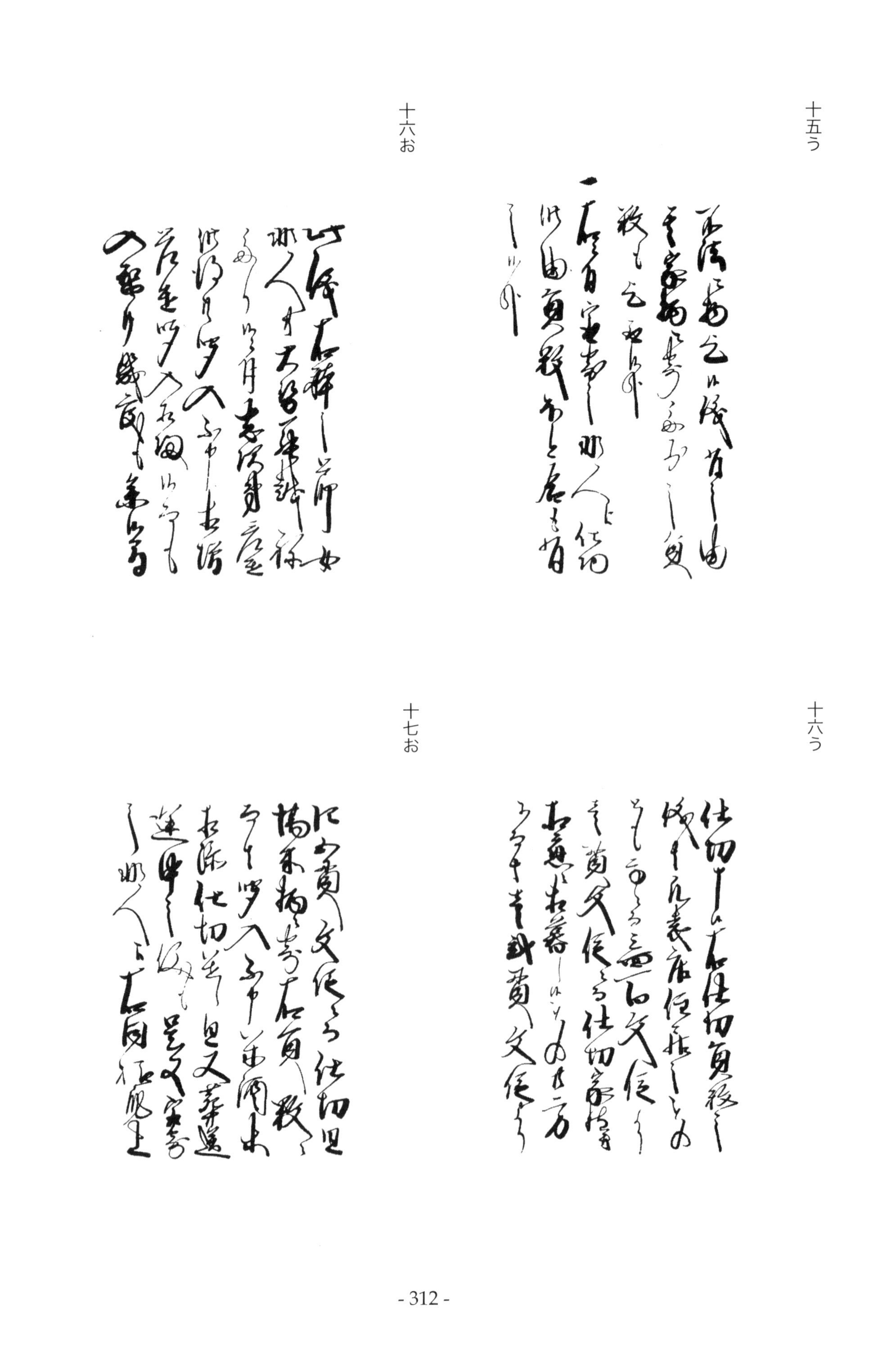

十五う

十六お

十六う

十七お

十七う

十八お

十八う

十九お

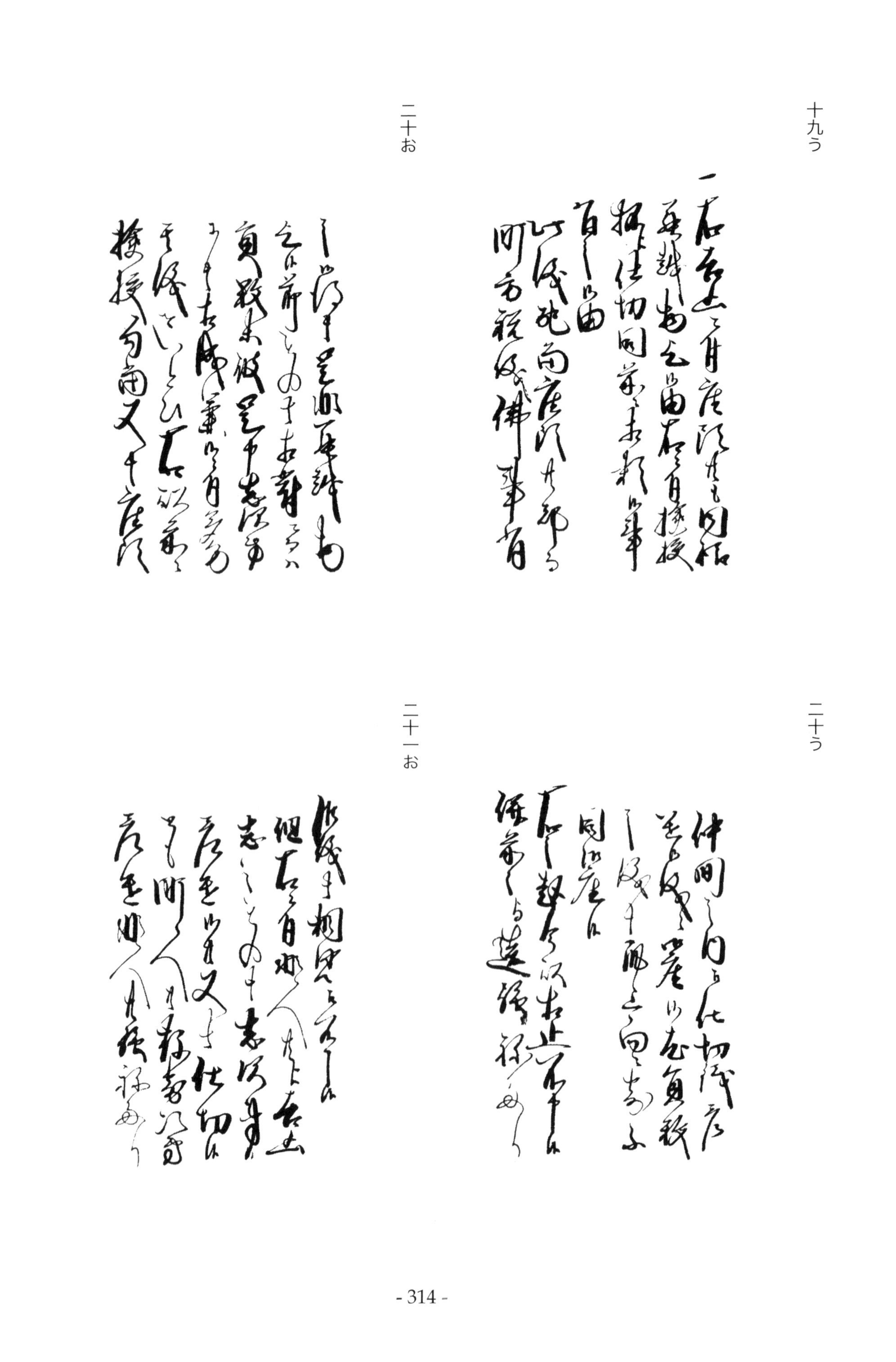

十九う

二十お

二十う

二十一お

二十一う

二十二お

二十二う

二十三お

二十三う

二十四お

二十四う

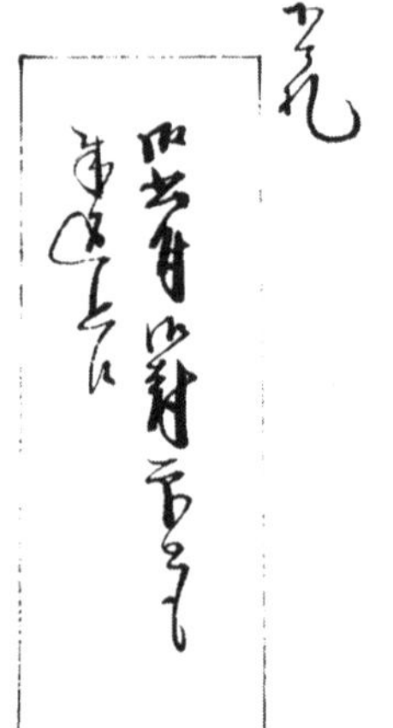

二十五お

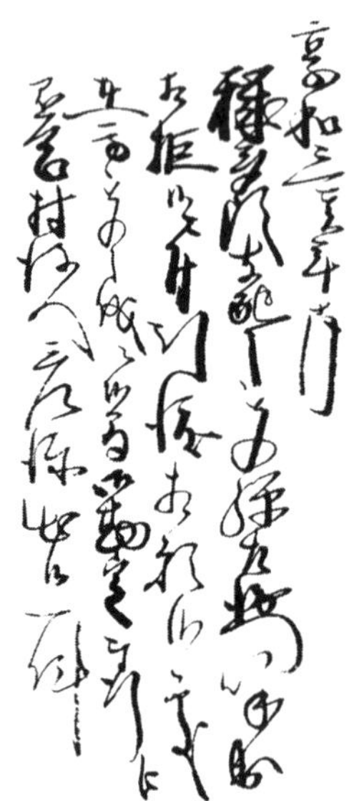

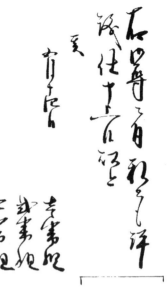

二十五う

二十六お

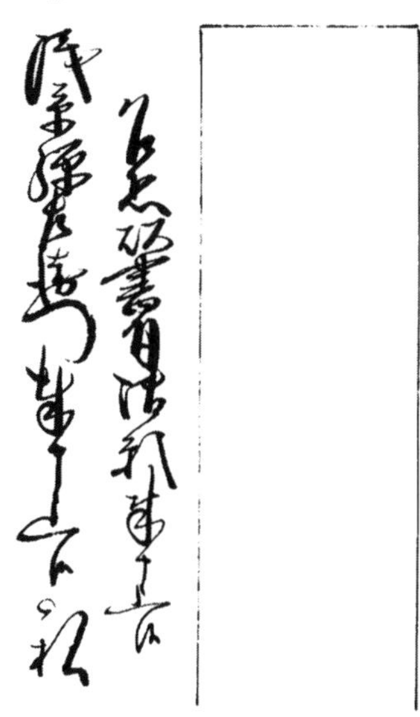

二十六う

二十七お

二十七う

二十八お

二十八う

二十九お

二十九う

三十お

三十う

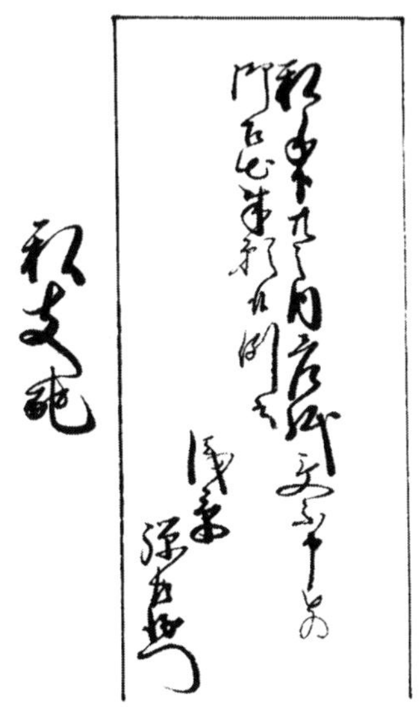

三十一お

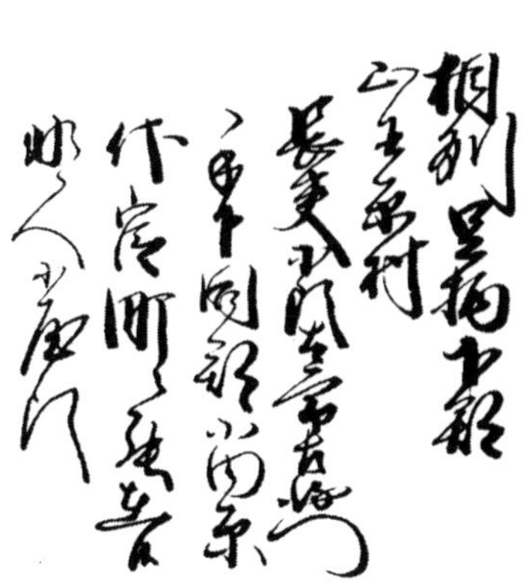

三十一う

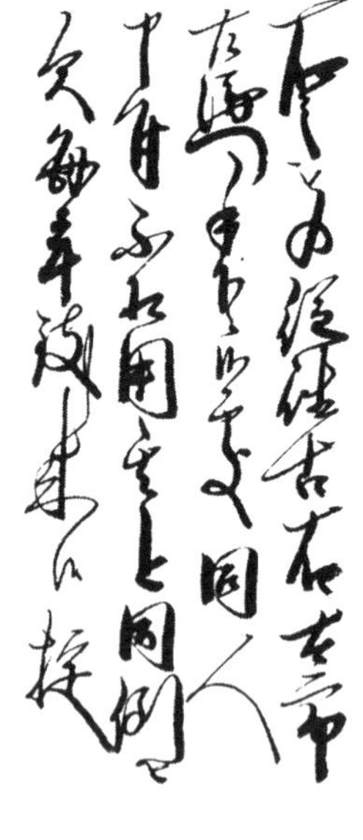

三十二お

三十二う

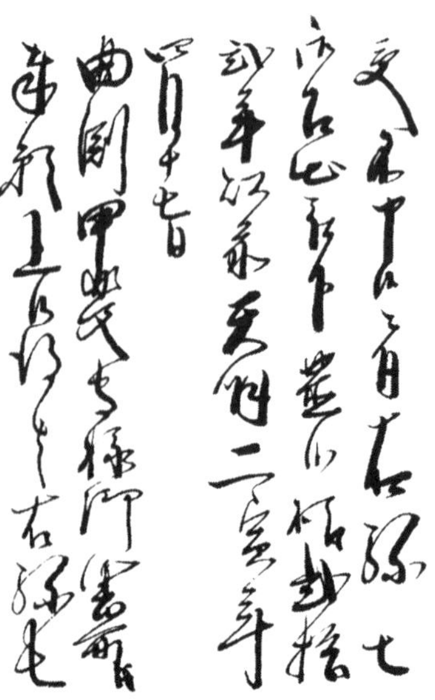

三十三お

三十三う

三十四お

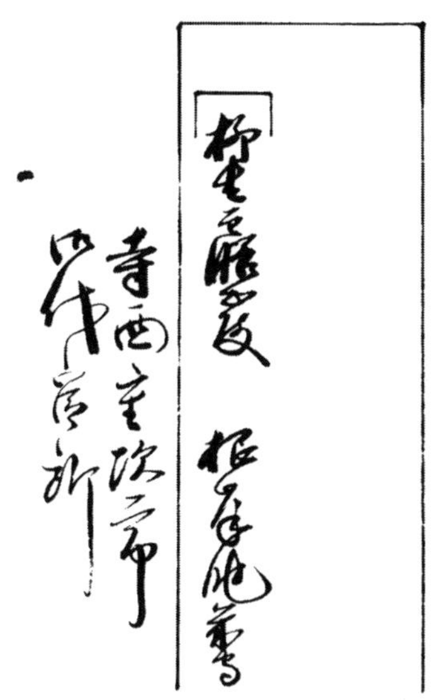

三十四う

三十五お

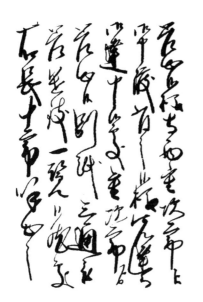

三十五う

三十六お

三十六う

三十七お

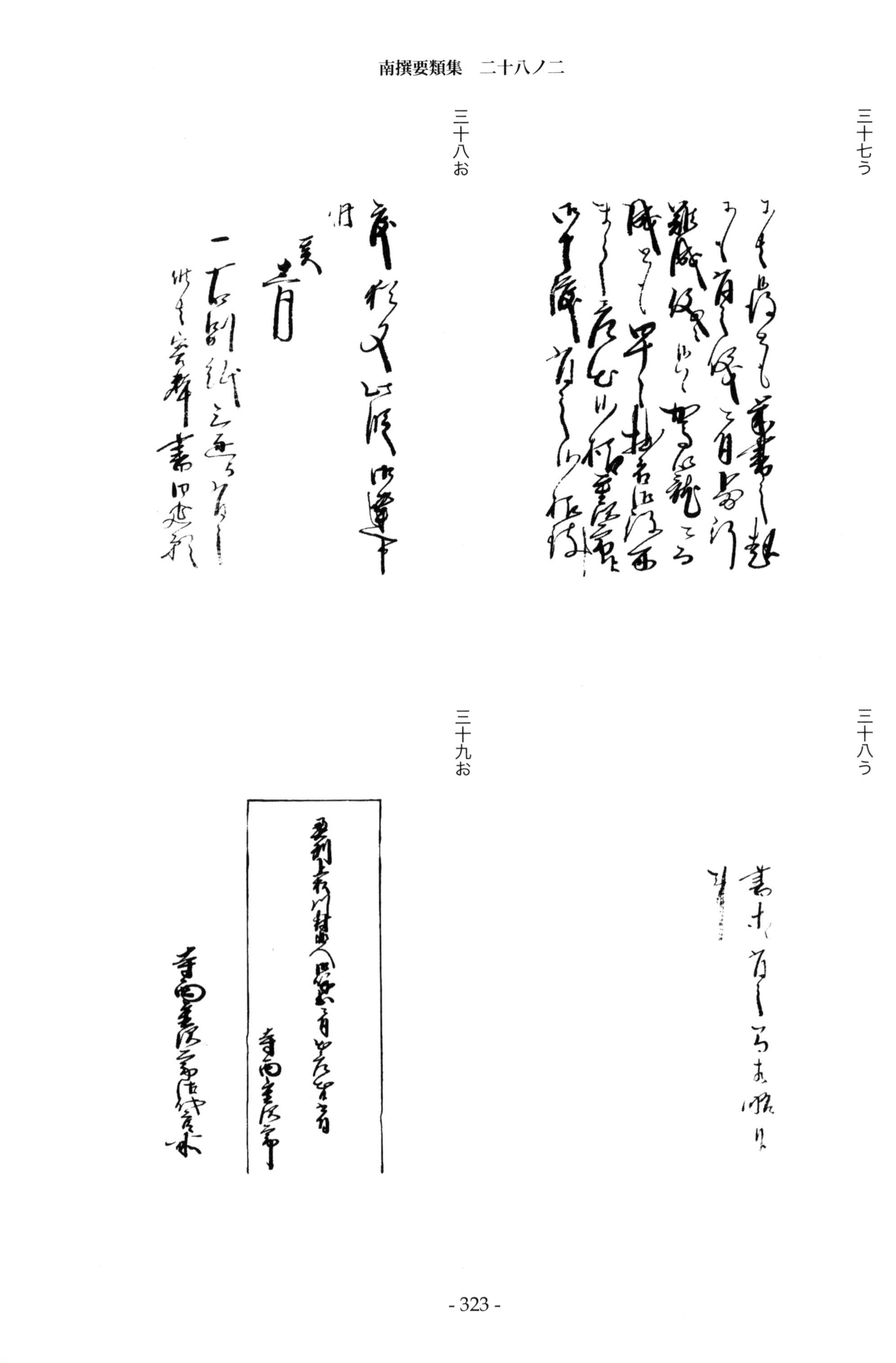

三十七う

三十八お

三十八う

三十九お

三十九う

四十お

四十う

四十一お

四十一う

四十二お

四十二う

四十三お

四十三う

四十四お

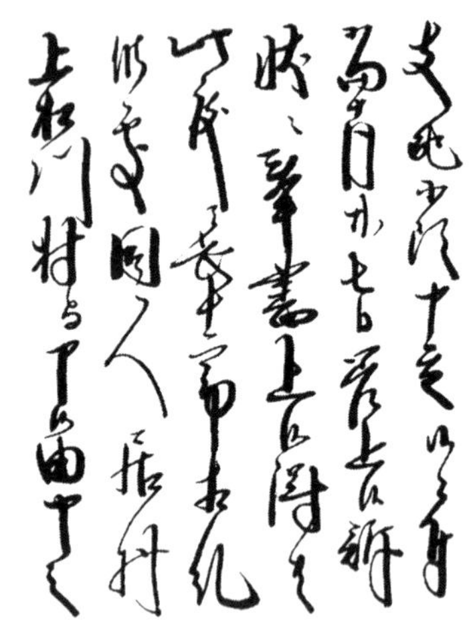

四十四う

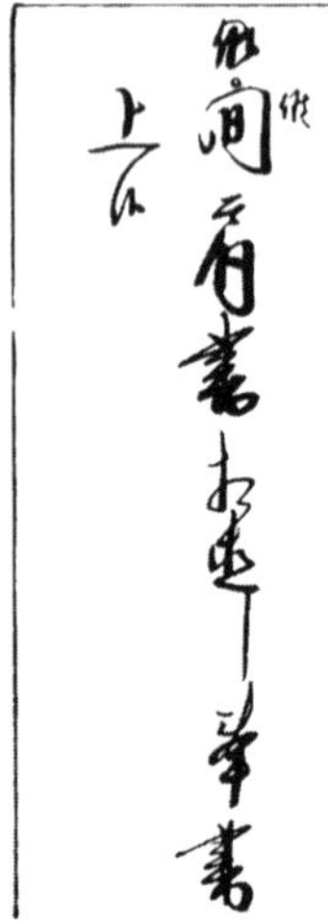

四十五お

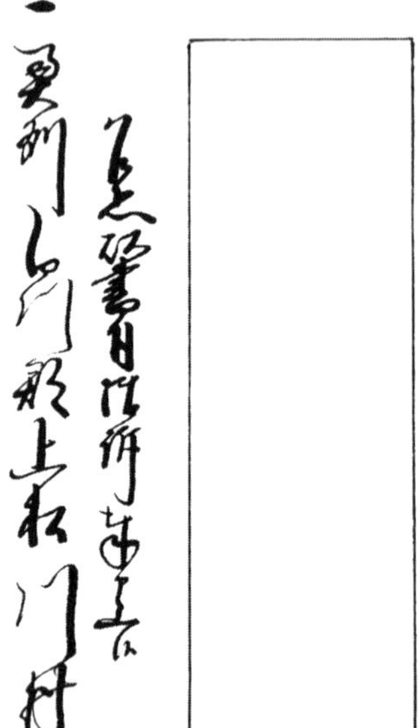

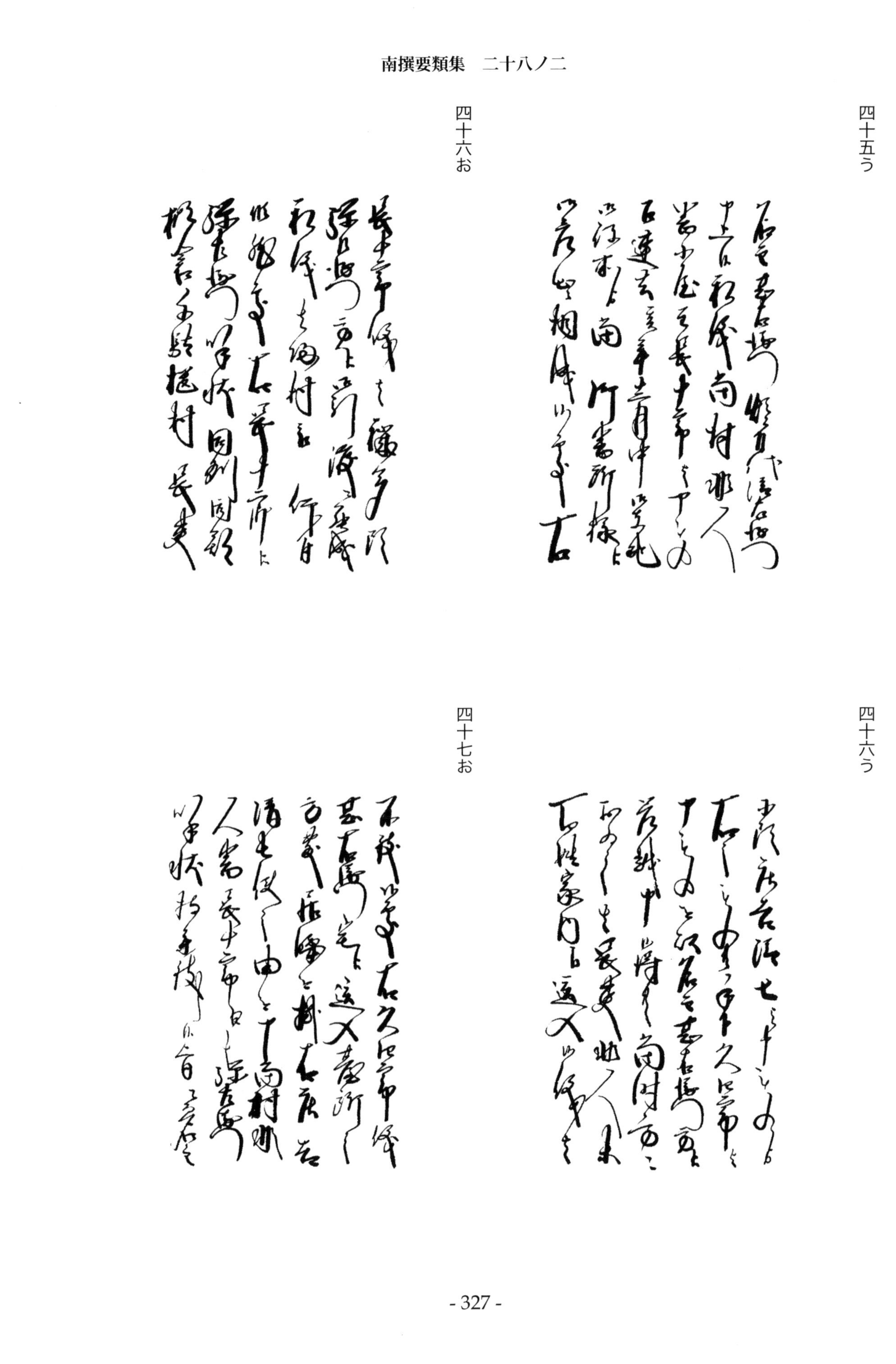

四十五う

四十六お

四十六う

四十七お

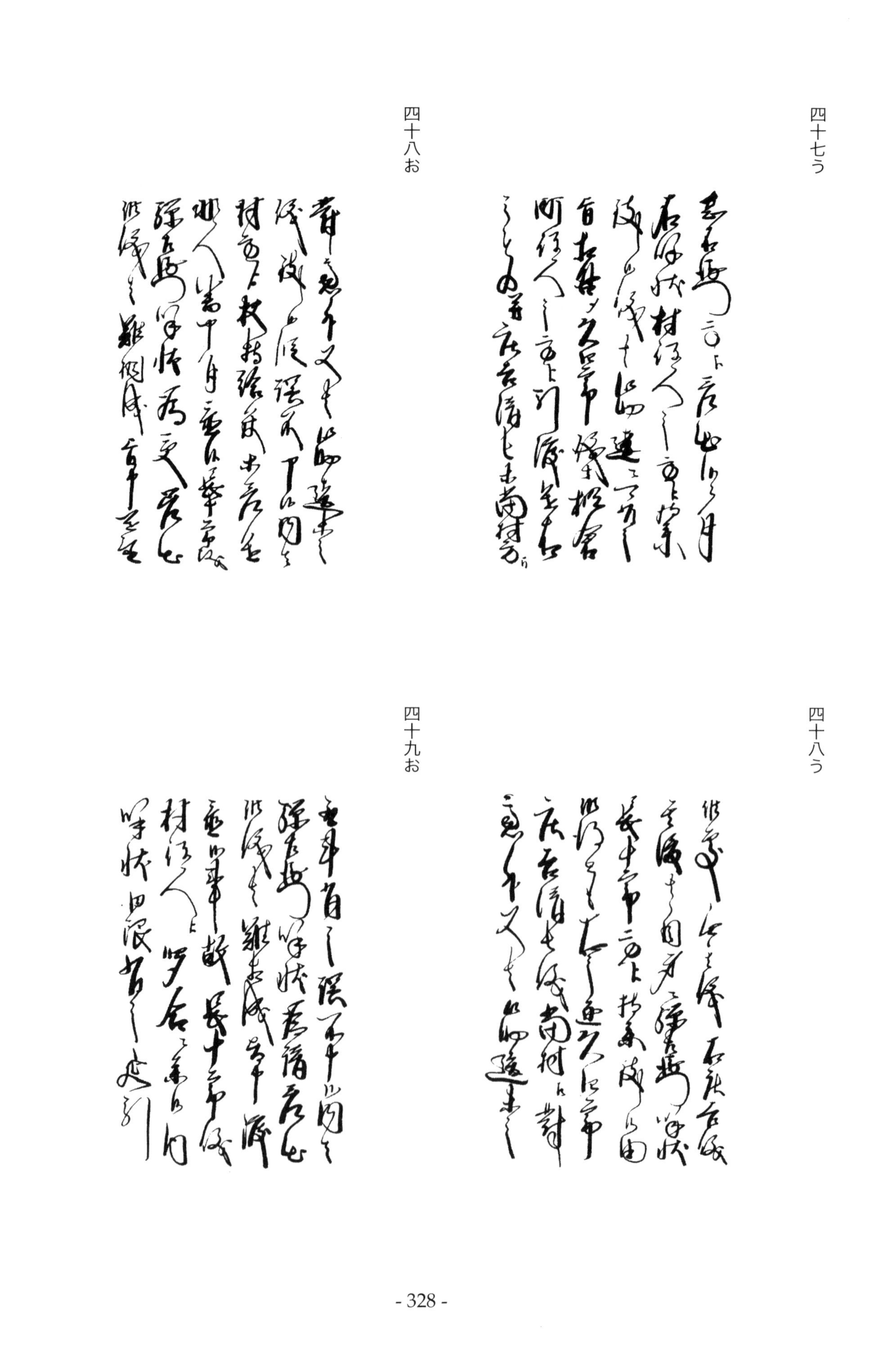

四十七う

四十八お

四十八う

四十九お

四十九う

五十お

五十う

五十一お

五十一う

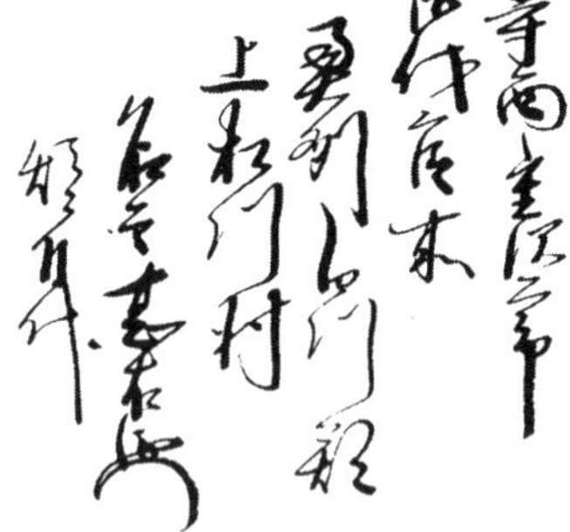

五十二お

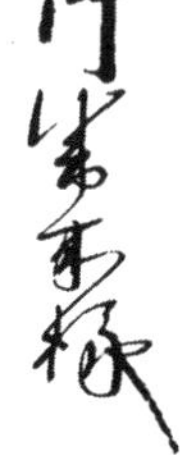

五十二う

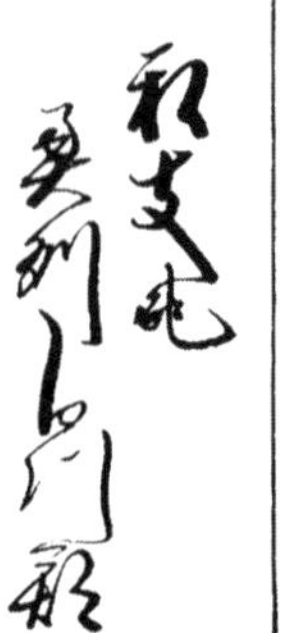

五十三お

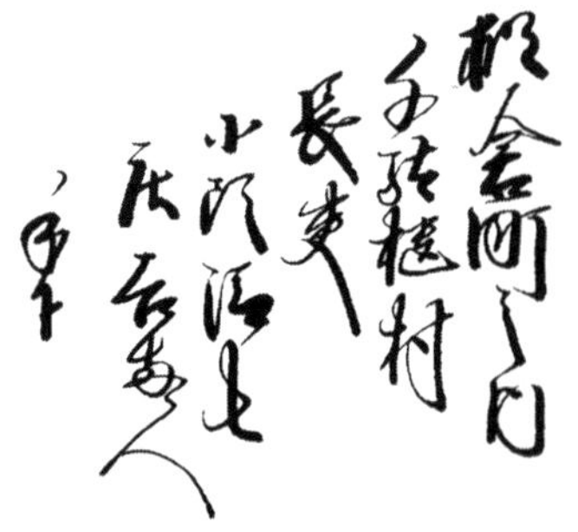

五十三う

五十四お

五十四う

五十五お

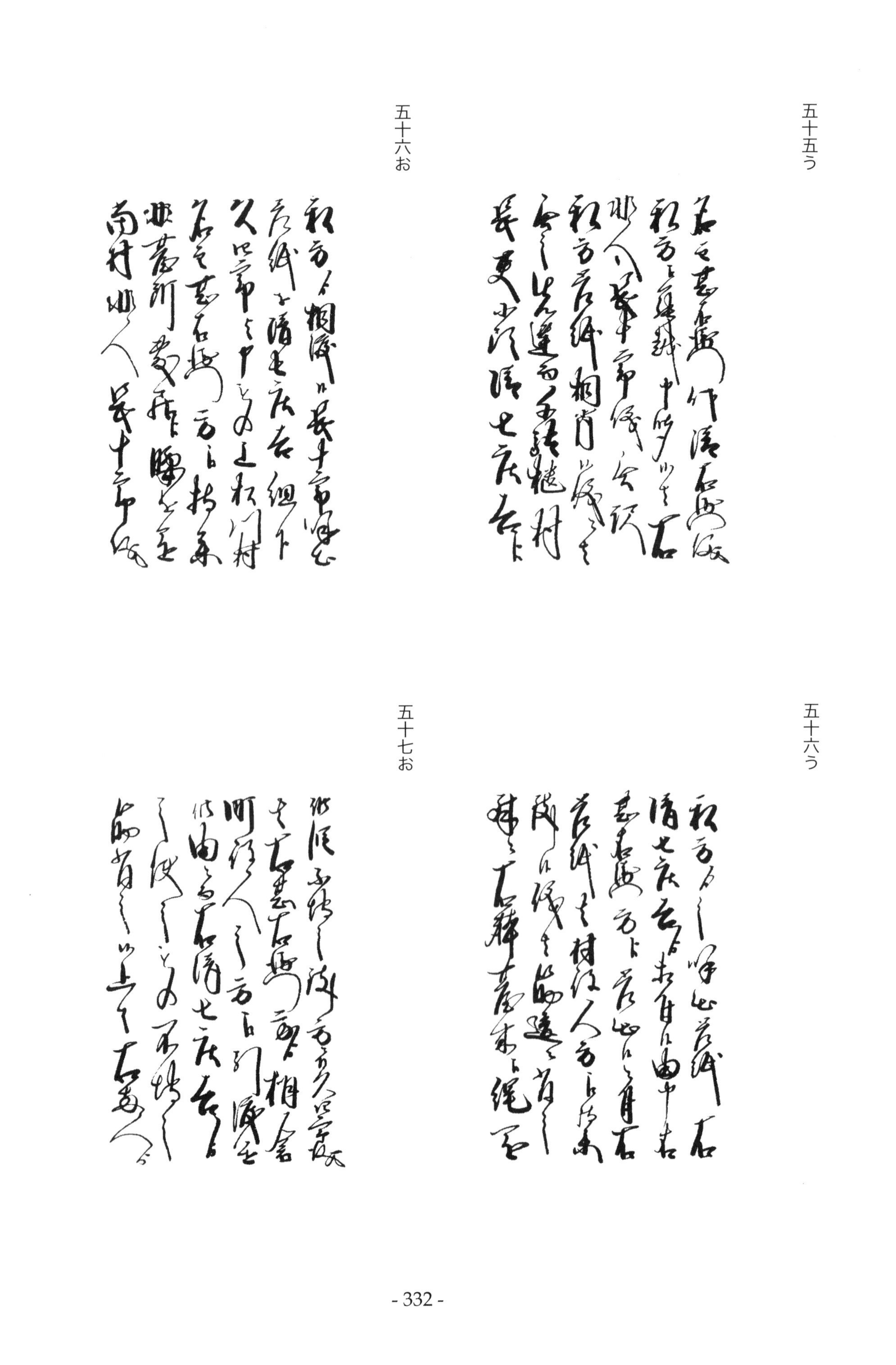

五十五う

五十六お

五十六う

五十七お

五十七う

五十八お

五十八う

五十九お

五十九う

六十お

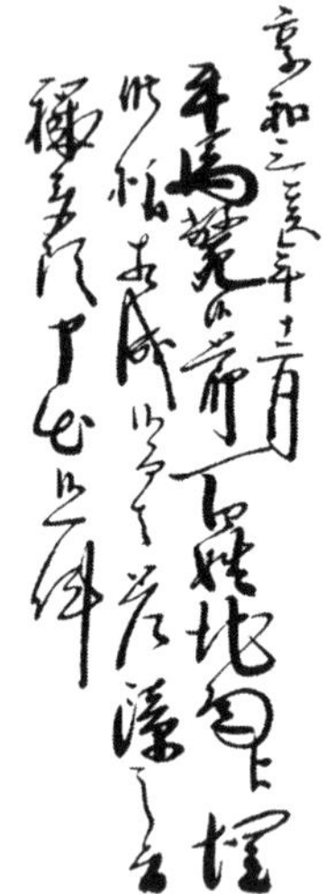

六十う

六十一お

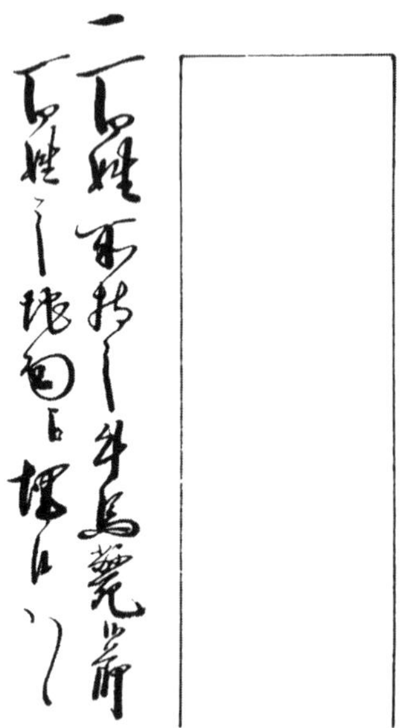

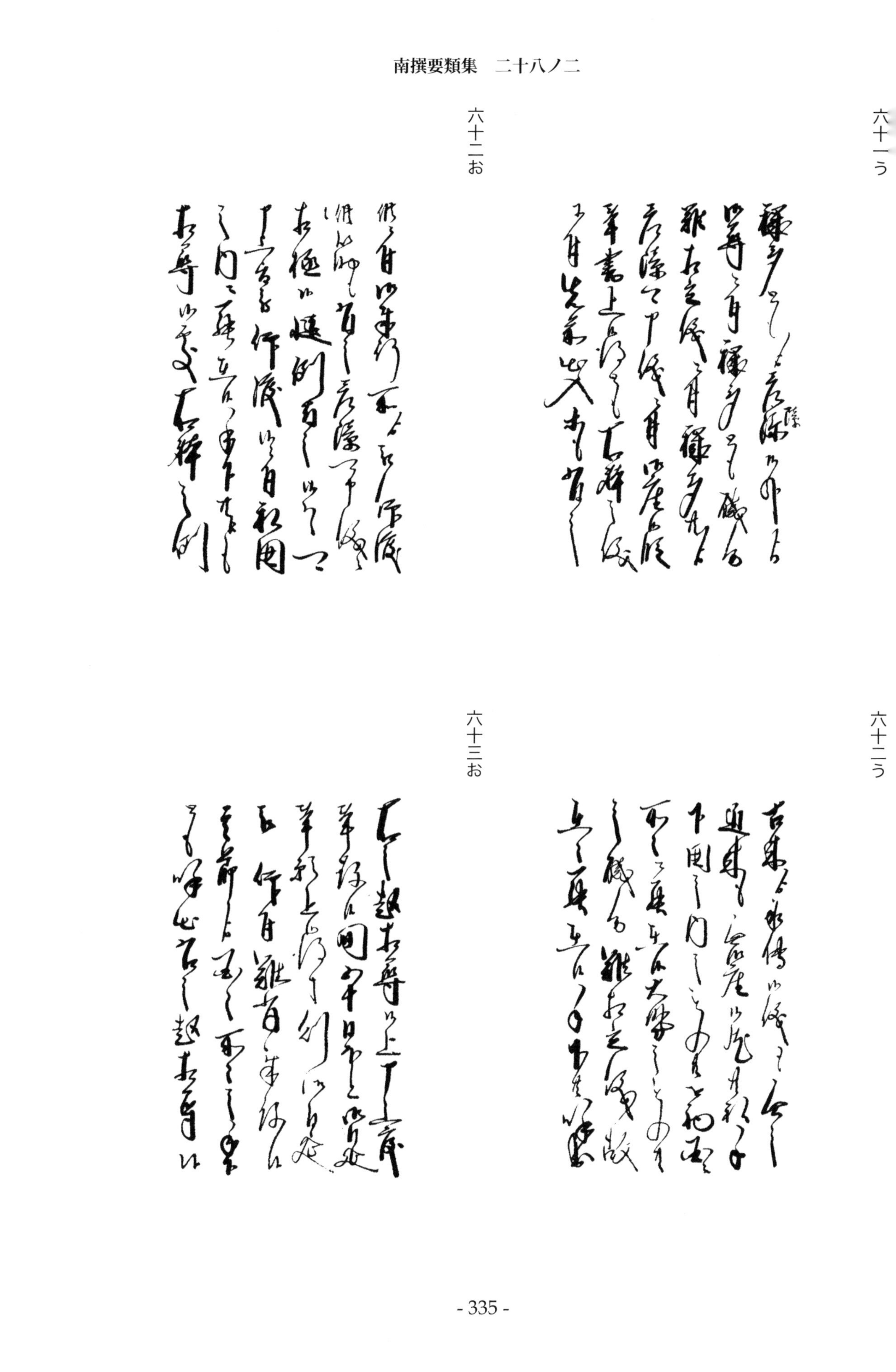

六十一う

六十二お

六十二う

六十三お

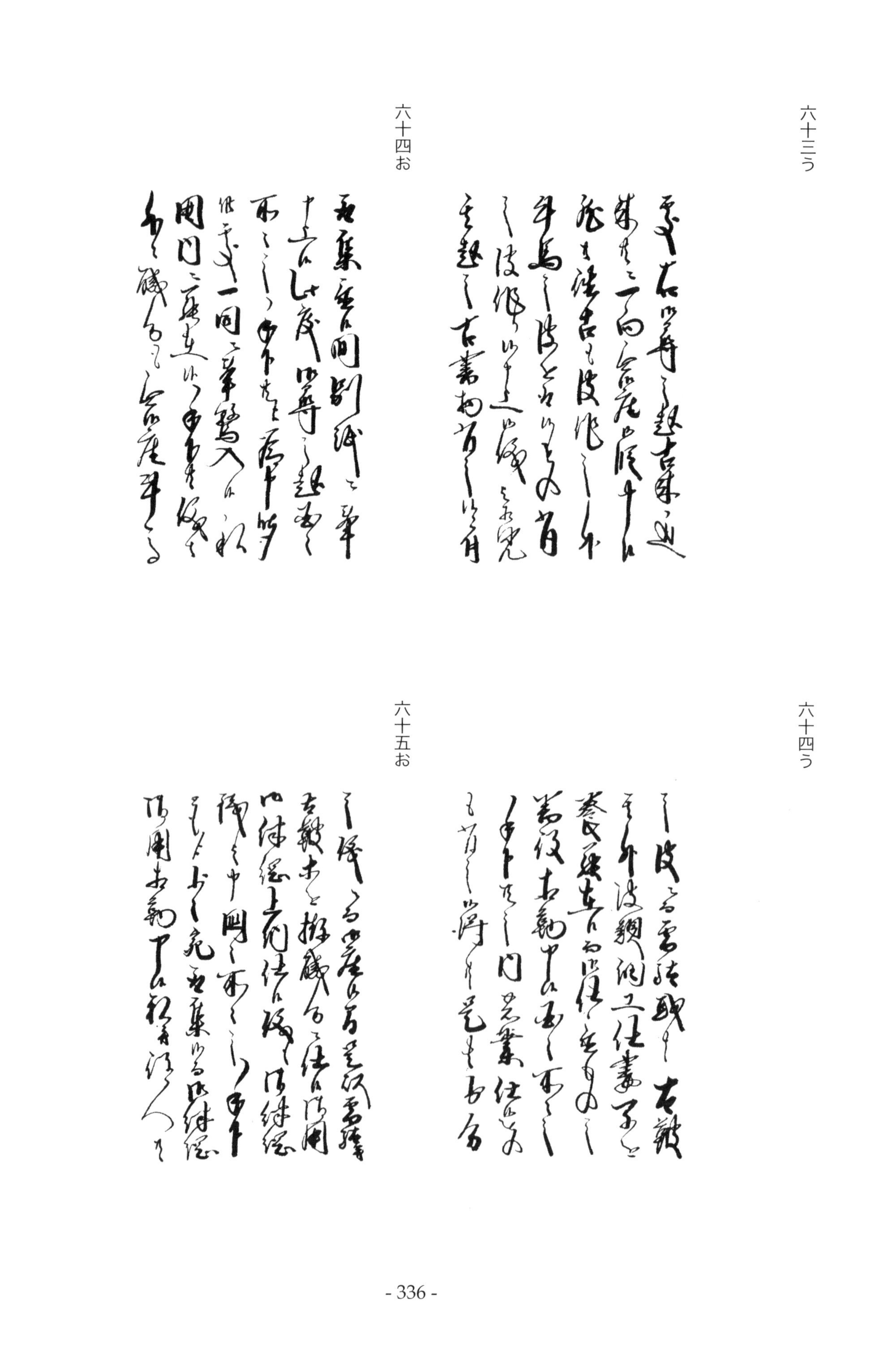

六十三う

六十四お

六十四う

六十五お

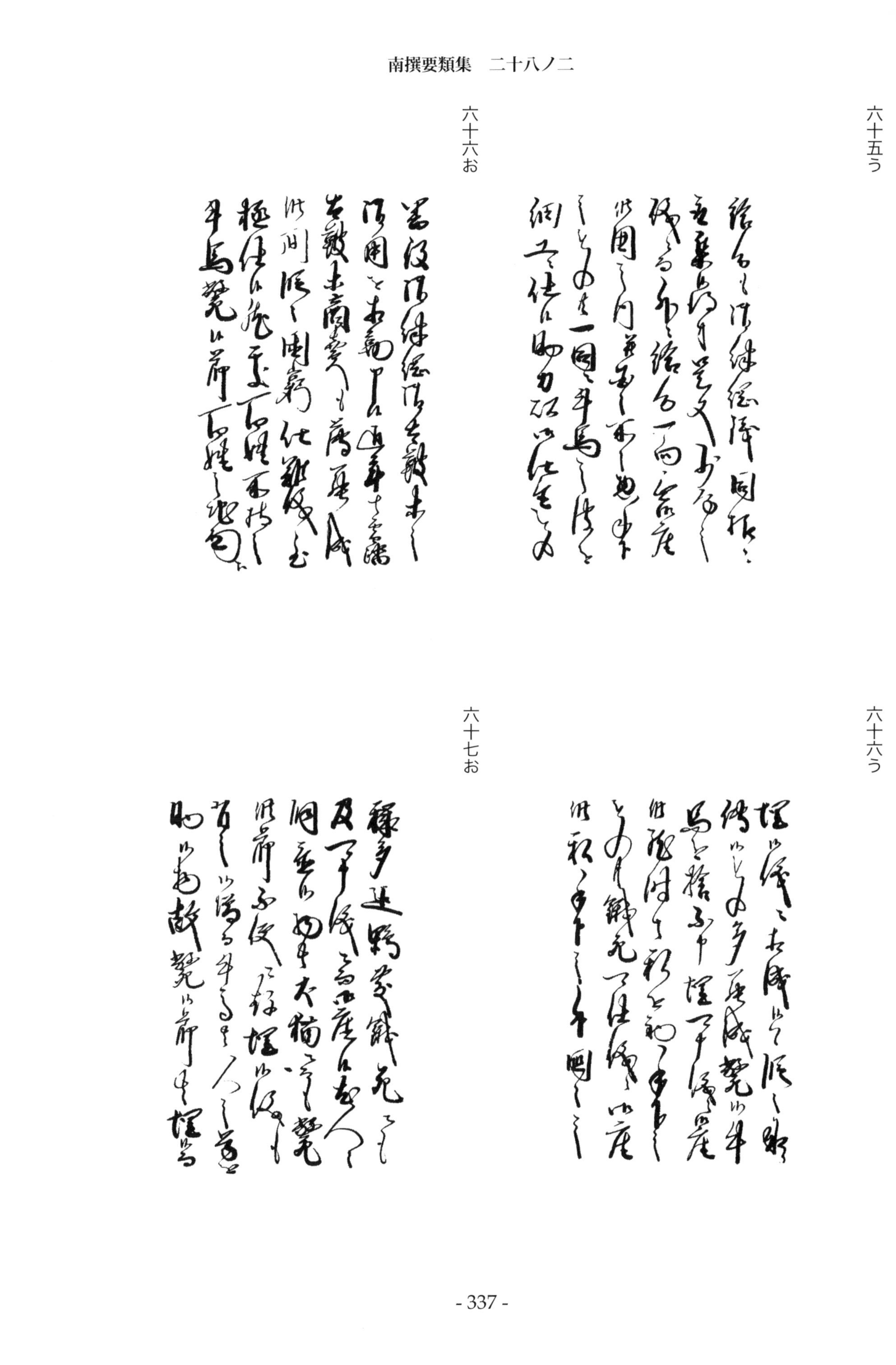

六十五う

六十六お

六十六う

六十七お

六十七う

六十八お

六十八う

六十九お

六十九う

七十お

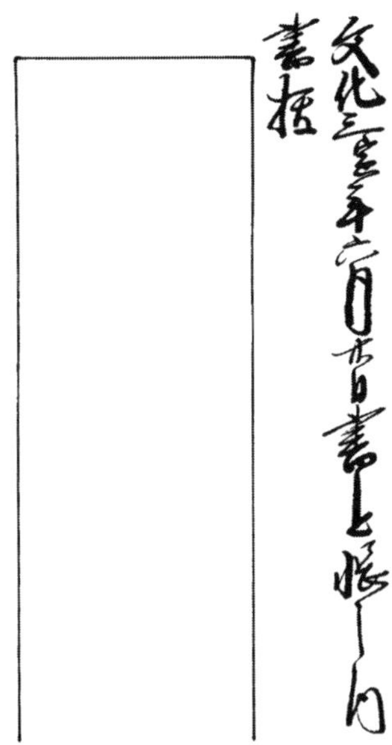

七十う

七十一お

七十一う

七十二お

七十二う

七十三お

七十三う

七十四お

七十四う

七十五お

七十五う

七十六お

七十六う

七十七お

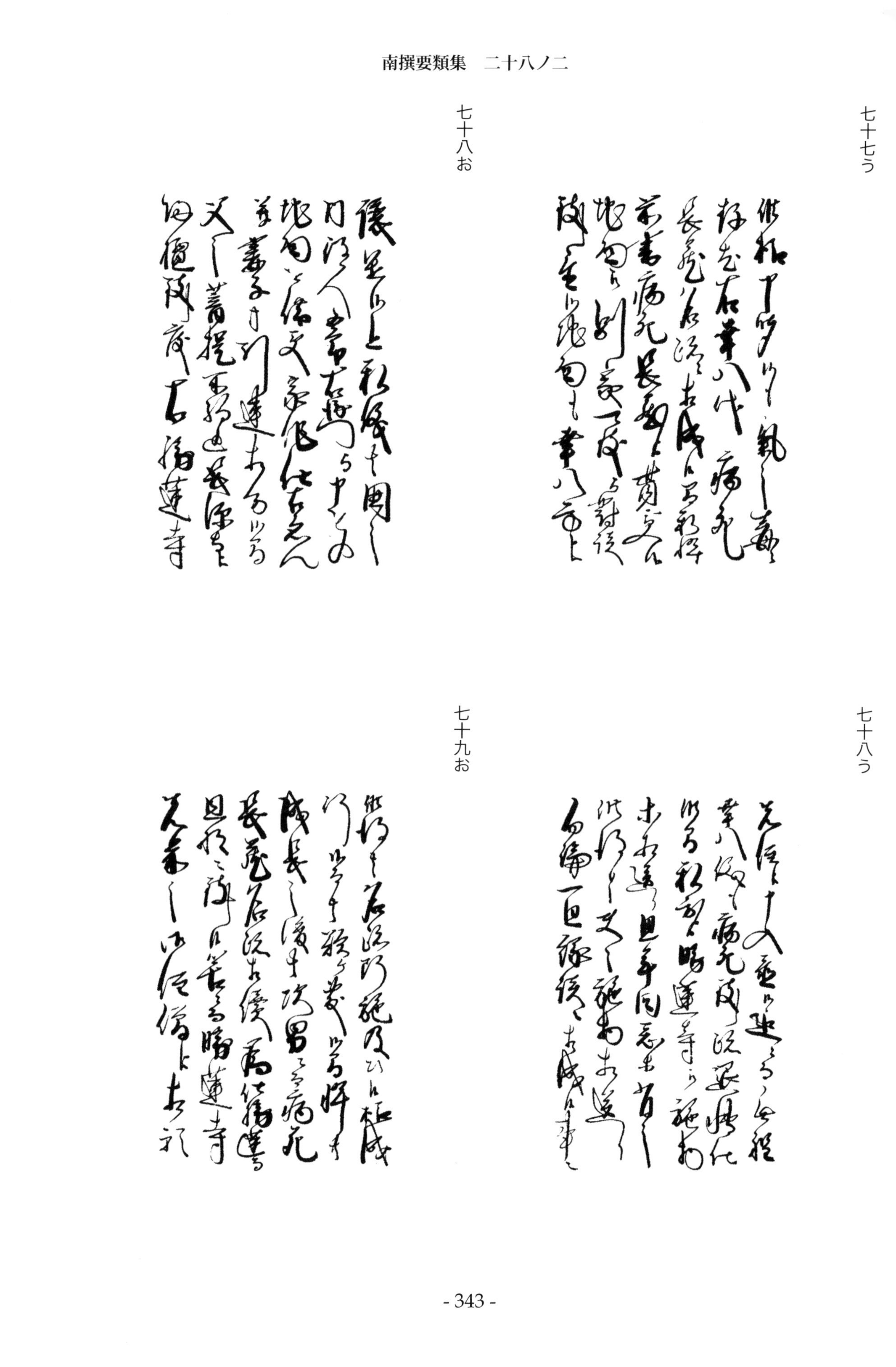

七十七う

七十八お

七十八う

七十九お

七十九う

八十お

八十う

八十一お

八十一う

八十二お

八十二う

八十三お

八十三う

八十四お

八十四う

八十五お

八十五う

八十六お

八十六う

八十七お

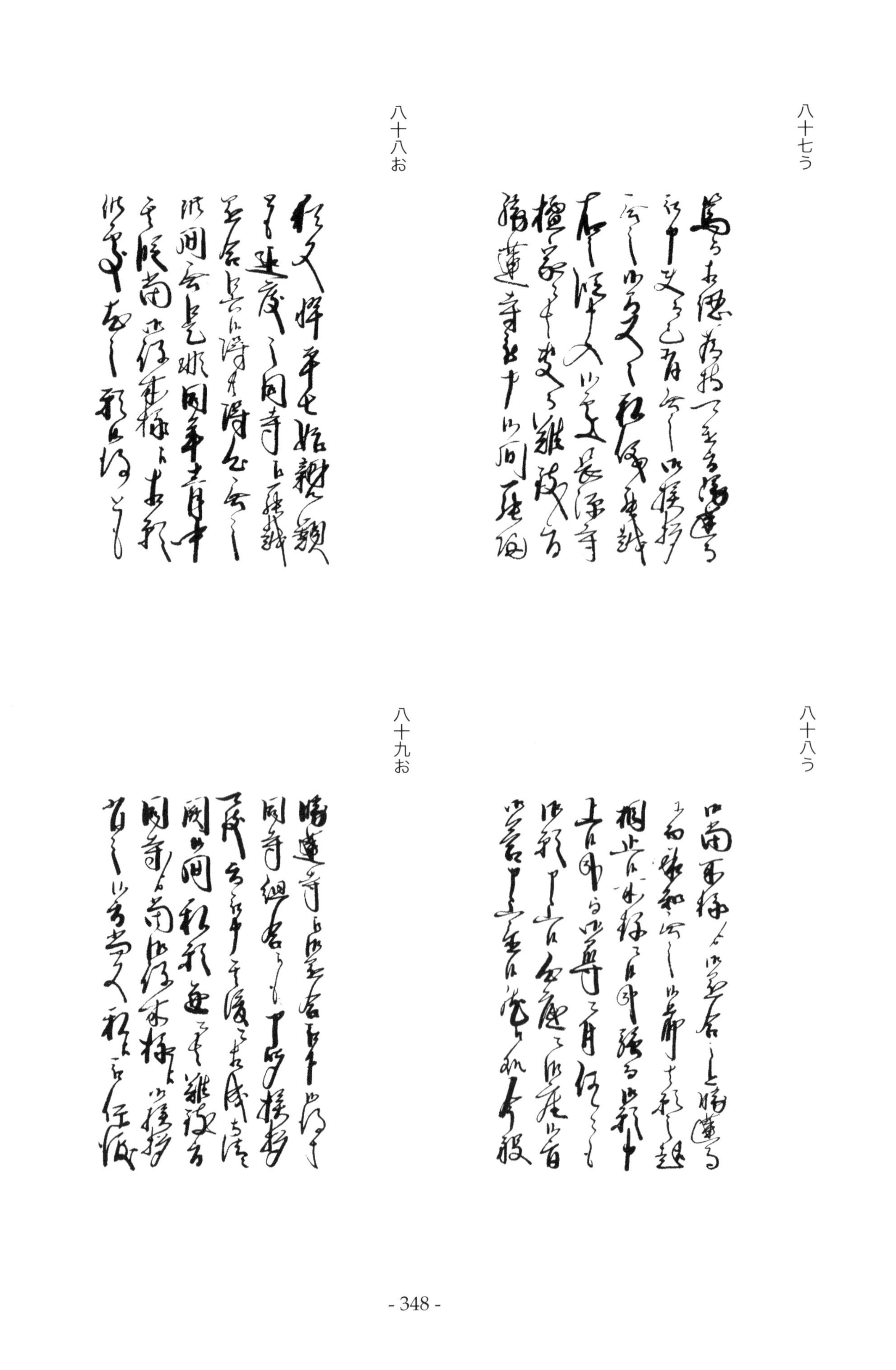

八十七う

八十八お

八十八う

八十九お

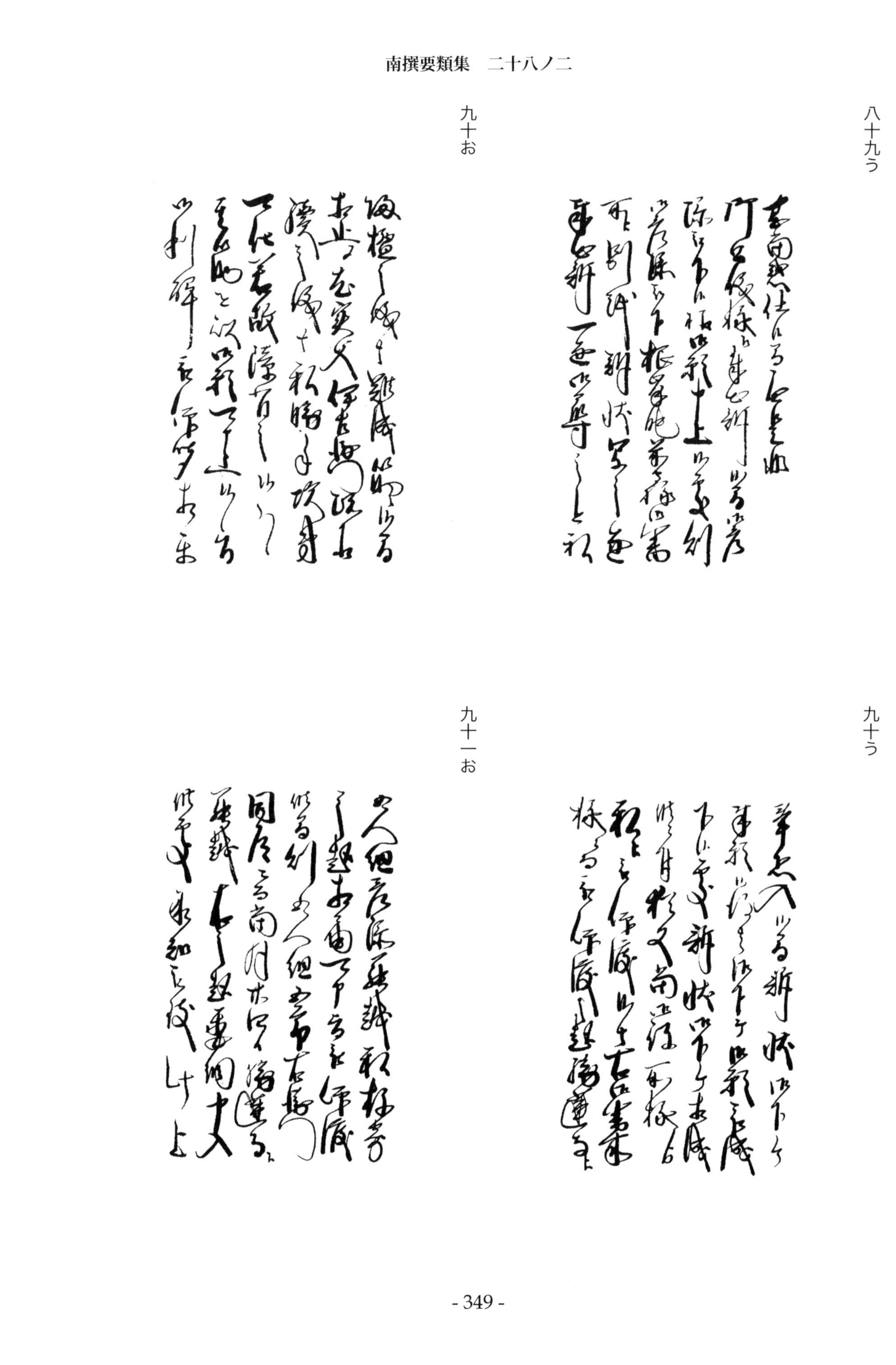

八十九う

九十お

九十う

九十一お

九十一う

九十二お

九十二う

九十三お

裏表紙

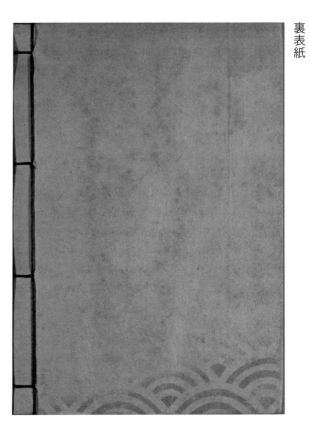

表表紙

表表紙う

一お

南撰要類集　第二十八ノ三

二お

一う

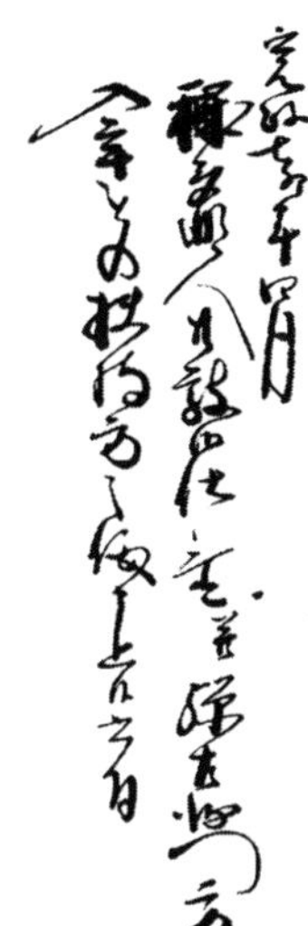

三お

二う

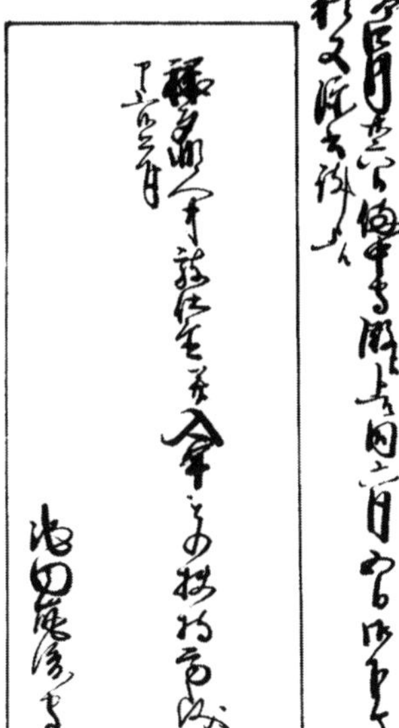

三う

四お

四う

五お

五う

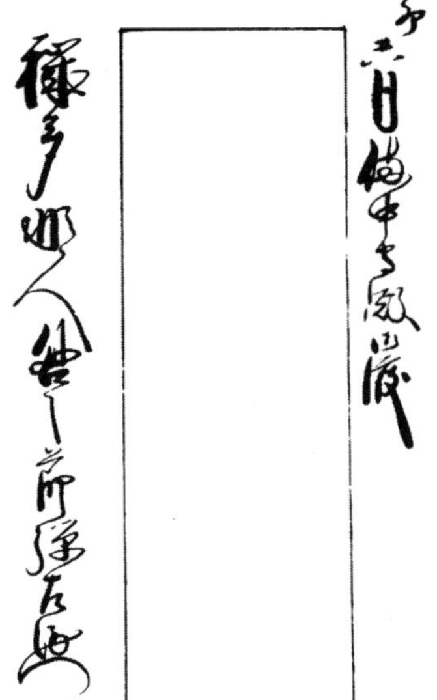

六お

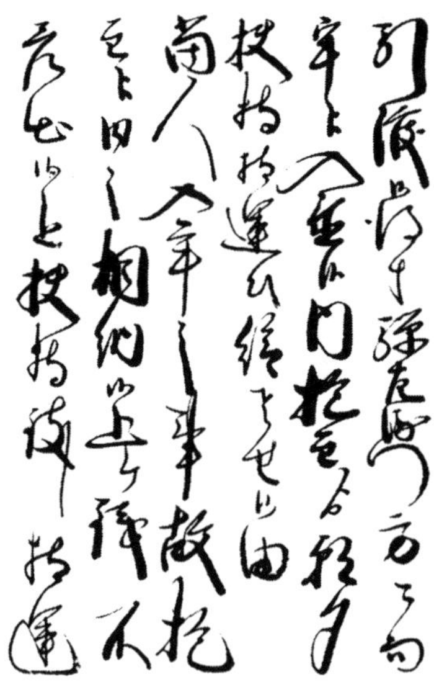

六う

七お

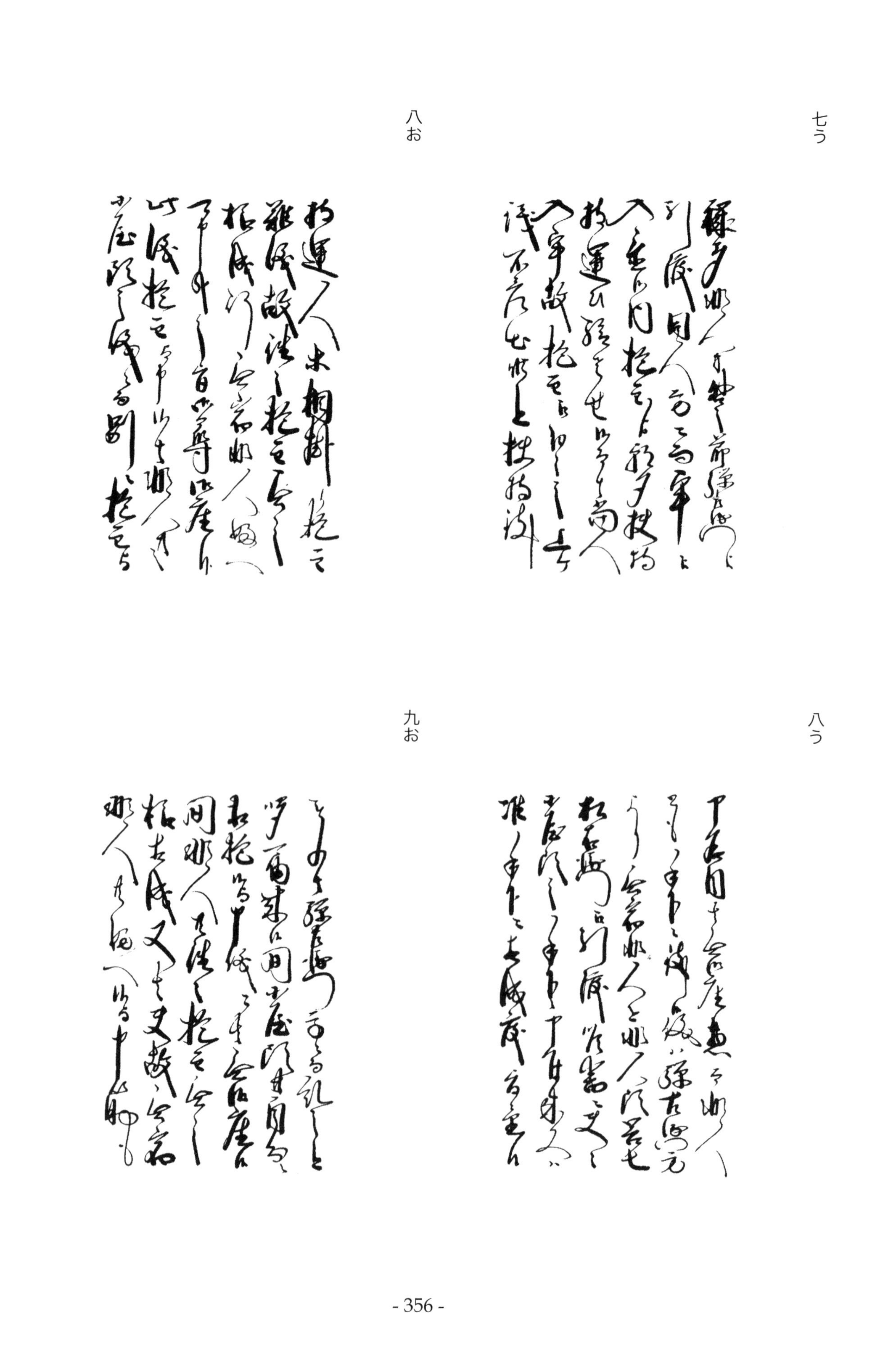

七う

八お

八う

九お

九ウ

十オ

十ウ

十一オ

十一う

十二お

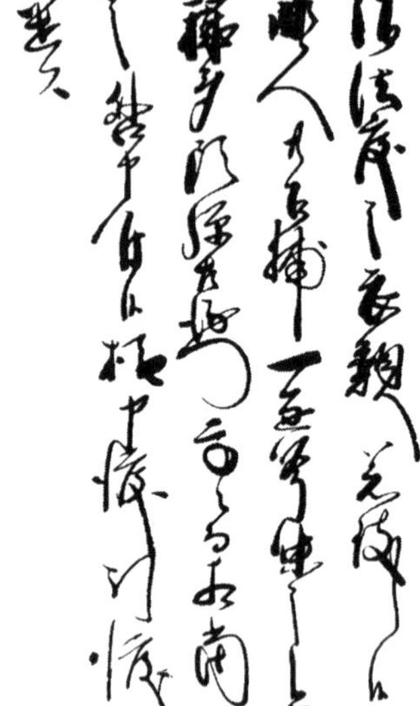

十二う

十三お

十三う

十四お

十四う

十五お

十五う

十六お

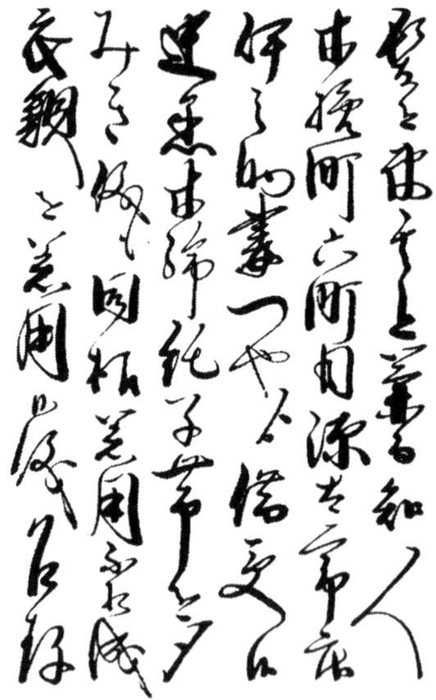

十六う

十七お

十七う

十八お

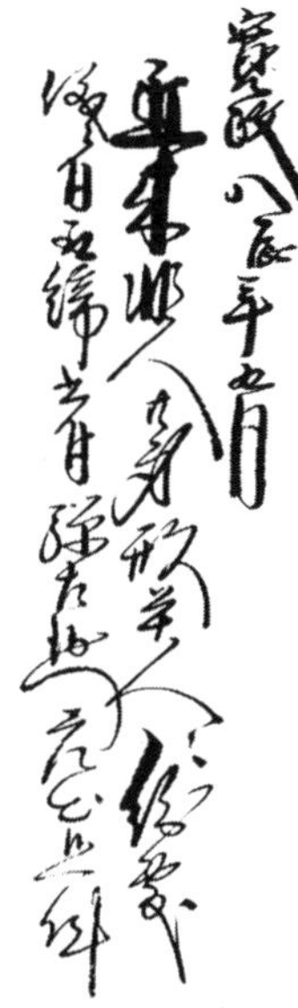

十八う

十九お

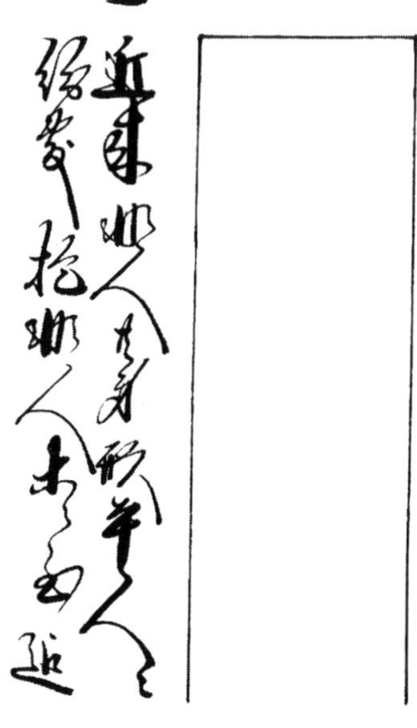

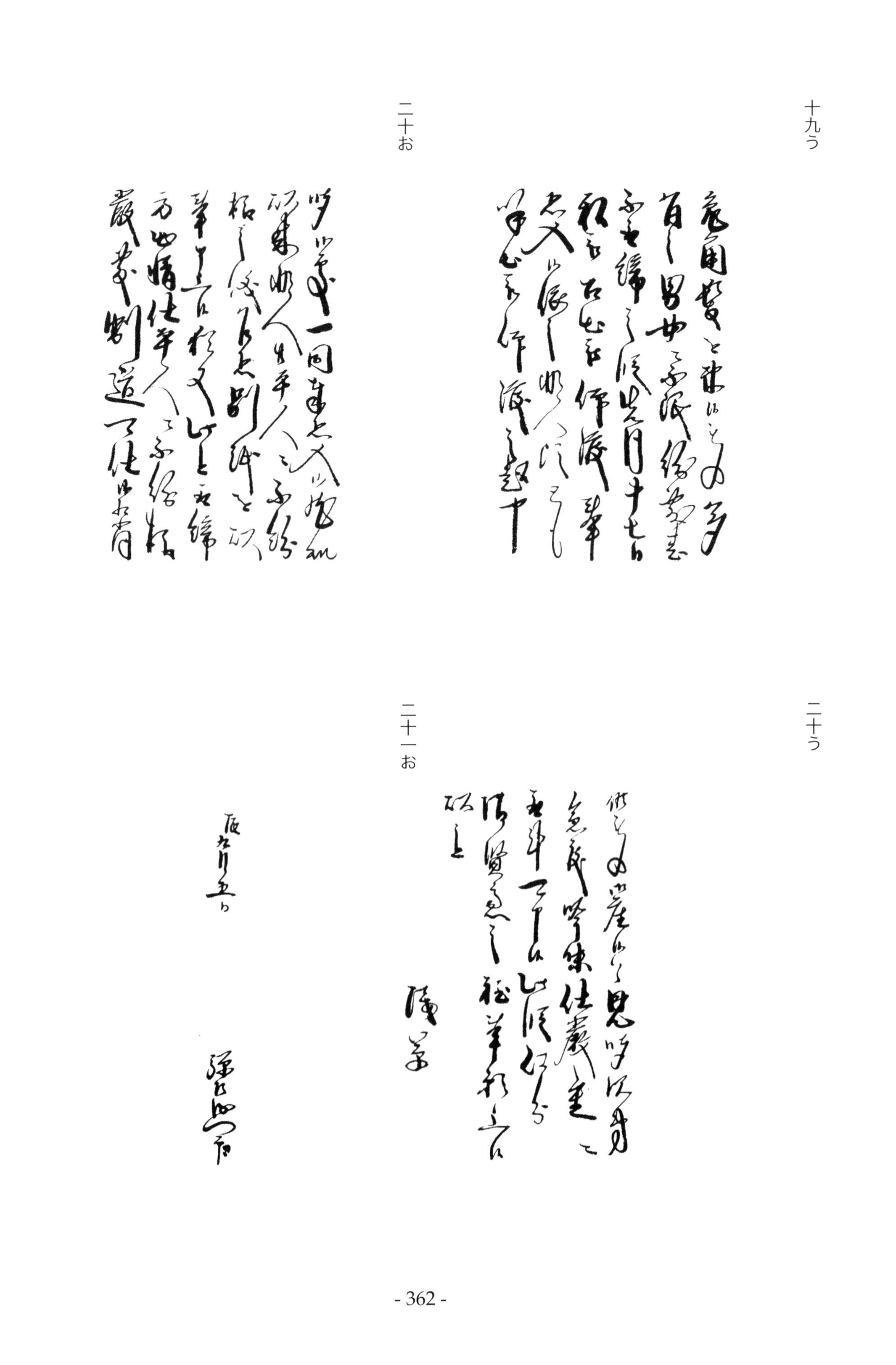

十九う

二十お

二十う

二十一お

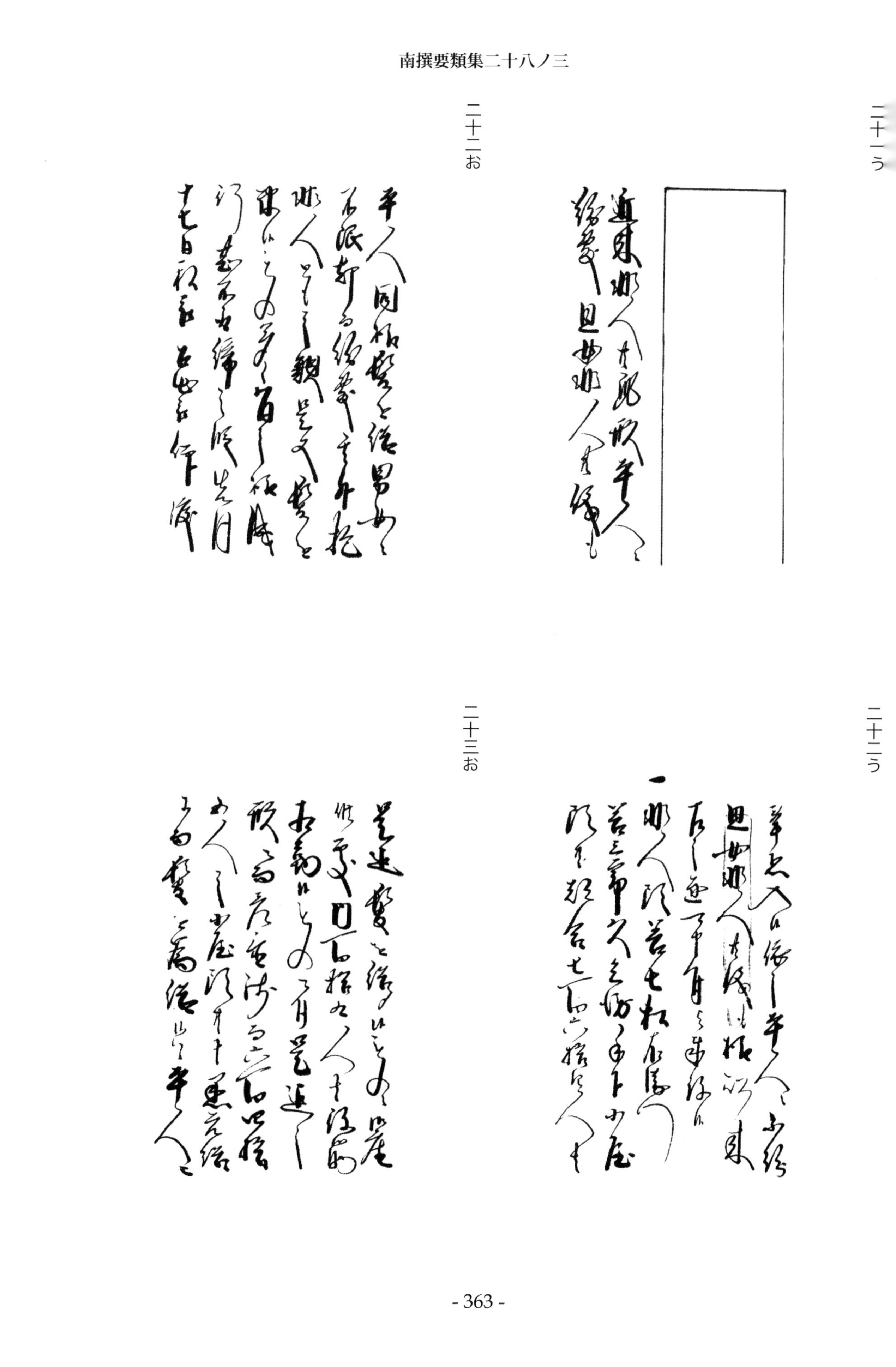

二十一う

二十二お

二十二う

二十三お

二十三う

二十四お

二十四う

二十五お

二十五う

二十六お

二十六う

二十七お

二十七う

二十八お

二十八う

二十九お

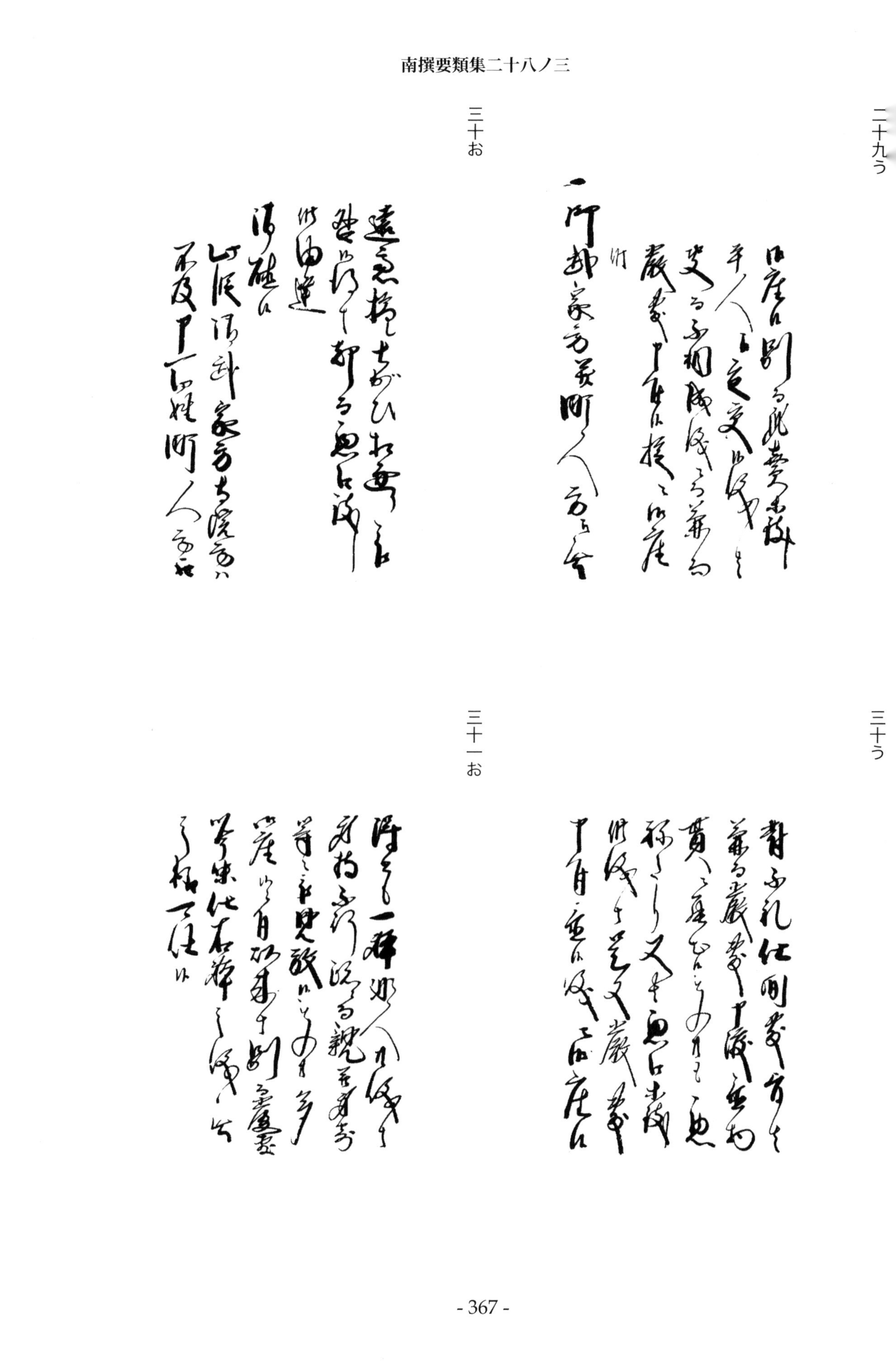

二十九う

三十お

三十う

三十一お

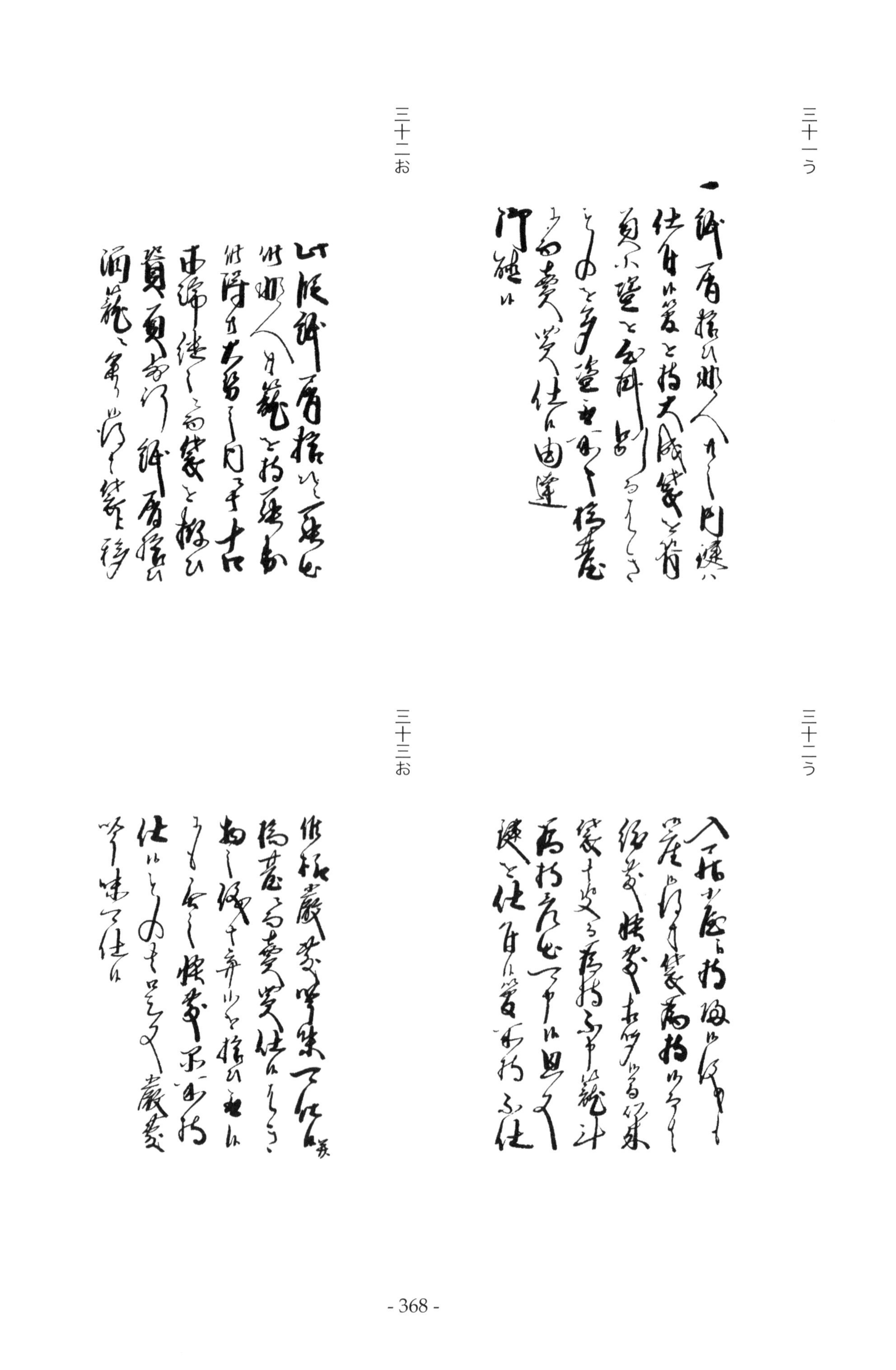

三十一う

三十二お

三十二う

三十三お

三十三う

三十四お

三十四う

三十五お

三十五う

三十六お

三十六う

三十七お

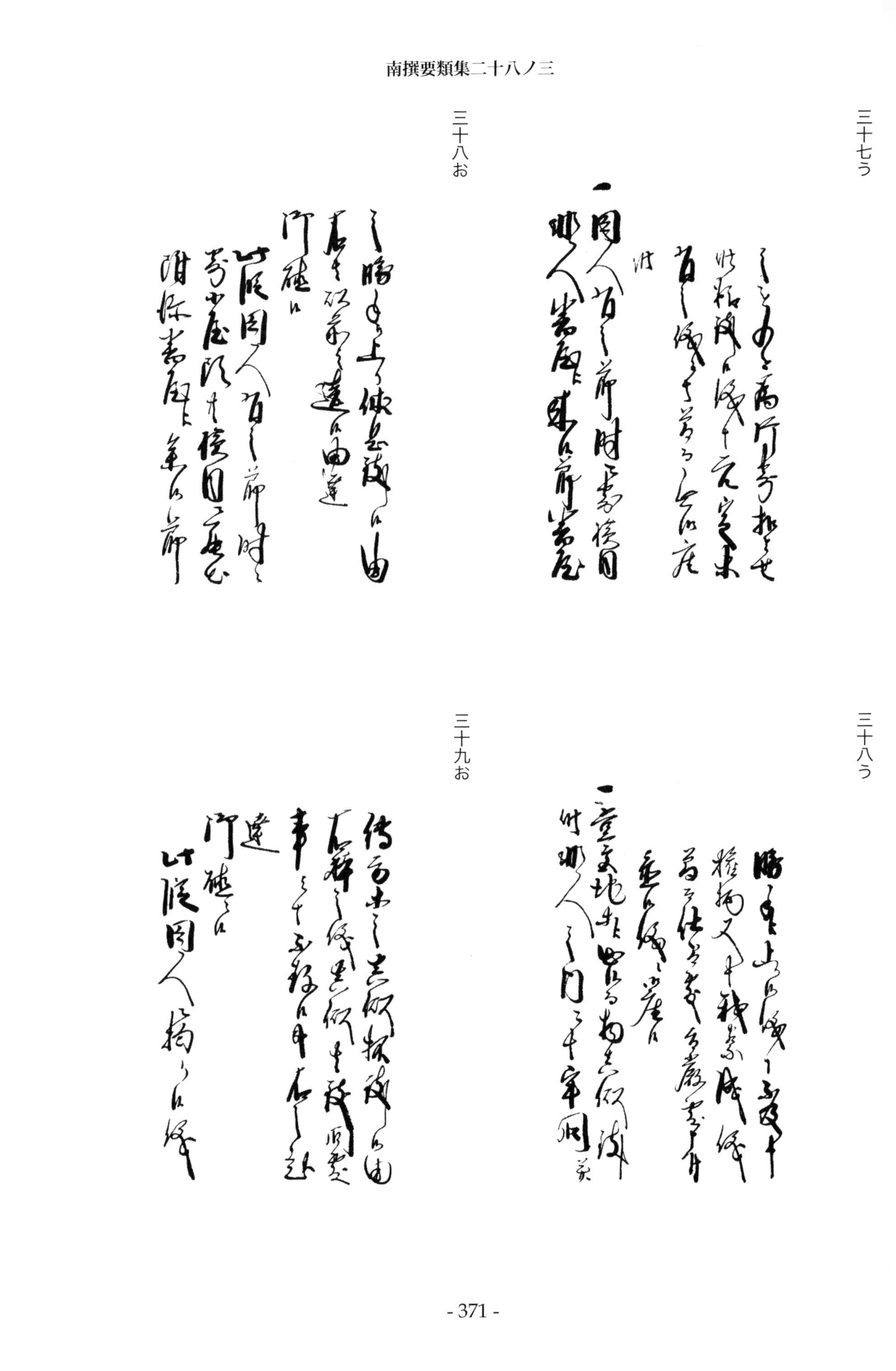

三十七う

三十八お

三十八う

三十九お

三十九う

四十お

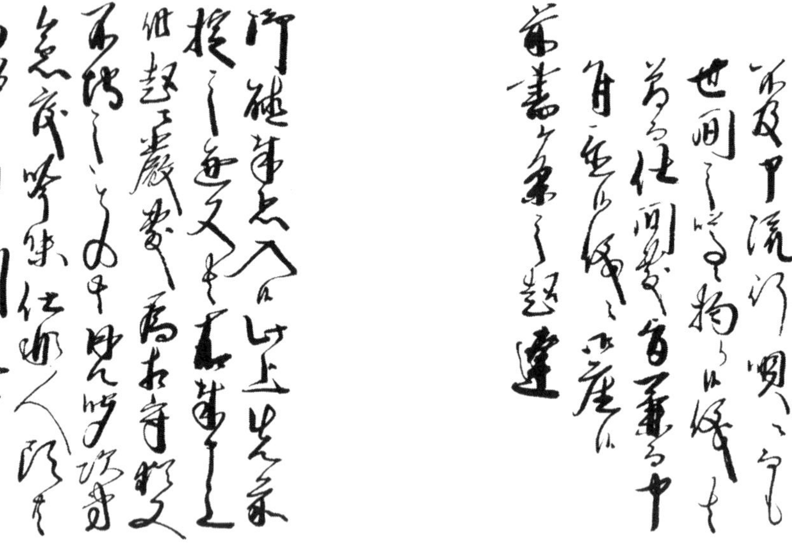

四十う

四十一お

四十一う

四十二お

四十二う

四十三お

四十三う

四十四お

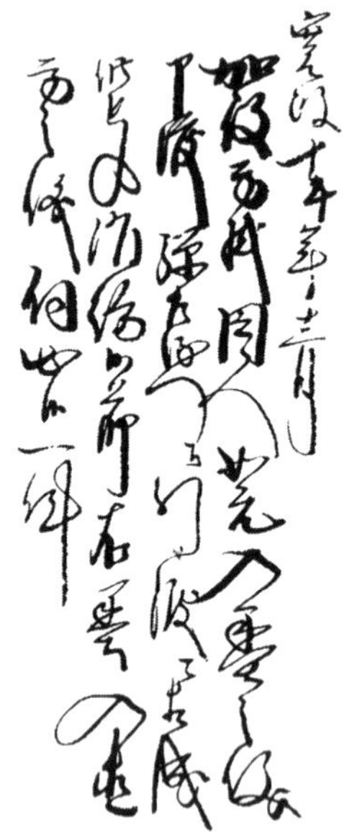

四十四う

四十五お

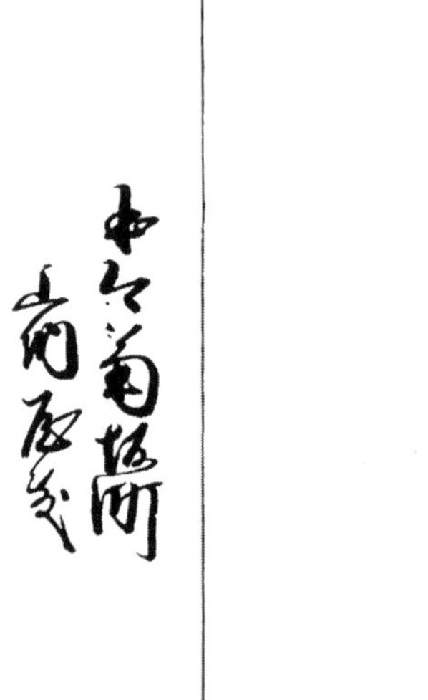

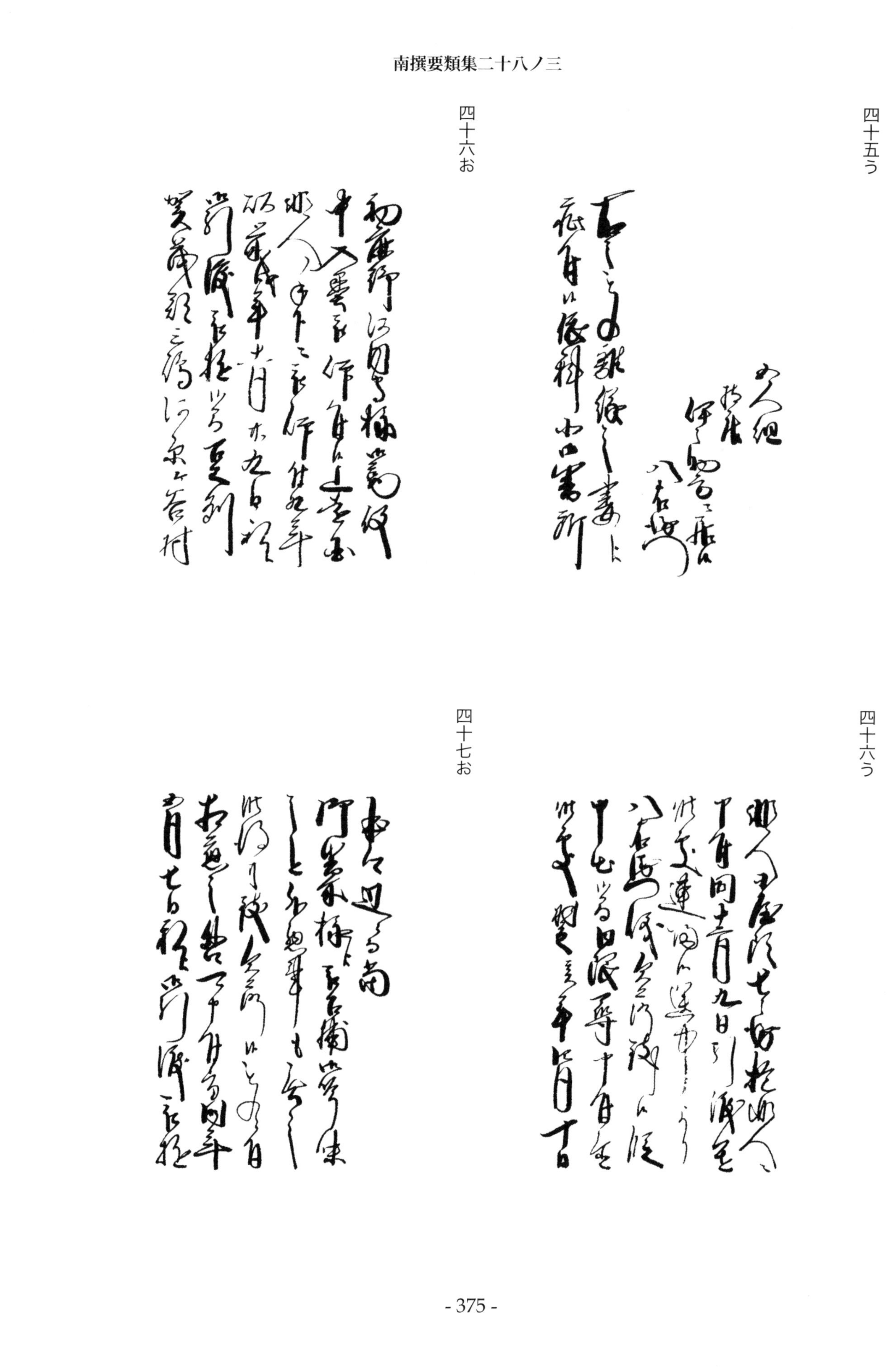

四十五う

四十六お

四十六う

四十七お

四十七う

四十八お

四十八う

四十九お

四十九う

五十お

五十う

五十一お

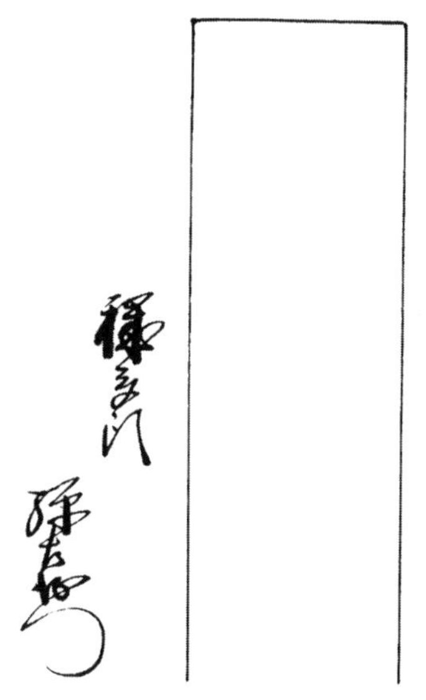

五十一う

五十二お

五十二う

五十三お

五十三う

五十四お

五十四う

五十五お

五十五う

五十六お

五十六う

五十七お

五十七う

五十八お

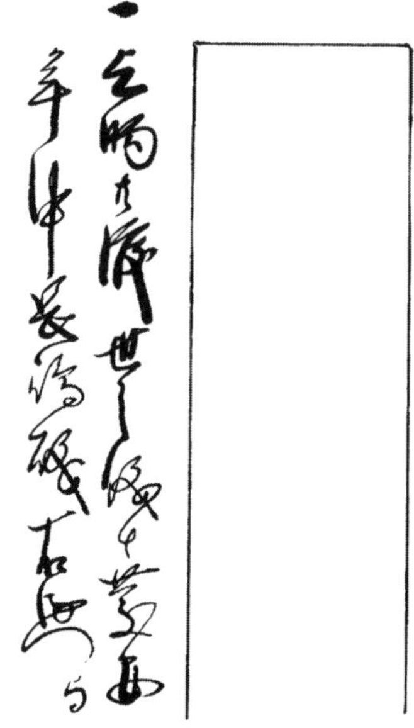

五十八う

五十九お

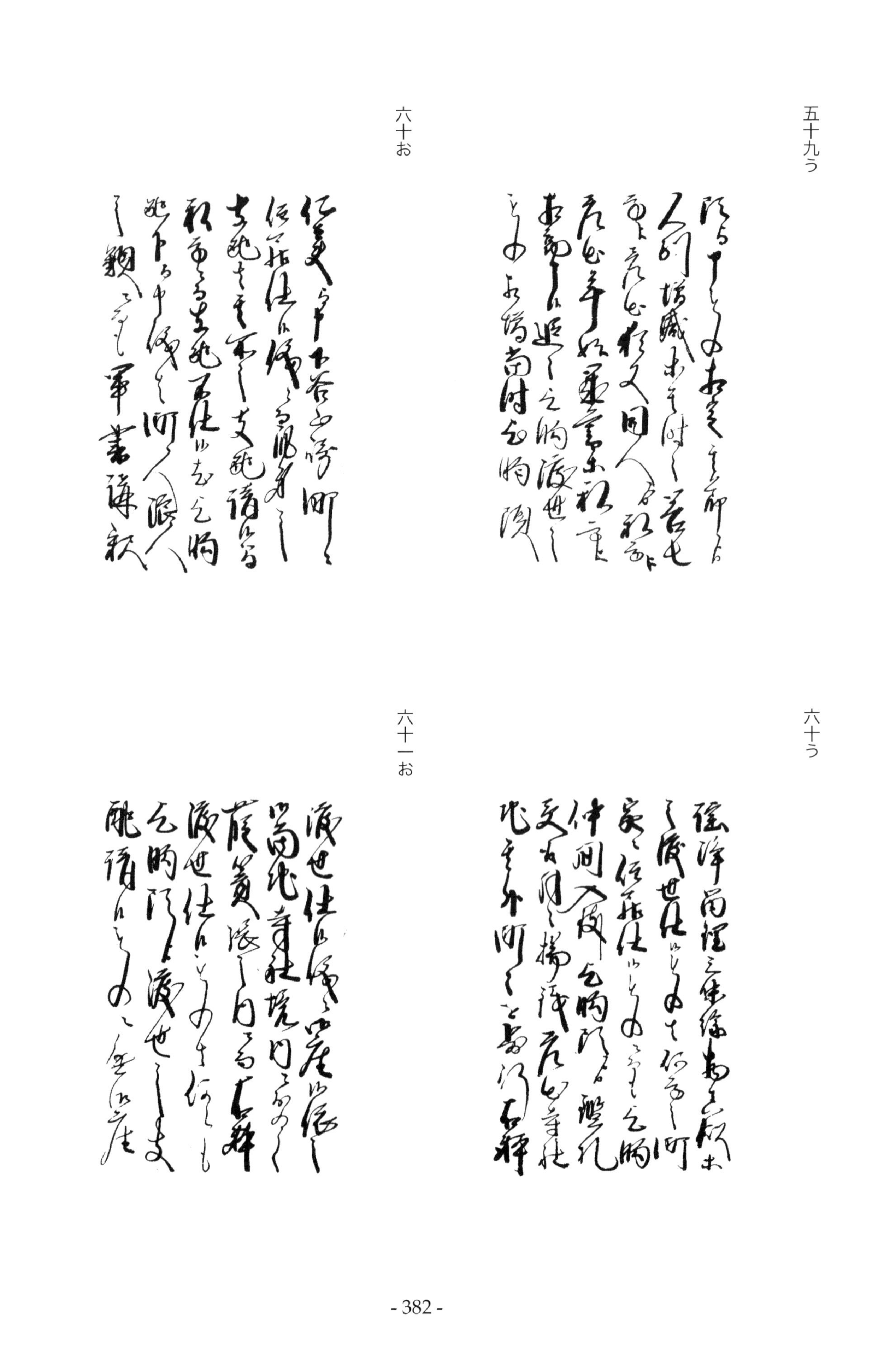

五十九う

六十お

六十う

六十一お

六十一う

六十二お

六十二う

六十三お

六十三う

六十四お

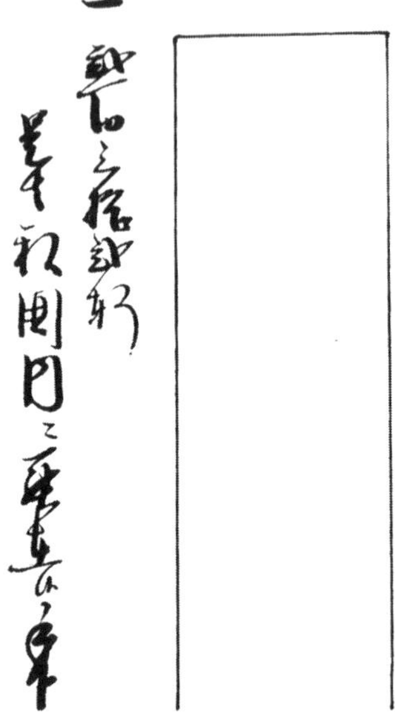

六十四う

六十五お

六十五う

六十六お

六十六う

六十七お

六十七う

六十八お

六十八う

六十九お

六十九う

七十お

七十う

七十一お

七十一う

七十二お

七十二う

七十三お

七十三う

七十四お

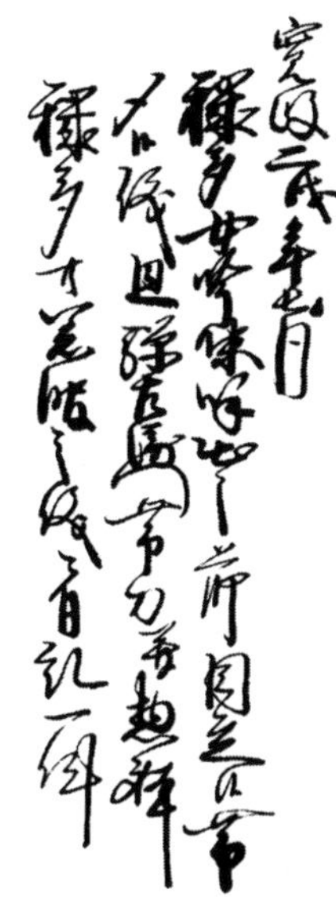

七十四う

七十五お

七十五う

七十六お

七十六う

七十七お

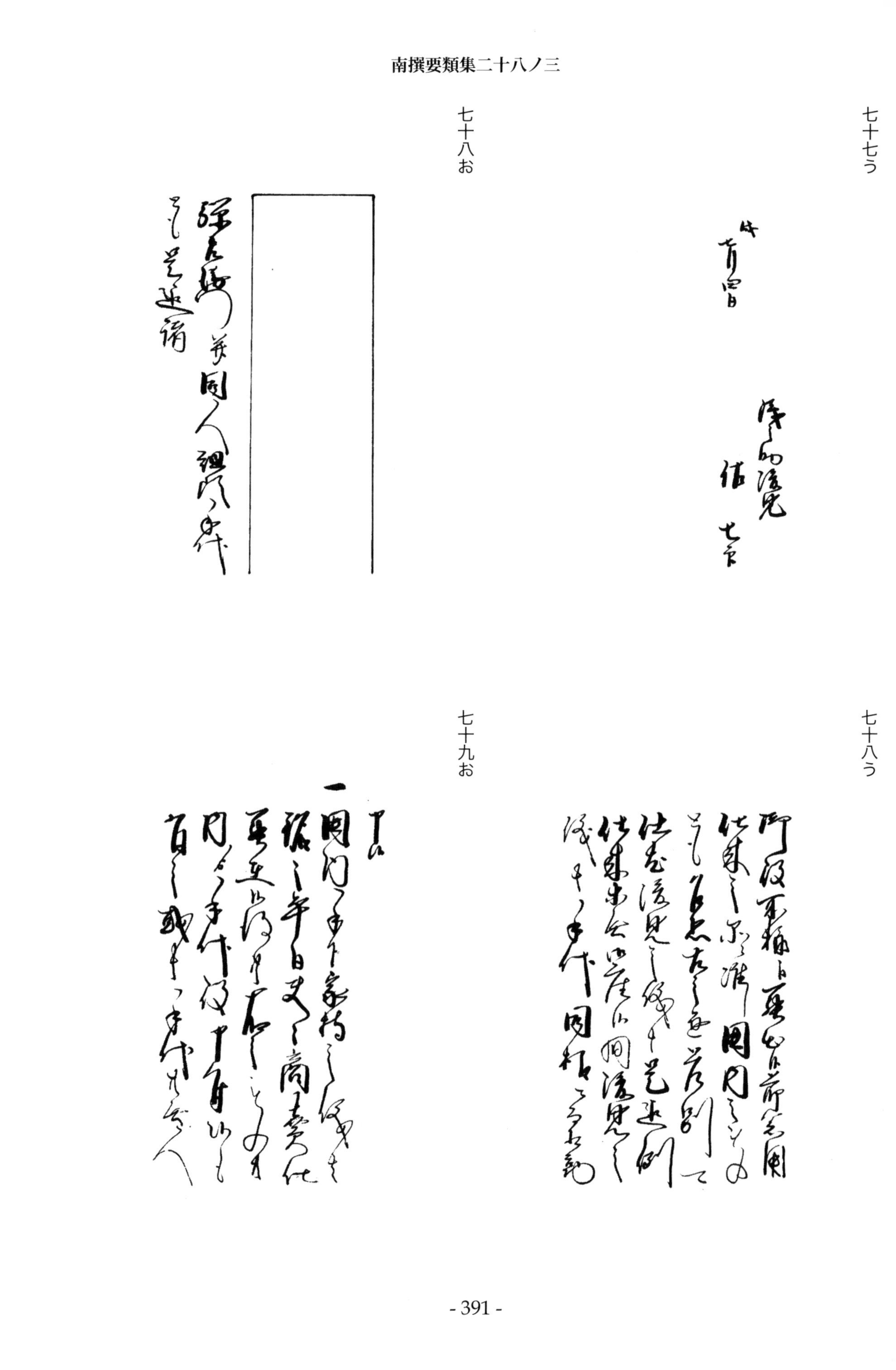

七十七う

七十八お

七十八う

七十九お

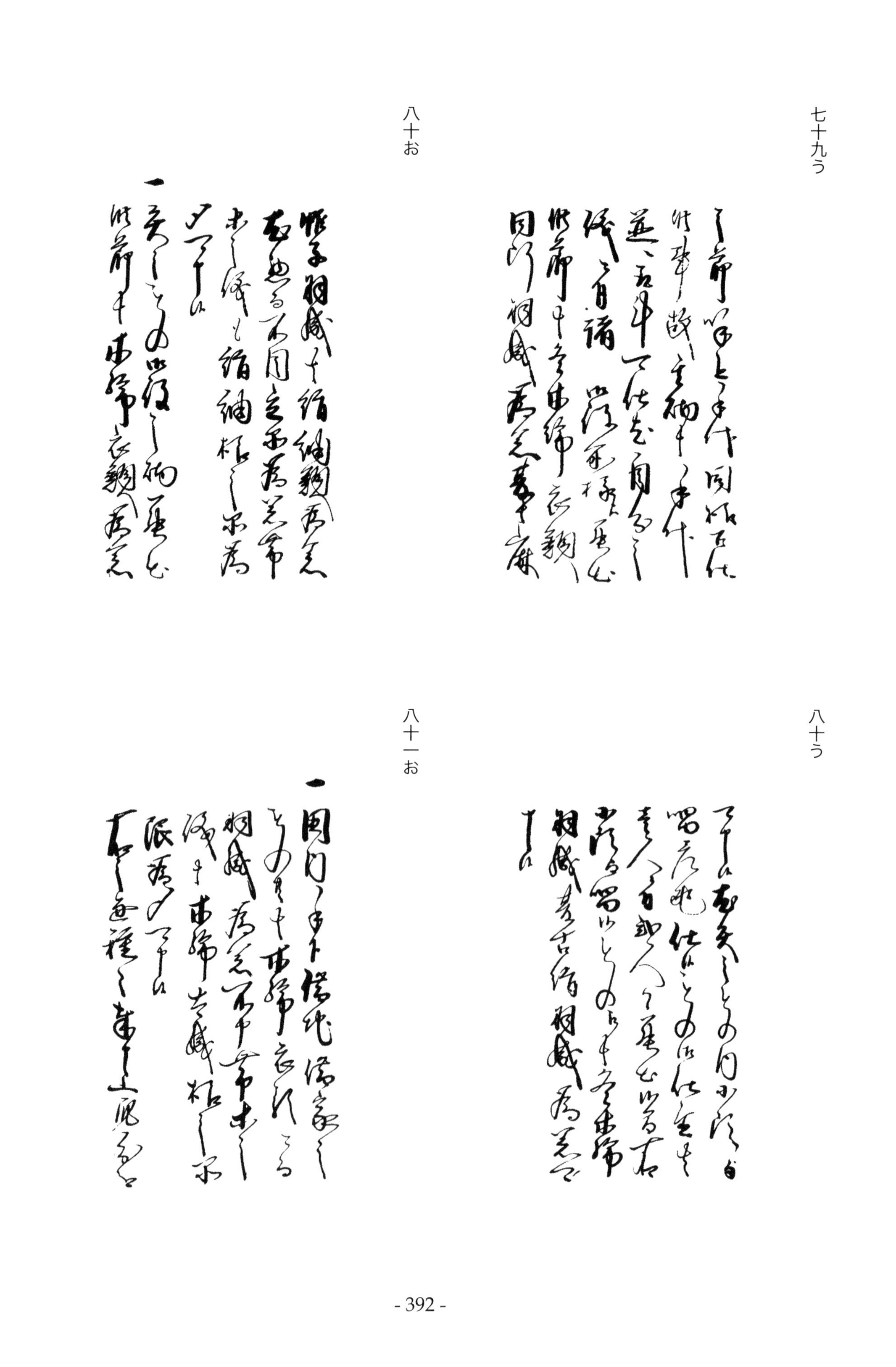

七十九う

八十お

八十う

八十一お

八十一う

八十二お

八十二う

八十三お

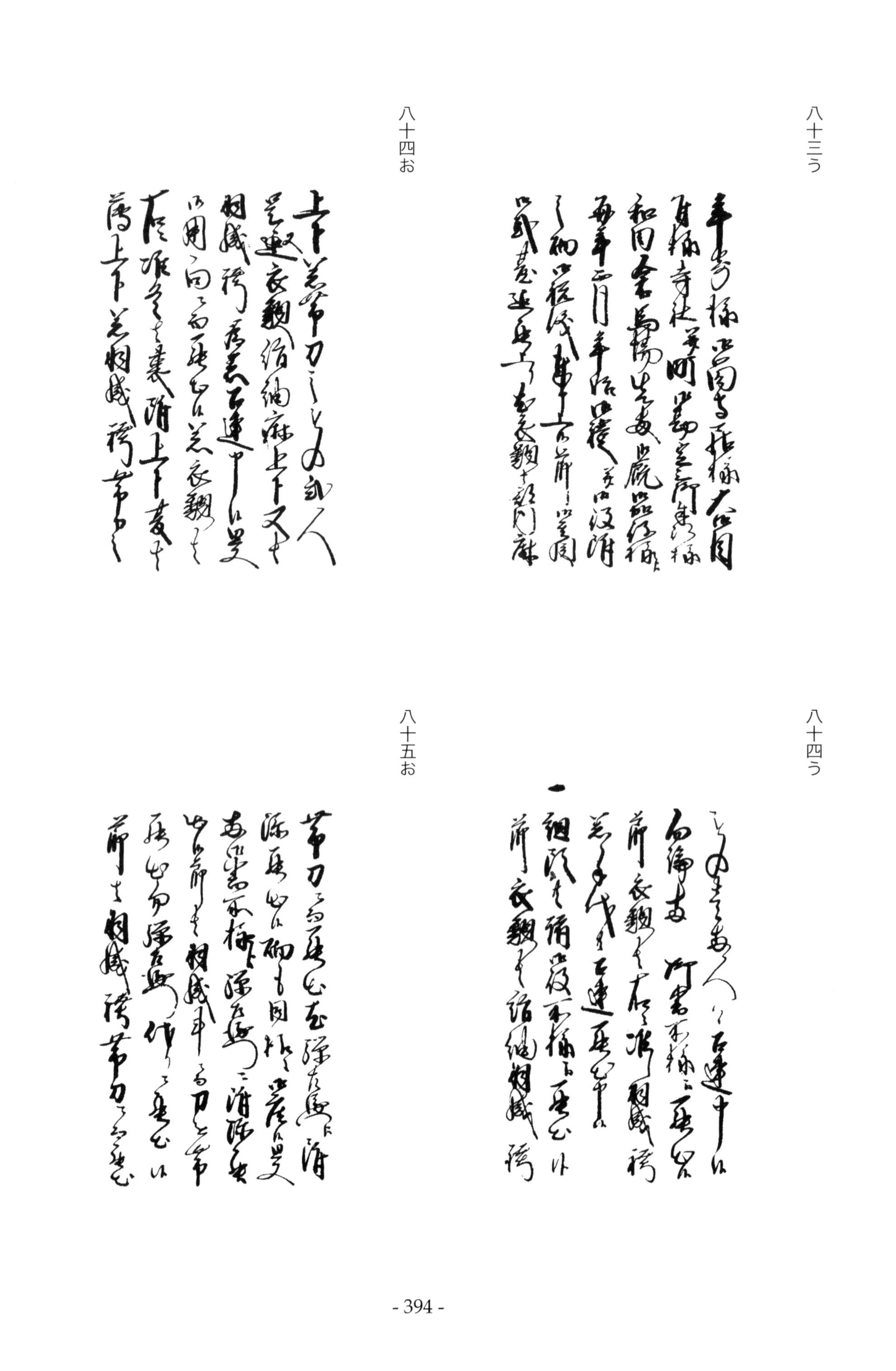

八十三う

八十四お

八十四う

八十五お

八十五う

[illegible]

八十六お

[illegible]

八十六う

[illegible]

佐七

八十七お

[illegible]

八十七う

八十八お

八十八う

八十九お

八十九う

九十お

九十う

九十一お

裏表紙

表表紙

表表紙う

一お

南撰要類集　第二十八ノ四

一う

二お

二う

三お

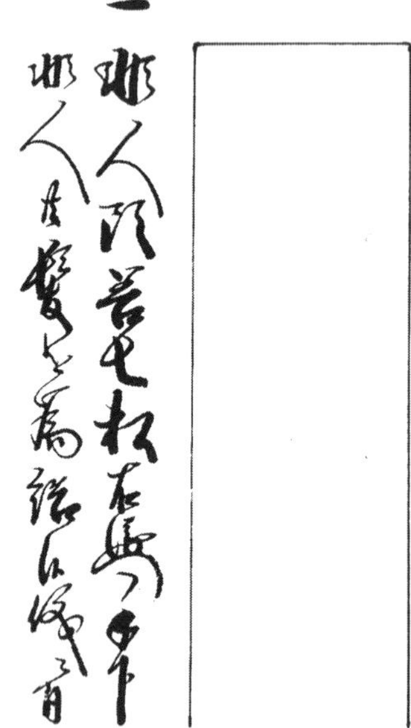

三う

四お

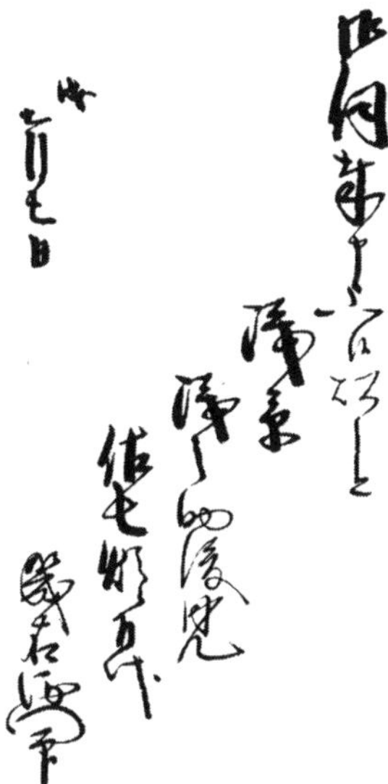

四う

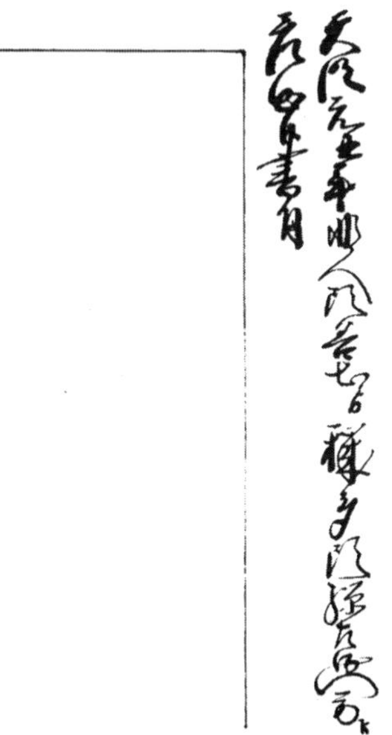

五お

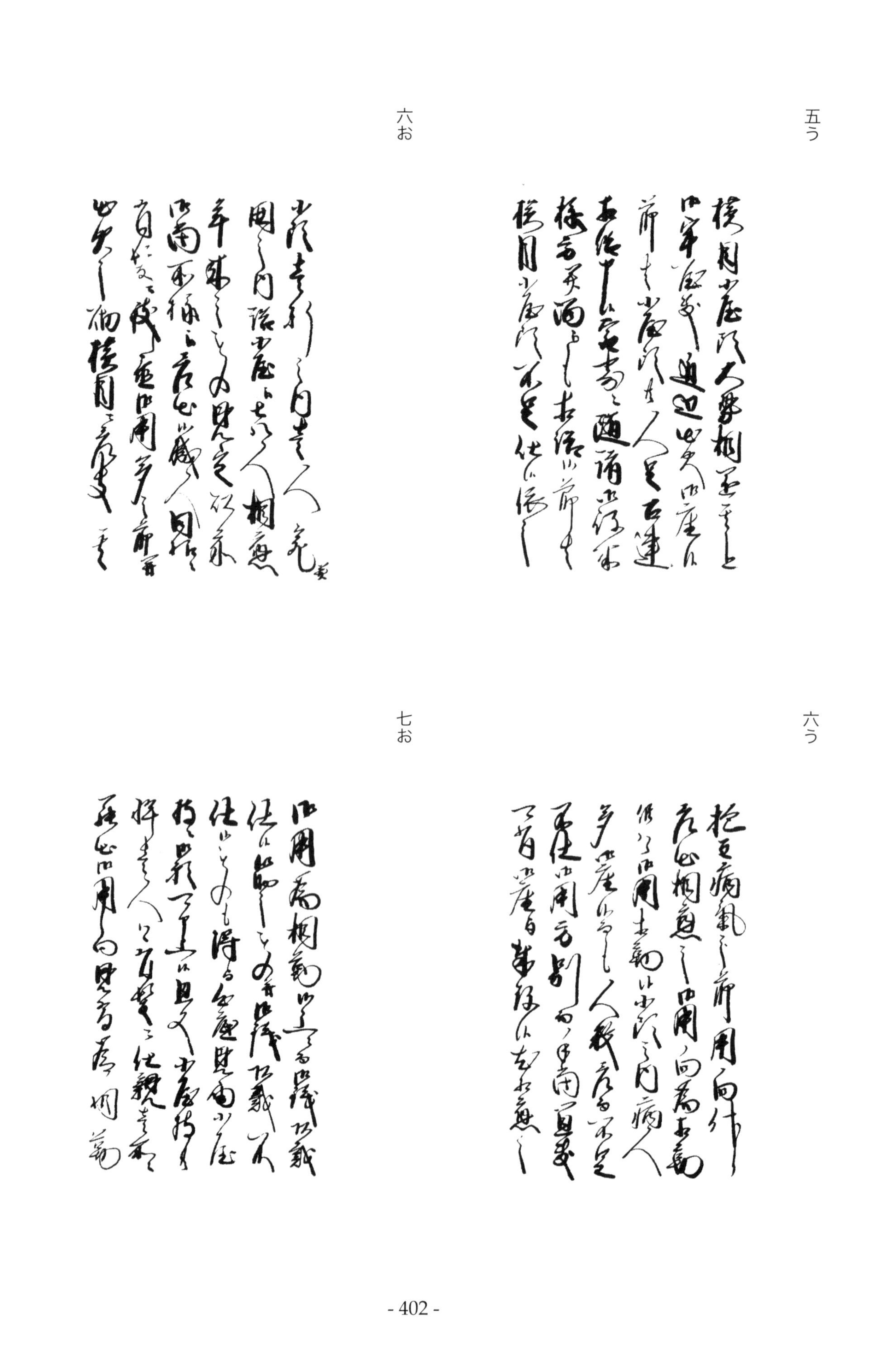

五う

六お

六う

七お

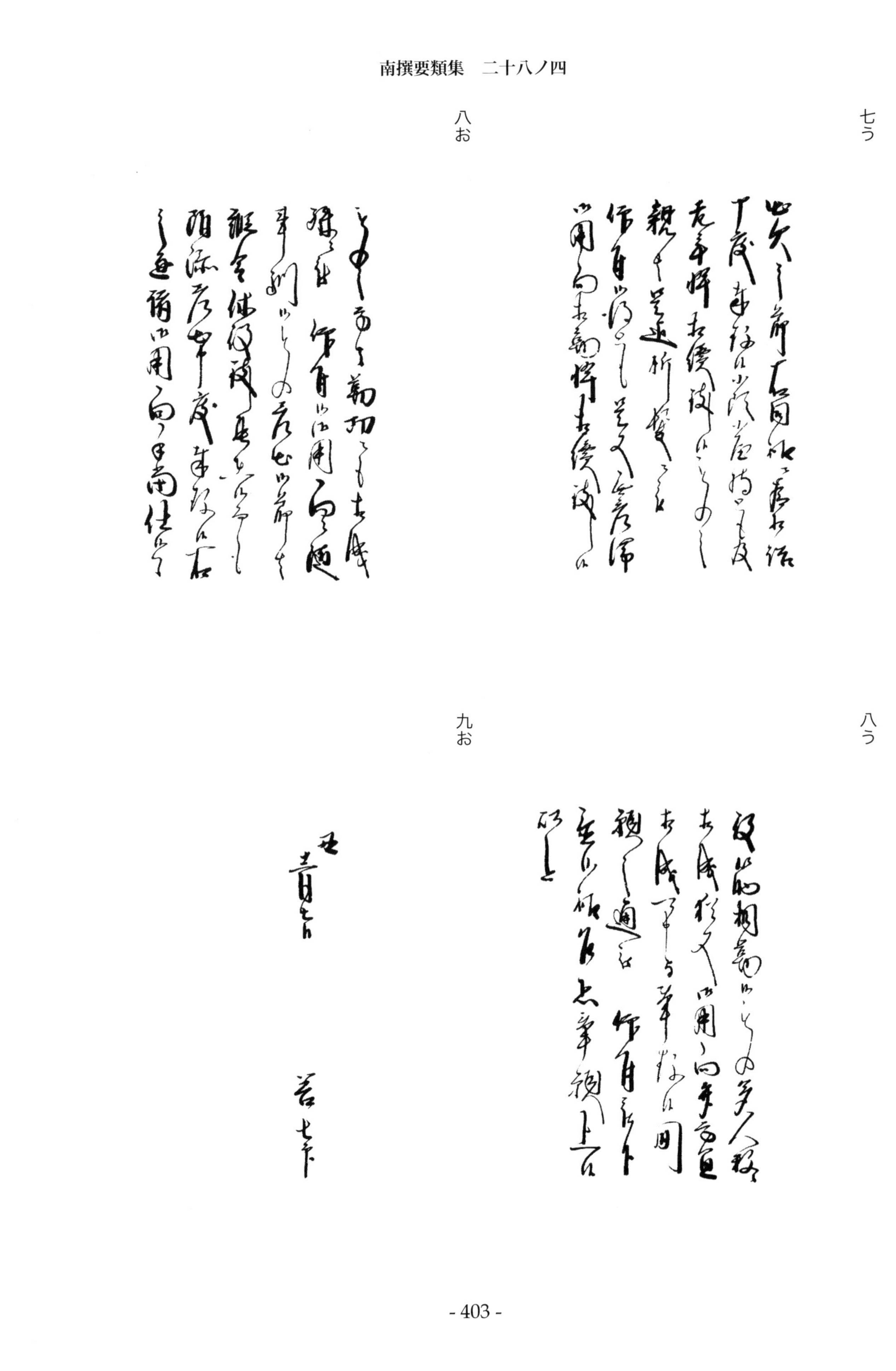

七う

八お

八う

九お

九う

十お

十う

十一お

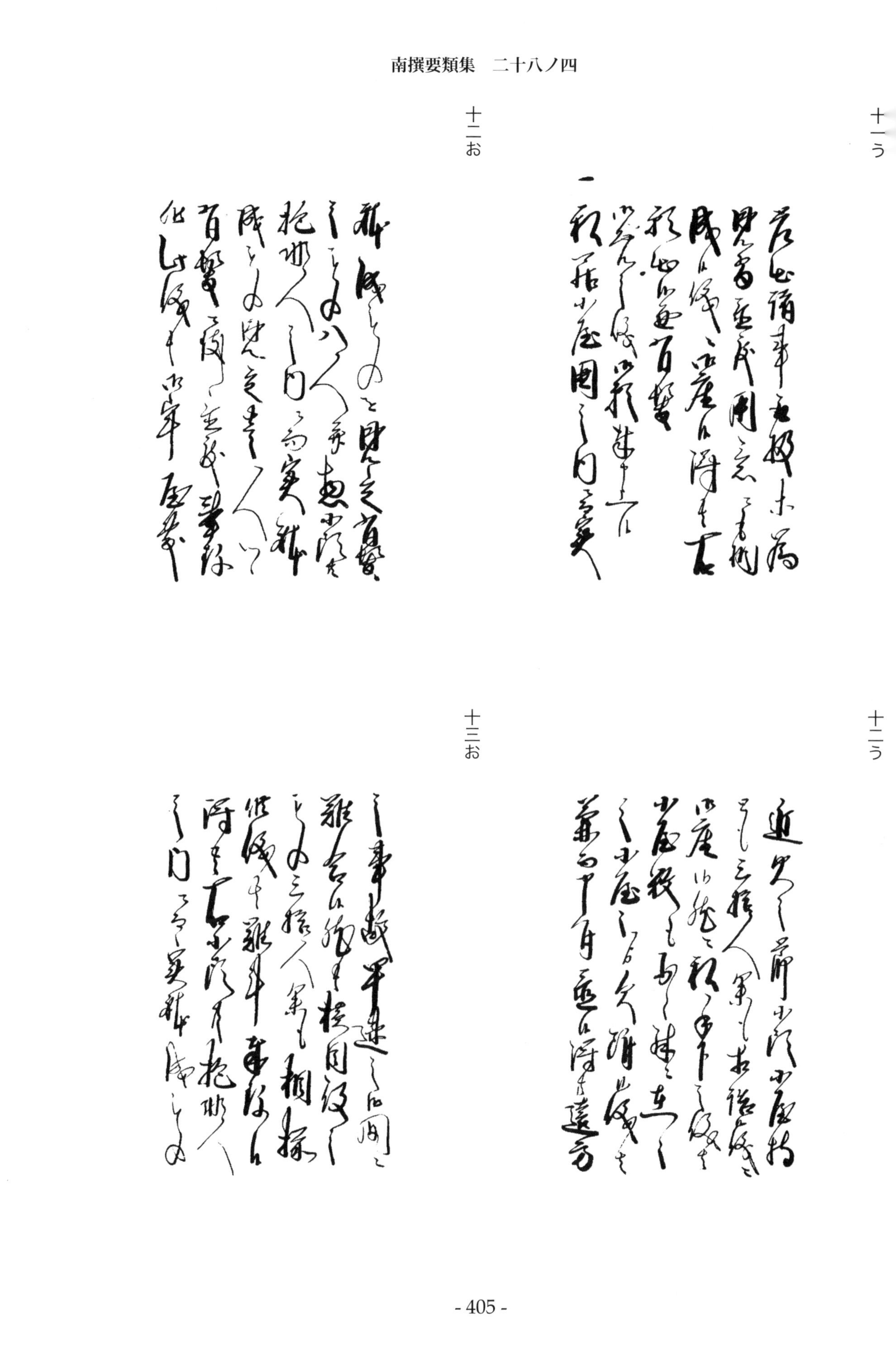

十一う

十二お

十二う

十三お

十三う

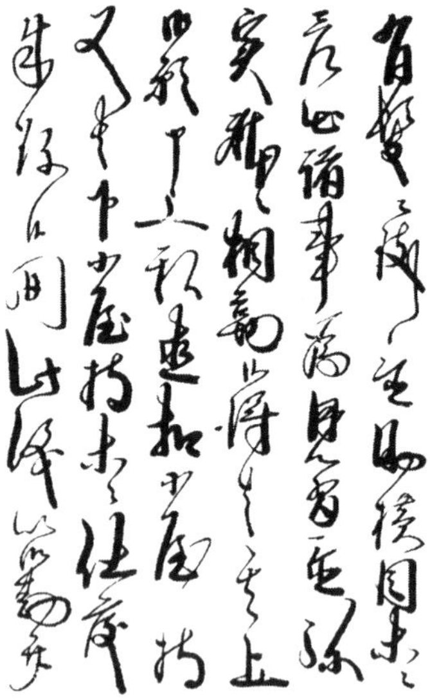

十四お

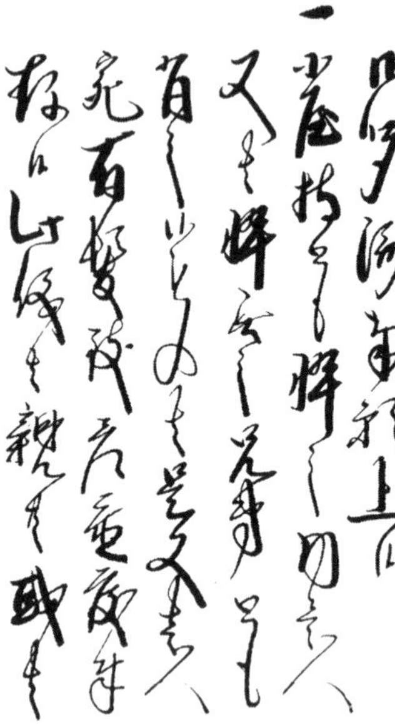

十四う

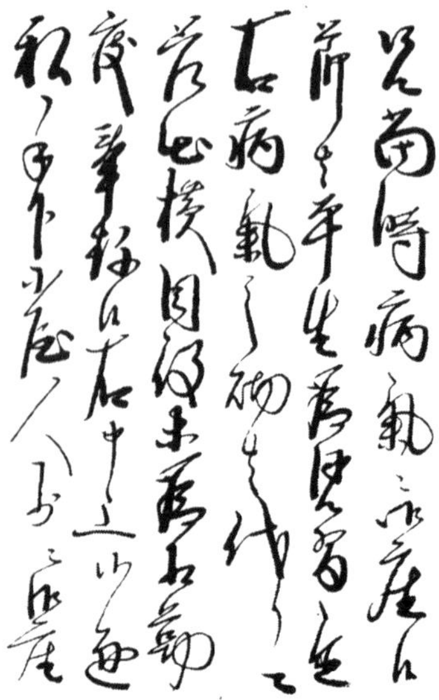

十五お

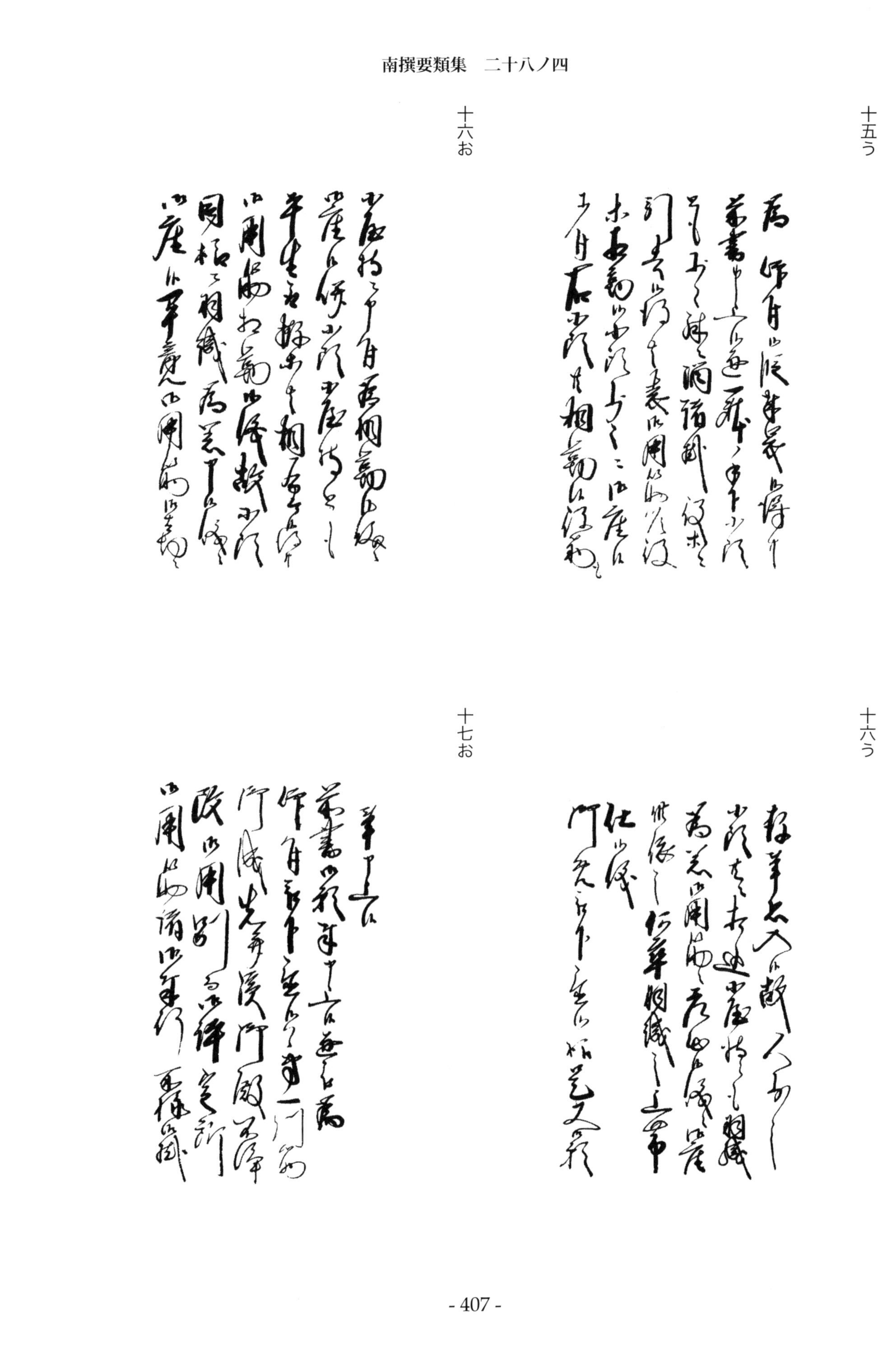

十五う

十六お

十六う

十七お

十七う

十八お

十八う

十九お

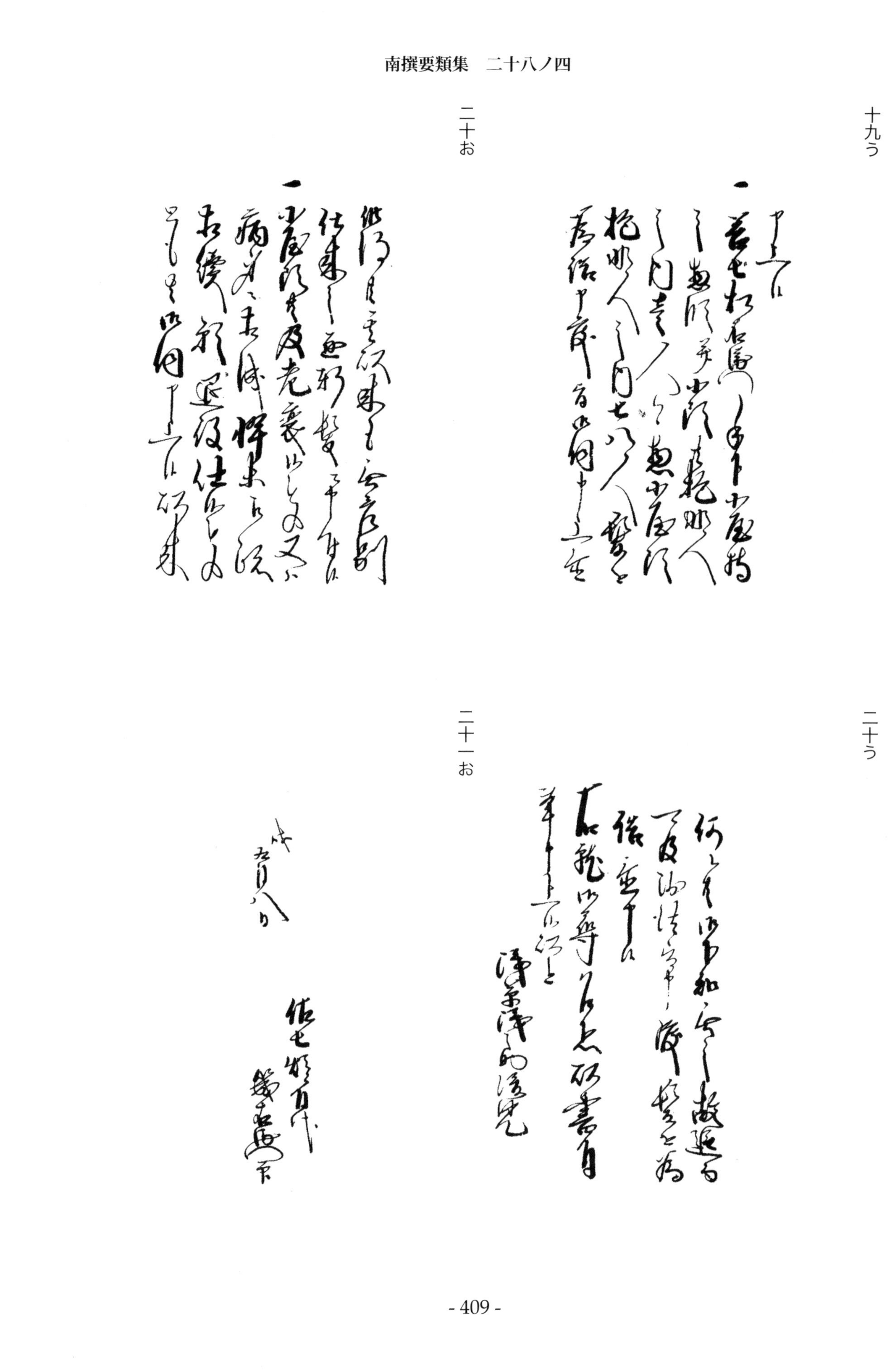

十九う

二十お

二十う

二十一お

二十一う

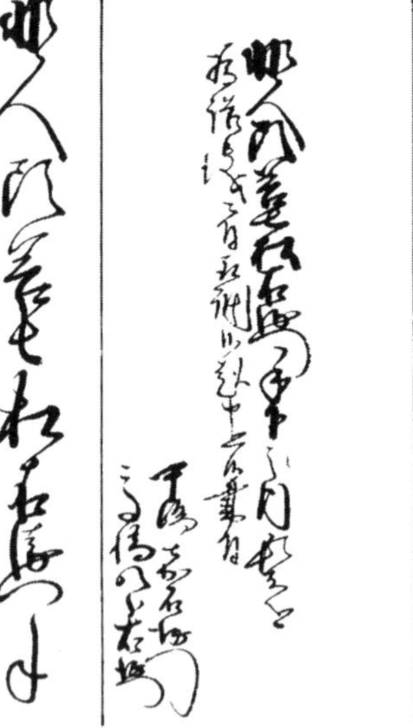

二十二お

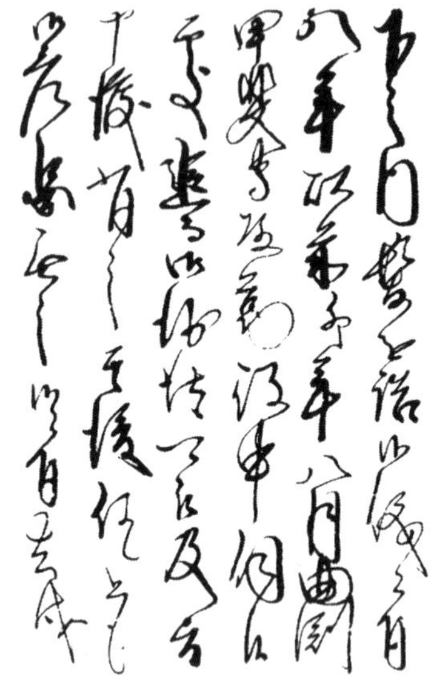

二十二う

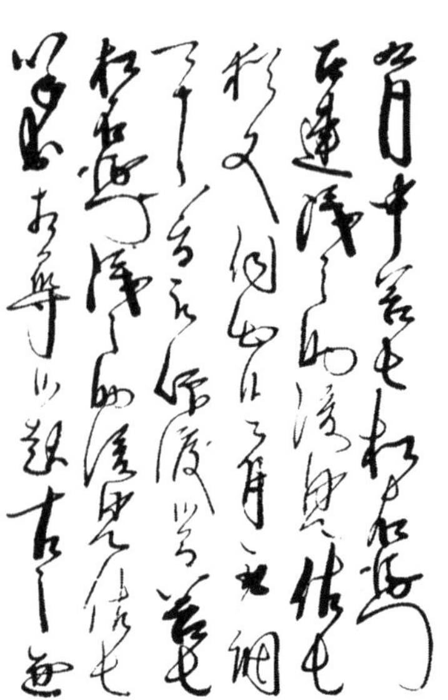

二十三お

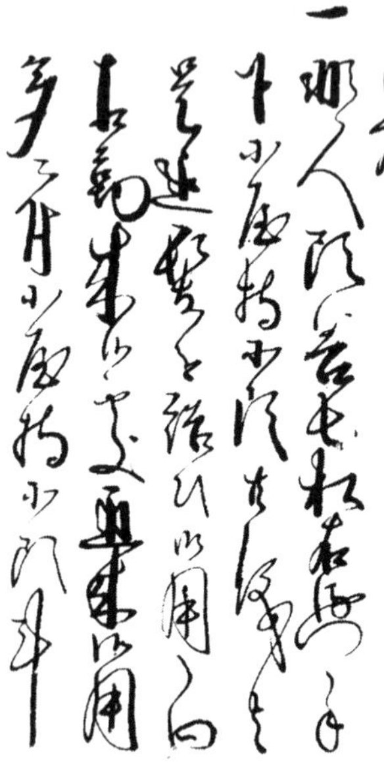

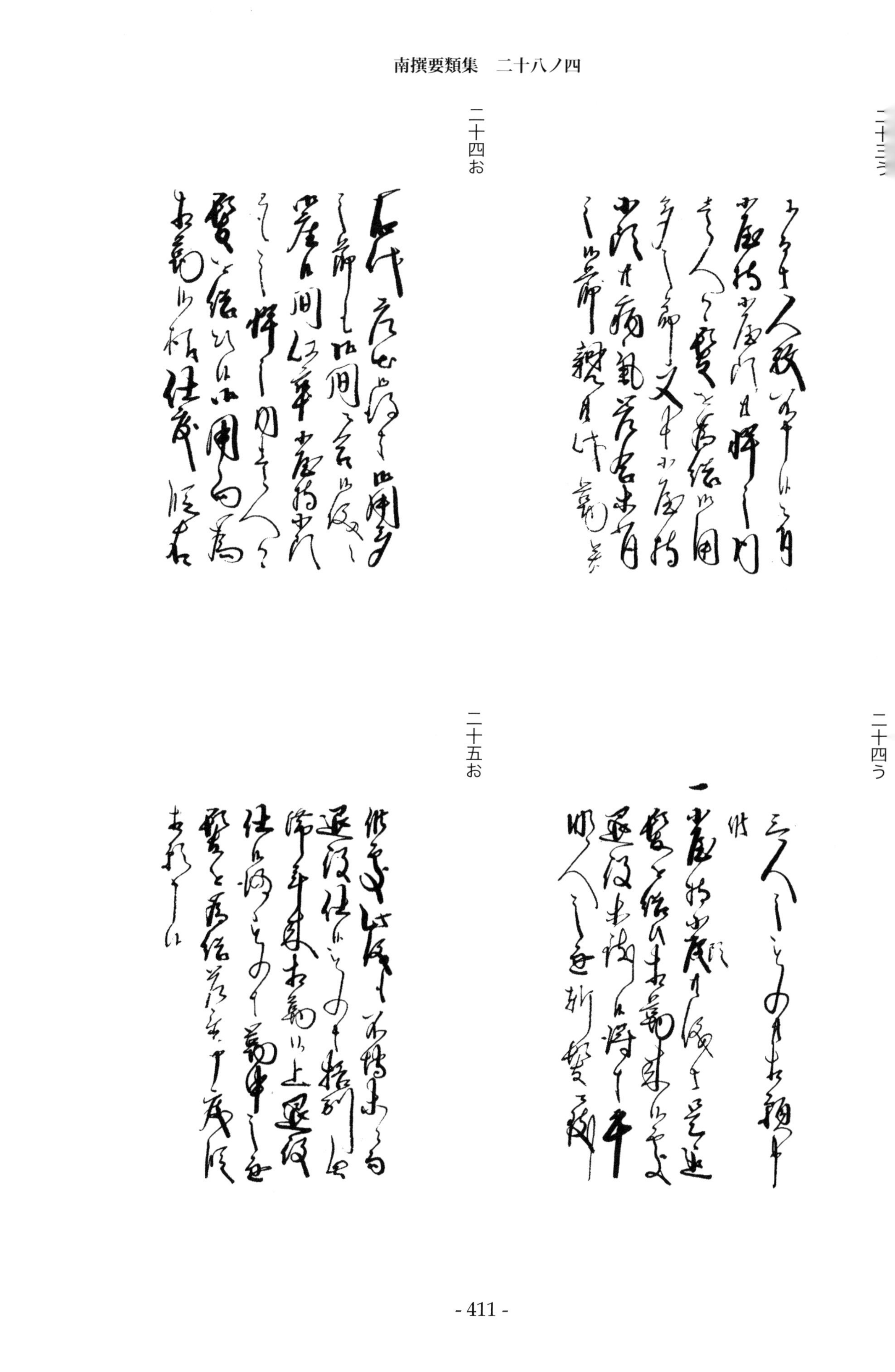

二十三う

二十四お

二十四う

二十五お

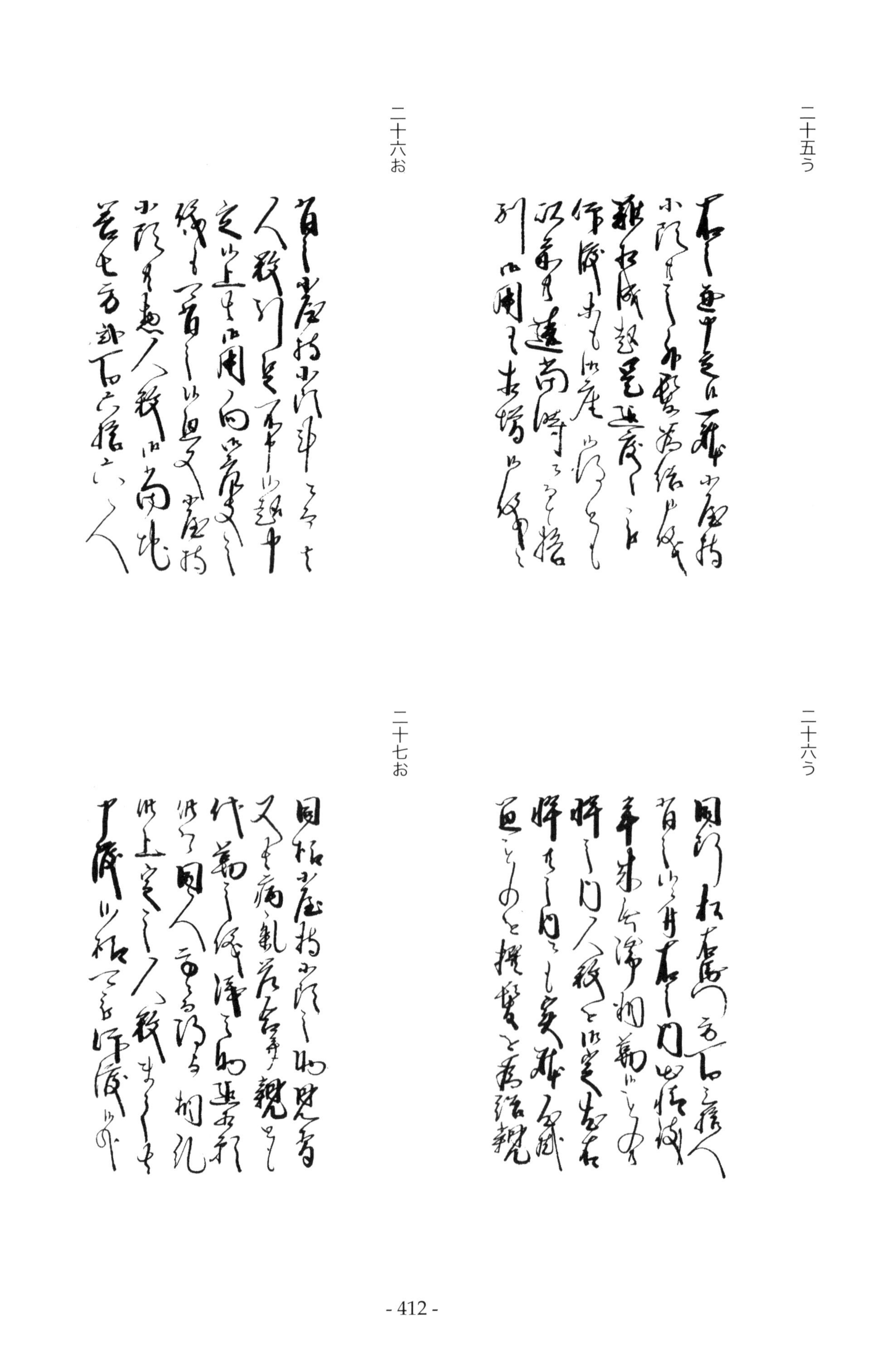

二十五う

二十六お

二十六う

二十七お

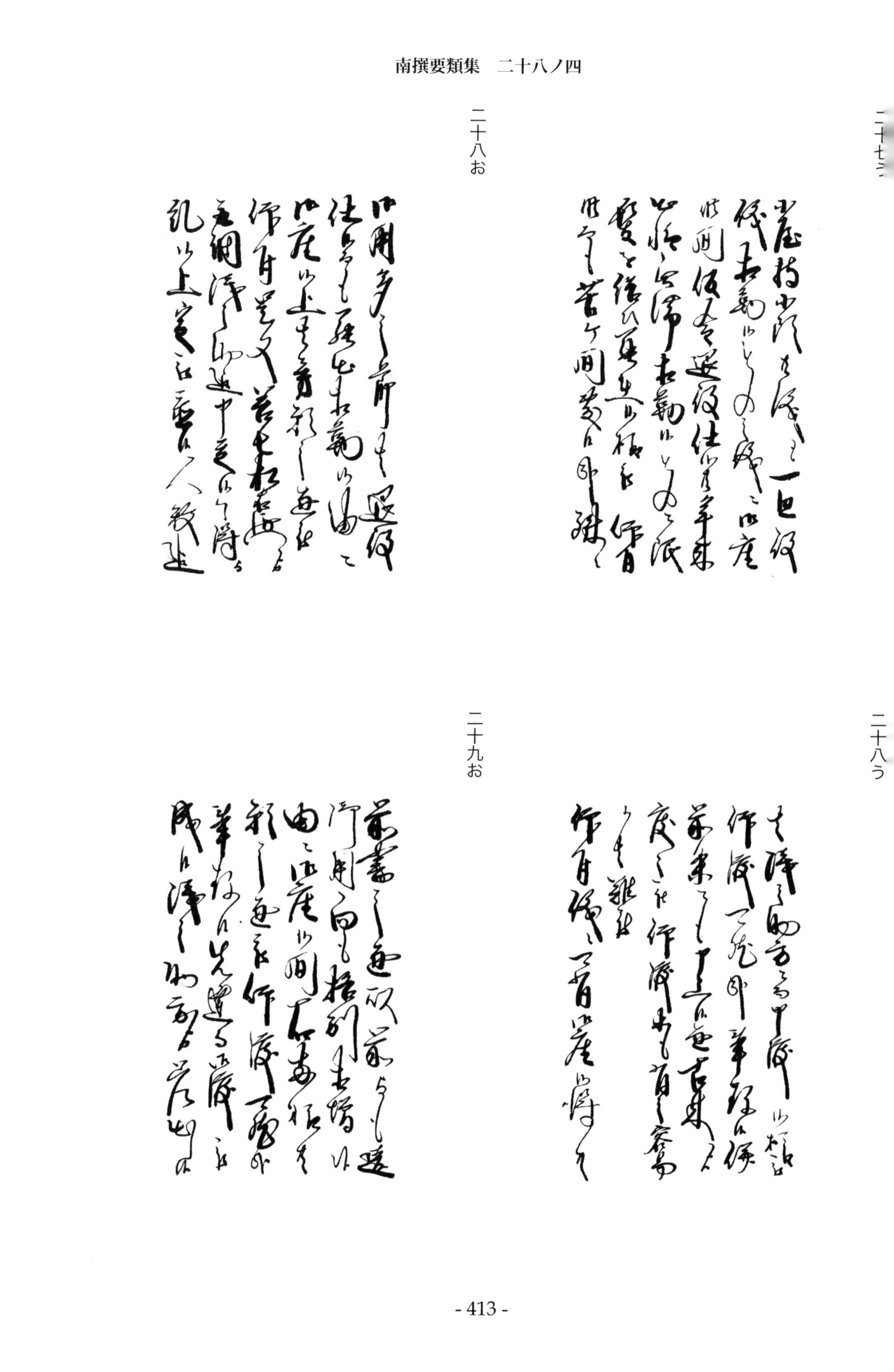

二十七う

二十八お

二十八う

二十九お

二十九う

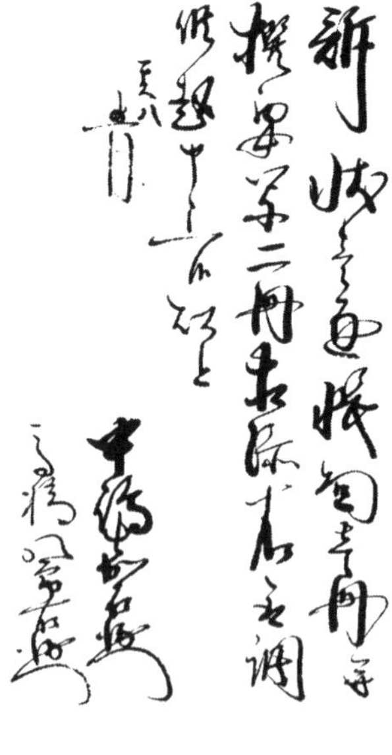

三十お

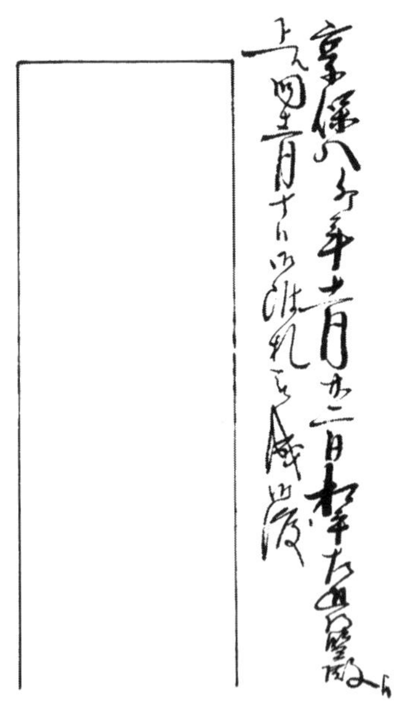

三十う

三十一お

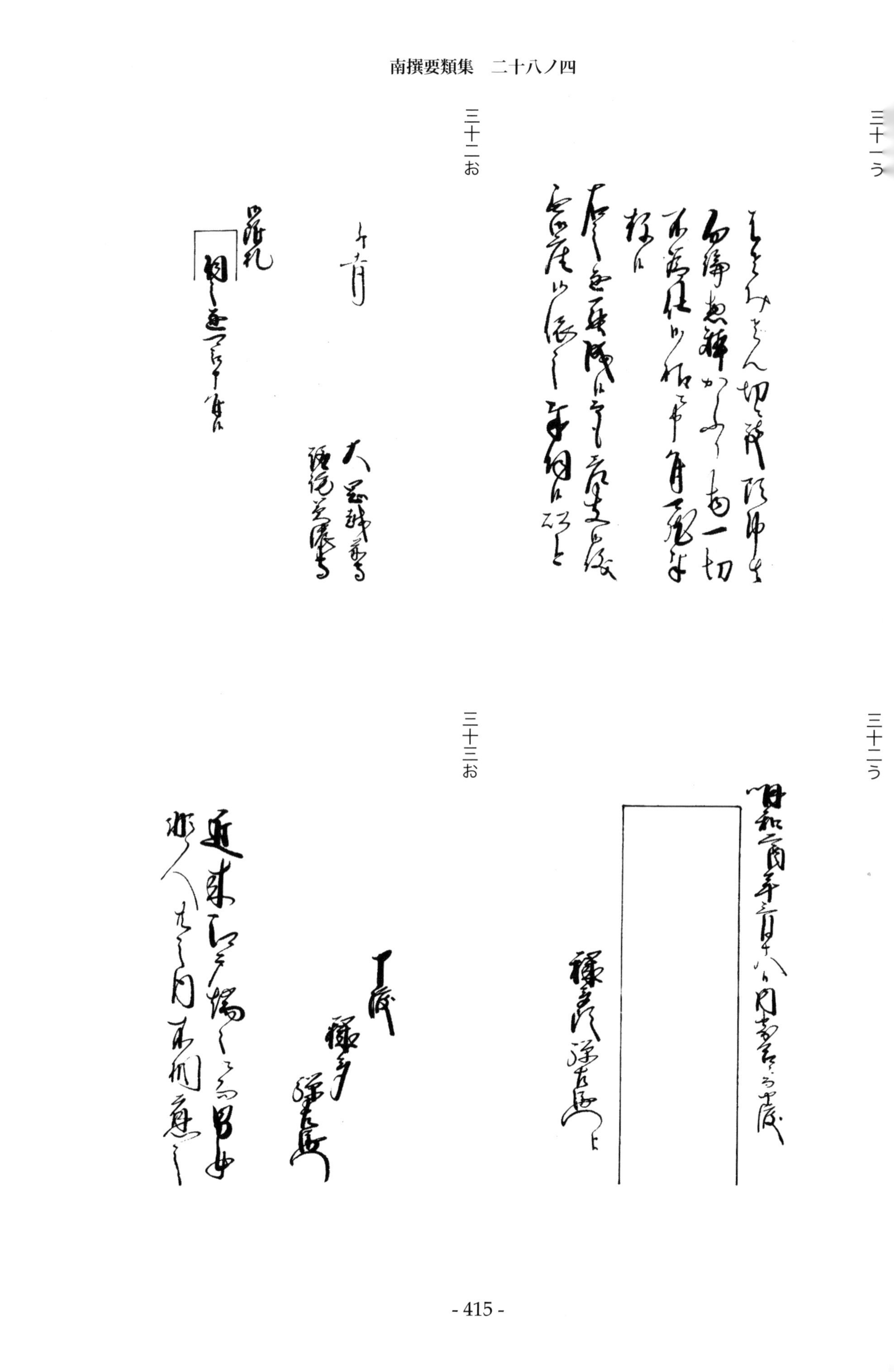

三十一う

三十二お

三十二う

三十三お

三十三う

三十四お

三十四う

三十五お

三十五う

三十六お

三十六う

三十七お

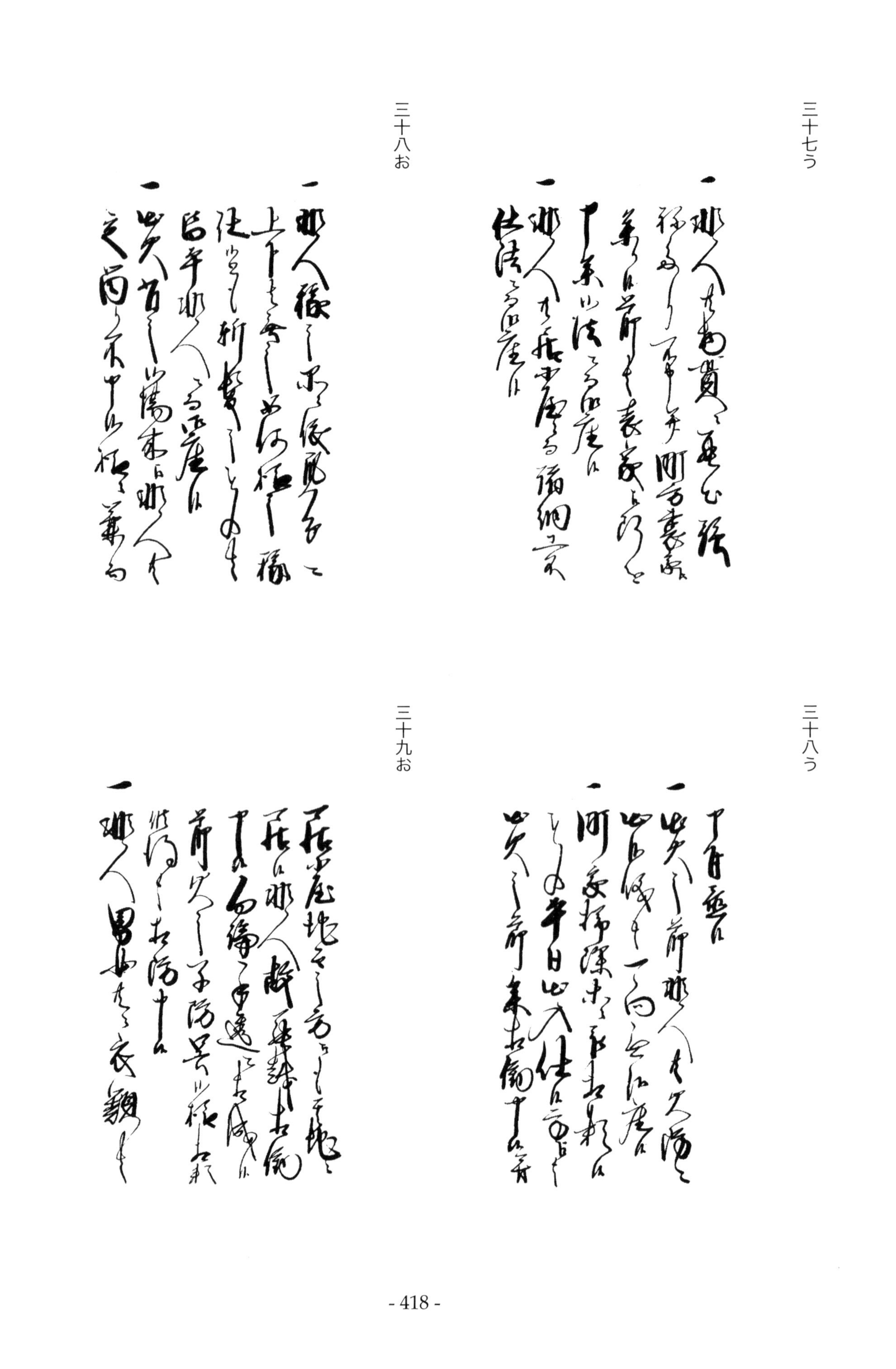

三十七う

三十八お

三十八う

三十九お

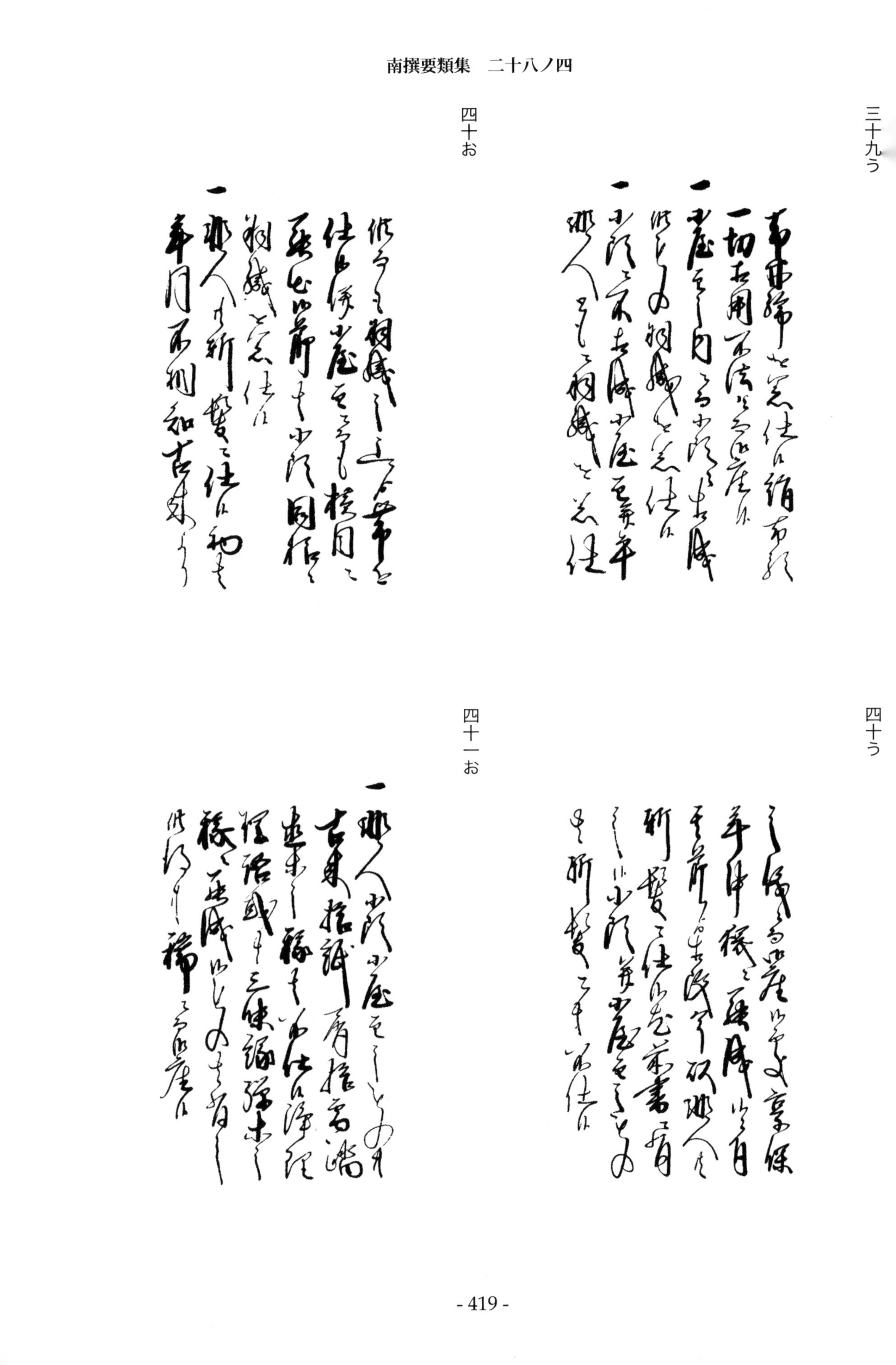

三十九う

四十お

四十う

四十一お

四十一う

四十二お

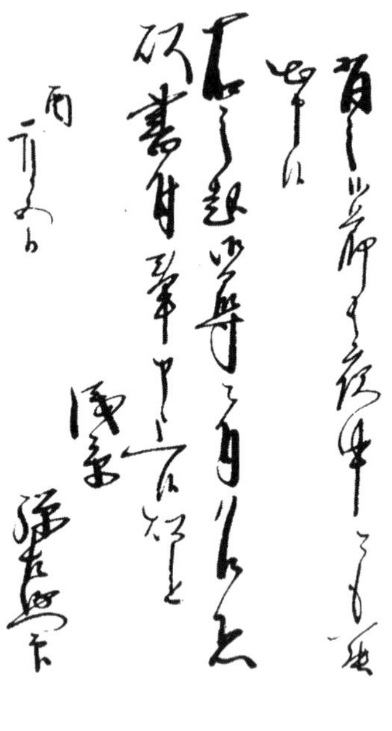

四十二う

四十三お

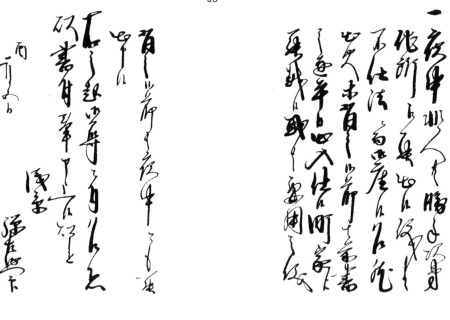

四十三う

四十四お

四十四う

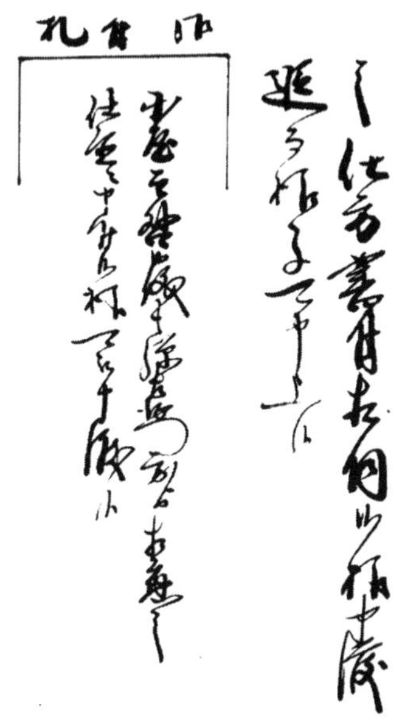

四十五お

四十五う

四十六お

四十六う

四十七お

四十七う

四十八お

四十八う

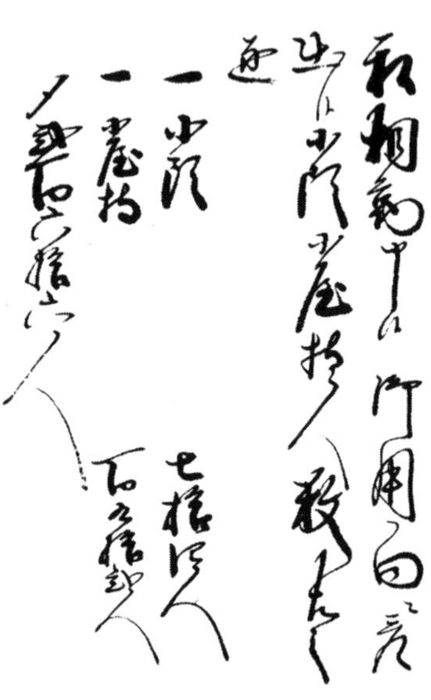

四十九お

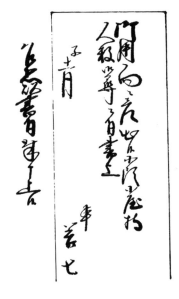

四十九う

五十お

五十う

五十一お

五十一う

五十二お

五十二う

五十三お

五十三う

五十四お

五十四う

五十五お

五十五う

五十六お

五十六う

五十七お

五十七う

五十八お

五十八う

五十九お

五十九う

六十お

六十う

六十一お

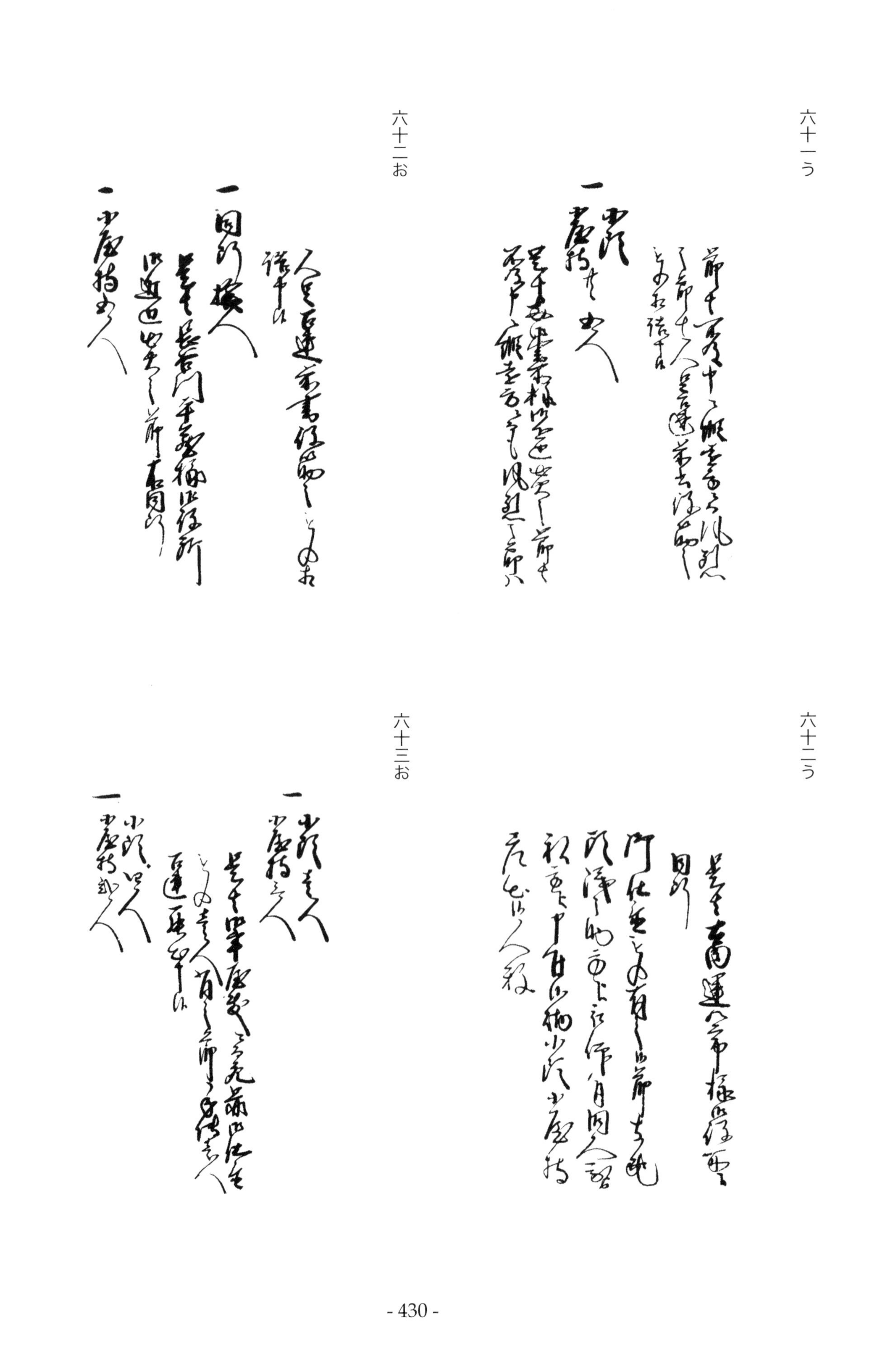

六十一う

六十二お

六十二う

六十三お

六十三う

六十四お

六十四う

六十五お

六十五う

六十六お

六十六う

六十七お

六十七う

六十八お

六十八う

六十九お

六十九う

七十お

七十う

七十一お

七十一う

七十二お

七十二う

七十三お

七十三う

七十四お

七十四う

七十五お

七十五う

七十六お

七十六う

七十七お

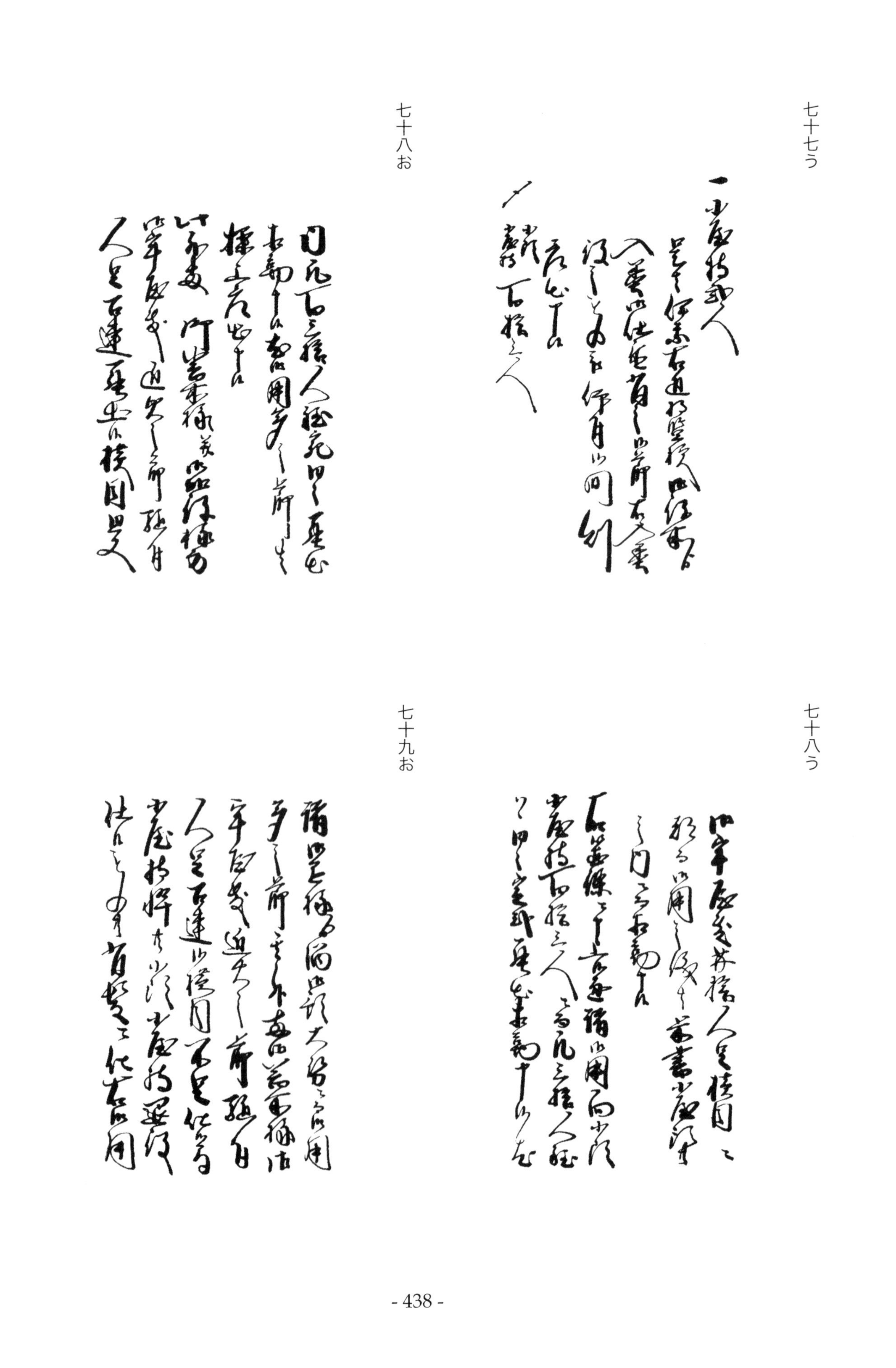

七十七う

七十八お

七十八う

七十九お

七十九う

八十お

八十う

八十一お

八十一う

八十二お

八十二う

八十三お

八十三う

八十四お

八十四う

八十五お

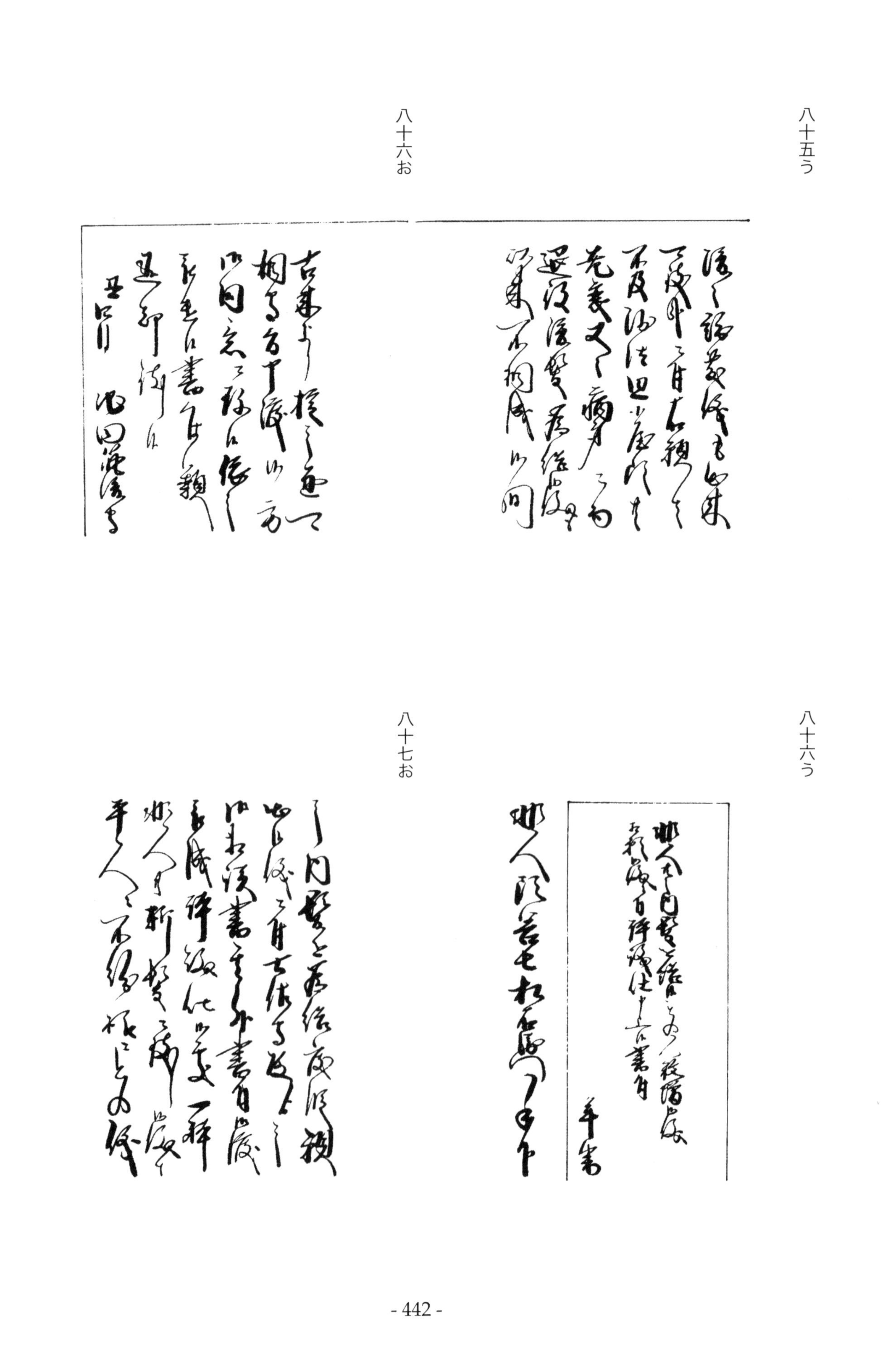

八十五う

八十六お

八十六う

八十七お

八十七う

八十八お

八十八う

八十九お

裏表紙

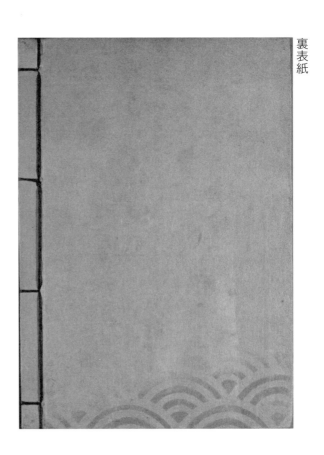

表表紙

表表紙う

一お

南撰要類集　第四十二ノ上

二お

一う

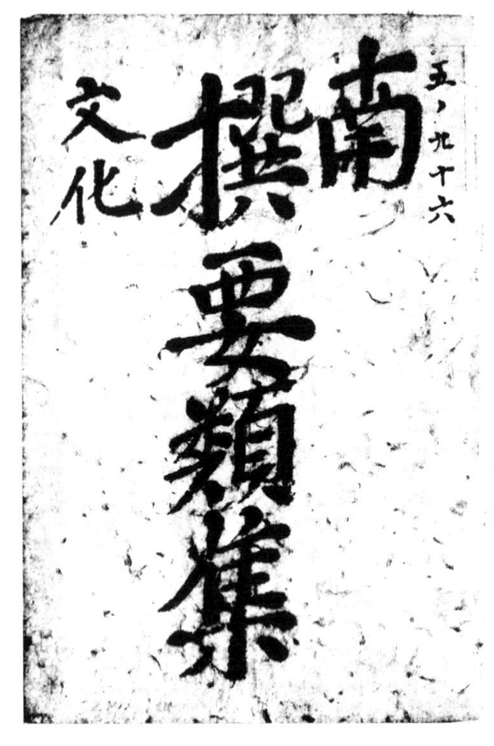

三お

二う

牢屋敷之部

壱

一 松浦大隅問合牢屋近辺出火之節囚人切放し之儀ニ付達之覚

弐

一 牢屋敷之内井戸浚之儀ニ付

三う

伺之并書付

両溜之部

三
一浅草溜内塀損并戸ニ新規自分
入用を以取繕候義并絵図

四お

四
一品川溜内井戸ニ掃除ニ付修復之
一件

五
一浅草溜前通往還道築ニ付一件

六
一横領之者寄場差免之儀伺

四う

溜損シ一件

七
一浅草女溜ニ而普請一件

人足寄場之部

五お

八
寄場地所
一築方之儀ニ付場所絵図伺書写し
伺之書付

九
一寄場集り所ニ而差置候者
并寄場引渡シ候ニ付伺合一件

五う

一 十 武備人足並船人　御請證文

同断人数合書面

六お

文化八未年正二月

松浦大膳問合宇尾崎近辺

出火之節同人ゟ尋候

御達之覚

六う

七お

文化八未年十二月廿二日　御城ゟ請

松浦大膳問合并覚書弐

御達ゟ表向十五日合書き

右儀ニ付御通ス

以書面宇尾崎近辺出火

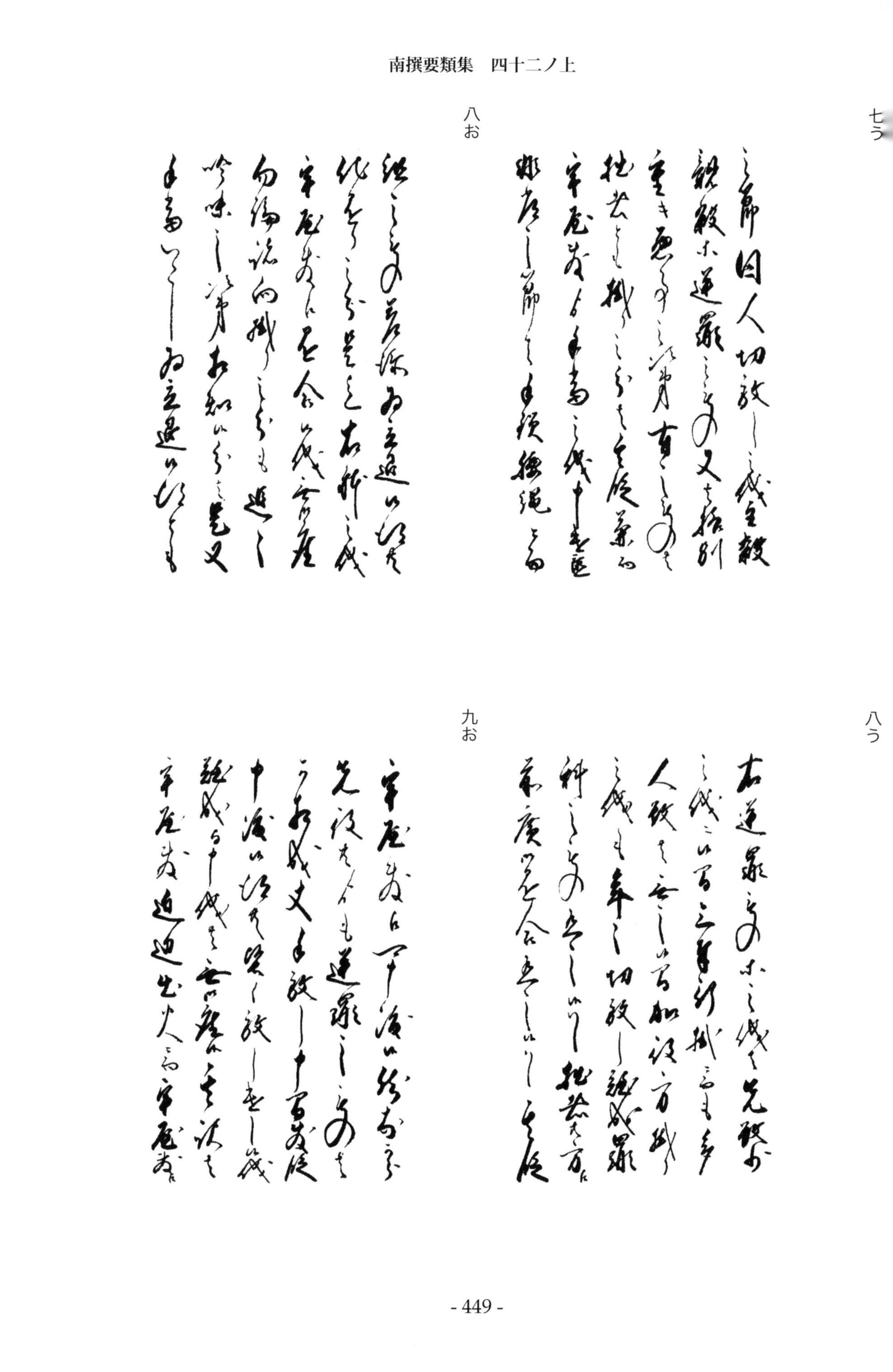

七う

八お

八う

九お

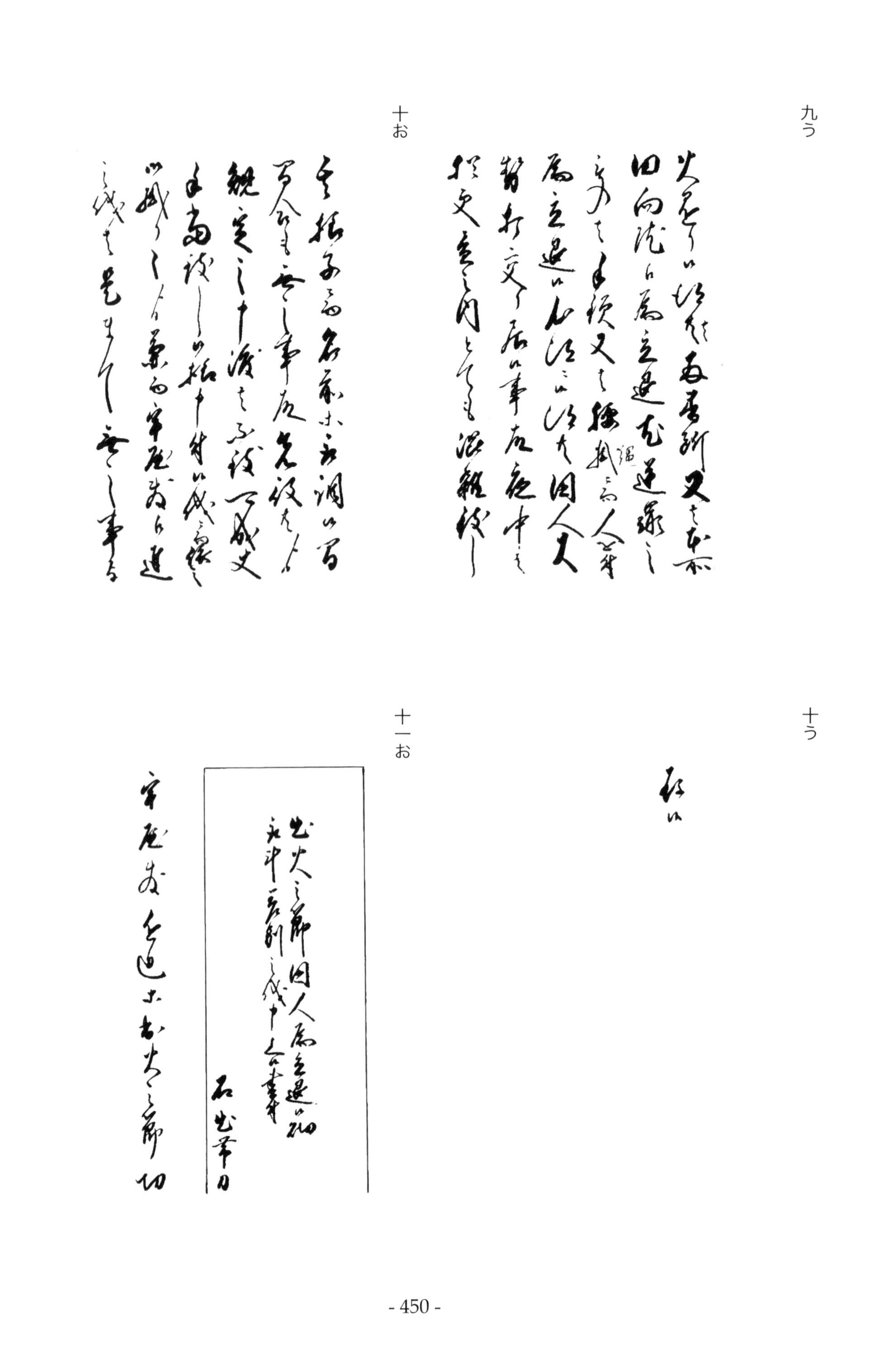

九う

十お

十う

十一お

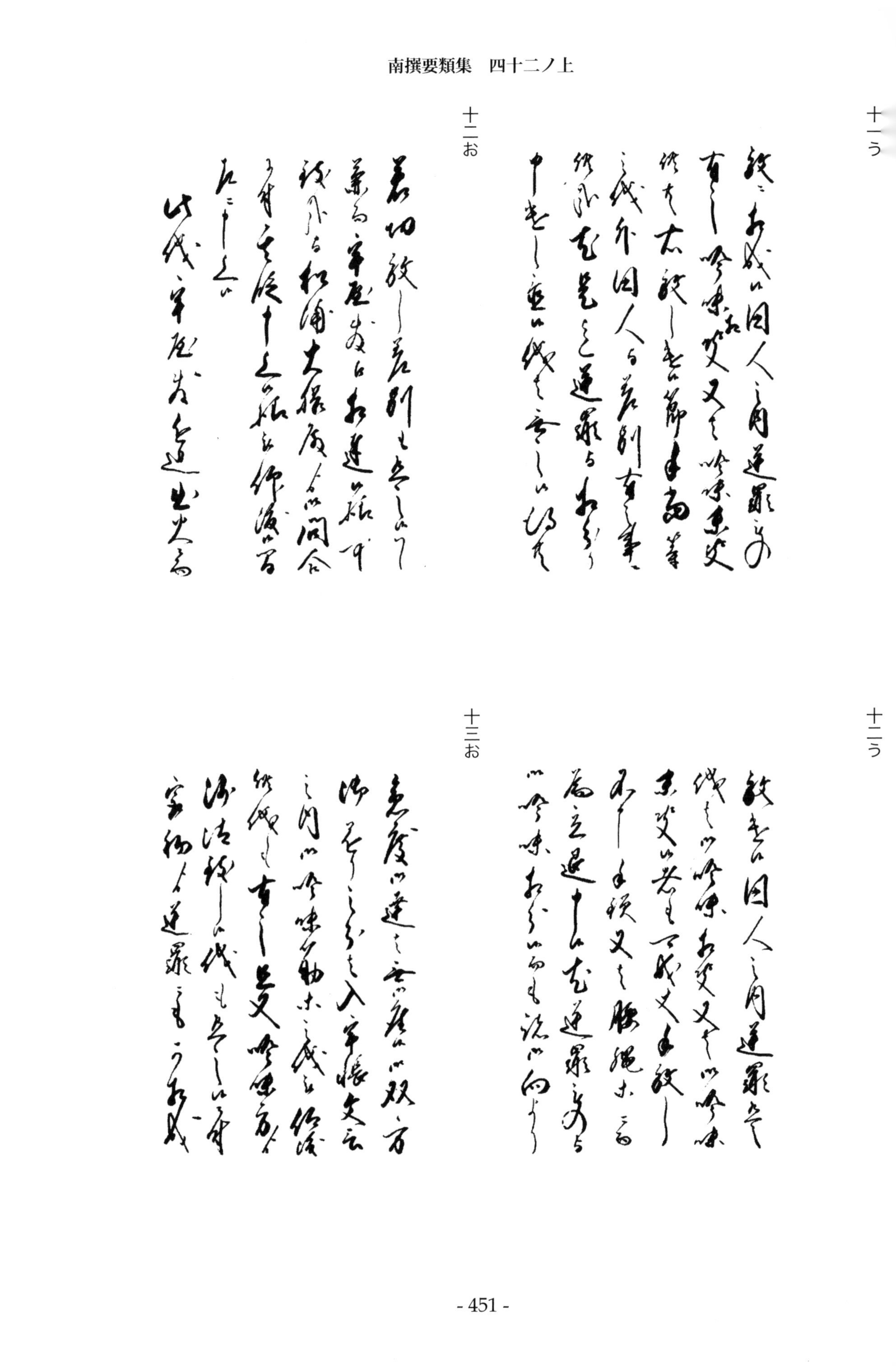

十一う

十二お

十二う

十三お

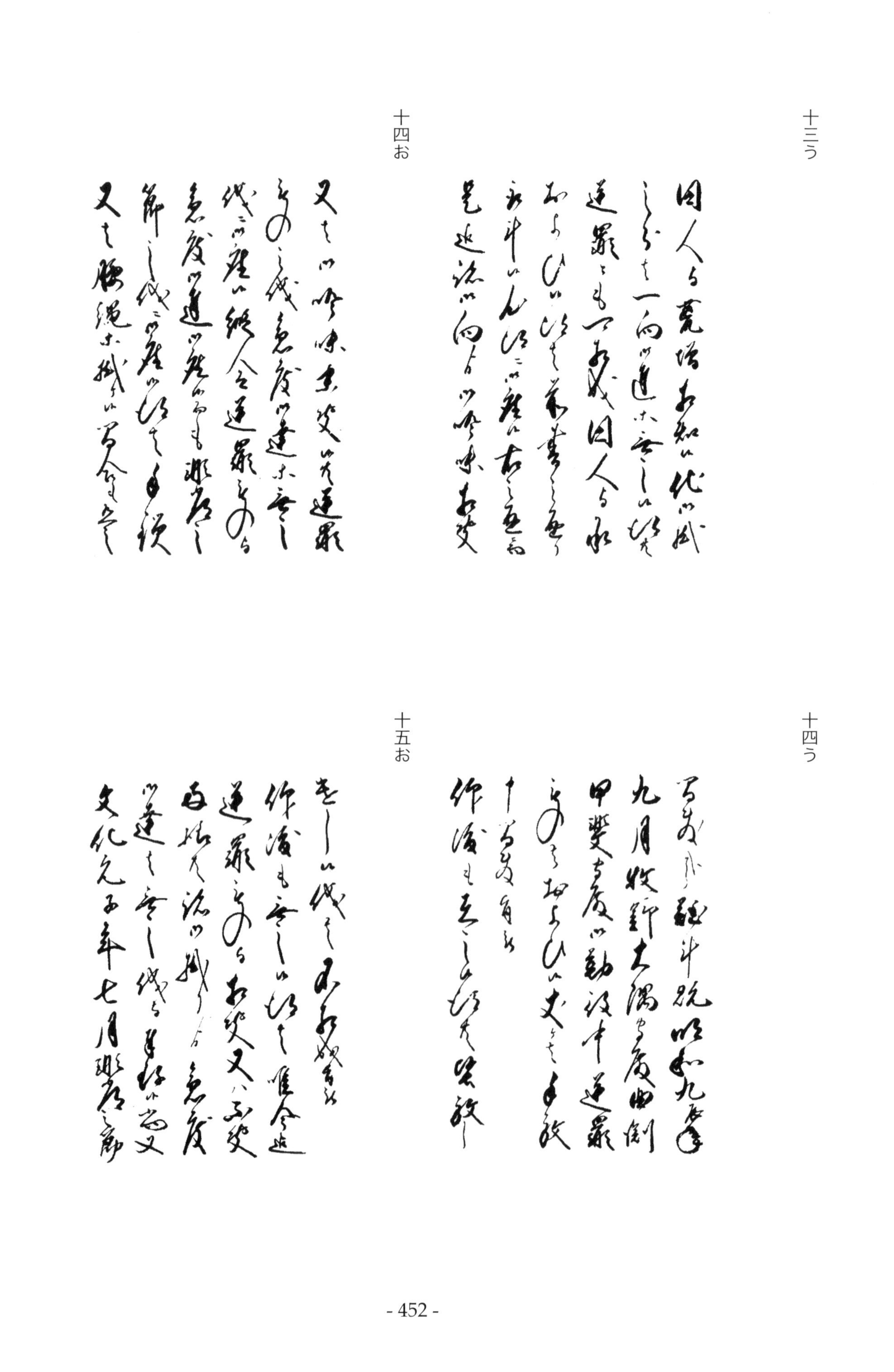

十三う

十四お

十四う

十五お

十五う

十六お

十六う

十七お

十七う

十八お

十八う

十九お

十九う

二十お

二十う

二十一お

二十一う

一 箱車井戸化粧屋形七ヶ所 一ヶ所

右被仰付候并新規 但 上六尺廿 人守

右仕様檜柾を以寸角弐枚

割 壱尺廿 出来上り弐寸之

随分念入仕立可申候 何も

二十二お

ヶ所 轆轤石寄と申物

井戸ヶ所 振付石寄と申

振石何も念入 何も仕人足 井戸

諸手間 一式

代金弐両

二十二う

一 御役人長屋井戸寄と申 一ヶ所

右被仰付 但 帳 人足八人

右仕様申板弐枚 何も念入

之 何も 諸板 何も仕人足

一式

二十三お

代金壱分 ...

弐口合

代金弐両壱分 ...

右之通仕様随分念入仕立

一〆一四匁

二十三う

大伝馬塩町
家主
忠八組
おけや
権[illegible]

二十四お

文化九年申九月
御役人中様

牢屋敷用水井戸之儀
去申十一月中書付
奉書

牢屋敷用水井戸之[illegible]

二十四う

[illegible]

二十五お

[illegible]

申六月

[illegible]
[illegible]

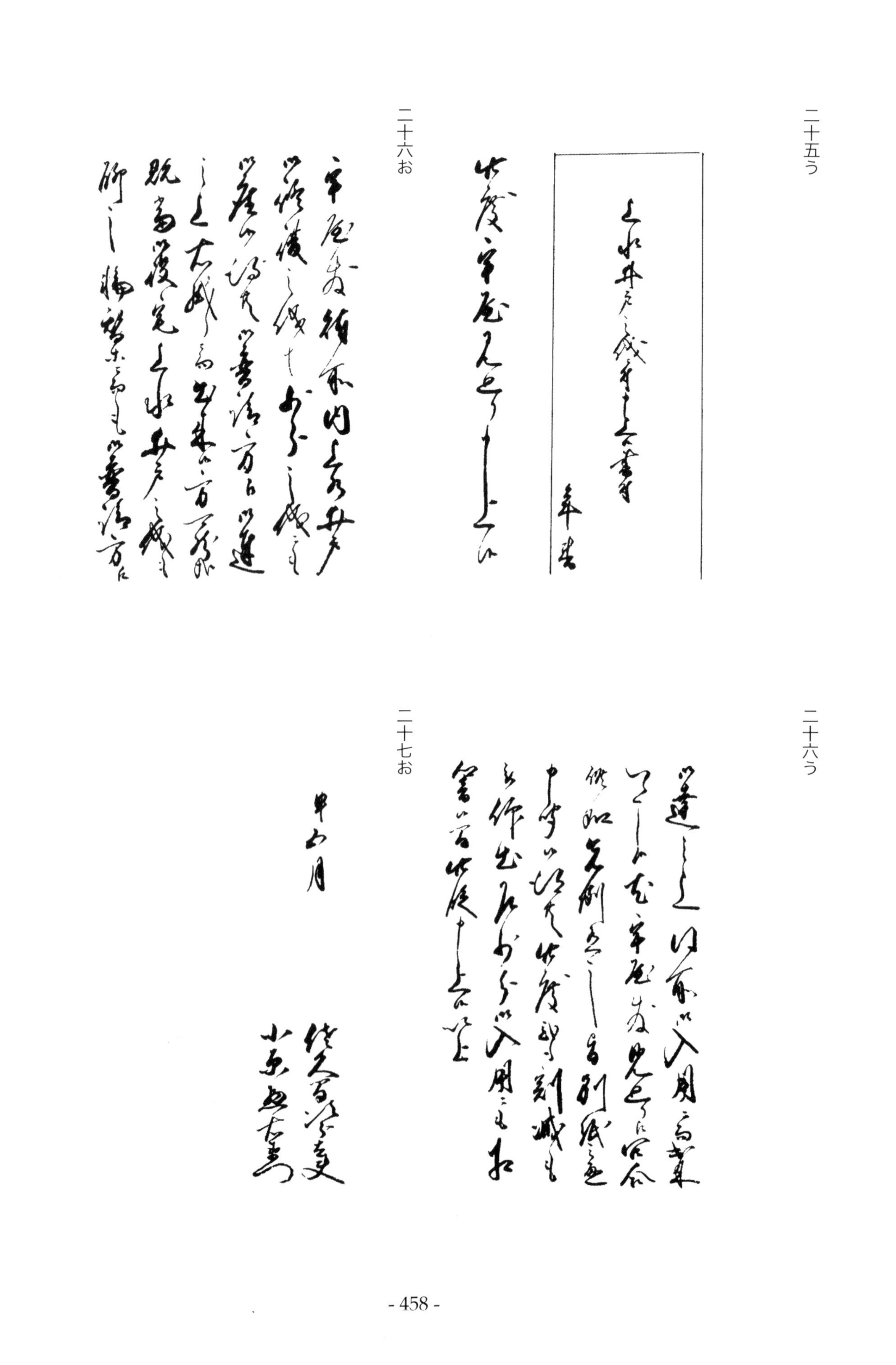

二十五う

二十六お

二十六う

二十七お

二十七う

二十八お

二十八う

二十九お

二十九う

三十お

三十う

三十一お

三十一う

三十二お

三十二う

三十三お

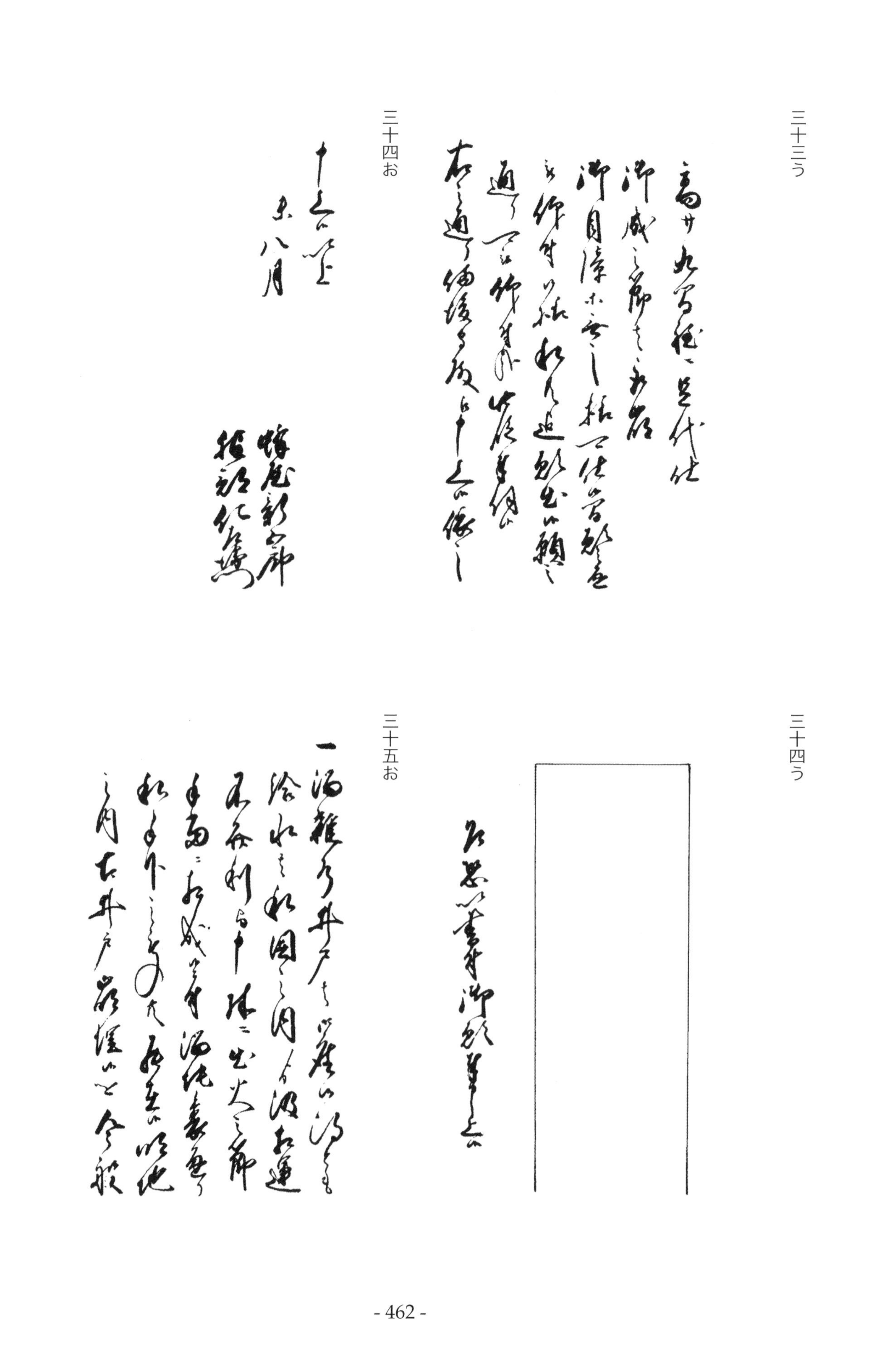

三十三う

三十四お

三十四う

三十五お

三十五う

取用掛援ニ付右雑用共ニ
手代以共ニ付及手伝ニ而
相当成ニ付ても夥敷手間ニ
出来仕候ニ付見込ニ入用之儀
仕候ニ付申候大概入候ニ付是
代高相成候様仕候

三十六お

御威光之節も右是代ニ相成
趣　御目論見ニ而ニ紙
不仕候間何卒以　御慈悲
以後
御免御願奉申上候以上
未

三十六う

未八月
喜七

三十七お

肥前守殿
永田備後守

御茶湯日ニも右可出シ雑用

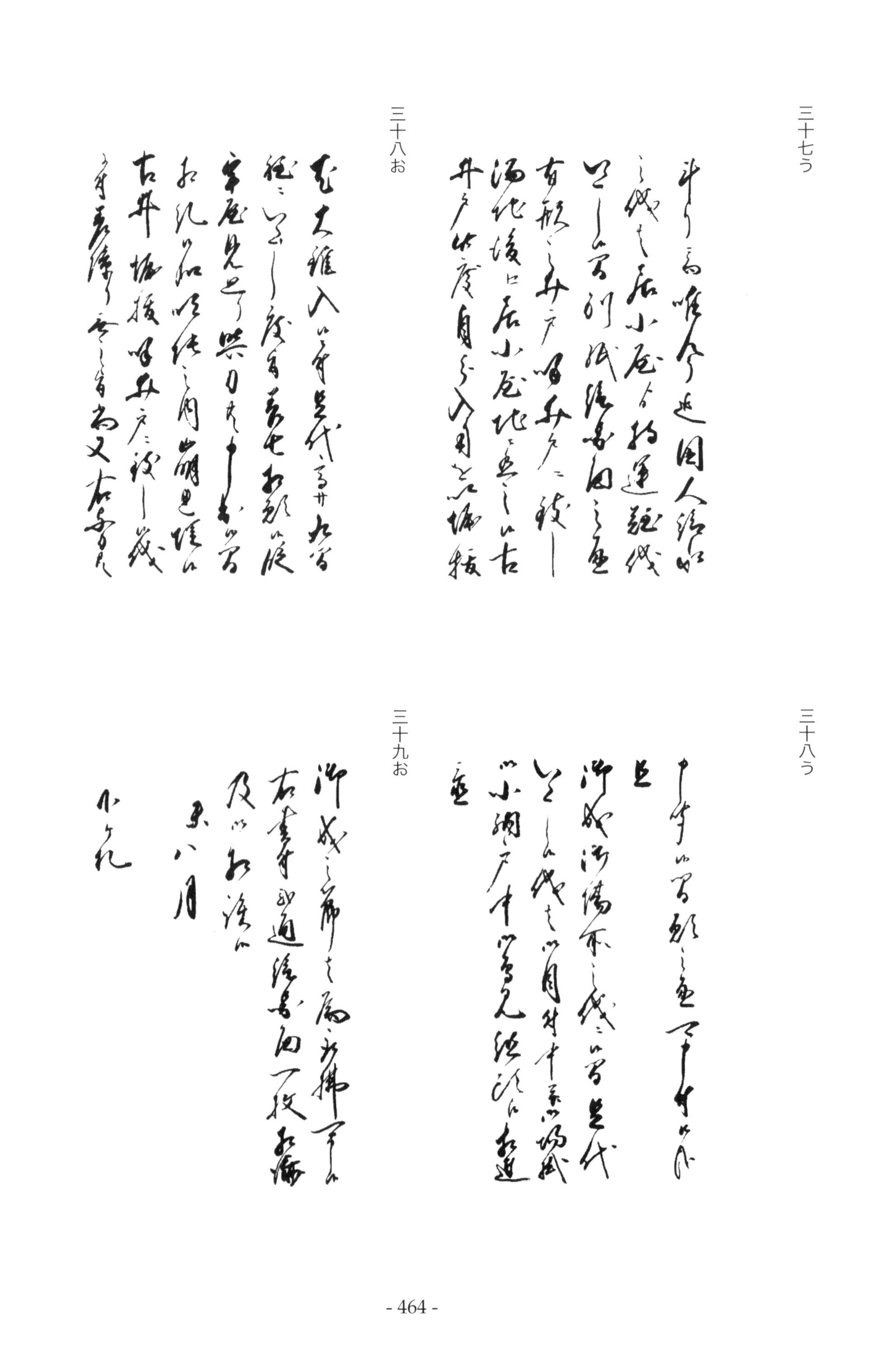

三十七う

三十八お

三十八う

三十九お

三十九う

四十お

四十う

四十一お

四十一う

四十二お

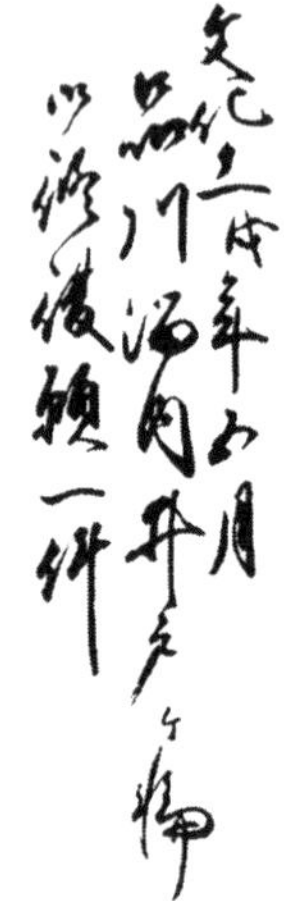

文化二丑年五月
品川溜用井戸々掛
御修復願一件

四十二う

四十三お

品川溜井戸御修復成候仕様書
一 [illegible]溜井戸御修復成候覚
[illegible]
[illegible]
[illegible]
代金[illegible]分[illegible]
中之[illegible]
金[illegible]分銀[illegible]
[illegible]

四十三う

四十四お

四十四う

四十五お

四十五う

四十六お

四十六う

四十七お

四十七う

此通り松長九尺太さ三寸ニ仕
松を東長さ三丈末口三寸九分
ニ而入替太サ寸釘ニ而打継右
同様ニ仕筈此節絵渡申上
右仕様絵図面之通り入念
仕立可申候以上

四十八お

卯四月

小川
松右衛門（印）

四十八う

本紙控之

小川酒井戸御修復
御入用明細書之

文化五戊辰年四月

小川
松右衛門

四十九お

小川酒井戸御修復
御入用明細書之

一　金四両三分
　　銀三匁五分壱厘

井戸ケ幅内流シ
水呂蒸打代共ニ

此訳

四十九う

五十お

五十う

五十一お

五十一う

五十二お

五十二う

五十三お

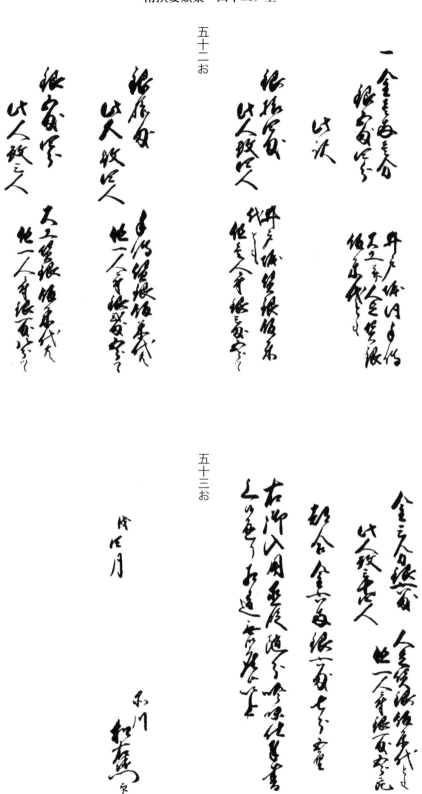

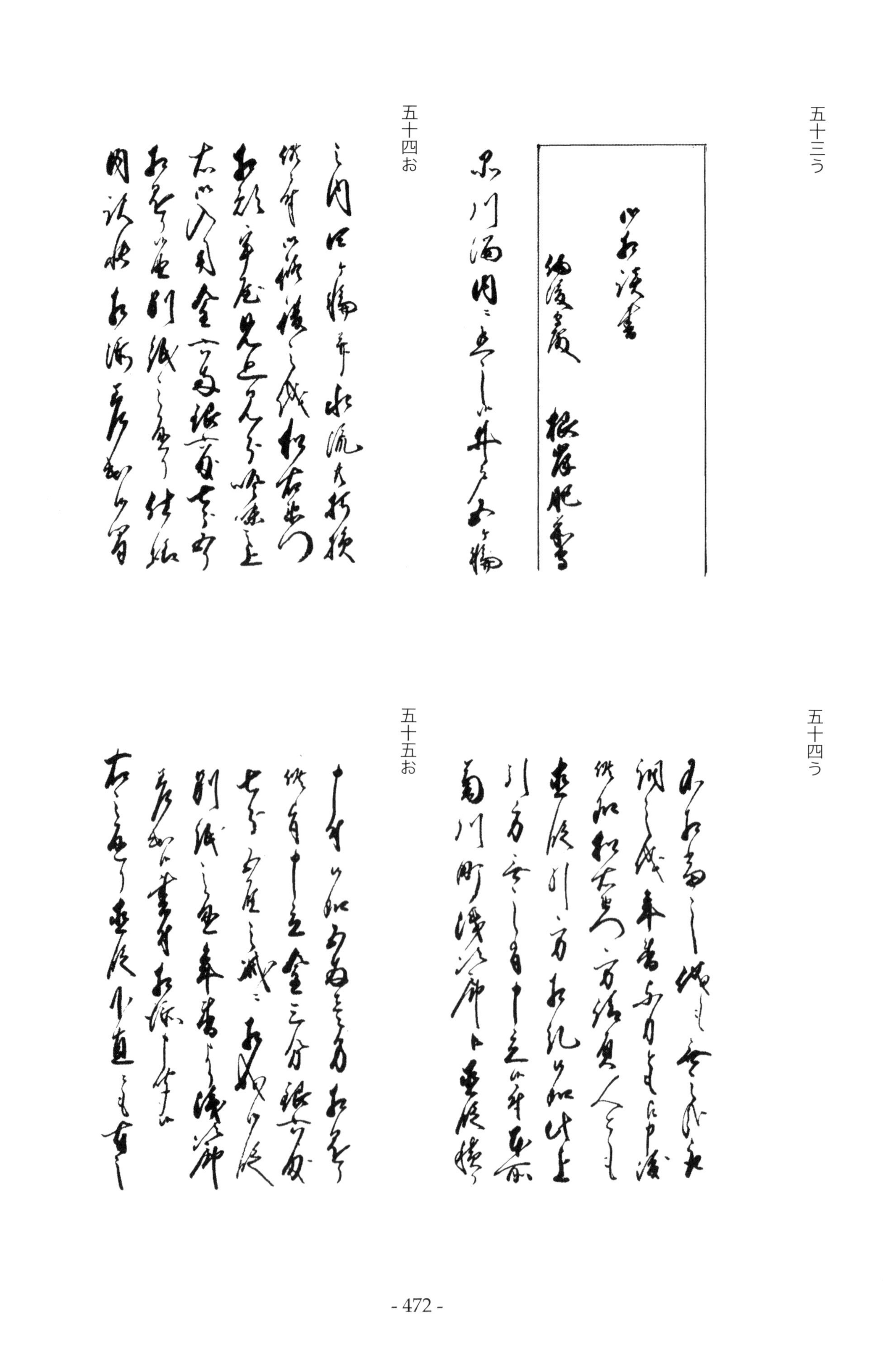

五十三う

五十四お

五十四う

五十五お

五十五う

五十六お

五十六う

五十七お

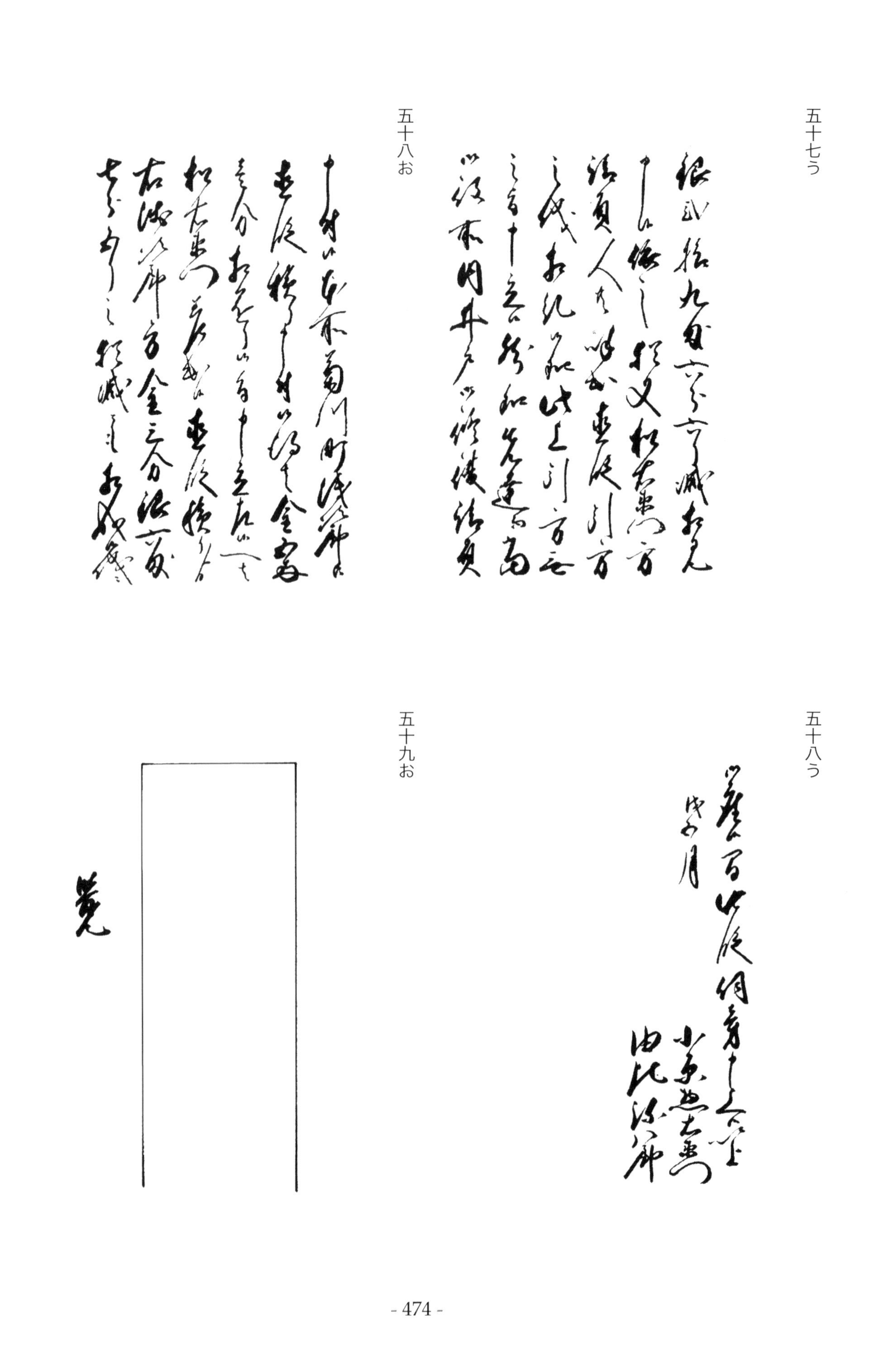

五十七う

五十八お

五十八う

五十九お

覚

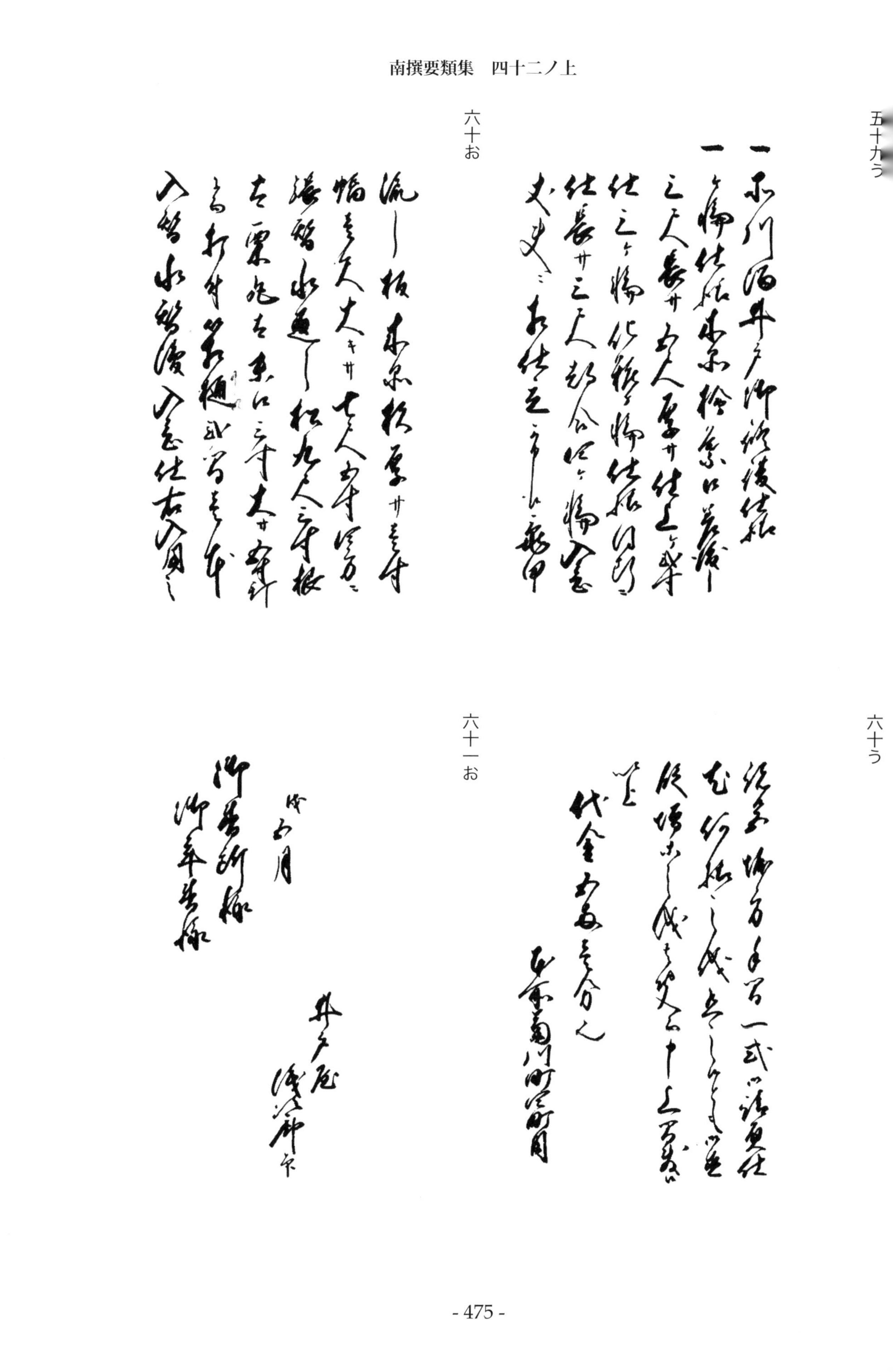

五十九う

六十お

六十う

六十一お

六十一う

六十二お

六十二う

六十三お

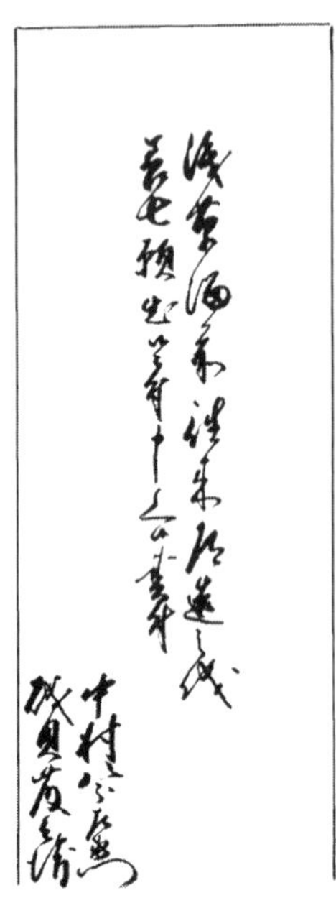

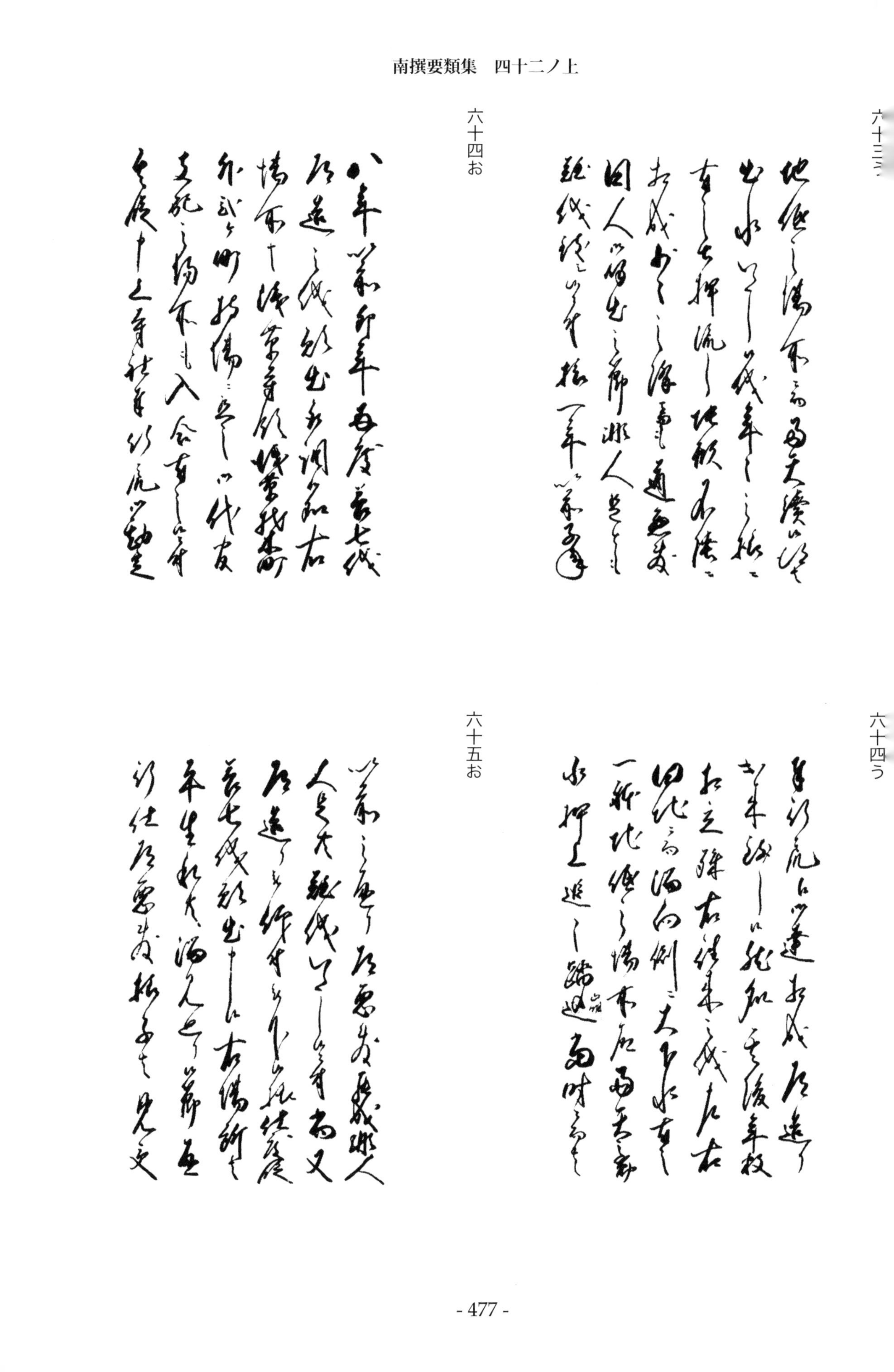

六十三う

六十四お

六十四う

六十五お

六十五う

六十六お

六十六う

六十七お

六十七う

六十八お

六十八う

六十九お

六十九う

七十お

七十う

七十一お

七十二う

七十二お

七十二う

七十三お

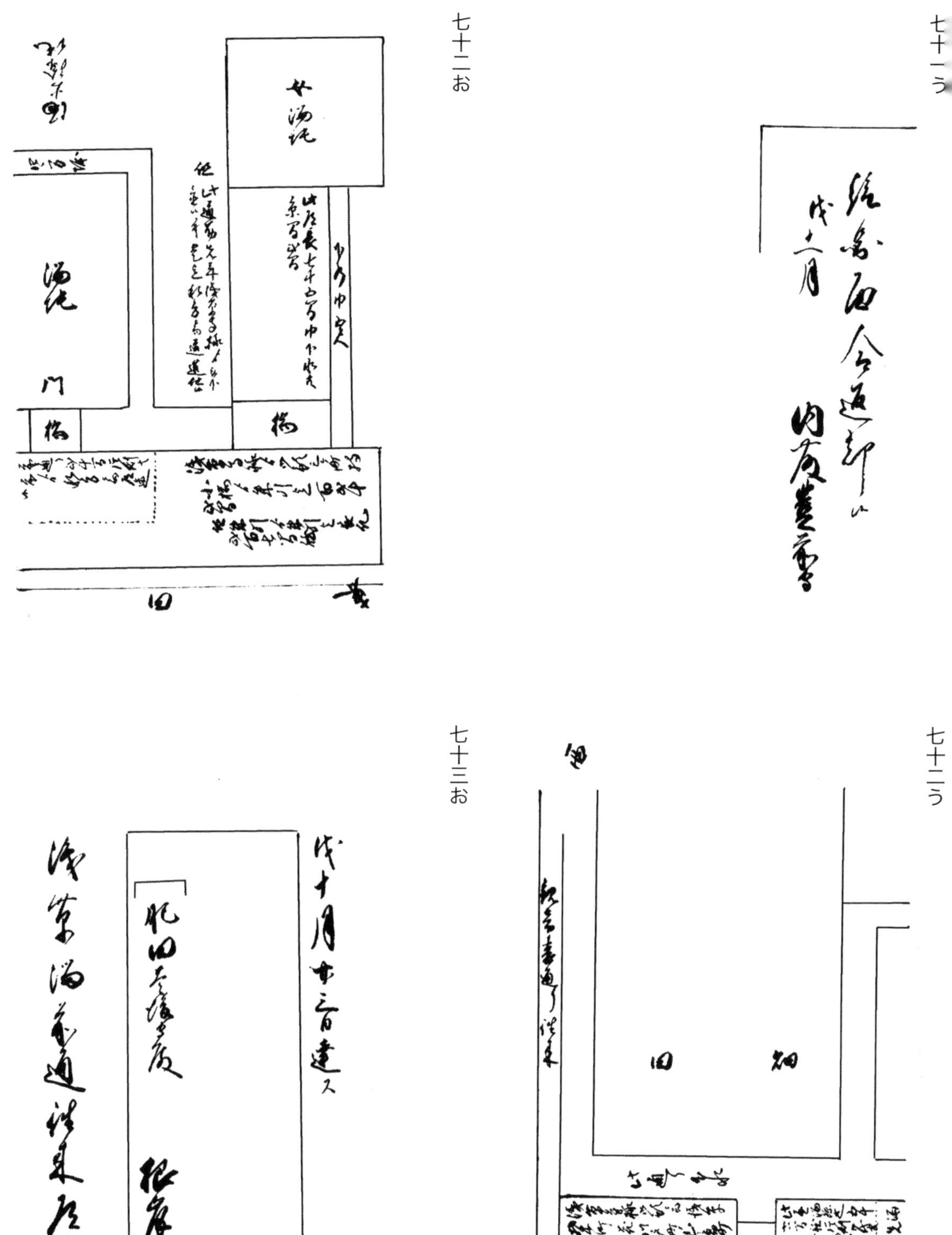

七十三う

七十四お

裏表紙

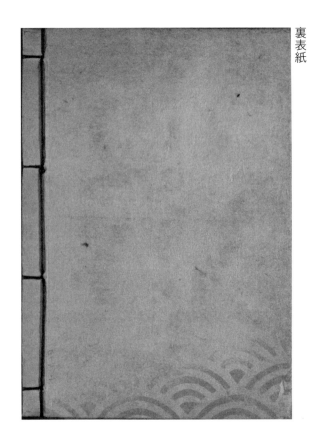

表表紙お

表表紙う

一お

南撰要類集　第四十二ノ中

一う

二お

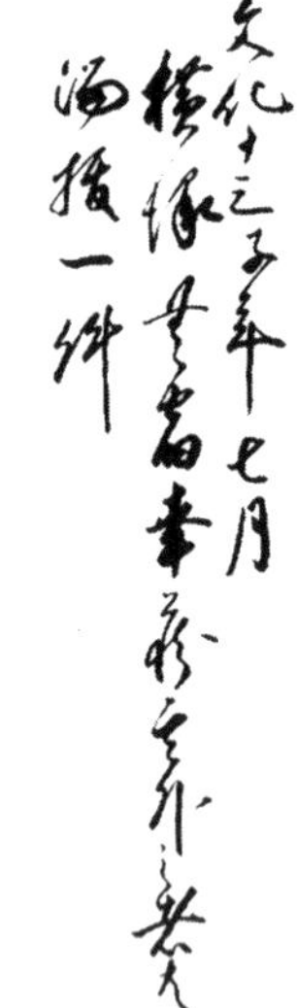

二う

三お

三う

四お

四う

五お

五う

六お

六う

七お

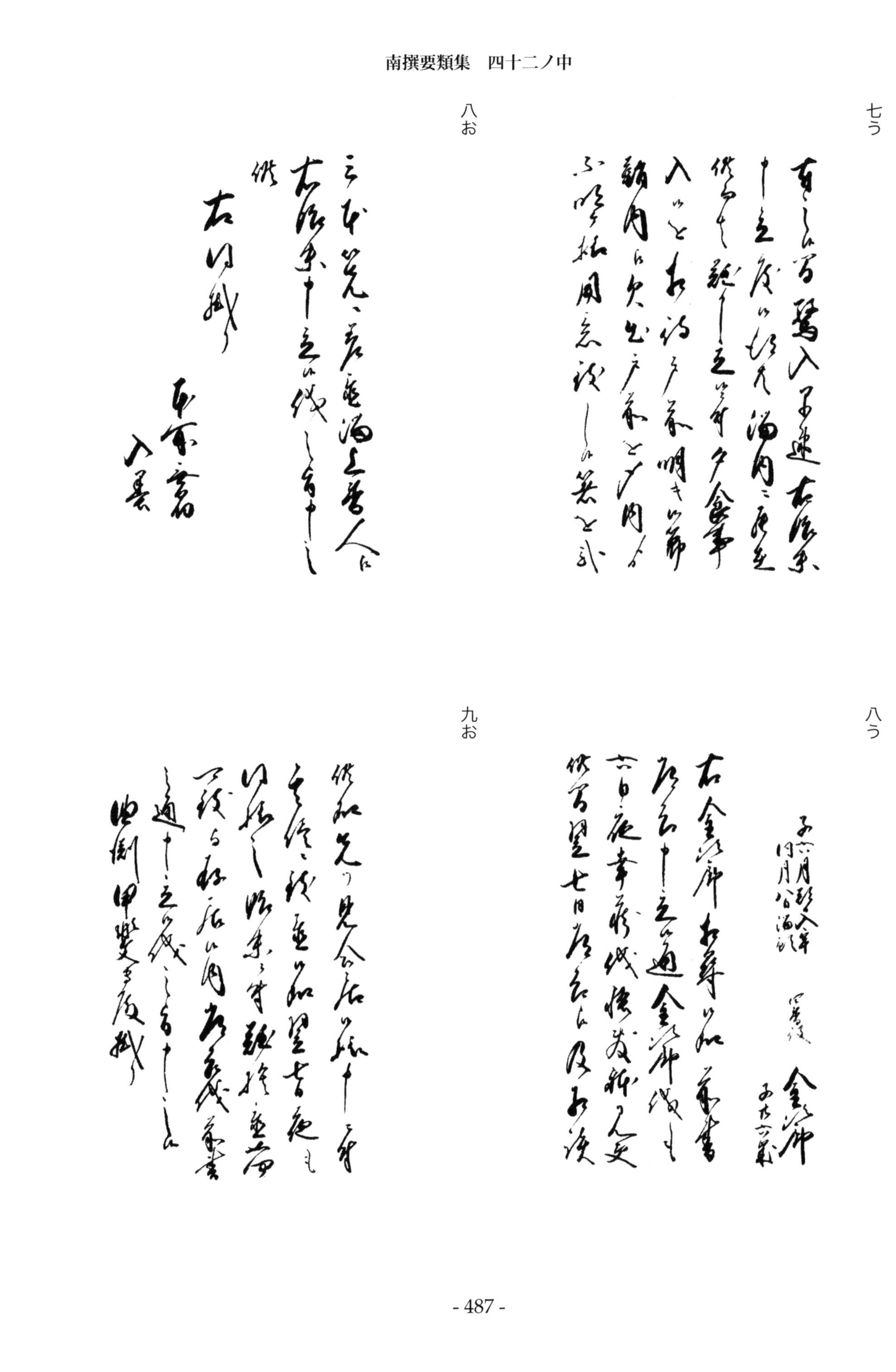

七う

八お

八う

九お

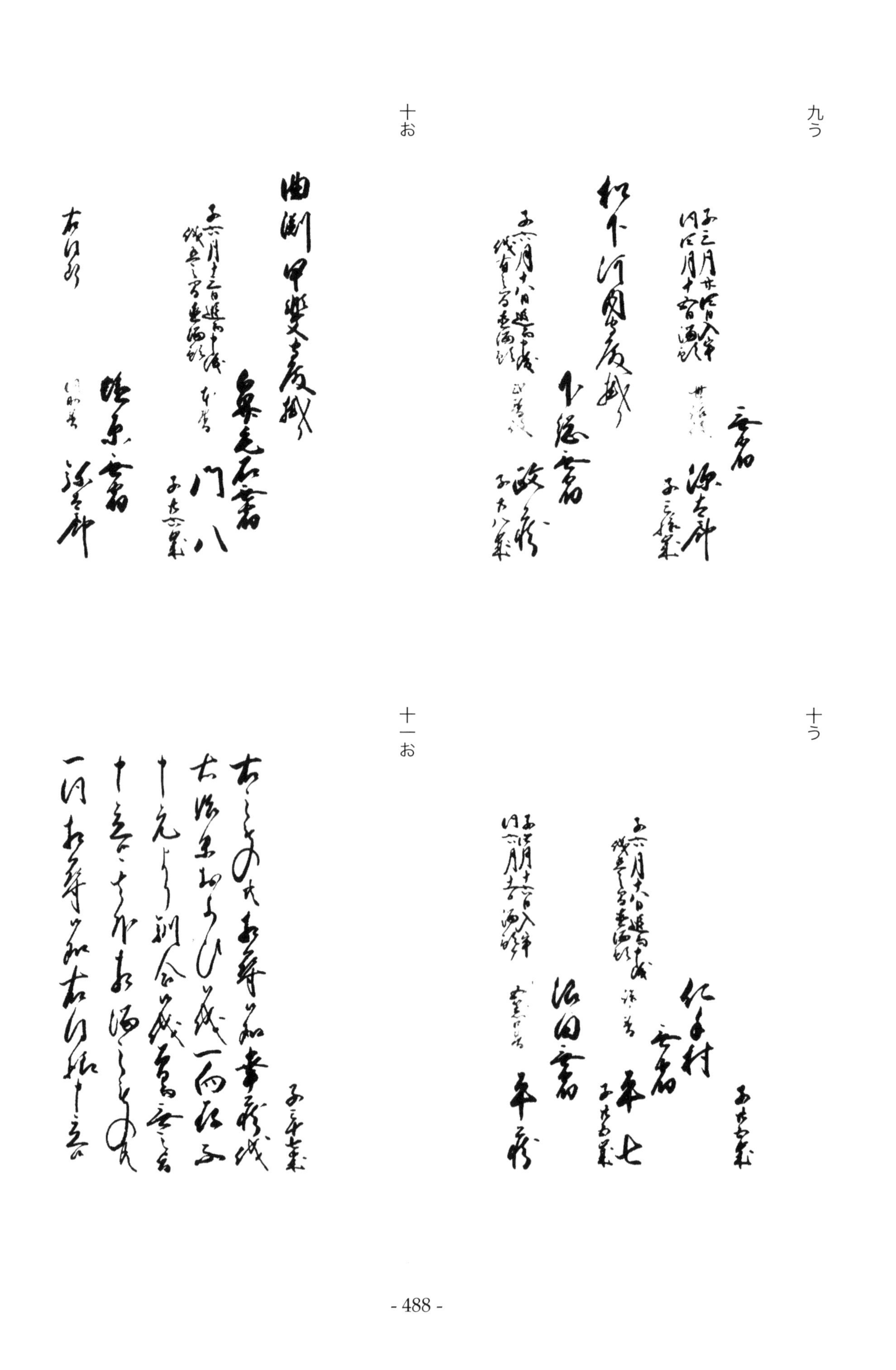

九う

十お

十う

十一お

十一う

十二お

十二う

十三お

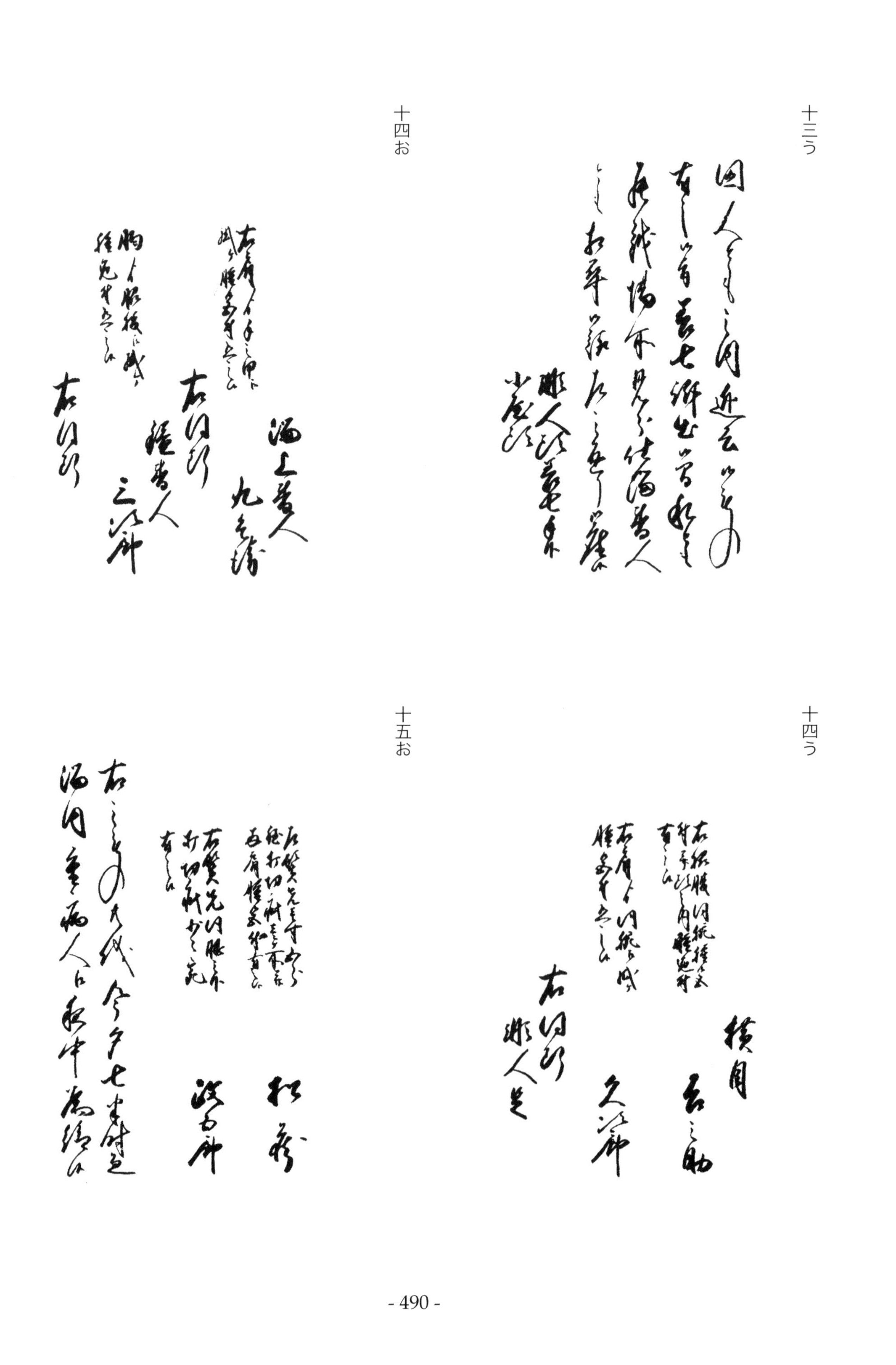

十三う

十四お

十四う

十五お

十五う

十六お

十六う

十七お

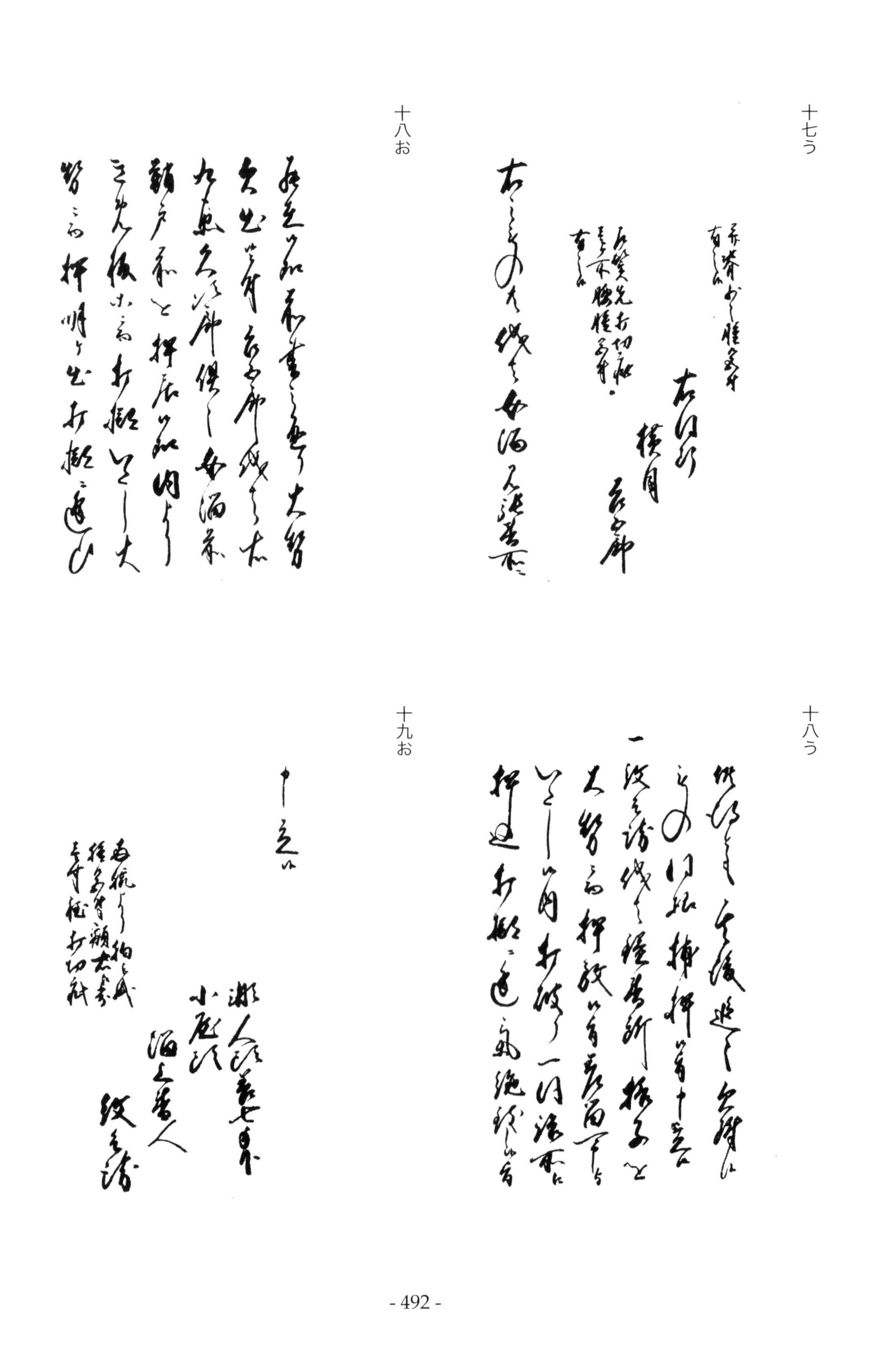

十七う

十八お

十八う

十九お

十九う

二十お

二十う

二十一お

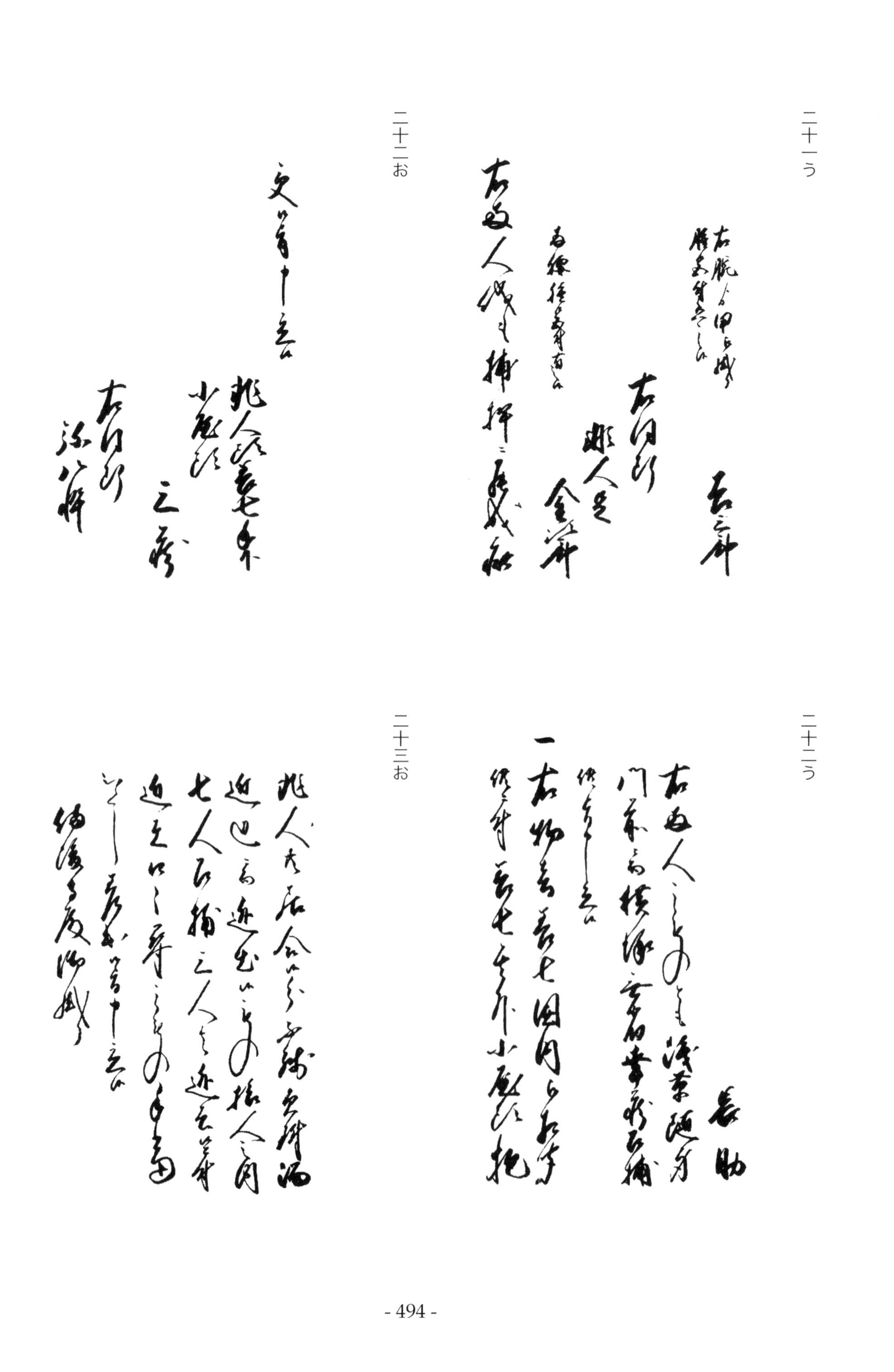

二十一う

二十二お

二十二う

二十三お

二十三う

二十四お

二十四う

二十五お

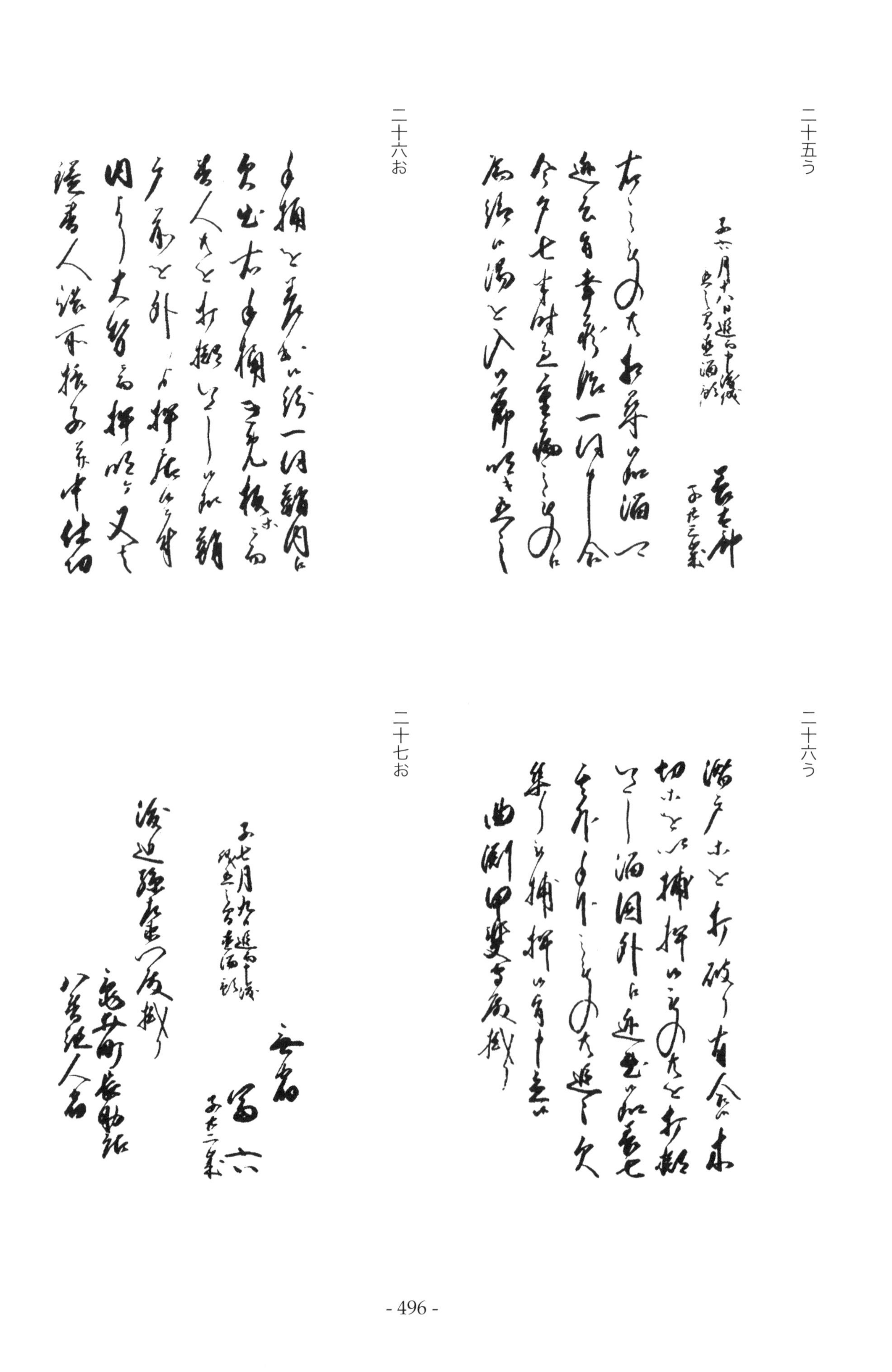

二十五う

二十六お

二十六う

二十七お

二十七う

二十八お

二十八う

二十九お

二十九う

三十お

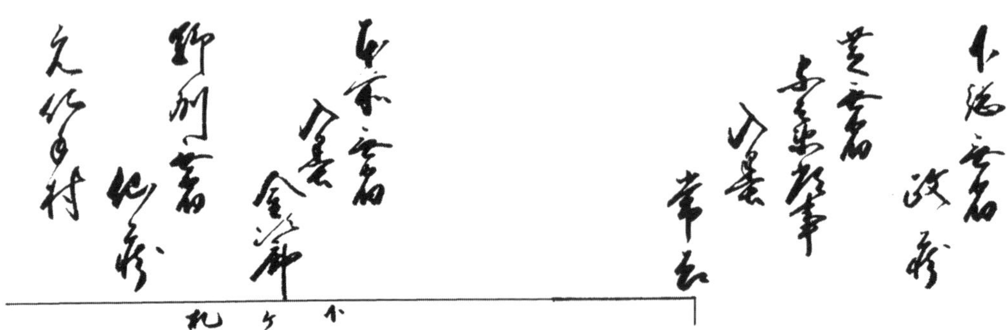

三十う

三十一お

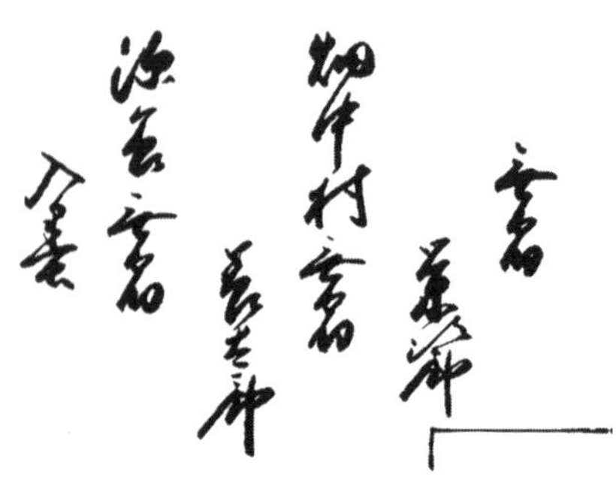

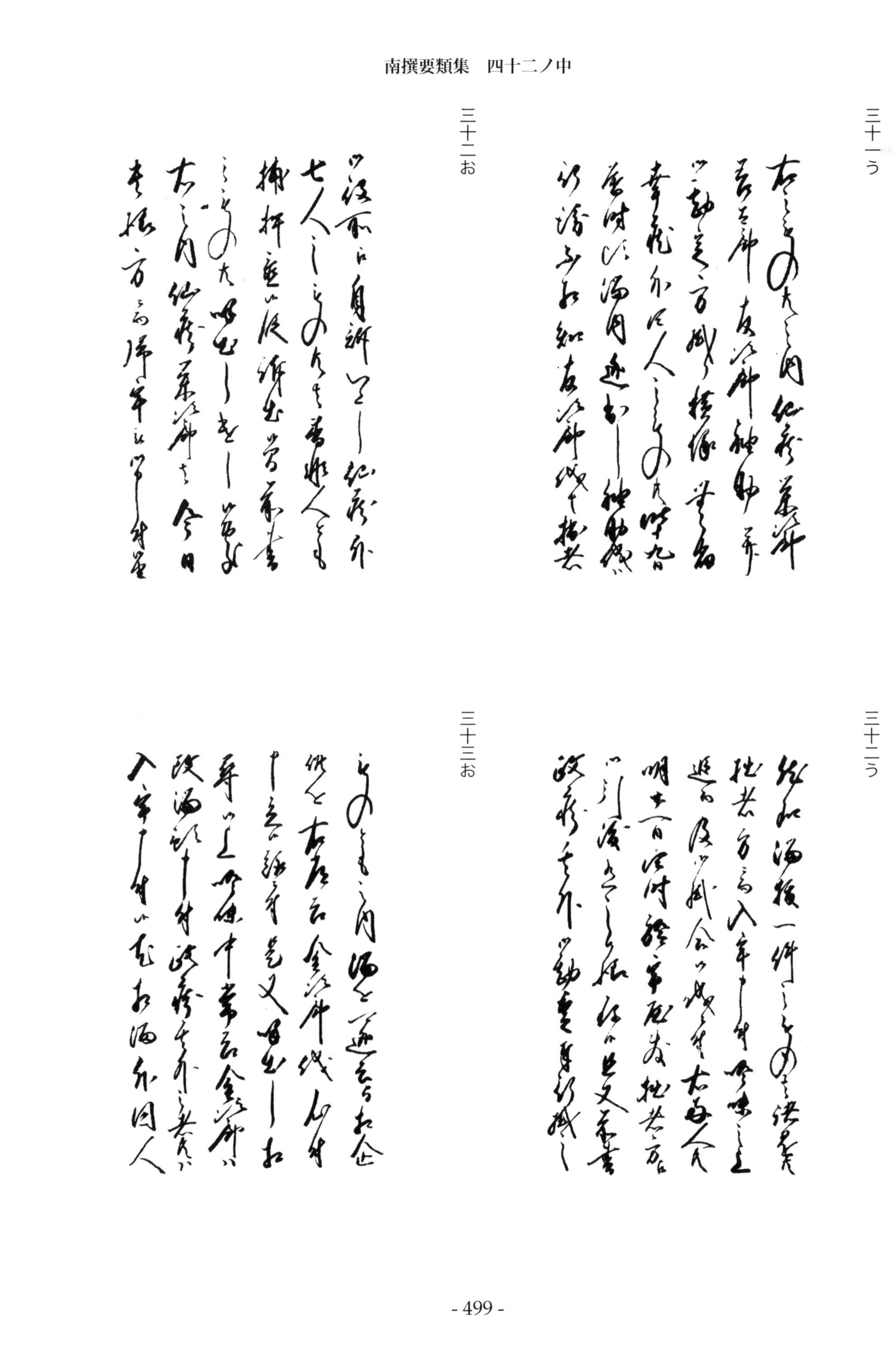

三十一う

三十二お

三十二う

三十三お

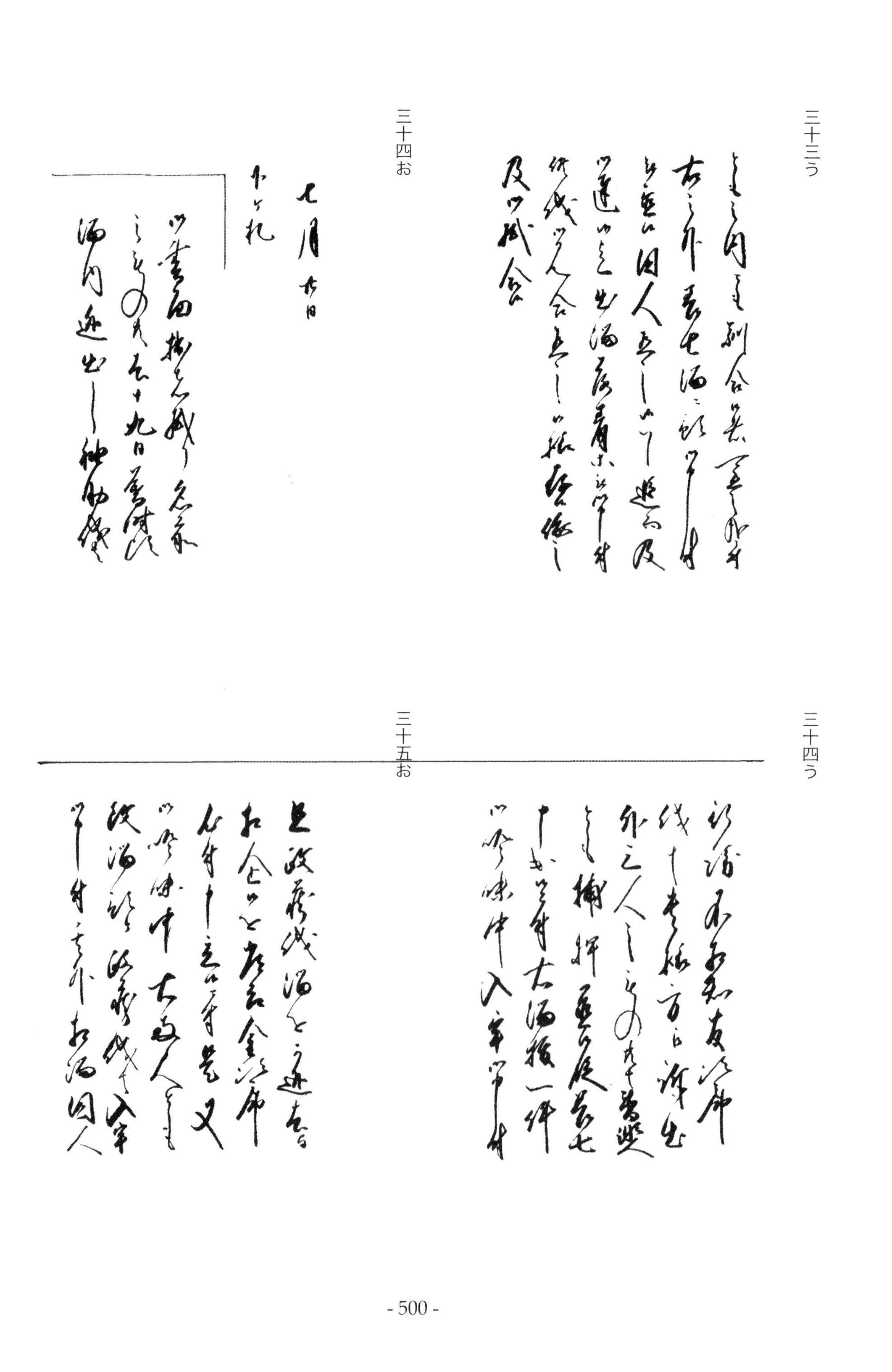

三十三ウ

三十四オ

三十四ウ

三十五オ

三十五う

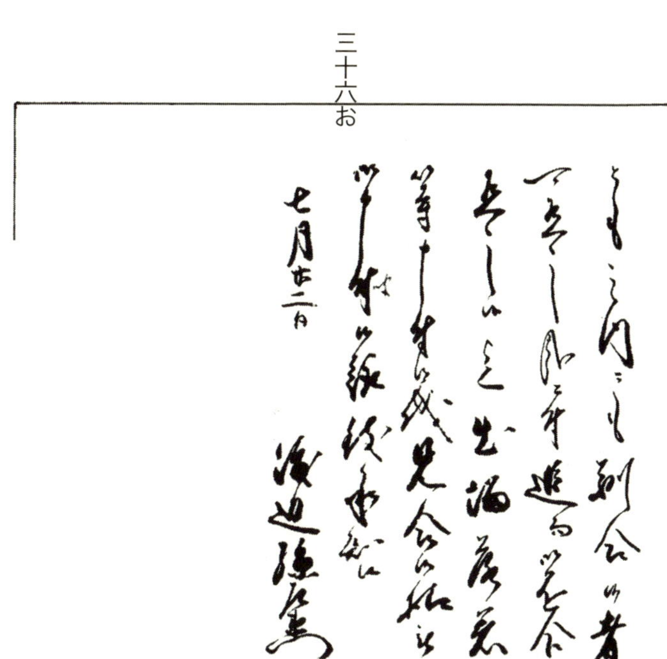

三十六お

三十六う

三十七お

三十七う

三十八お

三十八う

三十九お

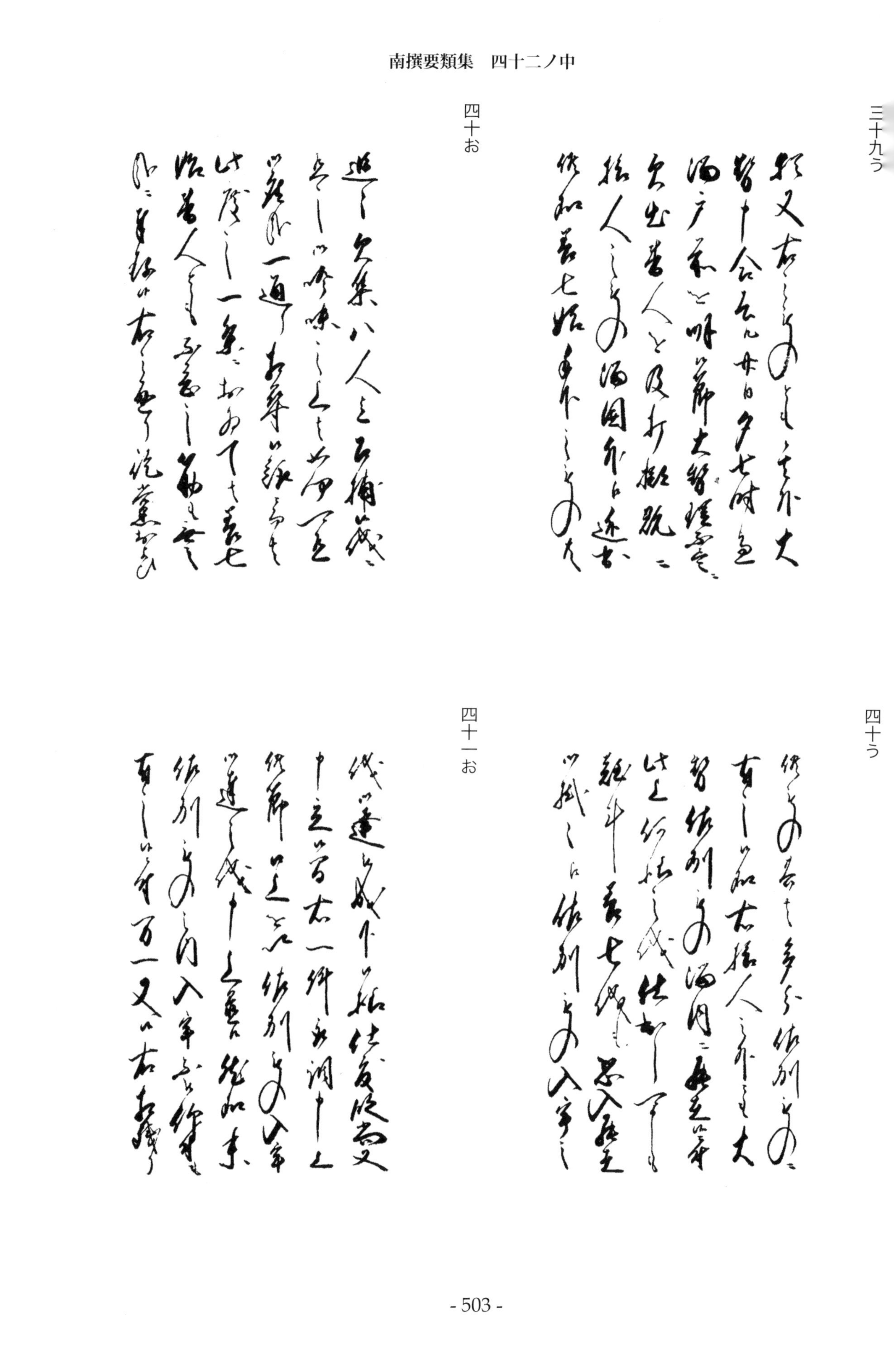

三十九う

四十お

四十う

四十一お

四十一う

四十二お

四十二う

四十三お

四十三う

四十四お

四十四う

四十五お

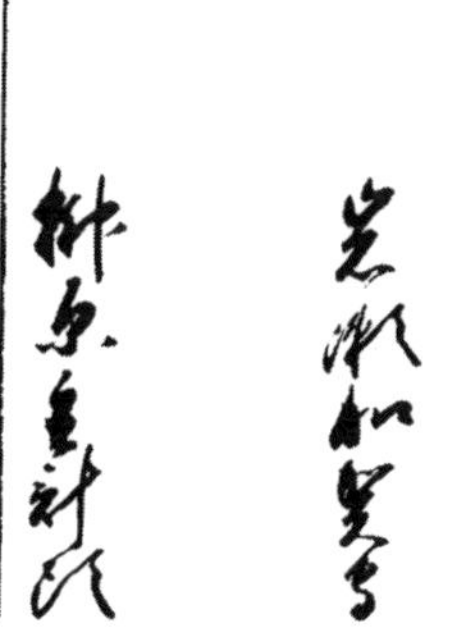

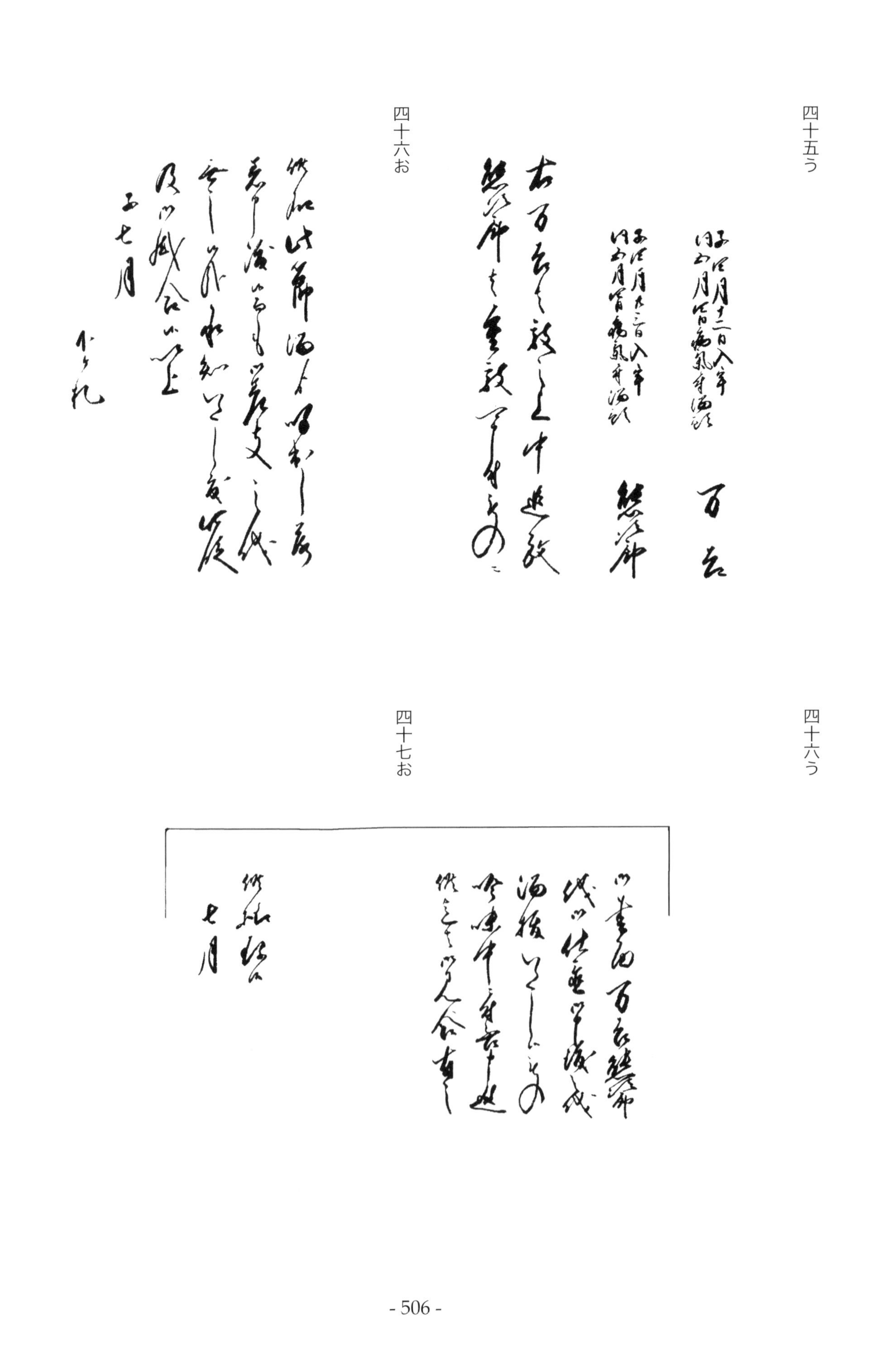

四十五う

四十六お

四十六う

四十七お

四十七う

四十八お

四十八う

四十九お

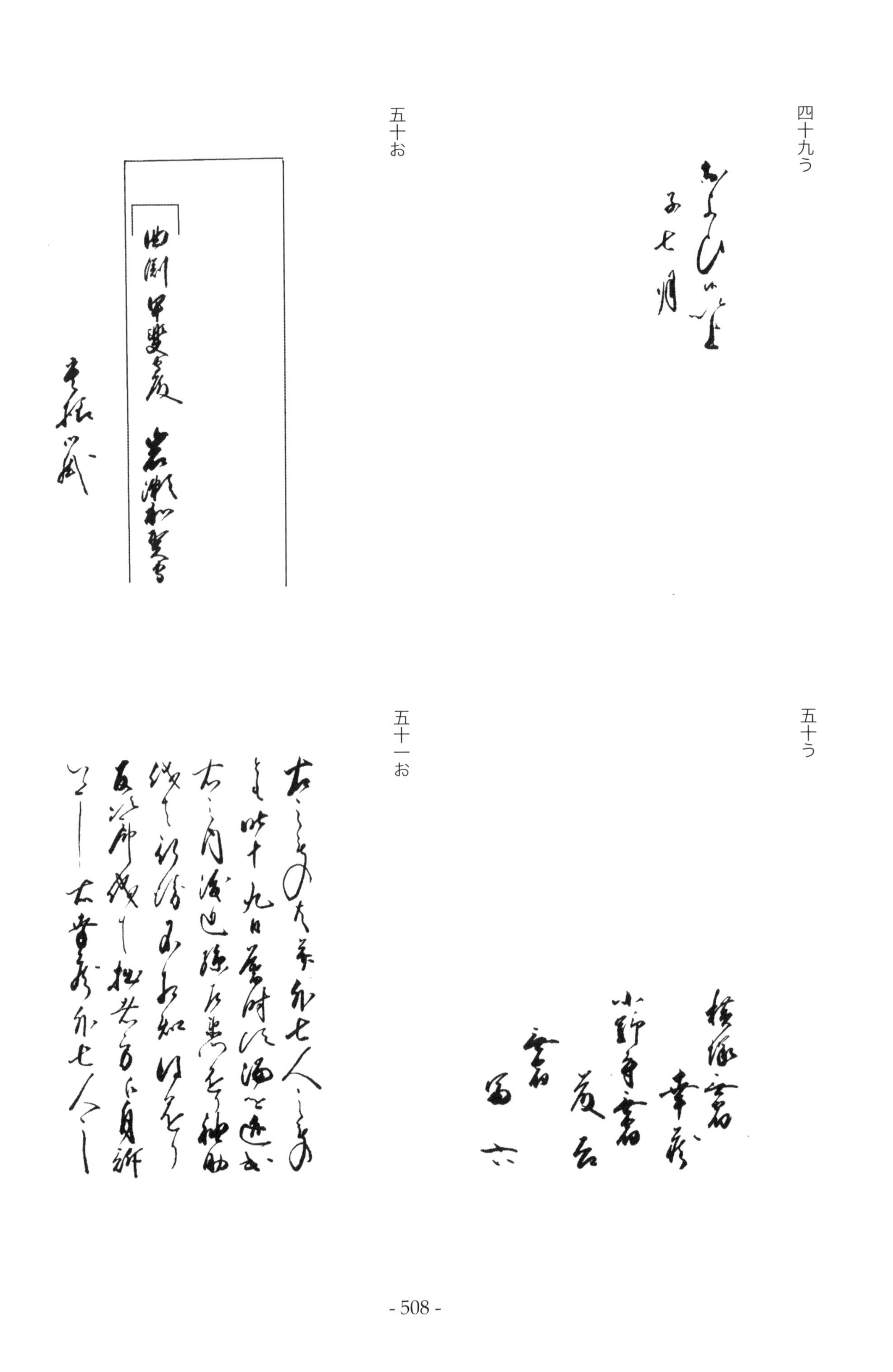

四十九う

五十お

五十う

五十一お

五十一う

五十二お

五十二う

五十三お

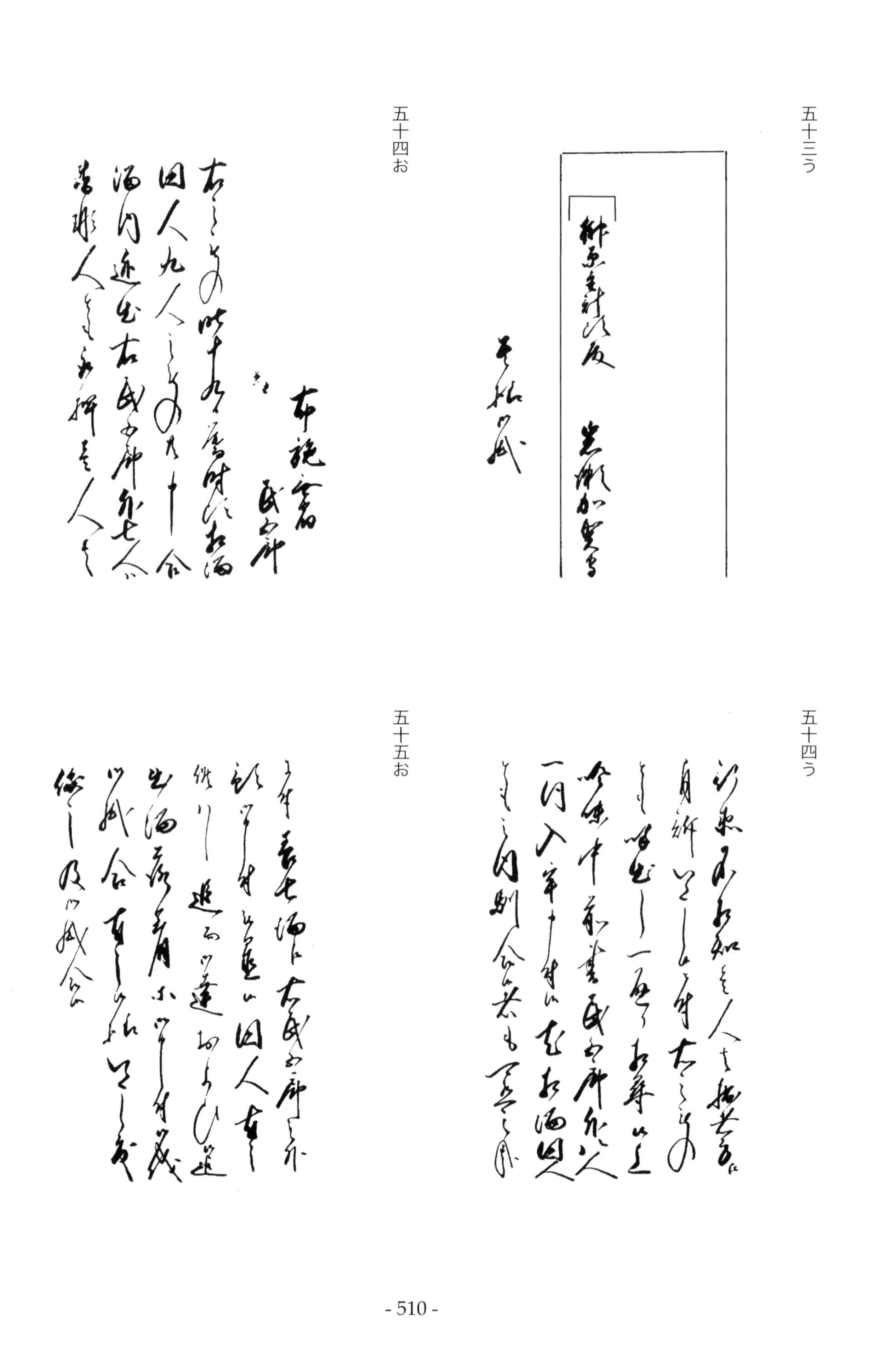

五十三う

五十四お

五十四う

五十五お

五十五う

七月

五十六お

五十六う

五十七お

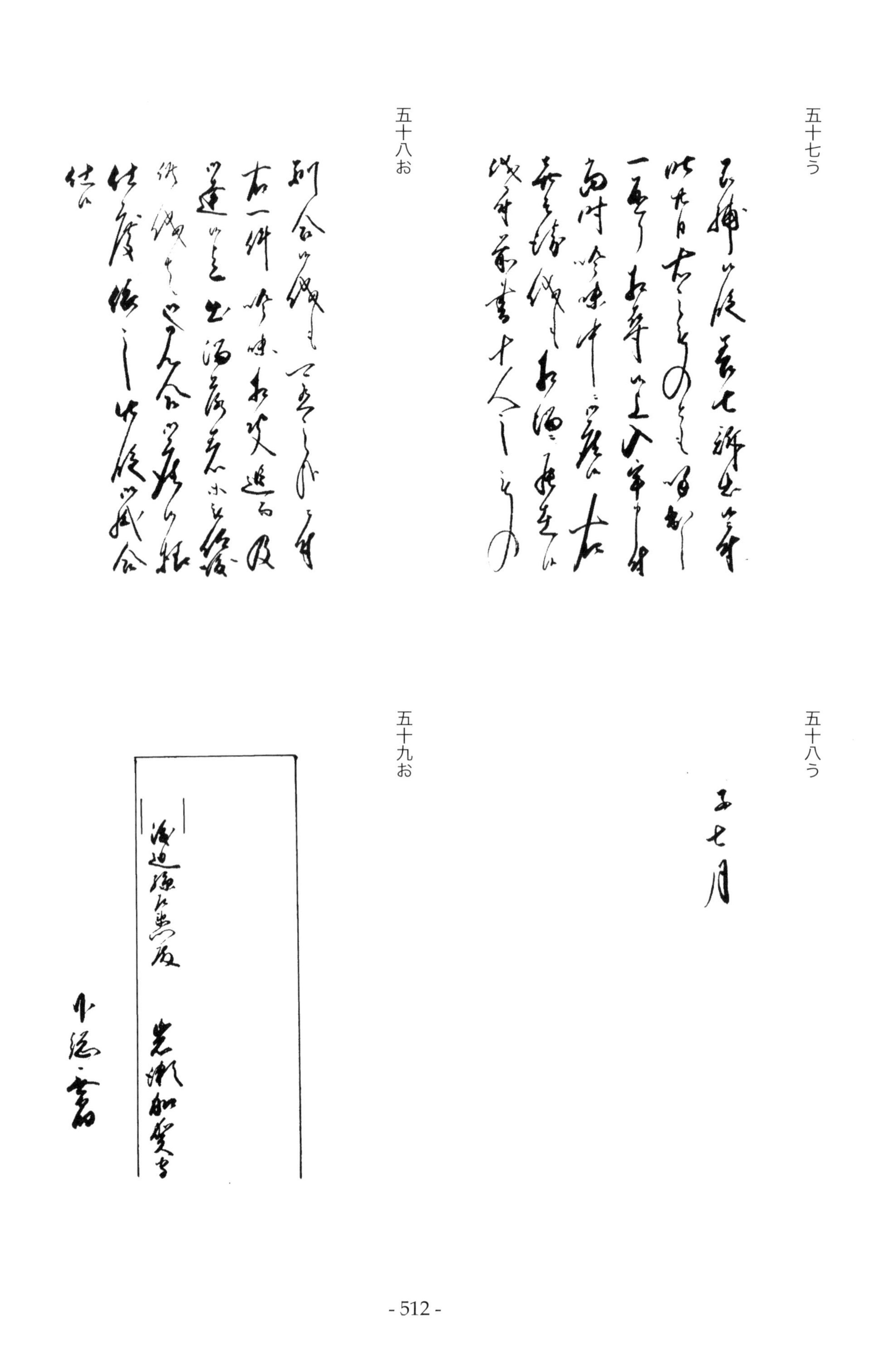

五十七う

五十八お

五十八う

五十九お

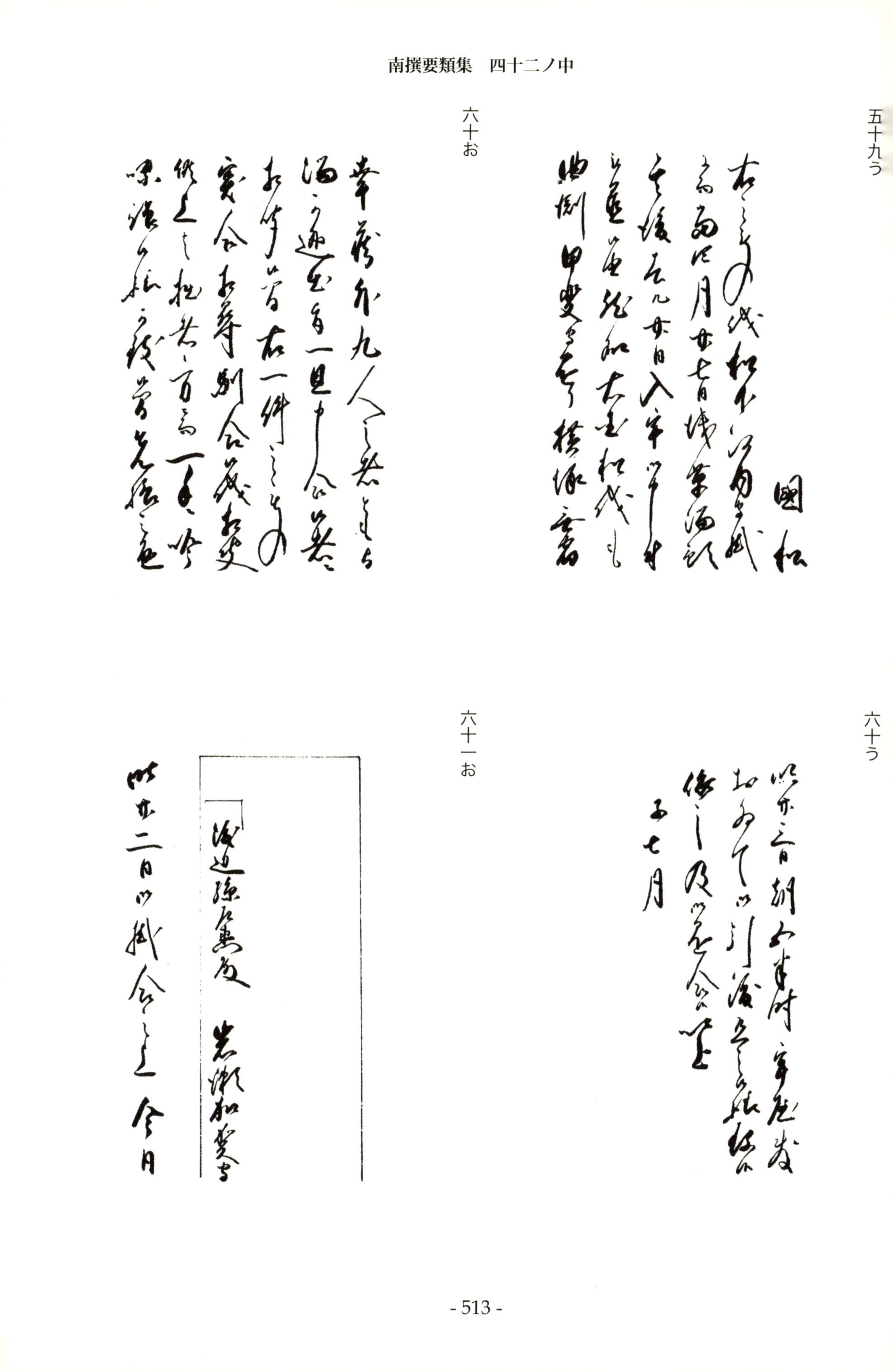

五十九う

六十お

六十う

六十一お

六十一う

六十二お

六十二う

六十三お

六十三う

六十四お

六十四う

六十五お

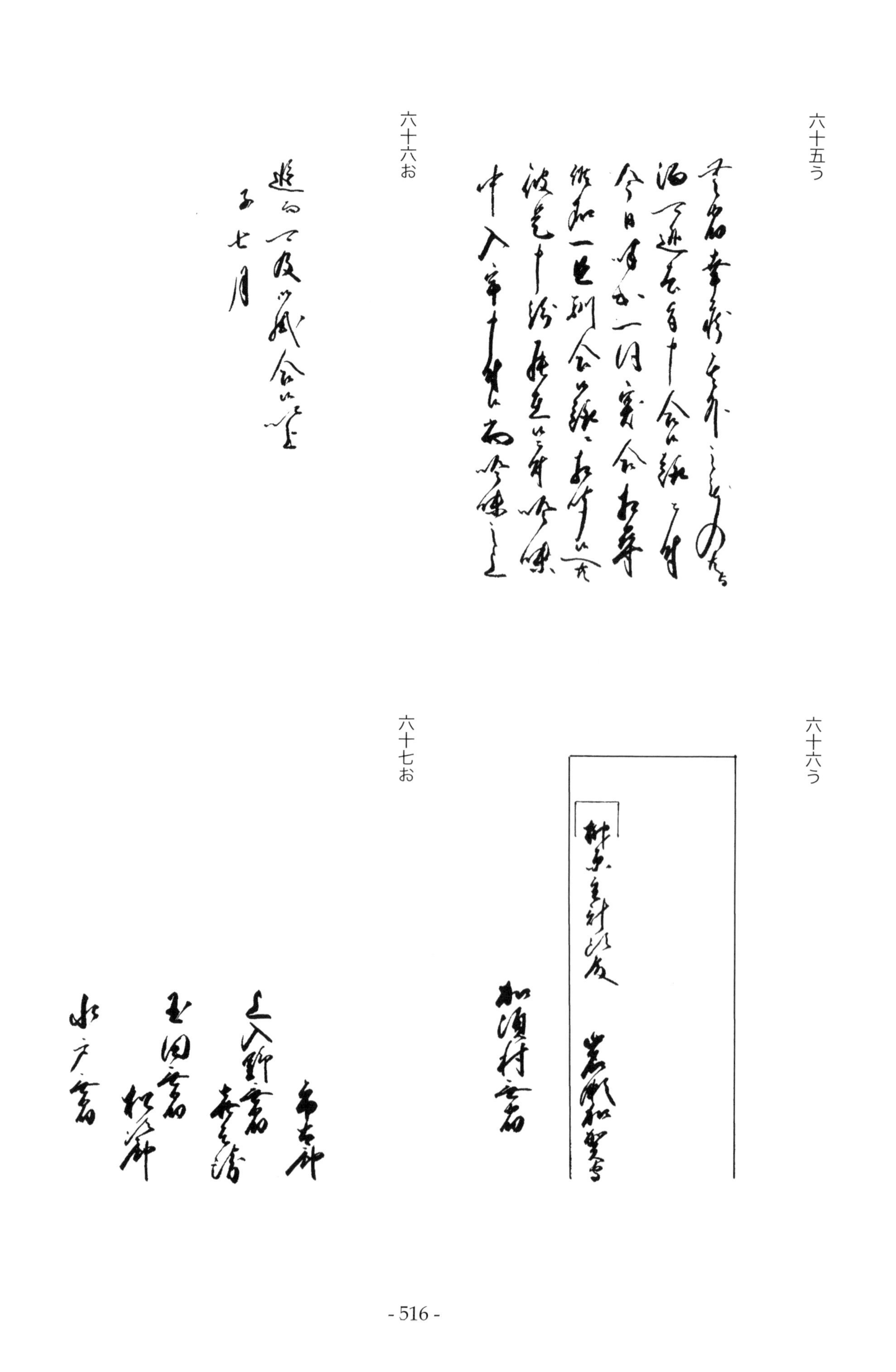

六十五う

六十六お

六十六う

六十七お

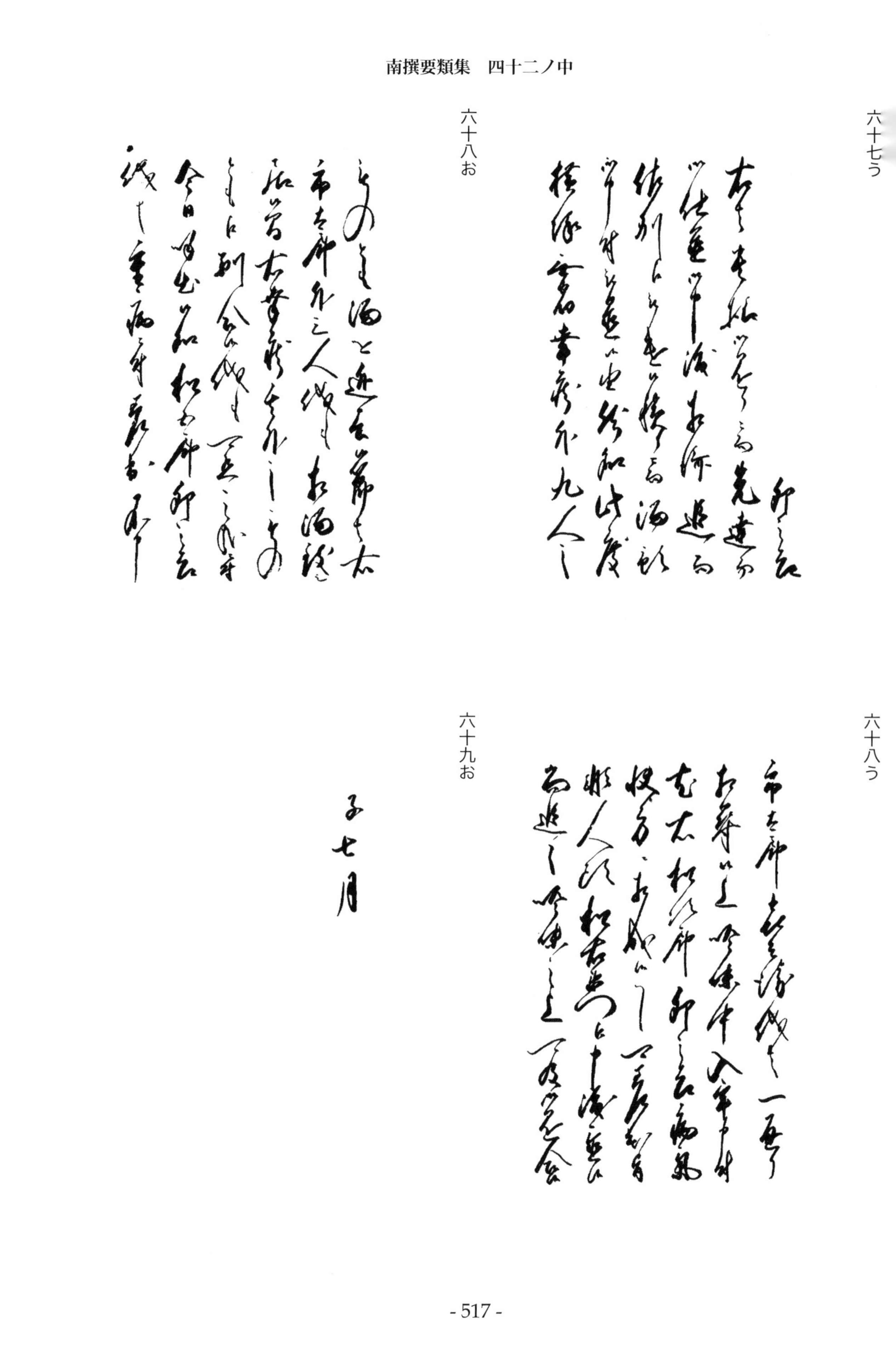

六十七う

六十八お

六十八う

六十九お

子七月

六十九う

七十お

七十う

七十一お

七十一う

七十二お

七十二う

七十三お

七十三う

七十四お

七十四う

七十五お

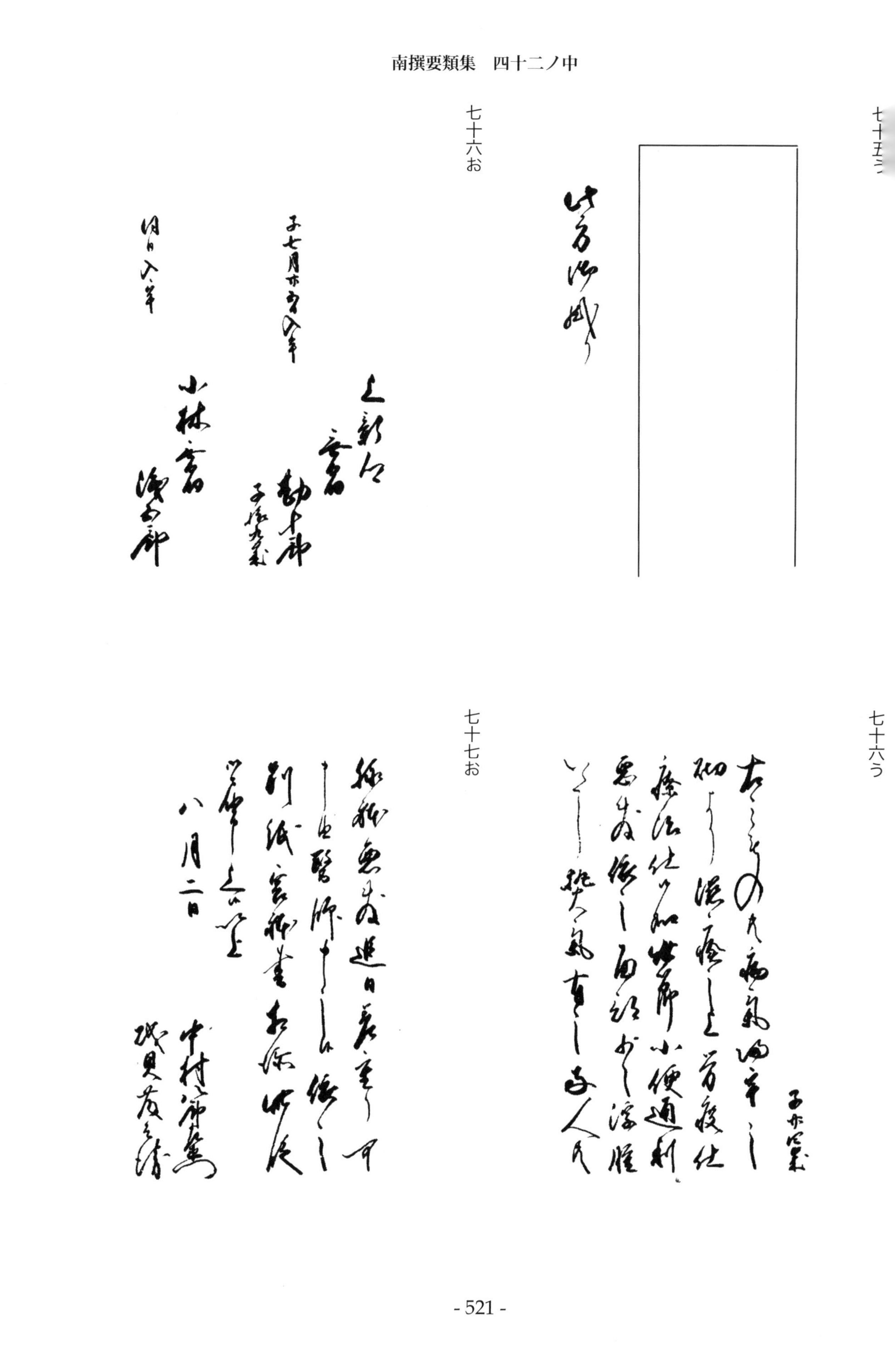

七十五う

七十六お

七十六う

七十七お

七十七う

七十八お

七十八う

七十九お

七十九う

八十お

八十う

八十一お

八十一う

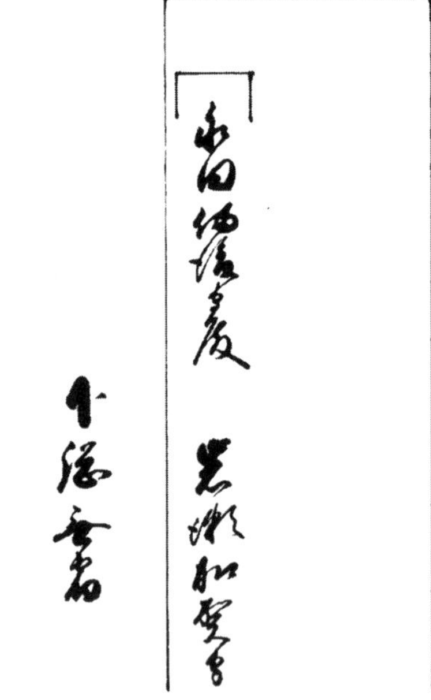

八十二お

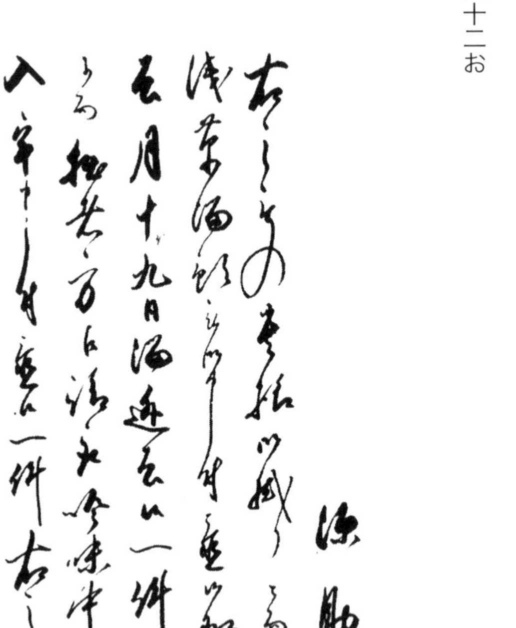

八十二う

八十三お

八十三う

八十四お

八十四う

八十五お

八十五う

八十六お

八十六う

八十七お

八十七う

当時吟味中ニ而御預ケ一件
ニ付差遣申候
小沢斎宮
園松
此者去戌春実父小沢斎宮
与力部名前ニ而当場近在

八十八お

候由ニ而又ハ小沢退去之上長
脇差を帯シ町抑候由ニ有
之候シ又も羽織し候儀も
有之ニ付小沢之悴兵三郎
安倉村ニ而松平河内守領分
之もの召捕ニ相成同村庄屋ゟ

八十八う

当陣ニ而同所ニ而召捕候而
之し出候庵下ニ而自害
仕損シ雑村方庄屋秋
候而及落命ニ拘りも含し付
河内守陣屋ニ而召捕同村
庄屋共添遣候役人

八十九お

ニ付御預ケ中ニ付差出候方ニ
御預当時吟味中ニ而御預
一件ニ付差遣申候
一　之別斎宮浪人今川敷負儀
右之松平持し候儀又
若以之し於有中之園松ニ

八十九う

[illegible]

九十お

[illegible]

九十う

[illegible]

九十一お

[illegible]

九十一う

九十二お

九十二う

九十三お

九十三う

九十四お

九十四う

九十五お

九十五う

九十六お

九十六う

九十七お

九十七う

九十八お

九十八う

九十九お

裏表紙

表表紙

表表紙う

一お

南撰要類集　第四十二　下

二お

小溝布施

二う

[illegible]

三お

此田ニおゐて[illegible]日月

[illegible]

相馬郡布施村百姓

長[illegible]

一札[illegible]六ヶ年[illegible]

三う

四お

四う

五お

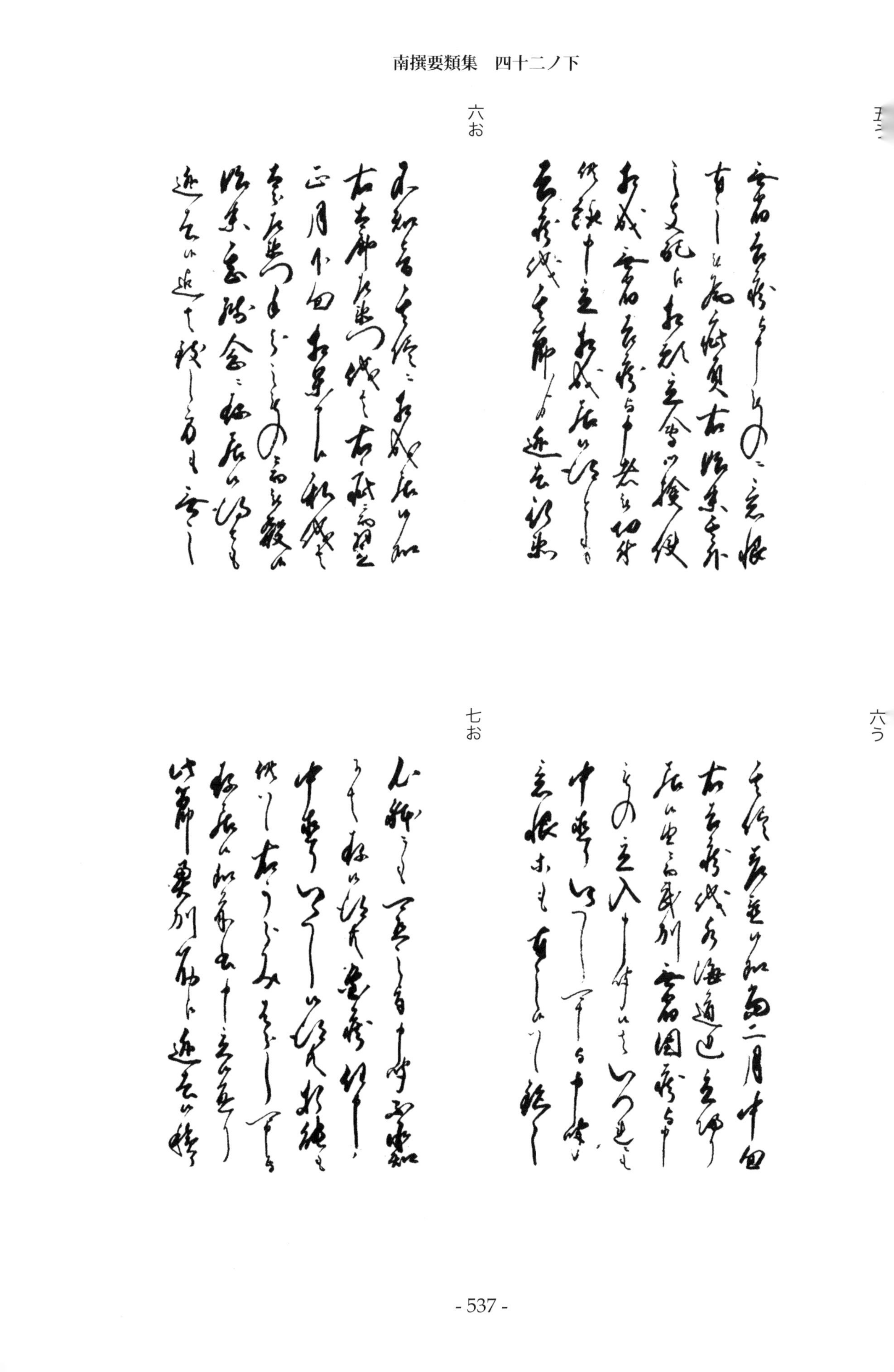

五う

六お

六う

七お

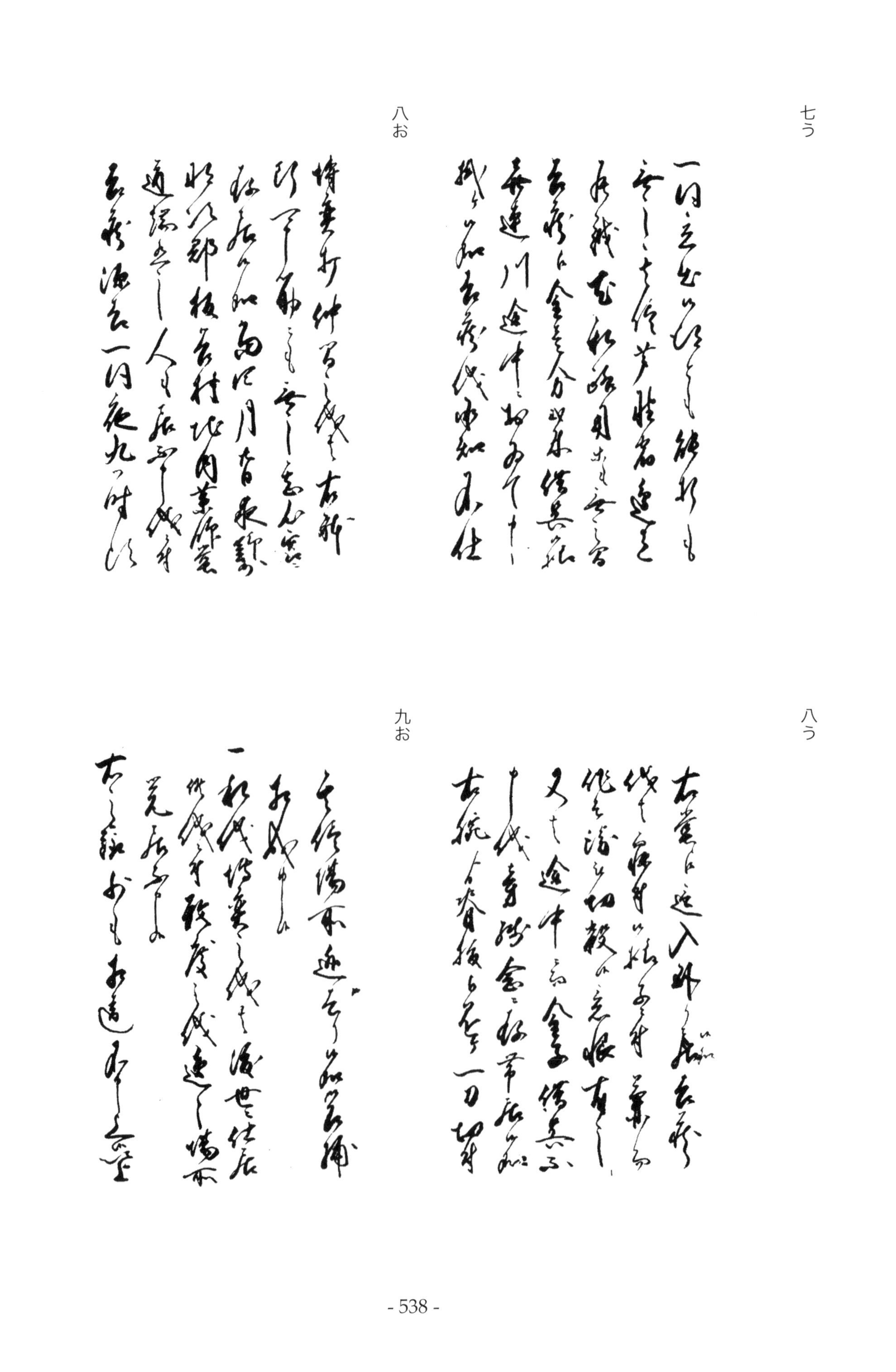

七う

八お

八う

九お

九う

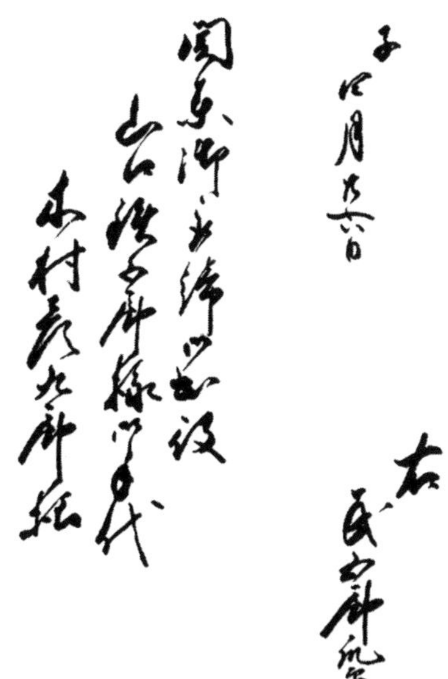

十お

十う

十一お

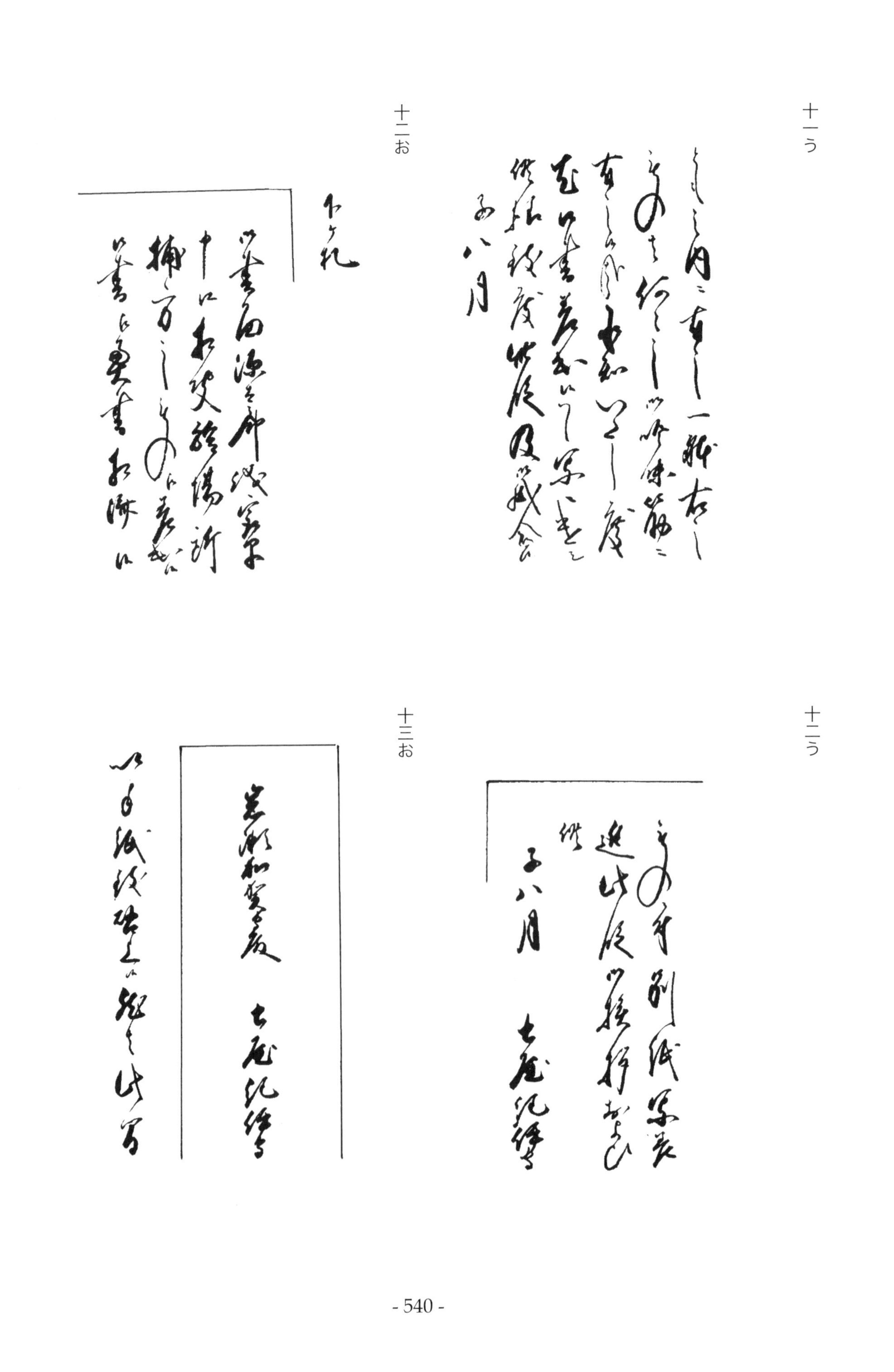

十一う

十二お

十二う

十三お

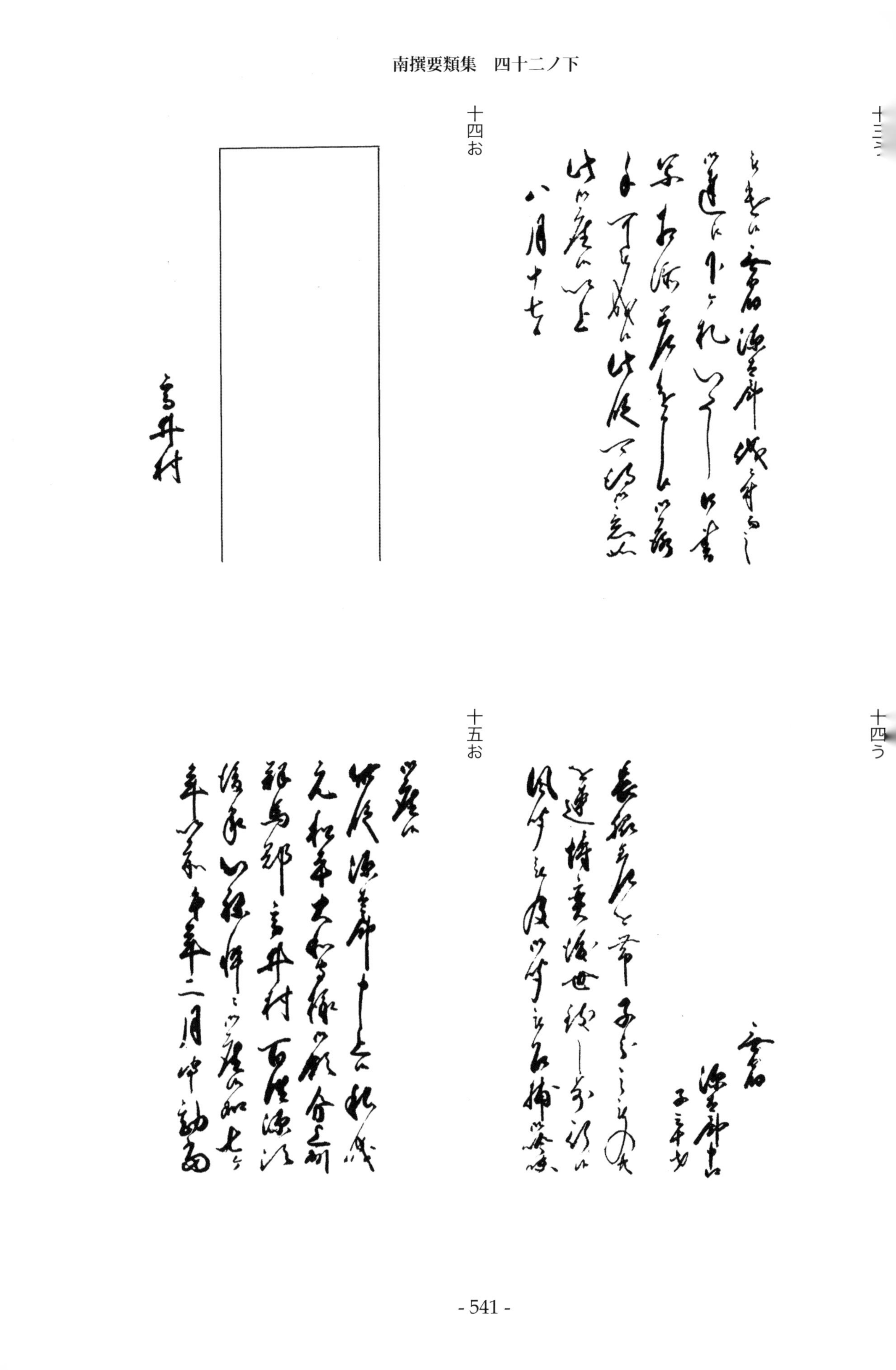

十三う

十四お

十四う

十五お

十五う

十六お

十六う

十七お

十七う

十八お

十八う

十九お

十九う

二十お

二十う

二十一お

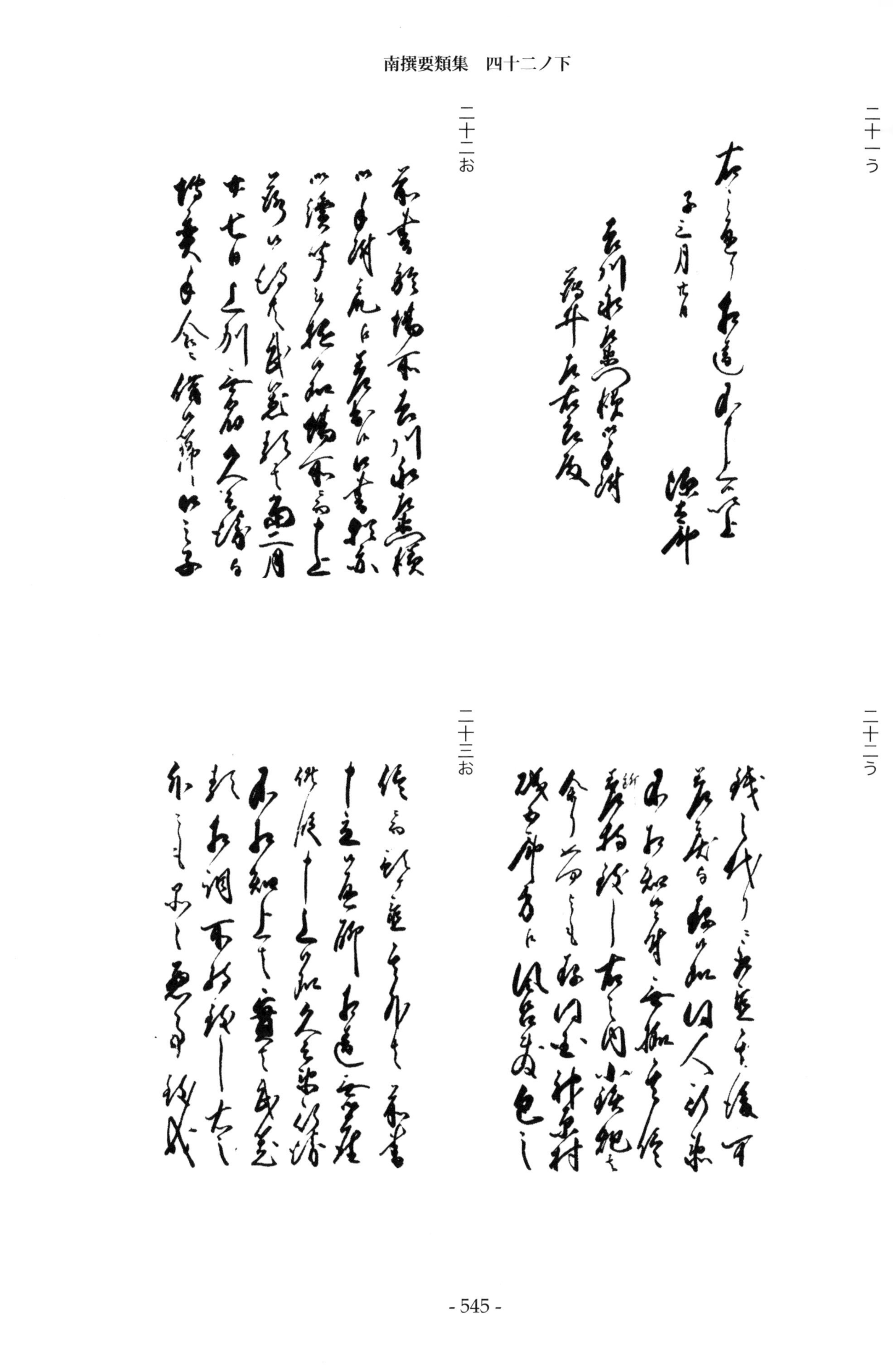

二十一う

二十二お

二十二う

二十三お

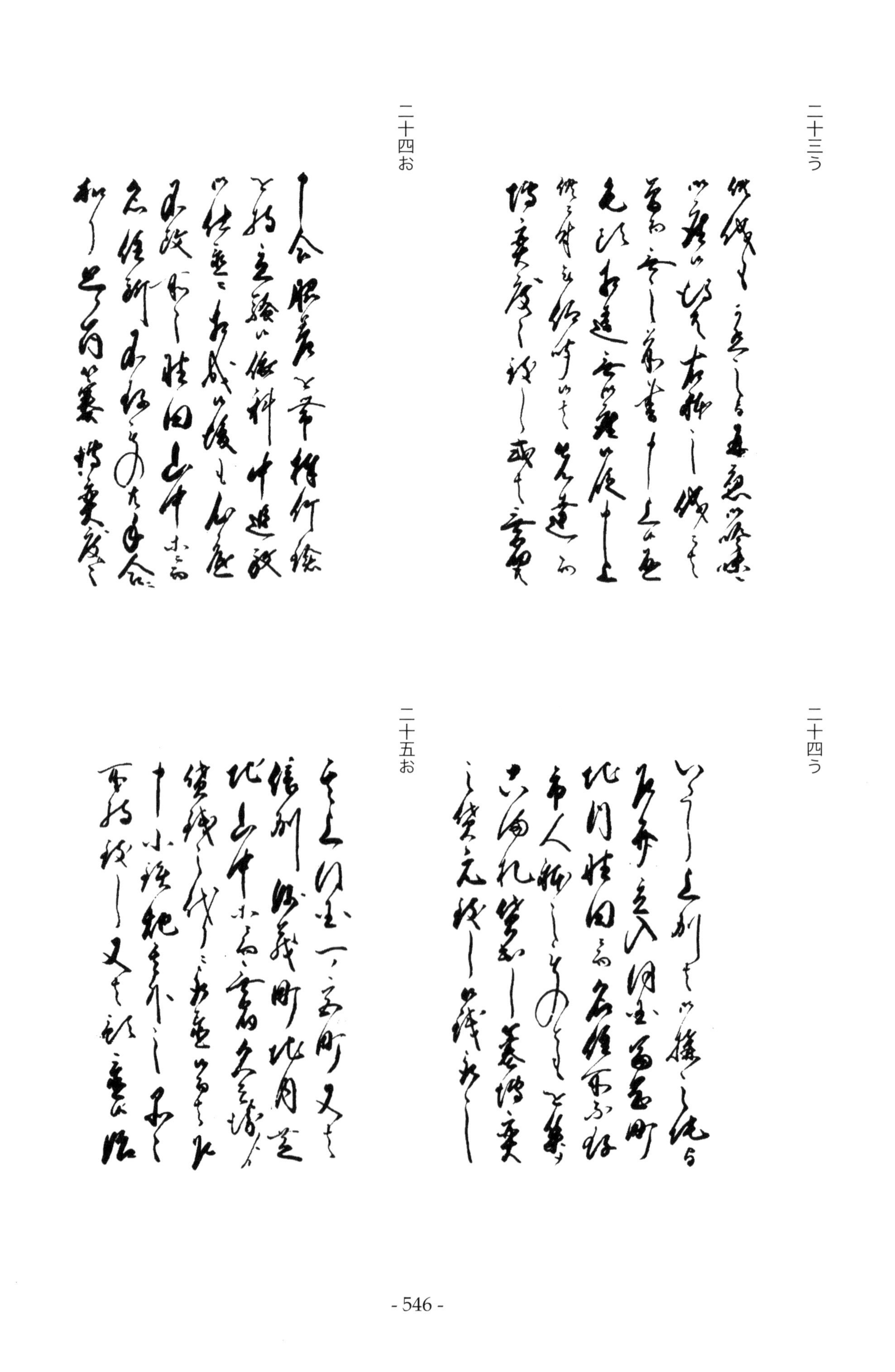

二十三う

二十四お

二十四う

二十五お

二十五う

二十六お

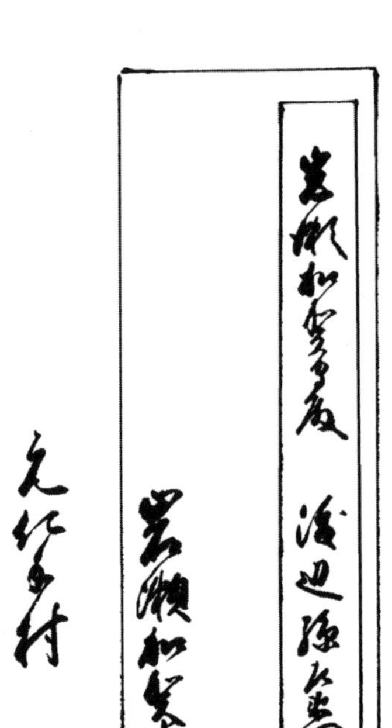

二十六う

二十七お

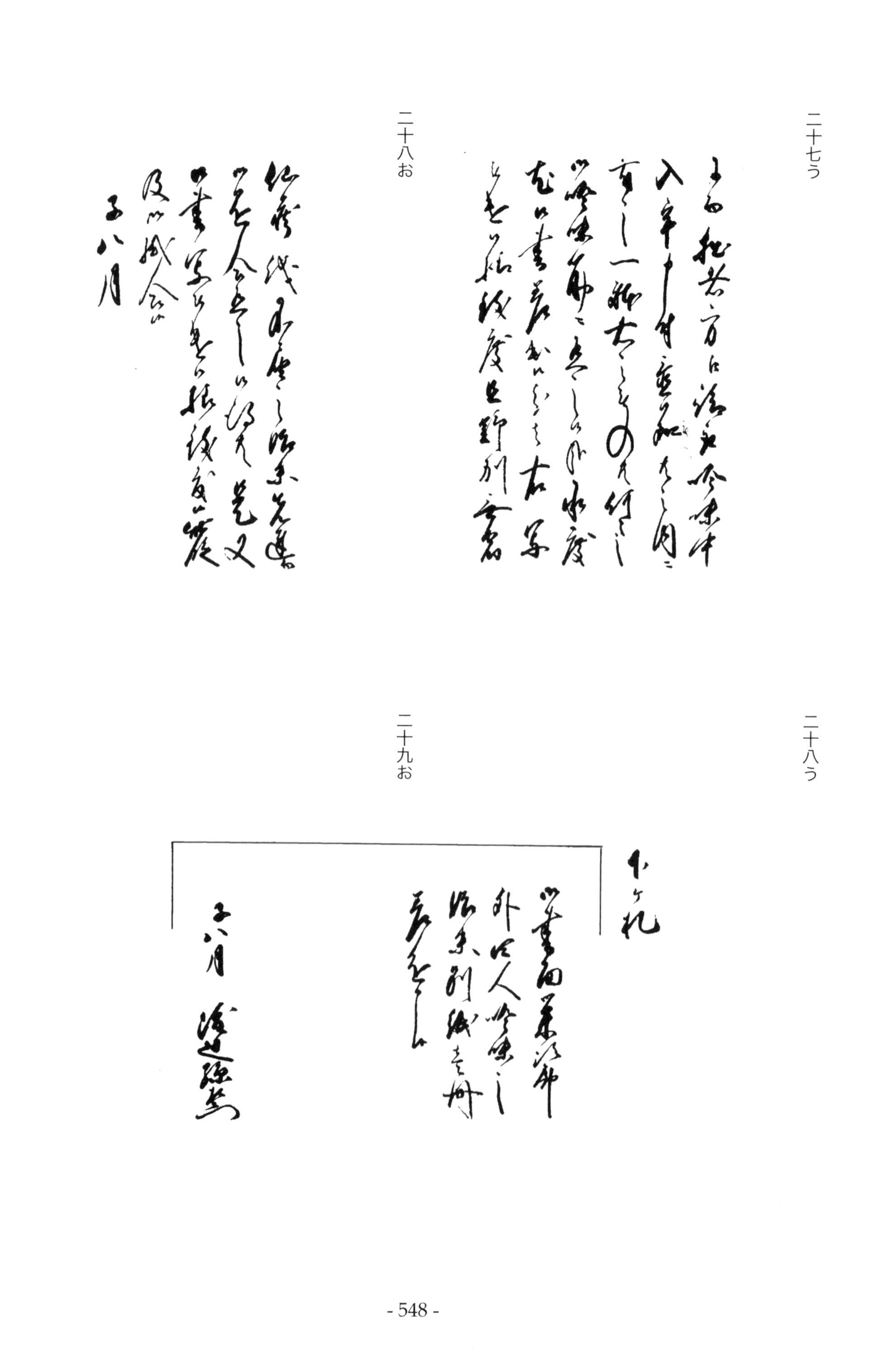

二十七う

二十八お

二十八う

二十九お

二十九う

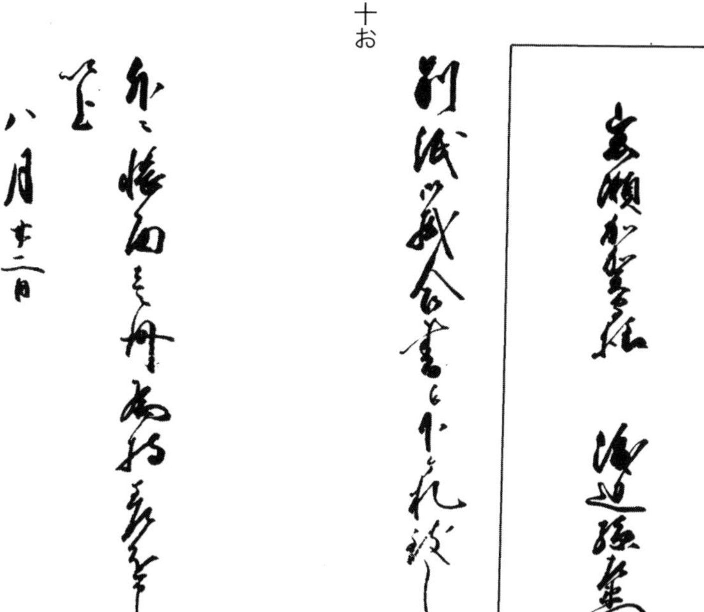

三十お

三十う

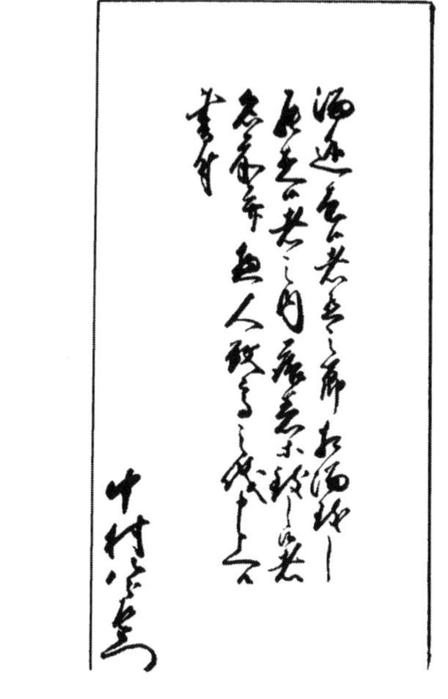

三十一お

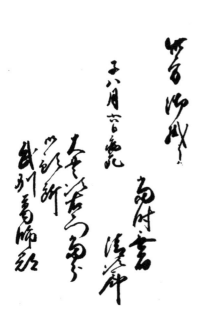

三十一う

三十二お

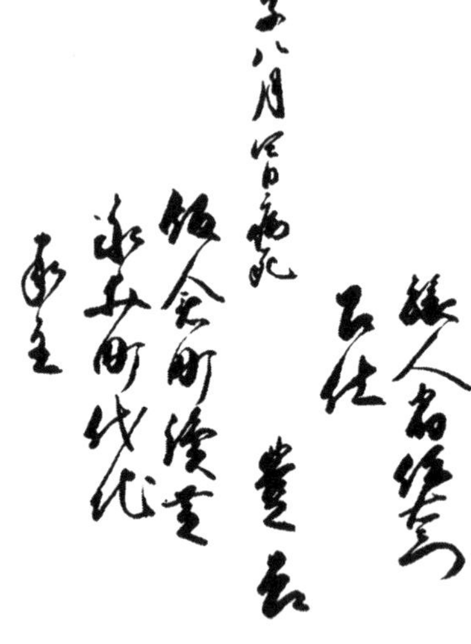

三十二う

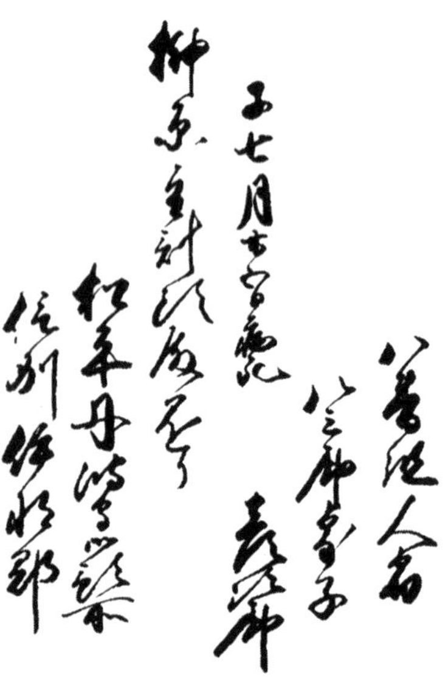

三十三お

三十三う

三十四お

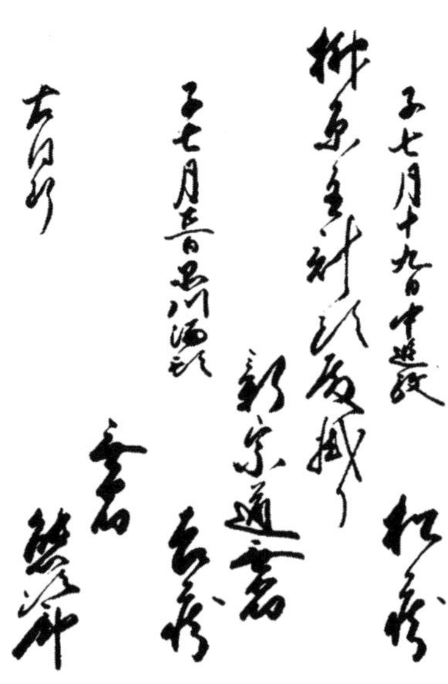

三十四う

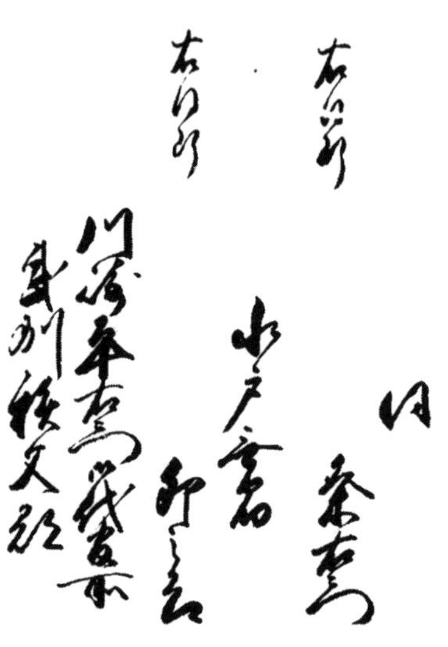

三十五お

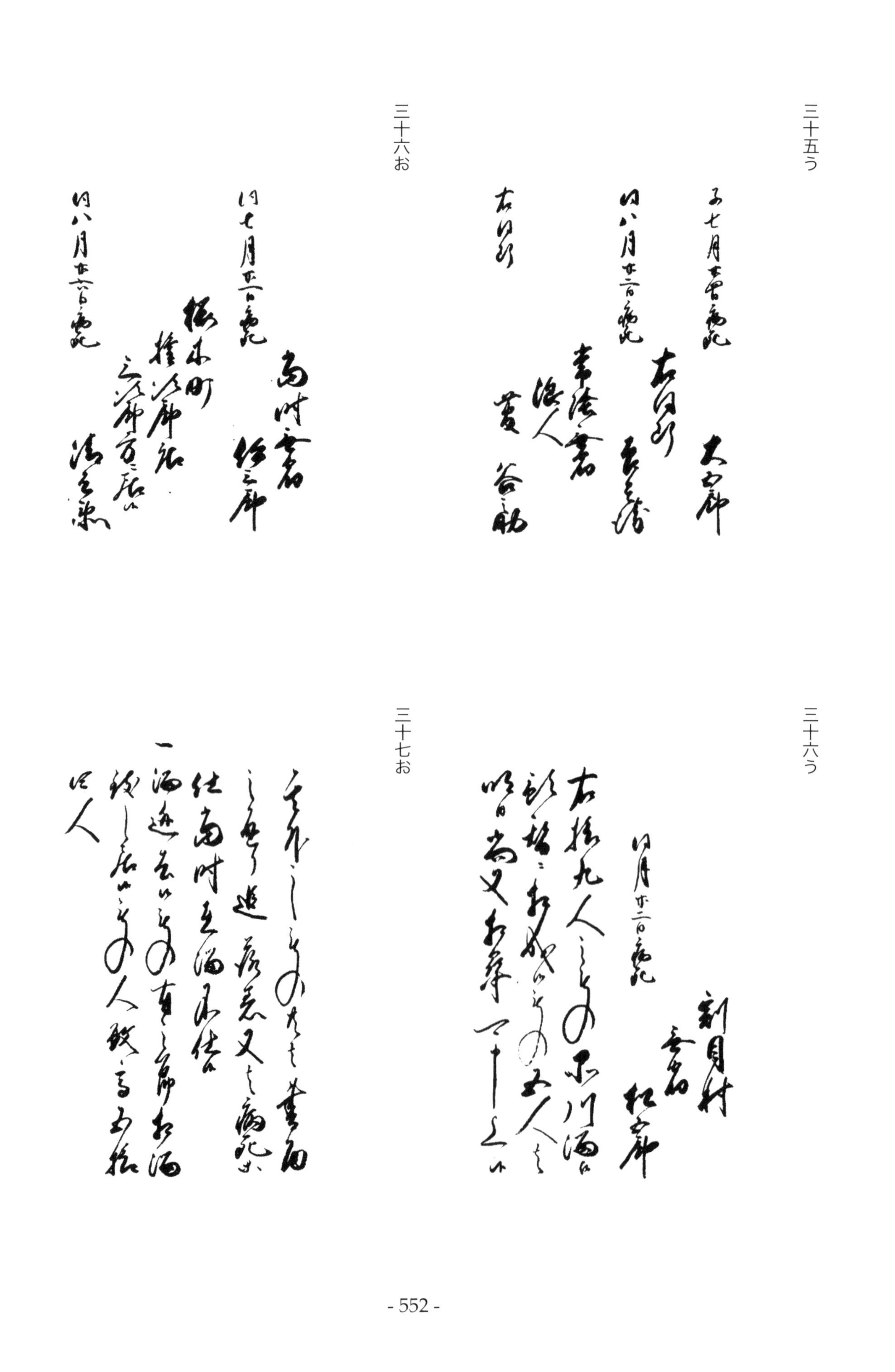

三十五う

三十六お

三十六う

三十七お

三十七う

三十八お

三十八う

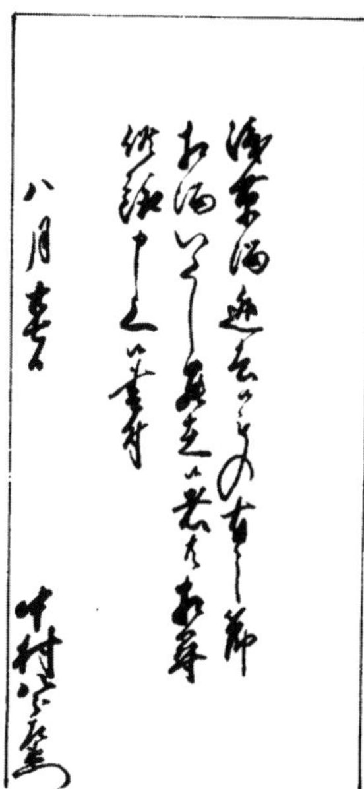

三十九お

三十九う

四十お

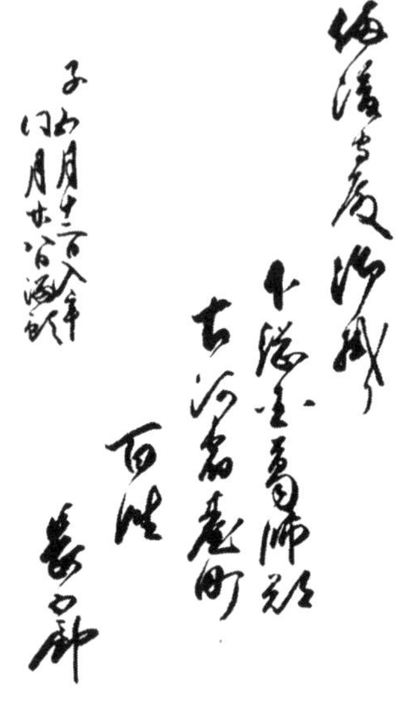

四十う

四十一お

四十一う

四十二お

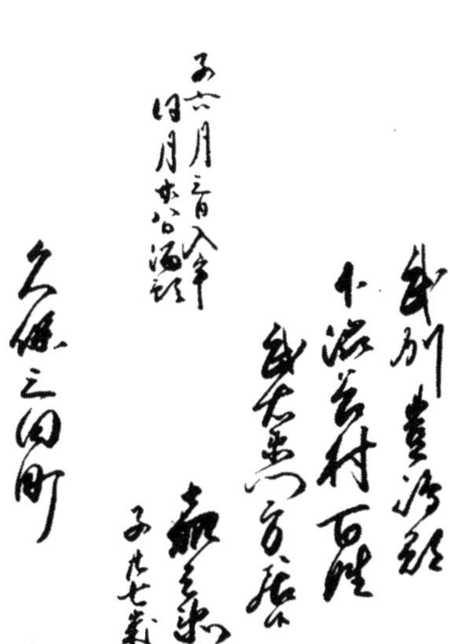

四十二う

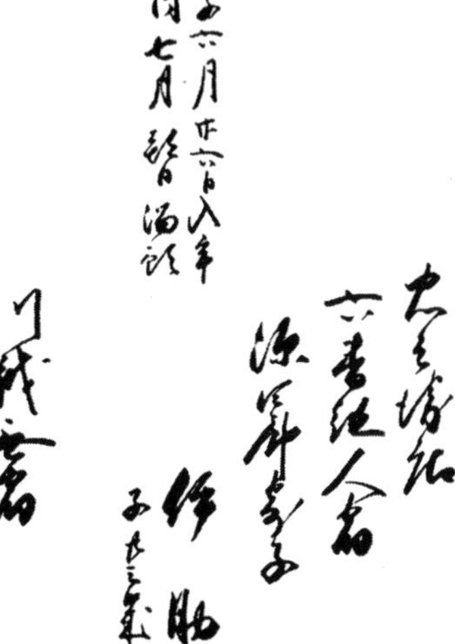

四十三お

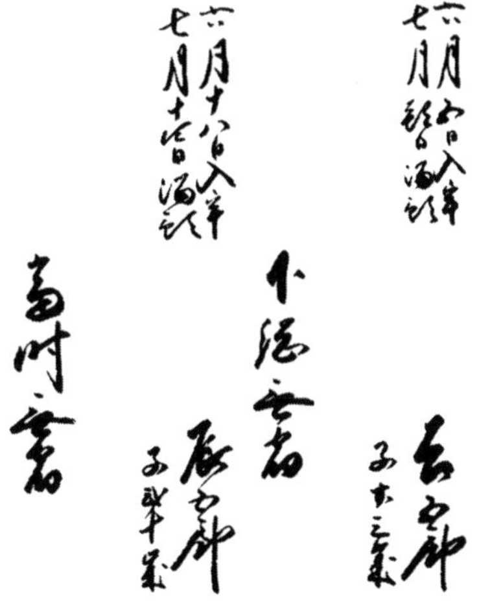

四十三う

四十四お

四十四う

四十五お

四十五う

四十六お

四十六う

四十七お

四十七う

四十八お

四十八う

四十九お

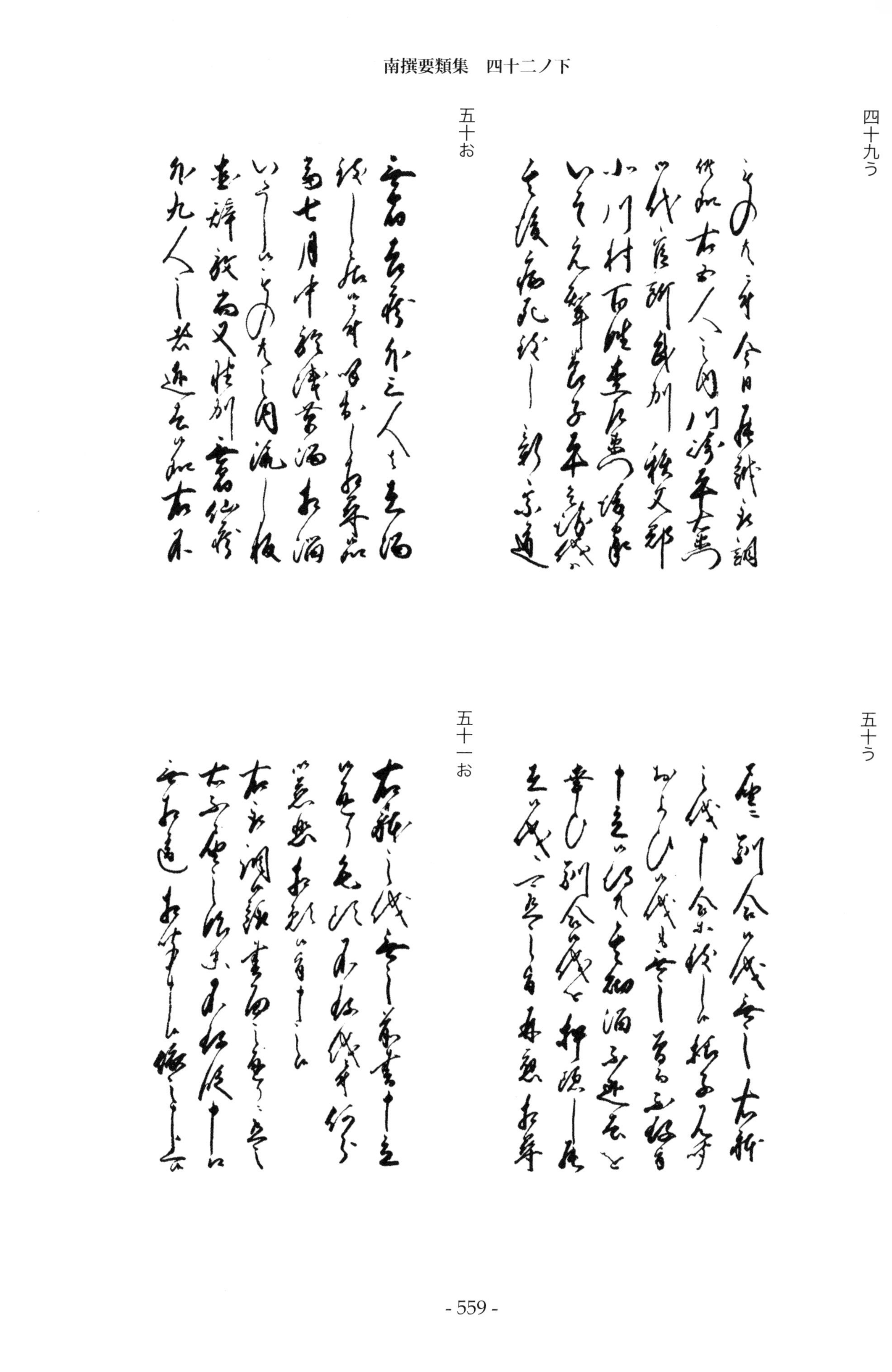

四十九う

五十お

五十う

五十一お

五十一う

五十二お

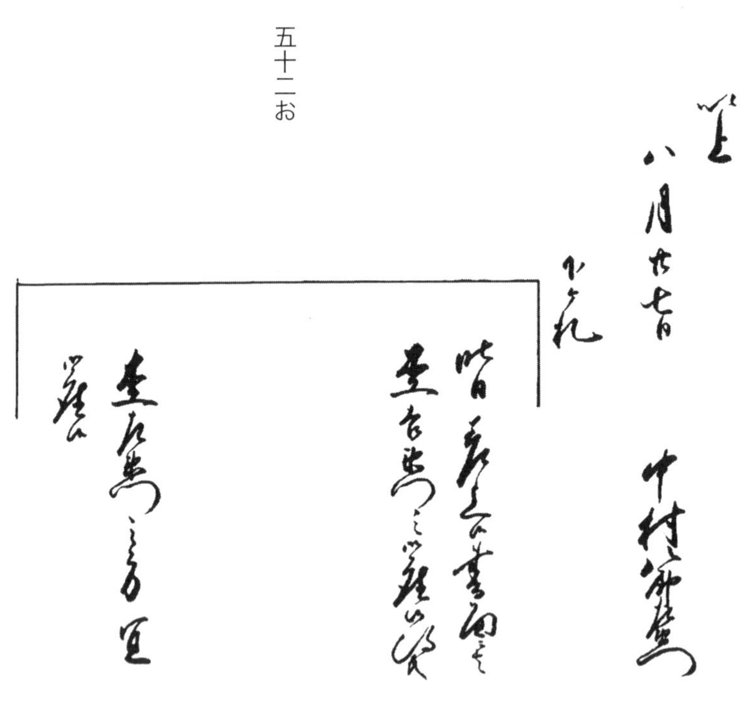

五十二う

五十三お

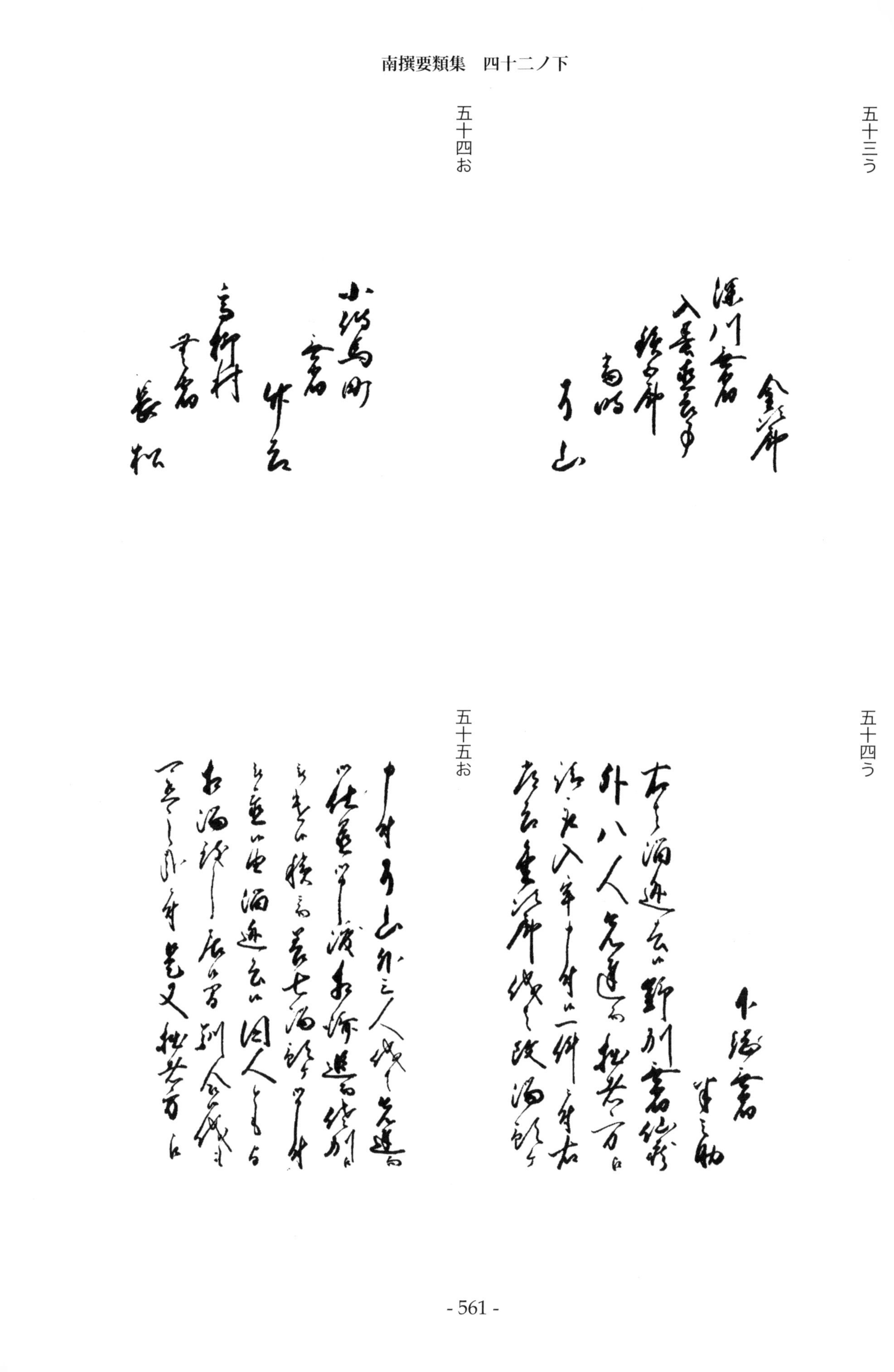

五十三う

五十四お

五十四う

五十五お

五十五う

五十六お

五十六う

五十七お

五十七う

五十八お

五十八う

五十九お

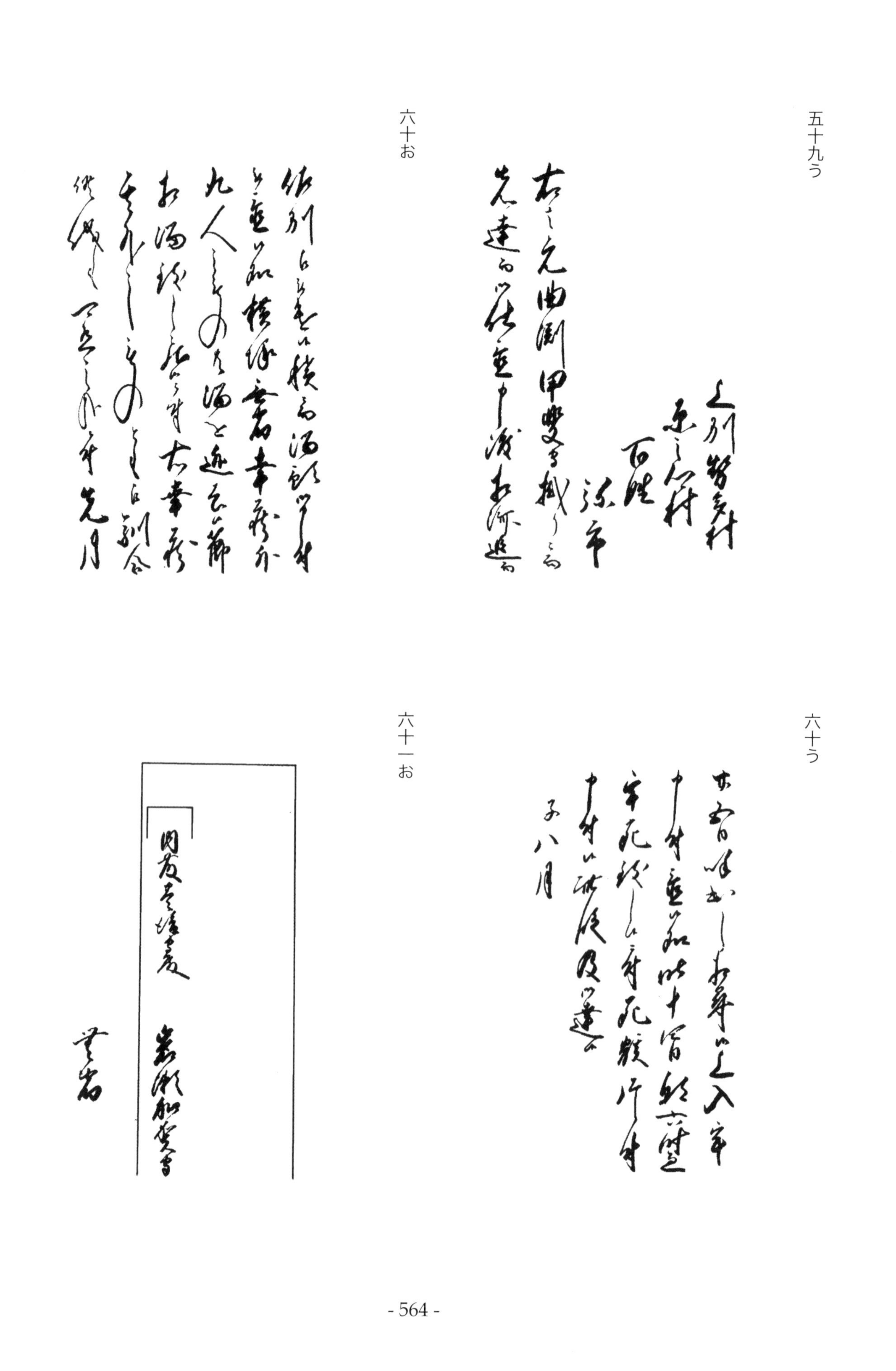

五十九う

六十お

六十う

六十一お

六十一う

六十二お

六十二う

六十三お

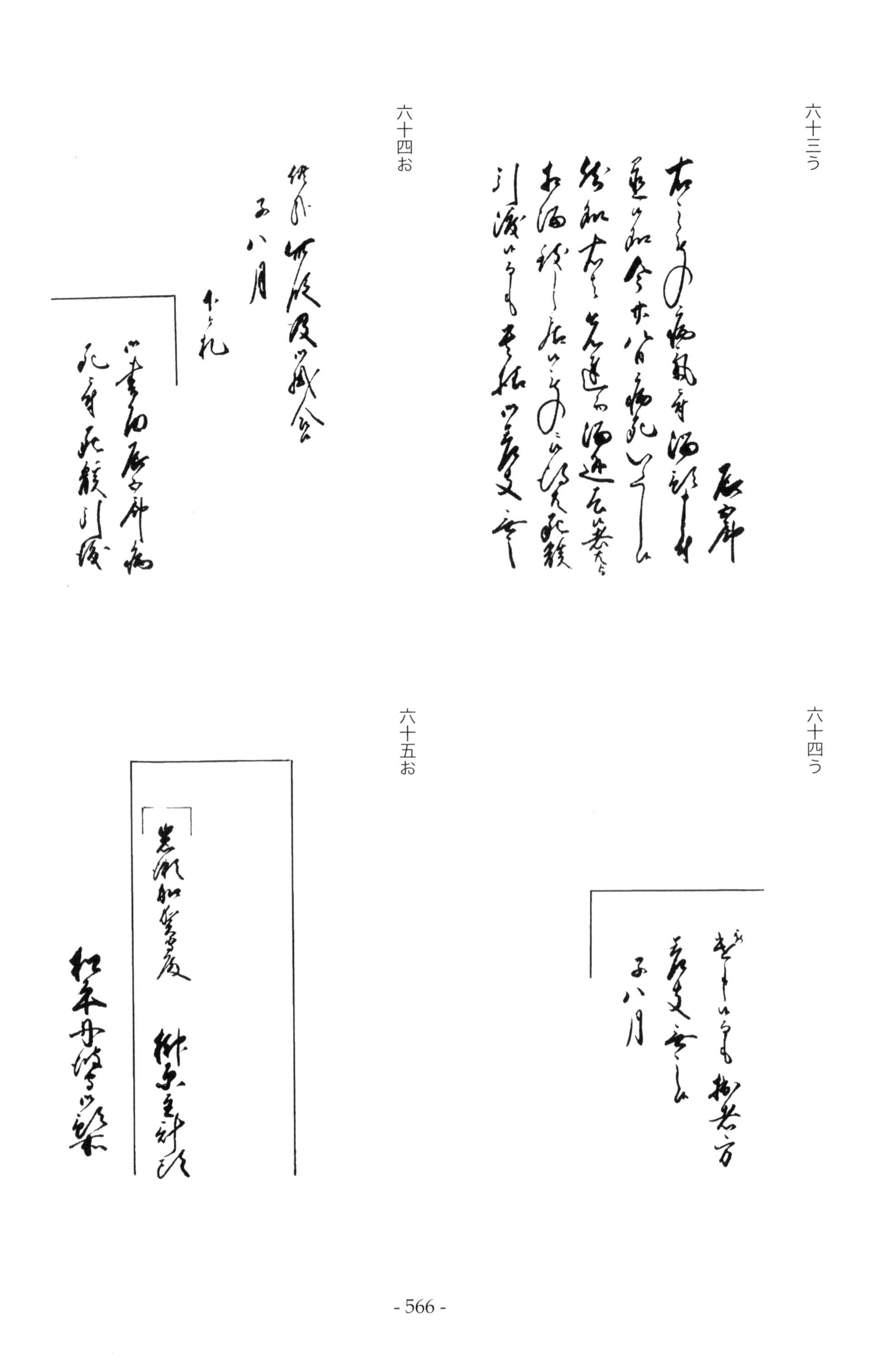

六十三う

六十四お

六十四う

六十五お

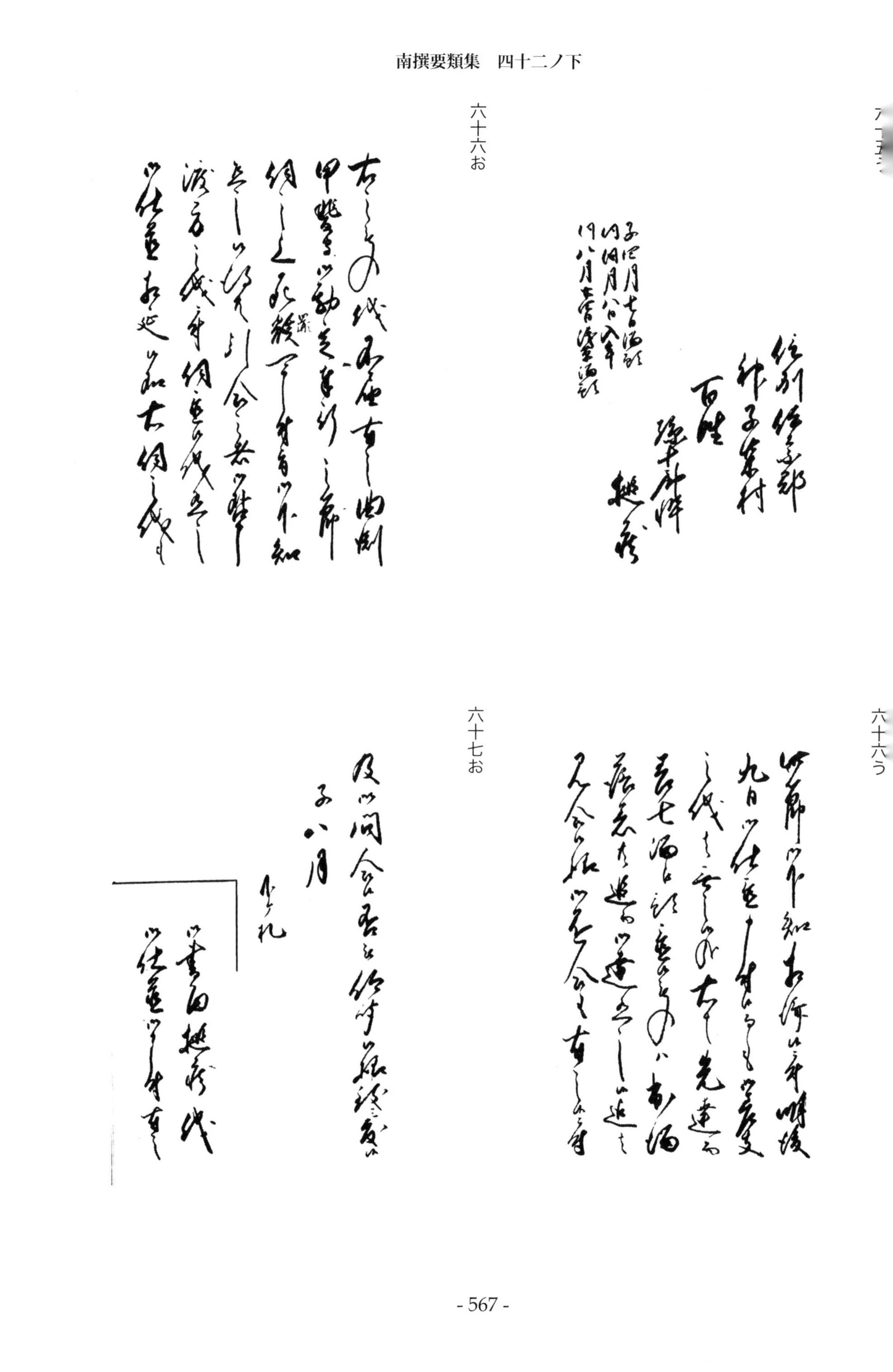

六十六お

六十六う

六十七お

六十七う

六十八お

六十八う

六十九お

七十お

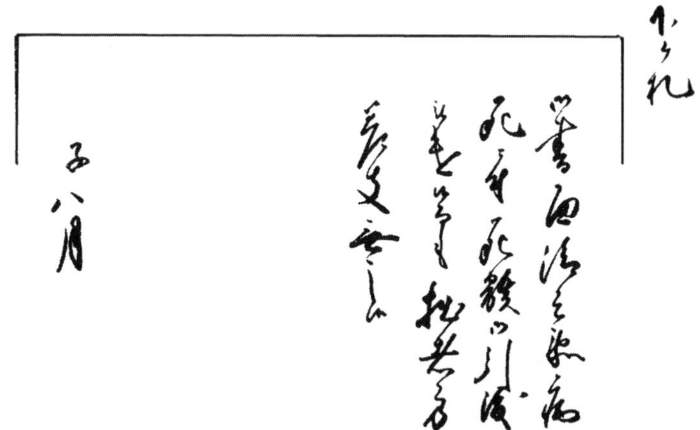

七十う

七十一お

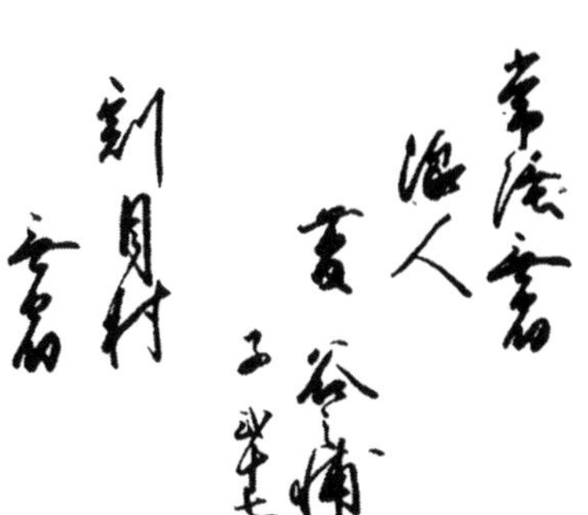

七十一う

七十二お

七十二う

七十三お

七十三う

七十四お

七十四う

七十五お

七十五う

七十六お

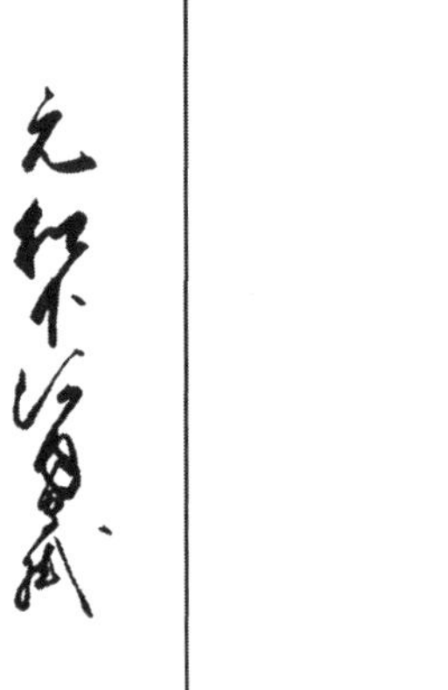

七十六う

七十七お

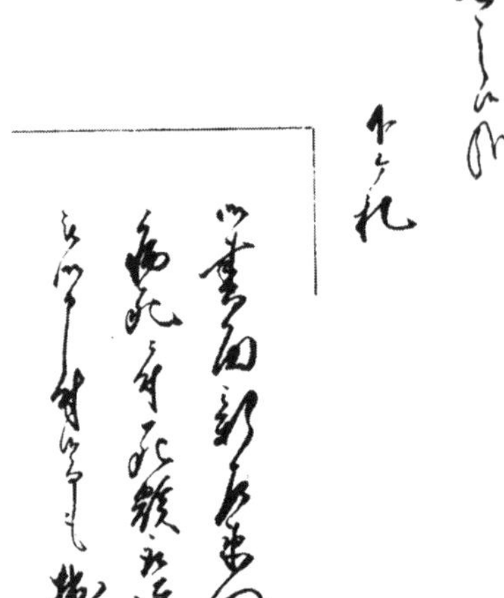

七十七う

子八月

七十八お

七十八う

子八月

七十九お

岩瀬加賀守

七十九う

八十お

八十う

八十一お

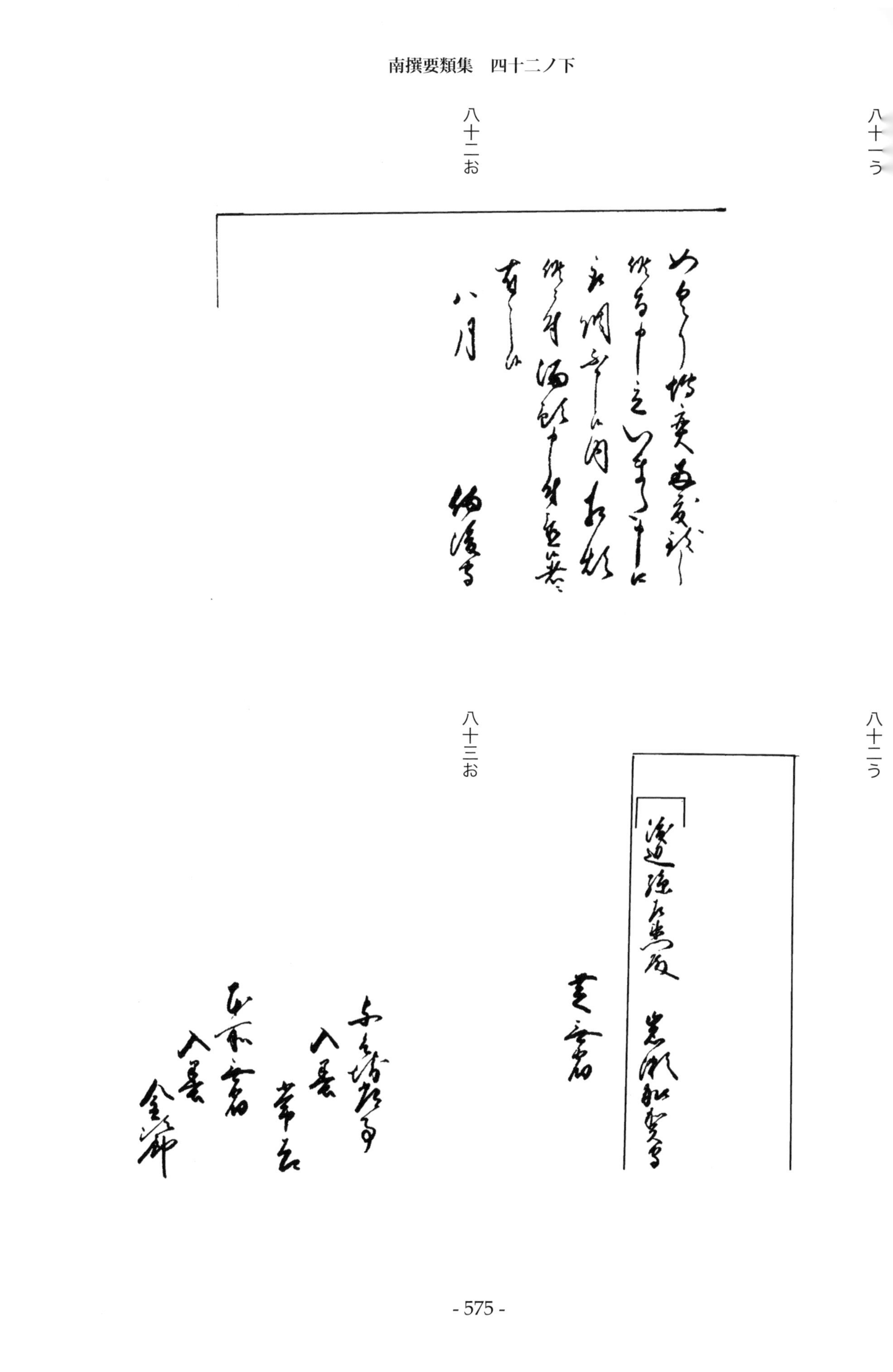

八十一う

八十二お

八十二う

八十三お

八十三う

八十四お

八十四う

八十五お

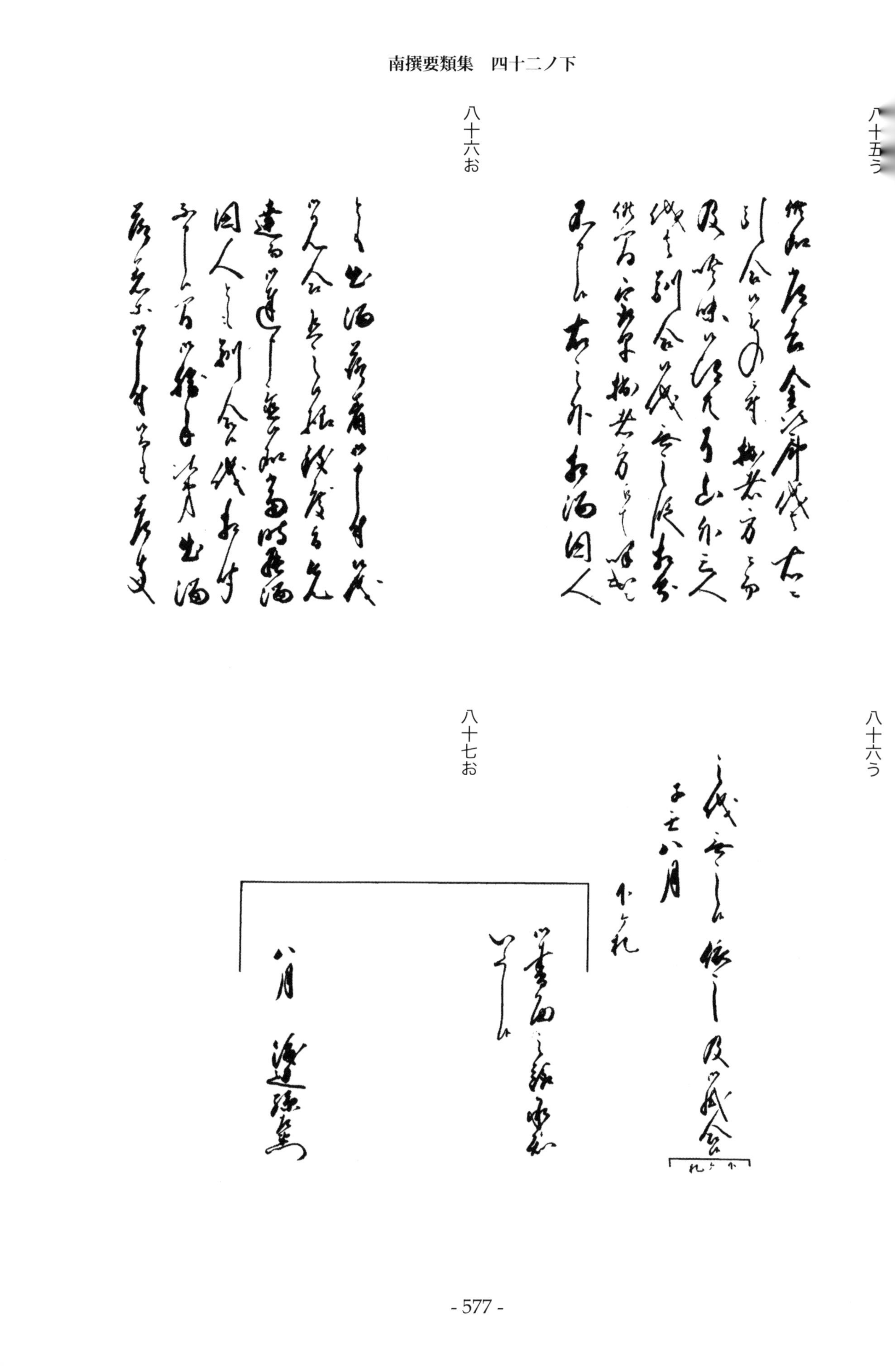

八十五う

八十六お

八十六う

八十七お

八十七う

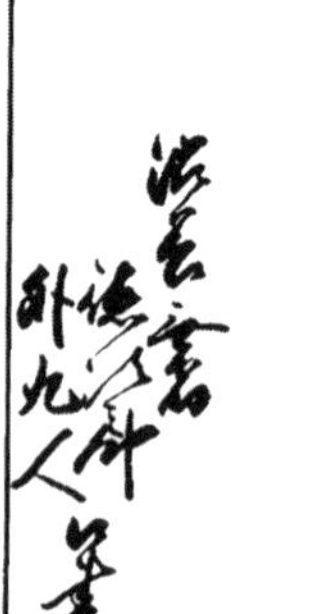

八十八お

八十八う

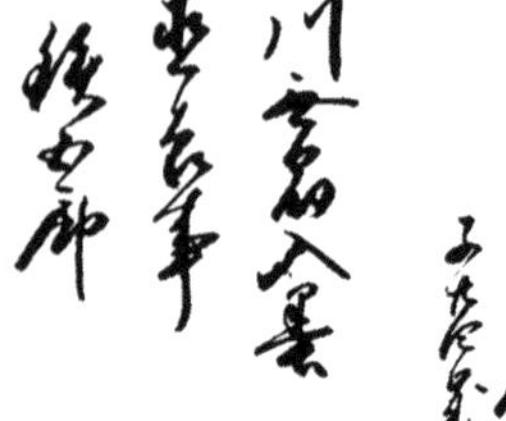

八十九お

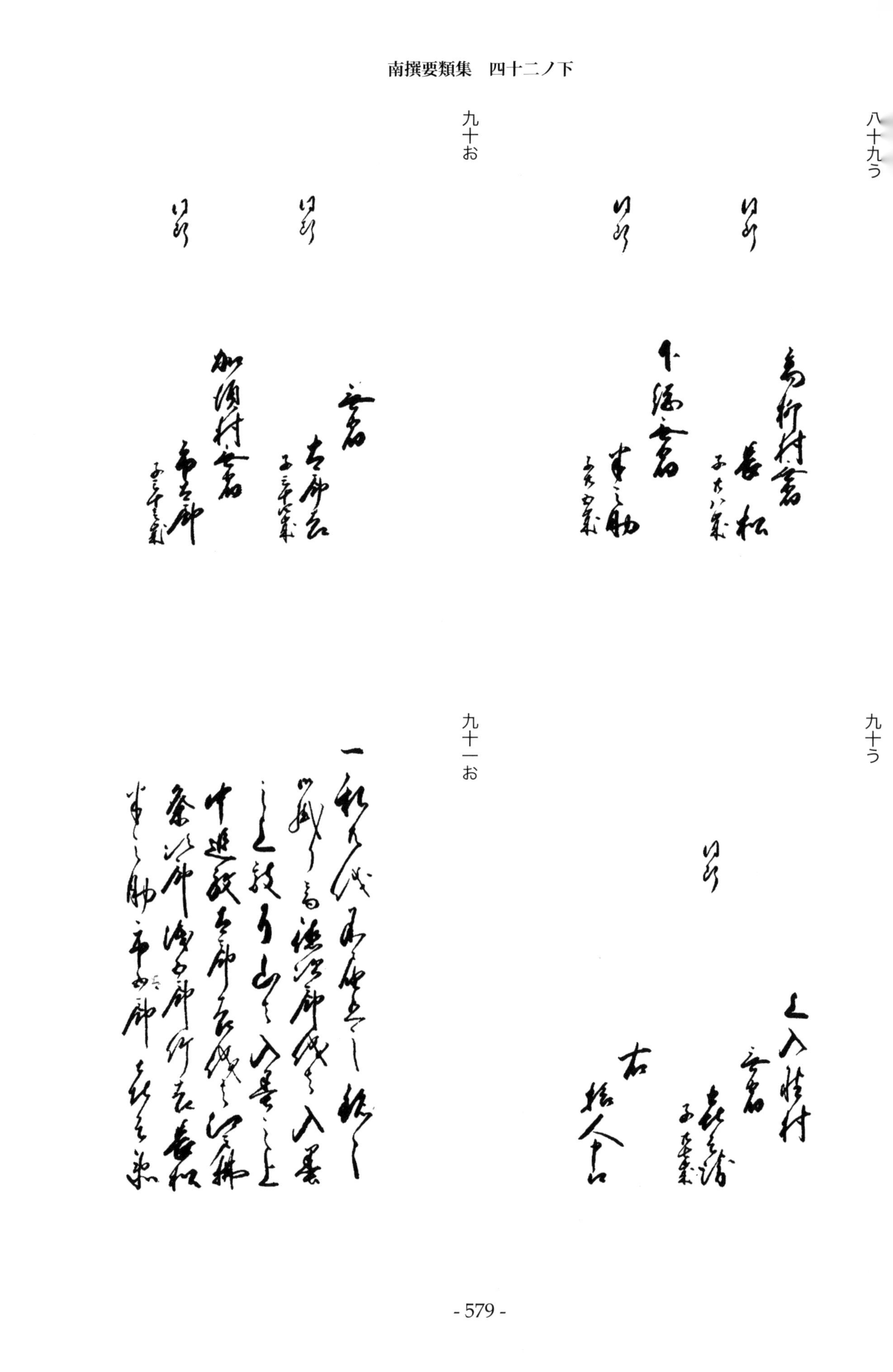

八十九う

九十お

九十う

九十一お

九十一う

九十二お

九十二う

九十三お

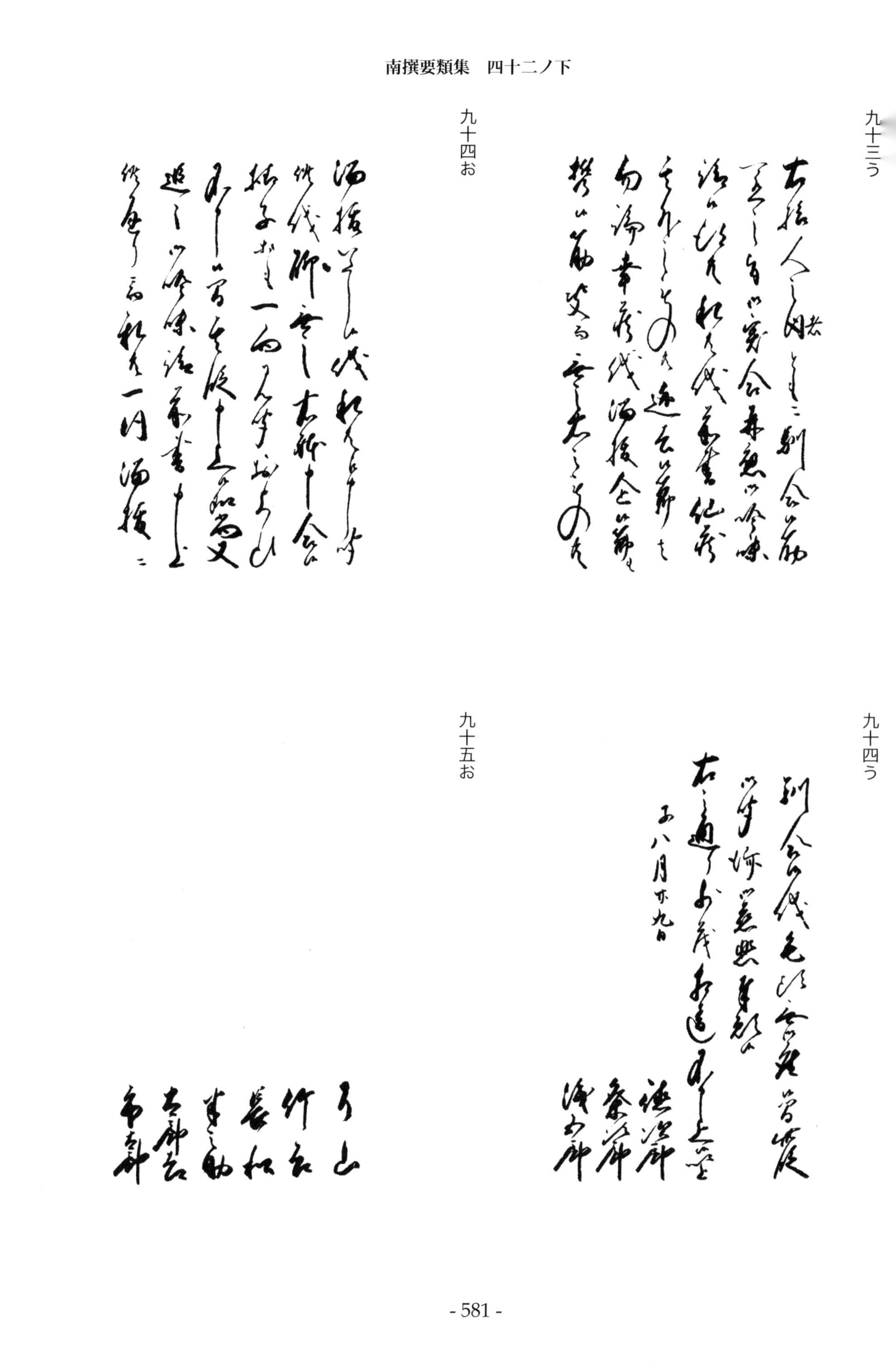

九十三う

九十四お

九十四う

九十五お

九十五う

九十六お

裏表紙

表表紙

表表紙う

一お

南撰要類集　第四十三ノ上

一う

二お

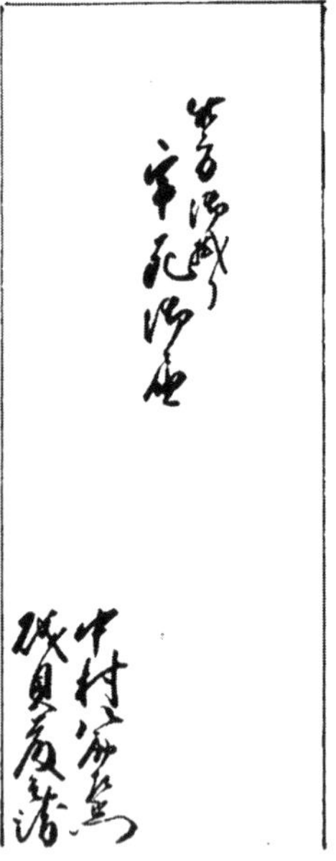

二う

三お

三う

四お

四う

五お

五う

六お

六う

七お

七う

八お

八う

九お

九う

十お

十う

十一お

十一う

十二お

十二う

十三お

十三う

十四お

十四う

十五お

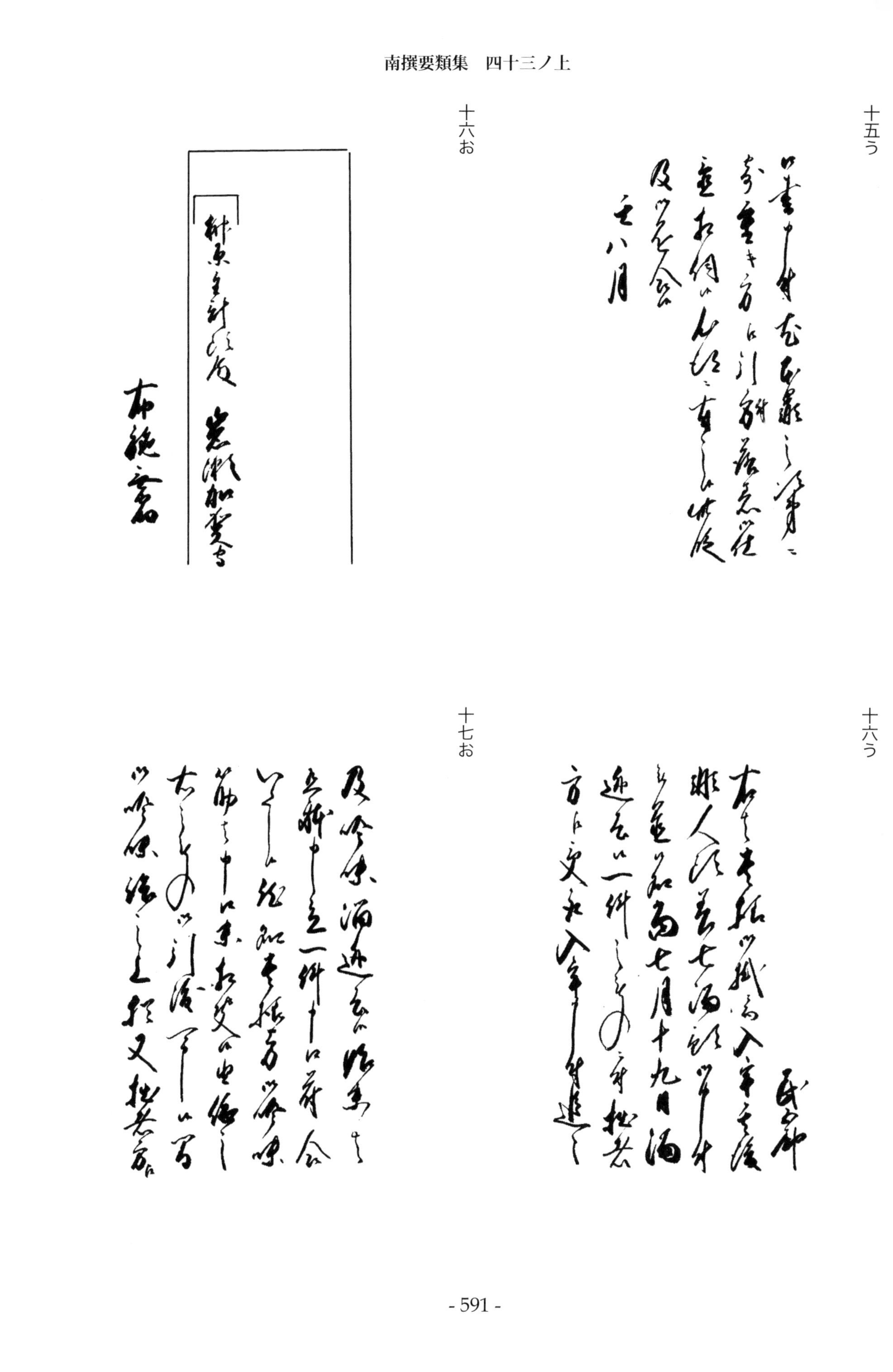

十五う

十六お

十六う

十七お

十七う

十八お

十八う

十九お

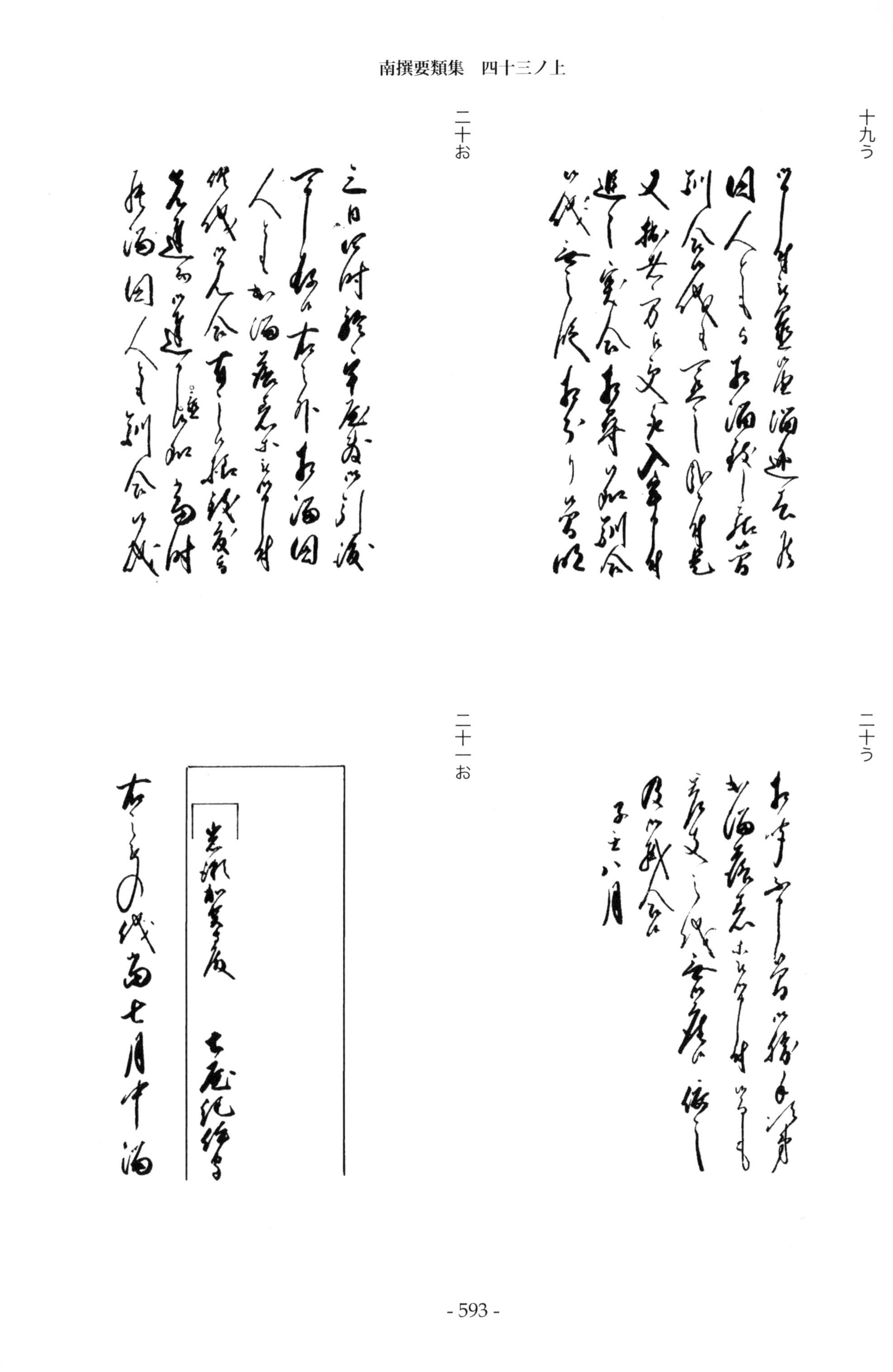

十九う

二十お

二十う

二十一お

二十一う

二十二お

二十二う

二十三お

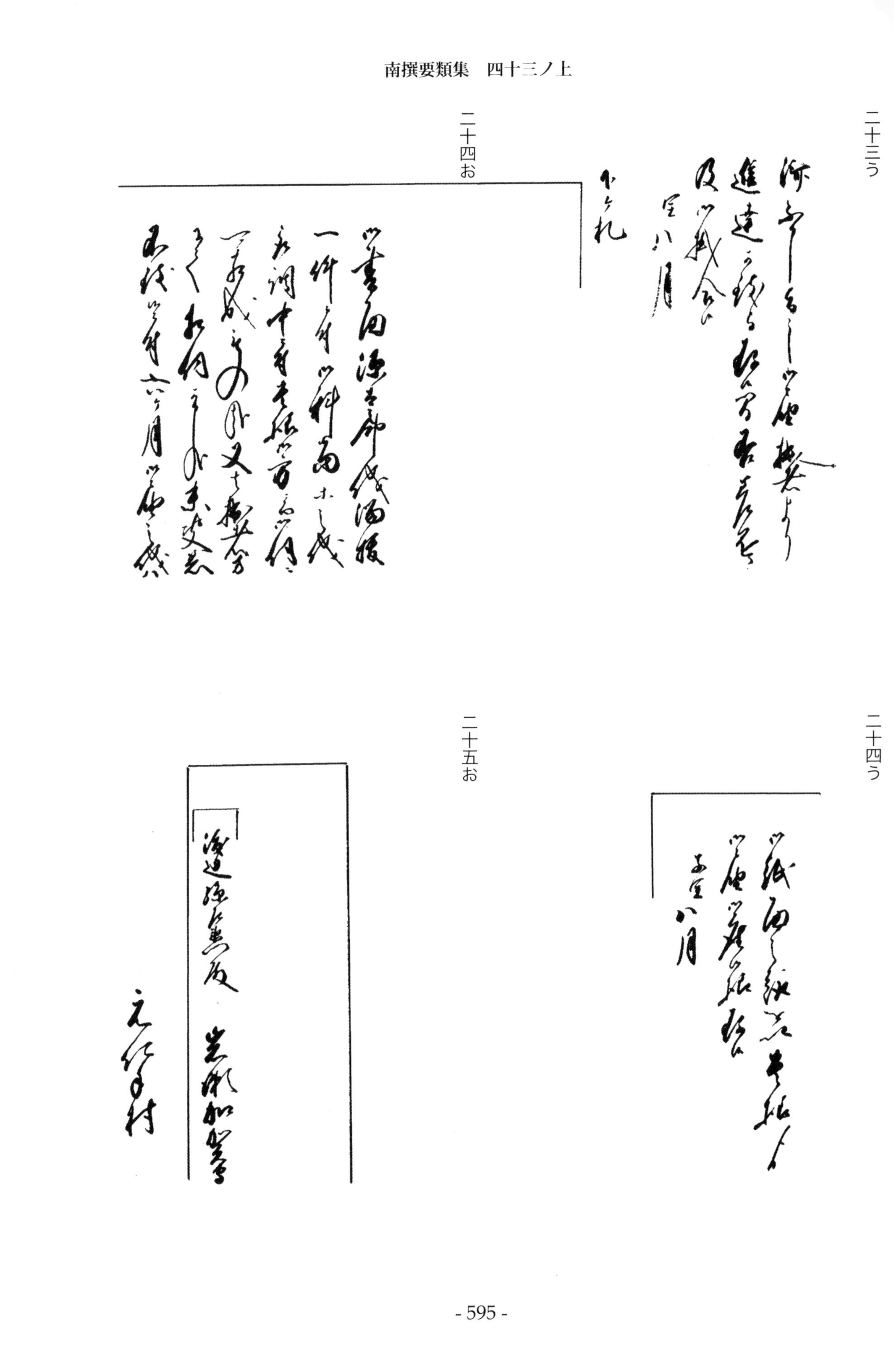

二十三う

二十四お

二十四う

二十五お

二十五う

二十六お

二十六う

二十七お

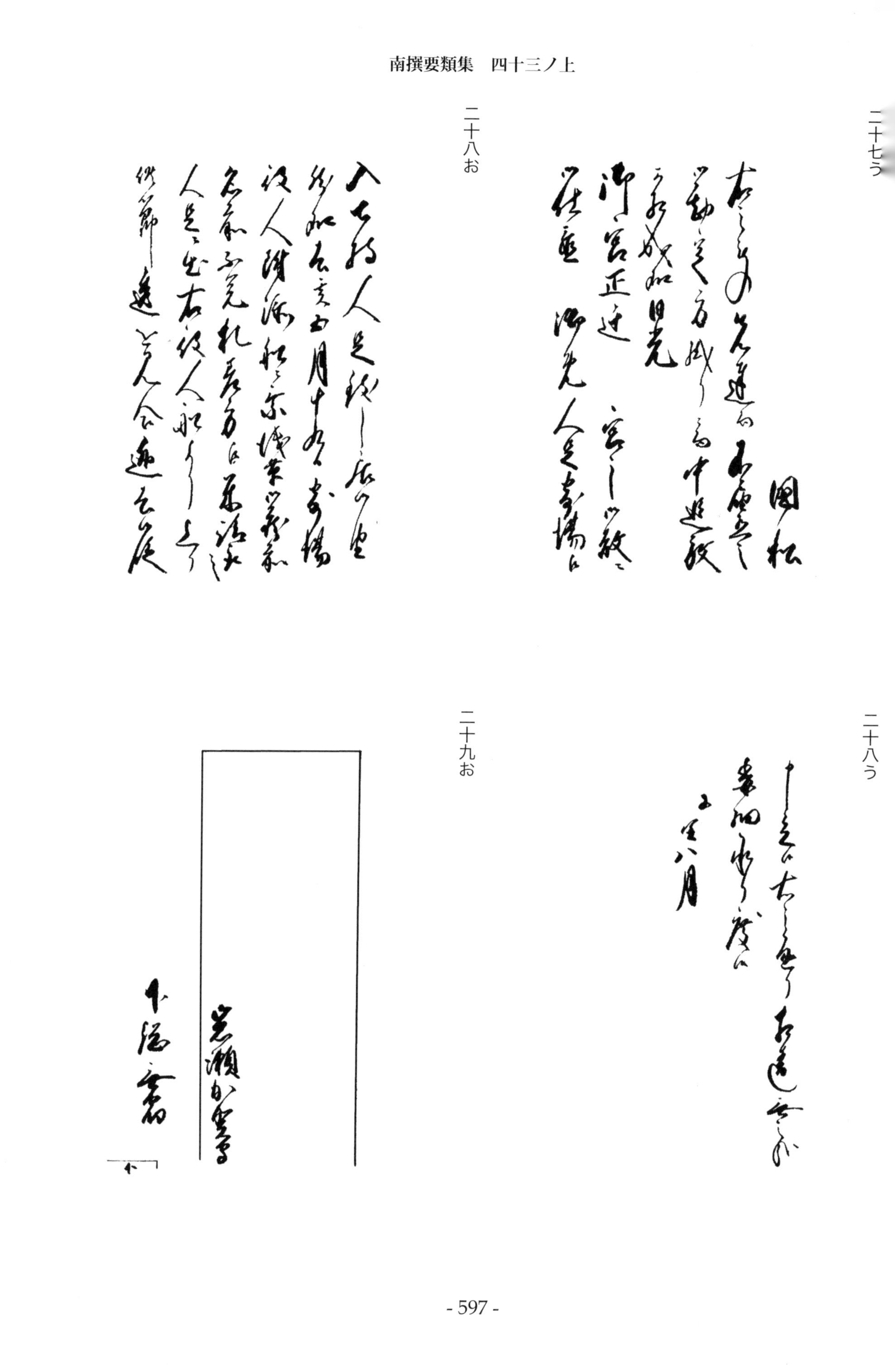

二十七う

二十八お

二十八う

二十九お

二十九う

三十お

三十う

三十一お

三十一う

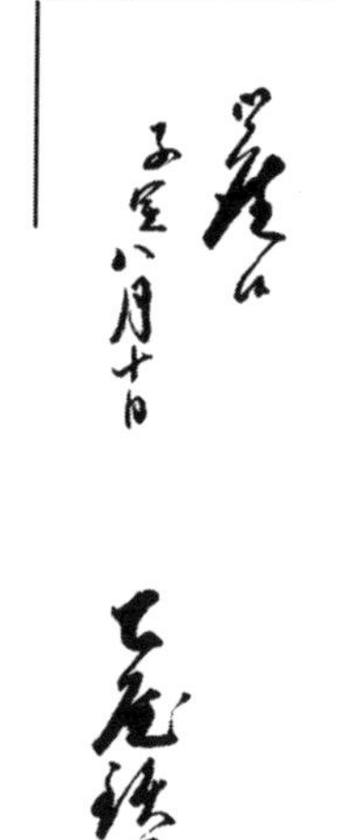

三十二お

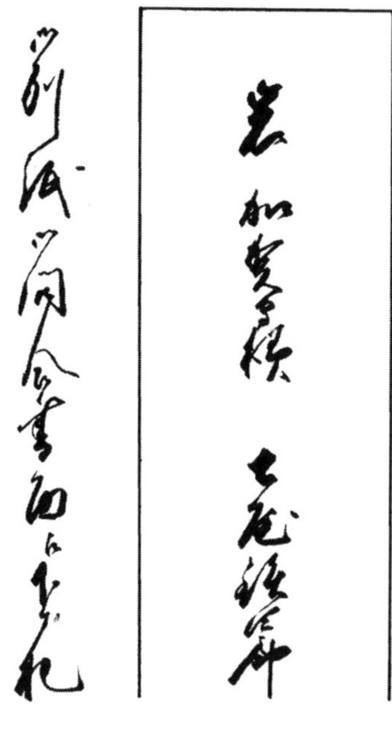

三十二う

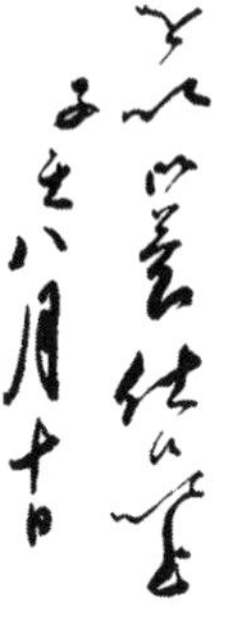

三十三お

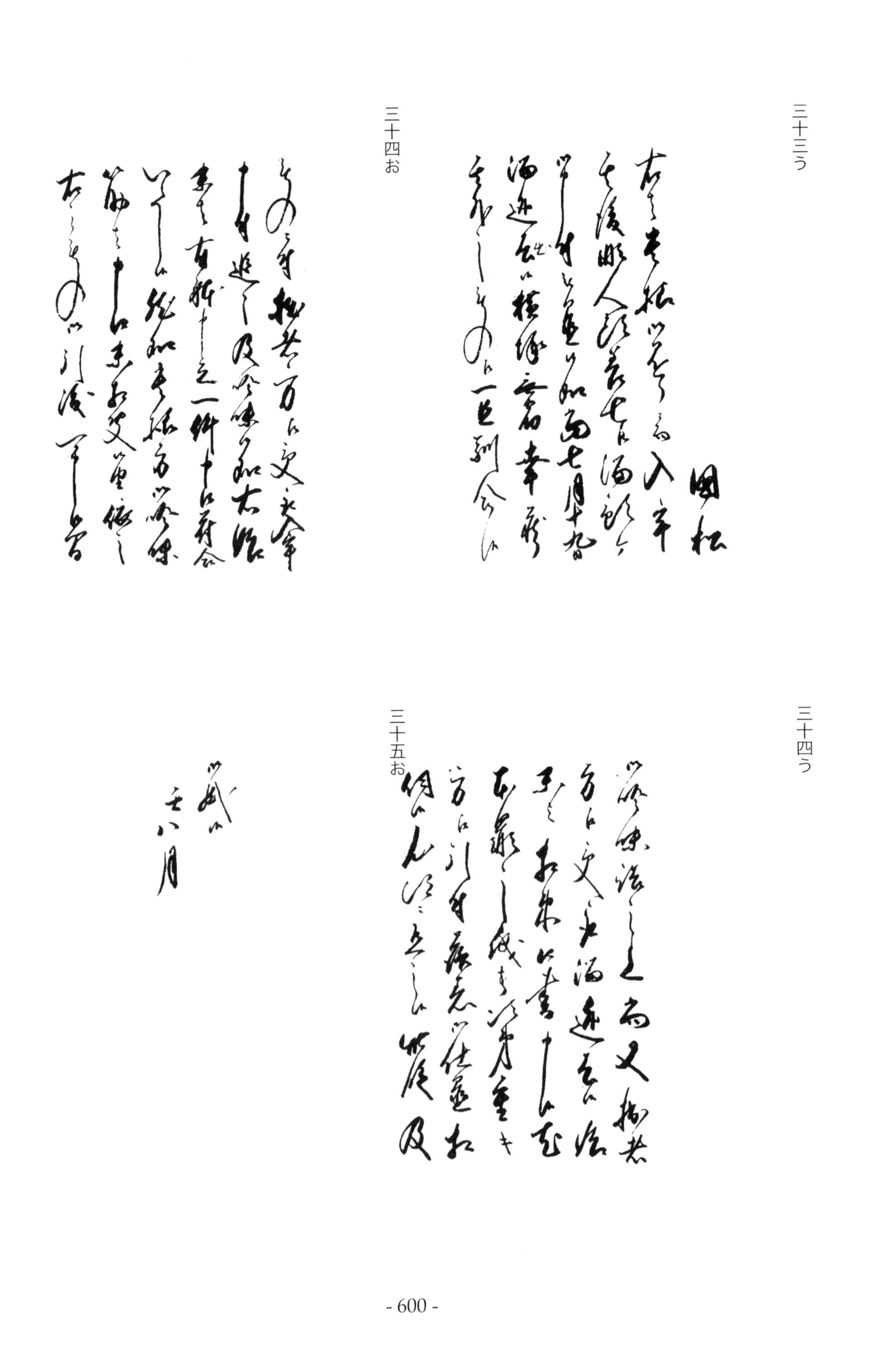

三十三う

三十四お

三十四う

三十五お

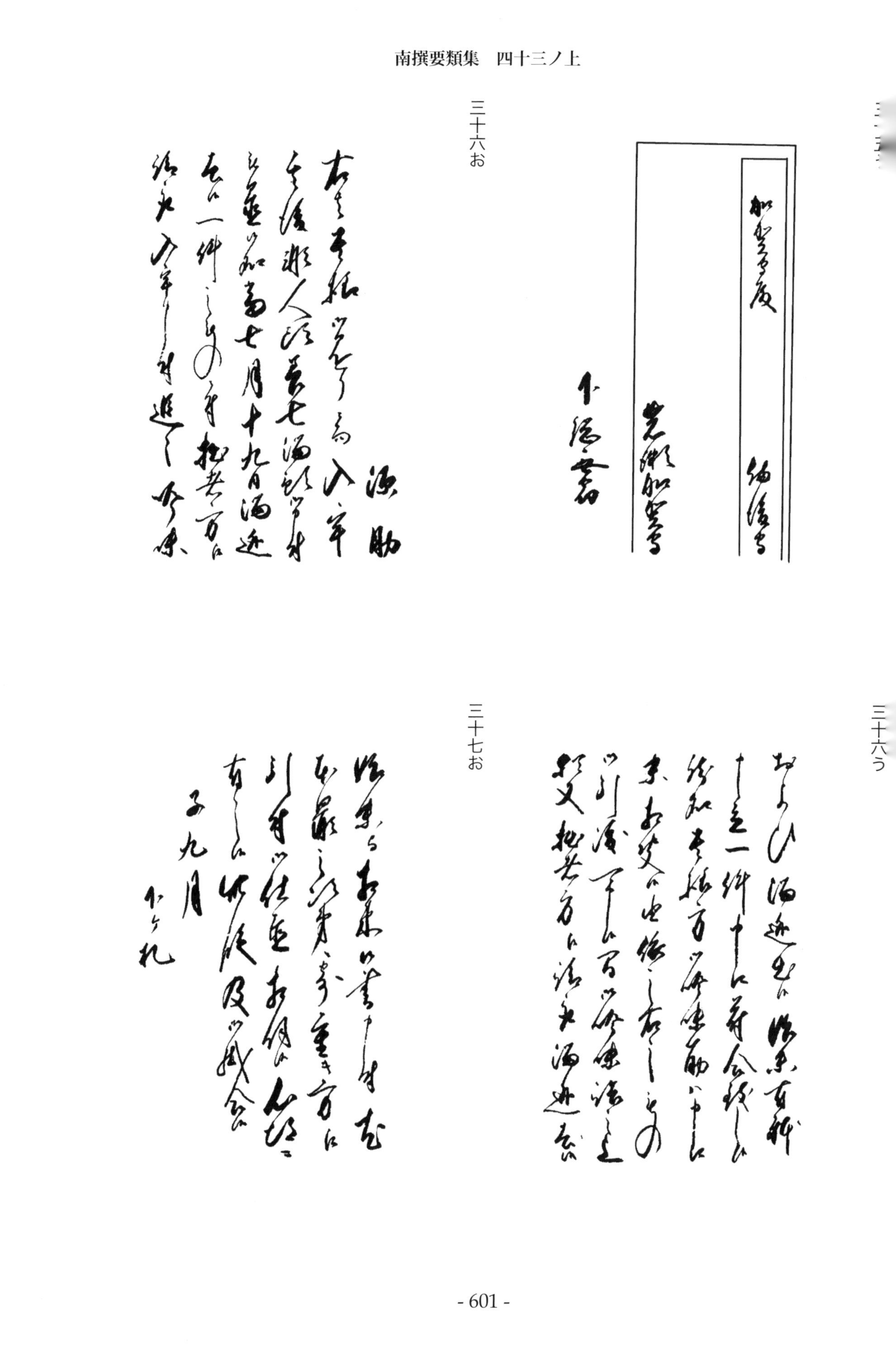

三十六お

三十六う

三十七お

三十七う

三十八お

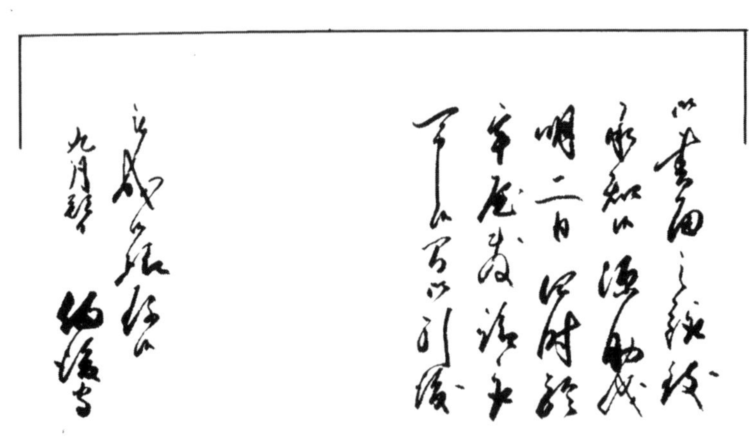

三十八う

三十九お

三十九う

四十お

四十う

四十一お

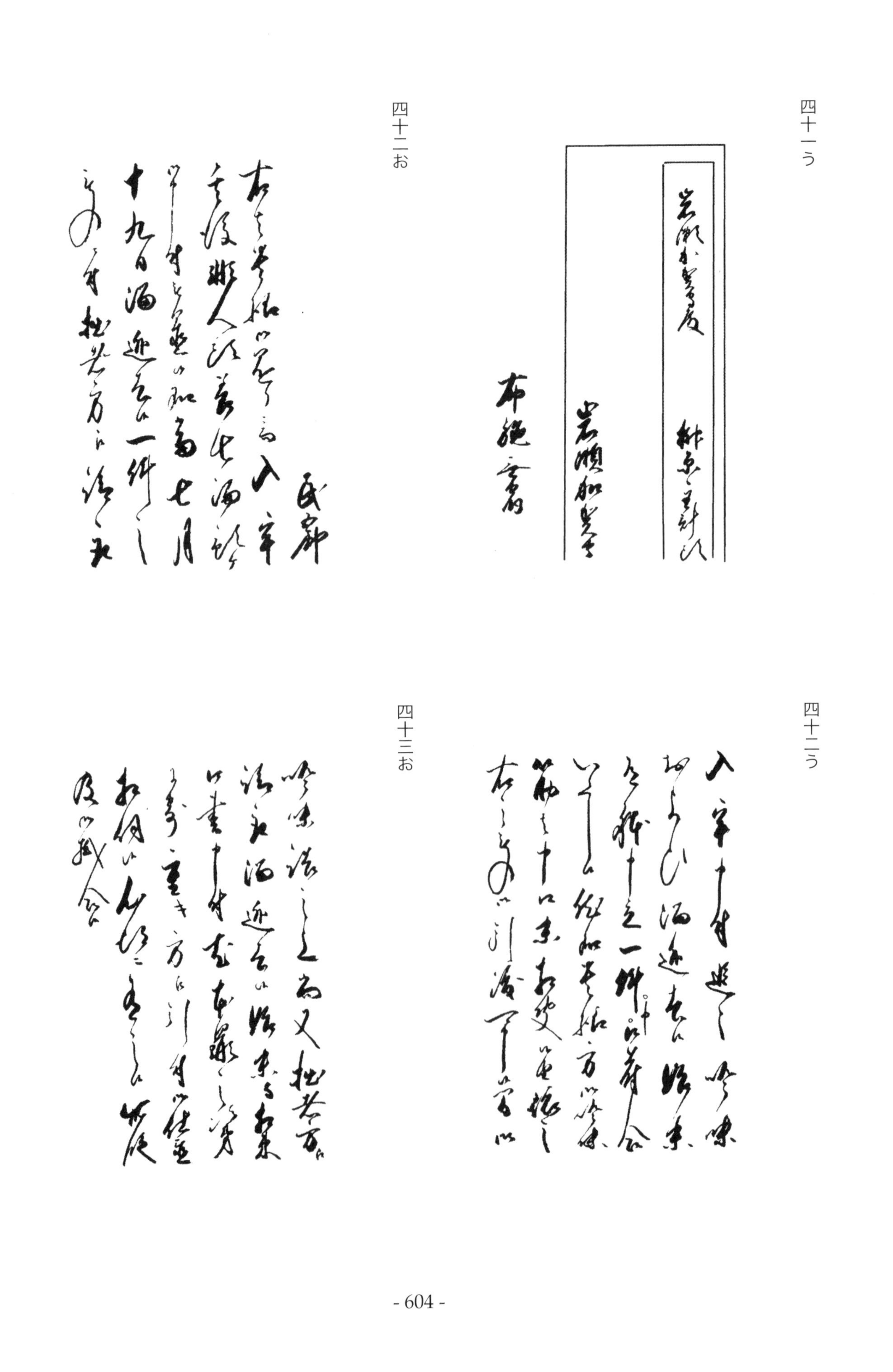

四十一う

四十二お

四十二う

四十三お

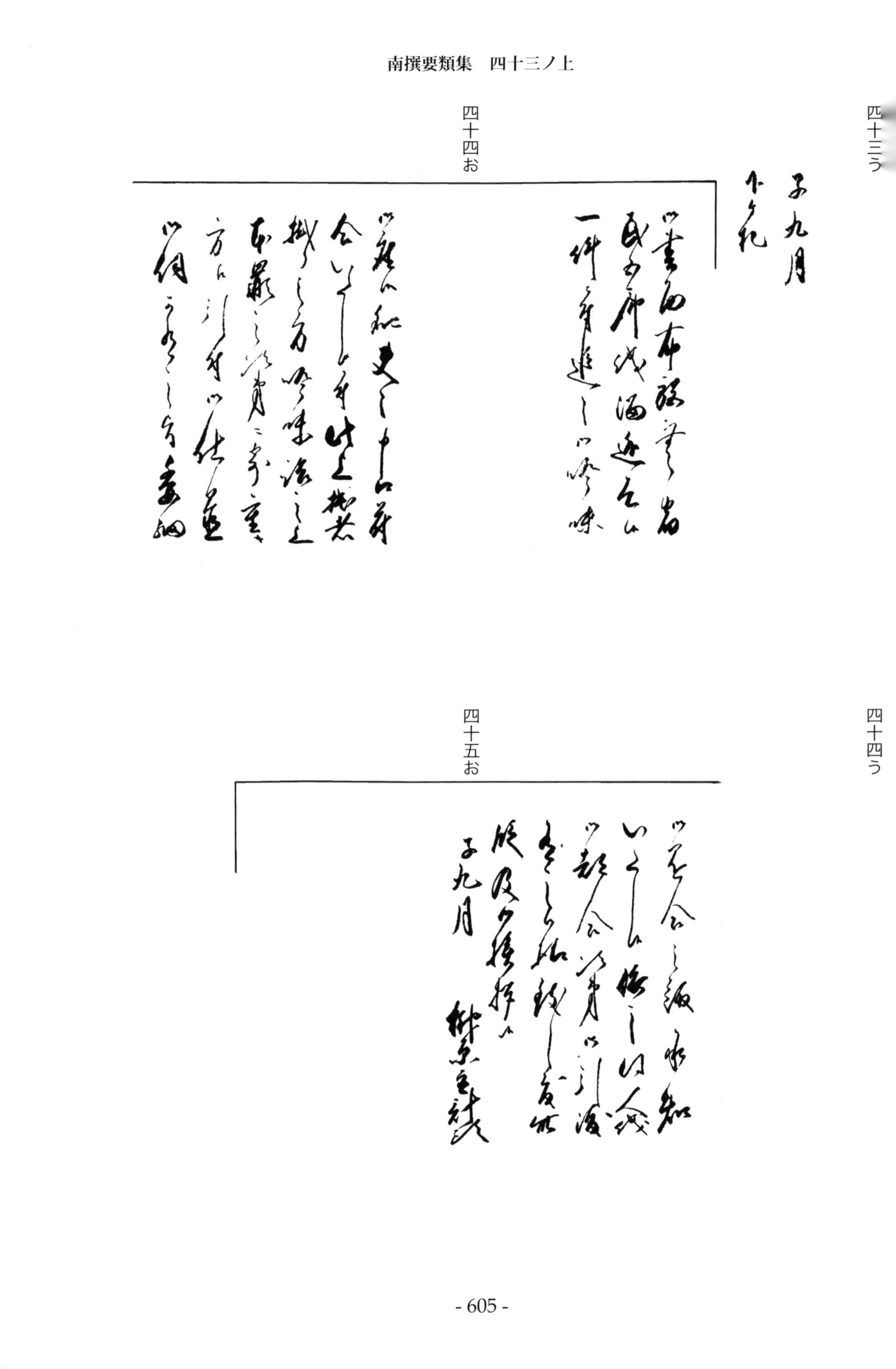

四十三う

四十四お

四十四う

四十五お

四十五う

四十六お

四十六う

四十七お

四十七う

四十八お

四十八う

四十九お

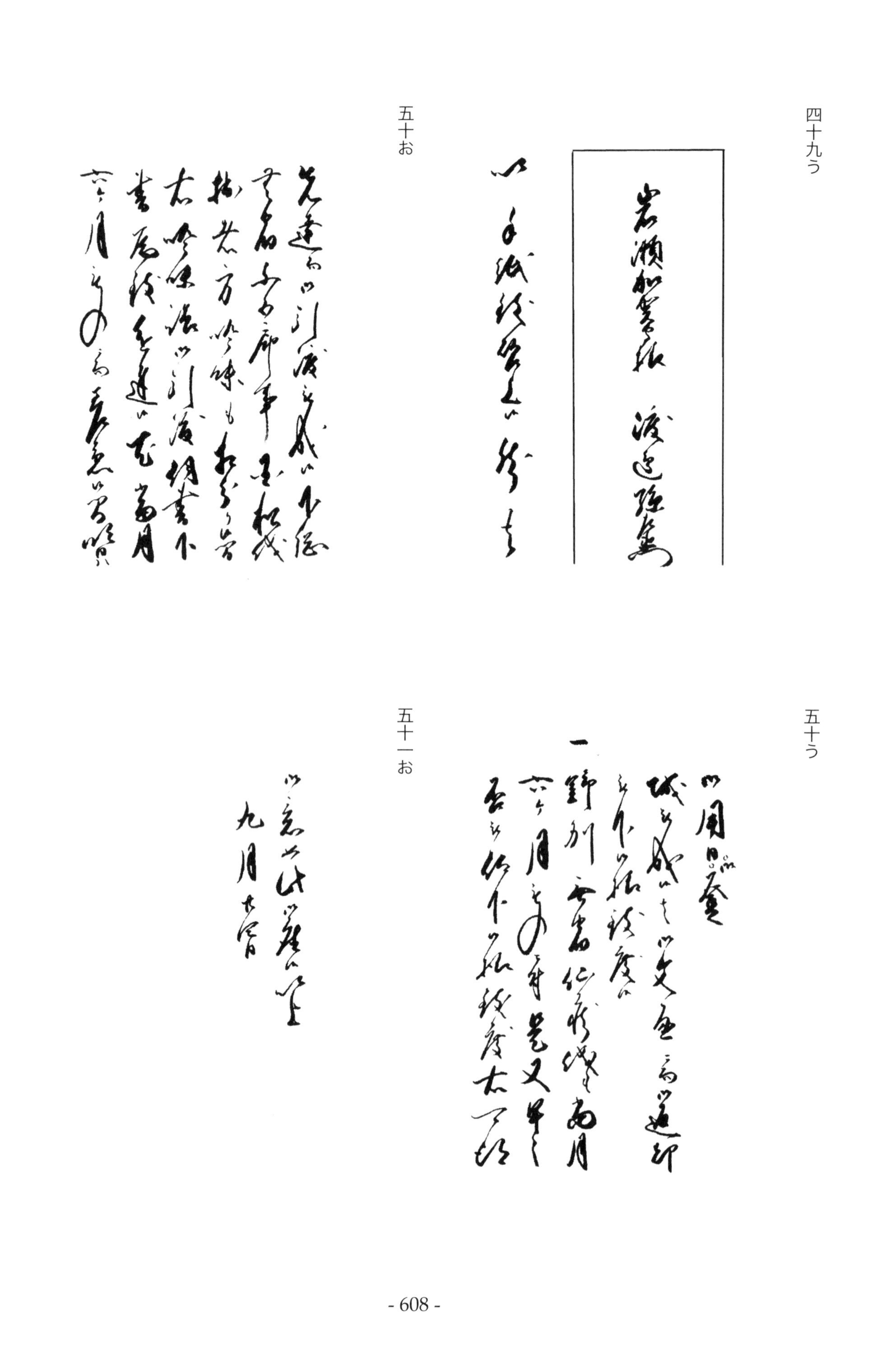

四十九う

五十お

五十う

五十一お

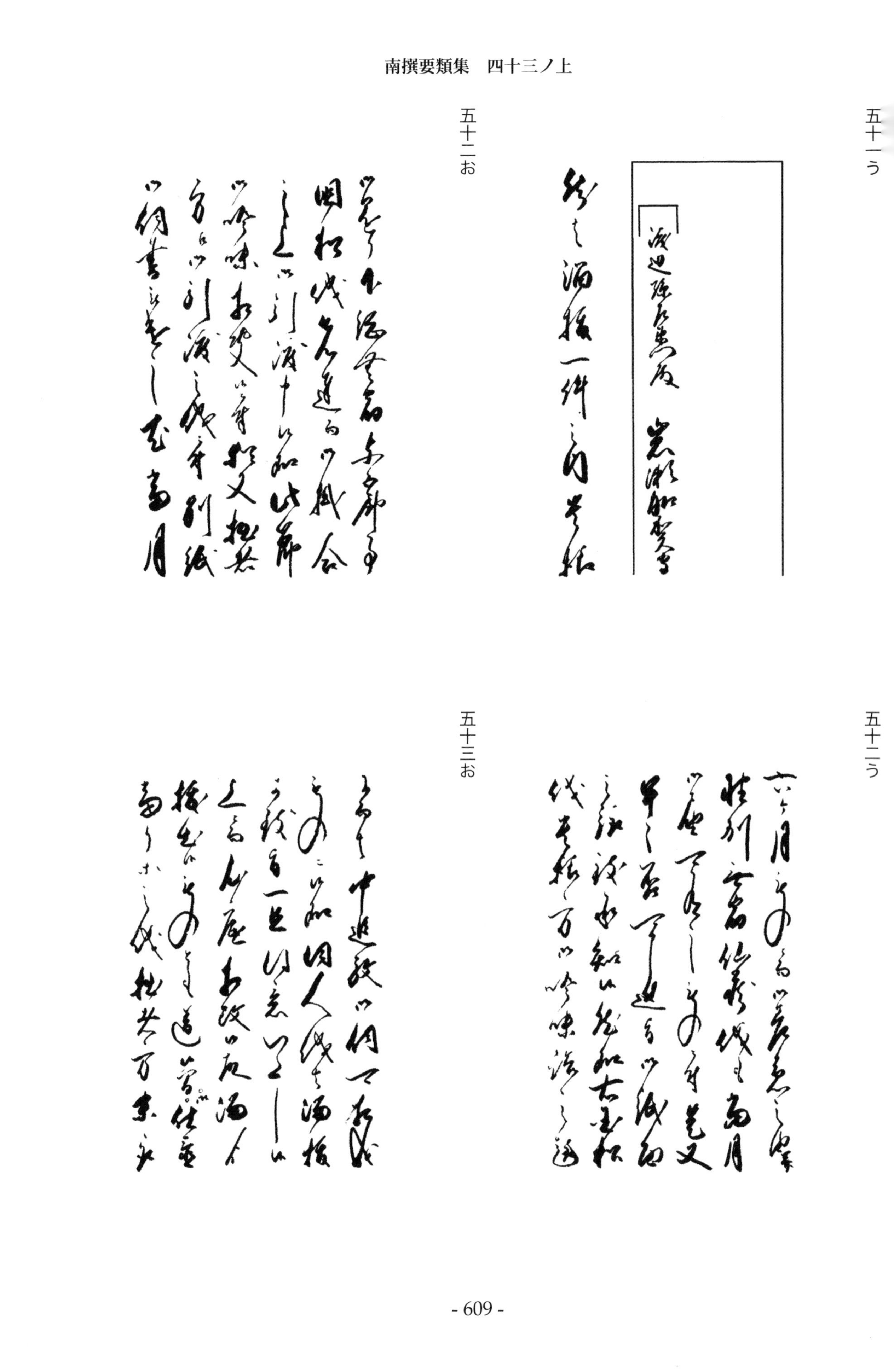

五十一う

五十二お

五十二う

五十三お

五十三う

五十四お

五十四う

五十五お

五十五う

五十六お

五十六う

五十七お

五十七う

五十八お

五十八う

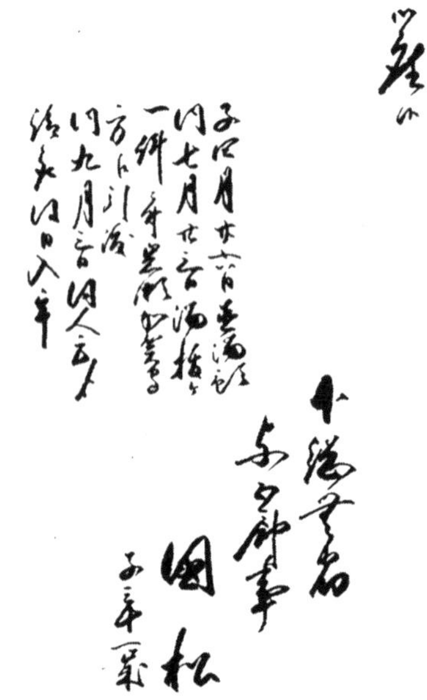

五十九お

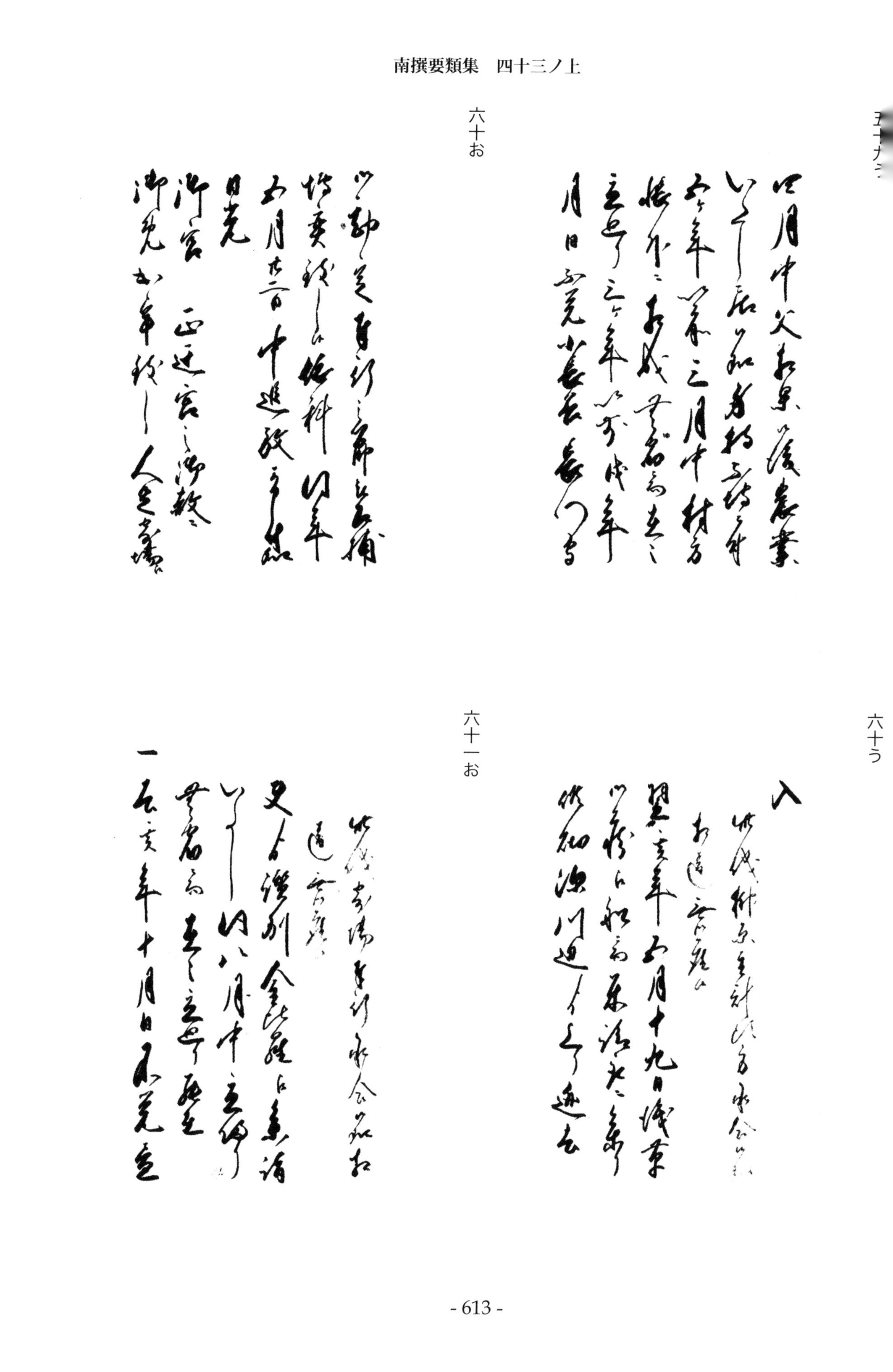

五十九う

六十お

六十う

六十一お

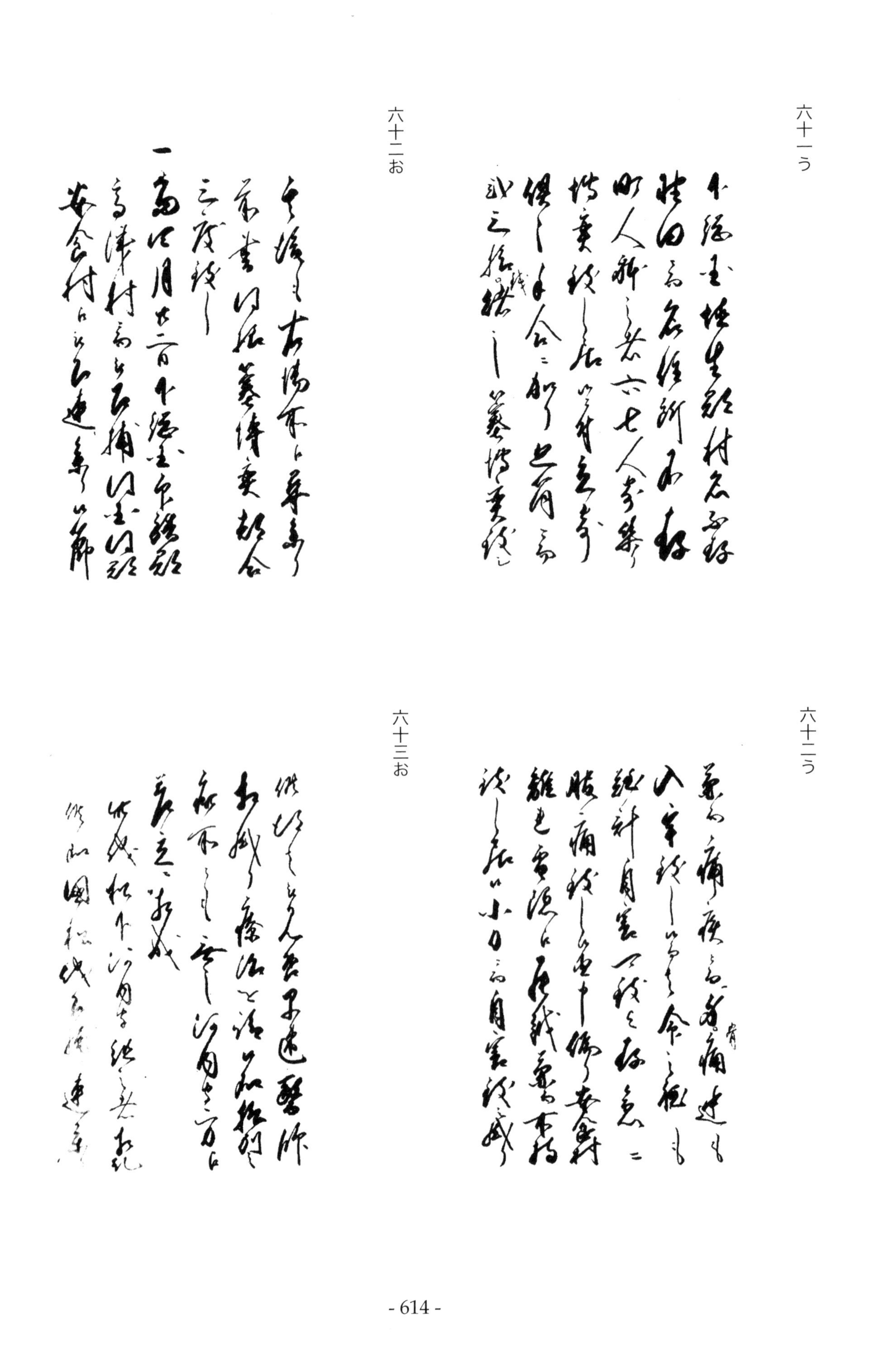

六十一う

六十二お

六十二う

六十三お

六十三う

六十四お

六十四う

六十五お

六十五う

六十六お

六十六う

六十七お

六十七う

六十八お

六十八う

六十九お

六十九う

七十お

七十う

七十一お

七十二お

七十二う

七十三お

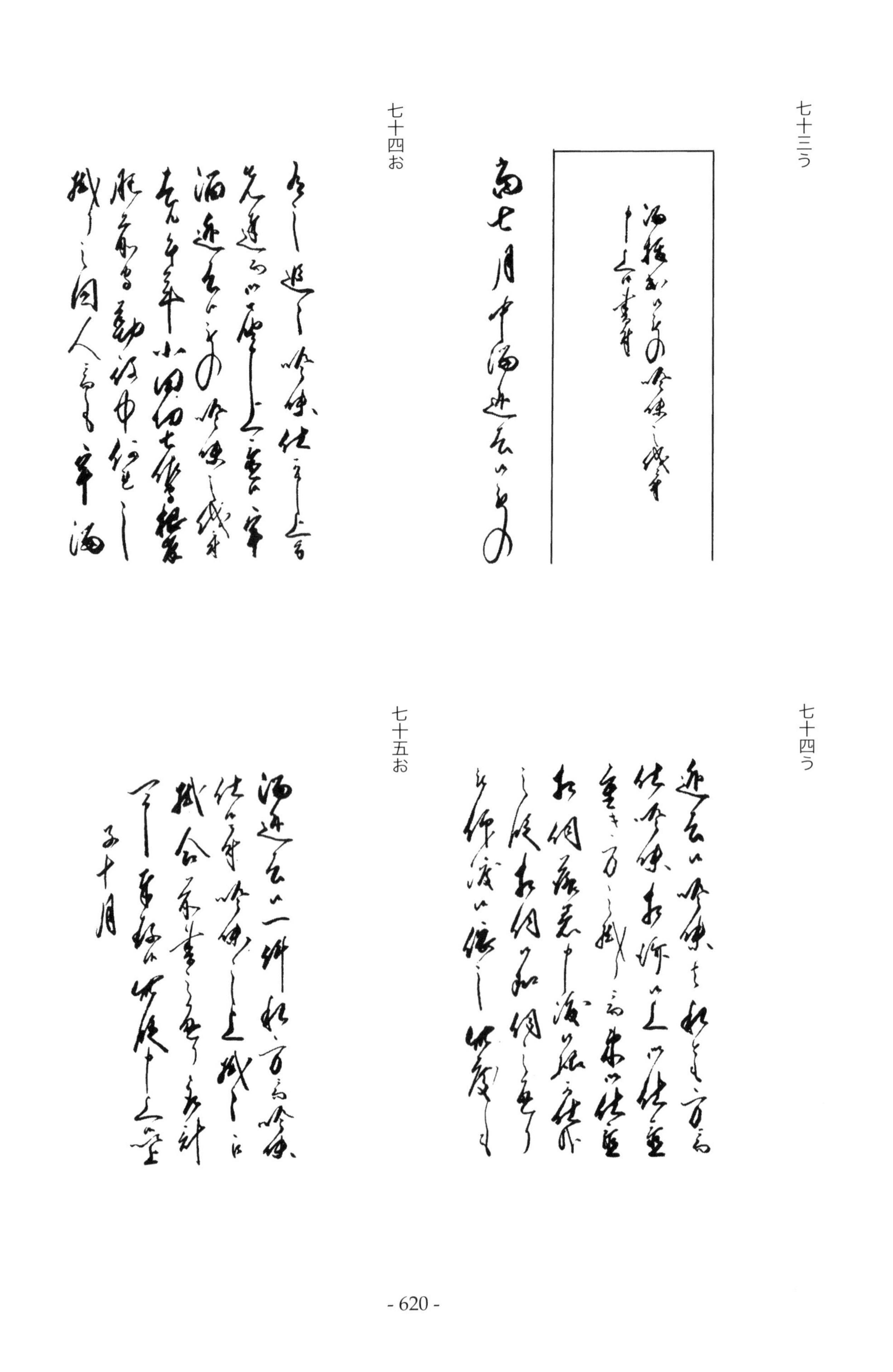

七十三う

七十四お

七十四う

七十五お

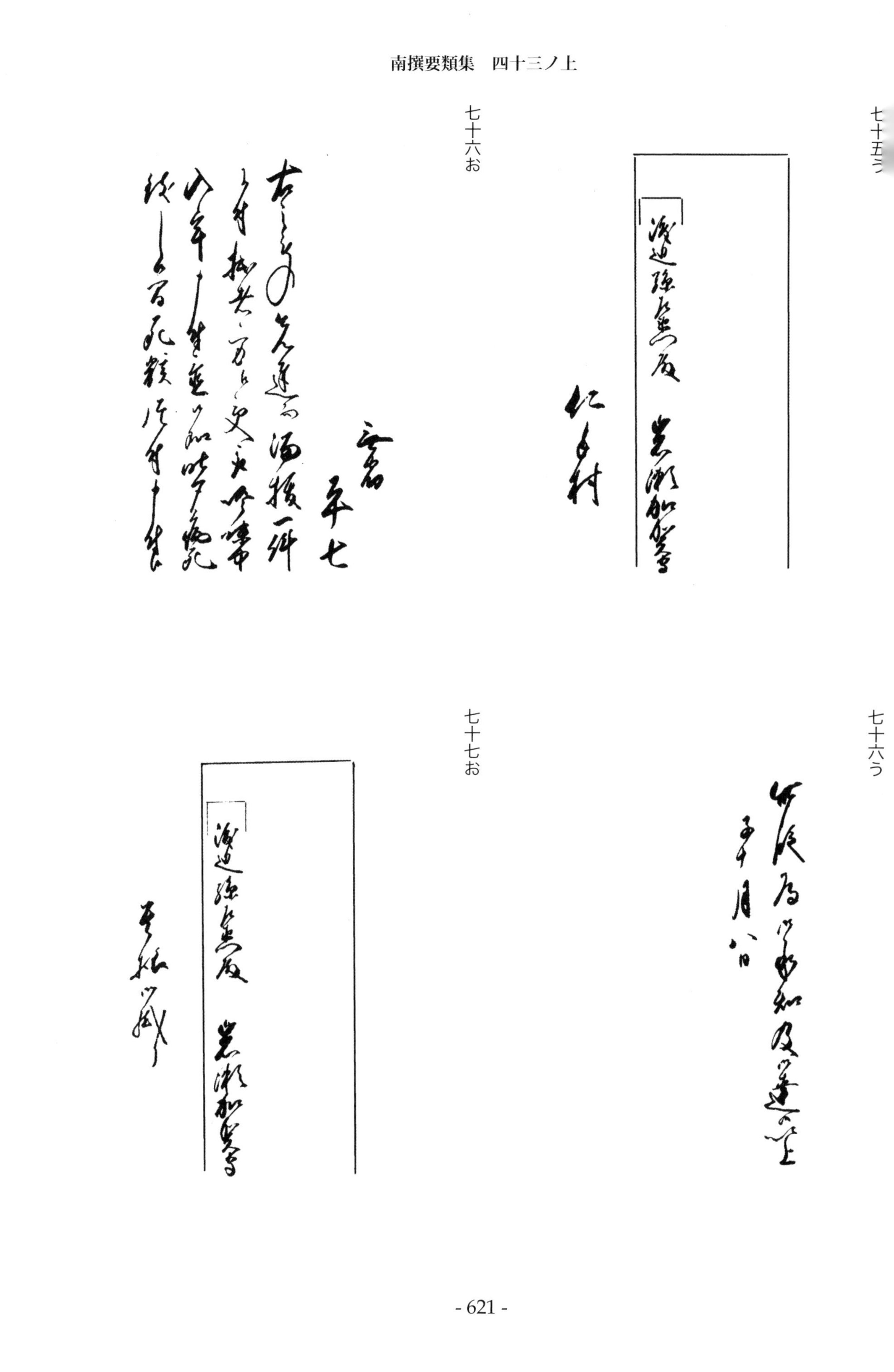

七十五う

七十六お

七十六う

七十七お

七十七う

七十八お

七十八う

七十九お

七十九う

八十お

八十う

八十一お

十二月 廿七日

八十一う

八十二お

八十二う

八十三お

八十三う

子十二月廿五日[七]

八十四お

[illegible]

八十四う

[illegible]

八十五お

[illegible]

子十二月

八十五う

八十六お

八十六う

八十七お

裏表紙

表表紙

表表紙う

一お

南撰要類集　第四十三ノ下

一う

二お

七

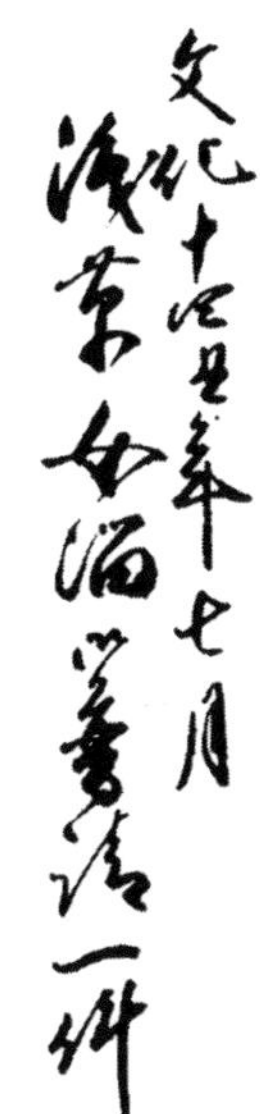

二う

三お

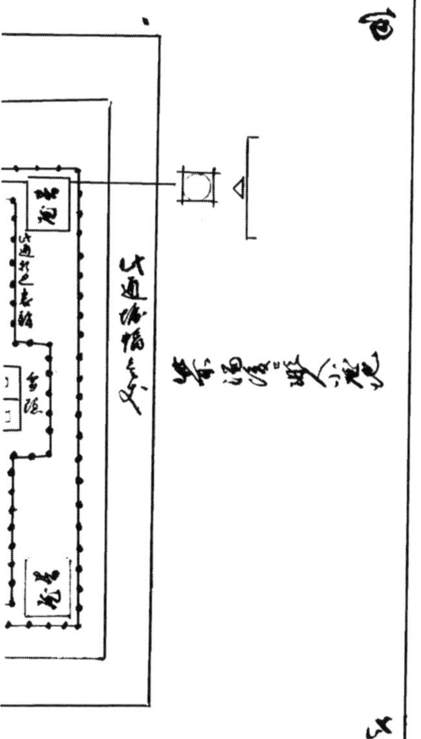

三う

四お

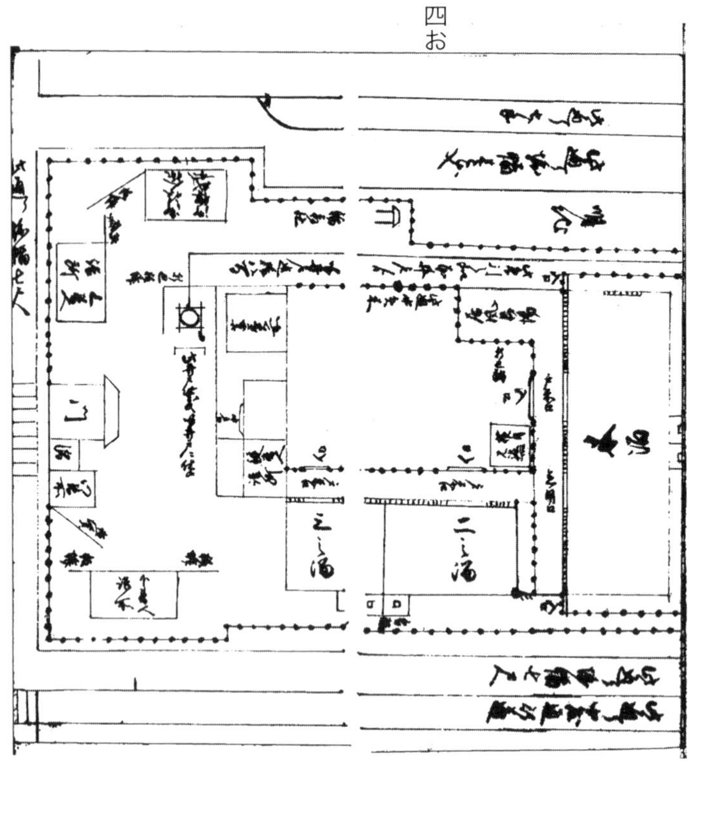

四う

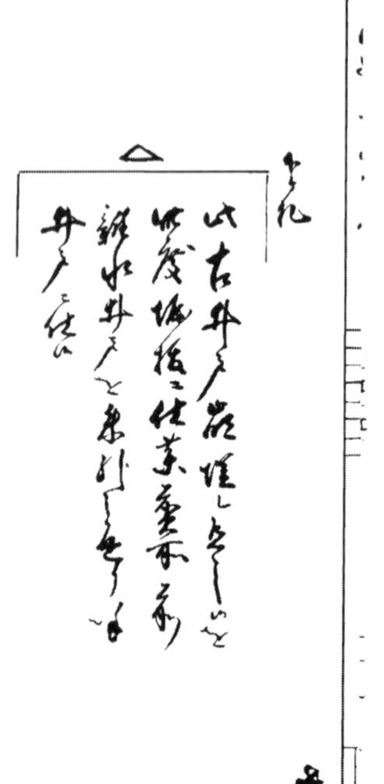

五お

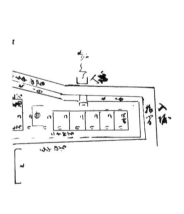

六お

五う

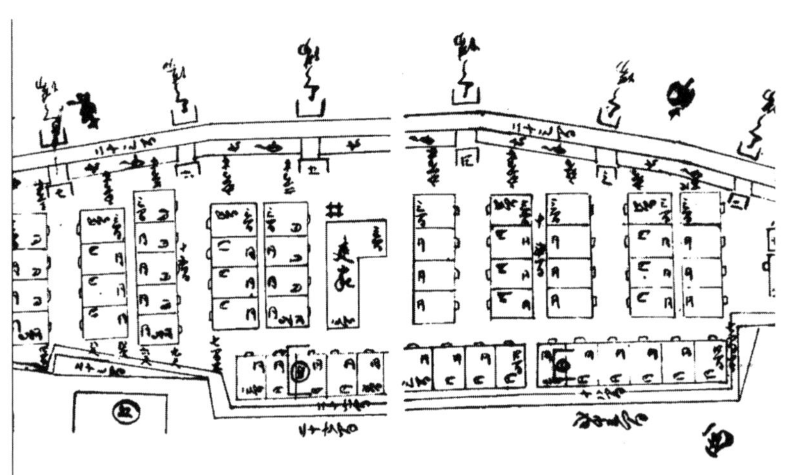

七お

六う

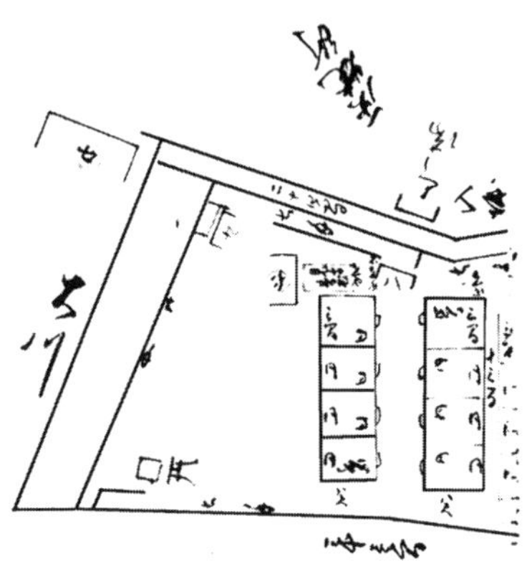

七う

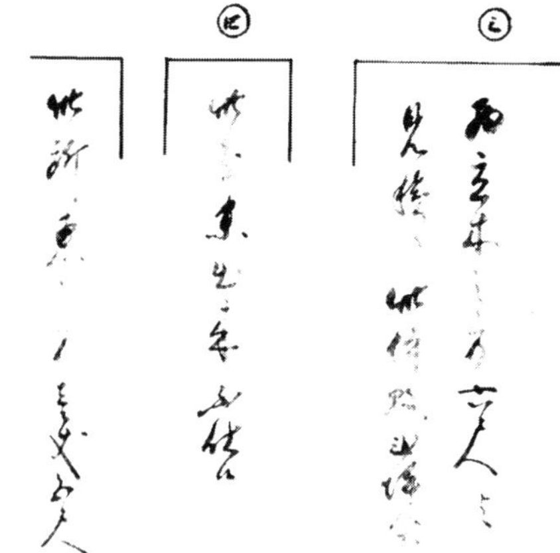

八お

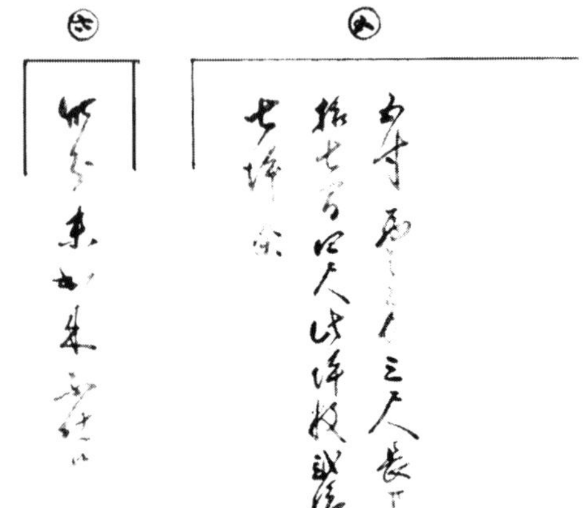

八う

九お

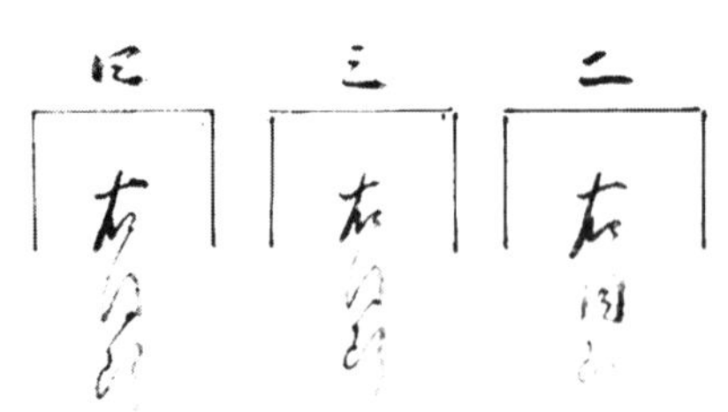

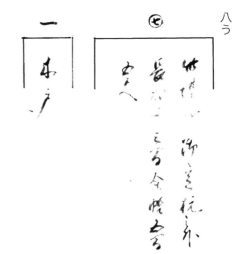

九う

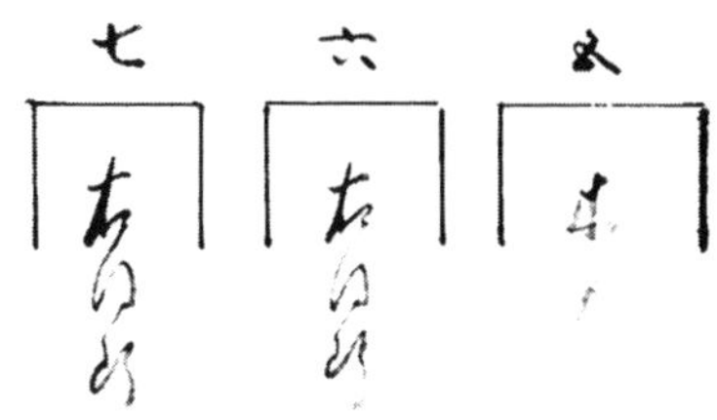

十お

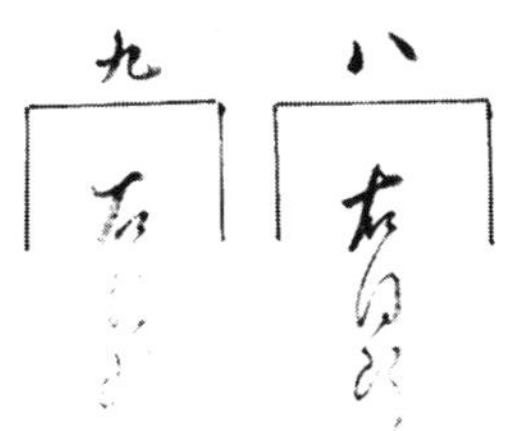

十う

十一お

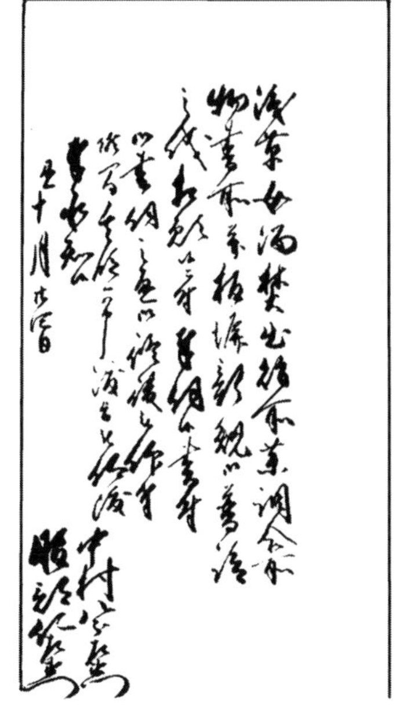

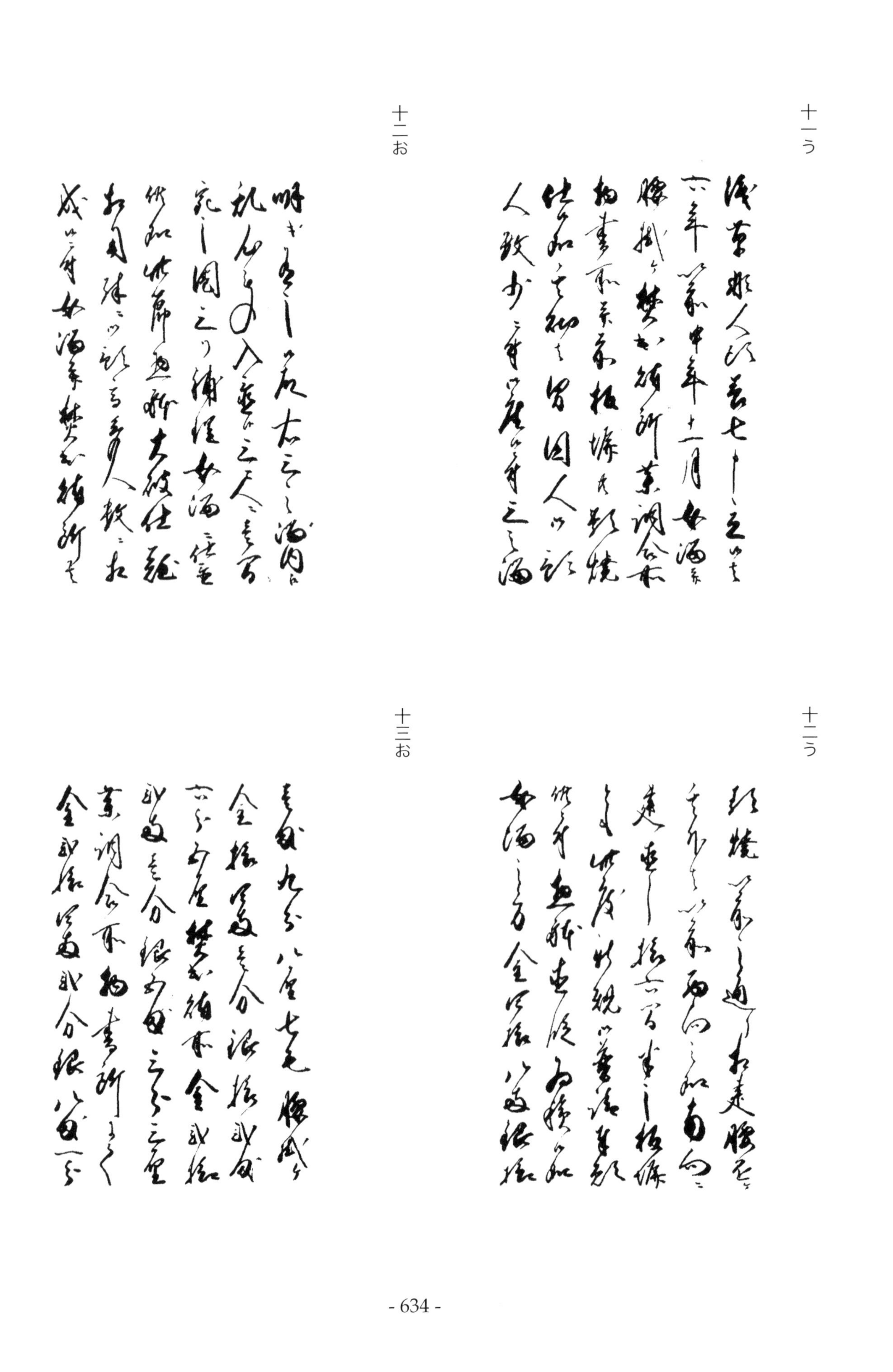

十一う

十二お

十二う

十三お

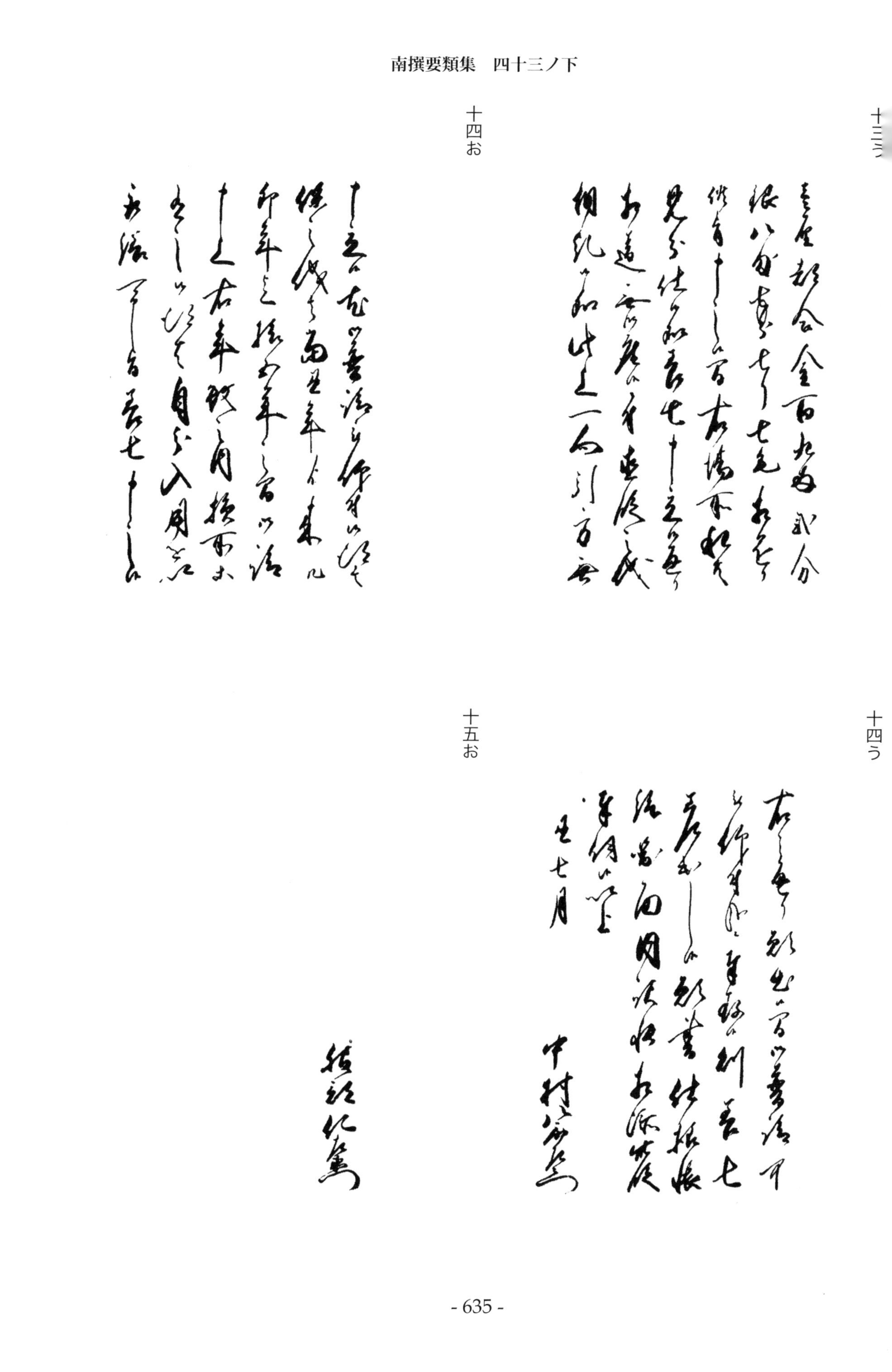

十三う

十四お

十四う

十五お

十五う

十六お

十六う

十七お

十七う

十八お

十八う

十九お

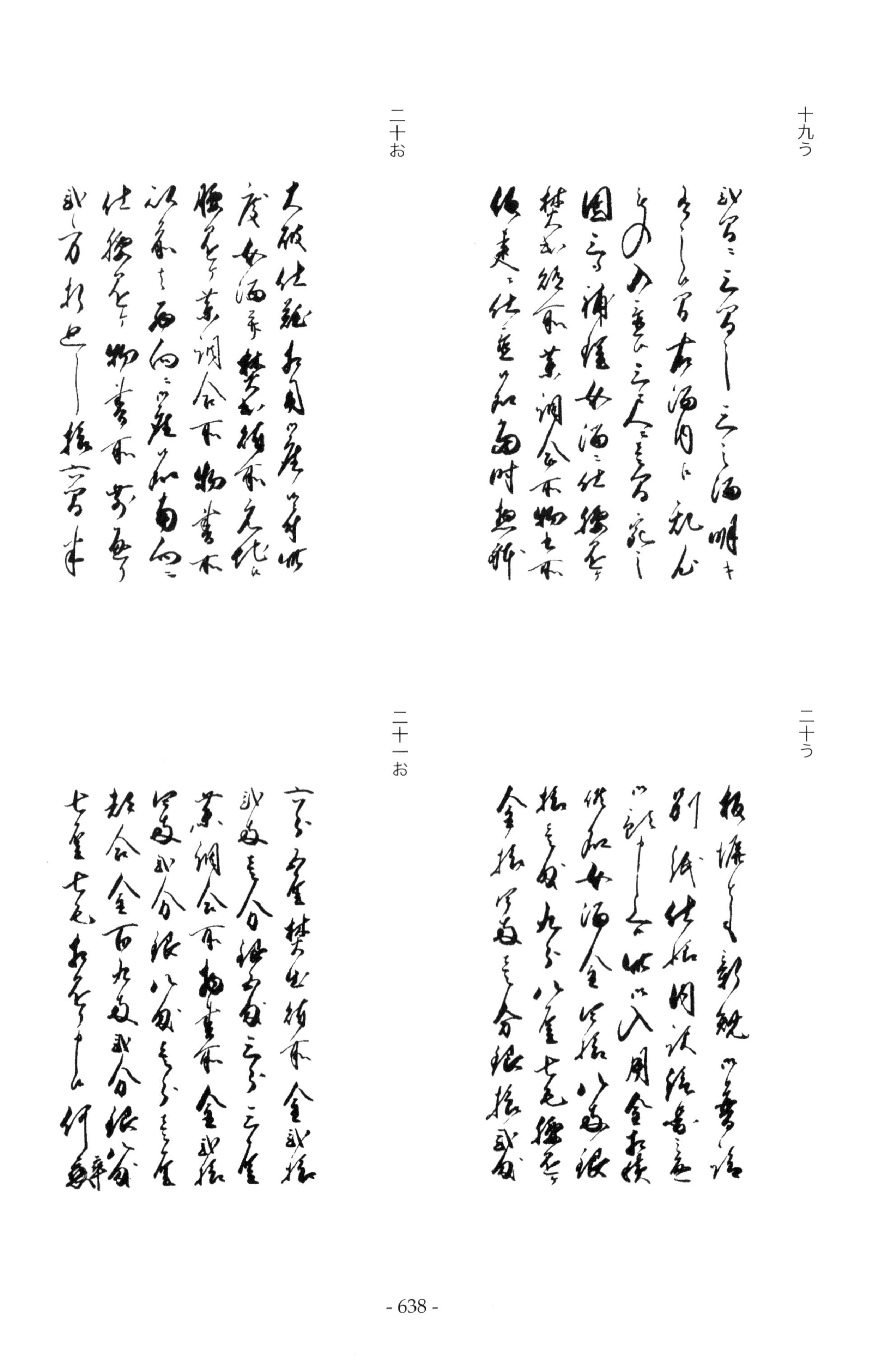

十九う

二十お

二十う

二十一お

二十一う

二十二お

二十二う

二十三お

二十三う

二十四お

二十四う

二十五お

二十五う

二十六お

二十六う

二十七お

二十七う

二十八お

二十八う

二十九お

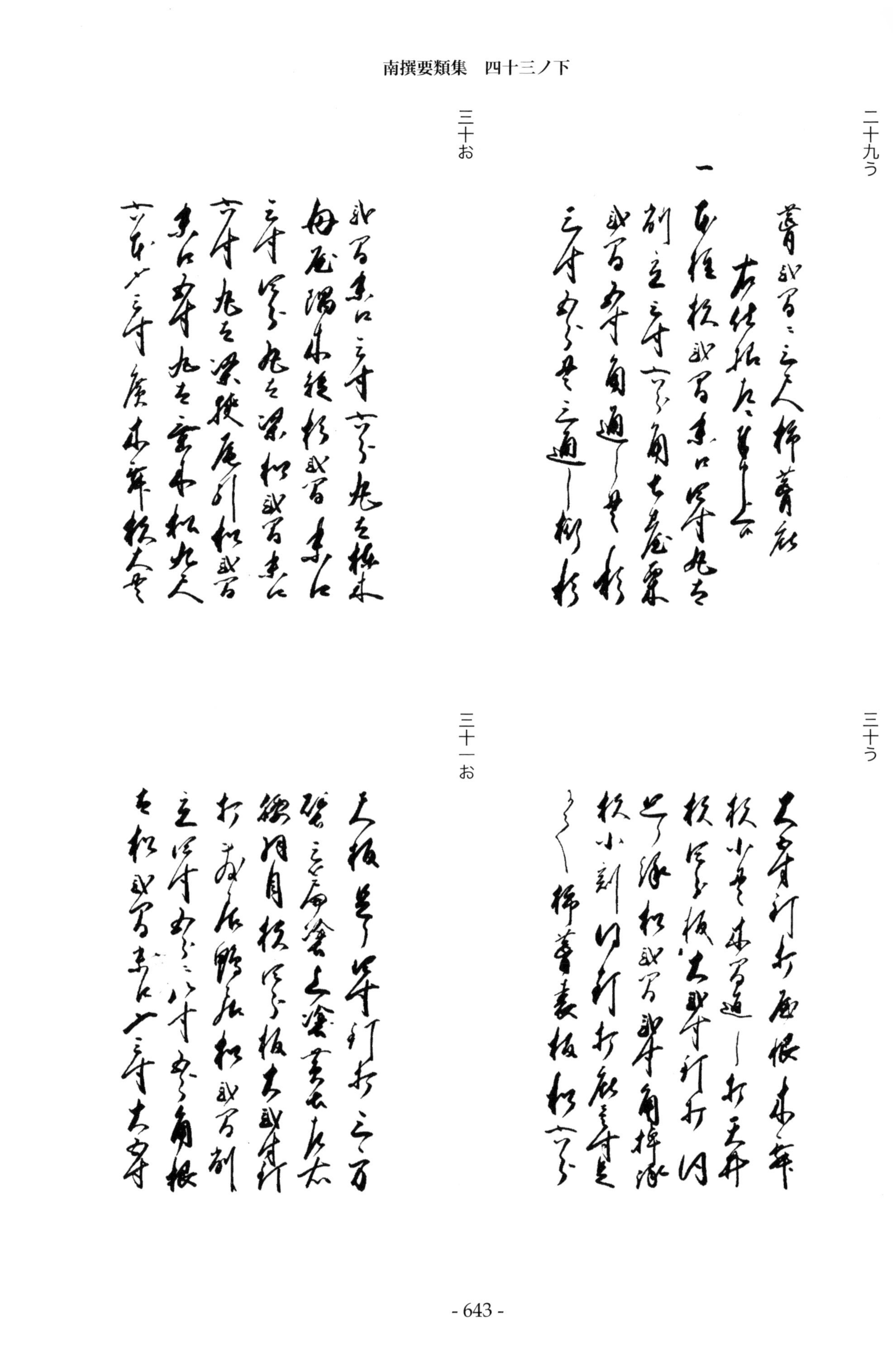

二十九う

三十お

三十う

三十一お

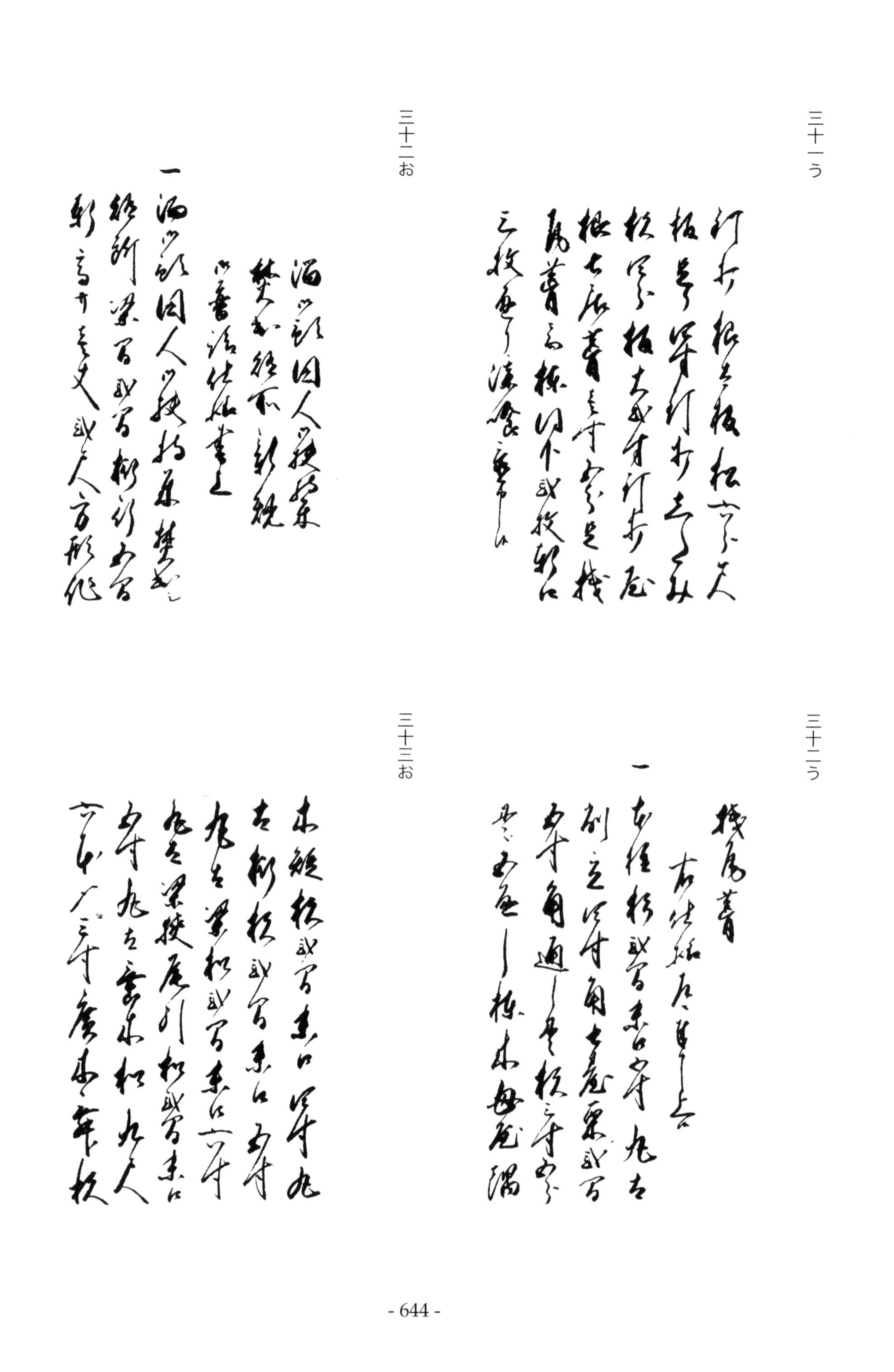

三十一う

三十二お

三十二う

三十三お

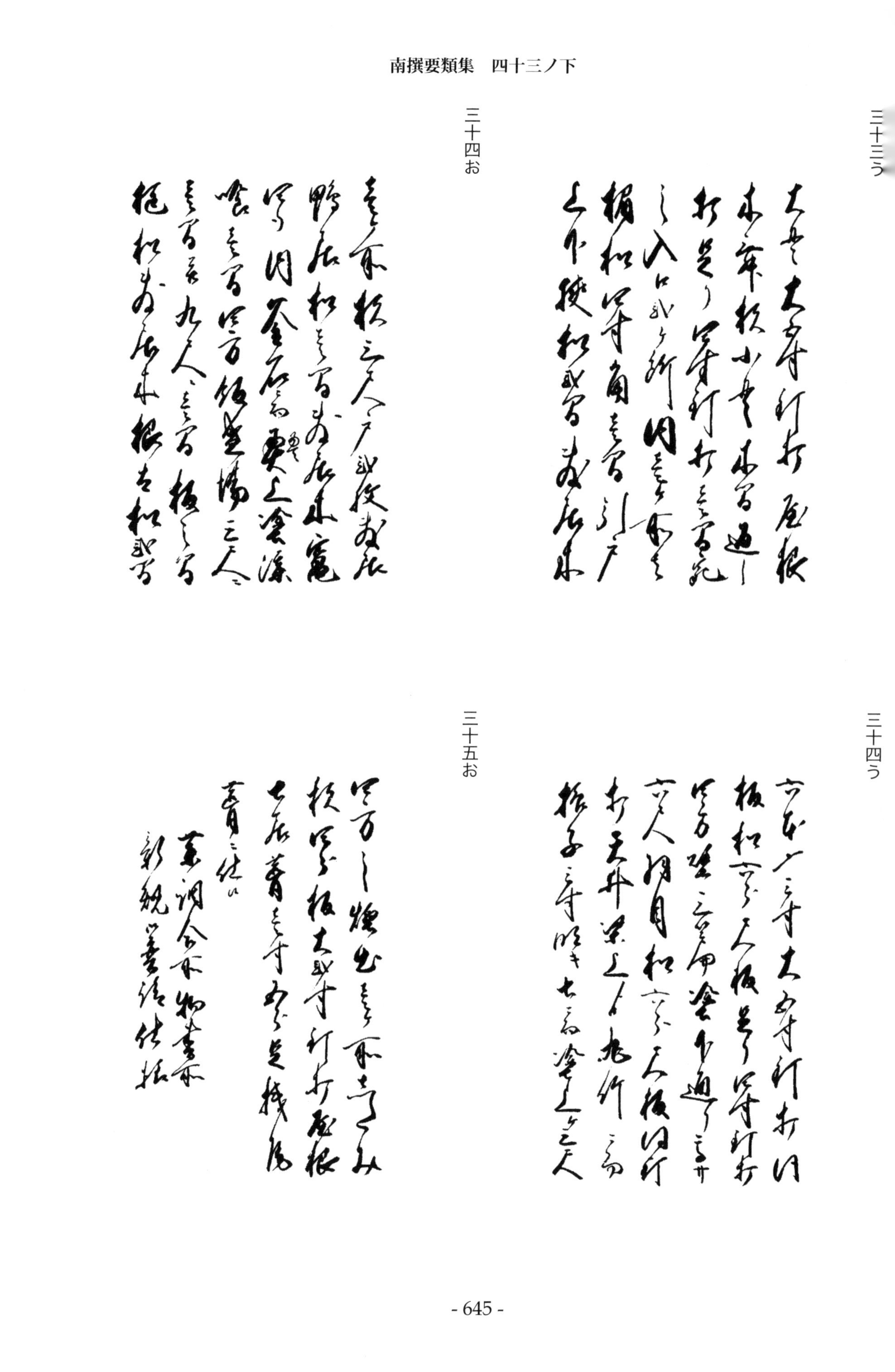

三十三う

三十四お

三十四う

三十五お

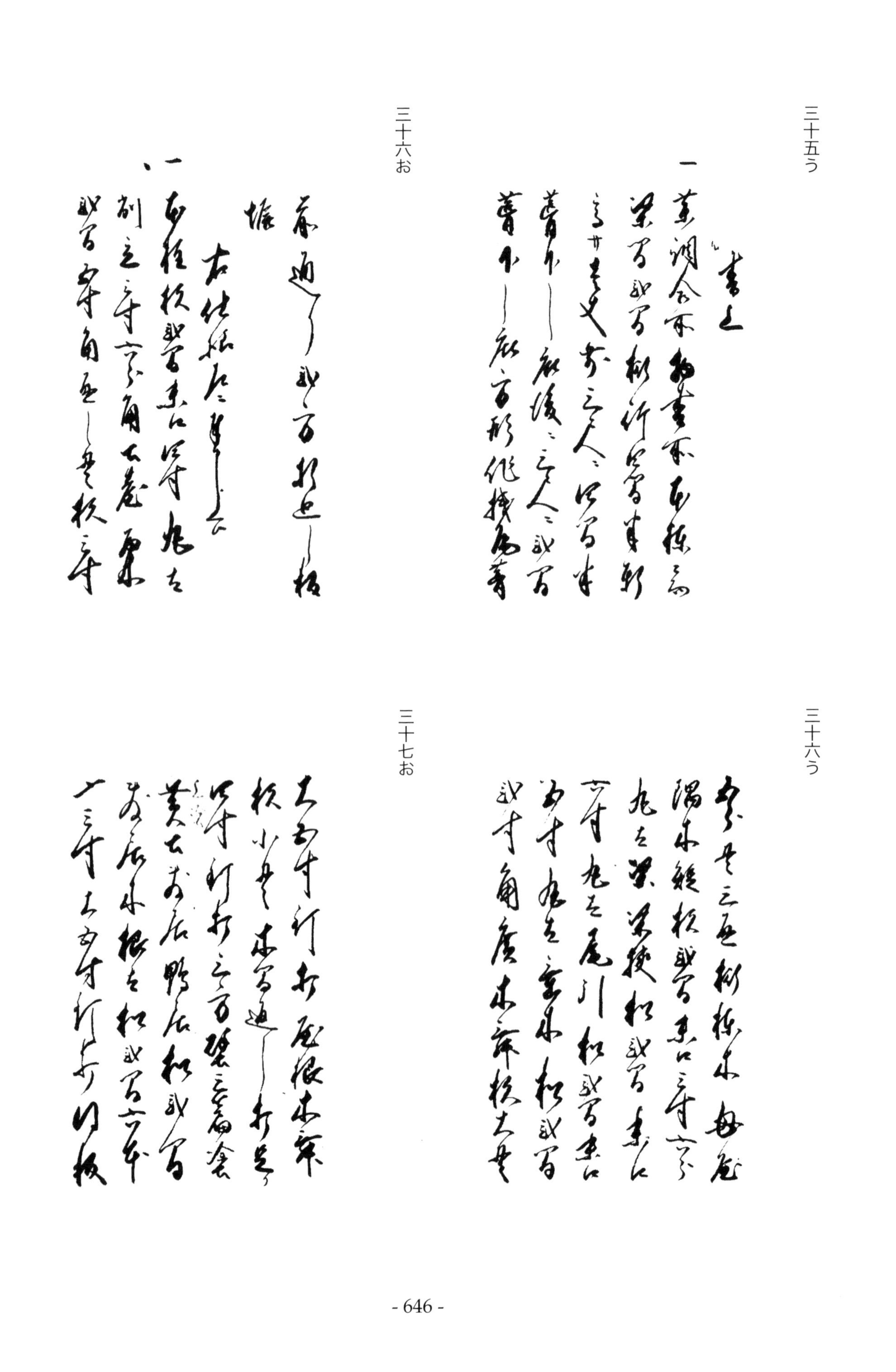

三十五う

三十六お

三十六う

三十七お

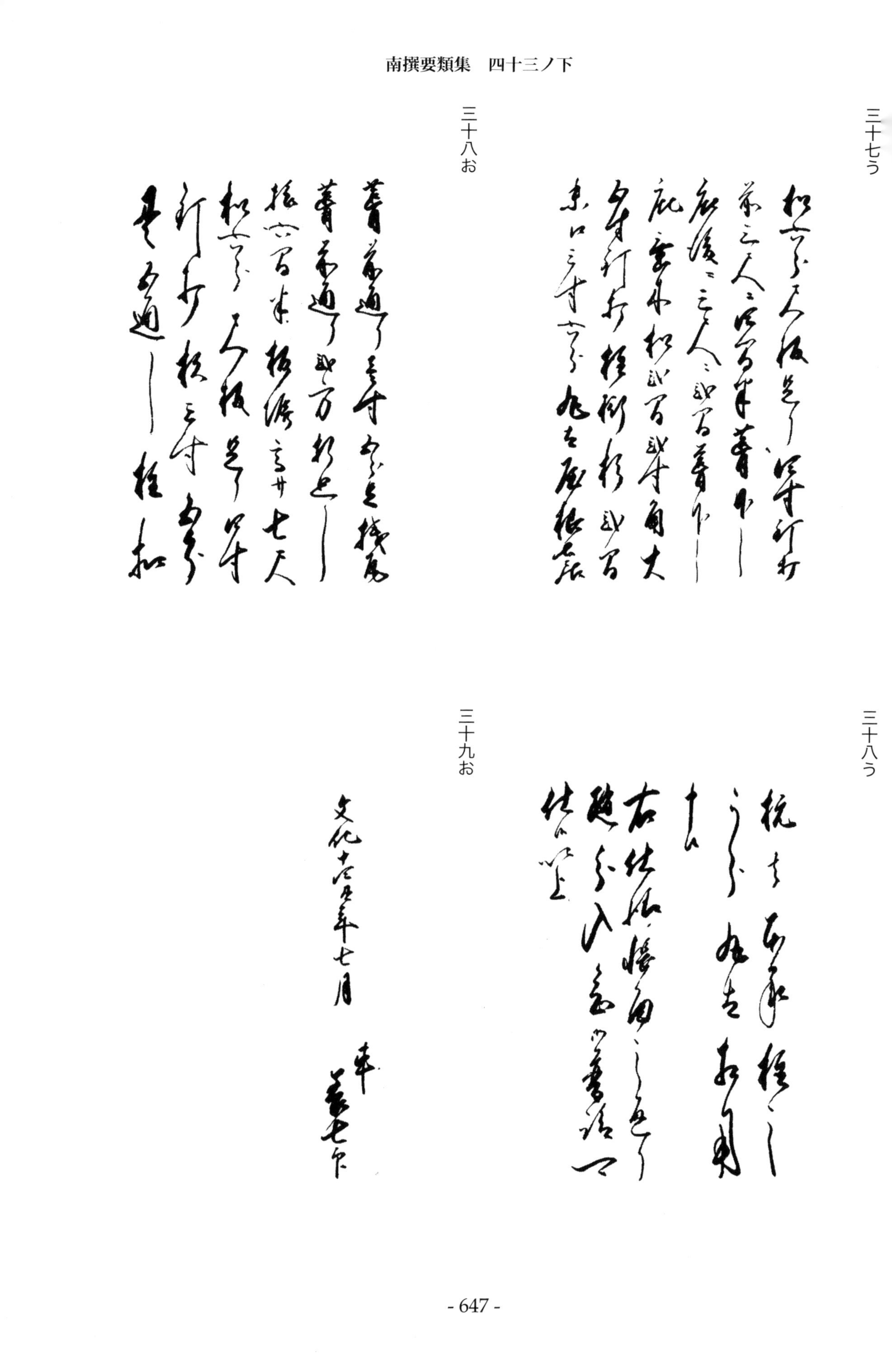

三十七う

三十八お

三十八う

三十九お

文化十四丑年七月

三十九う

四十お

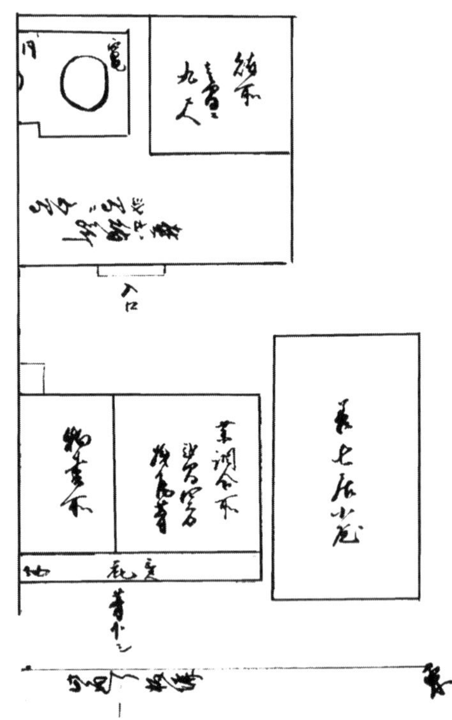

四十う

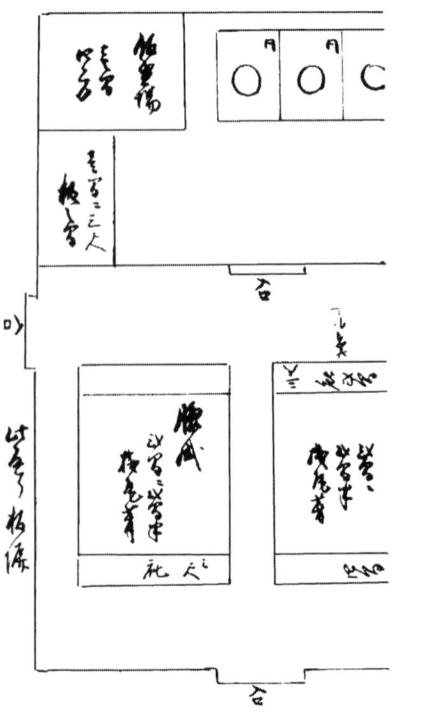

四十一お

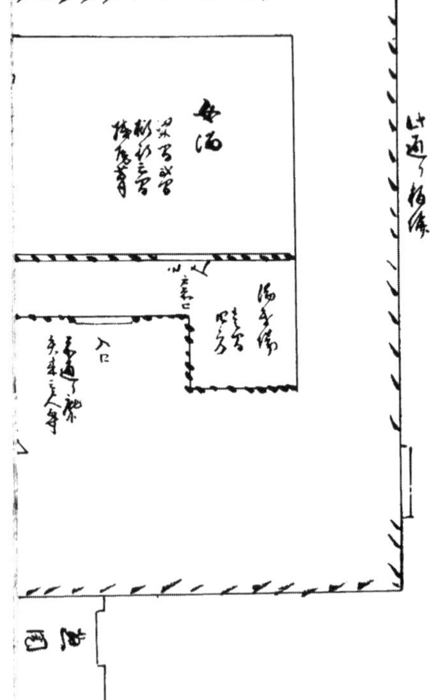

四十一う

四十二お

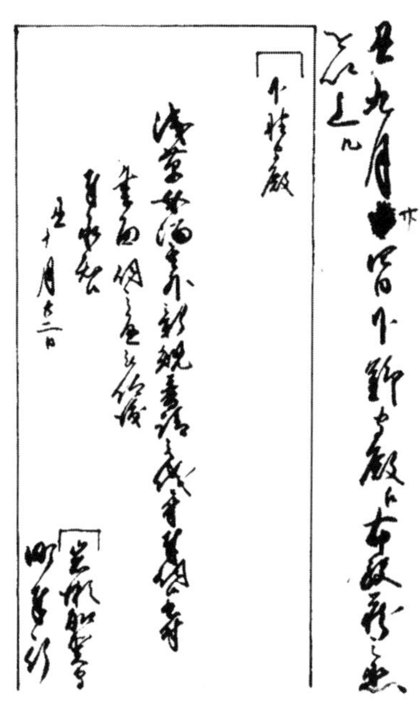

四十二う

四十三お

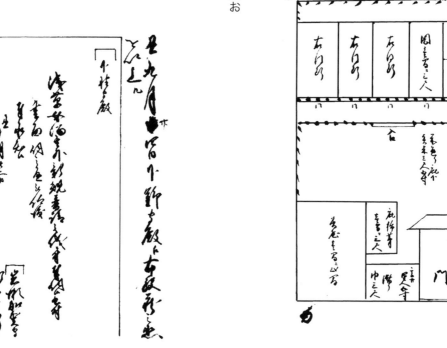

四十三う

四十四お

四十四う

四十五お

四十五う

四十六お

四十六う

四十七お

四十七う

四十八お

四十八う

四十九お

四十九う

[illegible]

五十お

[illegible]

五十う

[illegible]

五十一お

[illegible]

五十一う

五十二お

五十二う

五十三お

五十三う

五十四お

五十四う

五十五お

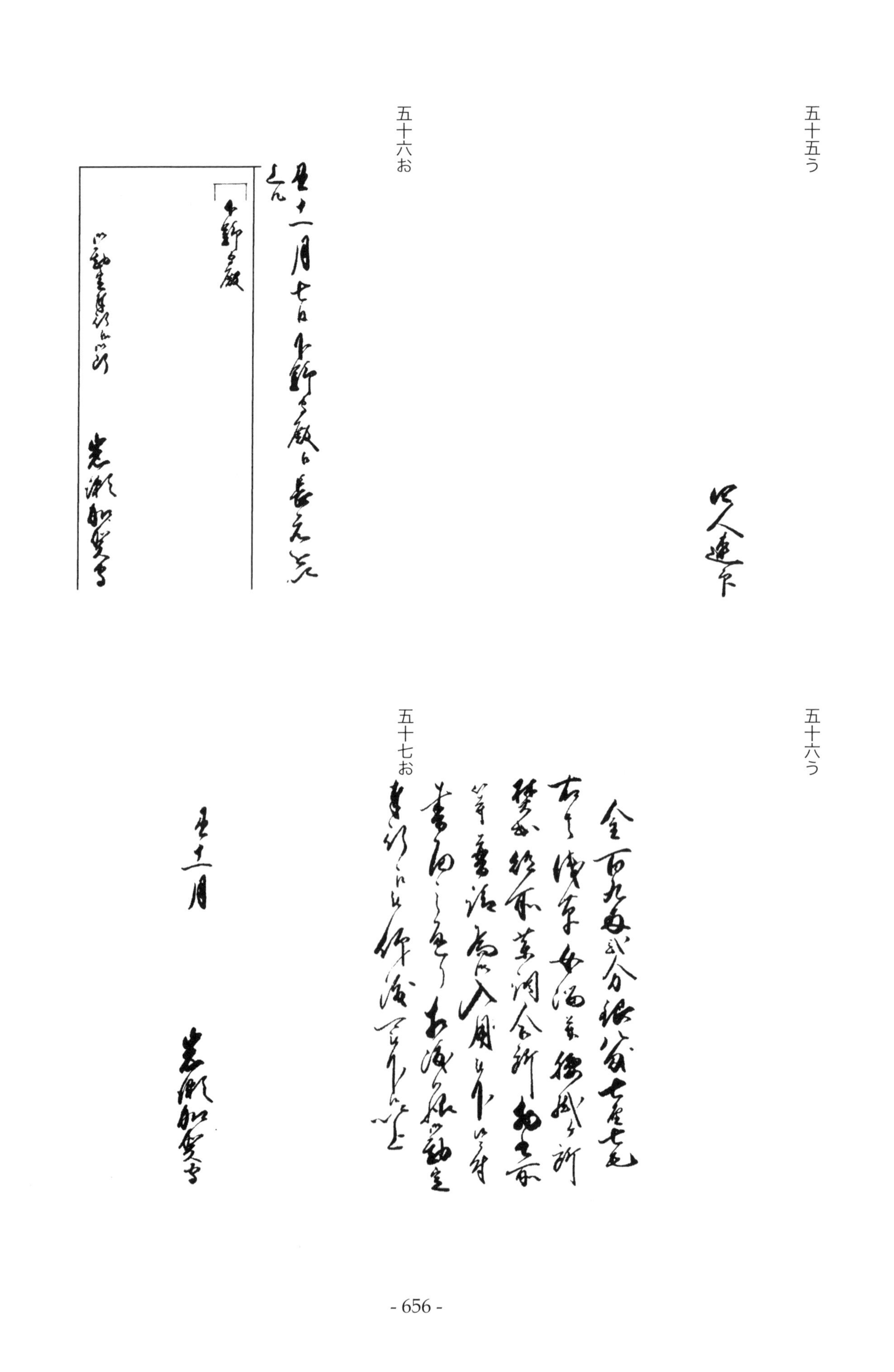

五十五う

五十六お

五十六う

五十七お

五十七う

五十八お

五十八う

五十九お

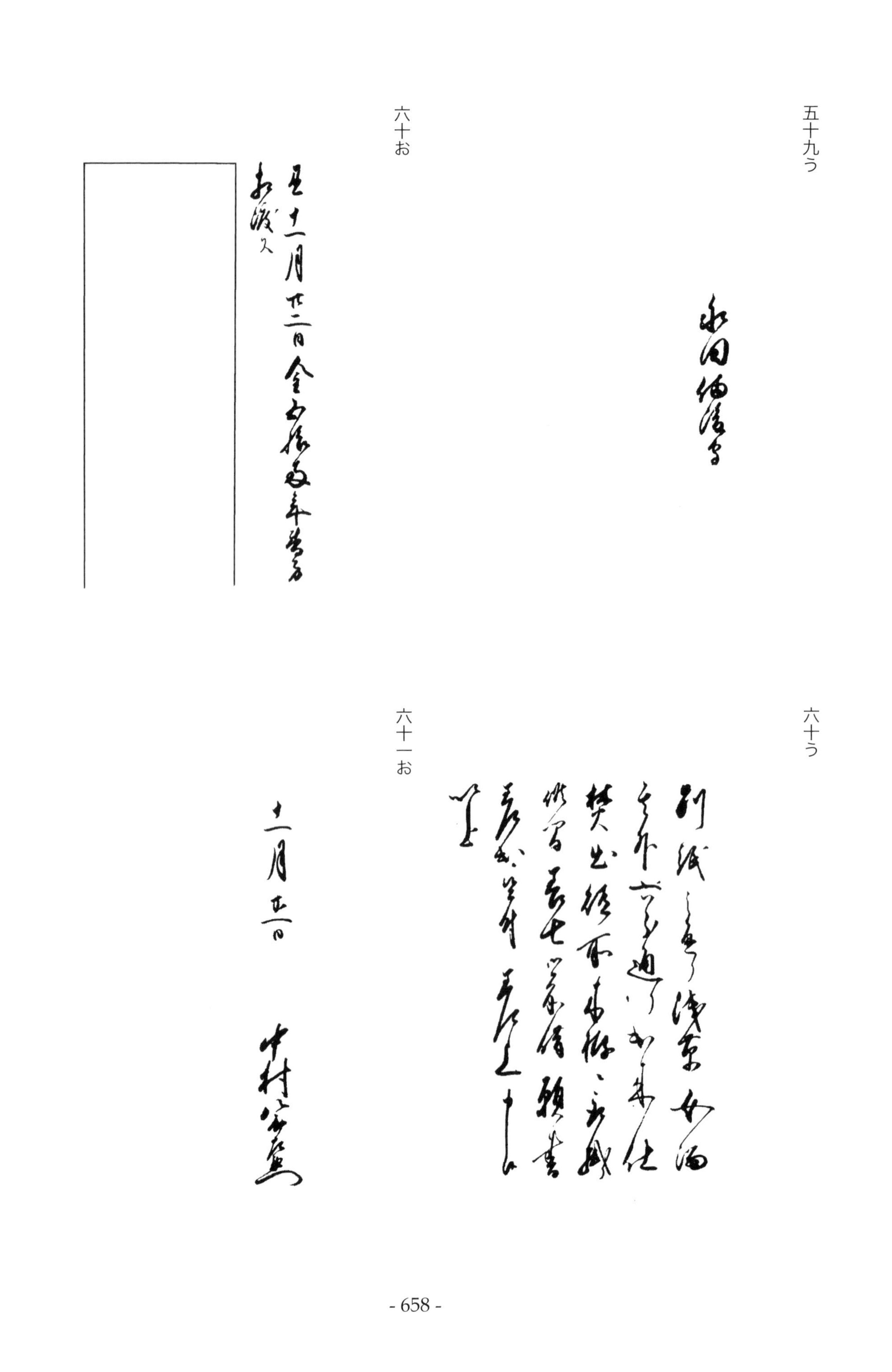

五十九う

六十お

六十う

六十一お

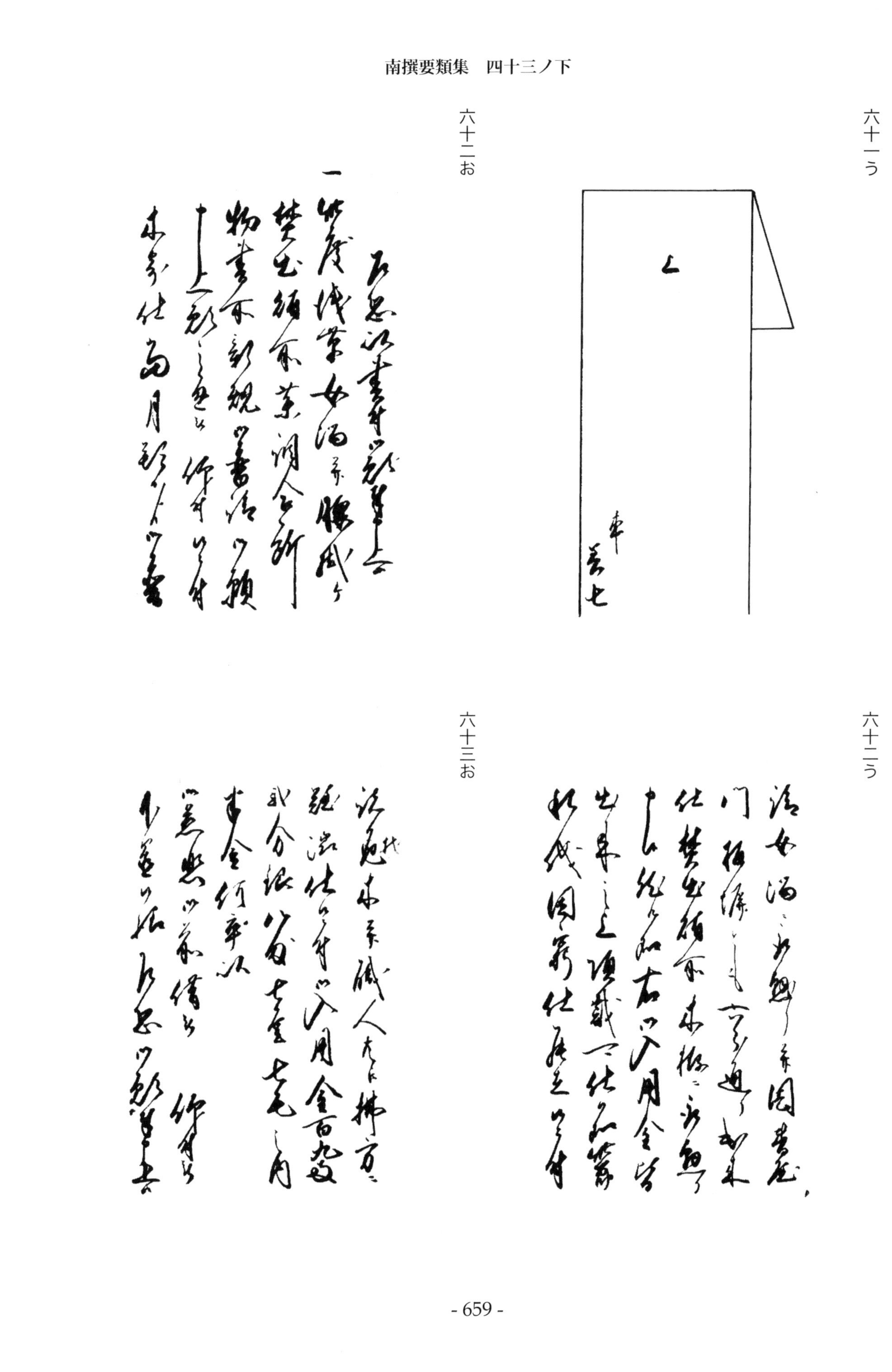

六十一う

六十二お

六十二う

六十三お

六十三う

六十四お

六十四う

六十五お

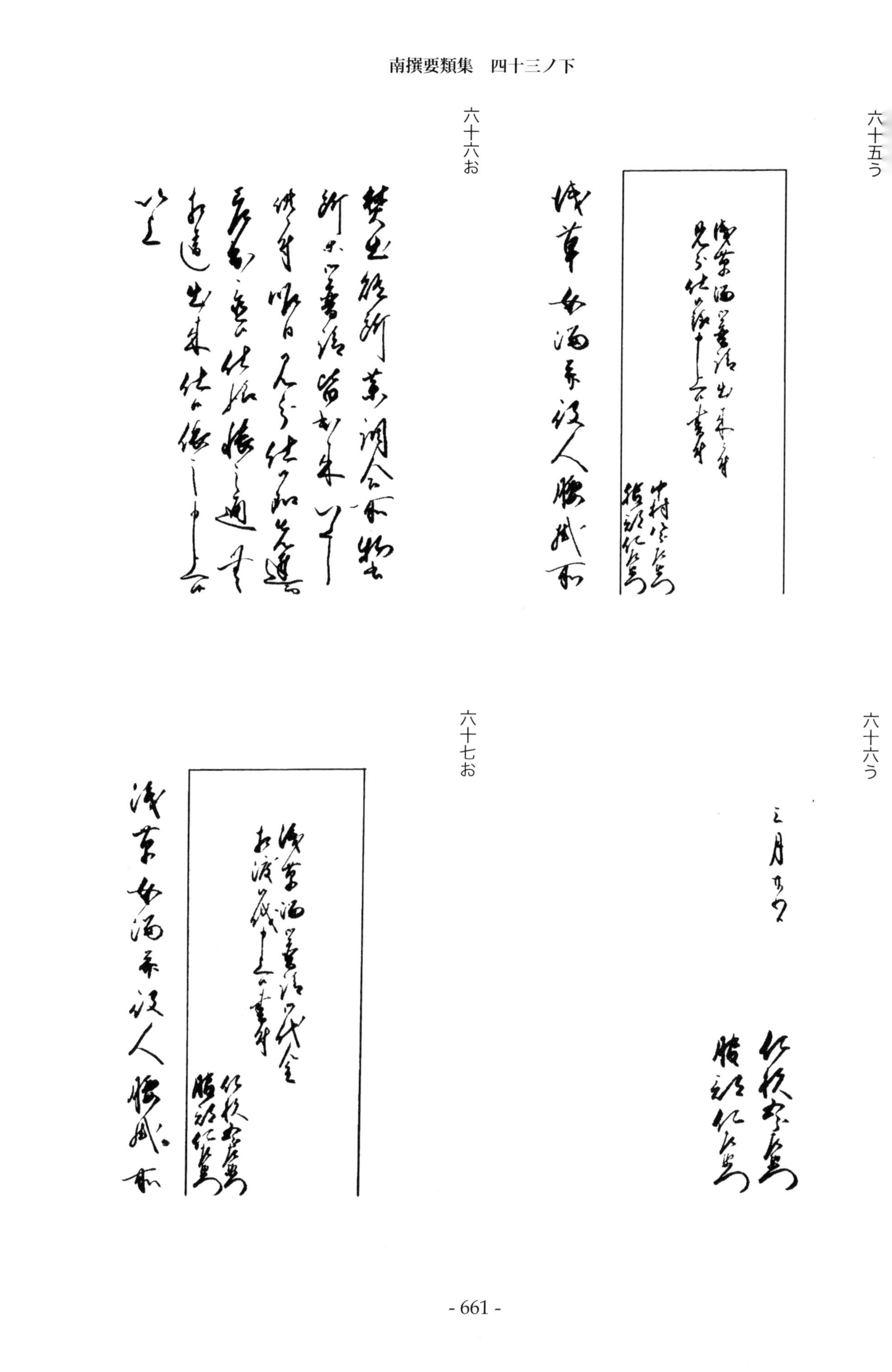

六十五う

六十六お

六十六う

六十七お

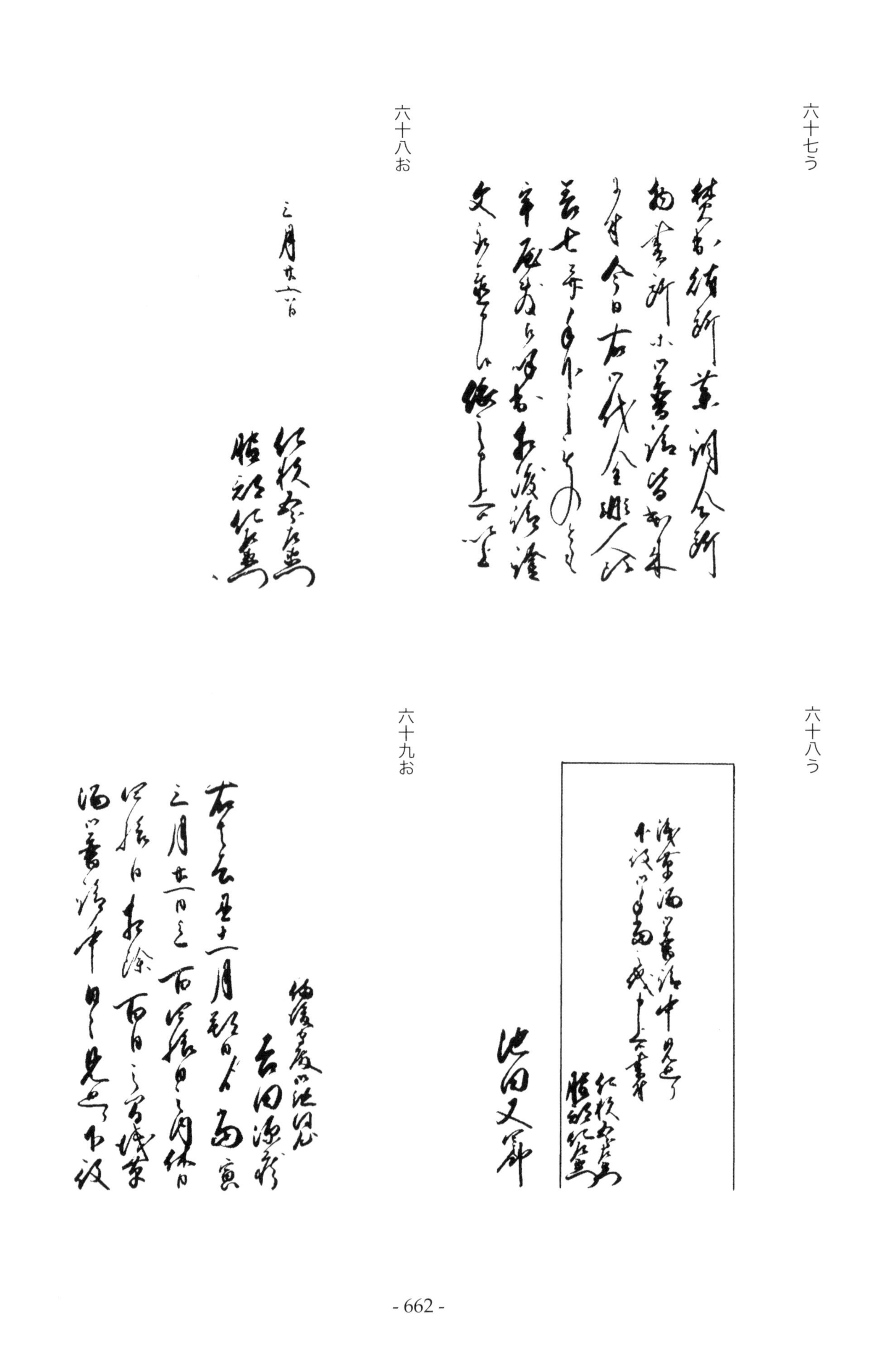

六十七う

六十八お

六十八う

六十九お

六十九う

七十お

七十う

七十一お

七十一う

七十二お

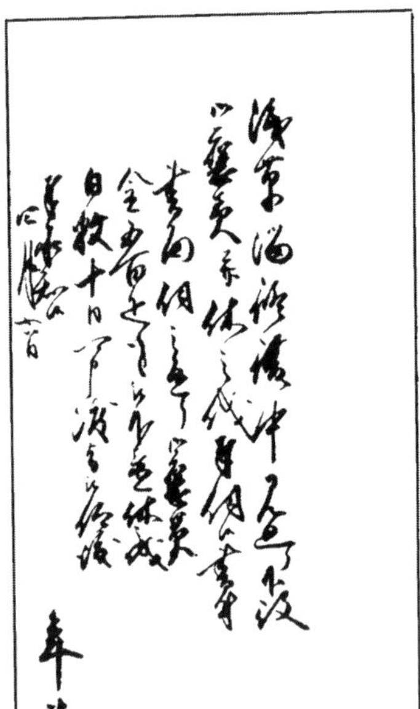

七十二う

七十三お

七十三う

休日共除百日相勤候例も
有之候得共病気全快之
上ニ而ハ難申候休日之儀も
見合ニ相成候中之通先例も
有之候得共日数十日下ケ被成
可被下候哉

七十四お

一文化四卯年徳蔵病気ニ付
中見合ニ相成不足日数百六日
相勤全快之通申渡候
　休日之儀日数十日申渡候
一右同年某川浜病後ニ付
見合ニ相成不足日数九拾九日

七十四う

相勤全快之通申渡候
　休日之儀日数十日申渡候
右
　寅四月
小栗由右衛門
中川飛騨守
皆御□□之

七十五お

不相分

七十五う

七十六お

七十六う

七十七お

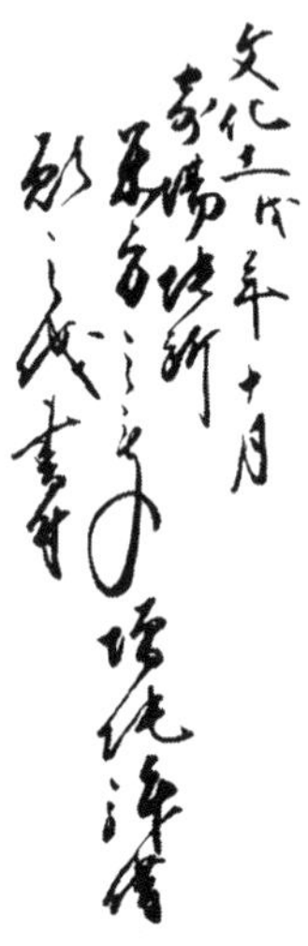

七十七う

七十八お

七十八う

七十九お

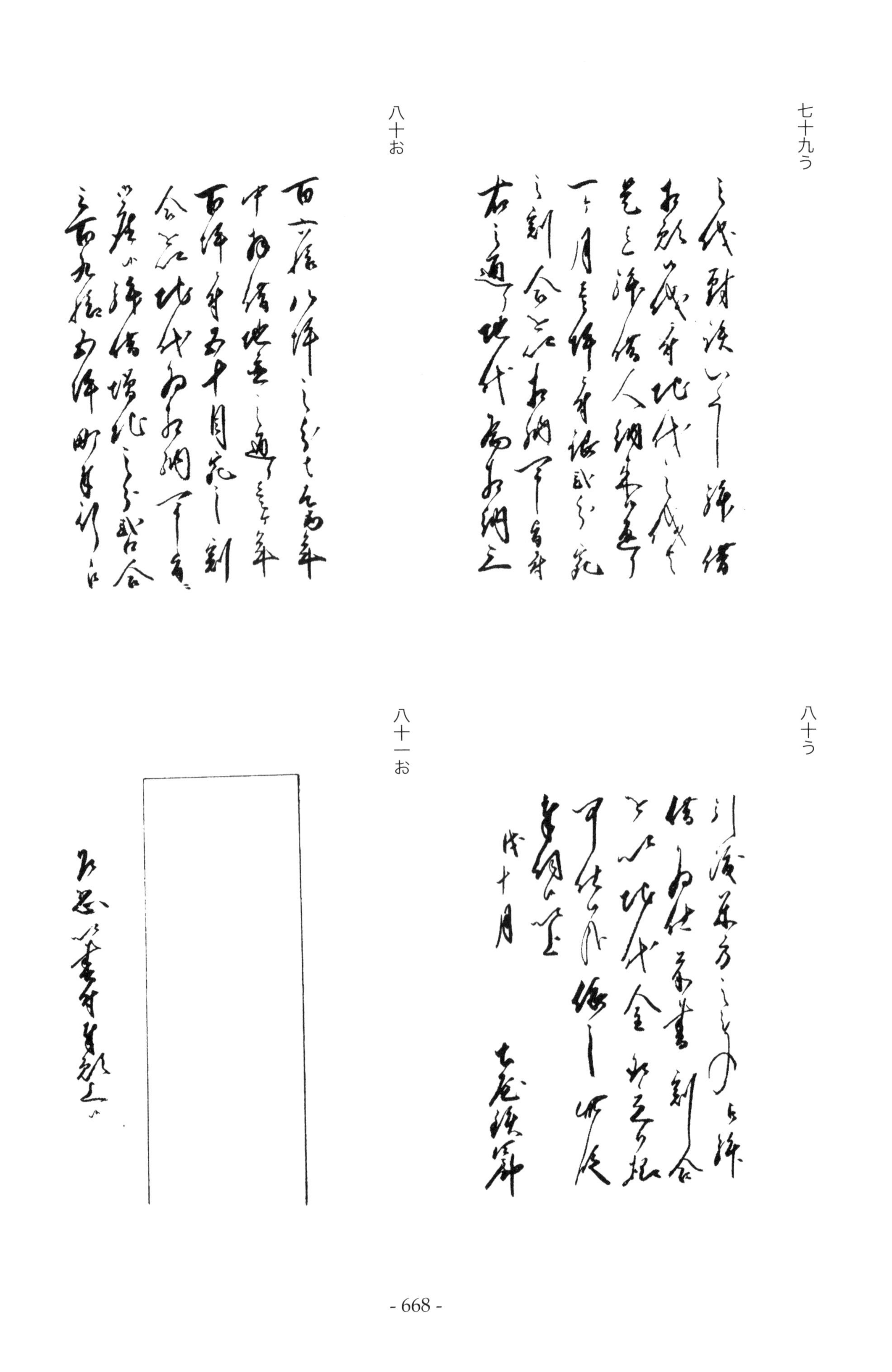

七十九う

八十お

八十う

八十一お

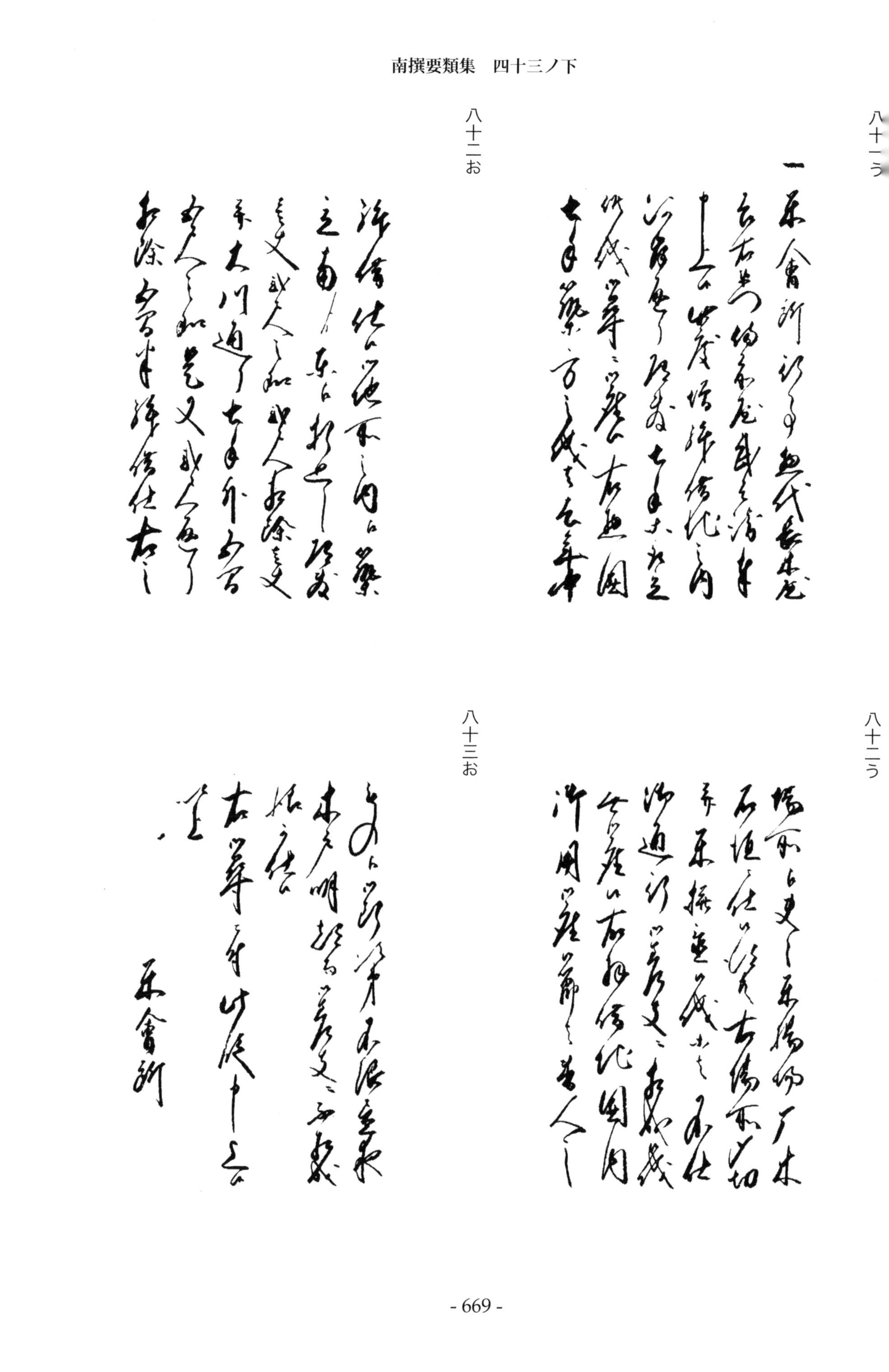

八十一う

八十二お

八十二う

八十三お

八十三う

八十四お

八十四う

八十五お

九

八十五う

八十六お

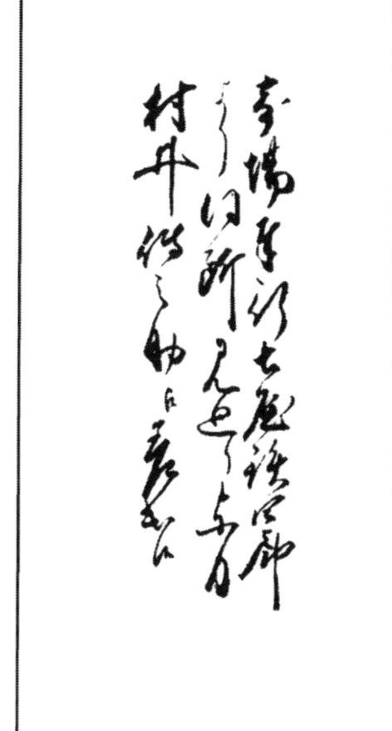

八十六う

八十七お

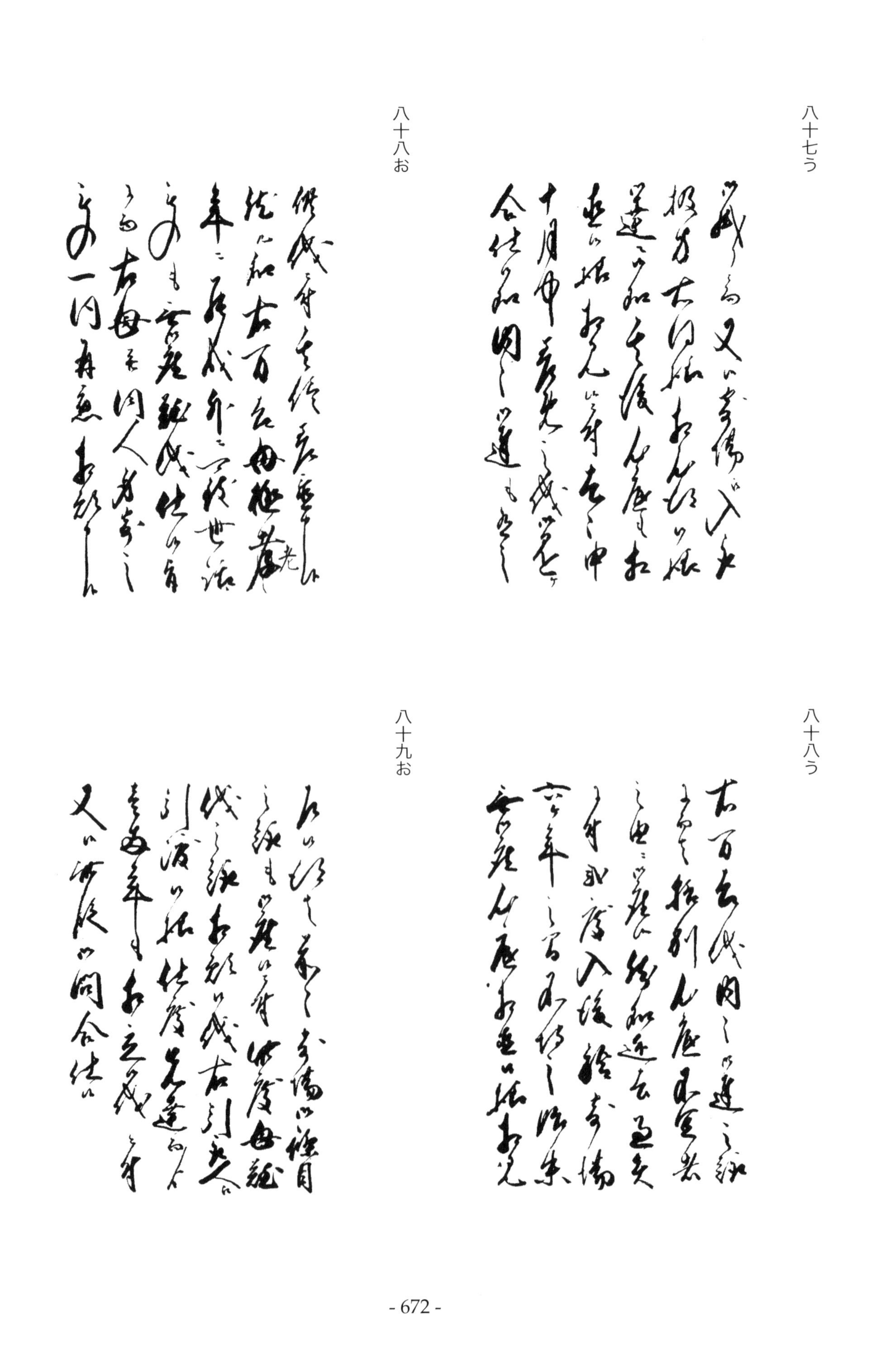

八十七う

八十八お

八十八う

八十九お

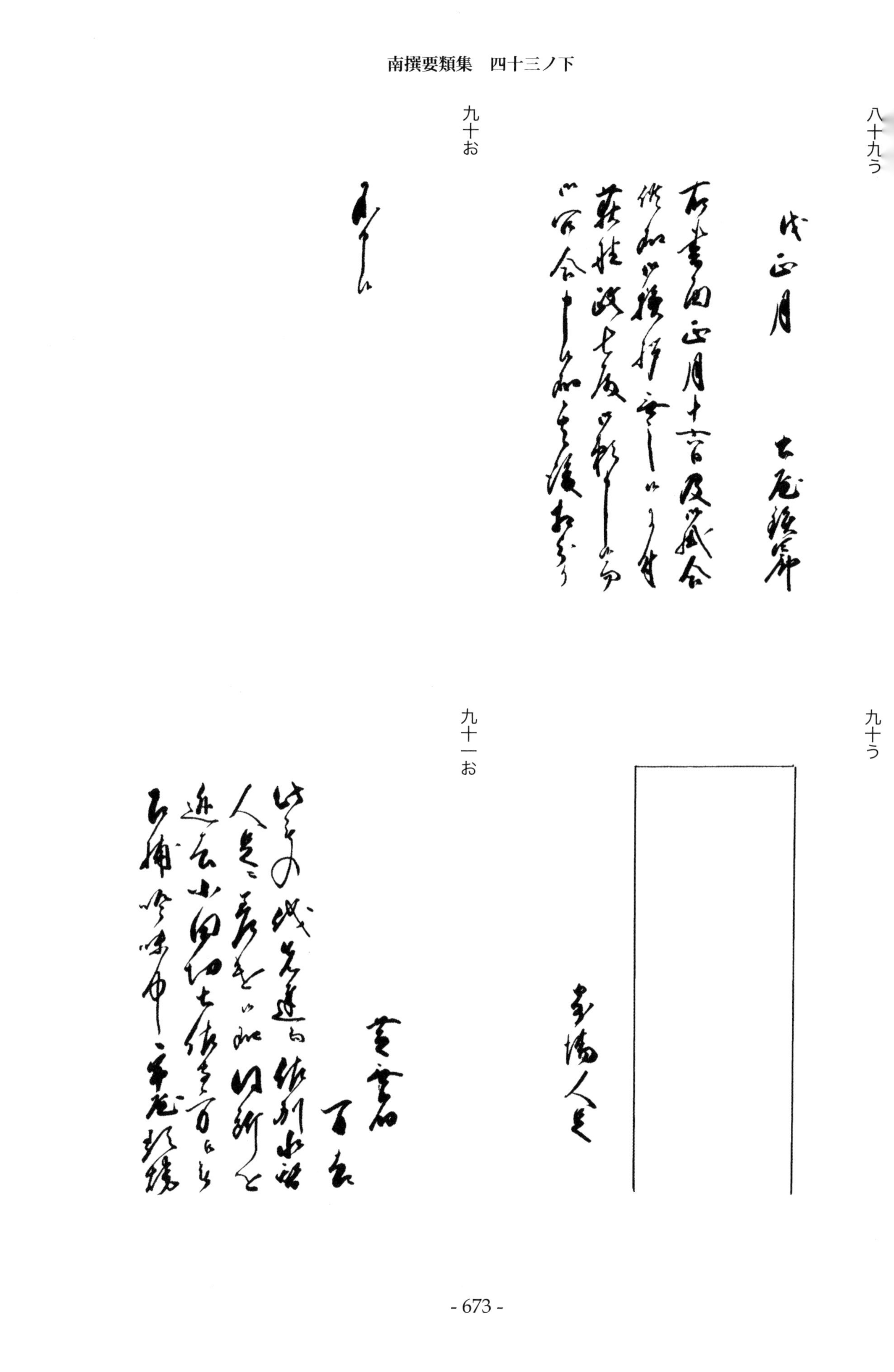

八十九う

九十お

九十う

九十一お

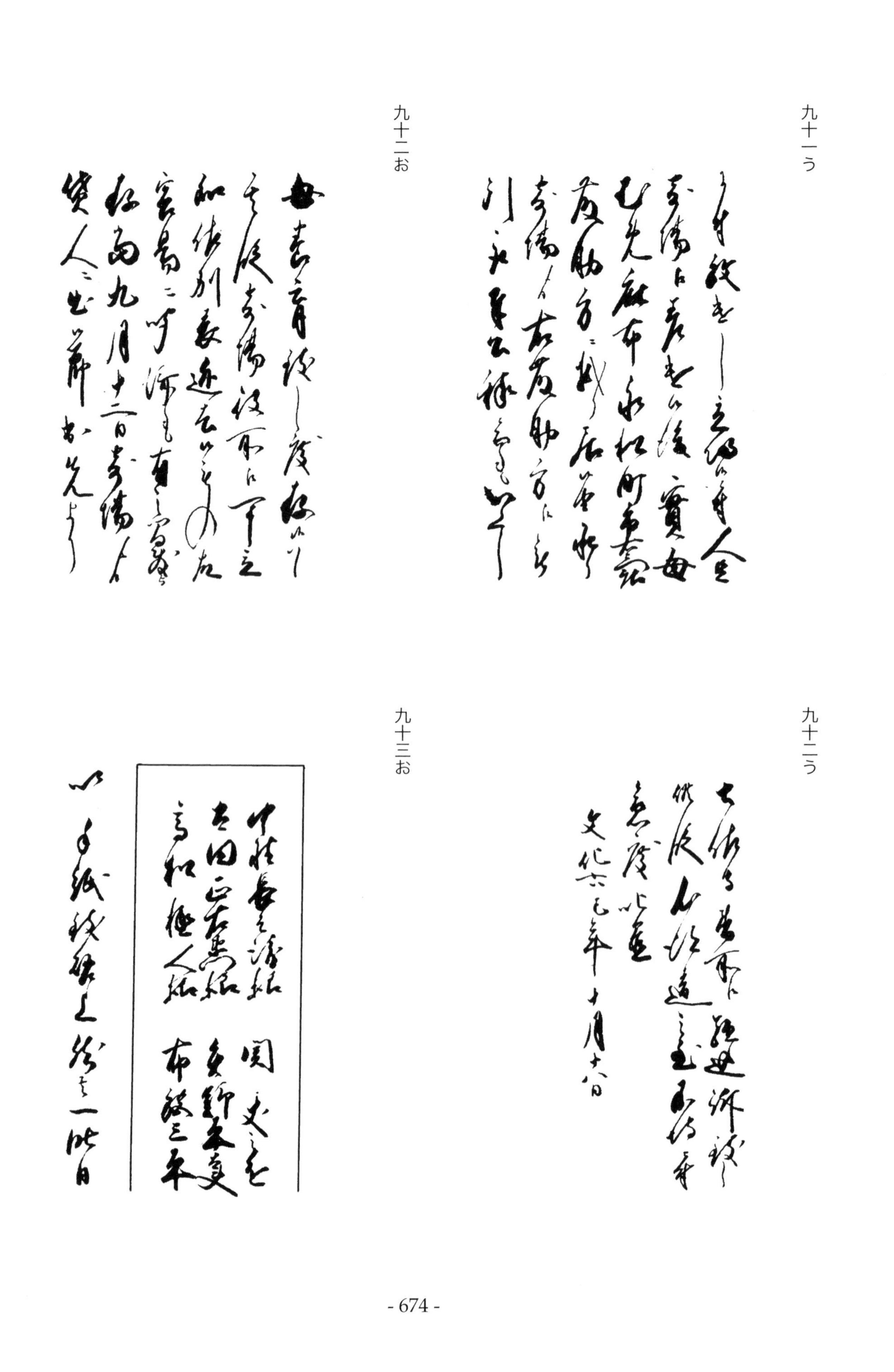

九十一う

九十二お

九十二う

九十三お

九十三う

九十四お

九十四う

九十五お

九十五う

九十六お

九十六う

九十七お

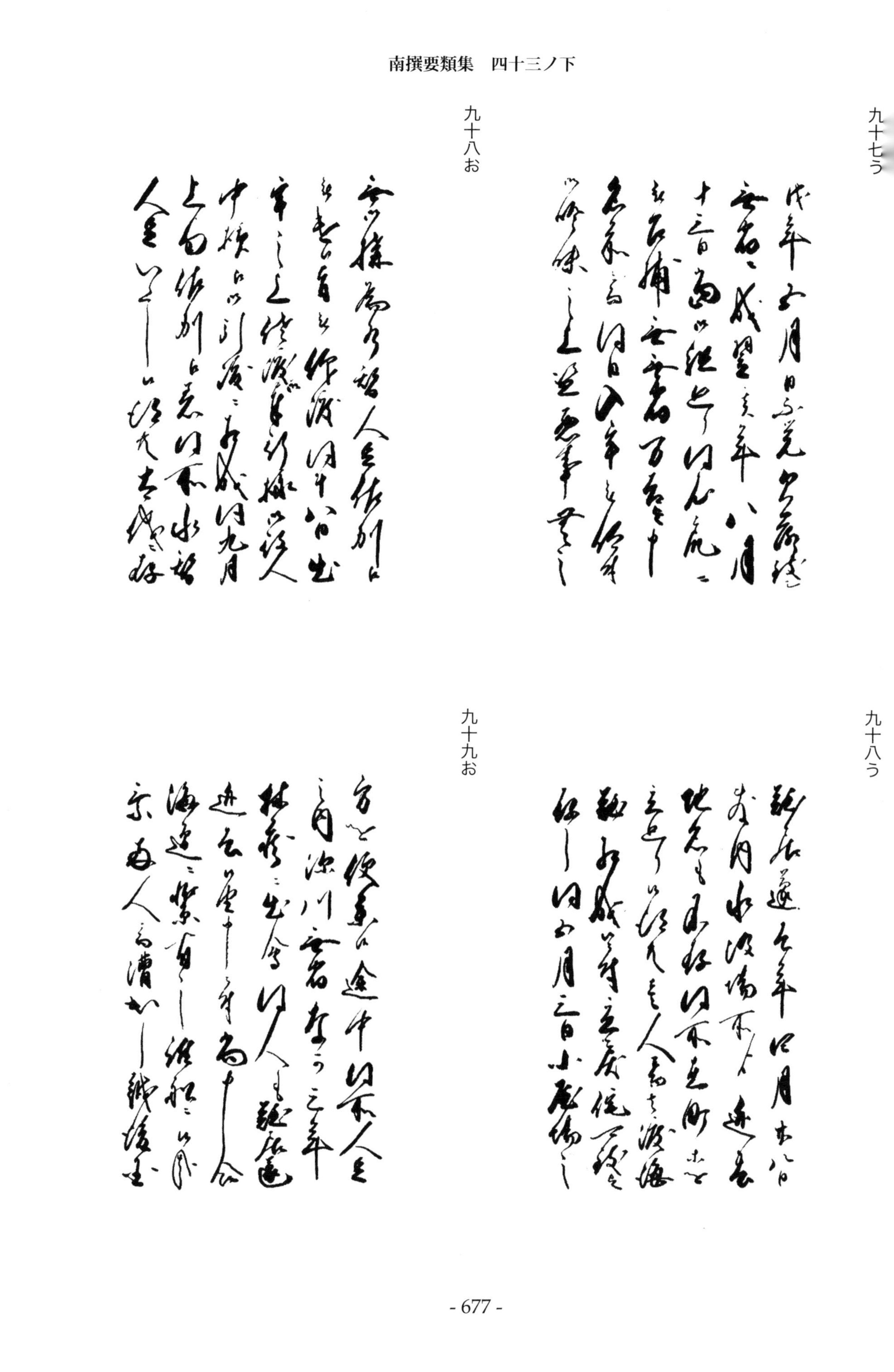

九十七う

九十八お

九十八う

九十九お

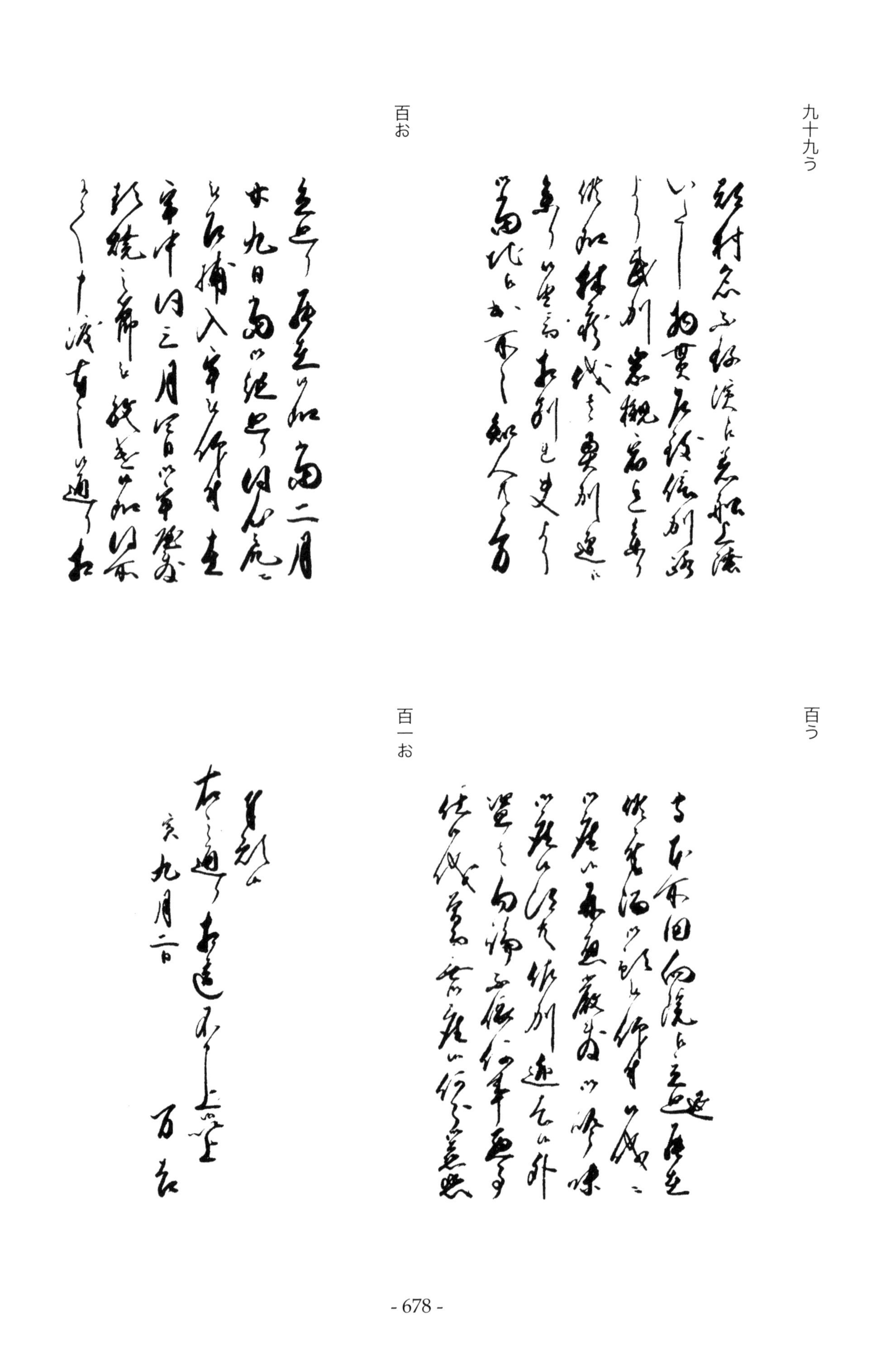

九十九う

百お

百う

百一お

百一う

百二お

百二う

百三お

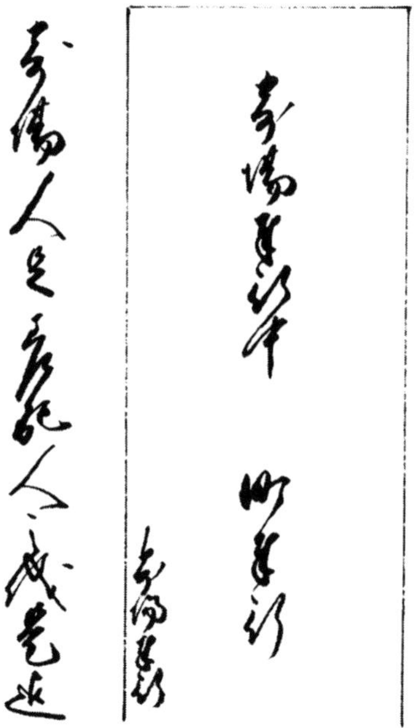

百三う

百四お

百四う

百五お

百五う

百六お

百六う

百七お

百七う

百八お

百八う

百九お

百九う

百十お

百十う

百十一お

百十一う

百十二お

百十二う

百十三お

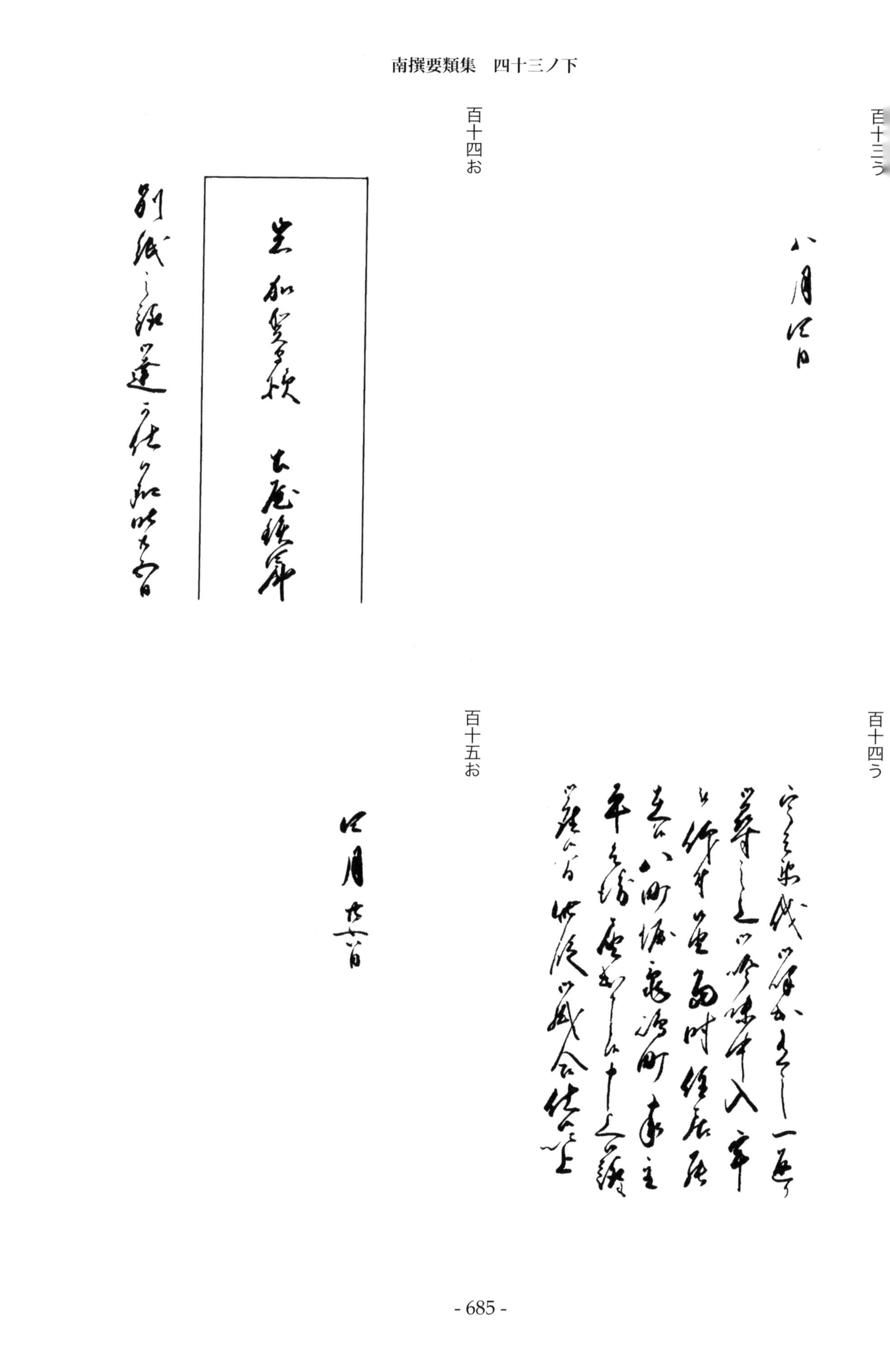

百十三う

八月[illegible]

百十四お

[illegible]

[illegible]

百十四う

[illegible]

百十五お

[illegible]

裏表紙

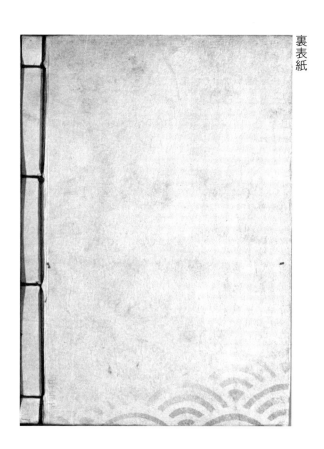

表表紙

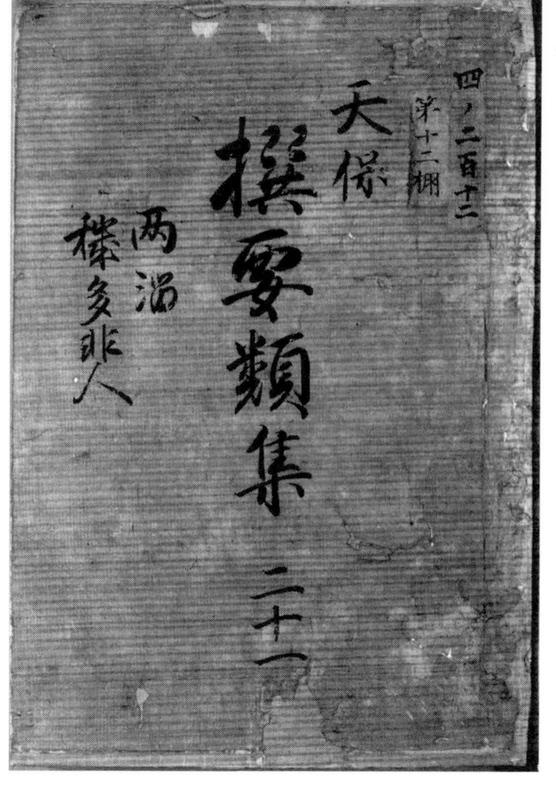

中表紙

表表紙う

中表紙う

一お

一う

二お

二う

一七　穢多非人家株欠所之儀ニ付取調候事

一八　猿曳ゟ能分之儀ニ付同所ゟ問合之事

一九　深川非人頭善三郎居屋敷内ニ揚船打捨
候ニ付新規造立相願候事

三お

一十　穢多寺之僧弾左衛門配下之分ニ而勤方
寺社奉行ゟ問合之事

一十一　私領村方ニ住居致候穢多非人捕之事ニ付
弾左衛門方ニ而召捕ニ付村役人ゟ相願候ニ付
差押候儀ニ付同人支配之者ニ而勤方寺社奉行ゟ

三う

問合之事

一十二　右宿野非人制方之儀ニ付申上候例探方
之趣ゟ申渡書之事

一十三　非人名目之儀千代松差出書付之事

四お

一十四　穢多頭弾左衛門病気ニ付養子小太郎相続
願之事

一十五　野非人狩込方之儀ニ付取調候事

一十六　武州榛沢郡東方村地内中山道往還端
之儀往所ゟ草履草鞋之類商ひ来候ニ付而

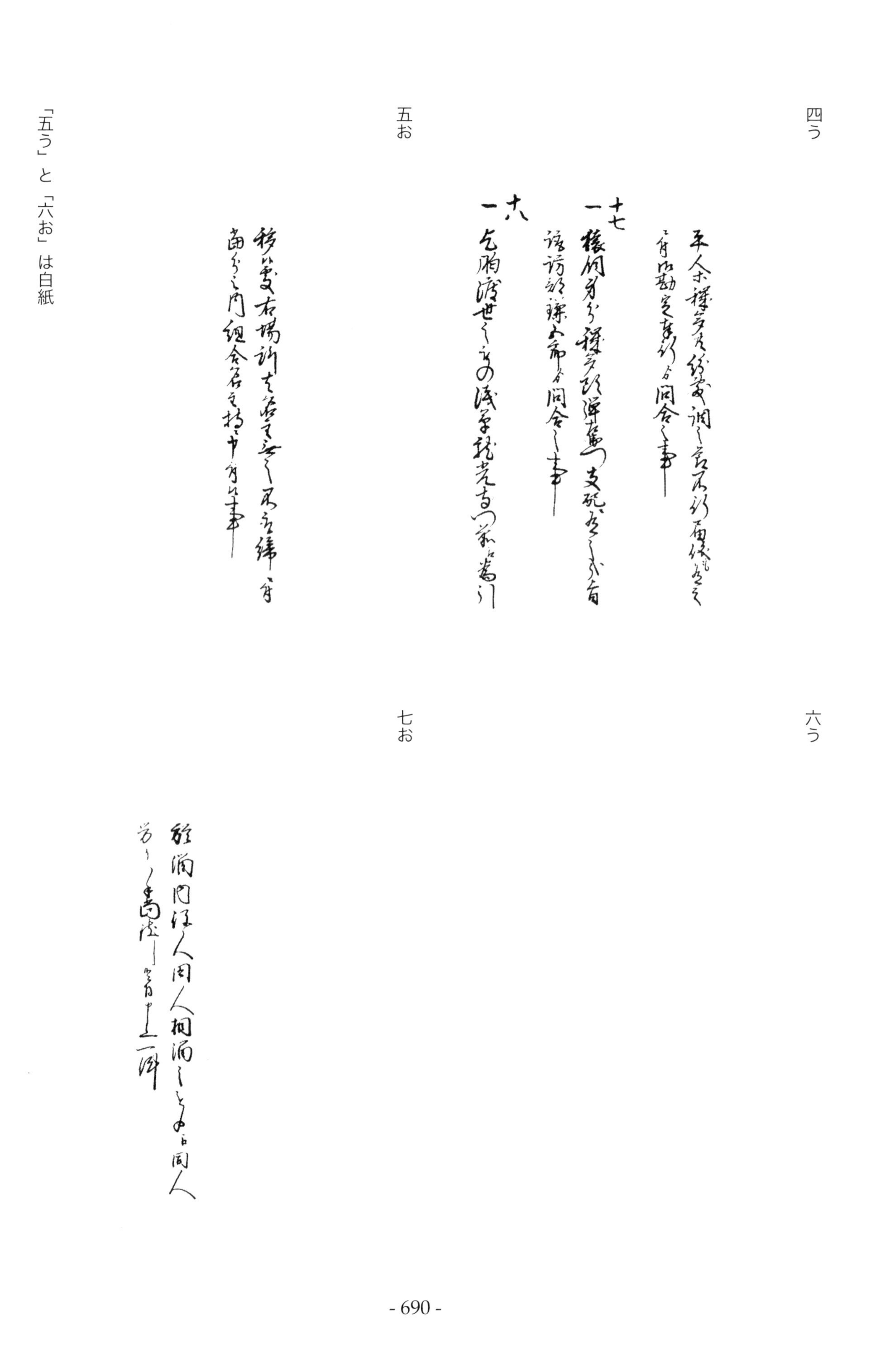

四う

五お

「五う」と「六お」は白紙

六う

七お

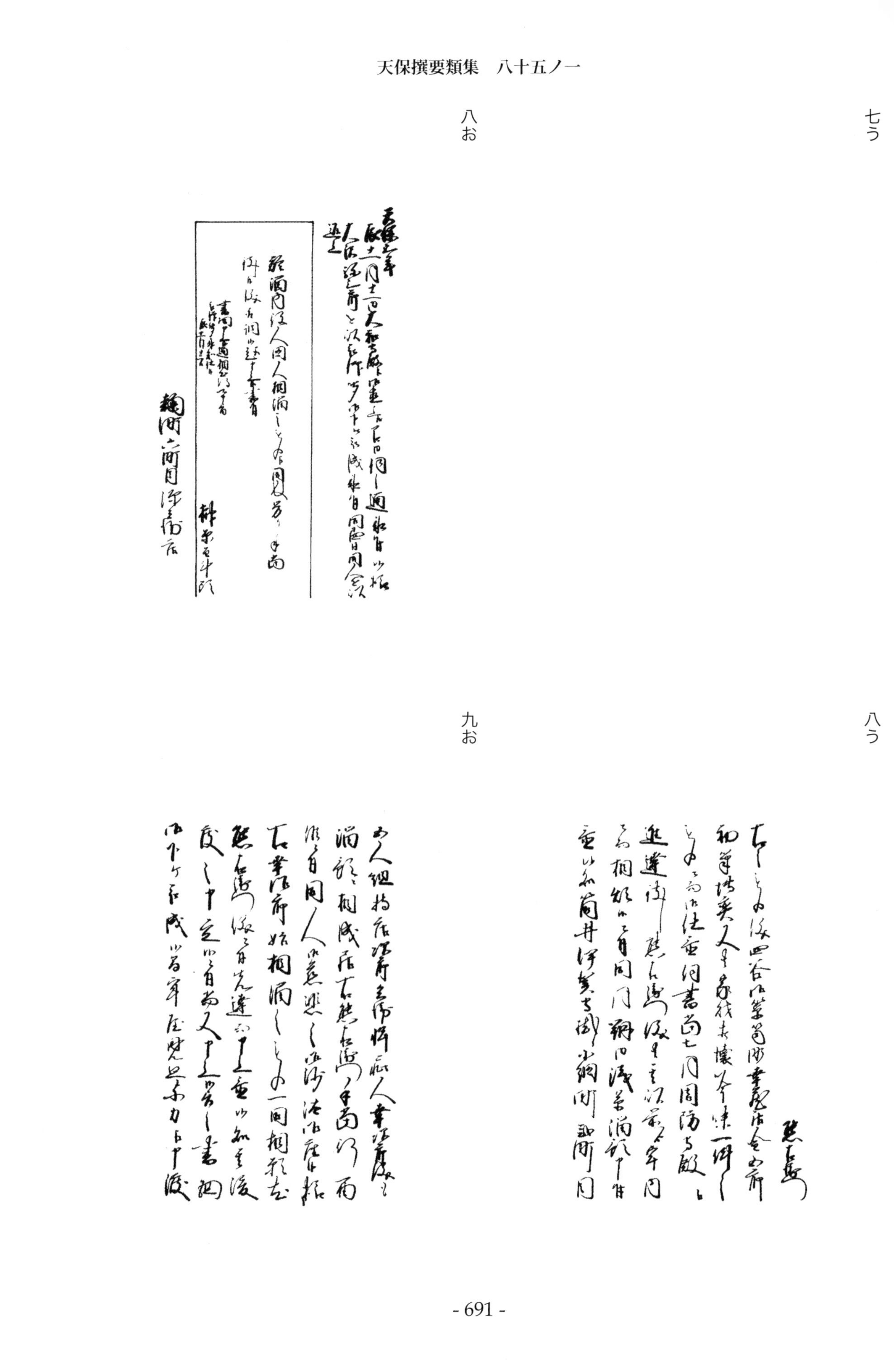

七う

八お

八う

九お

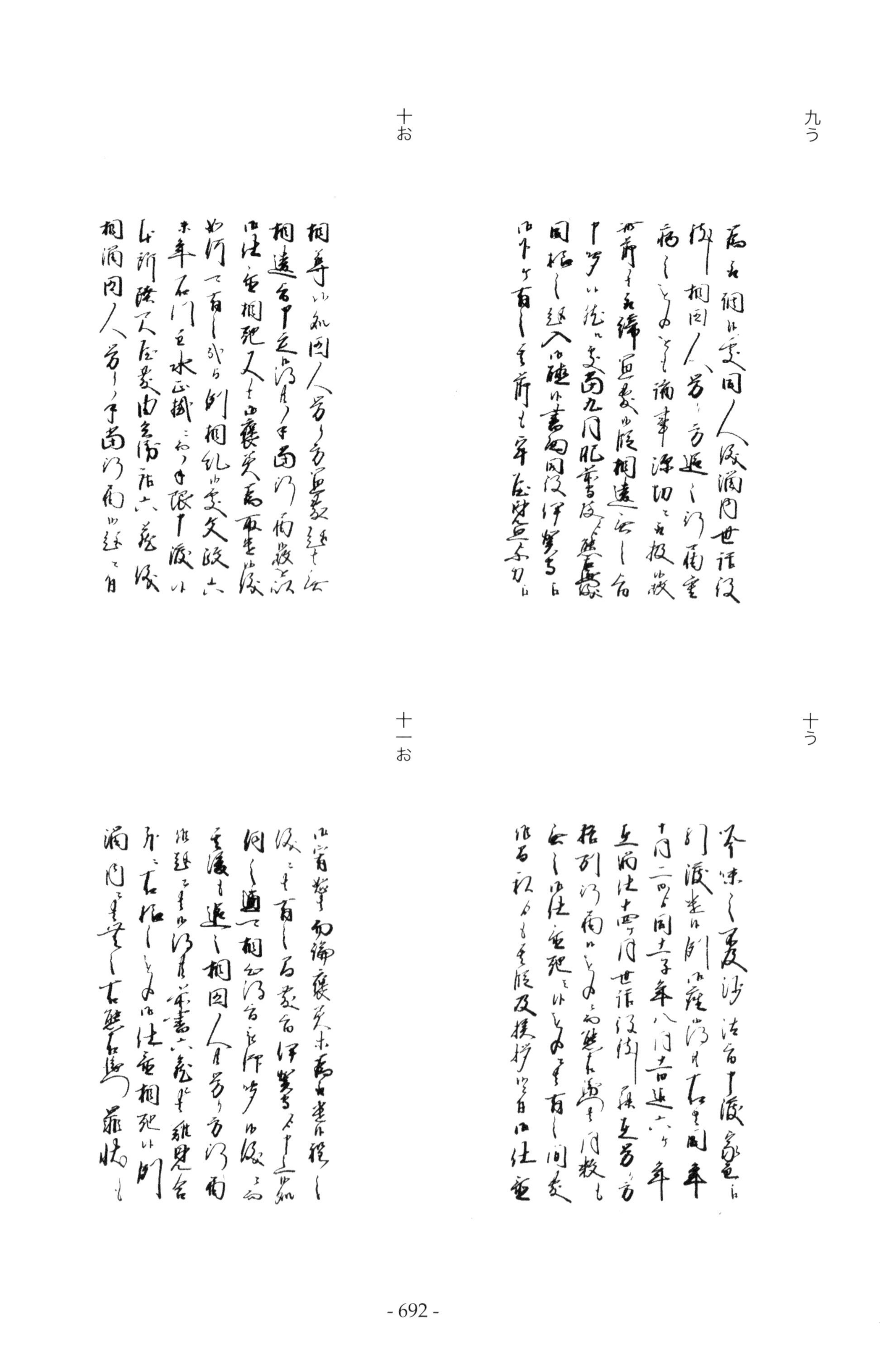

九う

十お

十う

十一お

十一う

右人〻之内ニ而高貞吉今ニ行衛
相成今吉人を渡世し難成候ニ付
行衛ニ相成候ニ付遠而往来ニ
相伺ニとの候事ニ付窮懇し度且及
御沙汰ニ而御了簡ニ被成下度
を御書付置之候御座中之以
上

十二お

辰
六月

榊原主計頭

十二う

十三お

辰六月朔日大和守殿御渡

筒井伊賀守
小納戸　同

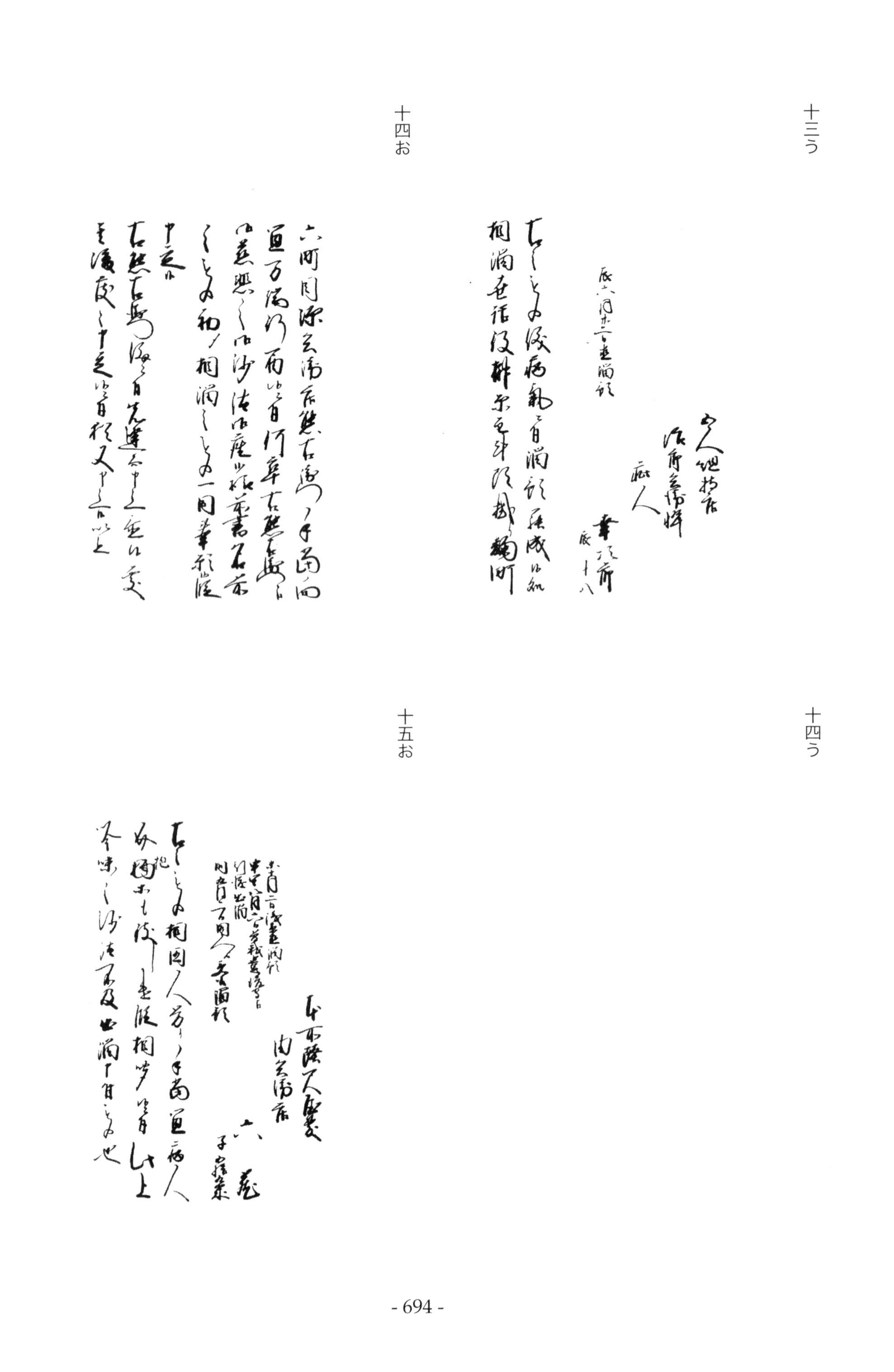

十三う

十四お

十四う

十五お

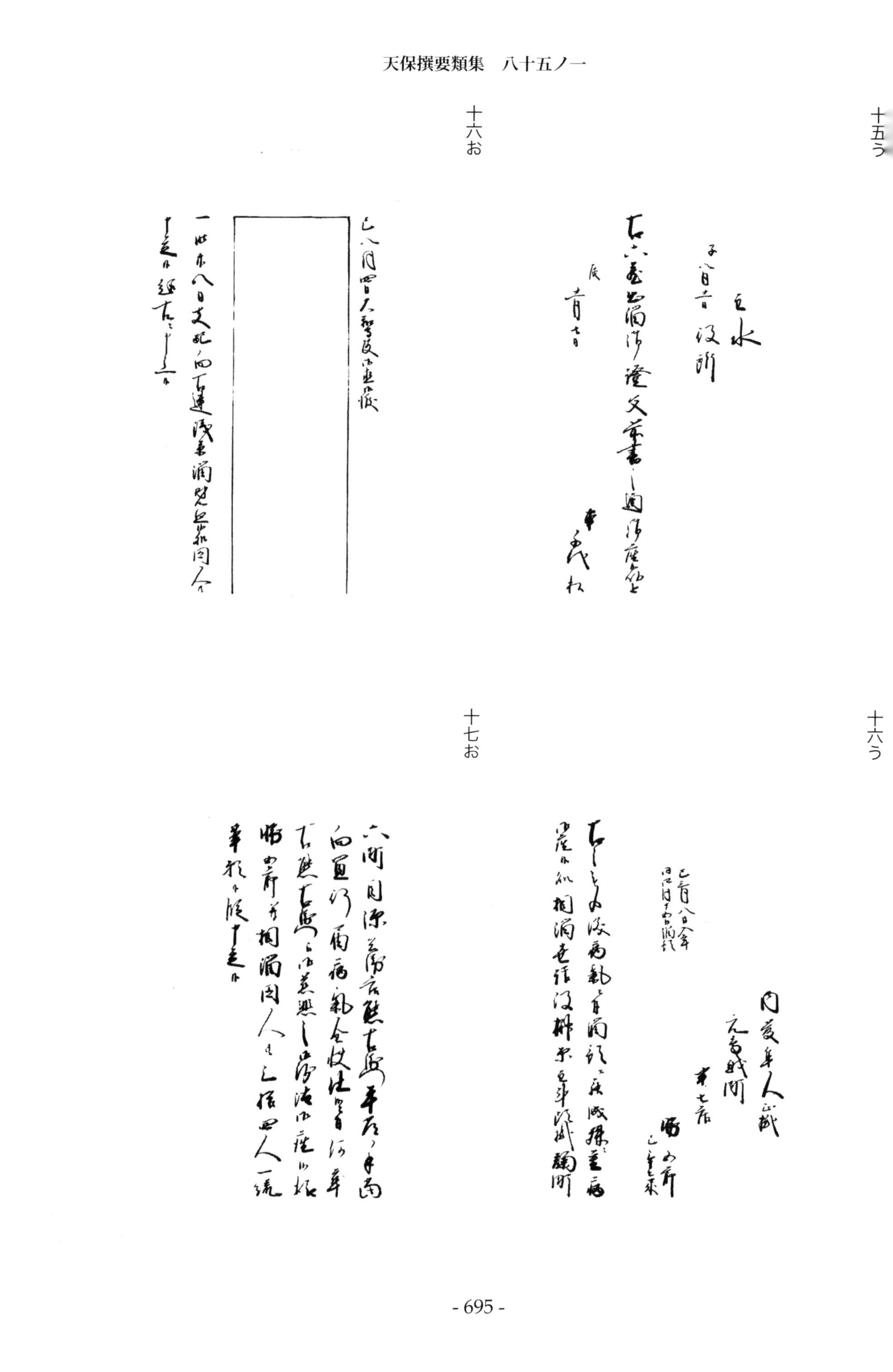

十五う

十六お

十六う

十七お

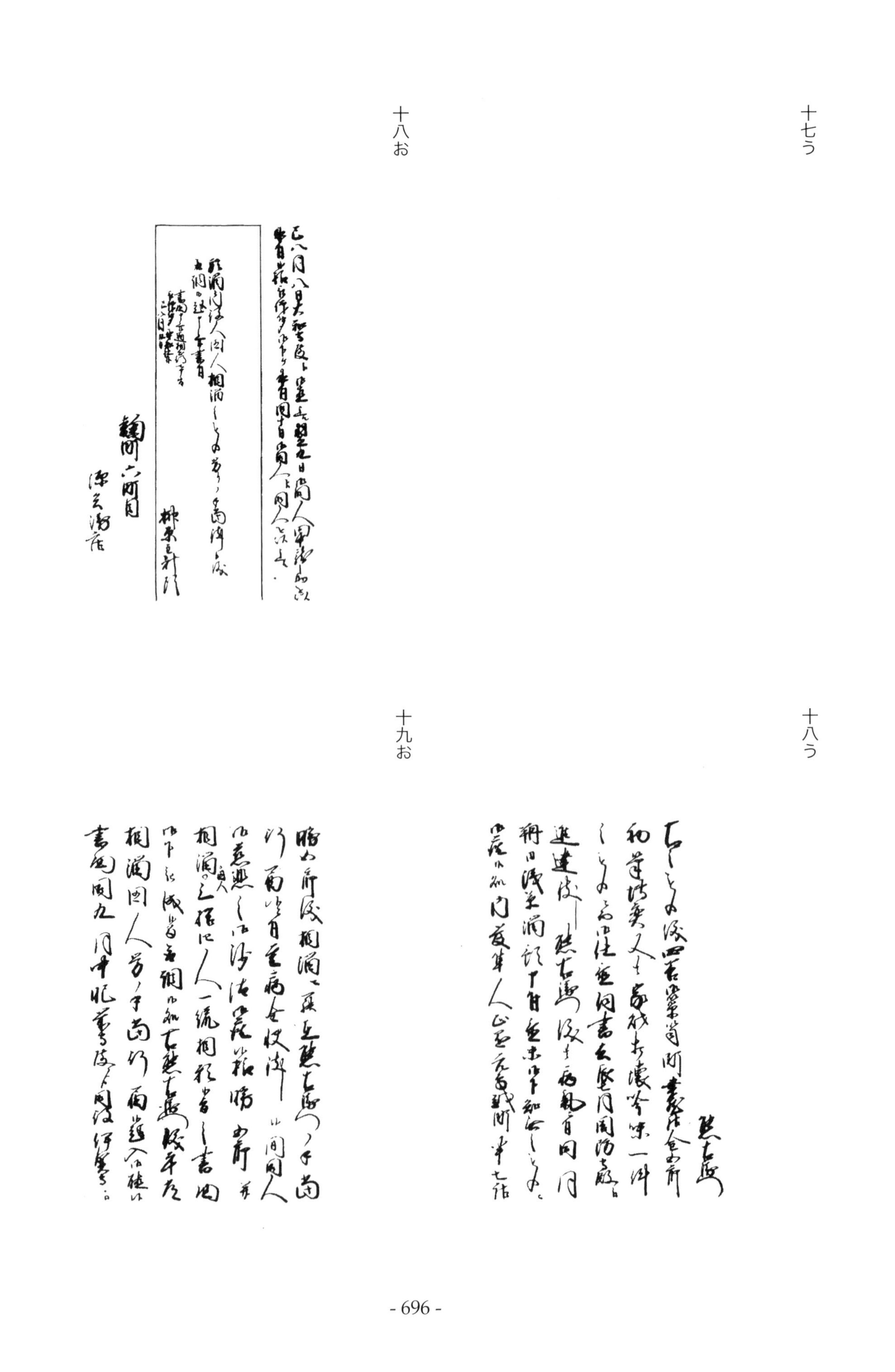

十七う

十八お

十八う

十九お

十九う

二十お

二十う

二十一お

二十一う

二十二お

天保巳乙年十月廿九日　永井肥前守殿

浅草酒
町人
千代松　印

二十二う

右酒問屋人〻之内今般改相勤ニ付京
并新川ニ而麹町ニ町同深川ニ家居懇意
与申候酒問屋世話方事行届町人
商人共迄之金銭も仕ニ外旅之日数次ニ日間
且酒問屋一同難有奉存候右懇意候
格別之御慈悲ニ而御沙汰被成下以格
并行以後私共是迄之毎度問屋人とも

二十三お

一同迄出被成中ニ以三月後酒問屋共とも
相揉以如実之懇意候世話行届以ニ相
違も無之所取扱事共之無之候ニ改
此中以而右懇意候相懇之御尤共も
由緒以之問人共一同難有一事存候後而
取締之為ニも宜一有由緒ニ事存以
是迄以改毎迄出以候とも由緒以而時限

二十三う

二十四お

二十四う

二十五お

二十五う

二十六お

二十六う

二十七お

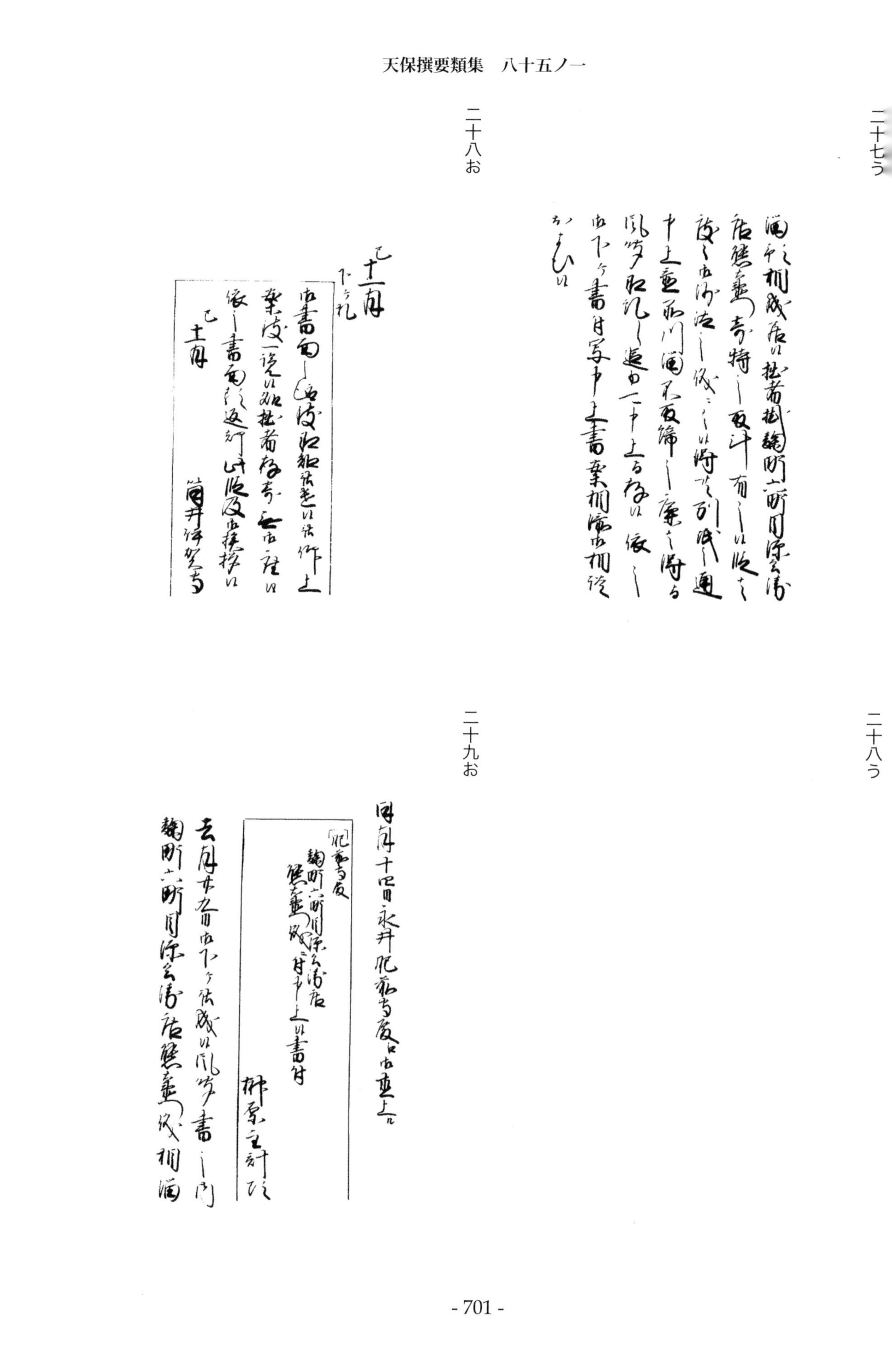

二十七う

二十八お

二十八う

二十九お

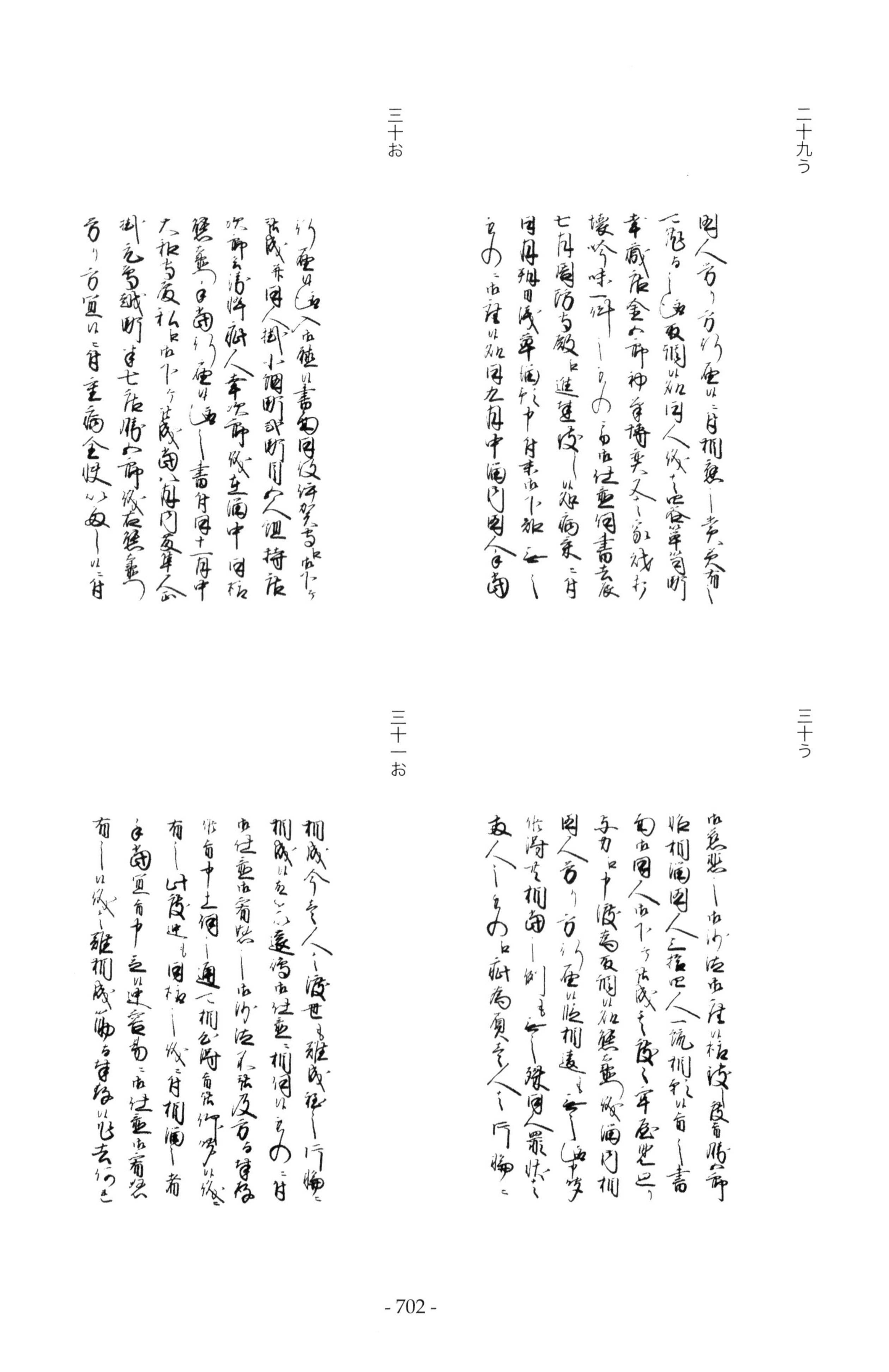

二十九う

三十お

三十う

三十一お

三十一う

而も身持之不埒致候ニ付相違も無之
相好ミ以後酒問屋難儀之一助ニも相成候
儀ニ付是迄年内ゟ日間並役同人共江
褒美被成下置候儀折々見合年番懸り
与力ゟ申渡相成候日間役被下置候ニ付
一仕事ゟも勤毎仕候処是迄右躰之儀ニ付
酒問屋申渡候先例も無御座候間先此度之

三十二お

儀ニも不法被申付候趣ニ付難有存候旦又酒
屋締方前宜不宜之儀ニ付揉得与被調返申
上候
右被調候趣書面之通御座候旨申上候
以上
乙
十一月　　　　榊原主計頭

三十二う

三十三お

天保六年二月
明日酒問屋見世江之もの共同人共江
信濃并同前書達

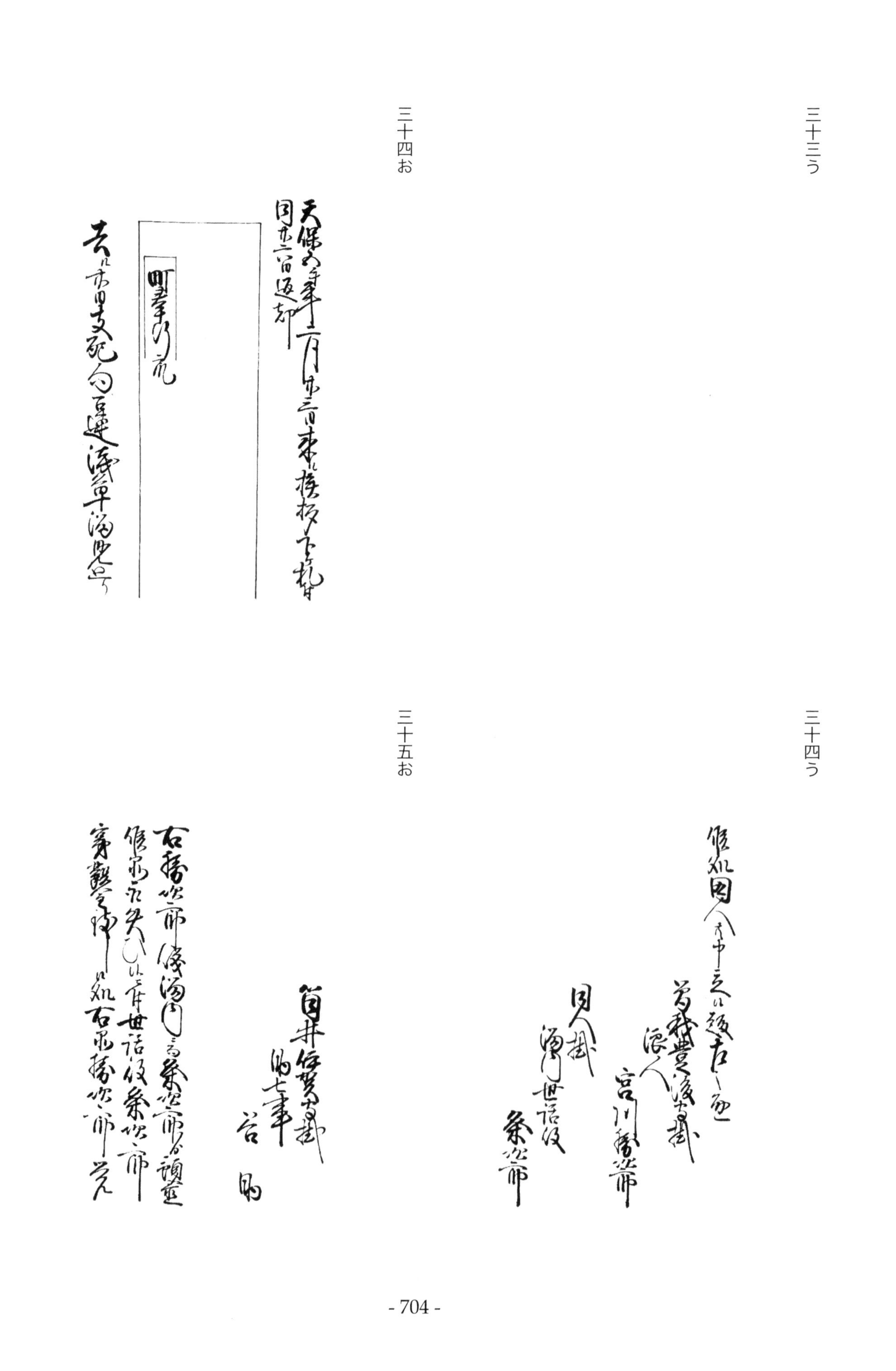

三十三う

三十四お

三十四う

三十五お

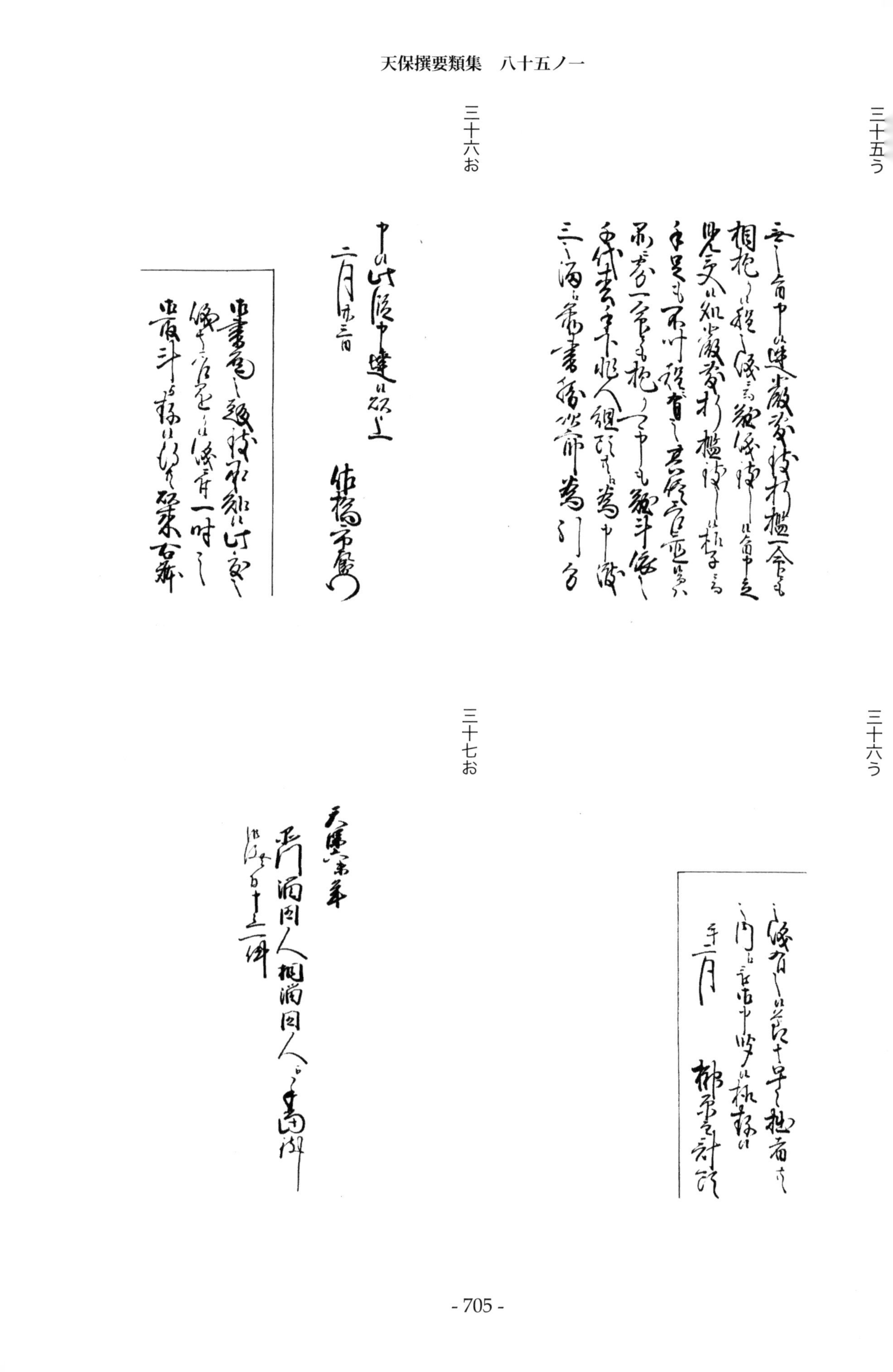

三十五う

三十六お

三十六う

三十七お

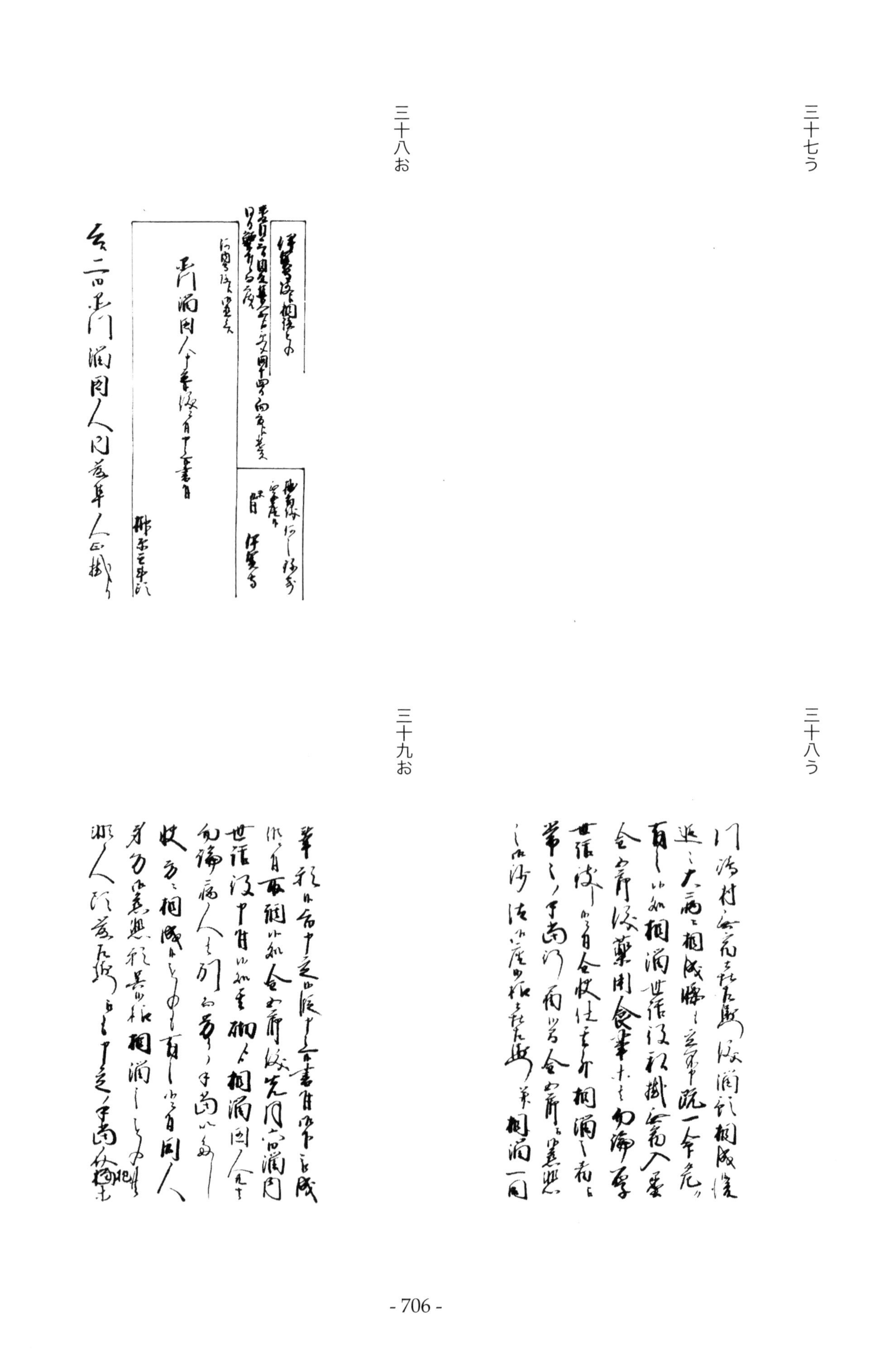

三十七う

三十八お

三十八う

三十九お

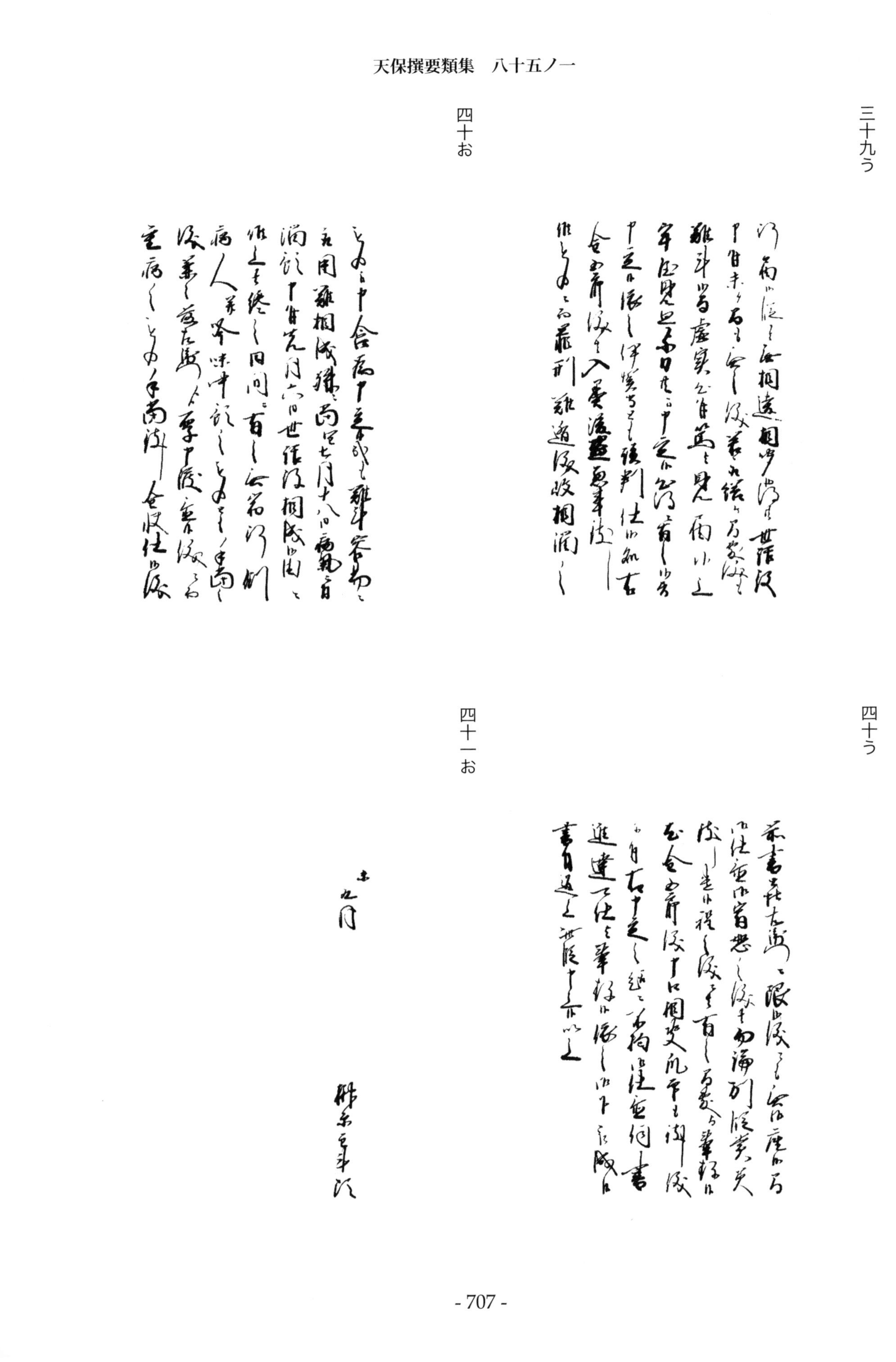

三十九う

四十お

四十う

四十一お

四十一う

四十二お

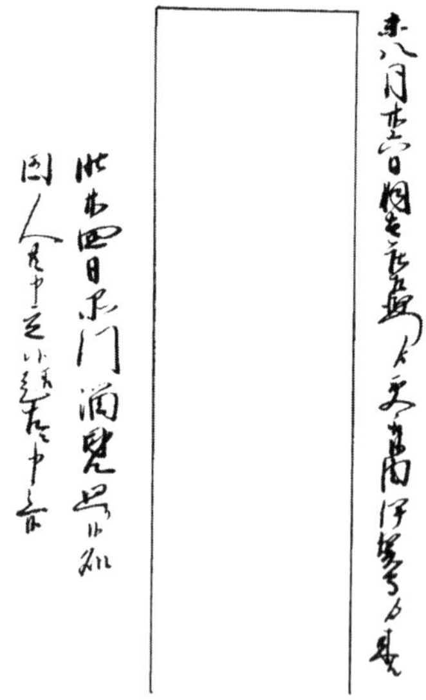

四十二う

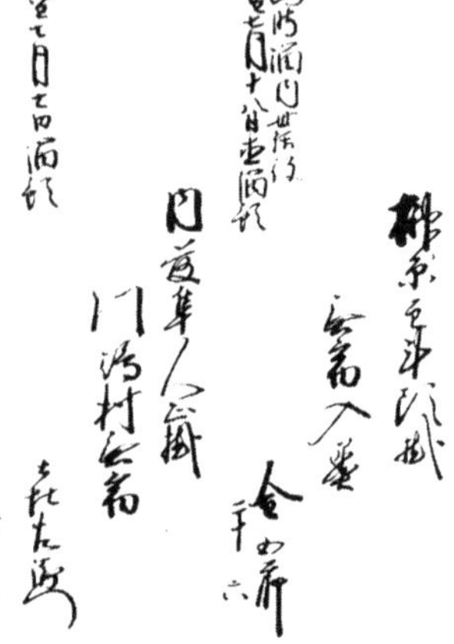

四十三お

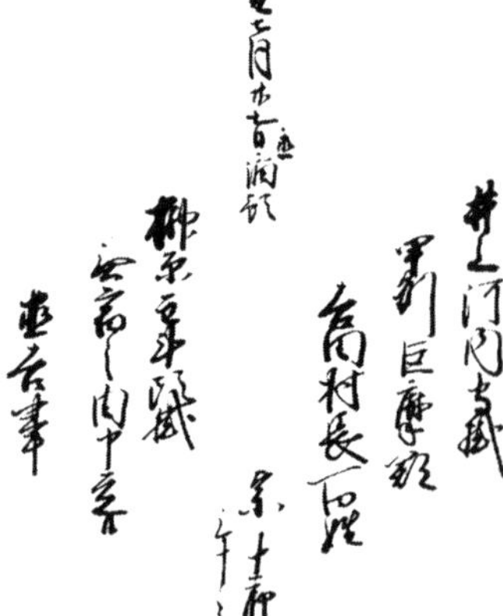

四十三う

四十四お

四十四う

四十五お

四十五う

四十六お

四十六う

四十七お

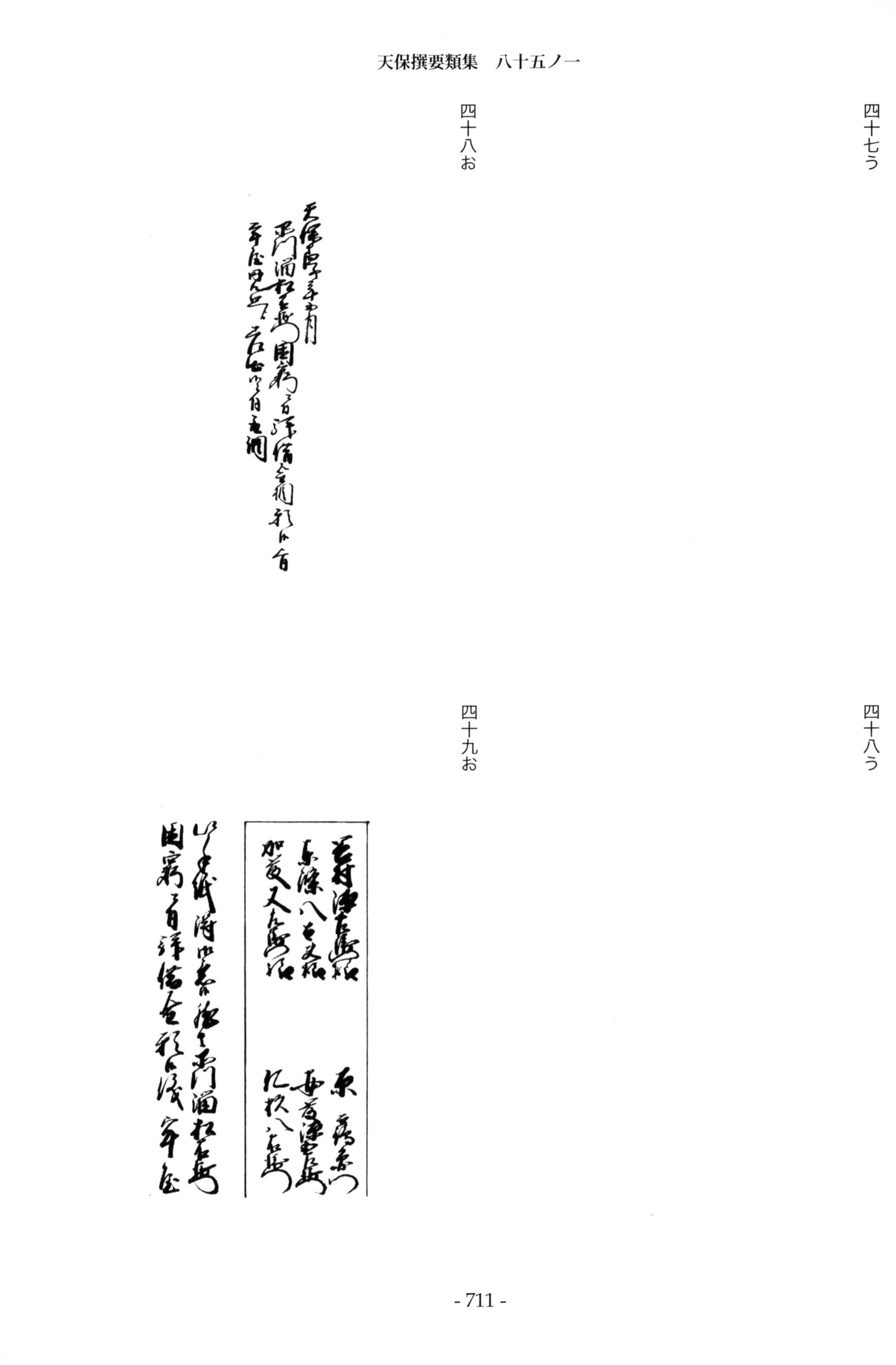

四十七う

四十八お

四十八う

四十九お

四十九う

五十お

五十う

五十一お

五十一う

五十二お

五十二う

五十三お

五十三う

五十四お

五十四う

五十五お

五十五う

五十六お

五十六う

五十七お

五十七う

五十八お

五十八う

五十九お

五十九う

六十お

六十う

六十一お

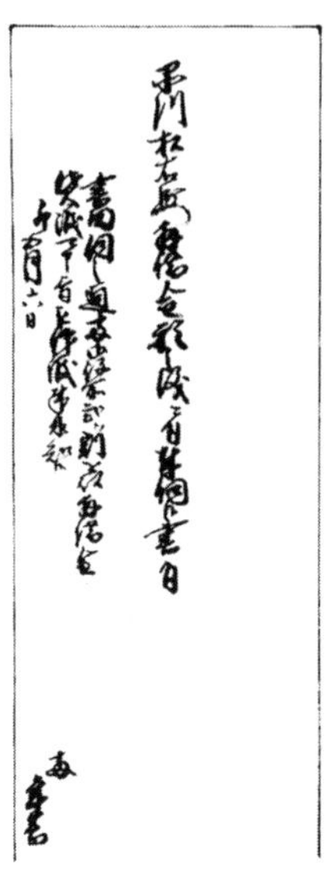

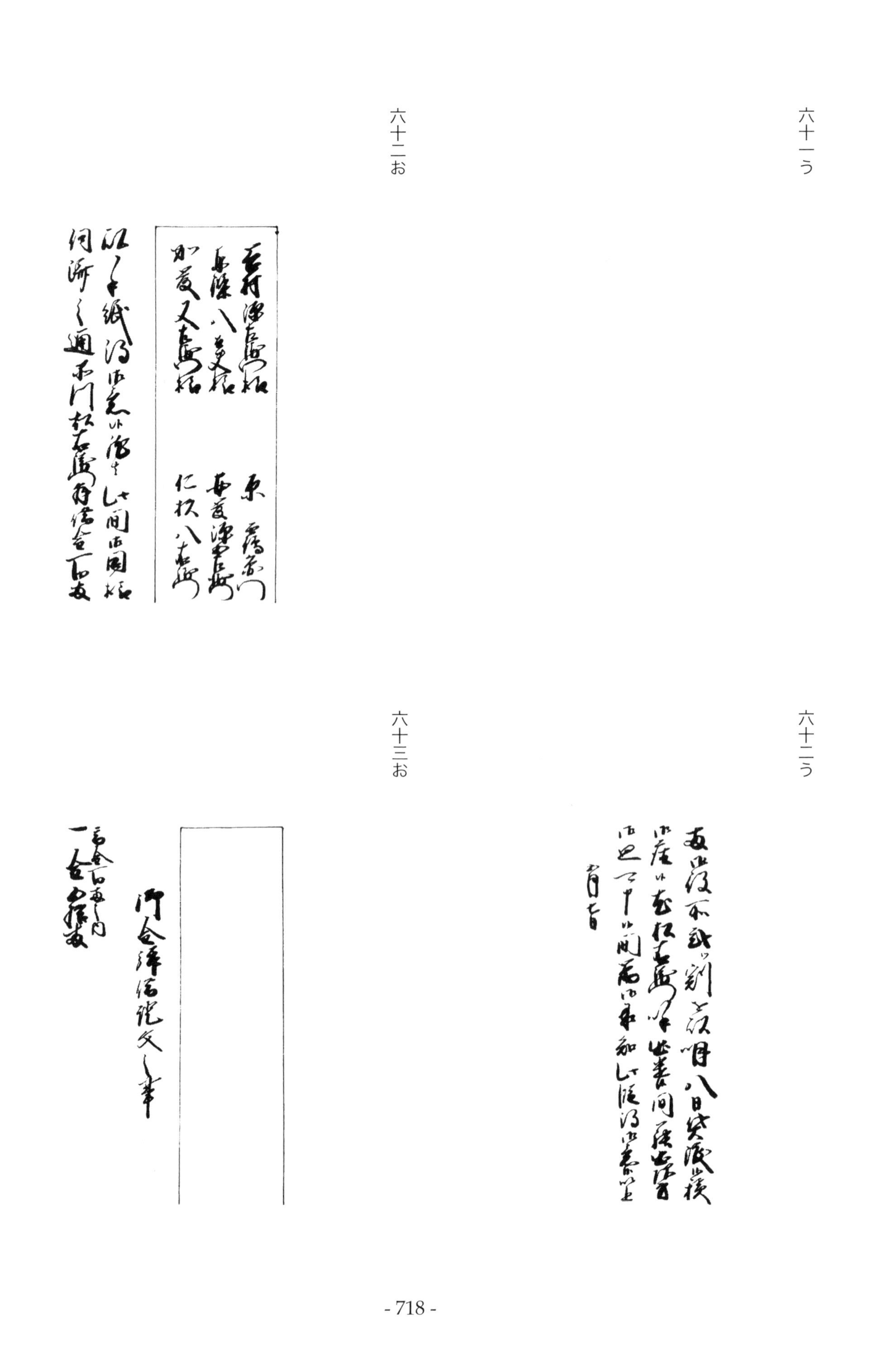

六十一う

六十二お

六十二う

六十三お

六十三う

六十四お

六十四う

六十五お

六十五う

六十六お

天保二卯年十二月[illegible]日

小傳馬町壱丁目
非人小屋頭

六十六う

長之助
同人悴
長蔵
同人抱非人
弐拾六人
惣代
吉蔵

六十七お

寄場非人小屋頭
右外
拾壱人
惣代
小傳馬町
小屋頭
友之助

六十七う

当方右儀去年十二月廿三日夜小網町三所ゟ
出火之節家主補理ニ而火之近辺ニ而家屋敷門
百姓家其外燃焼火移り可申躰ニ而
罷在相見ル處長之助長兵衛儀抱非人共
召連其節之場合ニ而も一同早速駆付防留
彼是骨折候ニ付為褒美長之助長兵衛江
鳥目貳貫文宛同人抱非人貳拾六人江

六十八お

同六貫五百文宛非人小屋頭其外
拾壱人江同三貫三百文宛廿三人
右之通ニ而御褒美鳥目ニ下置一同難有
奉存候以御請申上候

右
長之助
長兵衛代

六十八う

右之通下渡有之旨ニ付御渡奉畏候以上

吉兵衛同
友之助下

御屋敷代
安兵衛下

天保二卯年二月十日

六十九お

裏表紙

表表紙

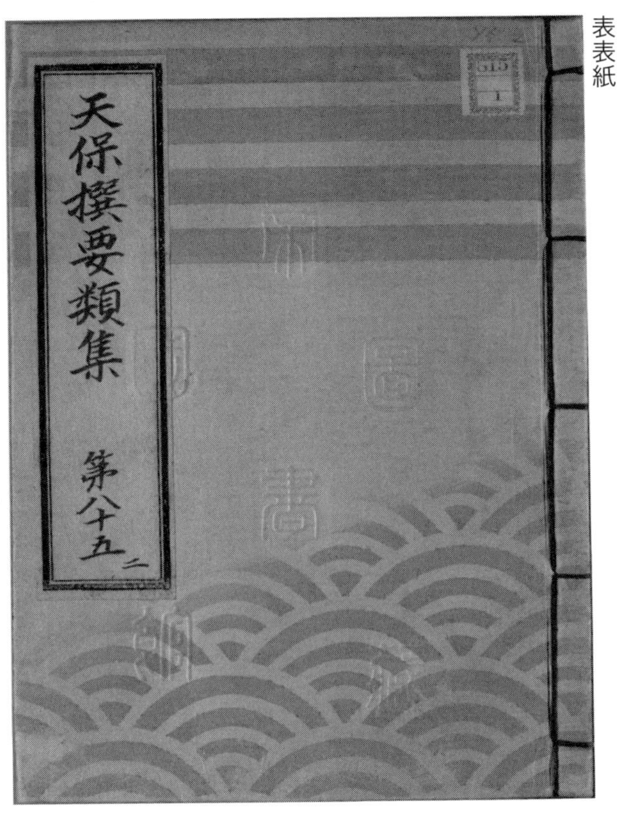

表表紙う

一お

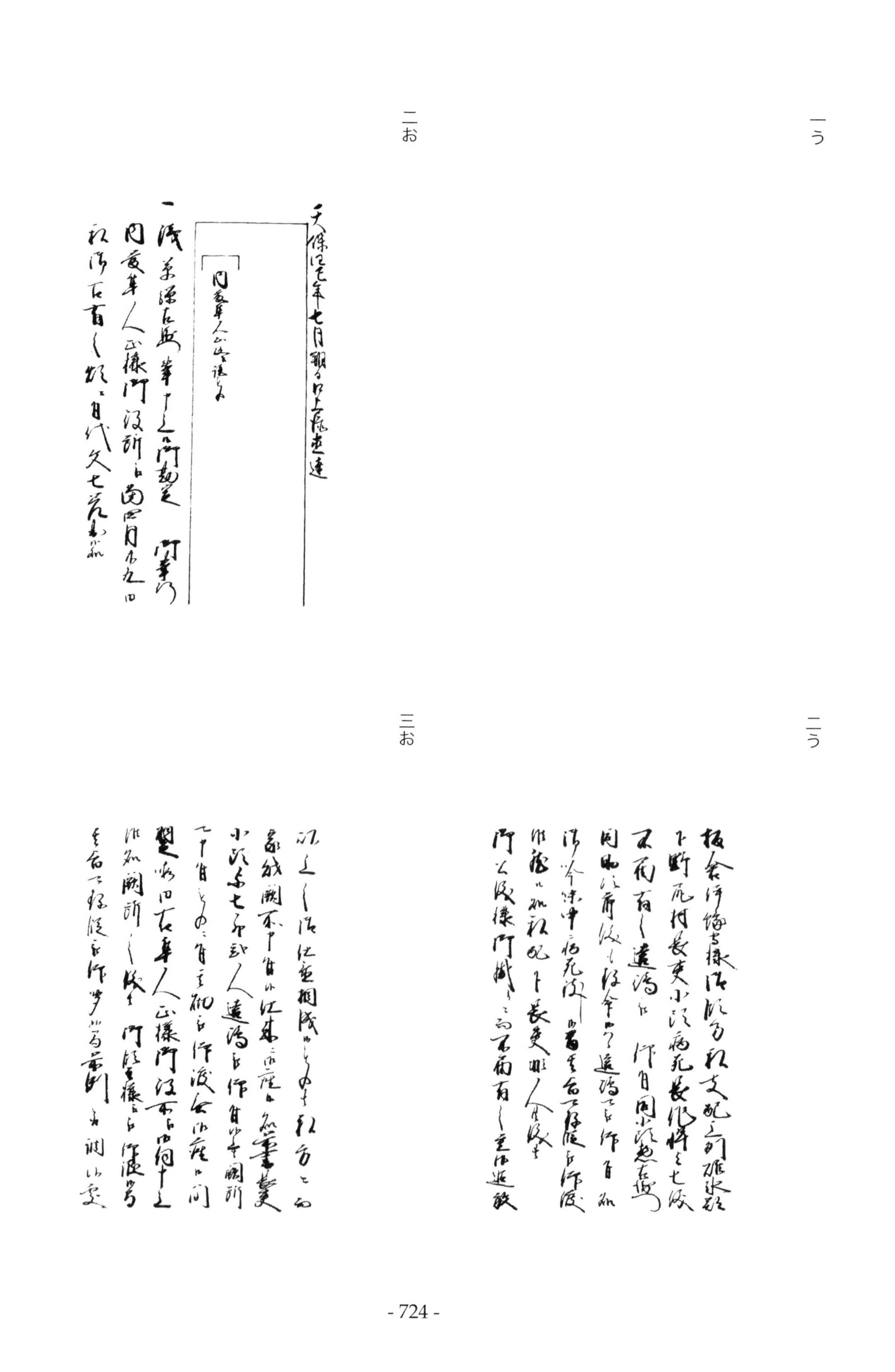

一う

二お

二う

三お

三う

伊奈半左衛門様御代官所私支配武州
葛飾郡亀戸村長吏小頭源左衛門組下
長吏伴六悴兵蔵儀
久世伊勢守様御勘定　御奉行御勤役
中右偽職ニ而不届之死罪被仰付
候処病死仕候ニ付同月廿日右死骸取捨人足
取片付同組并家屋敷家財闕所ニ

四お

御座候同組家屋敷
被下置候相成家作家財共私方ゟ下　伊奈半左衛門様ゟ
置候已来之四拾九年以前天明元丑年正月
十八日私方ゟ右家門前候　永田五左衛門様
ゟ御渡列紙之通御證文ニ御座候
私支配武州榛沢郡深谷宿長吏小頭
庄五郎組下日根野織部様御知行所

四う

同州同郡小柏合村ニ罷在候長吏権助儀
根岸肥前守様御勘定　御奉行御勤役中
御掛ニ而不届有之追放相当
仕候中右四拾之年以前寛政之年
六月十二日私方ゟ右家作御渡被成
捨置候追放中其者家財闕所ニ候
私方ニ而長吏小頭庄五郎下ニ其家財

五お

為実拝代金私方ゟ為相続以前例
書面有之
御書付様御役様御渡之候書面之
焼失以前ニ付私方ゟ御渡置候例
同様有之不用ニ付其様天保元年
去月中私宅出火ニ付前諸書物焼失
仕候　一相分不申ニ付何共

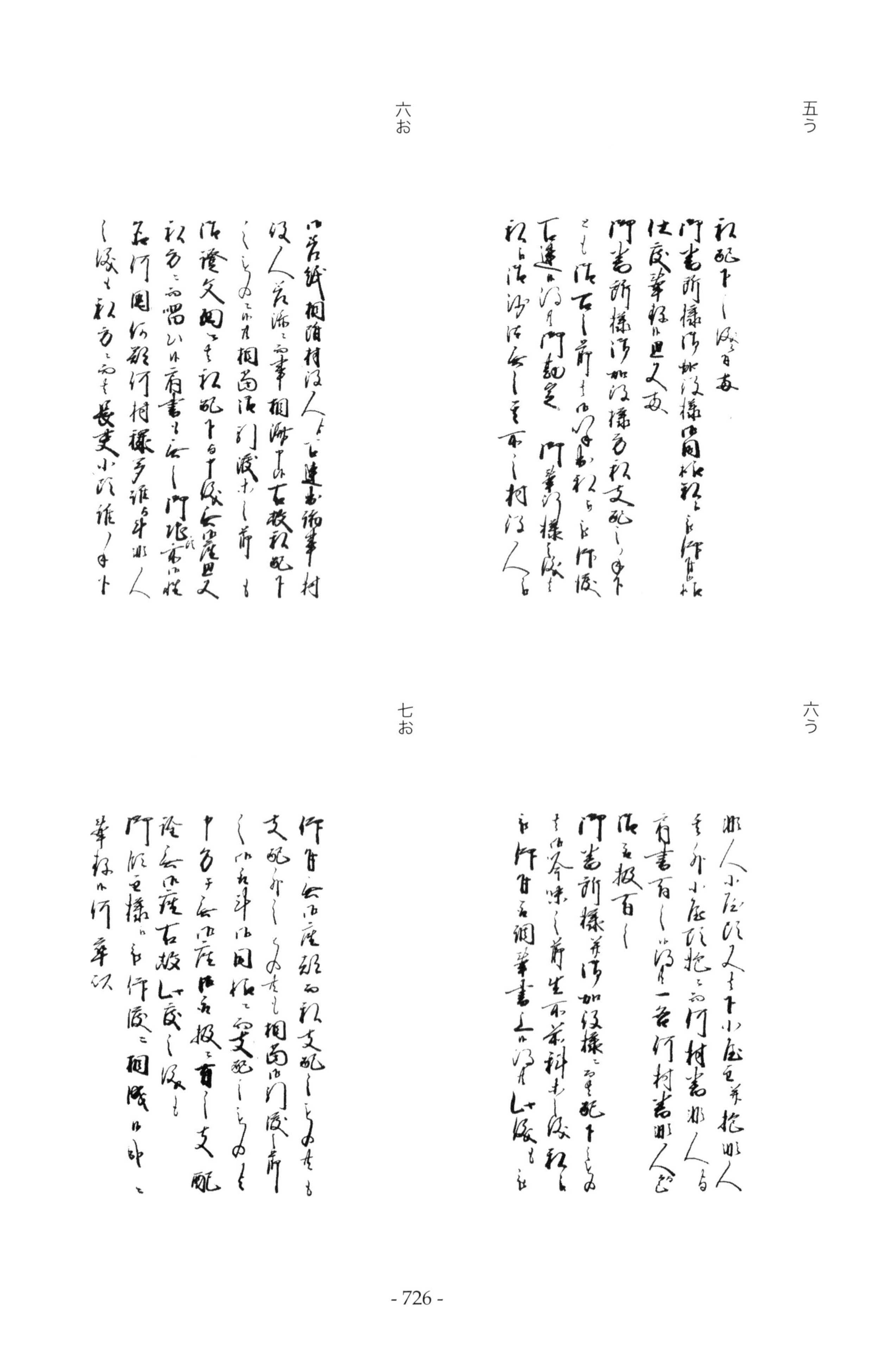

五う

六お

六う

七お

七ウ

八オ

八ウ

九オ

九う

十お

十う

十一お

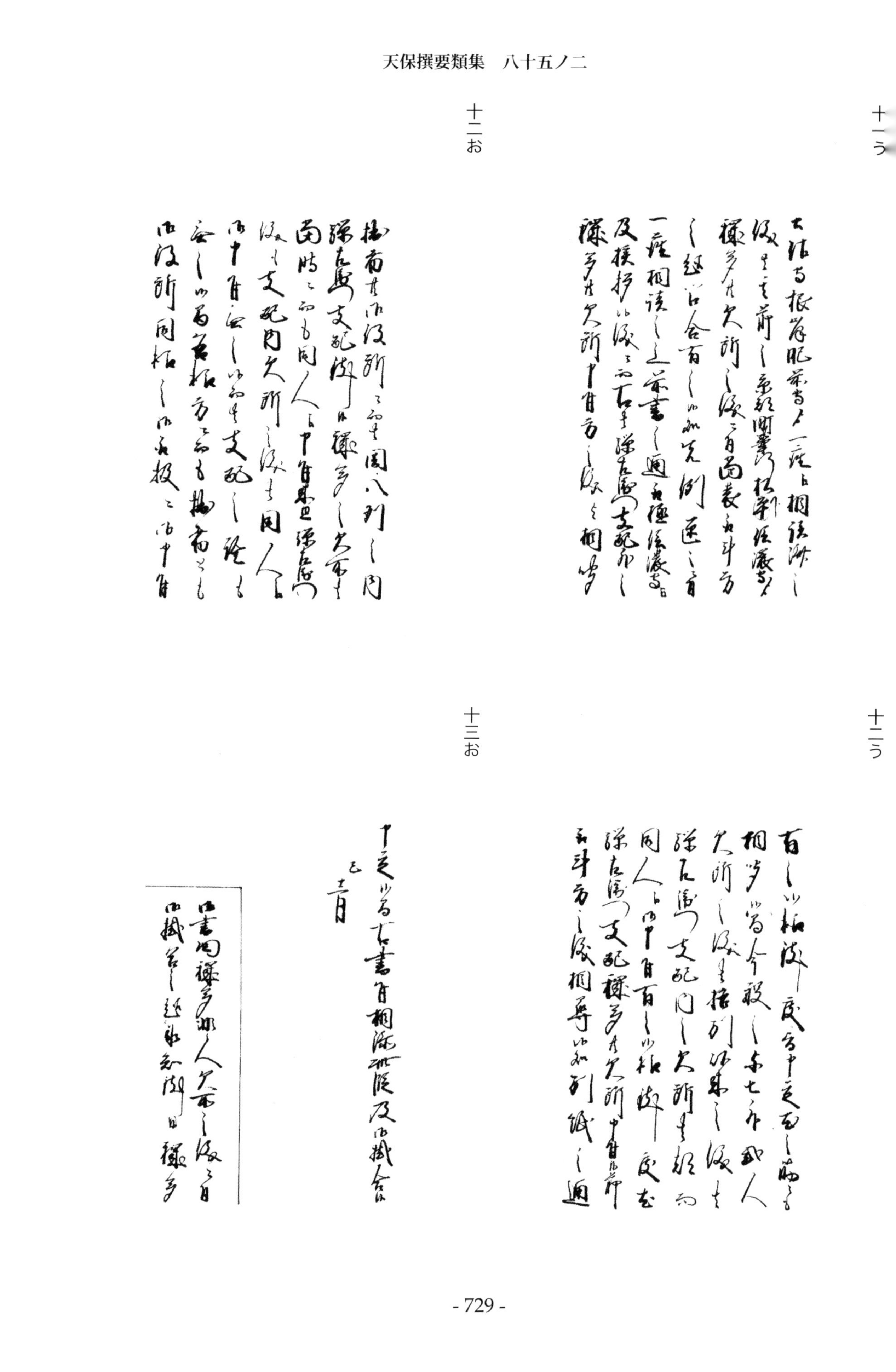

十一う

十二お

十二う

十三お

十三う

十四お

十四う

十五お

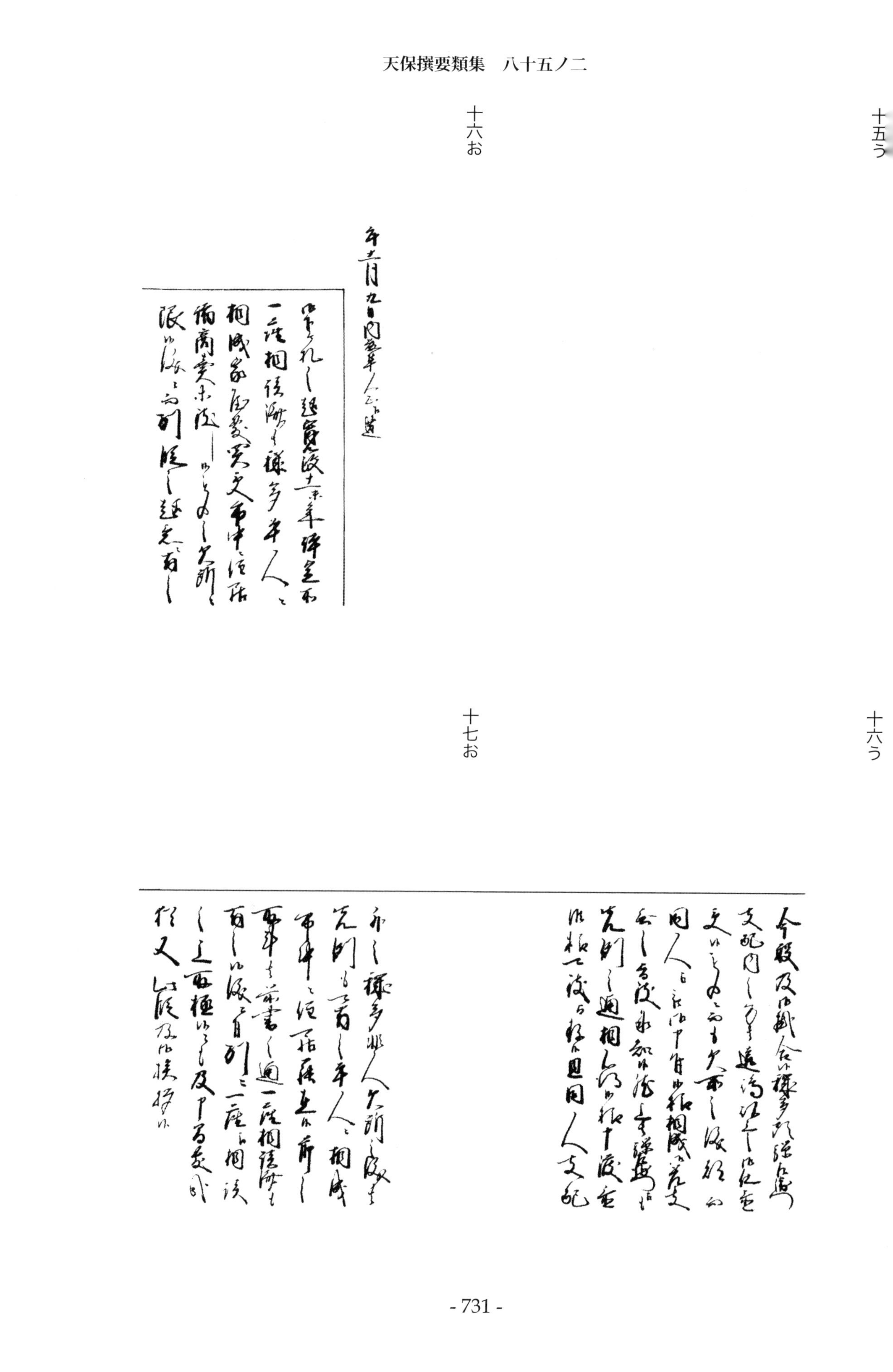

十五う

十六お

十六う

十七お

十七う

十八お

十八う

十九お

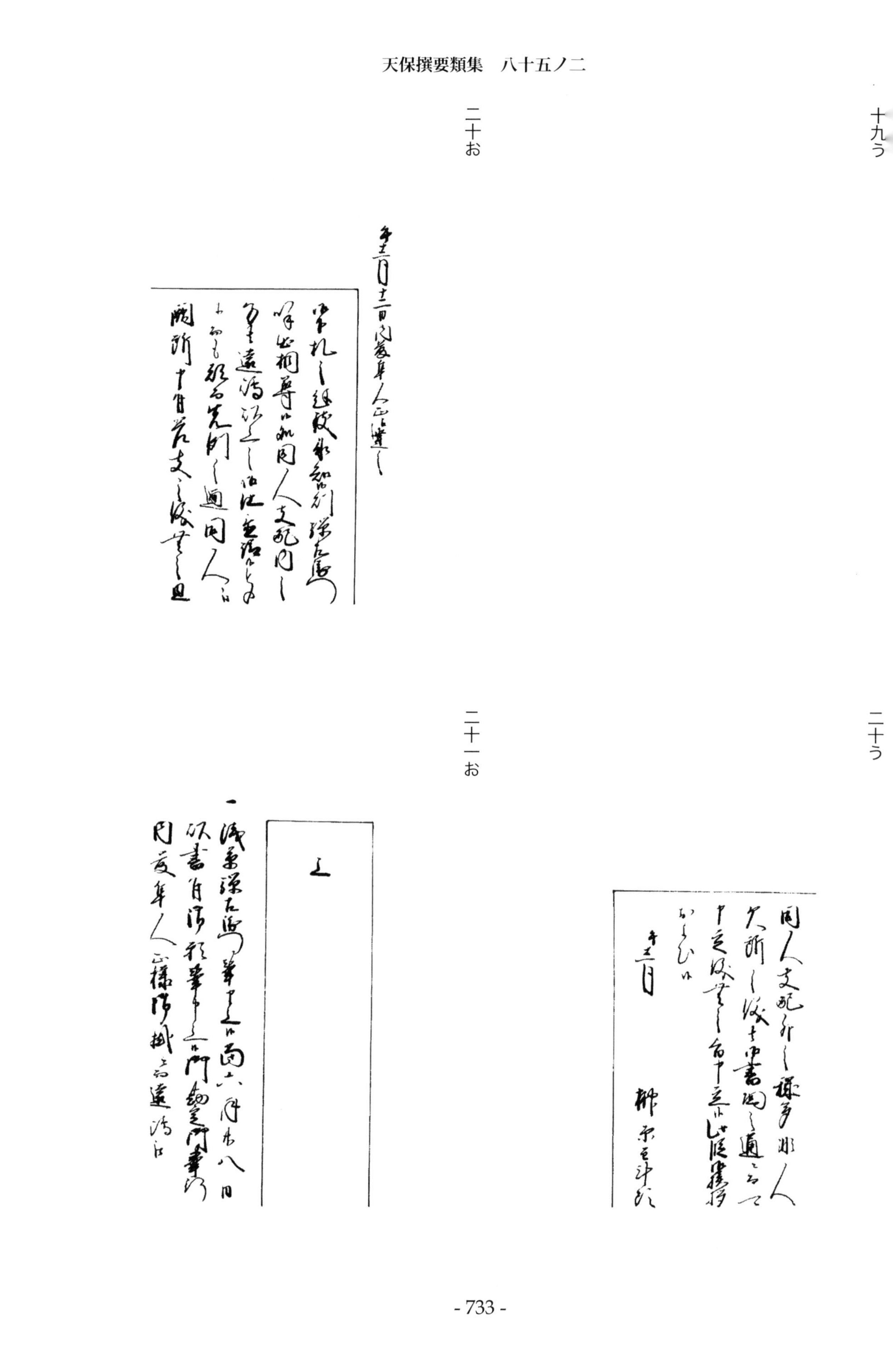

十九う

二十お

二十う

二十一お

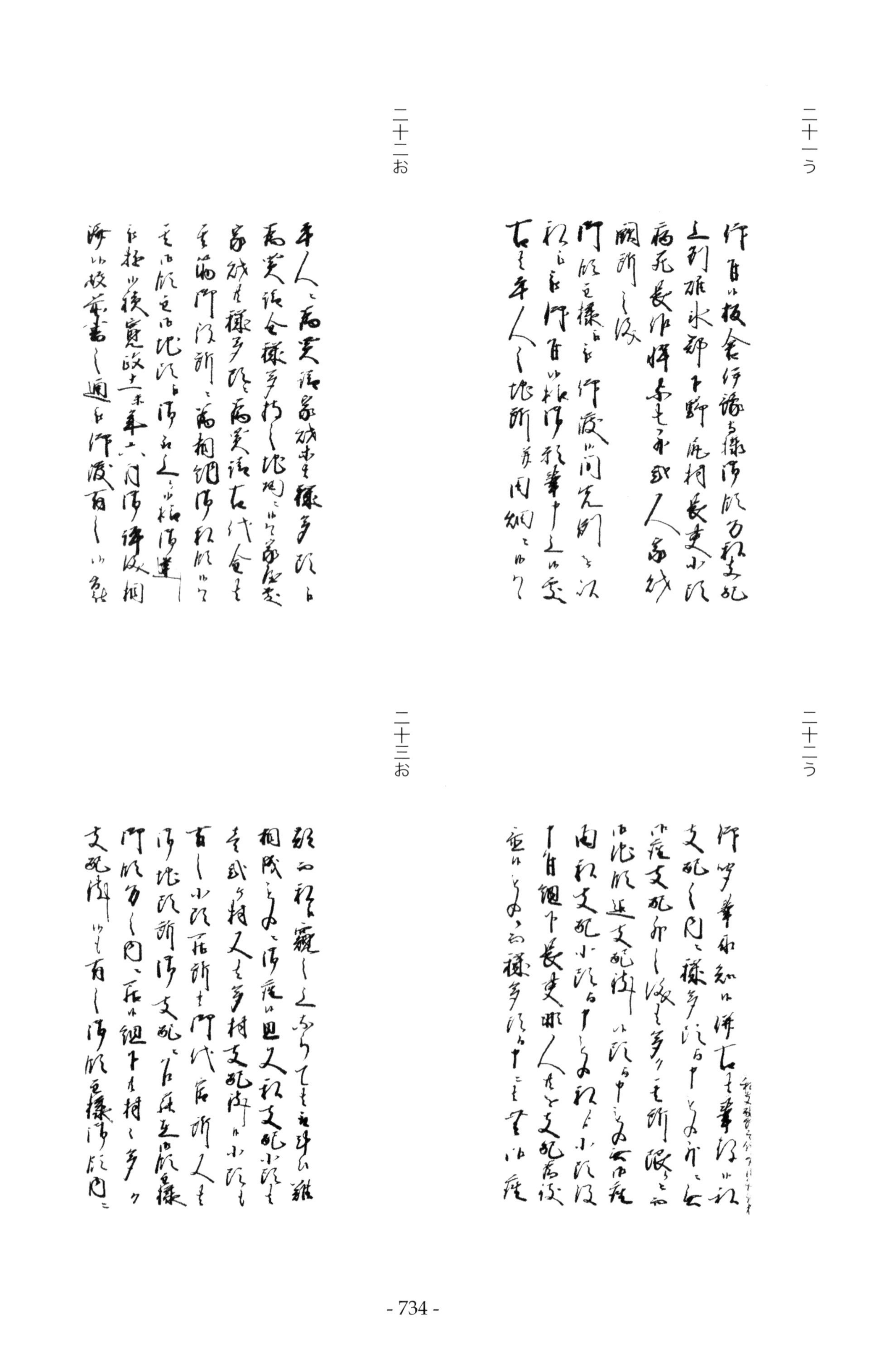

二十一う

二十二お

二十二う

二十三お

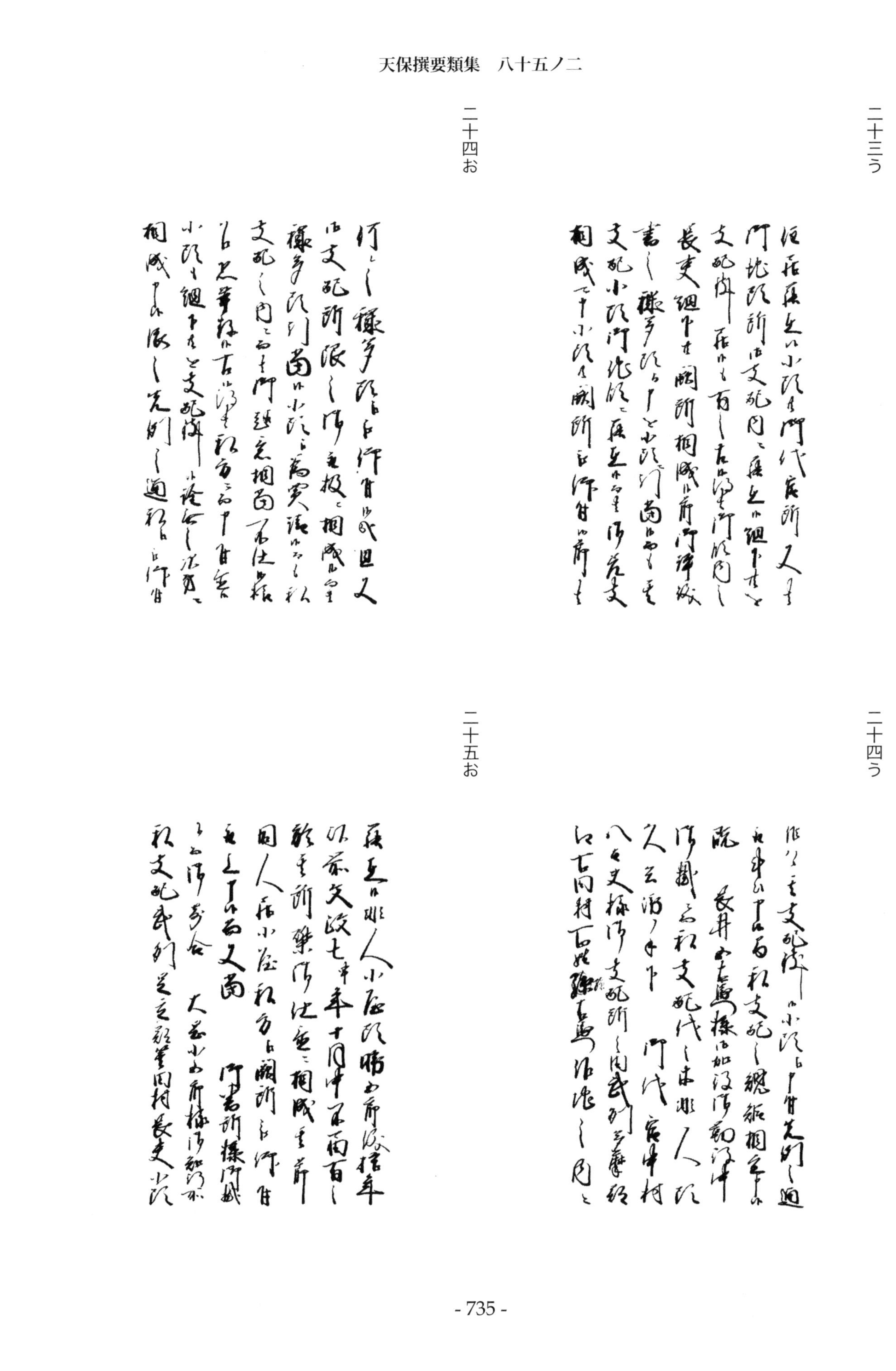

二十三う

二十四お

二十四う

二十五お

二十五う

二十六お

二十六う

二十七お

二十七う

二十八お

二十八う

二十九お

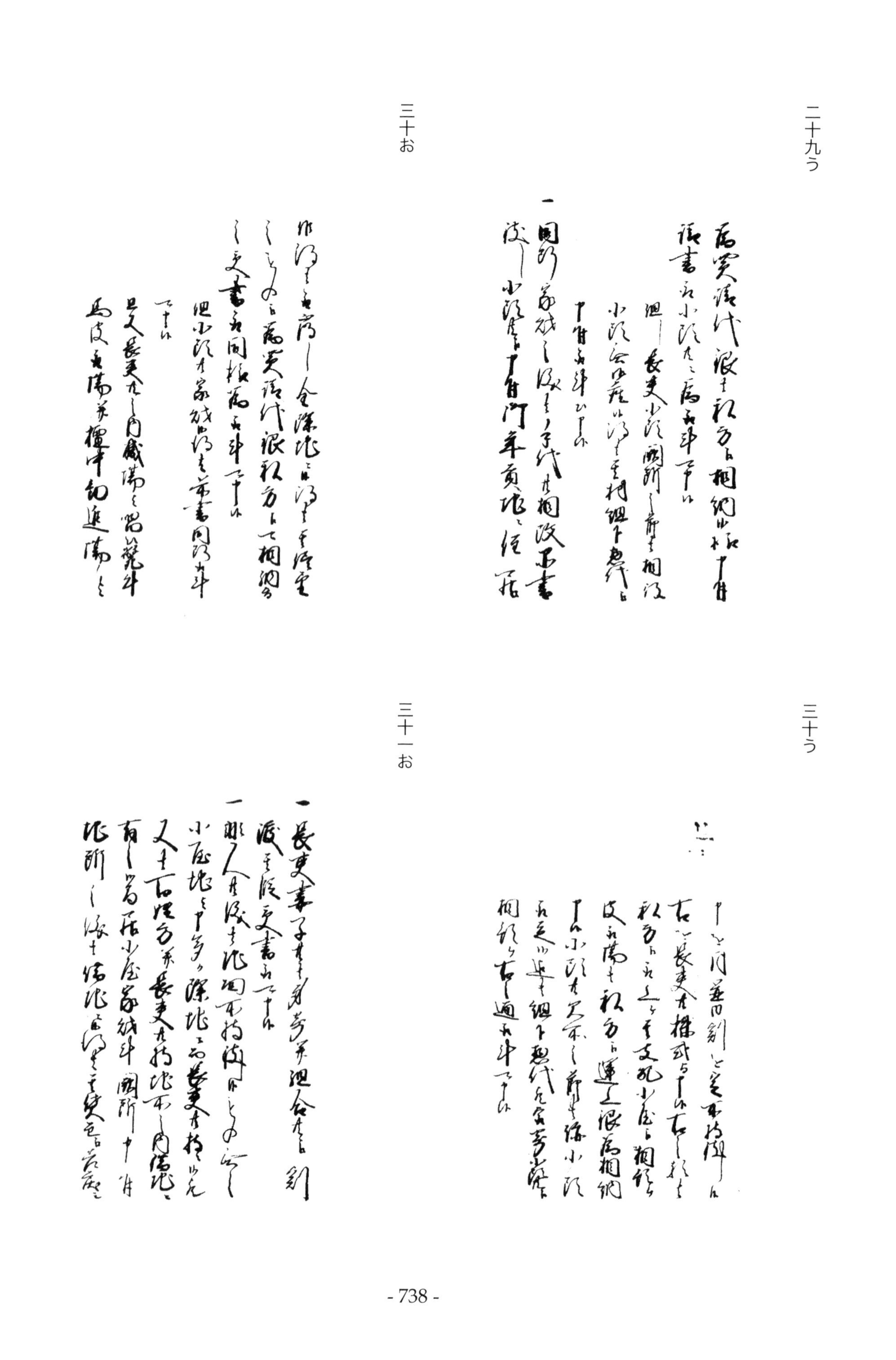

二十九う

三十お

三十う

三十一お

三十一う

三十二お

三十二う

三十三お

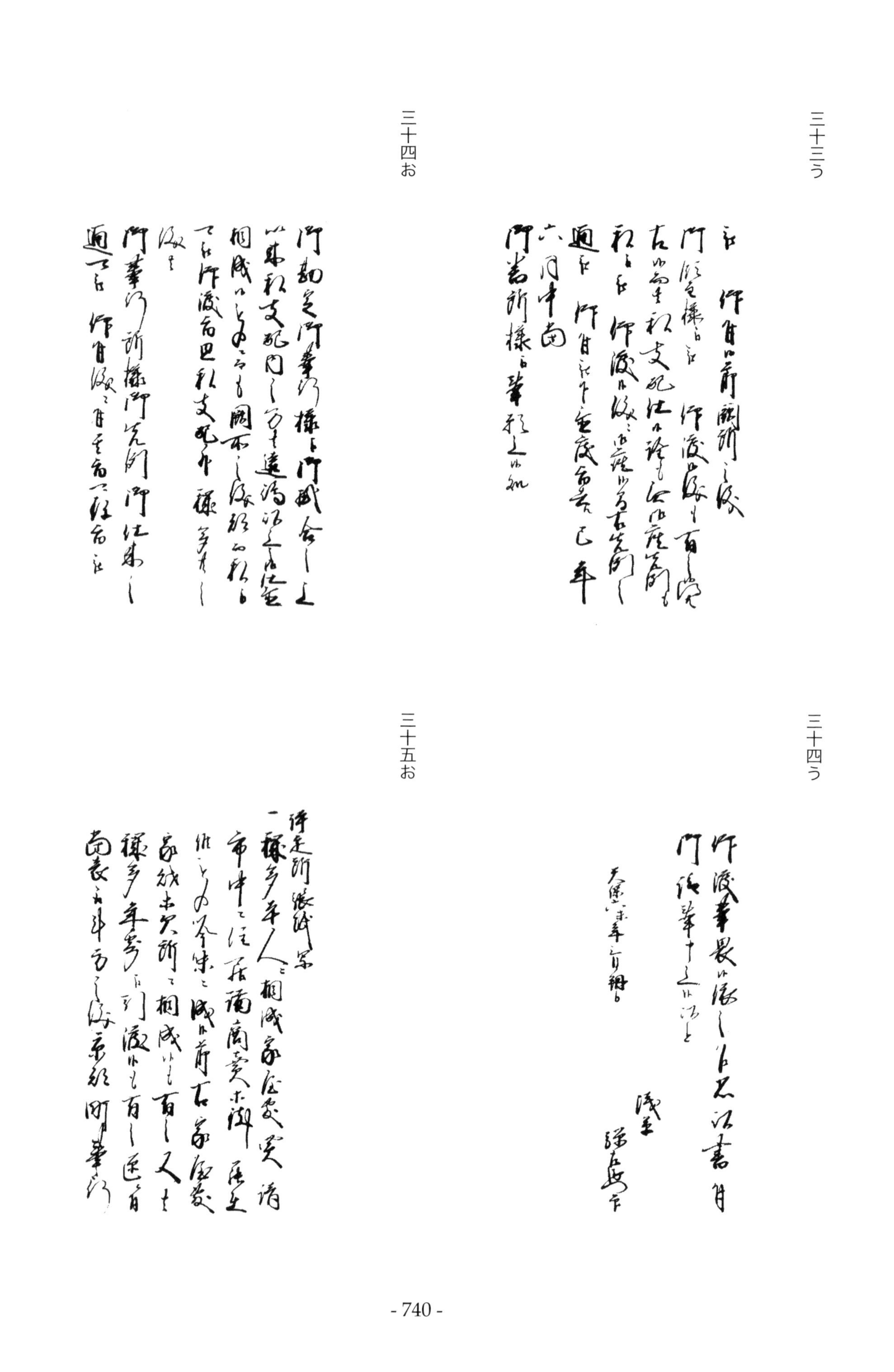

三十三う

三十四お

三十四う

三十五お

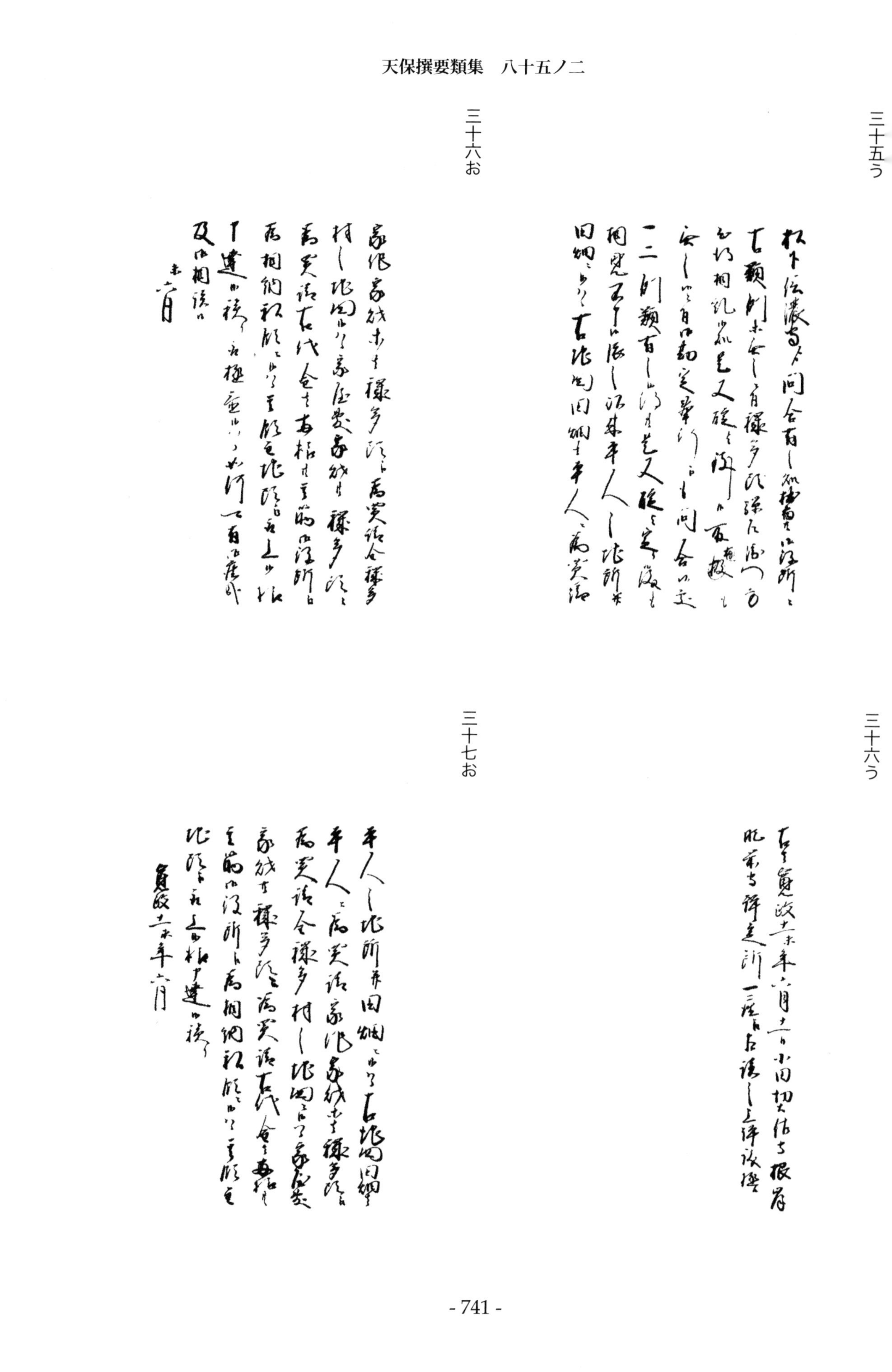

三十五う

[illegible]

三十六お

[illegible]

未六月

三十六う

右寛政十一未年六月十一日小田切土佐守根岸
肥前守評定所一座ニ而評議之上評決候

三十七お

[illegible]

寛政十一未年六月

三十七う

三十八お

三十八う

三十九お

三十九う

四十お

四十う

四十一お

四十一う

四十二お

四十二う

四十三お

四十三ぅ

四十四お

天保五年四月
榊原主計頭殿ゟ[illegible]
問合

四十四ぅ

四十五お

天保五年四月十三日[illegible]ゟ[illegible]
同十四日榊原殿下ヶ札有返却

町奉行[illegible]札

榊
廻シ

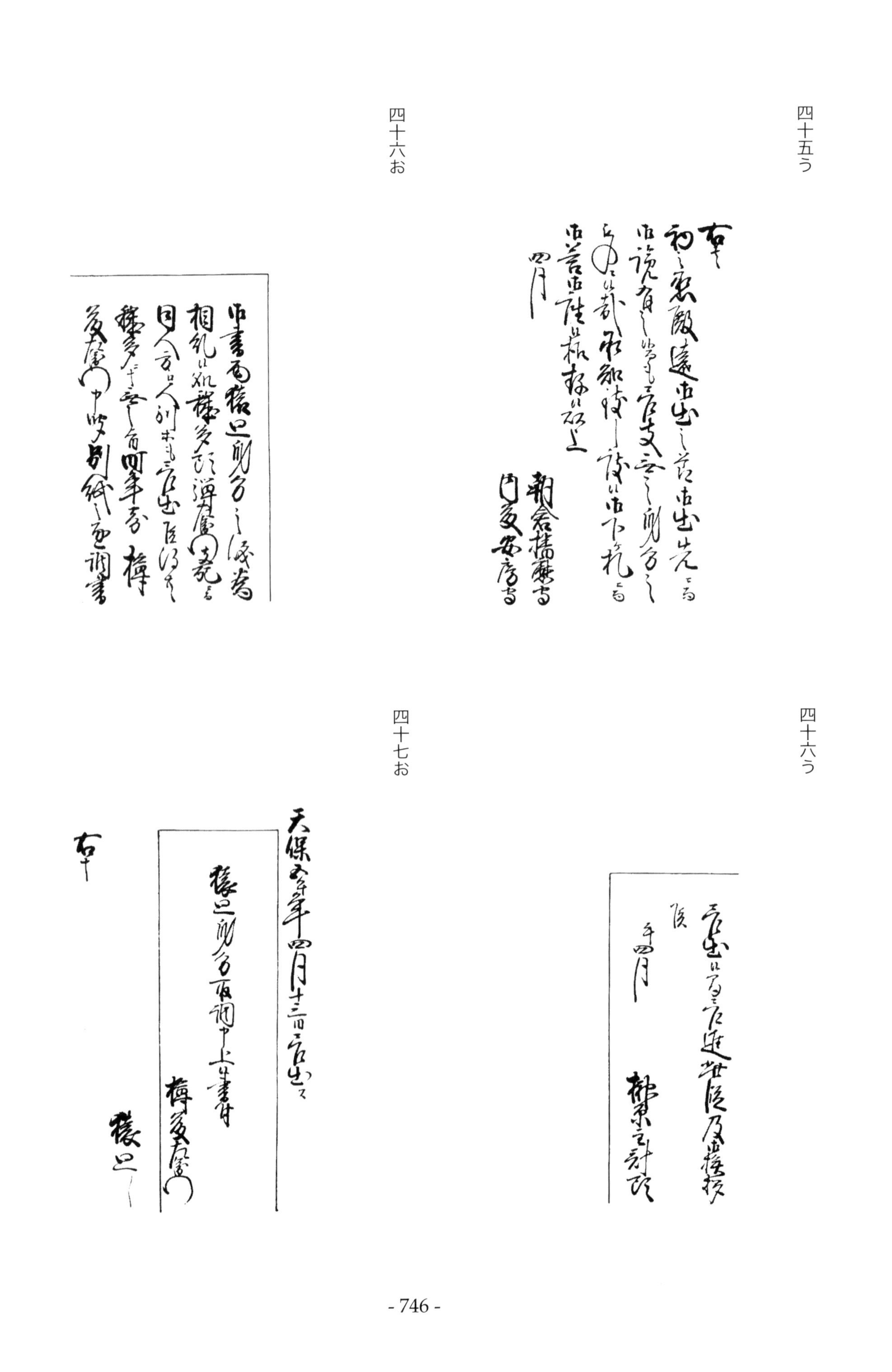

四十五う

四十六お

四十六う

四十七お

四十七う

四十八お

四十八う

四十九お

四十九う

五十お

五十う

五十一お

五十一う

五十二お

五十二う

五十三お

五十三う

船人頭若之節中之内

未七月六日

浅草

深右衛門

五十四お

と

一 深川船人頭若之節方不浄之者の

差揚船名前猶之儀ニ付百拾七年以前

五十四う

享保己亥年中

御普請御中山出雲守様御勤役之砌

被仰渡若之節方ニ而船補理

御成之節安永壱ケ年六度宛差出之申所

深川之内川々ニ相巳ゟ浮死骸在之候ハヽ

浅草船人頭ゟ代々不浄之者揚

船ニ為相知為計申候船持頭ゟ参

五十五お

若之節方入用を以造立仕置候

川船　御役所ニ而願上候而極下順載

御用相勤来り候処五十八年以前安永

七戌年中若之節方ゟ船持挨

難相用候段五代ゟ以前より若之節名前

仕候得共相計候間人手下小屋頭

安名請負若之節方ニ而新船造立之代

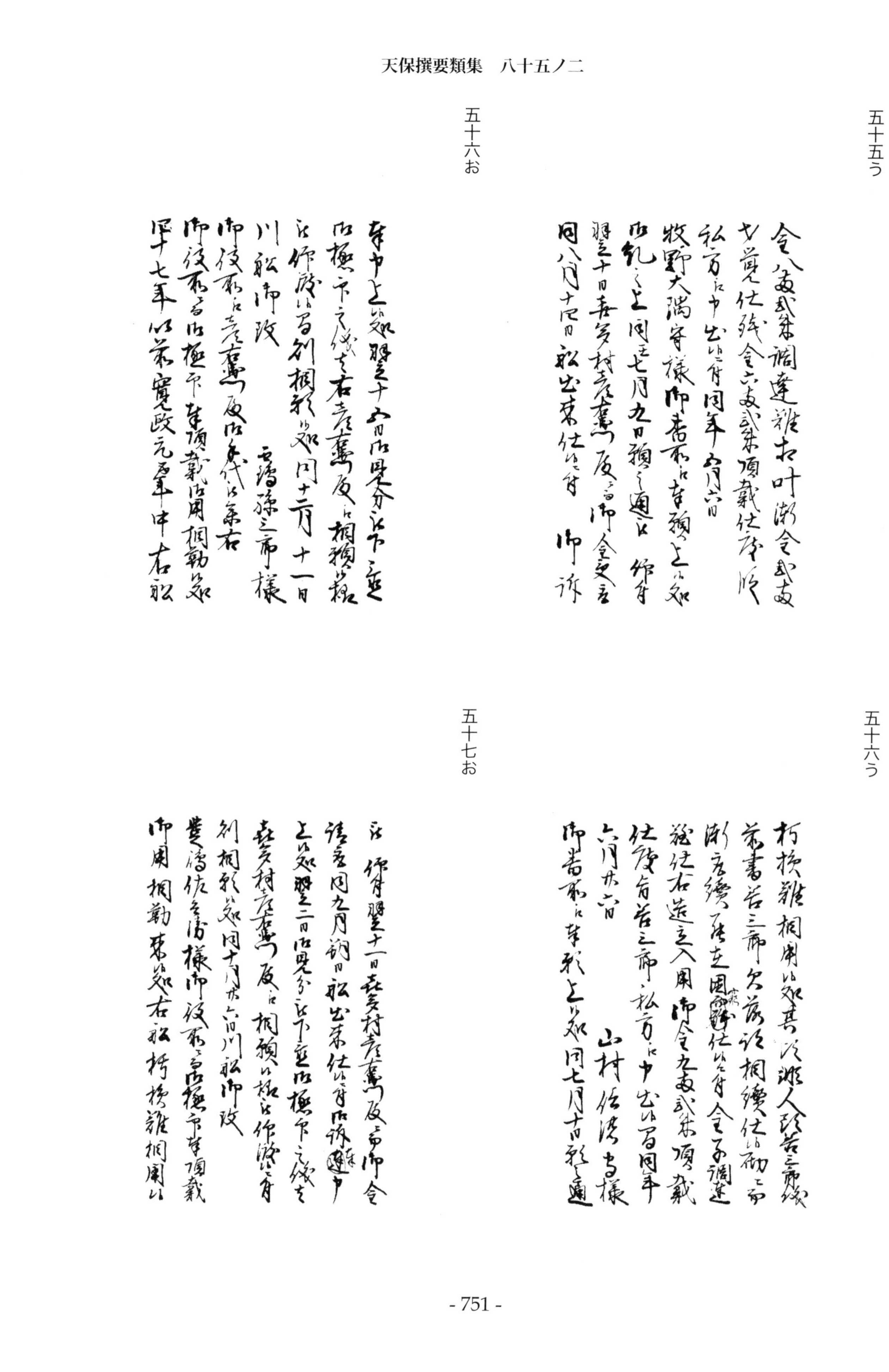

五十五う

五十六お

五十六う

五十七お

五十七う

ニ付新船打替入用御金八両三分　弐朱
頂戴仕度旨三十六年以前同十二申年
十月廿日若三郎方江申出候ニ付同十八日高
御番所様江御願申上候処同十一月
廿二日豪政屋市右衛門殿ニ而御金　請書
同十二月廿二日船出来ニ付御検分之上候
御見分之上被下置御極印之儀も被為蒙候

五十八お

相願候ニ付御渡候ニ付同廿六日相改候ニ付処
羽之丙年正月廿六日川船御改
久須美六郎左衛門様御役所より御極印
幸頂戴御用相勤候処右船朽損難
相用候ニ付新船打替入用御金八両三分
頂戴仕度旨弐拾六年以前文化七午年
三月十日若三郎方江申出候ニ付同四月

五十八う

晦日高　御番所様江御願申上候処御金
同七月朔日豪政屋市右衛門殿より
請書右船出来候ニ付同九月廿　日
御検分申上候処御見分之上被下置御極印
之儀も右衛門殿へ相願候ニ付御渡候ニ付
相願候ニ付羽之未年二月廿六日川船御改
久須美六郎左衛門様御役所御極印幸

五十九お

頂戴御用相勤来候処右船朽損難
相用候ニ付新船打替入用御金八両弐分
弐朱頂戴仕度旨十三年以前文政
六未年三月七日若三郎方江申出候ニ付
同十二月廿八日高
御番所様江御願申上候処同十二月
廿二日樽屋三郎右衛門殿ニ而御金請取候之

五十九う

申年二月廿五日右船出来ニ付而誂主
中より郷内見分之上下屋ニ而極メ之儀を
右吉兵衛殿江相頼ニ付江御渡申ニ付
相頼ニ付郷同江同廿六日川船御改
奥村源左衛門様ニ而改候而御極メ御判載
仕候処相済ニ付船仕様左之通ニ御座候

一 三尋弐尺八寸荷足船壱艘

六十お

一 捲板　　拾弐枚
一 舵好　　志ほし
一 戸建　　檜葉
一 小屋り　　同
一 上屋り　　杉のき
一 切妻り小屋り　　ちり志ほし
一 床木　　松

六十う

一 板子　　枚
一 楫　　壱挺
一 艪　　壱挺
　右職人手間飯米料
右之通ニ御座候
右者 御尋ニ付以書付奉申上候以上

六十一お

未七月廿八日

船宿
澤右馬印

六十一う

六十二お

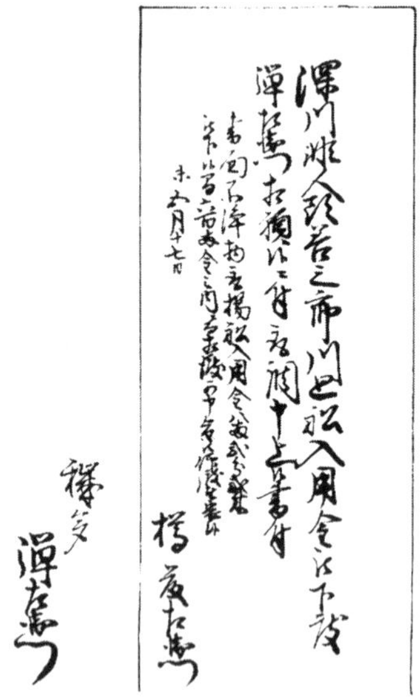

六十二う

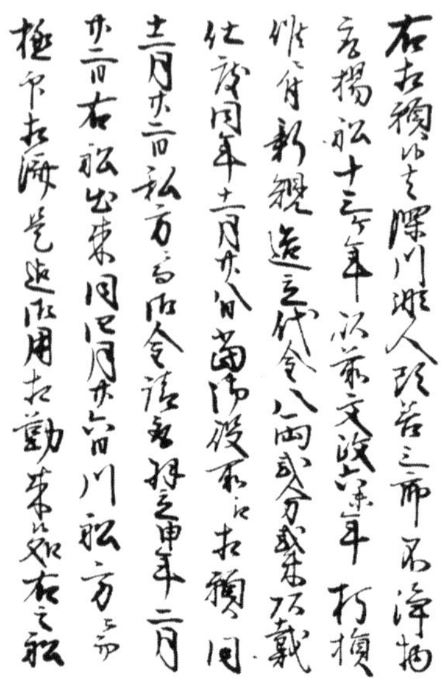

六十三お

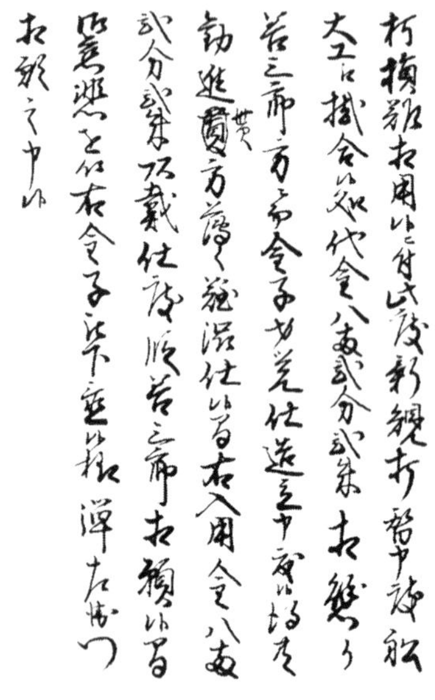

六十三う

右願書并例書仕相添御渡被成候ニ付先例
相調候処左之通御座候
一深川猟師町若三郎ゟ不浄物揚船打捨候
ニ付去ル文政六未年新規古来代金ハ安ク相分
成候ニ付下直ニ致候間役所ニ而弾左衛門相願私
共代奉伺中上候処右入用金ニ付下直ニ而
六百両余金之内ニ而相渡シ申旨ニ而御渡同年

六十四お

十二月弾左衛門ニ相渡申候
右前書之通御座候前々ゟ若三郎自分入用
を以造立候儀ニ付金子等差出勤并仕候程又
弾左衛門ニ申候処先若三郎病死後去辰年月
前若三郎相続致シ其勤進方く術
奉願候間何卒右入用金ハ安ク金ニ分く不載
仕候若三郎申立候旨弾左衛門ゟ相願之

六十四う

申候間願之通ニ而下直ニ候段先例之通被
奉伺候六百両余金之内ゟ御差出シ御渡候様
ニ仕候例御渡被成候願書例書仕相添差上
此段申上候
本文願之通金子ニ而下直ニ新規船出来
候場所極下之儀弾左衛門願書ゟ差出候
異書仕差上御下ニ被成下御勘定所ニ

六十五お

御渡被成御同所裏書御済御渡被成候場之
川船方ニ附年寄并代官差出極下
書更候儀ニ御座候
未六月
[illegible]

六十五う

六十六お

一　深川漁人頭若之常方不浄ニ而揚船
打捨雑掲用候ニ付新船造之代金
不載仕候所当正月廿八日当
御番所様ニ而奉願上候処願之通御金被
弐分弐朱ニ而下置候旨御達ニ而奉書上候通
訛候処右船出来仕候ニ付御検査中上候

六十六う

御見分ニ而下置候ニ依而右木不別紙ニ
中上候様ニ御改ニ而相成候処相違無御座候
以上

未八月晦日

成田
渾藤代
定助

六十七お

一　深川漁人頭若之常方不浄ニ而揚船
打捨雑掲用候ニ付新船造之代金不載
仕候所当正月廿八日当
御番所様ニ而奉願上候処同六月廿日願之通
御金ニ而下置同八月二日右船出来仕候
ニ付御請中上候様ニ御見分ニ而下置

六十七う

六十八お

六十八う

六十九お

六十九う

七十お

文政七申年三月深川兆人殿若之節
川也私極下預表書写
表書之通相違無之候
柳原主計殿下
筒井伊賀守下
□○○○○○○○
表書之通深川兆人殿

七十う

若之節川流言揚私年貢言字極下
折渡て御中候段を本文之之〆上
申三月
奥村源之節殿

七十一お

八月四日

深川兆人殿若之節方不除私出候段中上候
岩田幸之節
笹本郡次

深川兆人殿若之節方ら払用候不澤私
持接候有新規折節之儀先達而

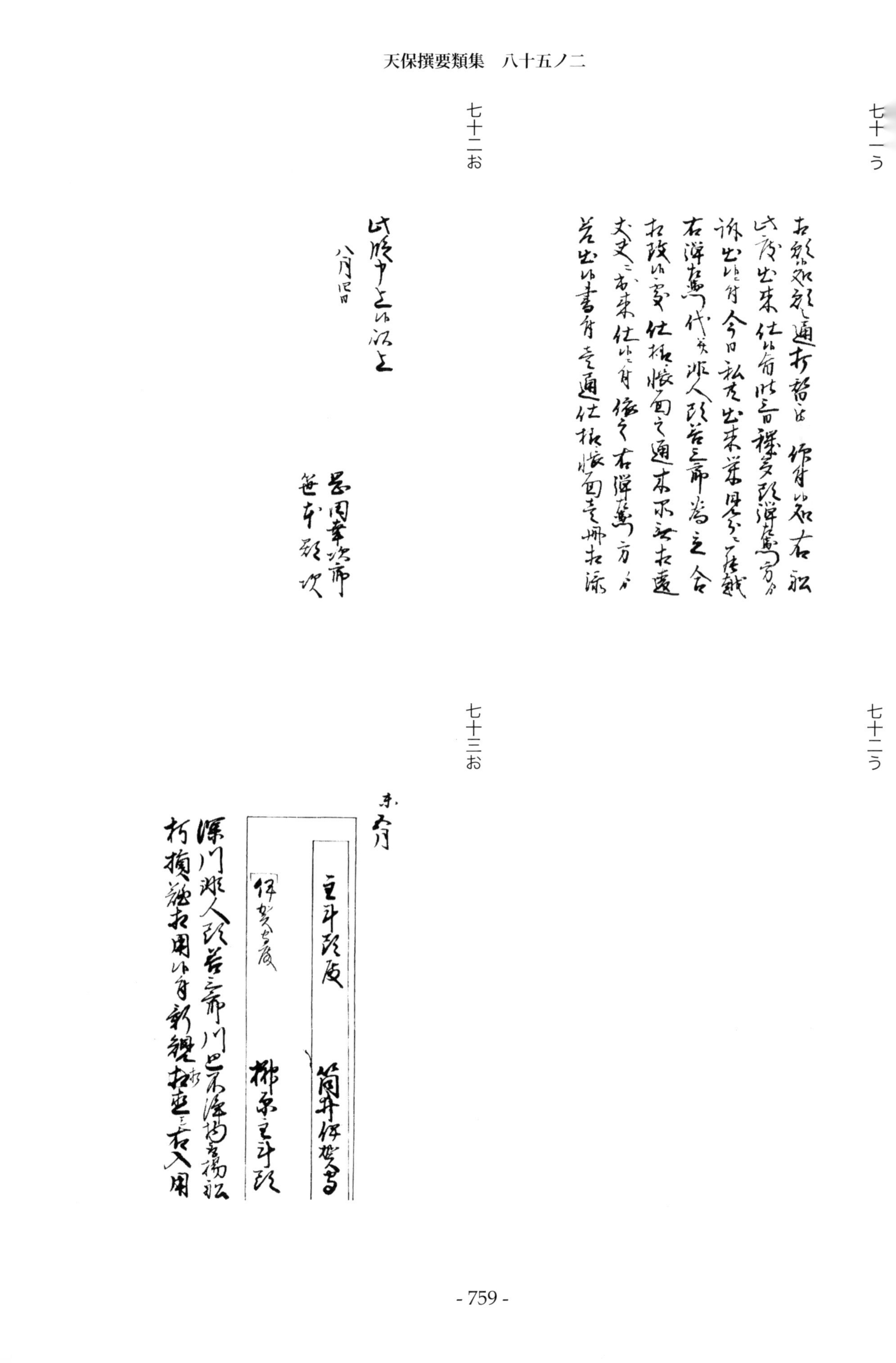

七十一う

七十二お

七十二う

七十三お

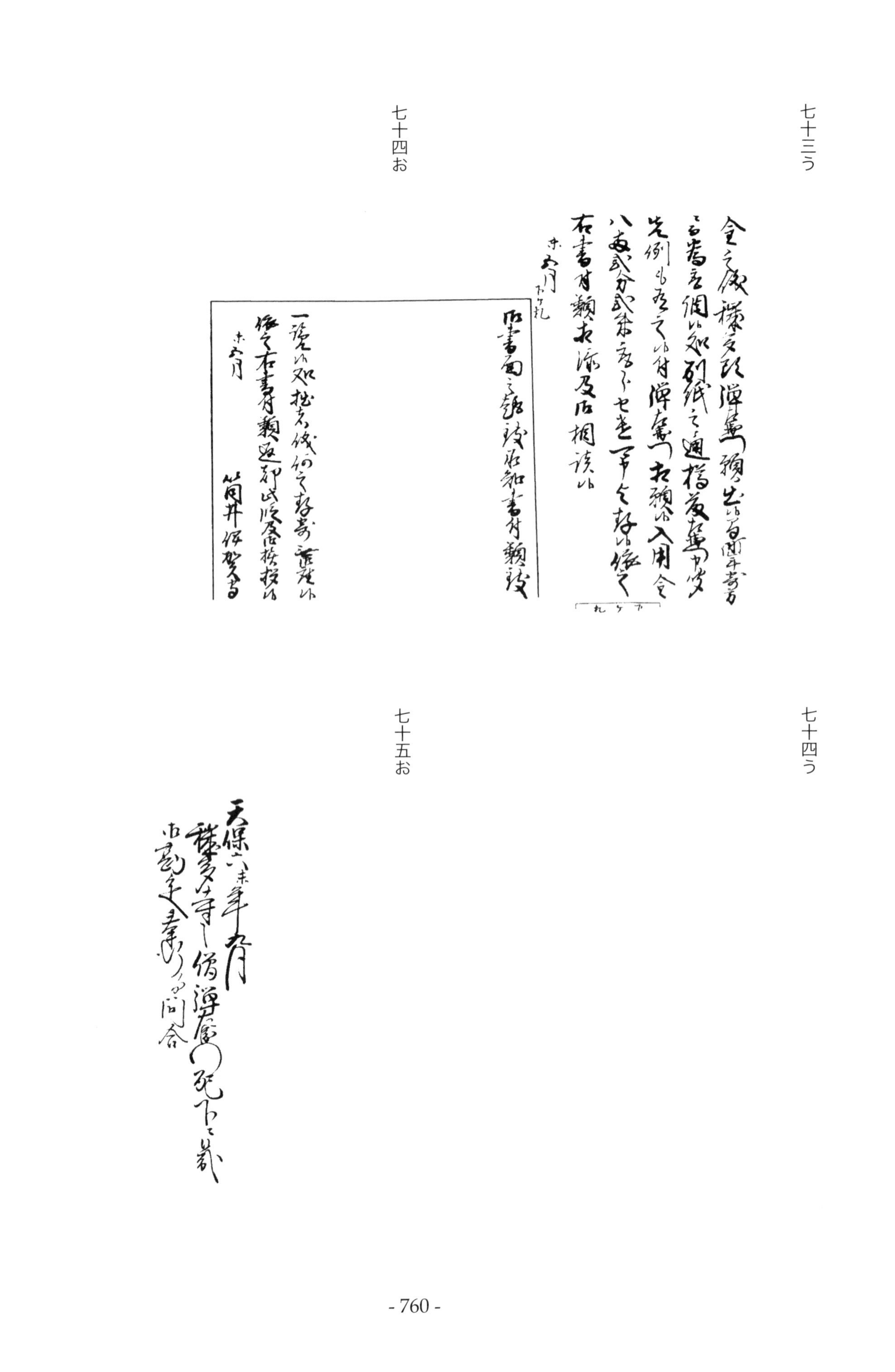

七十三う

七十四お

七十四う

七十五お

七十五う

七十六お

七十六う

七十七お

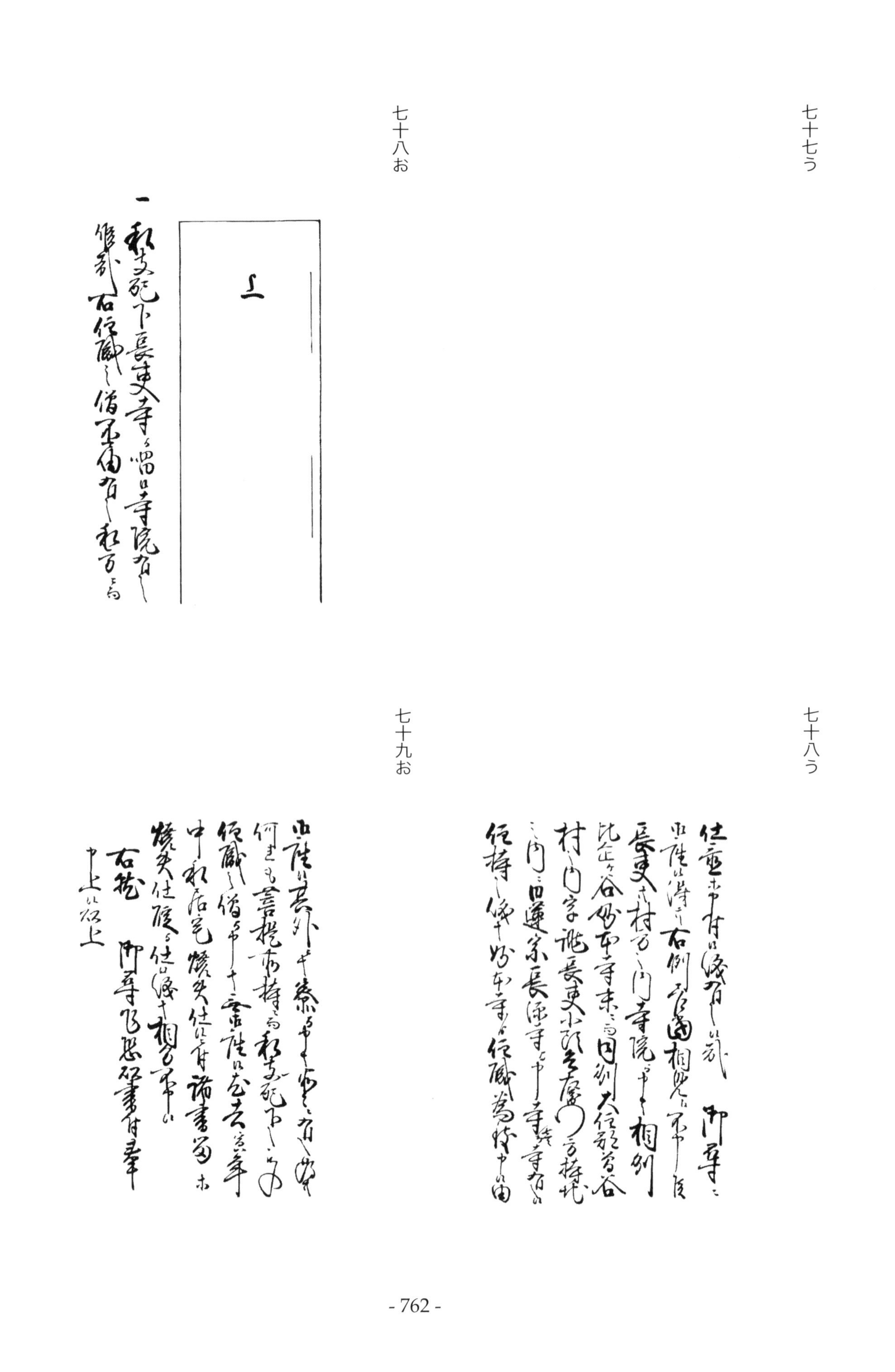

七十七う

七十八お

七十八う

七十九お

七十九う

八十お

裏表紙

表表紙

一お

表表紙う

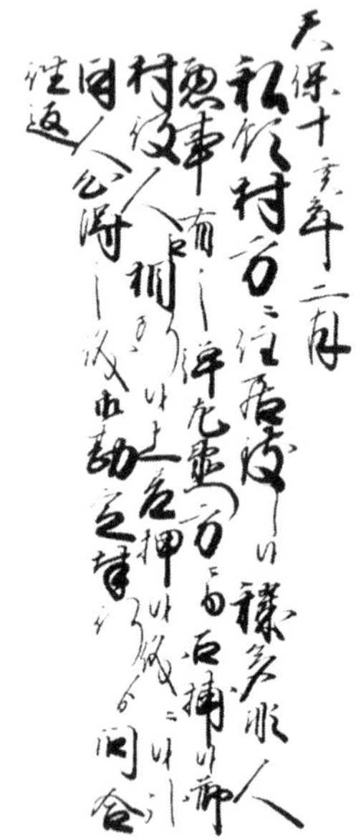

一う

二お

二う

三お

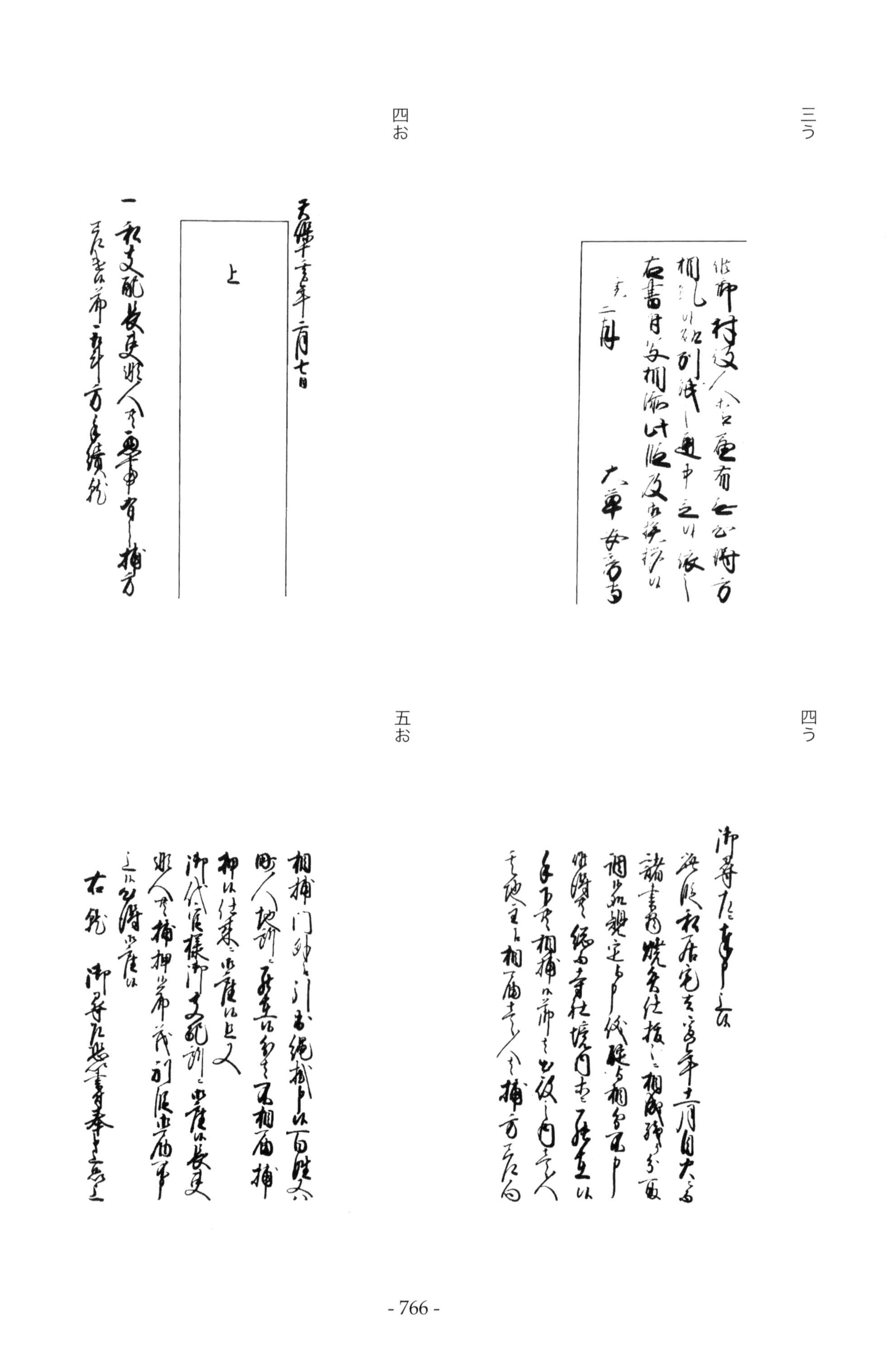

三う

四お

四う

五お

五う

六お

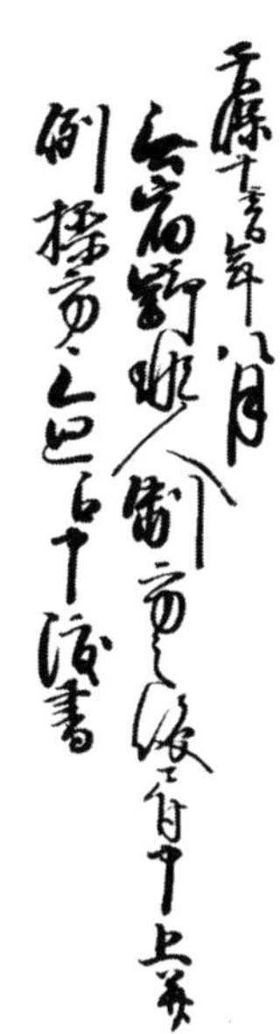

六う

七お

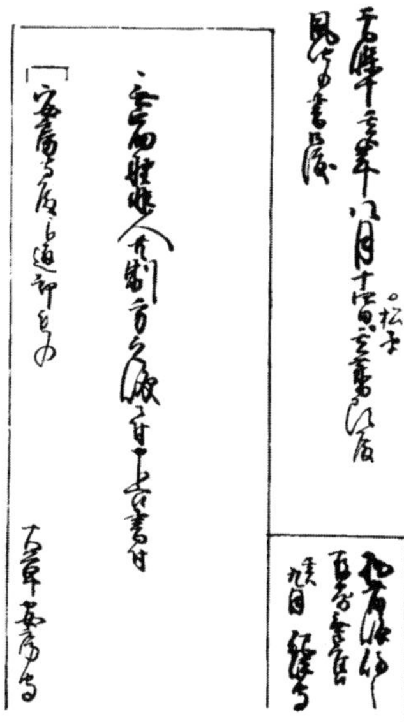

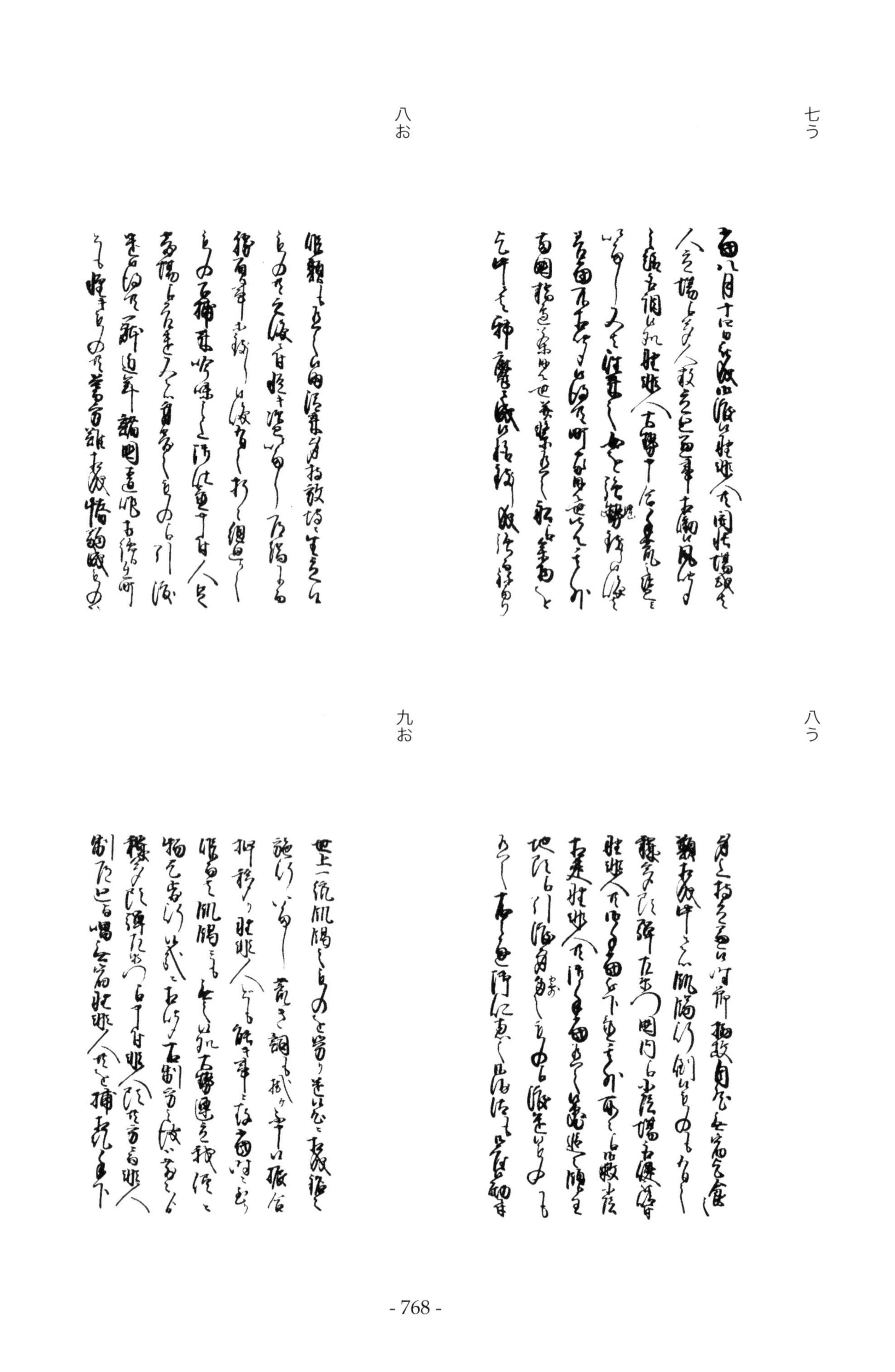

七う

八お

八う

九お

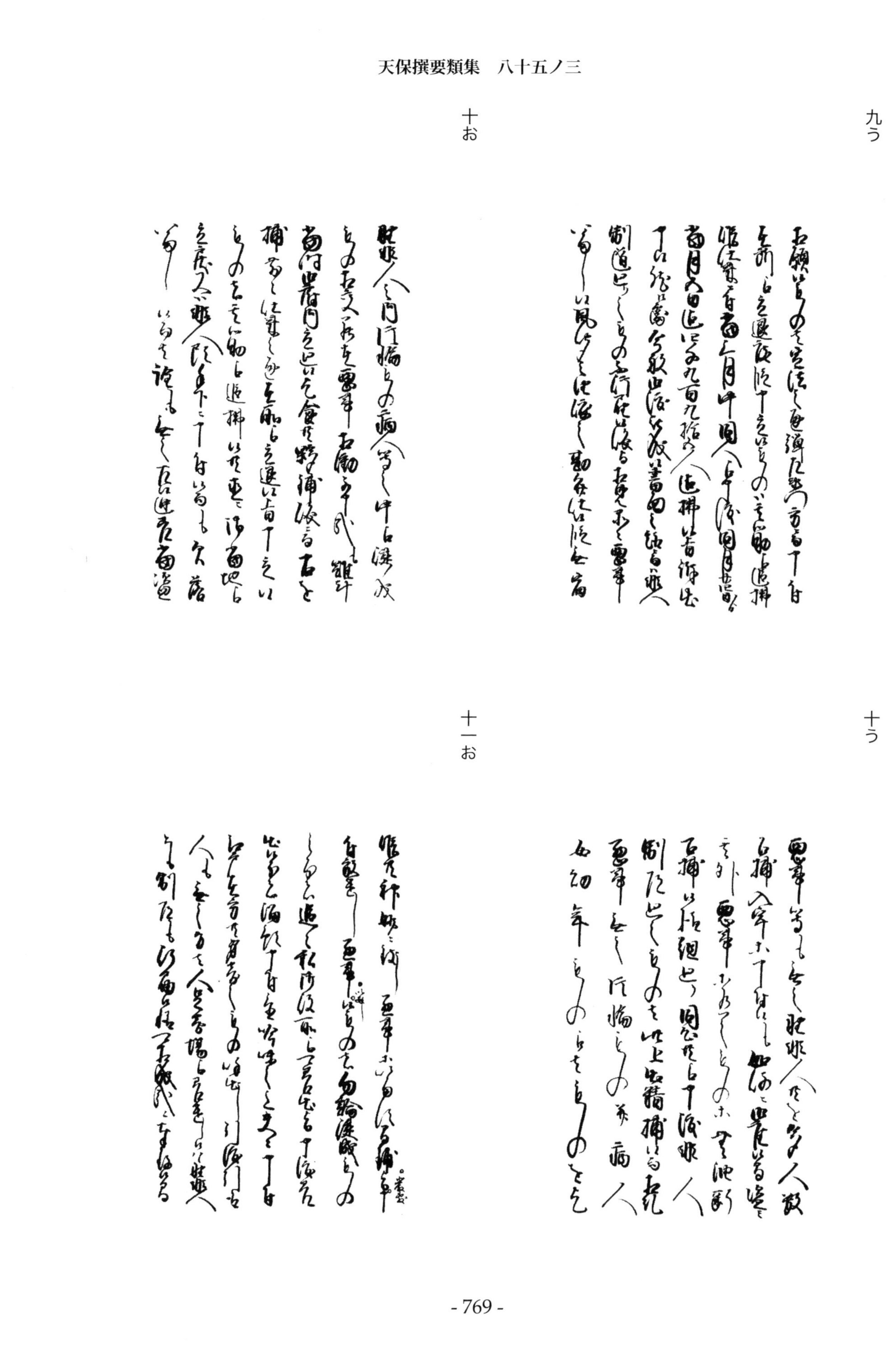

九う

十お

十う

十一お

十一う

十二お

十二う

十三お

十三う

十四お

十四う

十五お

十五う

十六お

十六う

十七お

十七う

鰥寡孤独之病人とハ流者ニ悲田
人ニ[illegible]
て[illegible]
[illegible]
悲田[illegible]
[illegible]
[illegible]

十八お

右[illegible]書面之通[illegible]
[illegible]

天保[illegible]年九月十日

[illegible]手付[illegible]

十八う

十九お

天保十三子年十二月廿八日
[illegible]養子[illegible]
[illegible]

二十一う

[illegible]

二十二お

子十二月廿六日

親類書

御代官

二十二う

[illegible]

二十三お

[illegible]

二十三う

高拾石五斗[illegible]
[illegible]
[illegible]
[illegible]
御役[illegible]
[illegible]

実父方

二十四お

一 父

御代官
池田喜八郎様御支配
摂津国[illegible]村之内
下村長兵衛
利左衛門 伜
利左衛門

[illegible]

二十四う

一 母

元安兵衛
むすめ

一 祖父

御代官
池田喜八郎様御支配
摂津国[illegible]村之内
下村長兵衛
利左衛門

保科弾正忠様御領分

二十五お

一 祖母

一 姉

一 弟

一 妹

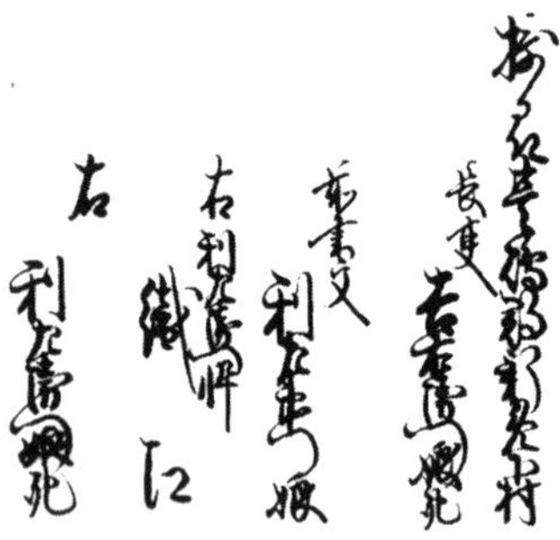

二十五う

一　弟

一　叔母

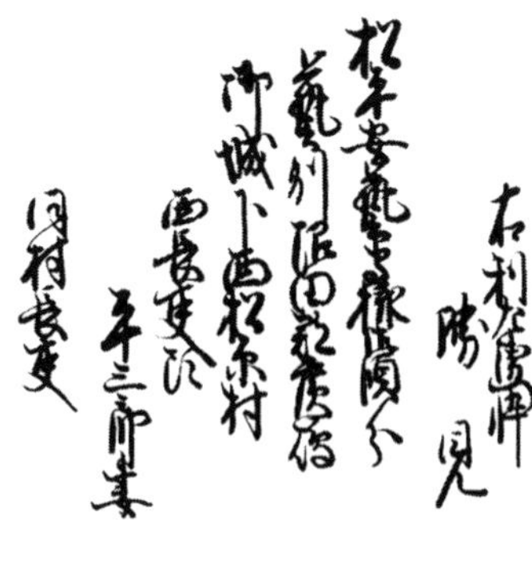

二十六お

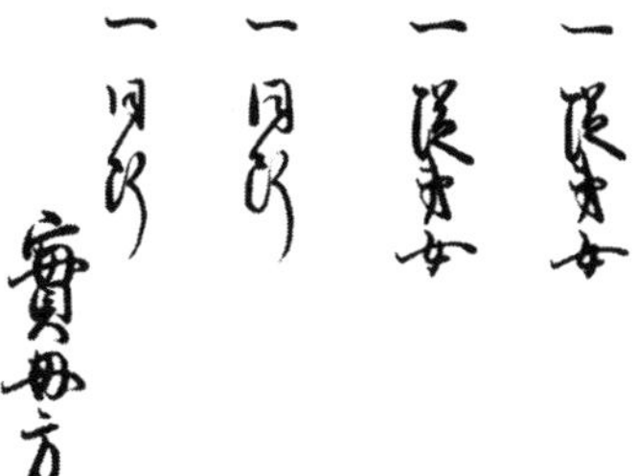

一　従弟女

一　従弟女

一　同人

一　同人　實母方

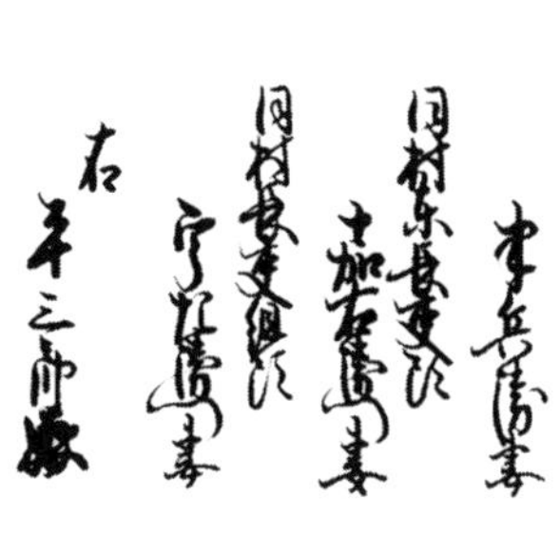

二十六う

一　祖父

一　祖母

二十七お

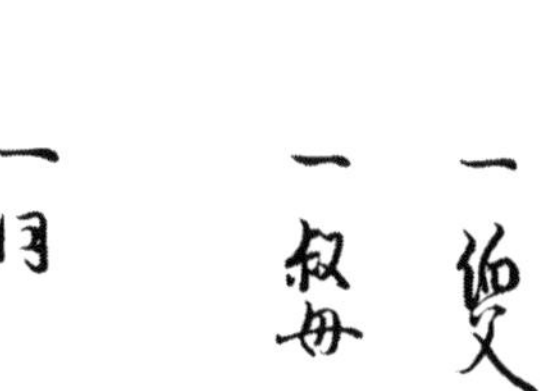

一　伯父

一　叔母

一　同

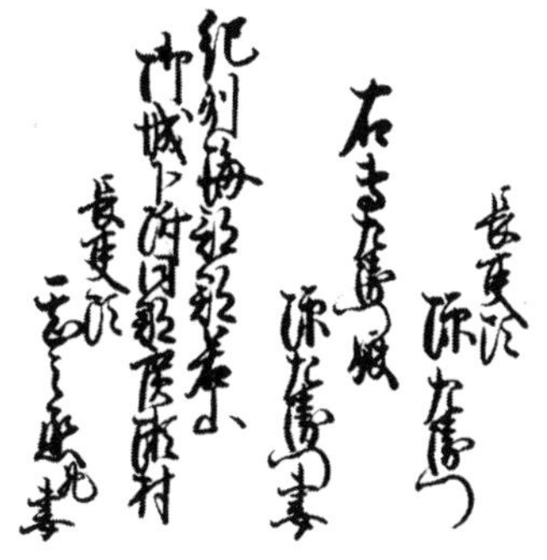

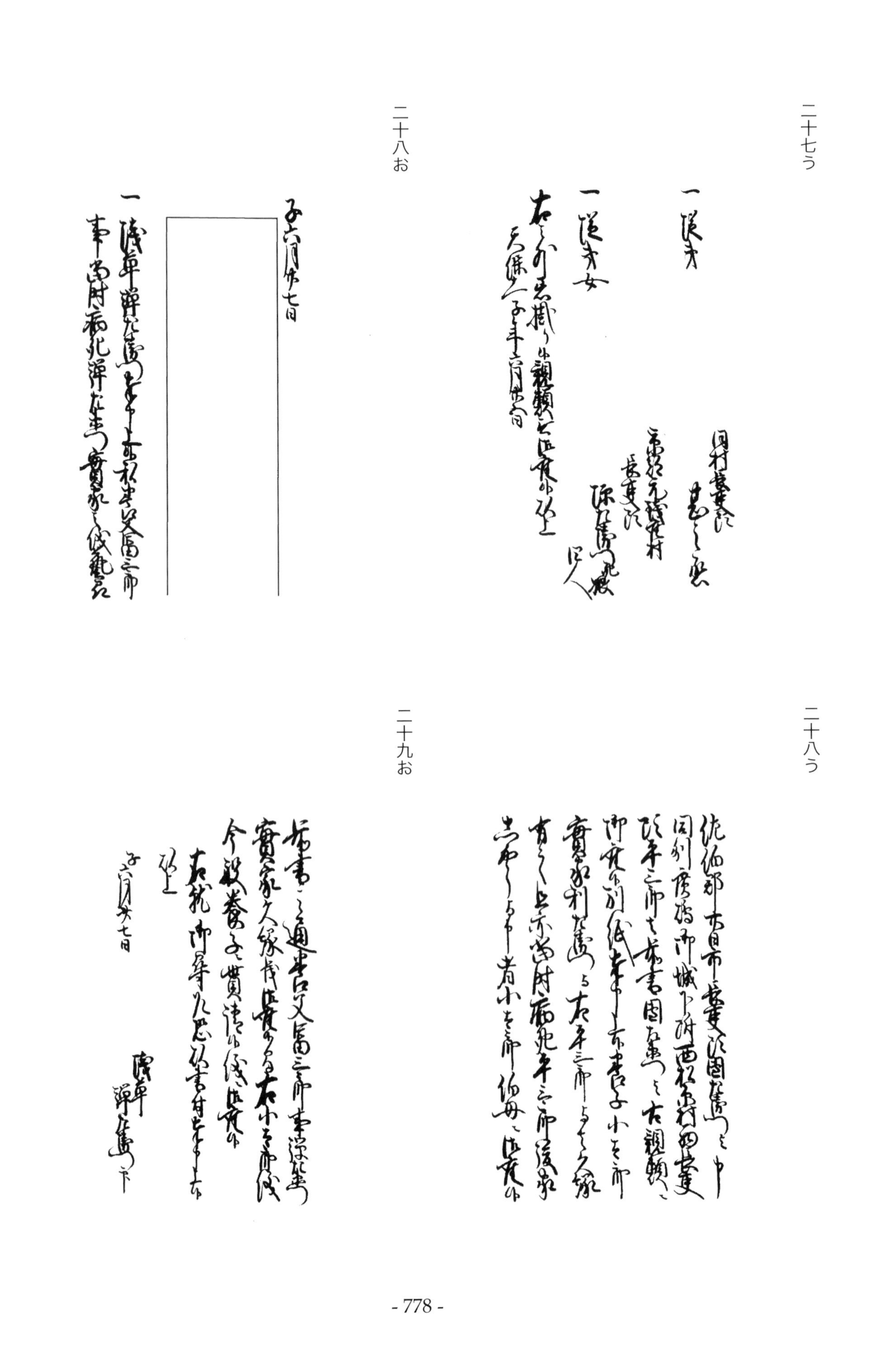

二十七う

二十八お

二十八う

二十九お

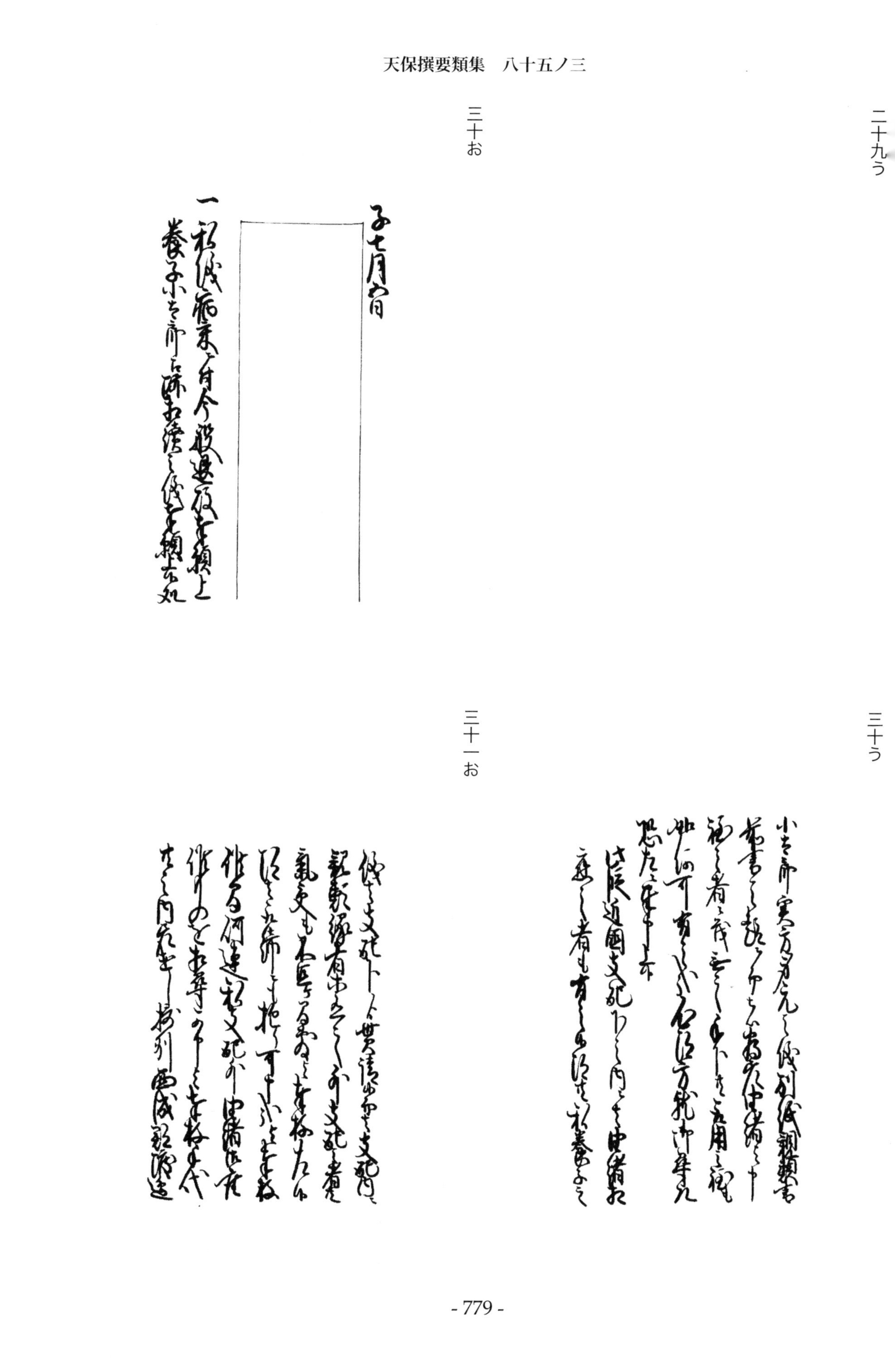

二十九う

三十お

三十う

三十一お

三十一う

三十二お

三十二う

三十三お

三十三う

江戸ゟ被仰候ニ付上候
右之趣御尋ニ付以書付申上候
　　　　　　　　　陣屋
子
十二月八日　　　　深谷［illegible］

三十四お

子十二月十二日

一 私養子之儀左之方大組長谷川小次郎拾弐人
之内之者相渡候ニ付申上候

三十四う

御尋ニ付申上候
一 当辰私儀病身ニ付養子仕
候旨相願申上候去ル亥年十二月中
左之方大組長谷川小次郎拾弐人之内
野州安蘇郡大伝町 長谷川小次
左衛門当上州邑楽郡 舘林村
同本庄東馬 野州足利郡 山下村

三十五お

同本庄東馬儀古郷ニ当りの者ニ有之
候ニ付右之者共ニ付相尋候処大組ニ而者
同月中追々申府ニ付右之者共当
拾弐人之内ゟ相談之上養子
見込之者有之ニ付右之者共人々
中ゟ付添ニ而御尋申上候処者共
との事ニ而候得共別ニ兄弟郡之内村

三十五う

三十六お

三十六う

三十七お

三十七う

三十八お

三十八う

三十九お

三十九う

四十お

四十う

四十一お

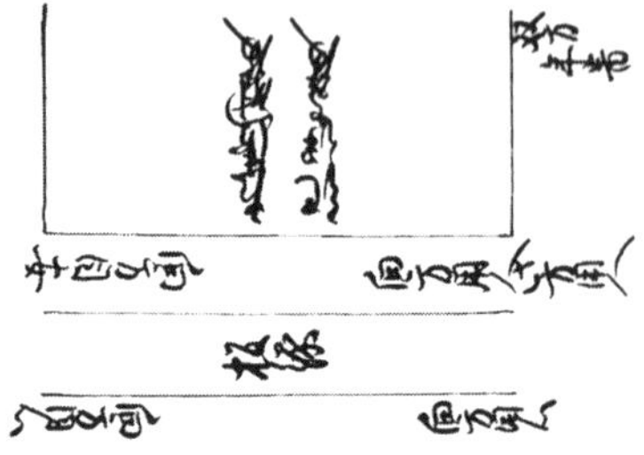

四十一う

給米之通白洲ニ而申渡候ニ付此段
佐右衛門佐兵衛江も紀伊守殿榊原主計
小笠原東弾左衛門江も為心得申渡候
近江守外江も直ニ申上候事

子
十二月廿日

四十二お

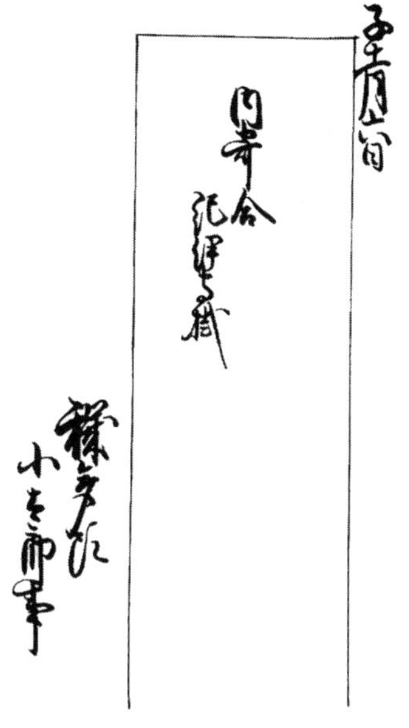

四十二う

弾左衛門
手代　文七
定　助
同
清右衛門
茂兵衛

四十三お

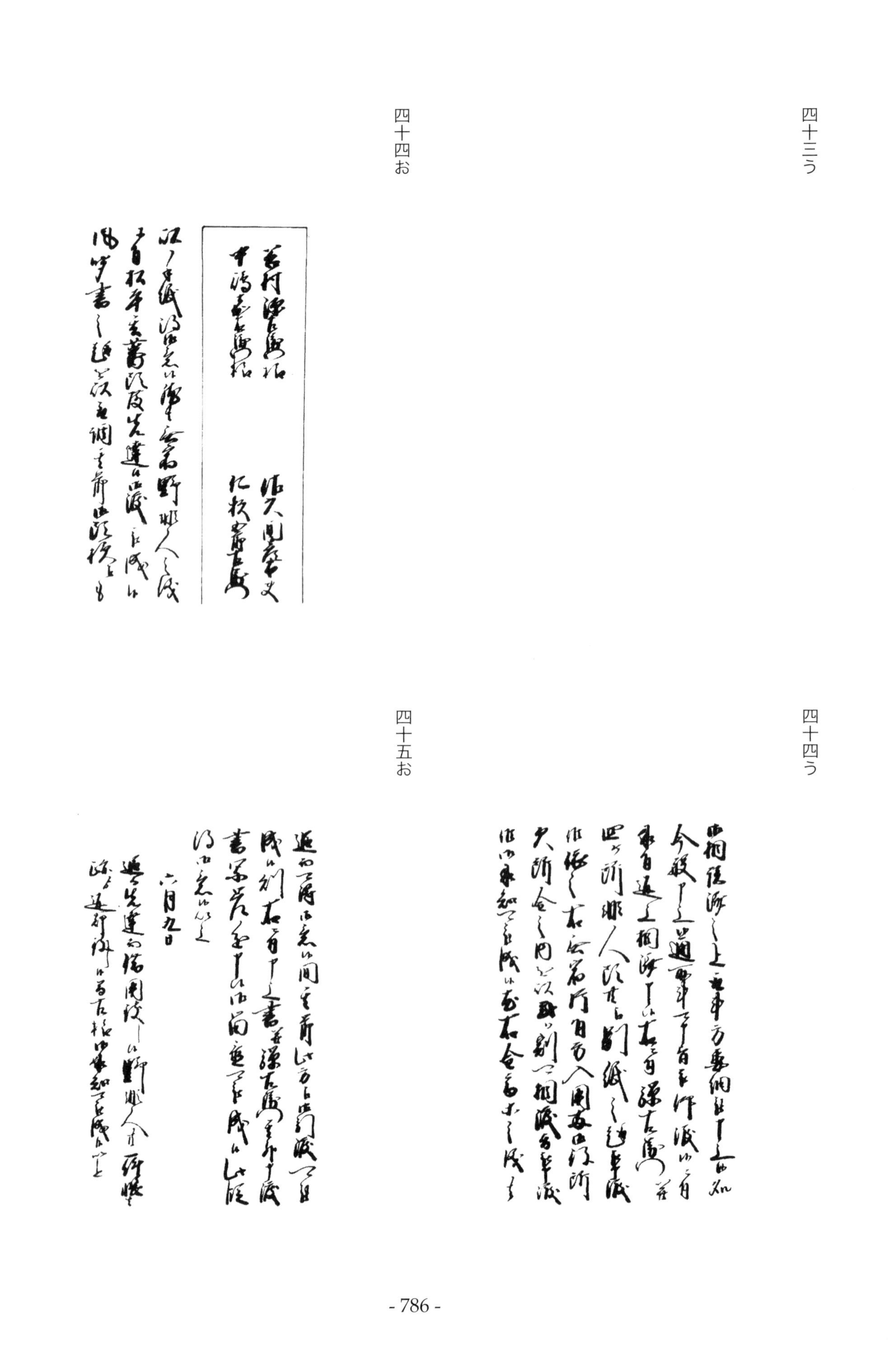

四十三う

四十四お

四十四う

四十五お

四十五う

四十六お

四十六う

四十七お

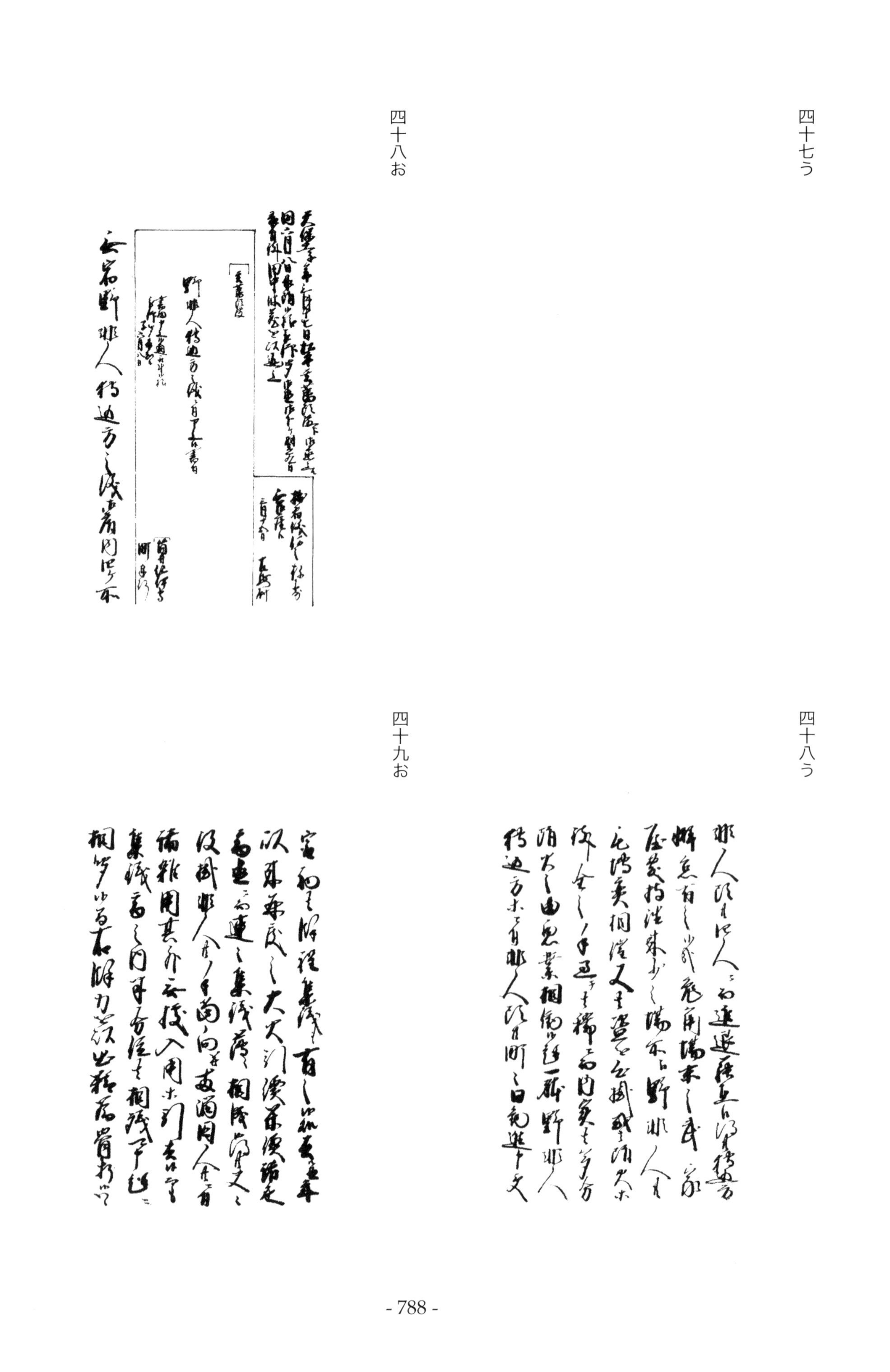

四十七う

四十八お

四十八う

四十九お

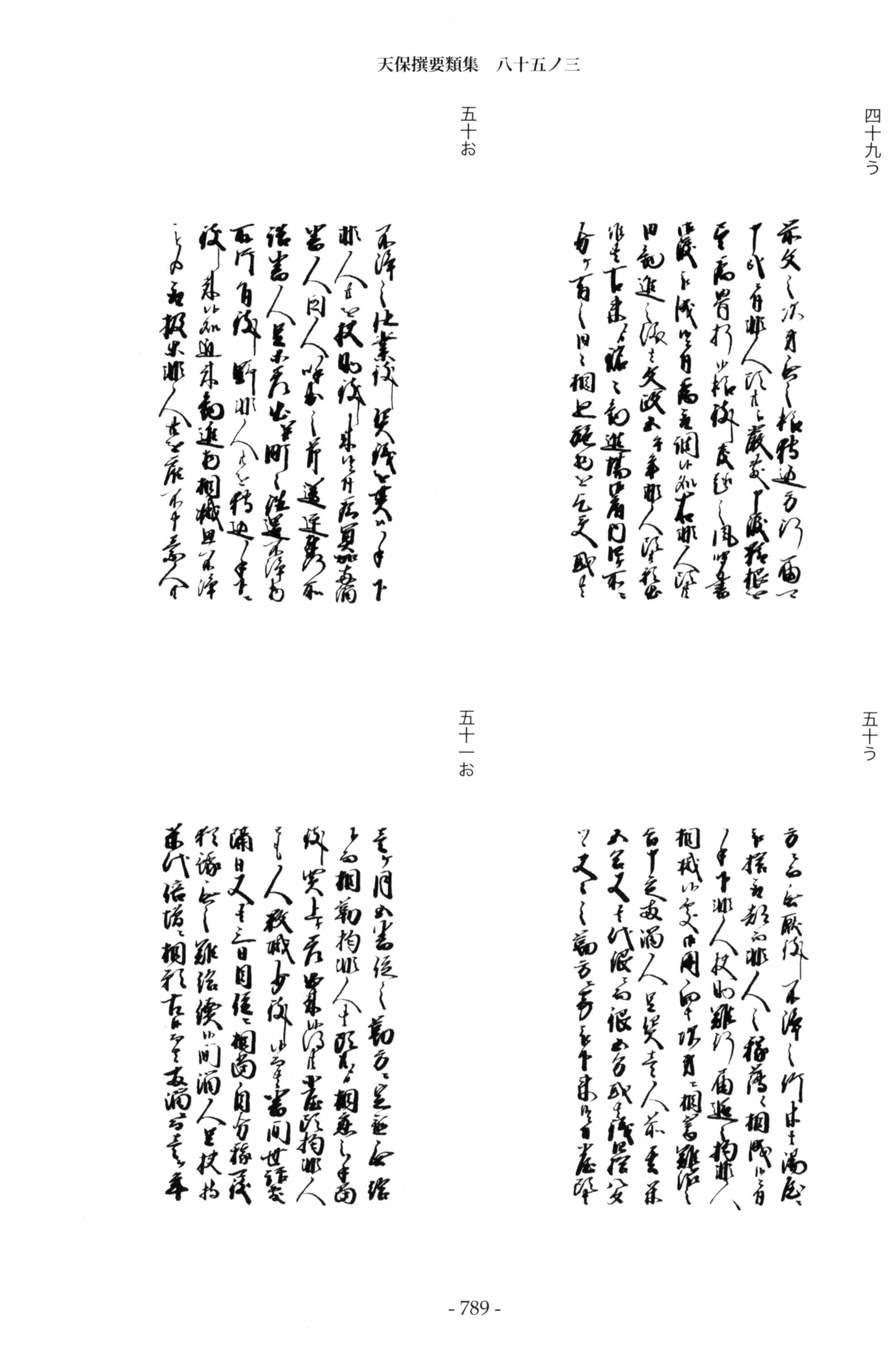

四十九う

五十お

五十う

五十一お

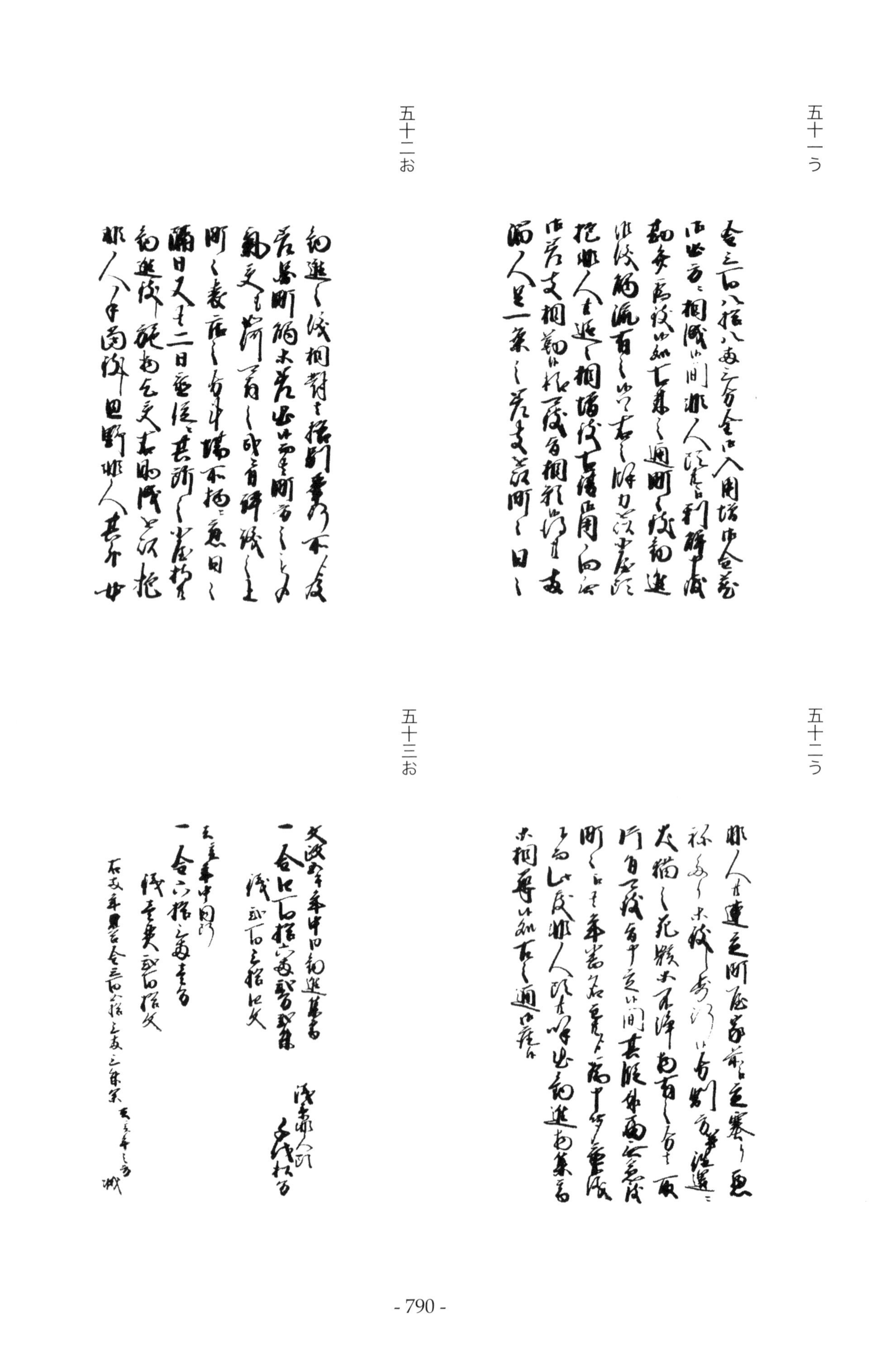

五十一う

五十二お

五十二う

五十三お

五十三う

五十四お

五十四う

五十五お

五十五う

五十六お

五十六う

五十七お

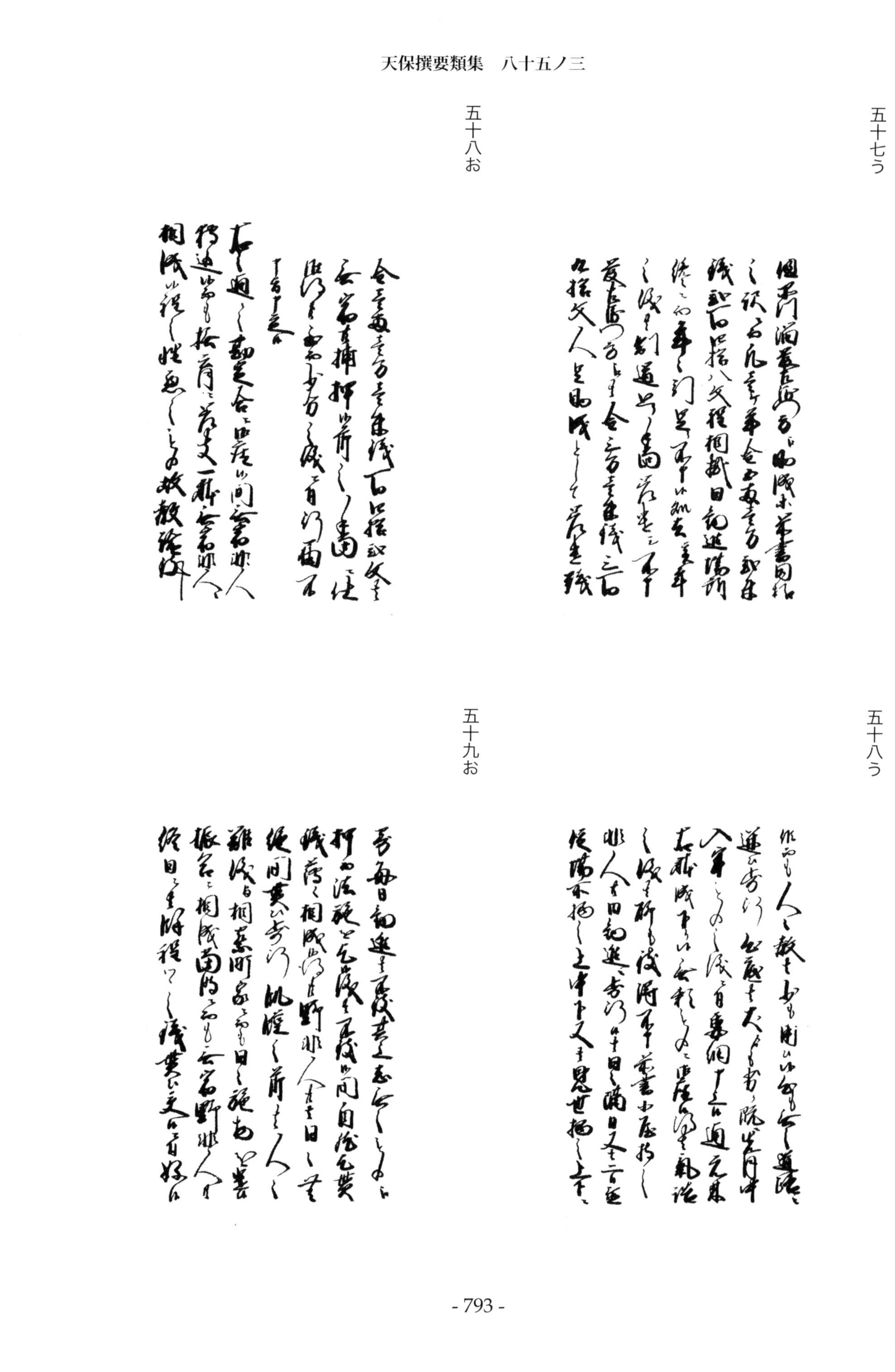

五十七う

五十八お

五十八う

五十九お

五十九う

六十お

六十う

六十一お

六十一う

六十二お

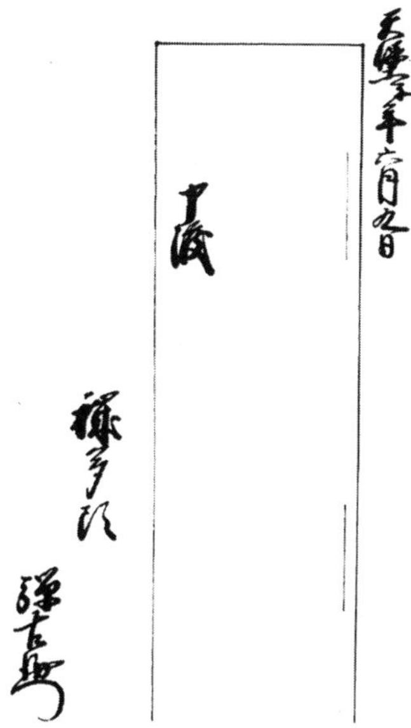

六十二う

六十三お

六十三う

六十四お

六十四う

六十五お

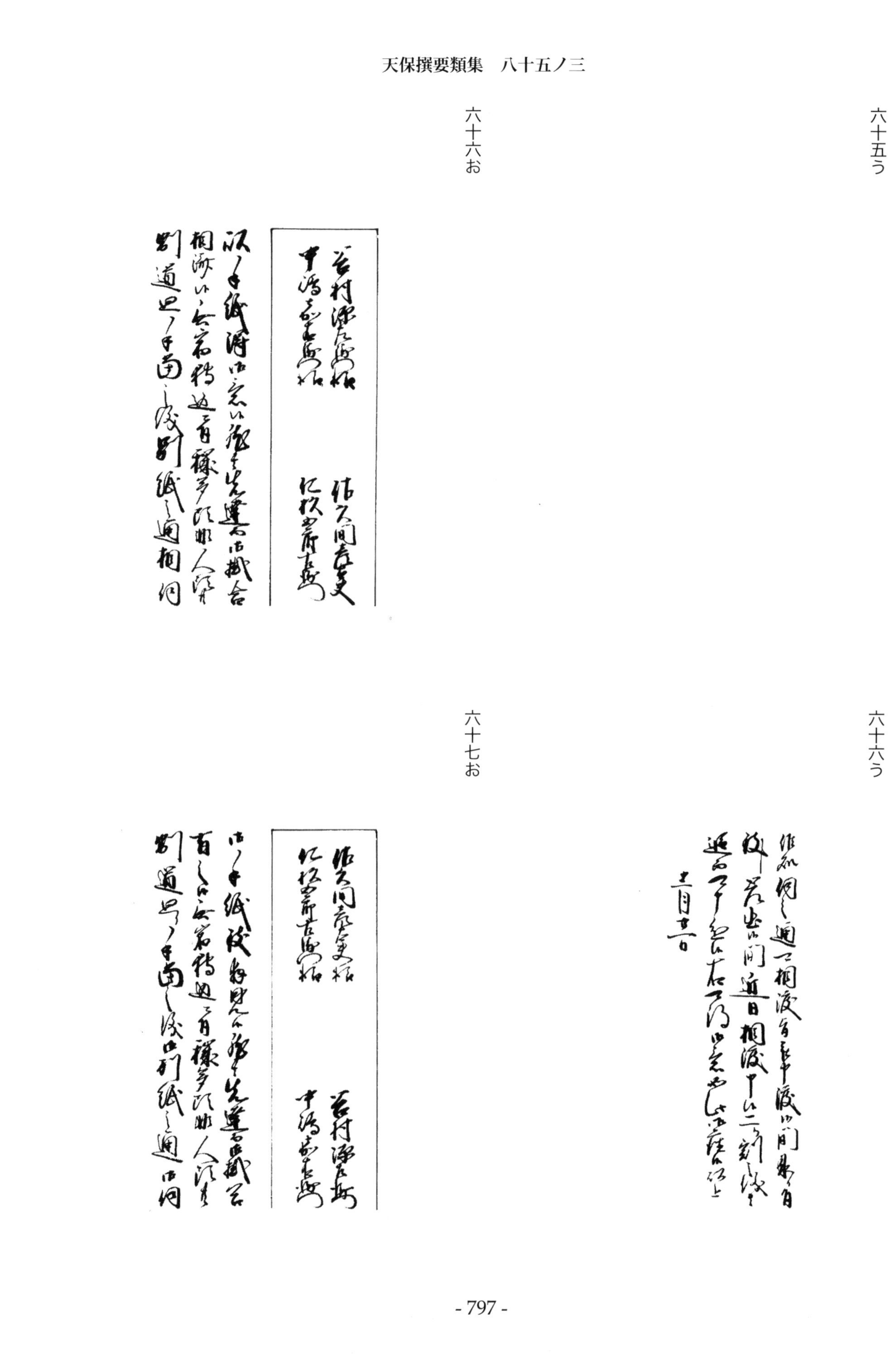

六十五う

六十六お

六十六う

六十七お

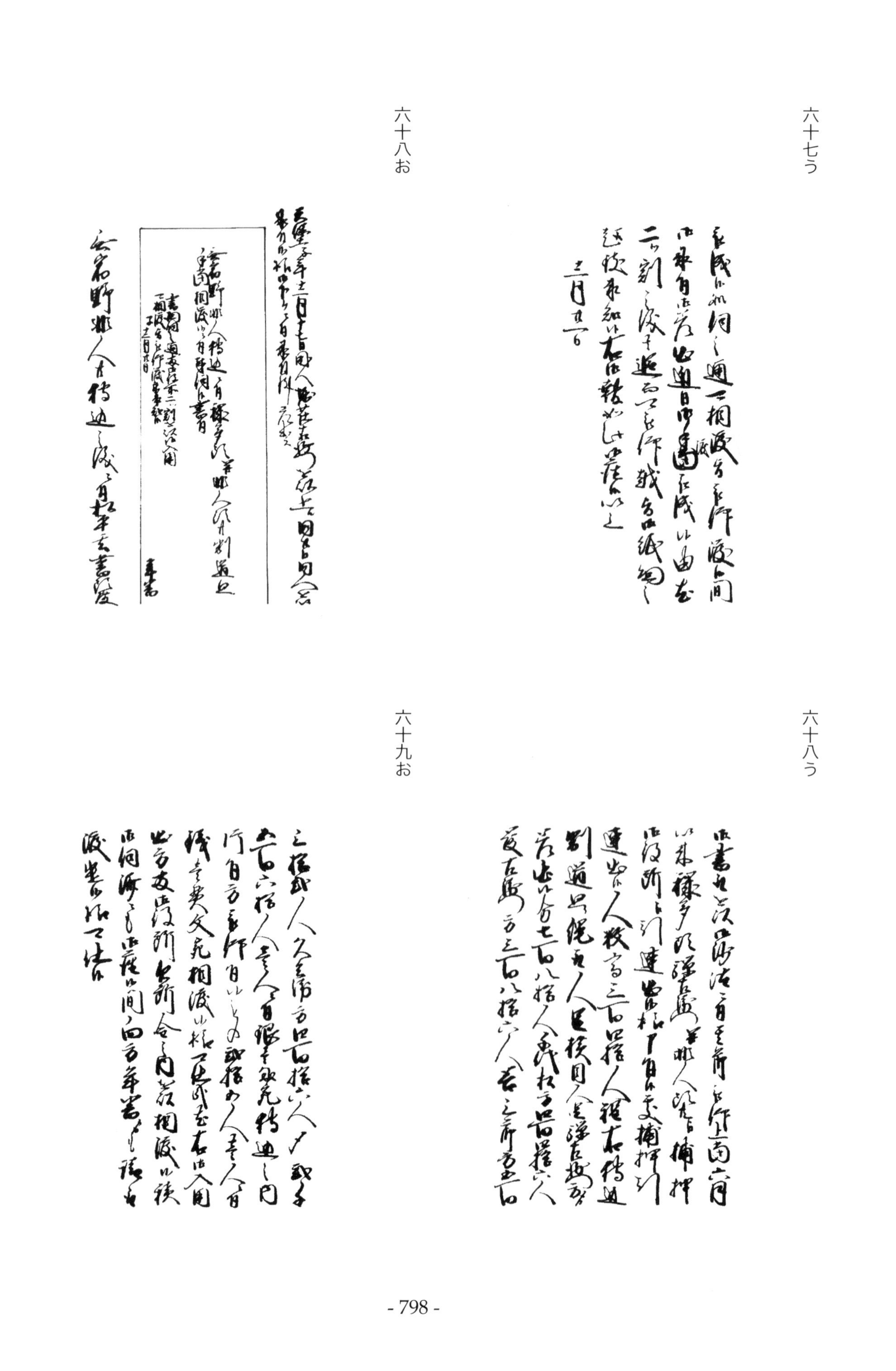

六十七う

六十八お

六十八う

六十九お

六十九う

[illegible]

七十お

[illegible]

七十う

[illegible]

七十一お

裏表紙

表表紙

一お

表表紙う

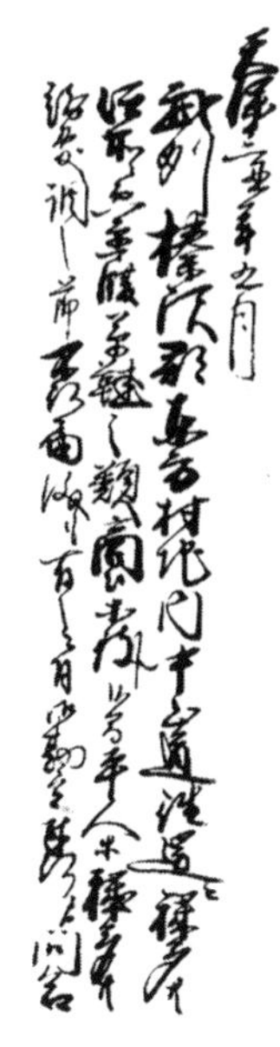

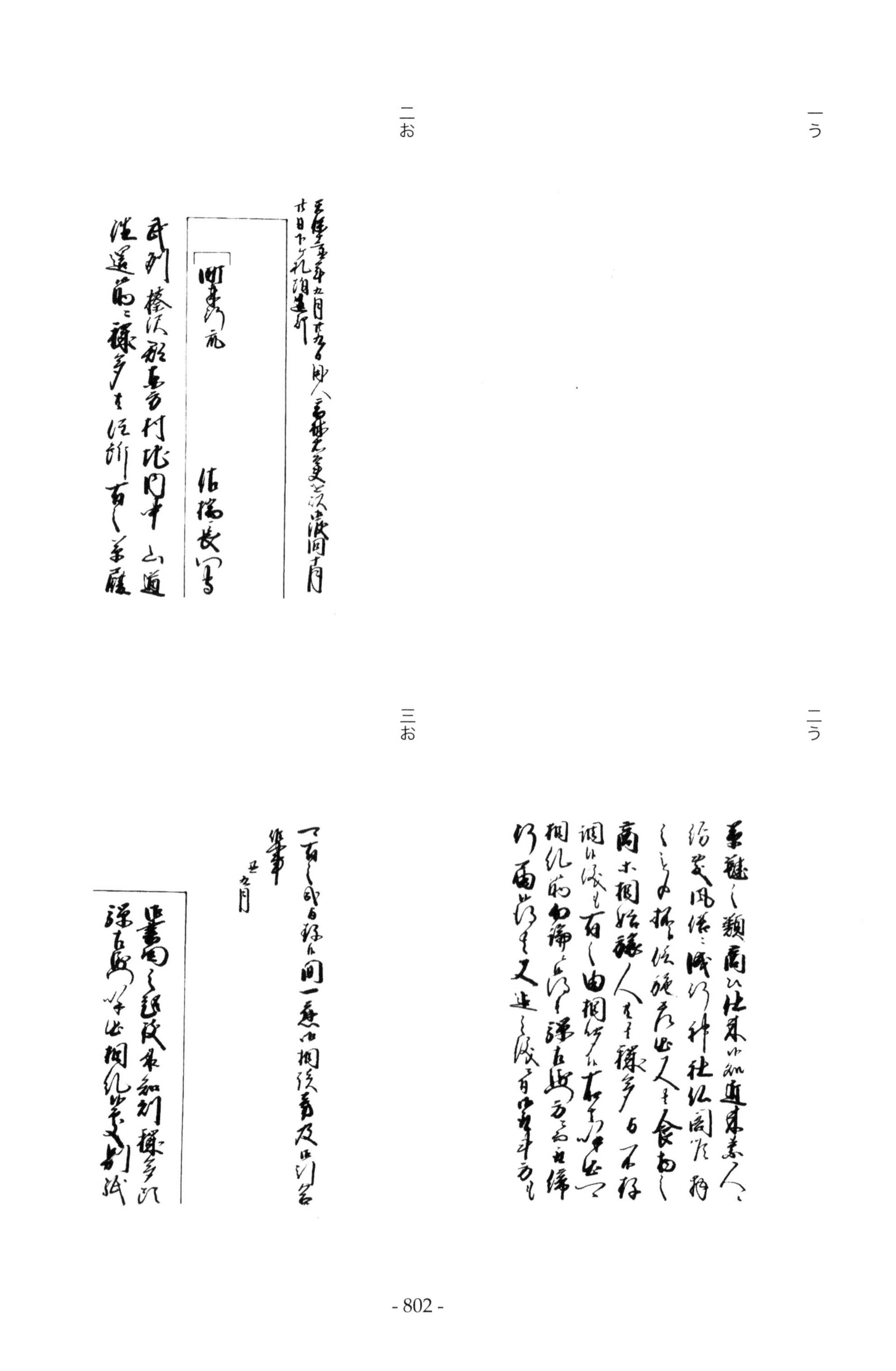

一う

二お

二う

三お

三う

四お

四う

五お

五う

六お

六う

七お

七う

八お

八う

九お

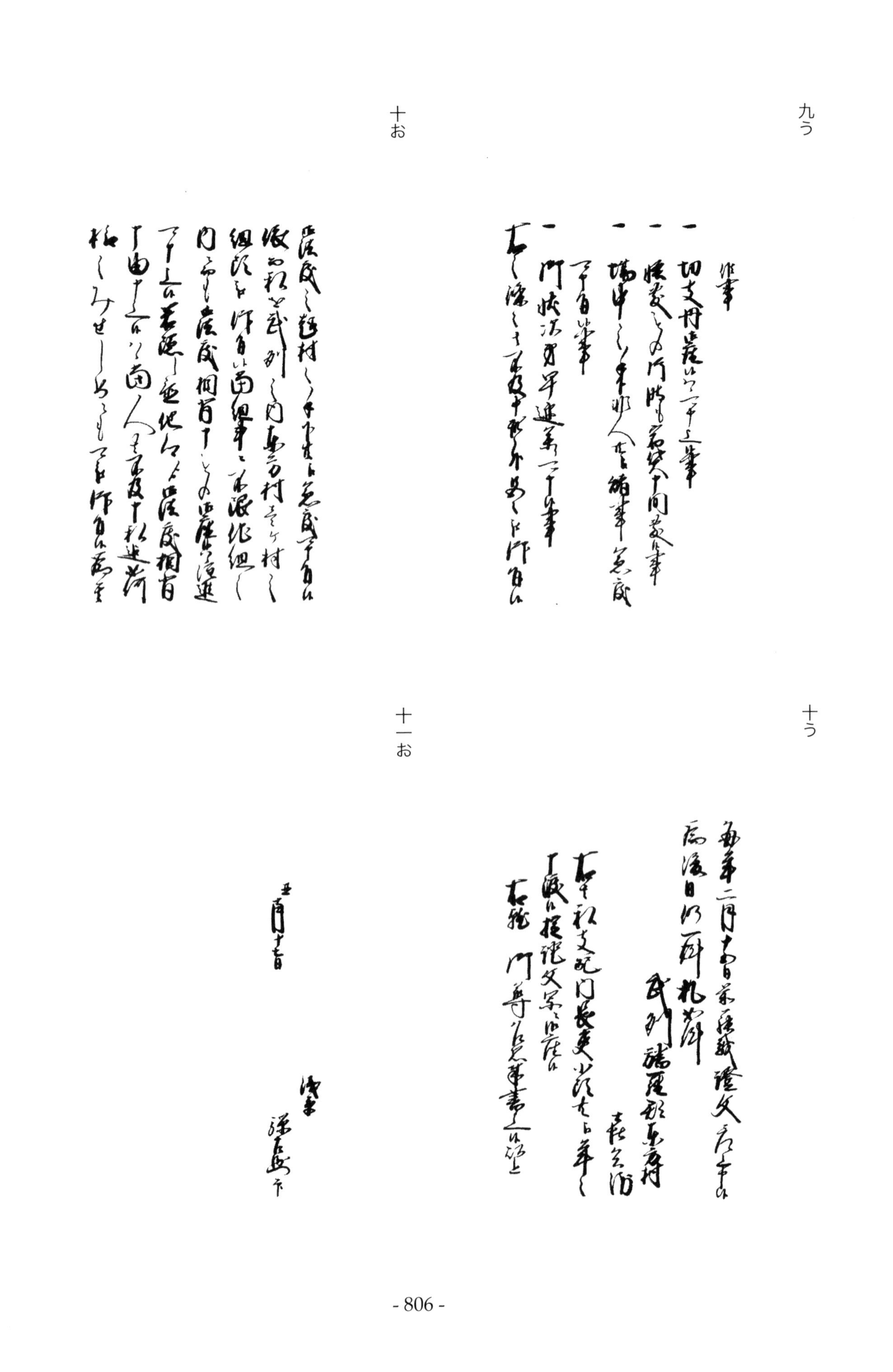

九う

十お

十う

十一お

十一う

十二お

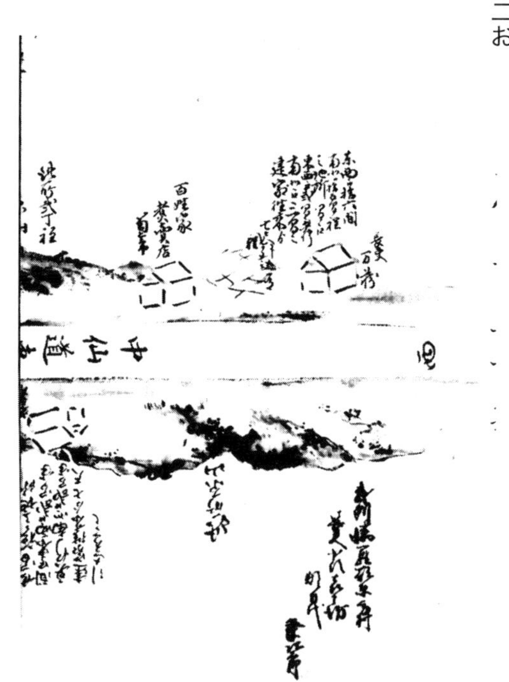

十二う

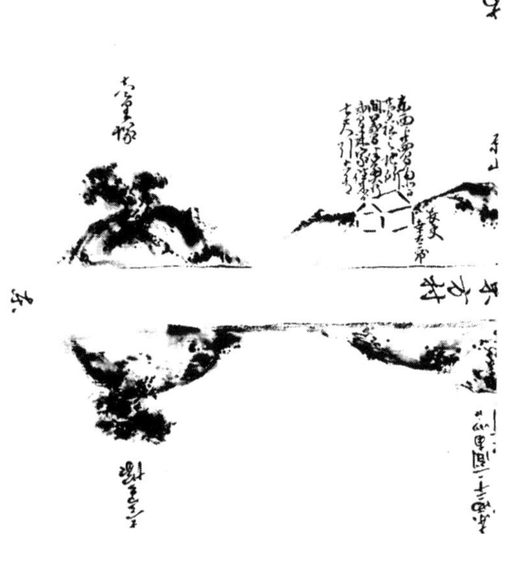

十三お

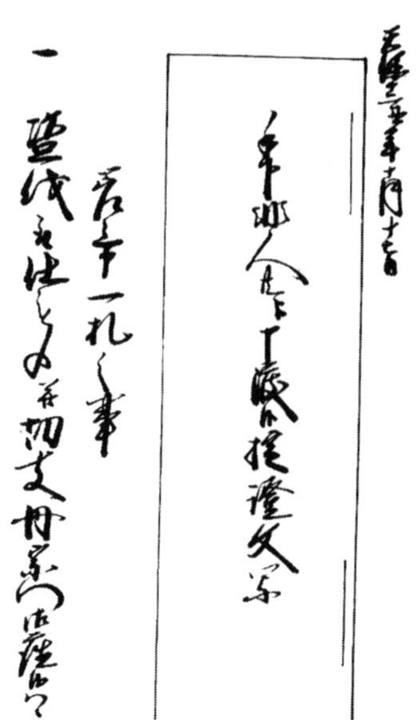

十三う

可申上之事

一 諸其使之者共、露にて可申上旨被申候之
何時も若悪申間敷之事

一 生類大切に仕、若損候て仕之者在之
候ハゝ可申上之事

一 長道具調置候て、寝中脇指刀
指可申間敷之事

十四お

一 衣類之儀ハ布木綿之外、余類
一切調置申間敷之事

一 御番頭衆仕置に候得共、猥目立
候儀仕間敷之事

一 人別帳毎年四月ニ相改、組頭
帳面若違候ハゝ先規帳面を以
之者早速可申上候事

十四う

一 猥之儀ハ如先前組頭ゟ下知
相背申間敷之事

一 悪人ニ宿ニ並預ケ置候共、本人被
申間敷之事

一 他所人在毎月切可申事

一 頭中露被下候て申間敷、食ニ
出思稼之儀申間敷

十五お

候事

一 大切ニ相当可申事

一 他所人ニ食ニ出前ニ道具可持
先々高并茶籾高吞申間敷
候事

一 拘之者脇在所役目申間
敷之事

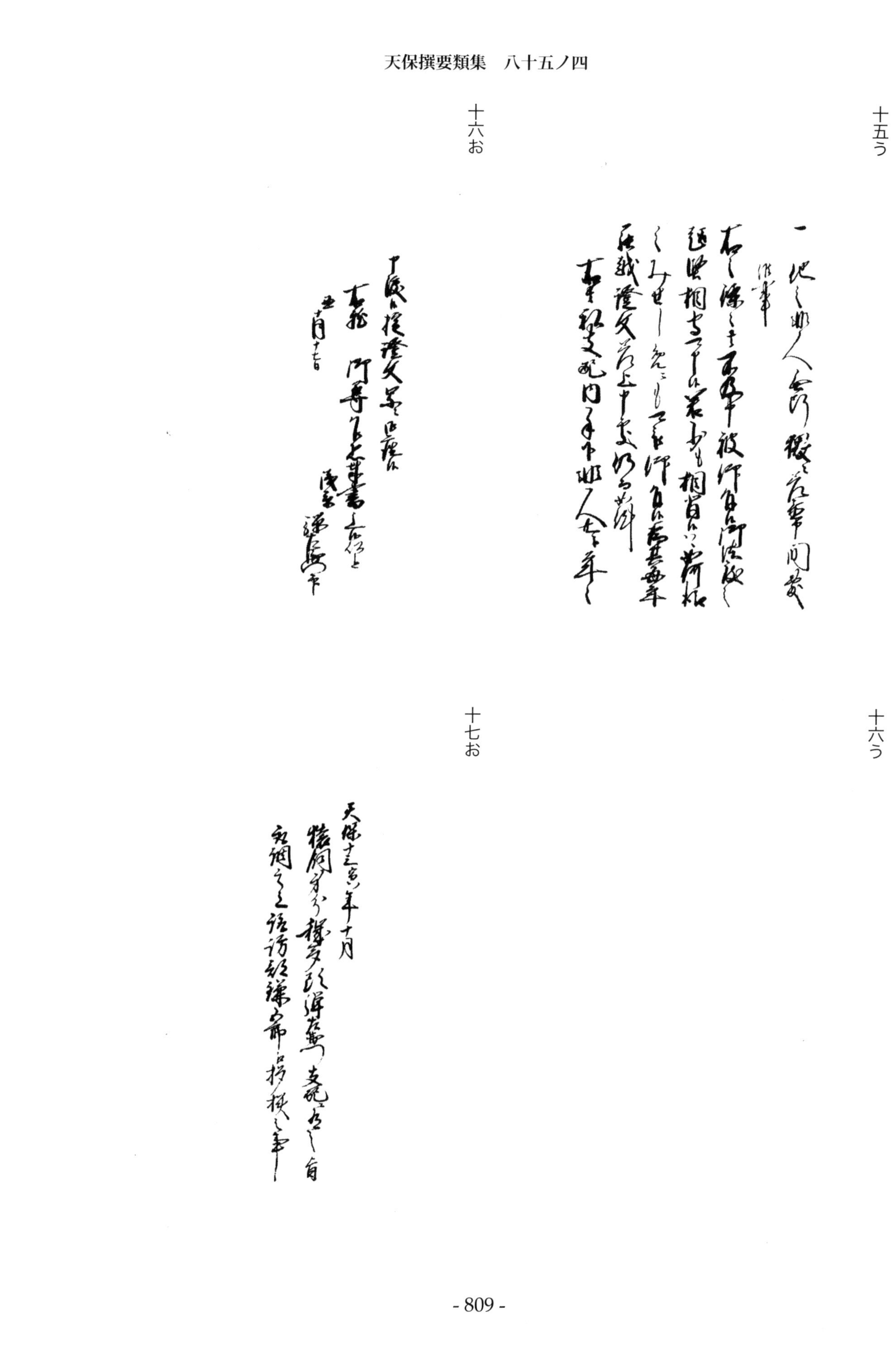

十五う

[illegible]

十六お

[illegible]

十六う

十七お

天保十三寅年十月

[illegible]

十七う

十八お

天保十二丑年七月十九日

諏訪部様御内様　遠山左衛門尉

先達而同会有之候御廃止ニ而馬ニ祈祷ニて
年々相猪飼長左衛門方ニ而候段相知候前ニ

十八う

穢多頭弾左衛門支配ニ相違無之候とも前而
拙者方ニ而役所ニ書出申候段有之候近来
之振合如何有之候ニ付弾左衛門相尋候処支配ニ
相違無之既ニ素人ニ而ハ交り候段も難成候
中渡世身分ニ而穢人之間ニ而取扱法前之段も
毎年正月猪飼長左衛門方江相渡
誓請文差出候段も有之候之ニ付此段御挨拶

十九お

以上
七月十九日

十九う

二十お

一 私支配猿飼身分之儀　御尋御座候ニ付
猿飼共儀関八州并関外共私支配之分

二十う

居住候猿飼共私宅ニ相越、若殿御厩地
猿飼共儀往古ゟ年々私方ニ正月十七日
披露文申付候儀ニ御座候
一 御厩御祈禱之儀ハ御身ニ附候儀ハ勿論并諸
御屋敷様御祈禱之儀大切ニ相勤罷在候儀ニ
御座候
一 私儀毎年正月元日西

二十一お

御丸下　御厩様ニ年頭御礼ニ罷出候節
私并猿飼ニ　御膳被下置候御門ニ罷出
御祝儀別紙之通り拝領仕候同十一日十七日迄ニ御
目貫八百文年々頂戴、右之内三貫八百文
猿飼ニ為年々頂戴之貫八百文を私年々頂戴仕
仕来ニ御座候
一 猿飼共身分之儀出入之者共ゟ素人へ相掛

二十一う

仕候ニ古来ゟ私方手限ニ而裁許仕来候ニ
御座候

一 三日五節句礼私方ニ相勤申候

一 従古ゟ素人江交リ候儀ハ不相成候御座候

一 何方湯屋髪結床等江参リ候儀ハ不相成
義ニ御座候

一 猿飼同役人并其外之人別等致候時ハ私方ニ

二十二お

許申候儀ニ御座候

一 御厩猿諸勘九郎様ゟ猿牽頭 御厩
御用之中御会符等被下置候儀ハ弐拾弐年以前
文政之辰年三月中右　御厩ゟ被下置候儀ニ
御座候

一 当社境内又ハ当国小路其外在様ニ而芝居
見世物等之儀も私方江伺出不相請興行仕

二十二う

仕ニ御座候

一 余国ゟ御当地江ハ、当芸猿見世物興行致シ
御当地猿飼共江掛合無之候得ハ、罷出入不申外素人江
引合候儀出来候ニ付、私方江申出候得ハ申連
御奉行様江御願申上候儀ニ御座候
但シ右様御願申上候儀度々御座候

一 御公儀様御法度并不忠私方等法度等之儀

二十三お

申渡候儀ニ御座候且又従古当附近
御公儀様御掛ニ而相当御当所ニ而渡シ又ハ私方手限
裁許申渡候儀も度々御座候猿飼共従古私方
相違無御座候

一 飢饉并国窮之時分ハ猿飼共ニ職分等又ハ
焼失等ニ而及渇候而出来候迄私方ゟ施行等
日々差遣候儀度々御座候

二十三う

一 猿飼身分私方ニ而取扱之儀ハ古来ゟ長吏ゟ
非人之下ニ而取扱候儀ニ御座候
右様 御尋ニ付有体書上候以上

丑七月十七日

浅草
弾左衛門 印

二十四お

上

信夜中銭之事
合議ニ貫へ三百文者

二十四う

右之者如毎年御引合穢多弾左衛門
猿飼ニ而下者也仍如件

天保十三寅年正月

諏訪鎌部

辻 進左衛門殿
田中讃之助殿

二十五お

上

穢多頭弾左衛門ゟ差出候書付写

二十五う

二十六お

根岸肥前守様御渡

猿飼頭長太夫手下

矢野弾左衛門支

御仕置伺入墨

吉五郎

一 重敲之上江戸十里四方追放

其方儀、右猿飼長太夫手下ニ成、同人囲内ニ

罷在候処、身元不如意ニ成、難立続、女房ニ申

と申合、連立欠落致、東海道ニ而荷持稼致し

二十六う

いまた相果候哉、猿飼之後以前地ニ出罷在

之儀を押隠シ、神田久右衛門町壱丁目新地

安兵衛店借請、以前之不如意之店借罷

女房いく并私ニ之儀を押隠シ、深川佃町友七店

留吉方ニ罷在、其後以後ニ而右宿吉方ニ而合

渡世致し、市中ニ而右元之取締ニ付召捕

吟味之上、右身分之儀を押隠シ、右宿吉斗

二十七お

中之入墨敲之上之人足寄場ニ差遣候処

手業難成ニ付、以後送り之上長太夫

手下猿飼会所市右衛門方ニ罷越、諸用致

候得共、以後酒狂之紛ニ而中追放ニ成候とも

其不届ニ付重敲之上江戸十里四方御追放

可申付処、猿飼之儀ニ付右之仕置申付候

ニ付、御仕置伺之通重敲之上江戸十里四方追放

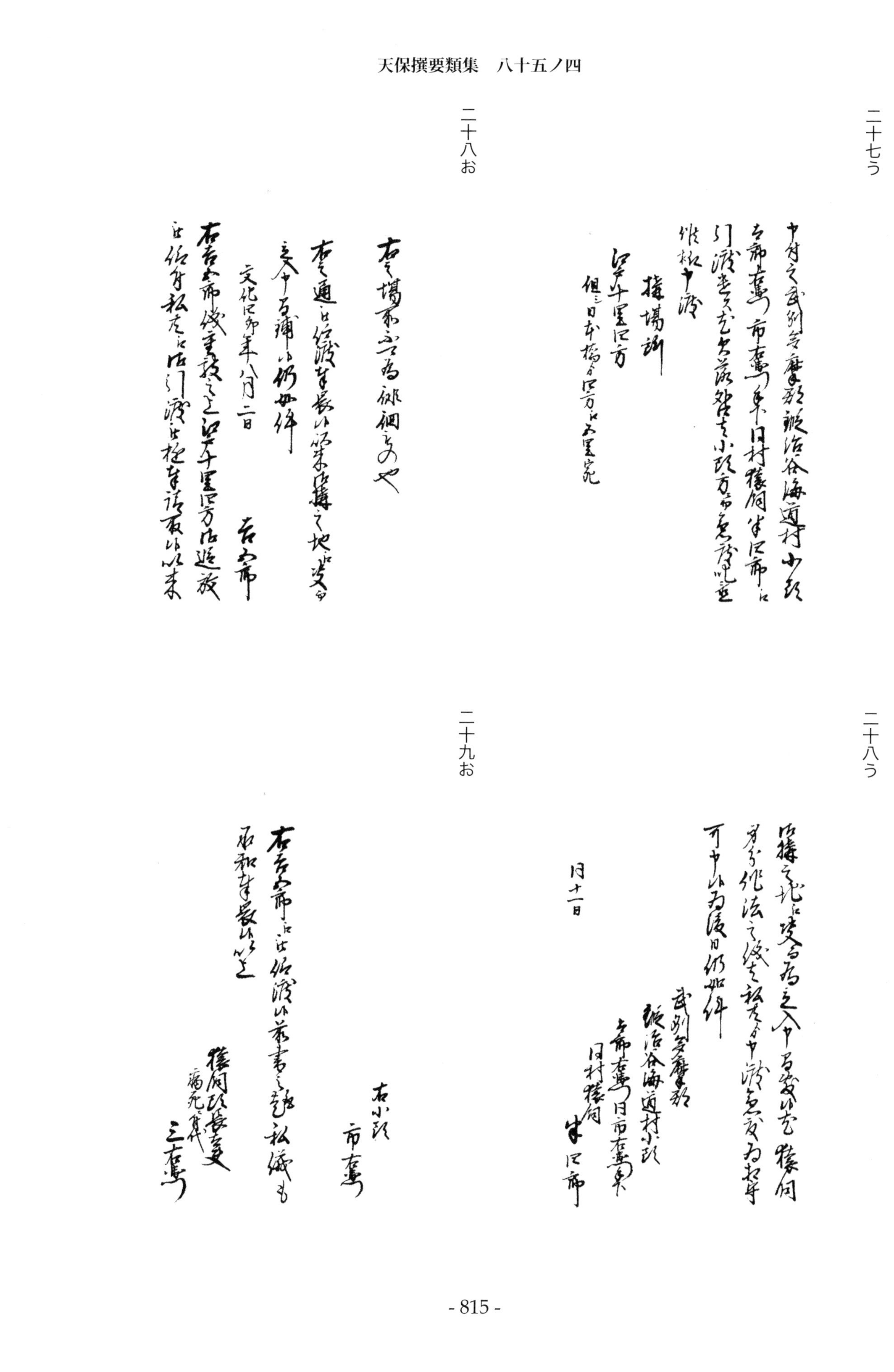

二十七う

二十八お

文化四卯年八月二日

二十八う

二十九お

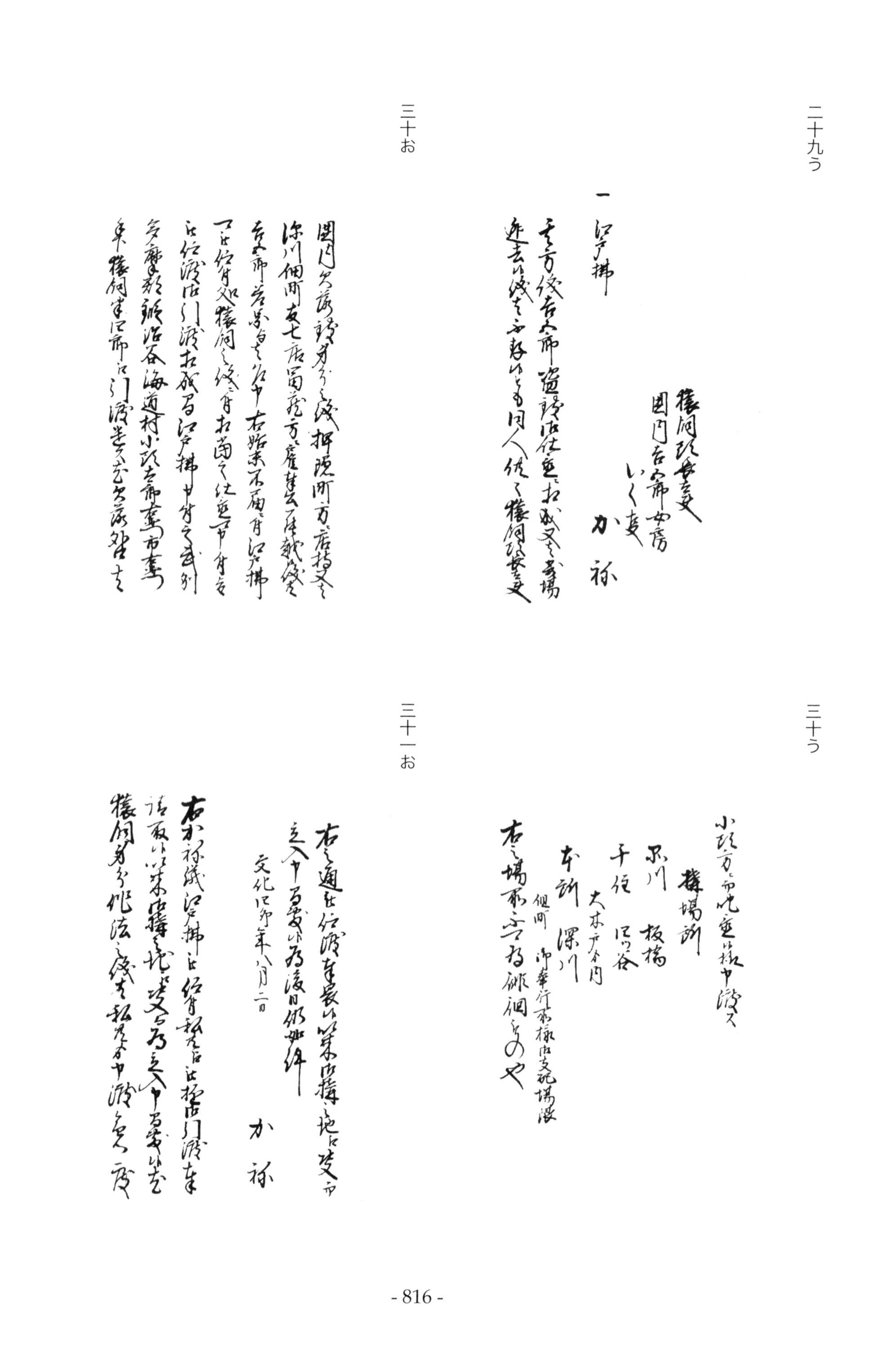

二十九う

三十お

三十う

三十一お

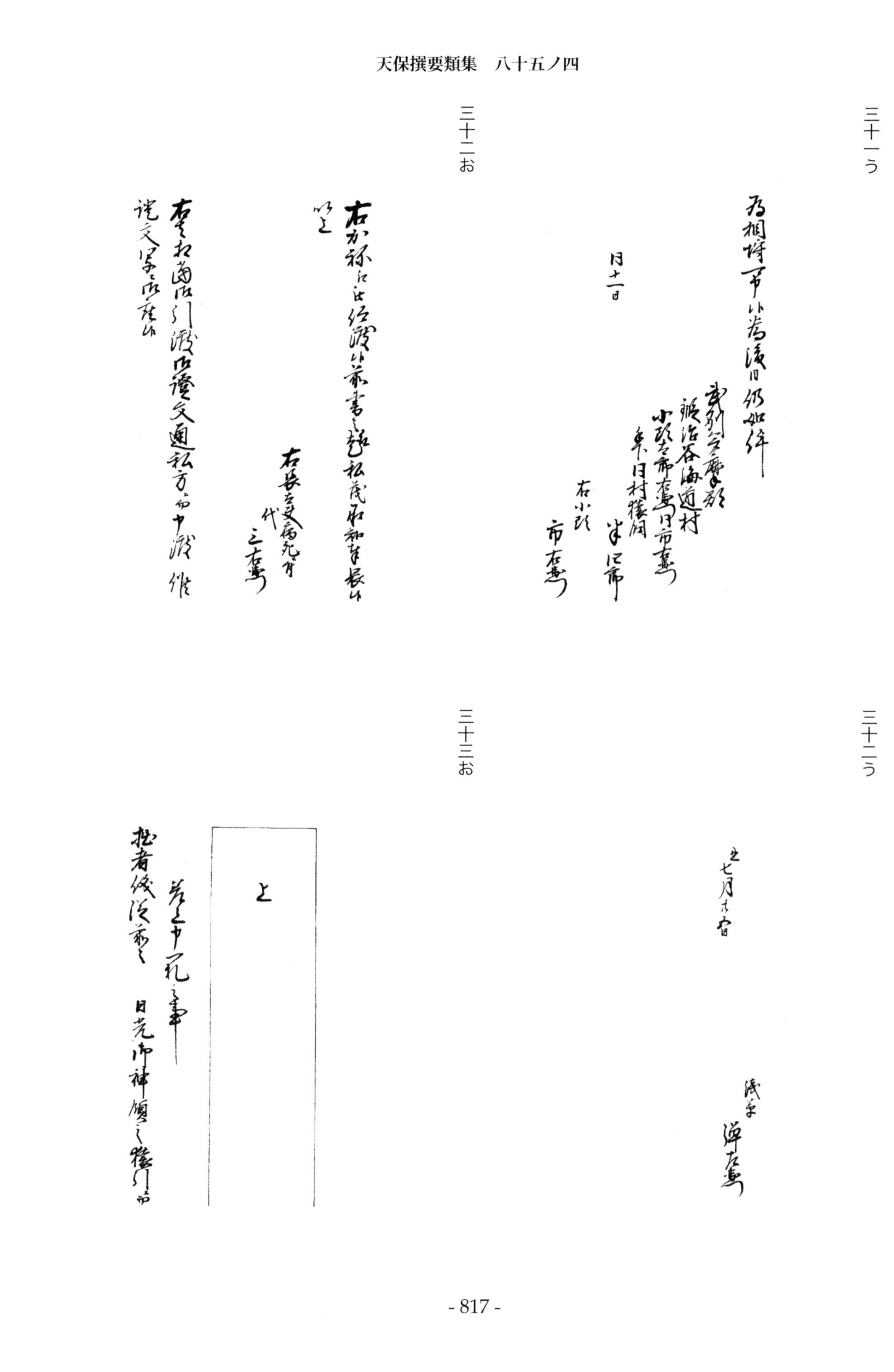

三十一う

三十二お

三十二う

三十三お

三十三う

[illegible]

仍如件

[illegible]

三十四お

元禄十一年寅八月[illegible]

[illegible]

三十四う

御評定所

三十五お

指上申一札之事

[illegible]

三十五う

并連川者捧不申候日光領之外村ニて祈禱之
分ハ住出張之方ニて禱式も修補候者ハ以来
日光　御祭禮不相勤候者外之様成義之
礼式下勒旨ニ　御自分様之若遠背仕候ハヽ
如何様之曲事ニも被下候御自分様之御了簡之通件

増上寺浦和行
下野国之下同所

三十六お

元禄十六年
未九月廿五日

傳左衛門

並木丹後守知行
下野国栃木町
金左衛門

比企伊左衛門御代官所
上野国羽生村
孫左衛門

御評定所

三十六う

右之百姓拾年以前元禄十六未年中野州之下田郡
様伺傳左衛門同名栃木町同金左衛門同郡羽生村
同孫左衛門ゟ私支配同郡芳賀郡之圓田長吏
小頭助之丞並同人組下長吏七左衛門ニ相掛候
一件同年八月六日同九月廿九日両度伺
御評定所様伺之上御自分様御裁許之
御座候

三十七お

之
七月十一日

浦手
孫左衛門下

三十七う

三十八お

と

差上申一札之事

一 隠代官仕者御座候ハゞ可申上事

三十八う

一 切支丹御座候ハゞ可申上事
一 博奕之諸賭之族諸勝負仕者御座候ハゞ可申上事
一 捨子抱置申候ハゞ致吟味様子承届抱置可申事
一 御触御祈念如先規之相勤可申事
一 御座鋪方并御用所掃除等ニ而作法仕可申事
一 火之用心火之番油断不仕相勤可申事
右之条々ハ不及申此外何事ニよらず御法度之趣

三十九お

来之急度可申付候若相背申者御座候ハゞ迄
可申上候自然隠シ置申由外より相知レ候ハゞ両人を
不及申私迄如何様之越度ニも可被仰付候為後日
正月十七日證文差上申候為後日仍一札如件

猿同村
長右衛門
門右衛門

澤右衛門殿

三十九う

四十お

四十う

四十一お

四十一う

四十二お

四十二う

四十三お

四十三う

御蔵前支配
病死
長兵衛伜
松次郎

水野越前守殿上ル

此もの儀父長兵衛儀病死仕候ニ付御蔵前方
吉出勤之節就下之着衣石連羽織袴ニ而
同人方ニ而罷越候ニ相通稽古致来

四十四お

併処先代御蔵前質ニ弘メ申候ニ付節之
往来改ニ而向例ニ付相通し同所ニ罷在候ニ付
蔵前御中ニ付を右稽古振合等ニ付
不正ニ付遂先規之通致方有之候由中之内殊
相願候ニ付稽古候ハヽ右ニ付相用候様ニ而御用ニ
記し候ニ付挑灯指宅ニ傍又ハ稽古
上遠之砌右之者共相遂候節

四十四う

御威光御用ニ付勝候ニ付含ニ有之ニ付相用し候
父之計ニ而常例石神宿ニ而御祭礼之節
中傍迎ニ候を実事ニ而不心得帯刀致候ニ付文
中付候ニ付遂如何之儀ニ付不心得帯刀致し
宿之儀ハ同役世話ニ而取扱ニ付方之上宿
致処不心得儀ニ而是中若人談合之上
止宿致候節ニ付御祭礼御用ニ付記し候本札

四十五お

其文之上病身ニ付稽古相止所方位罷在候
振能相成儀ニ付不弁ニ而御蔵前方ニ而出張候
者共不埒ニ付帯刀并御用挑灯御用会符木札之
儀上手段等之処稽古相止候ニ付相尋候
御附番中ニ而探索之上御蔵前ニ而之上見
右之通ニ候得共長ニ付居候日仍而伜

卯二月十二日

松次郎

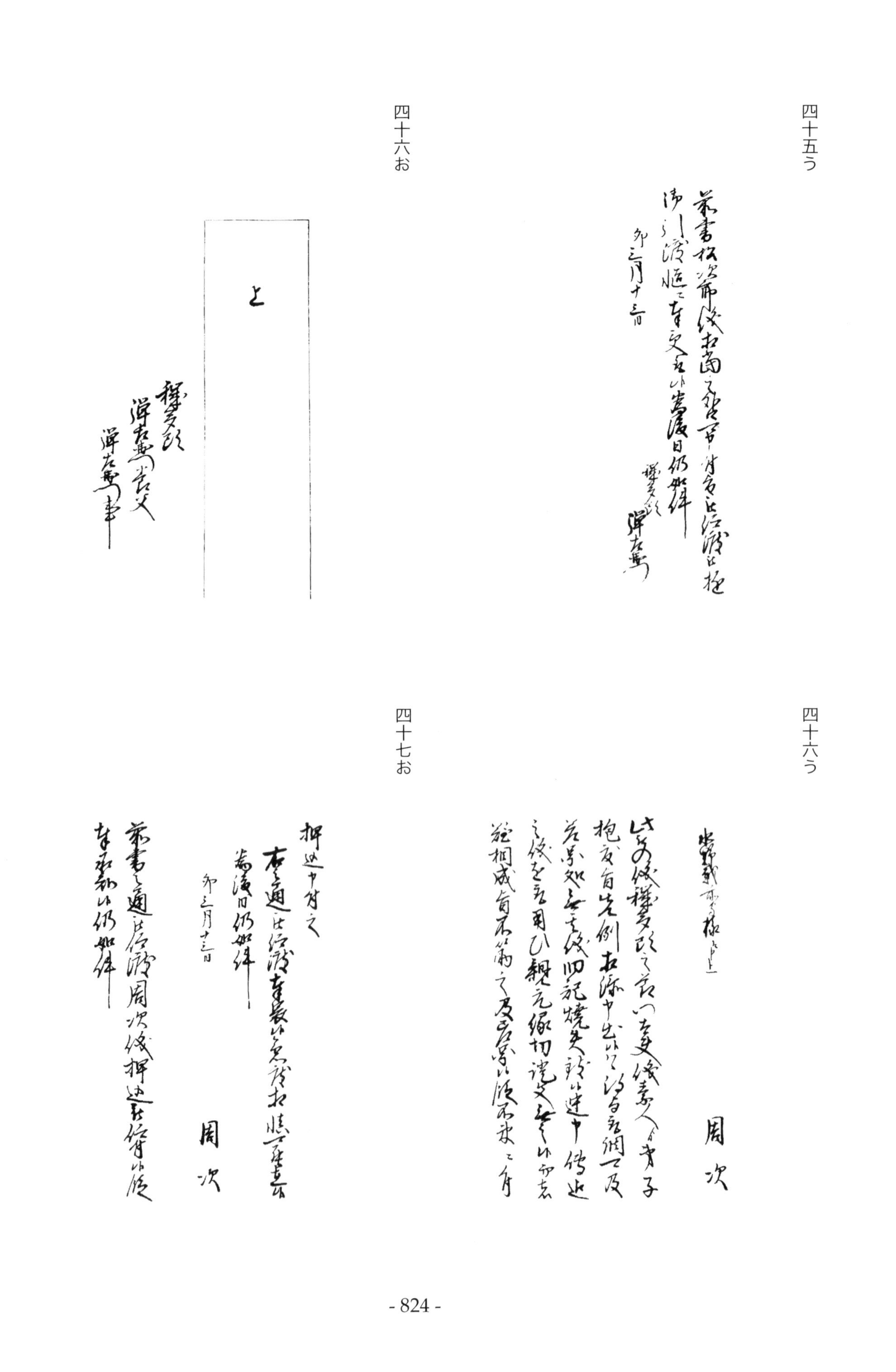

四十五う

四十六お

四十六う

四十七お

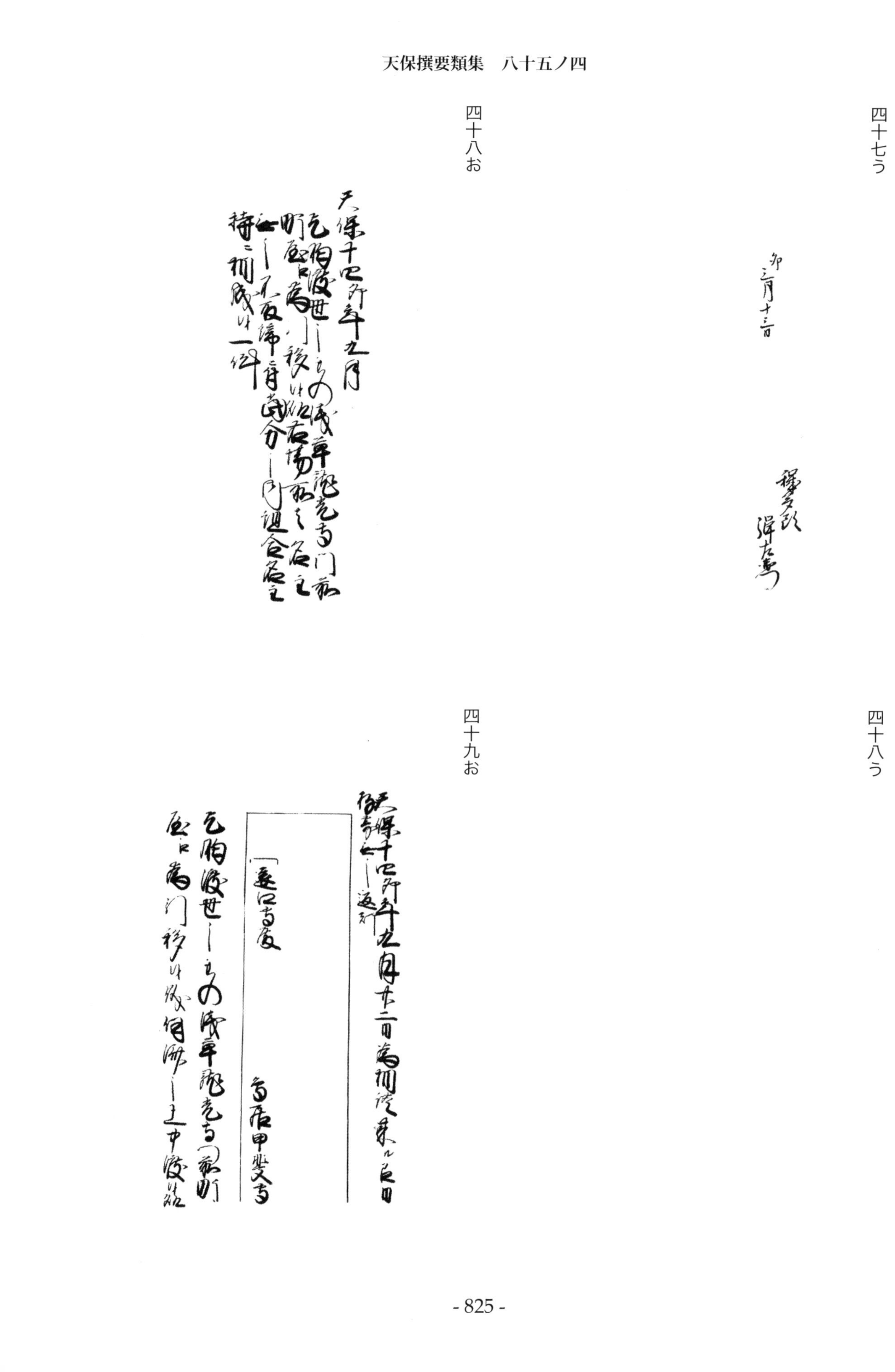

四十七う

四十八お

四十八う

四十九お

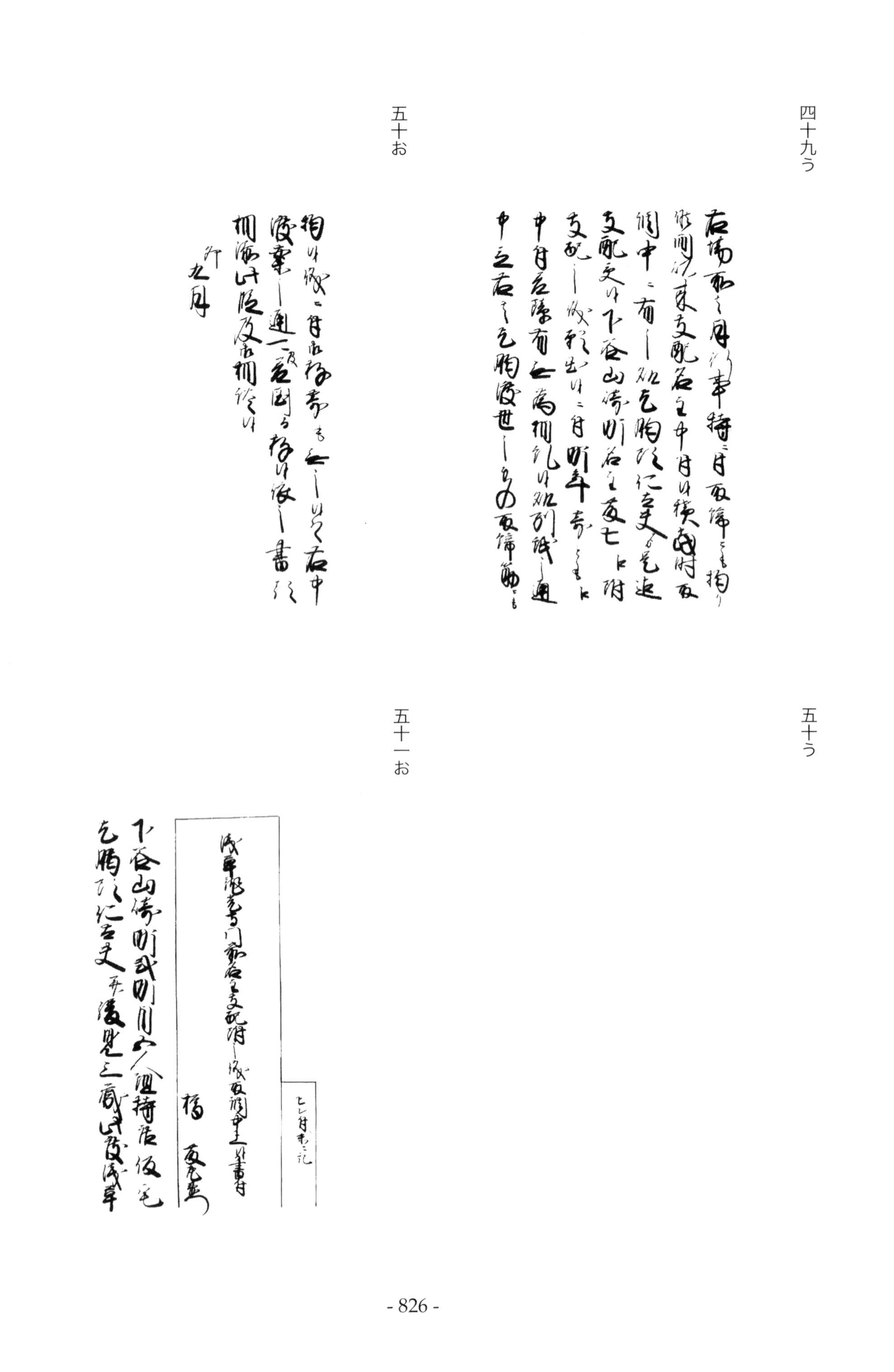

四十九う

五十お

五十う

五十一お

五十一う

五十二お

五十二う

五十三お

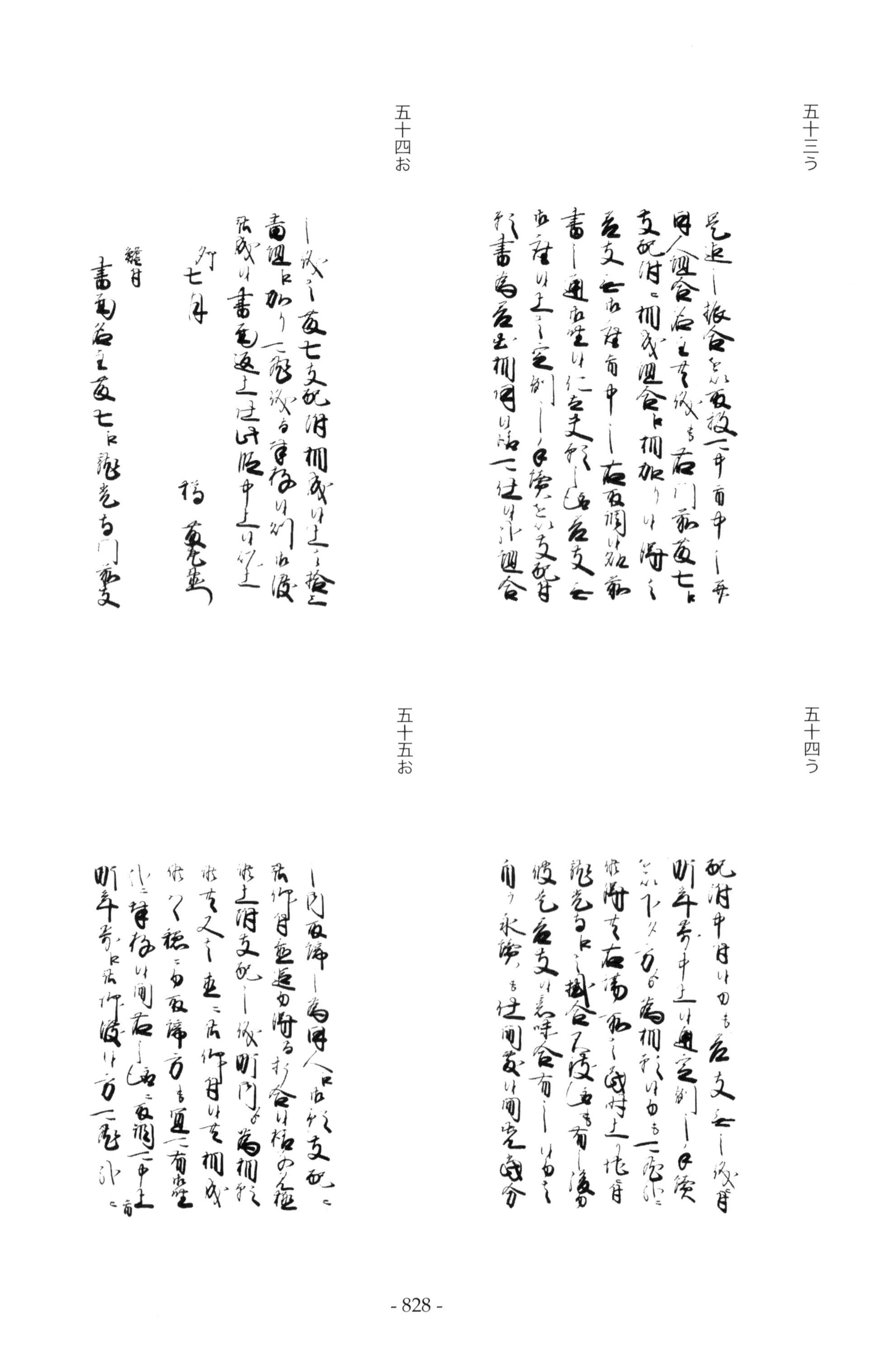

五十三う

五十四お

五十四う

五十五お

五十五う

奉存候

卯九月

南
市中取締掛

五十六お

浅草龍光寺門前名主無之下谷山伏町
名主安七え当分之内支配申渡伺案文

申渡

浅草龍光寺門前
月行事

五十六う

下谷山伏町
名主　安七

右龍光寺門前名主[illegible]
其[illegible]
依之右場所名主無之ニ付安七え当
分之支配ニ申付候[illegible]
申渡候間其旨相心得安七

五十七お

取締向諸事入念ニ相勤候様龍光寺
門前之儀安七之支配之内ゟ拾三両
程ヲ相心得候

拾三両程
弐拾壱両程
名主

右之通申渡候間其旨ニ相心得候

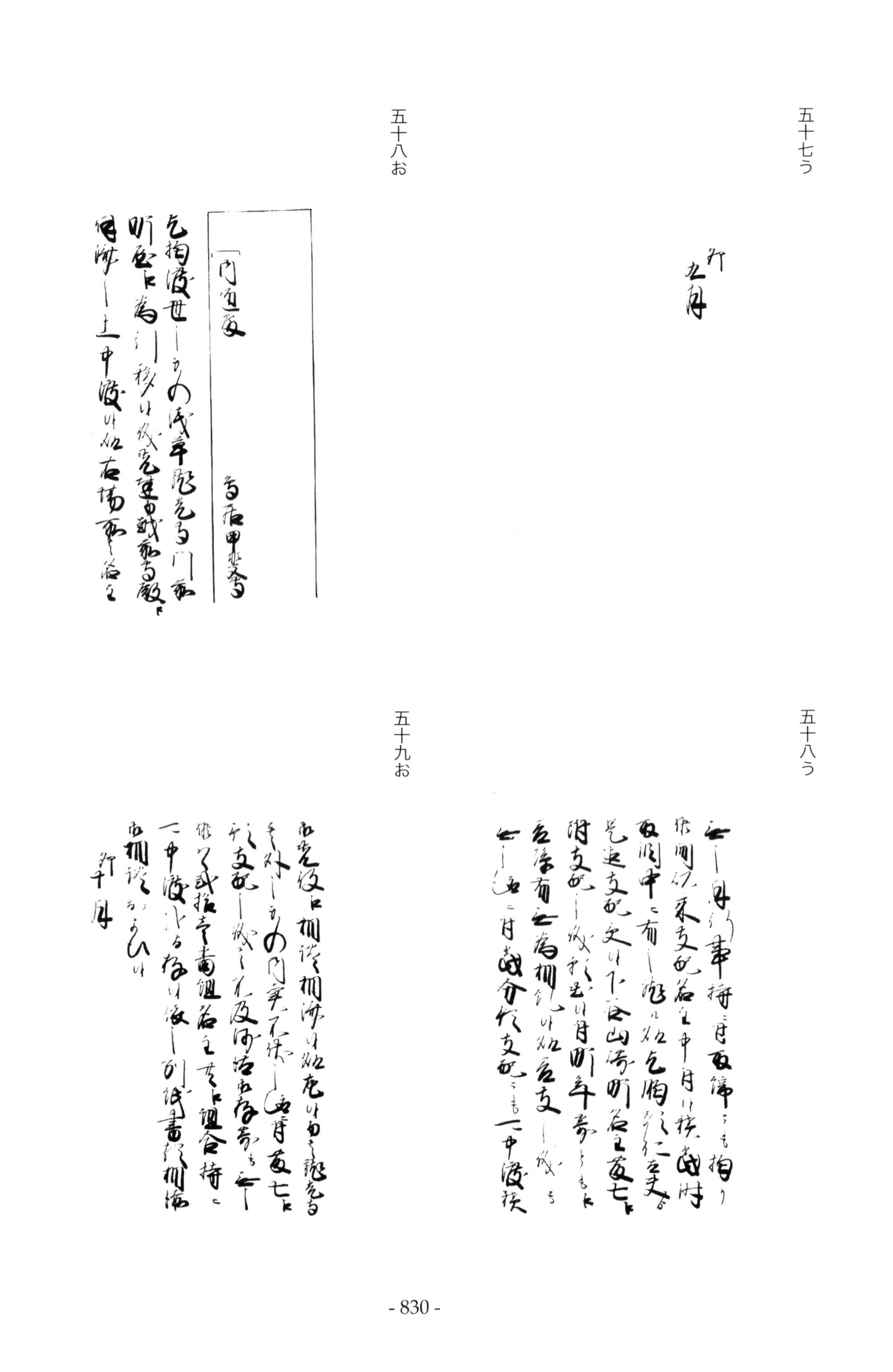

五十七う

五十八お

五十八う

五十九お

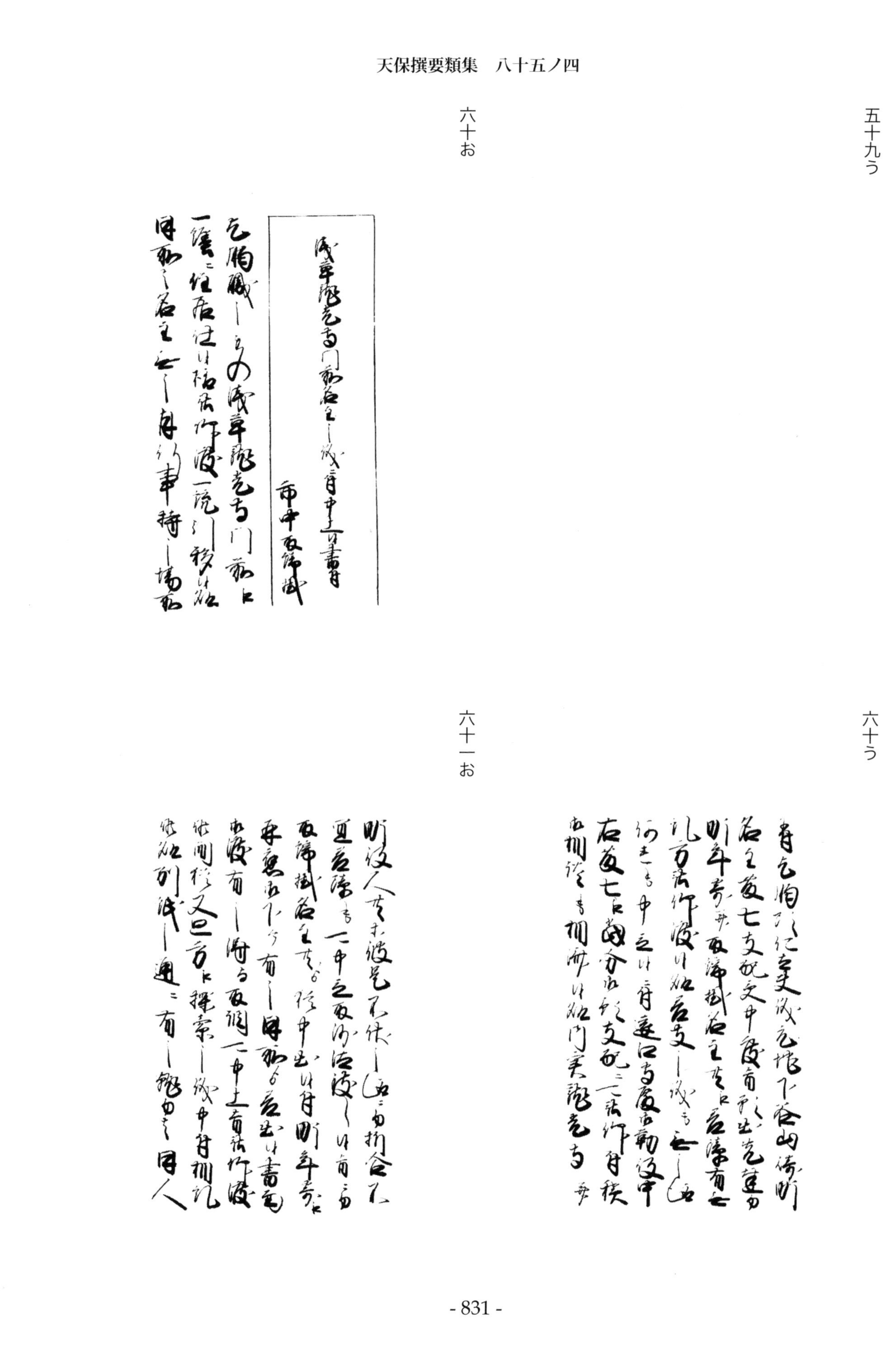

五十九う

六十お

六十う

六十一お

六十一う

六十二お

六十二う

六十三お

六十三う

六十四お

六十四う

六十五お

六十五う

六十六お

六十六う

六十七お

六十七う

六十八お

六十八う

六十九お

六十九う

七十お

七十う

七十一お

七十一う

七十二お

「浅草龍光寺門前南分組合
名主持中渡案文」

浅草龍光寺門前
月行事

七十二う

[illegible]

七十三お

[illegible]

七十三う

七十四お

七十四う

七十五お

七十五う

廻り候人勤振ニ而一統馴形ニ付候而
掛役ハ同断丸屋中ニ而右之者見込書付
掛中より最後役之古銘光寺兵門殿
家主之者ニ候人柄よろしく相勤候者之
御分限之支配ニ付申付候ハヽ右掛相
来受し候ハヽ都合中同支配相儀
中ハ尤も願しき者之儀居候ハヽ

七十六お

外町之支配ニ付申付候物好ニ居之儀
取扱ニ付申付候遠慮而も一通り候間
名主ニ付候

七十六う

掛勤ニ而支配名中之儀も申し付候間
銘光寺兵門殿家主之者儀も不快し
之儀之右相出候間支配ニ而掛役ハ相とも
勤兼候ハ見込来候掛中より候

年番
丸屋

堀江町名主
熊井理左衛門

七十七お

新材木町名主
石坂三九郎

長谷川町名主

神田佐久間町名主
鈴木市郎兵衛

浅草平右衛門町名主
源右衛門

七十七う

七十八お

裏表紙

表表紙

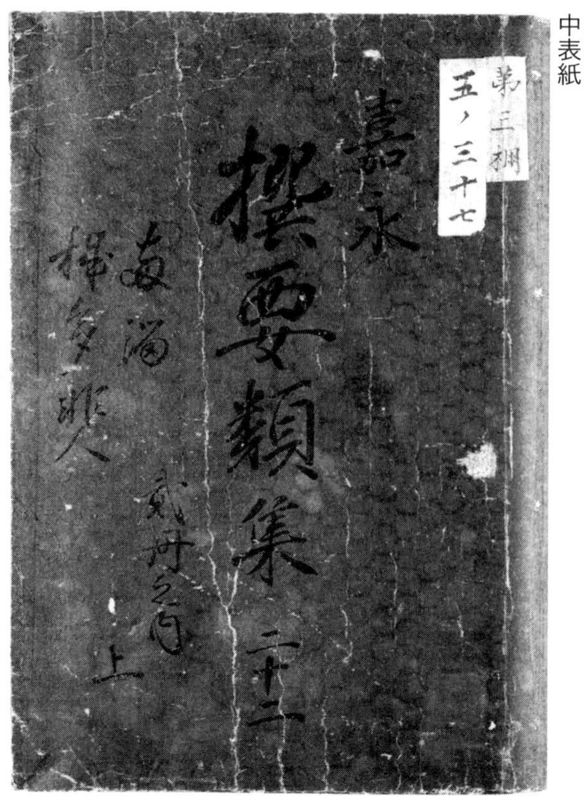

中表紙

表表紙う

中表紙う

一お

一う

二お

二う

候事

一　八　品川非人頭松右衛門拝借金上納方之儀
相願候事

一　九　非人頭善七拝借金願候事

三お

一　十　浅草溜囲外下水堀之儀願出候事

穢多非人乞胸之部

一　十一　穢多頭弾左衛門方江浪人追懸候儀ニ付
捨場并浅之件出候書付之事

三う

一　十二　穢多頭弾左衛門差支図次第ニ其外
風体不宜者之取締方之儀向々江相達

一　十三　松平大和守殿ゟ穢多共江仕置之儀取扱
候節ニ付其中之[illegible]相聞候処
申付可差置段勘定奉行江[illegible]

四お

伺出候ニ付問合之事

一　十四　穢多頭弾左衛門支配之方穢多共ゟ百姓名目
ニ田畑ニ候迄ニ穢多ニ田畑を所持ニ付候し
候義不相成之申様ニ存候ニ付勘定
奉行江掛合

四う

五お

五う

六お

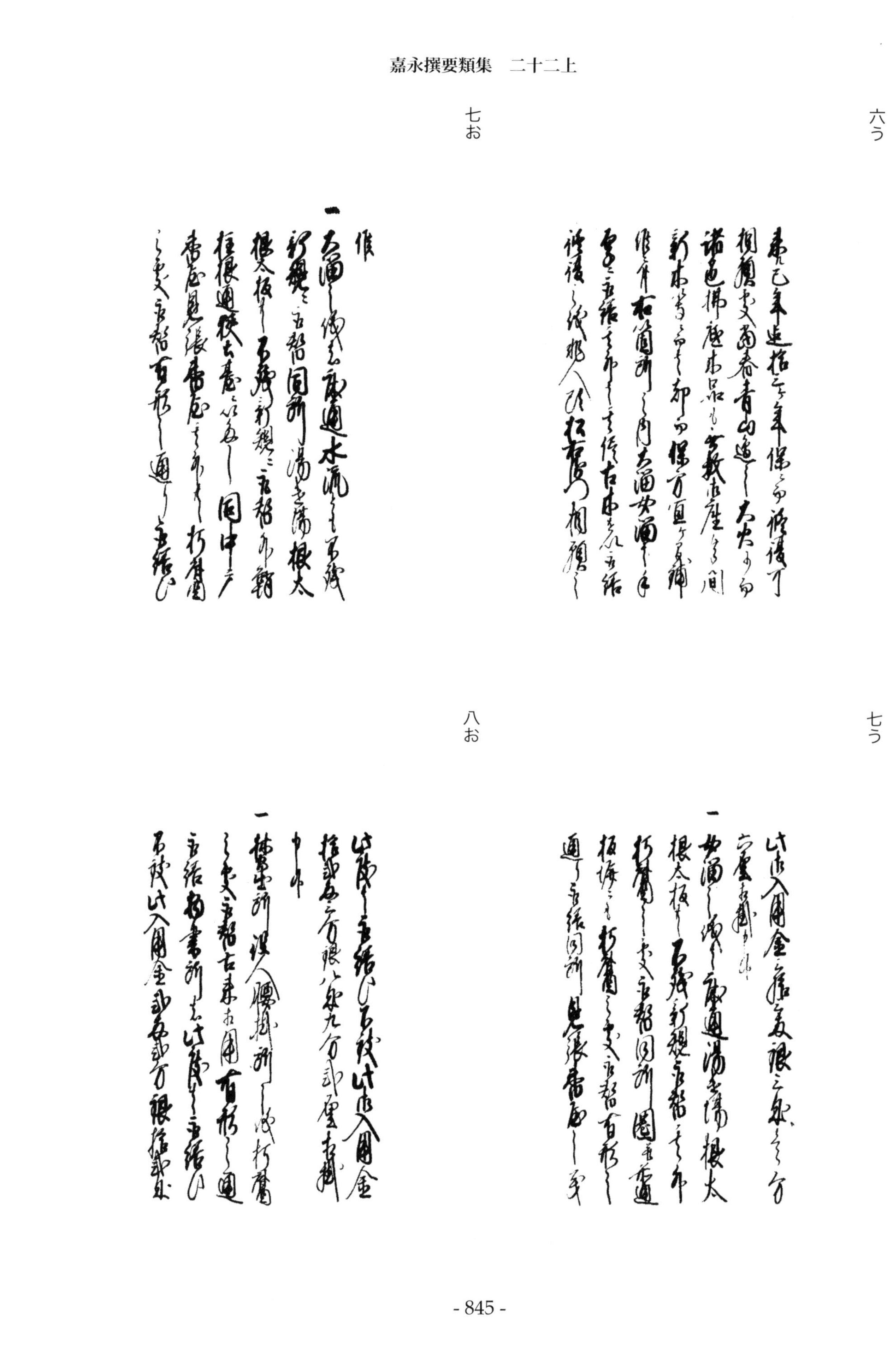

六う

七お

七う

八お

八う

九お

九う

十お

十一お

十う

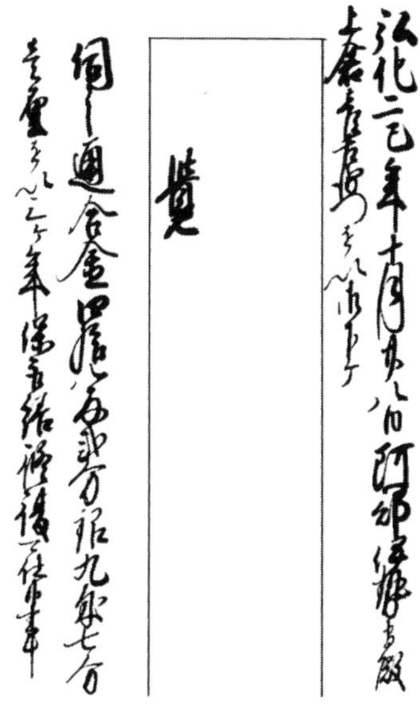

十二お

十一う

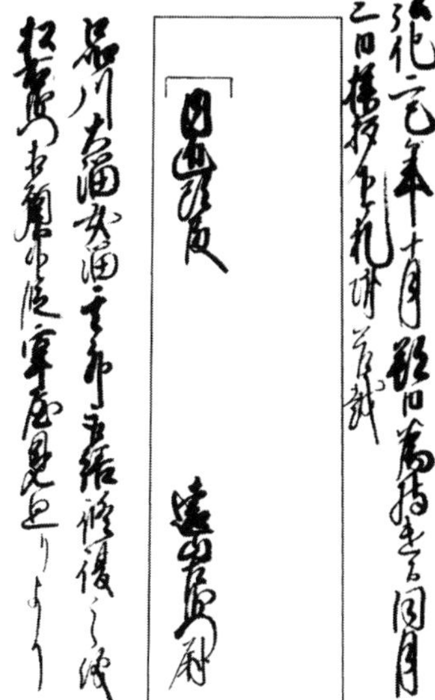

十二う

十三お

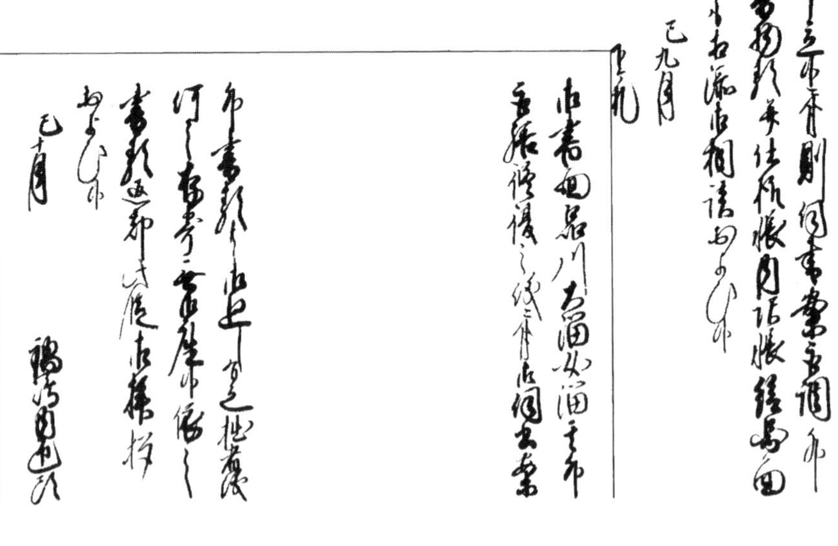

十三う

十四お

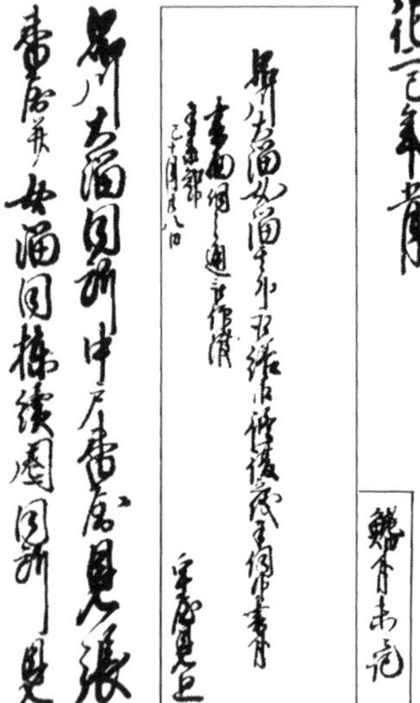

十四う

十五お

十五う

十六お

十六う

十七お

十七う

十八お

十八う

十九お

十九う

二十お

二十う

二十一お

二十一う

二十二お

二十二う

二十三お

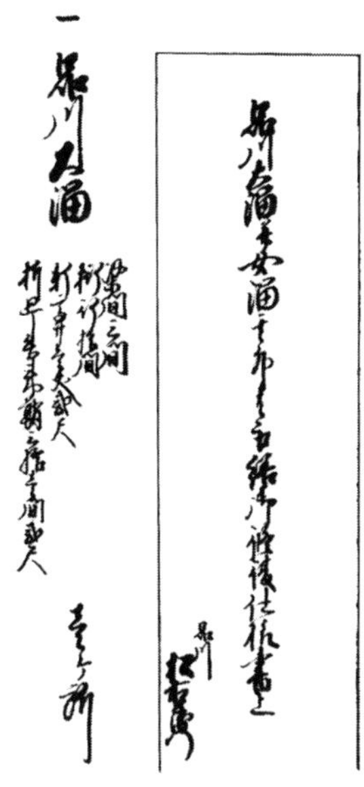

二十三う

二十四お

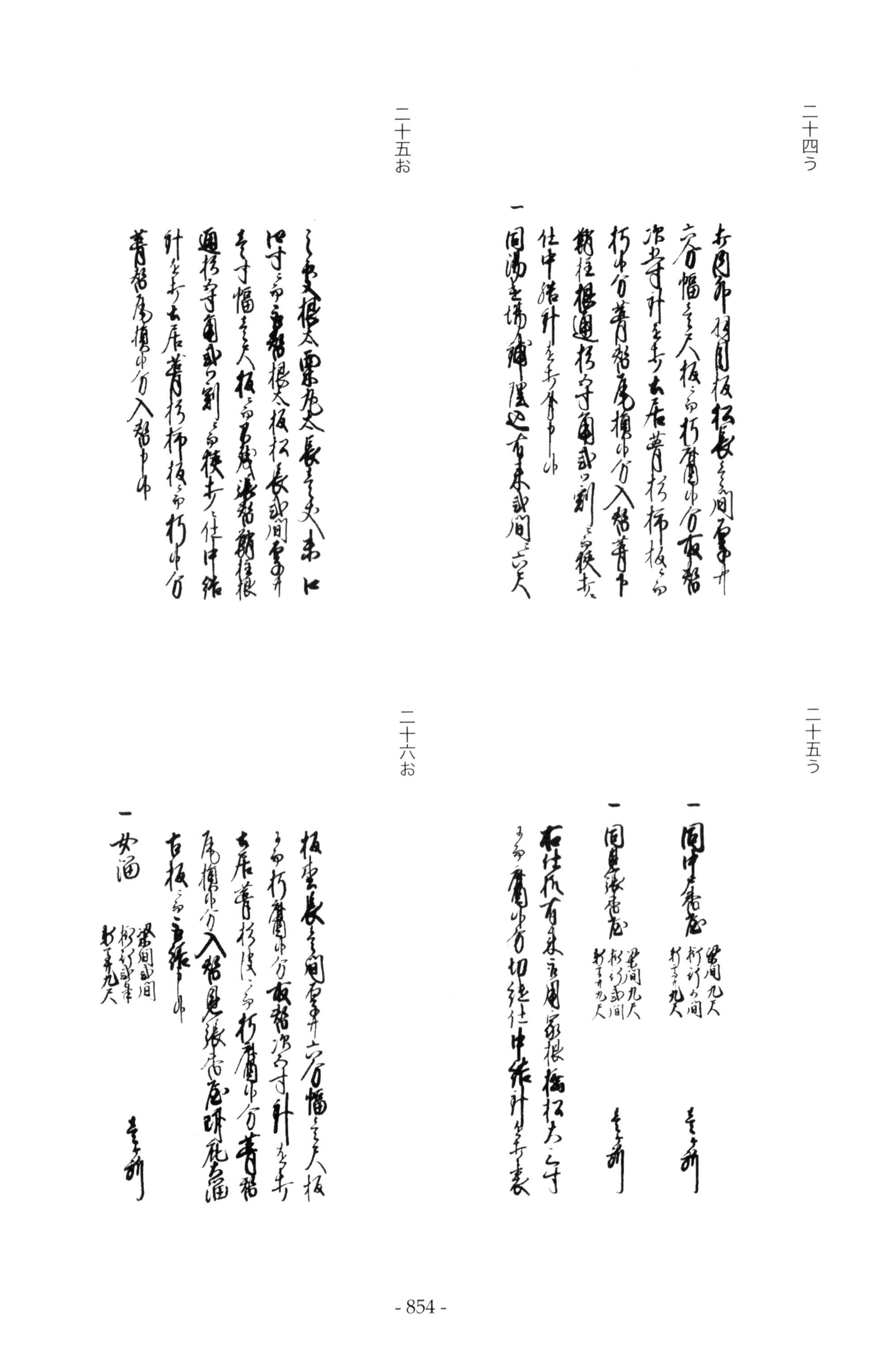

二十四う

二十五お

二十五う

二十六お

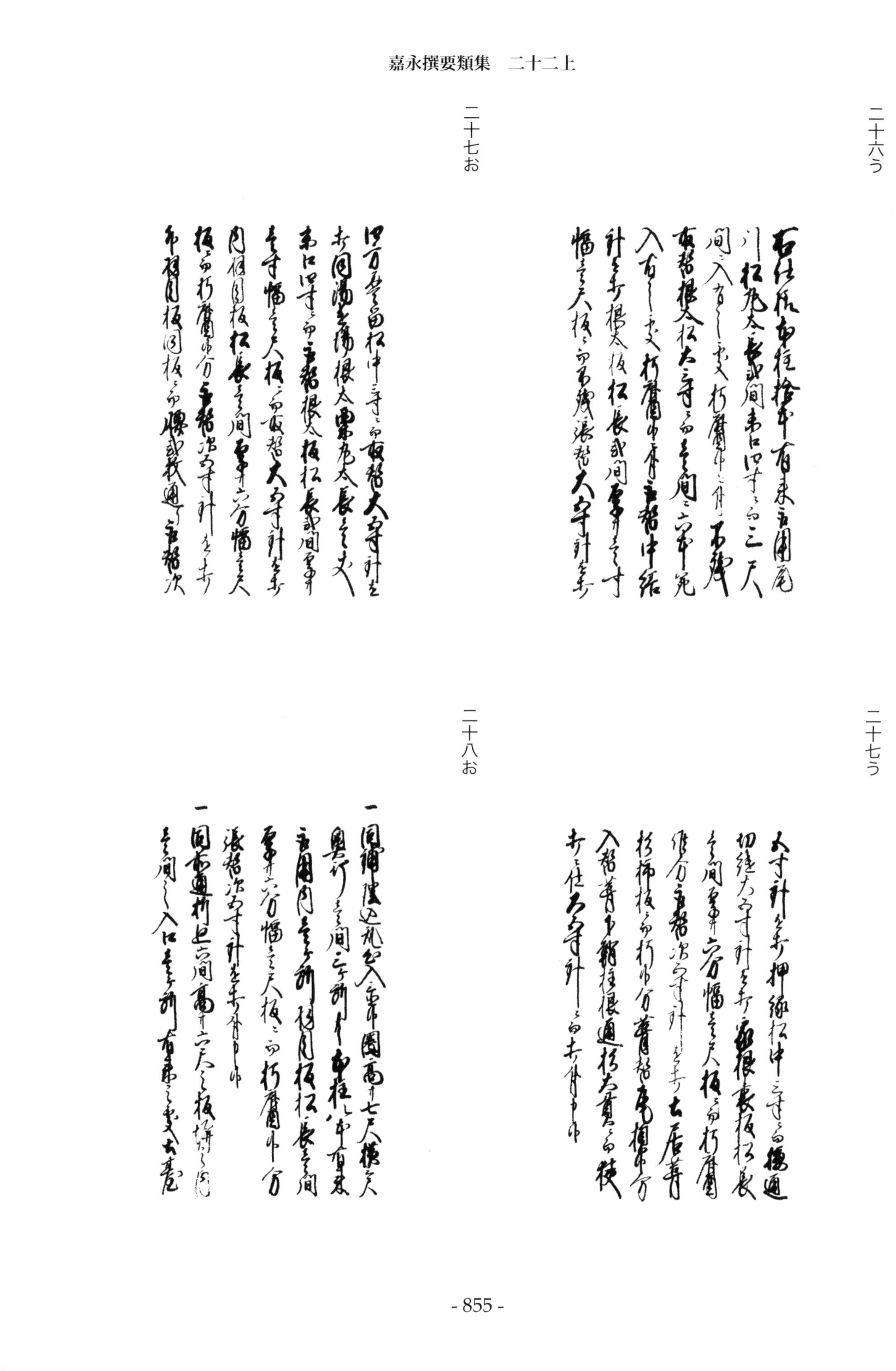

二十六う

二十七お

二十七う

二十八お

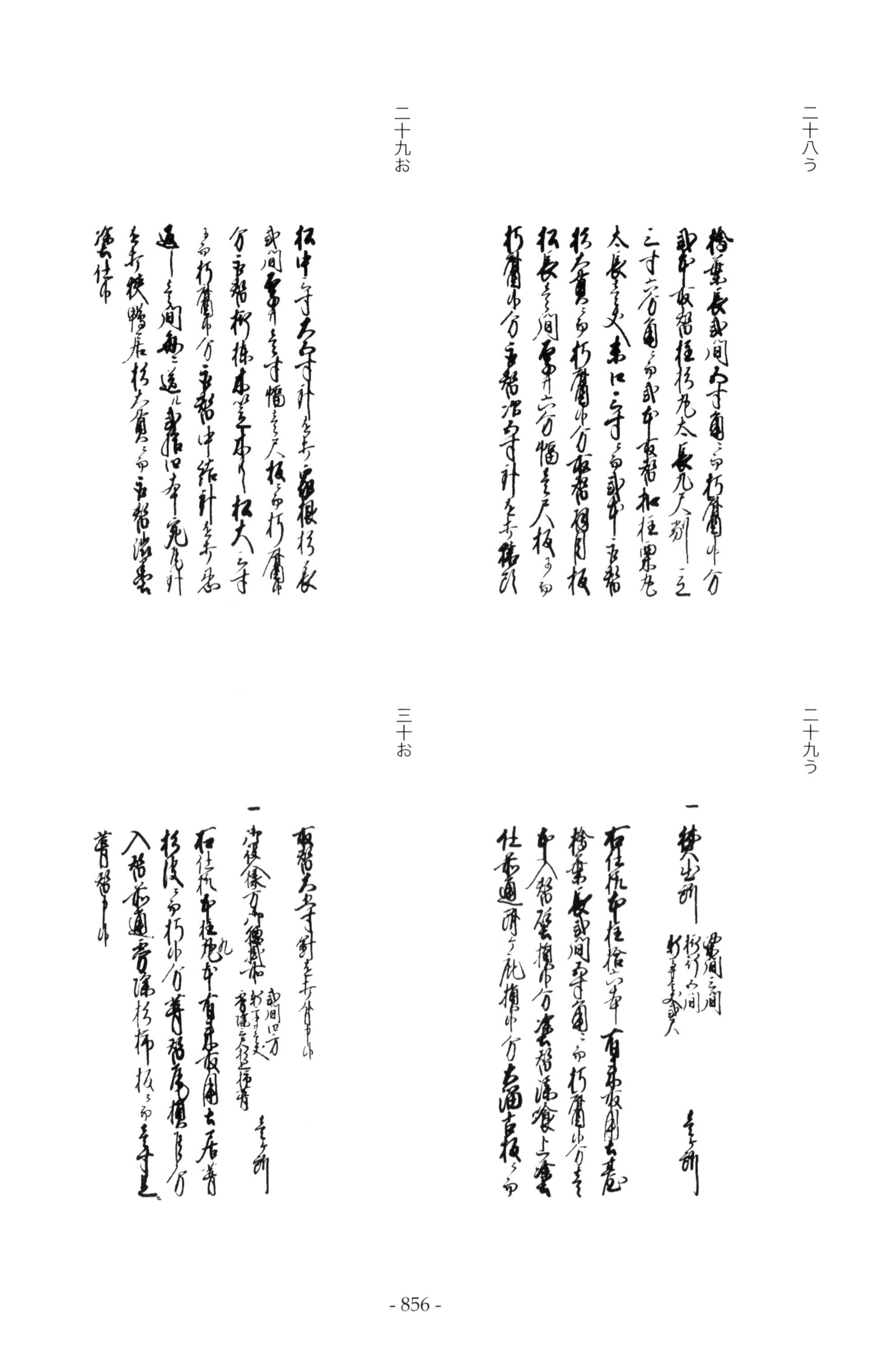

二十八う

二十九お

二十九う

三十お

三十う

三十一お

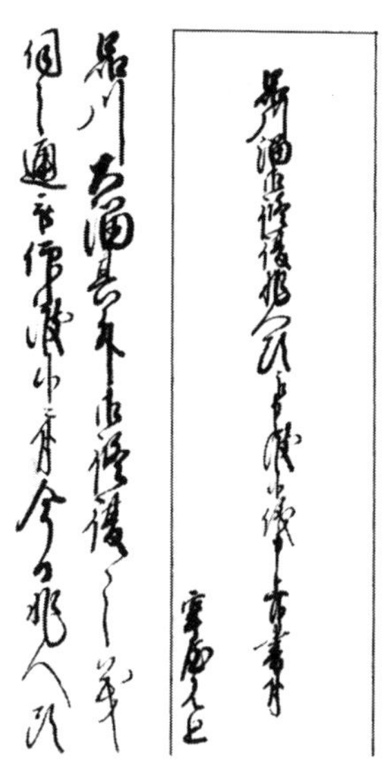

三十一う

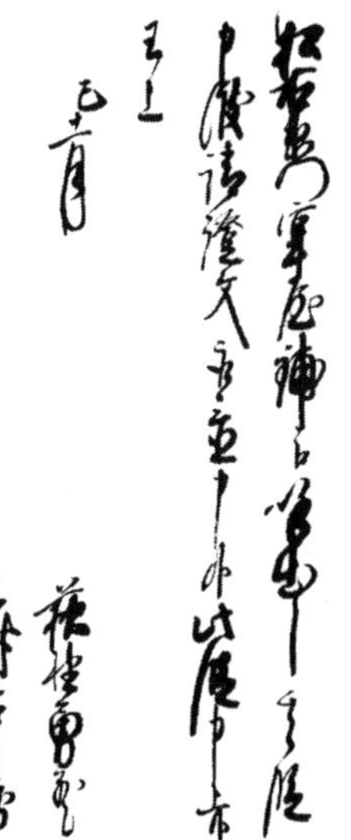

三十二お

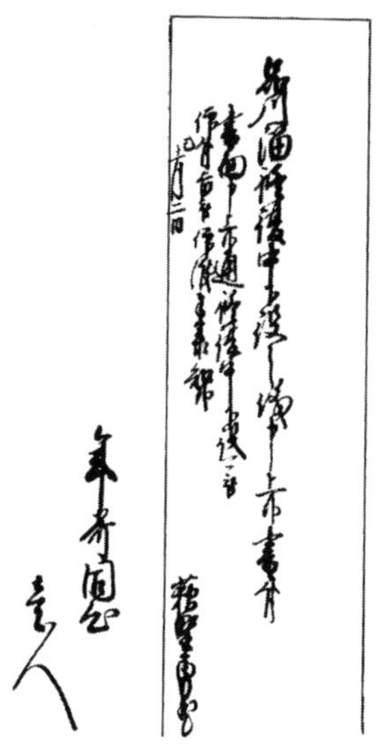

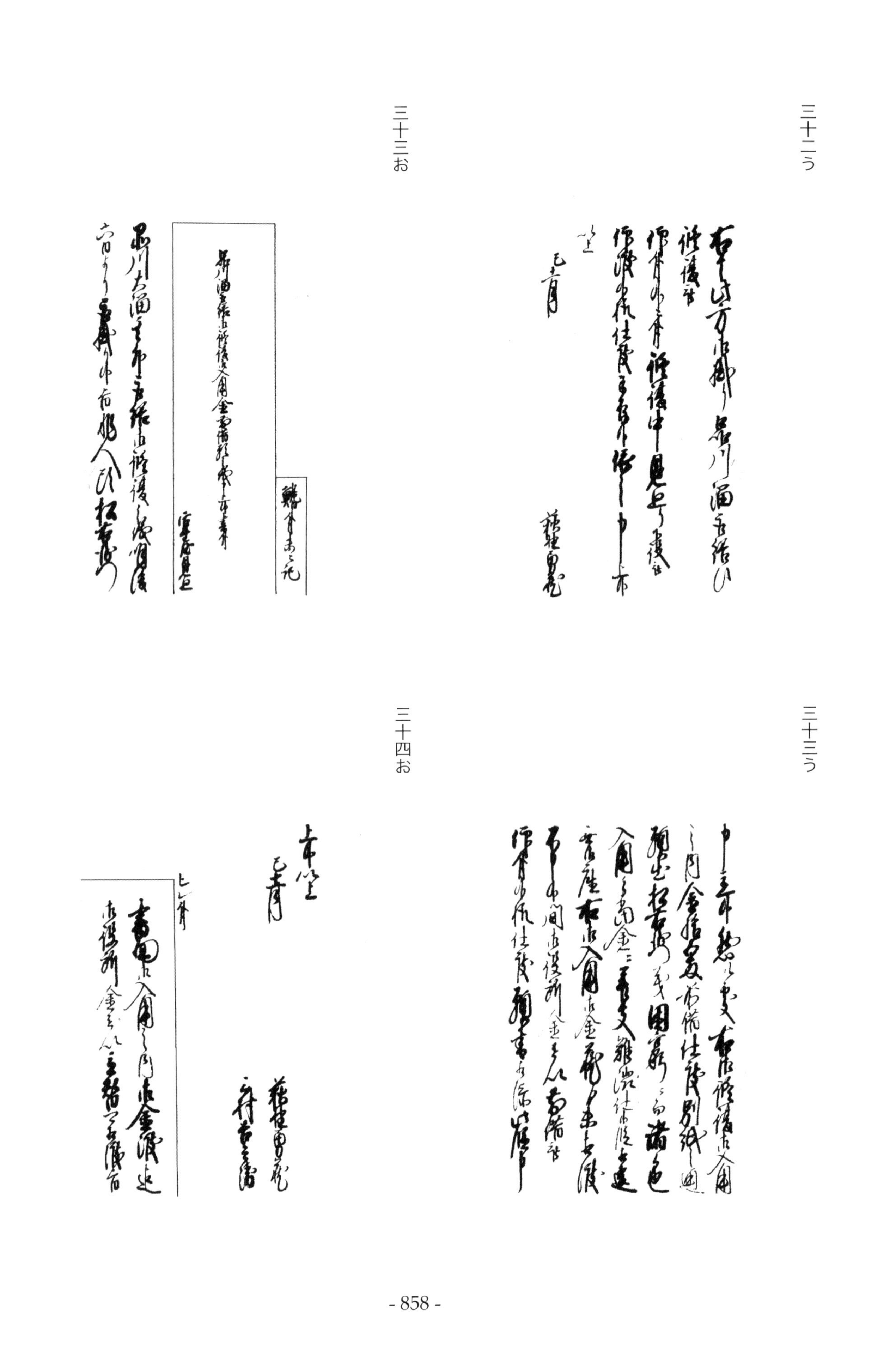

三十二う

三十三お

三十三う

三十四お

三十四う

[illegible]

三十五お

弘化二巳年十一月二日

[illegible]

三十五う

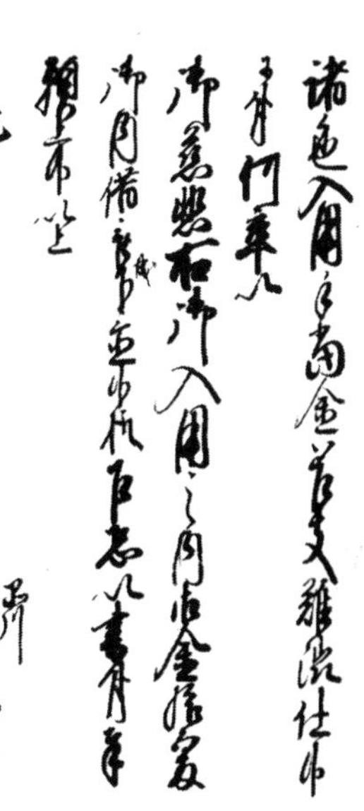

[illegible]

巳十一月二日

三十六お

[illegible]

三十六う

三十七お

三十七う

三十八お

三十八う

三十九お

三十九う

四十お

四十う

四十一お

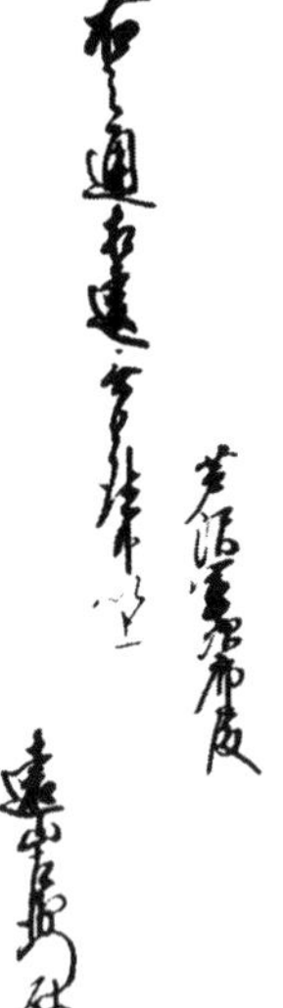

四十一う

四十二お

四十二う

四十三お

四十三う

四十四お

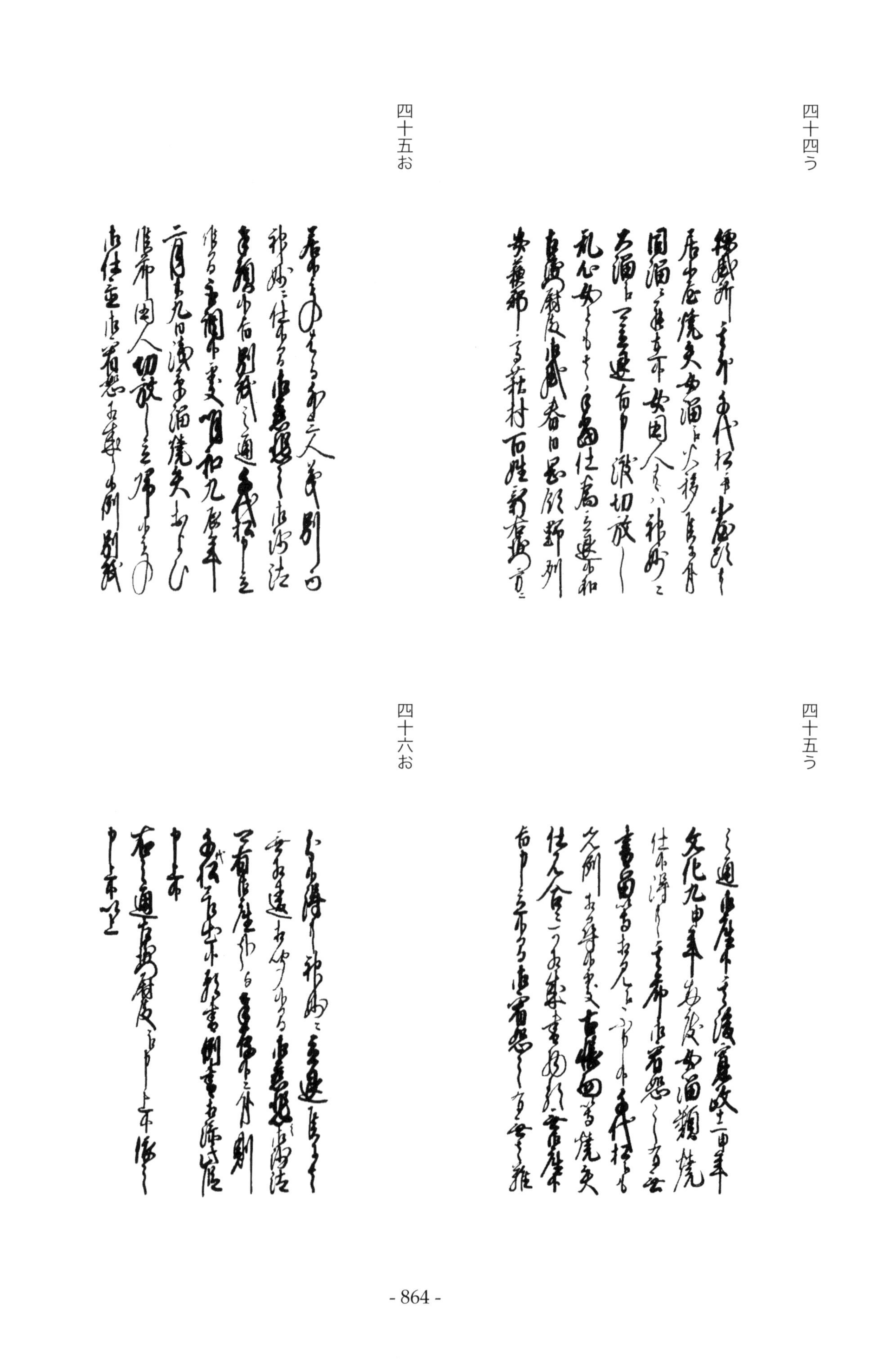

四十四う

四十五お

四十五う

四十六お

四十六う

巳十二月

四十七お

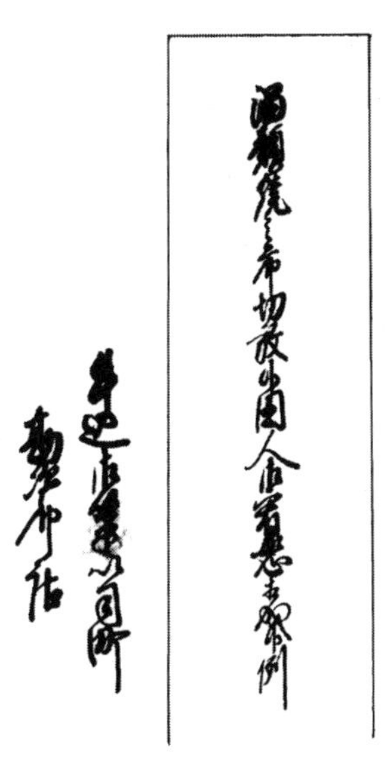

四十七う

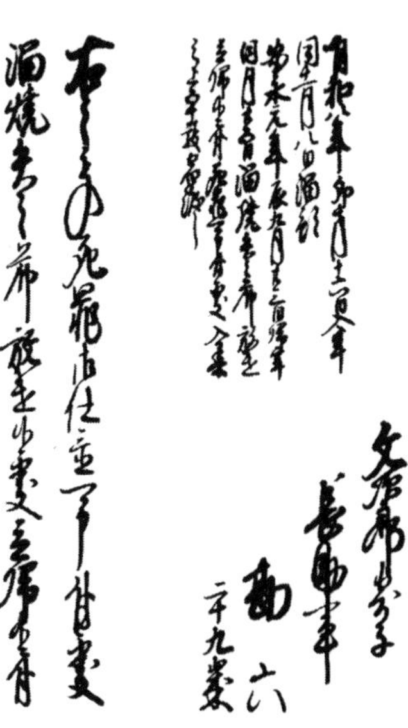

四十八お

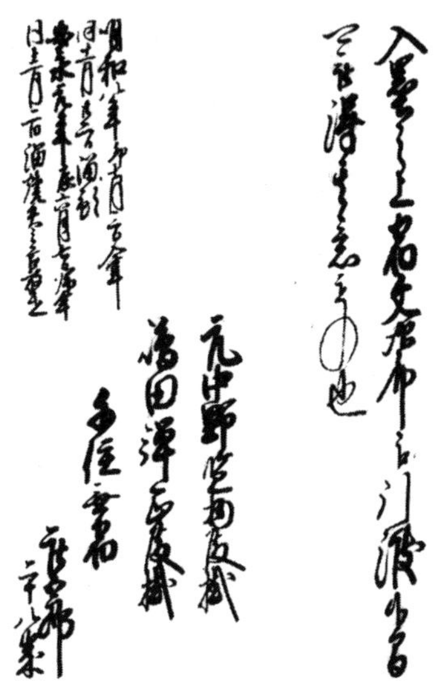

四十八う

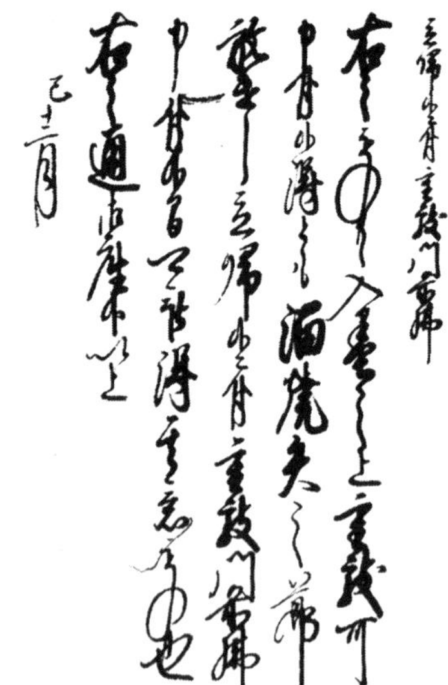

四十九お

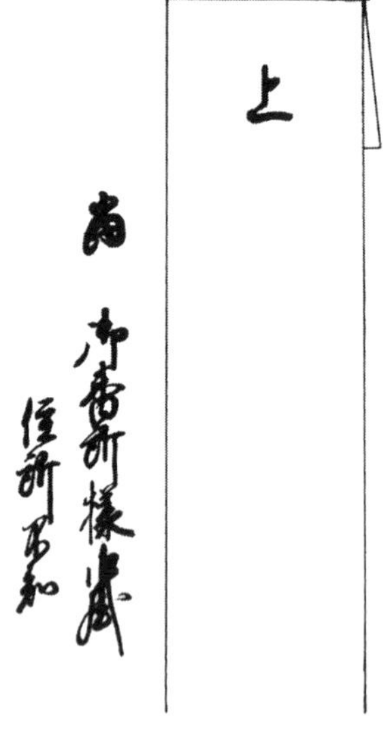

四十九う

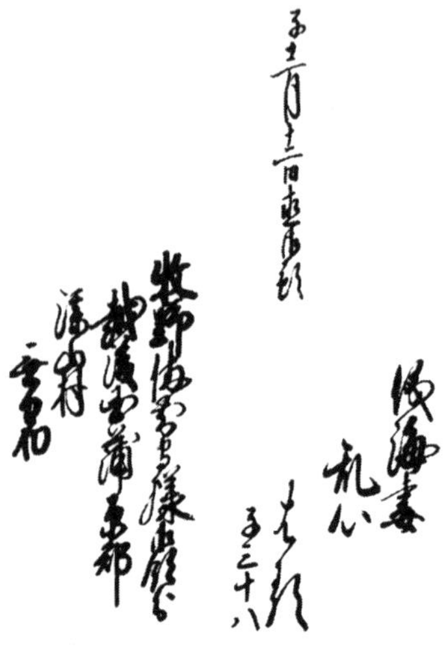

五十お

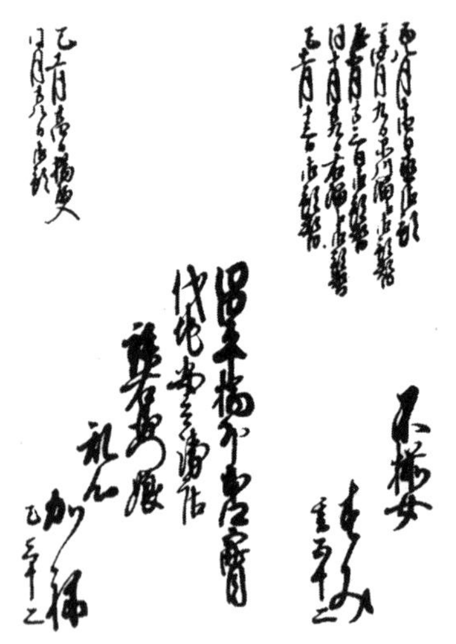

五十う

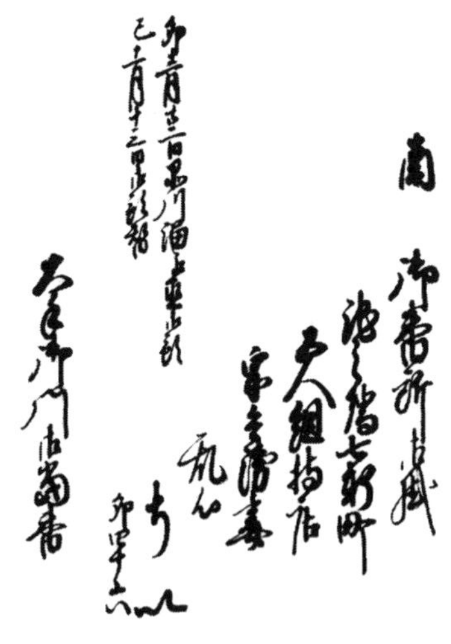

五十一お

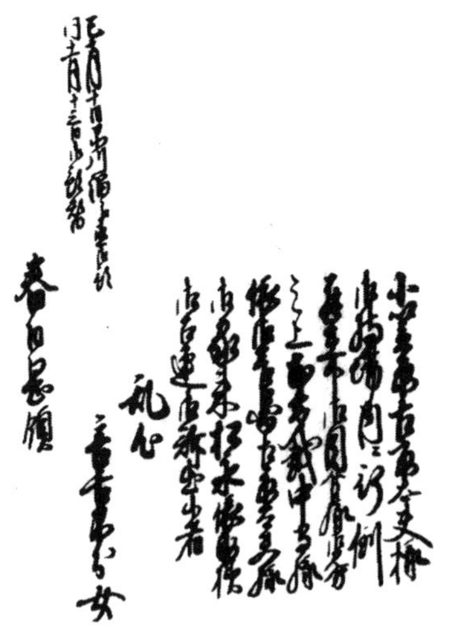

五十一う

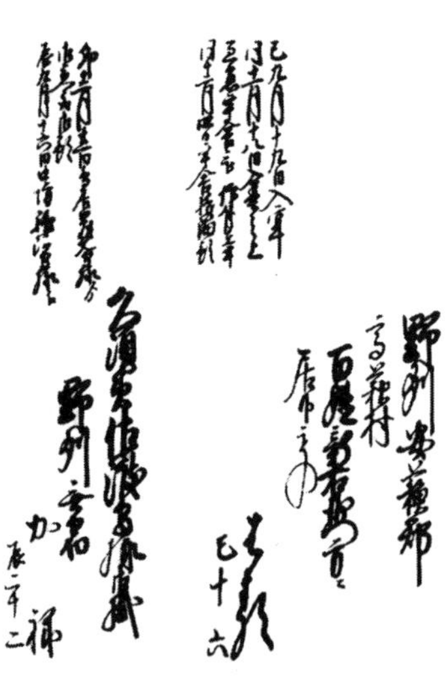

五十二お

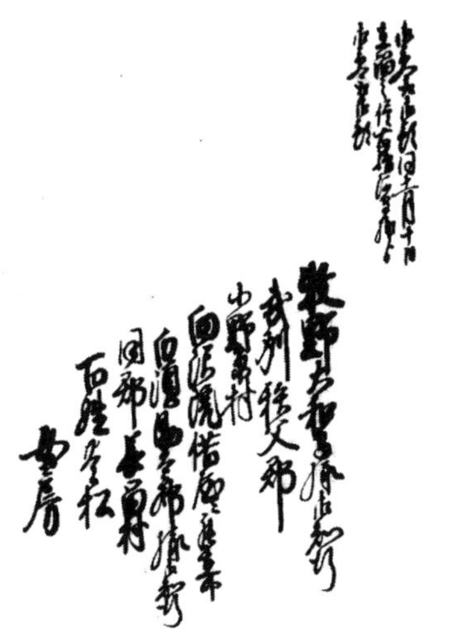

五十二う

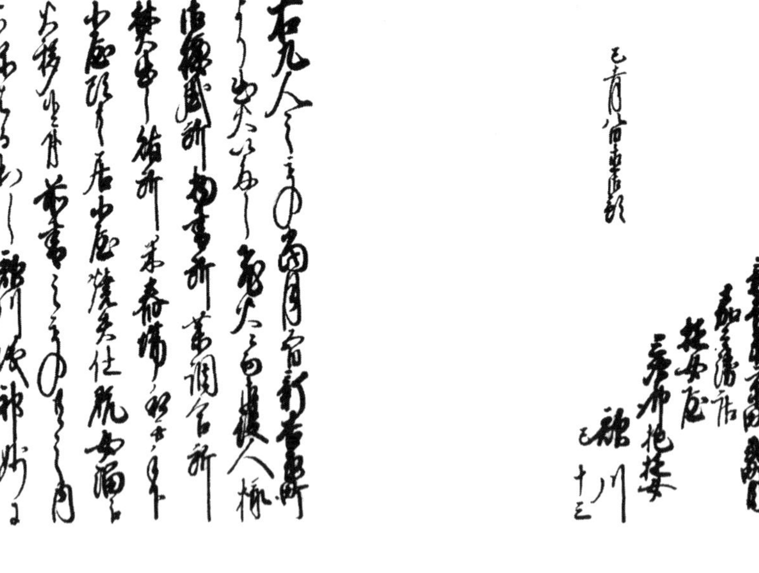

五十三お

五十三う

五十四お

五十四う

五十五お

五十五う

五十六お

五十六う

五十七お

五十七う

五十八お

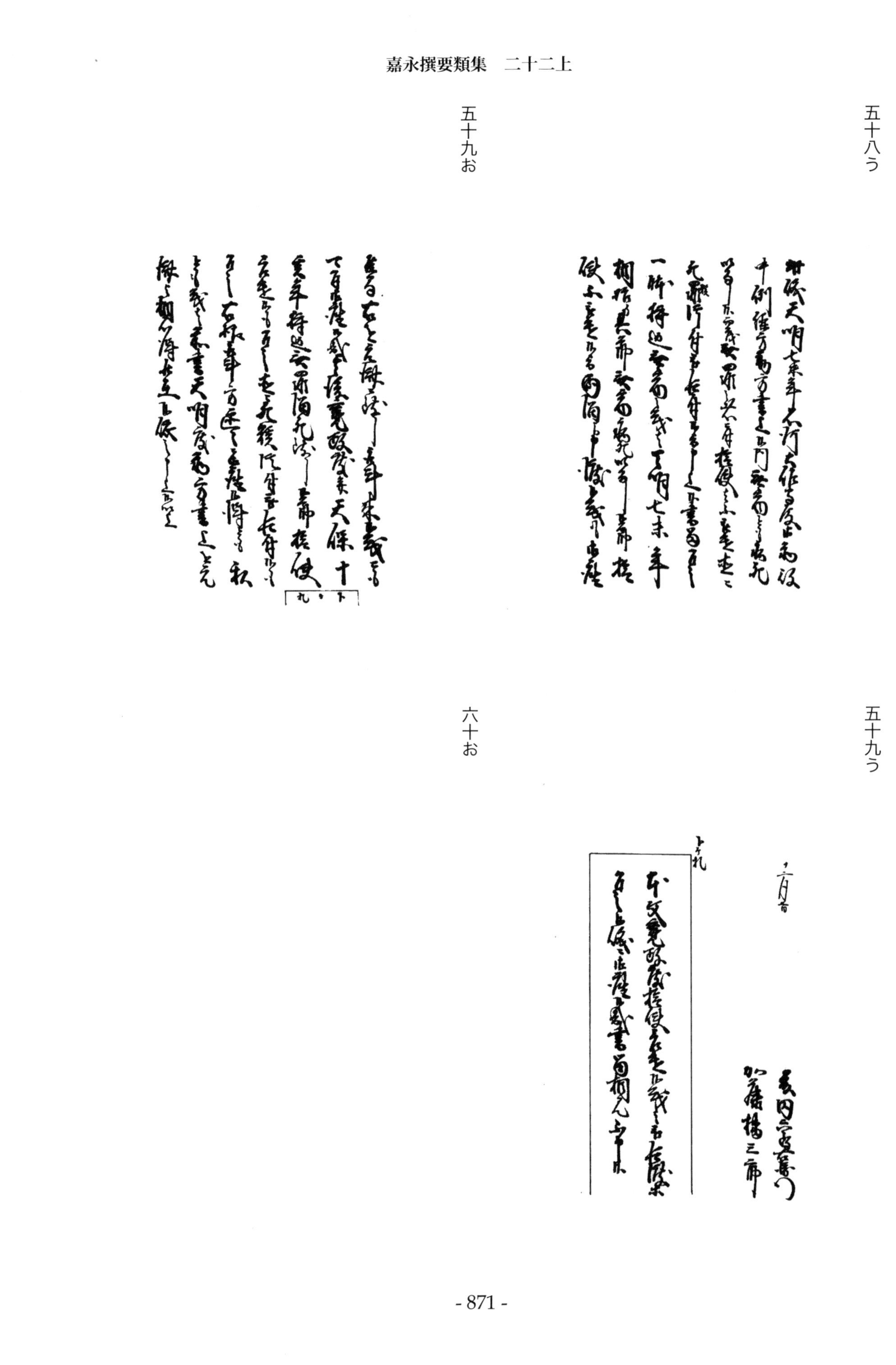

五十八う

五十九お

五十九う

六十お

裏表紙

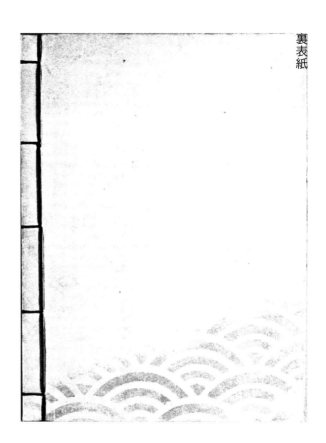

表表紙

表表紙う

一お

嘉永撰要類集　第五十ノ中

一う

二お

嘉永元申年八月

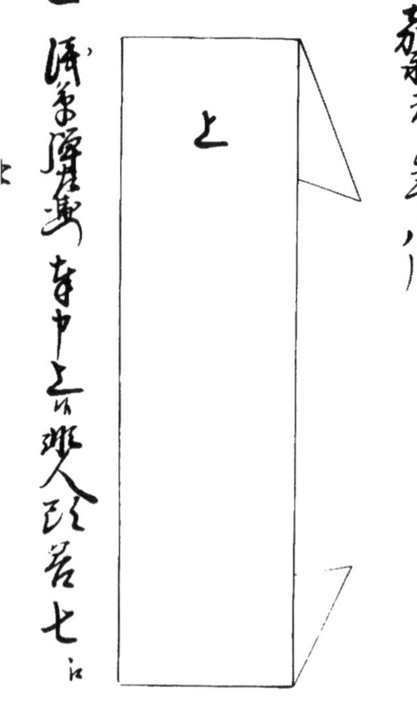

一 浅香源左衛門申上候琉人政若七江

上

二う

御届紙差不載候段御尋ニ付左ニ申上候

一 御用向兵因人ゟ外琉人寄場之段ニ付琉人政若七江御届紙御座候ニ付私方江相添不申同人ゟ届出候段御座候

一 諸御役所並ニ所々琉人共吟味兵御尋之筋ニ付御届私方江御届紙差不載之連中候段御座候右様

三お

御尋ニ付乍恐書上候以上

申
八月廿一日

浅香
源左衛門

三う

四お

嘉永元申年十月六日於内寄合相伺評議
七日御渡

[illegible]

品川溜御預人数増減之調申上候書付

牢屋見廻

品川溜諸御預御預人数相減溜門人数[illegible]

四う

[illegible]

五お

[illegible]

五う

六お

六う

七お

七う

上ヶ有

書面深川溜御修復有之候ニ付囚人共
二之溜門ゟ一同差置候処人数多ニ而
手縛方不宜候而者如何ニ付六人ヶ
加役方ゟ之拾人程急速御引取相成候様
致し度旨先例ニ外書類相添

八お

申聞候趣ニ付勘弁仕候処
右例書之趣ニ而御同所寄合ニ而
御評議相済候処只今ニ而者相見候
相見候ニ付書面之趣ニ而候ハ右御
結構ニ候得共事実ニ於而差支も
可有之候ニ付六人限り之儀ニ付
候而溜留置候而者何れ之儀

八う

病人共之儀者何れも下らぬ
有之溜御修復相成候ニ者差略致し
可成丈者右溜人数相増候様取計
右御差支之加役方ゟ之御差書類
申上候様可被成候

申十月

吟味方

九お

上ヶ有

書面深川溜御修復ニ付囚人数増候儀
向方御済御取計被成書面之趣御差調申上候通被成
宜取計候様可被仰渡候

申十月

小
吟味方

九う

申九月廿九日

乍恐以書付御訴奉申上候

一 東川嶋村之儀者桐蔵満門取締方趣意故
以拾壱年以前文化五辰年十二月弐日村役
相増候様奉願上候処右願之通返了諸
御役所様ゟ御願候　御付紙追御用向
相勤来候処極難之仕合ニ奉存候ニ付此度

十お

当村之儀桐蔵趣意指六人目当
御普請役様御掛り人小　御普請役様掛之
御勘定御奉行久須美佐渡守様御掛り
六人御加役被下志摩守様御掛八人ニ相成候
右人数相成候ニ付当人其後已来相叛
中付ぬ右已可瑞分附并之分は満門分人
数ニ而当病人其後当所当兼村役

十う

之取締趣意ゟ奉存候大満共女満も
御祈儀保年退ニ付此度御祈儀奉
願上候ニ満者ヶ所ニ御座候而御祈る
六十人位追候ニ付右之ニ而も追合居申病人
其当所当ニ而何卒以　御憐愍を
御慈悲ニ御祈人数相増候様ニ被仰付
被成下置候様乍恐以書付奉願上候

十一お

以上

申
九月廿九日

東川
松右衛門　印

十一う

十二お

嘉永二酉年閏四月廿二日

右懸紙書付御渡候事

一　今暁八ツ半時頃松囲之内廻り之者居
小屋茶菰屋根束之方燃出候ニ付
早速見付揉消申候、尤出火之儀ニ無御座
候得共焼跡大台帳付置候、依之此段以書付
御訴申上候、以上

十二う

酉閏四月廿二日

品川
松右衛門

十三お

閏四月廿二日

品川溜人頭松右衛門囲内焼失之儀ニ付申上候書付

鏥付来ニ添之

字屋見出

品川溜人頭松右衛門囲内廻り之者居小屋

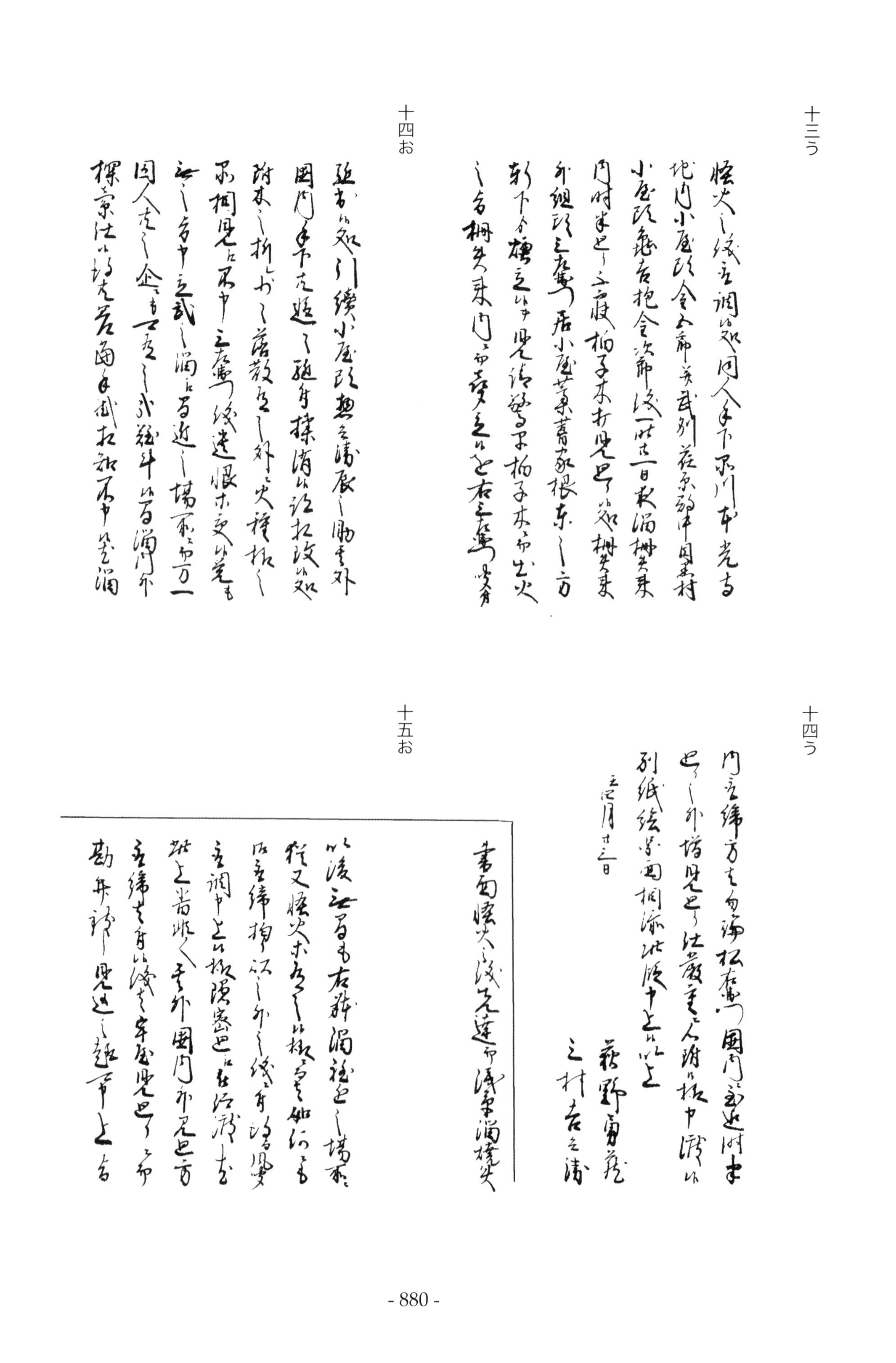

十三う

十四お

十四う

十五お

十五う

十六お

十六う

十七お

十七う

組頭ゟ代役之儀

一 盲僧見習組頭同人重病ニ而何も手当ニ候ハヽ勿論瞽者人之一同気受ニ而相守代ニ付く瞽門兄弟江沙汰致候縁方中村大ニ元別而入念可申候

下ケ札

本文組頭之儀ハ三人代役之当時迄人有之人ニ付弐人盲僧相勤ニ候ニ相済代り瞽内外兄弟合ニ而ハ沙汰之取人致ニ申渡之趣ニ而ハ組頭之時半見習代役兄弟勤方之本文之通御座候

十八お

一 同上瞽人之同断

一 瞽鞍外表通時之相弟瞽人之不気相守中村瞽中之不寂当瞽仕時半ニ相弟風雨之最中別而致之瞽国門相弟相育ニ候ニ付

下ケ札

十八う

懐姿候も無之ニ候ハヽ沙汰申一統ニ為知申之

下ケ札
相紀可申候

本文上座検弐人之弐人ニ而盲僧不浪座ニ相諸兄弟勤方本文之通御座候

十九お

一 女瞽上座之同断

一 瞽門不縁之儀ニ付相時之相弟座中之不寂当瞽仕時半相弟若相育ニ候ニ懐姿候も無之ニ候ハヽ沙汰申之者一統ニ為知申之

下ケ札
相紀可申候

本文上座之盲僧之人ニ而女瞽見張座ニ相諸兄弟勤方本文之通御座候

瞽経当人も同断

十九う

一 中戸番屋ニ而夜具之諸役中壱人宛不寝番致し、溜勤方并外役ゟ申付候処、厳重ニ相改候ニ付、右溜門前之締ゟ後迄見廻り罷越、上番人ゟ為知候ニ付罷出候

下ケ札

本文場所番所詰之人ニ而壱人ツヽ溜中戸番屋江相詰勤方本文之通ニ御座候

二十お

同中戸見張番所女溜見張番所同断

一 日夜共見張相勤交代致し、壱日ニ而相扱候、溜之締方中迄ニ而夜中ゟ不寝番致し、都而上番人之差添、溜門之締候節、囚人共手当ニ付、溜門限迄相立見廻り候而罷越、上番人ゟ為知申候ニ付相勤候

下ケ札

本文見張番所詰合弐人ニ而壱人ツヽ溜中

二十う

戸番屋壱人ツヽ女溜見張番屋ニ而相勤、本文之通御座候

つ番人之同断

一 暮六時ゟ明ケ六時迄門番并切溜之上番人ゟ預り、夜中壱人宛不寝番致し、出入不残候ニ付溜相改、右溜見廻り之者ゟ為替申候、且上番人立合出入可改、溜門役人ゟ見廻相済候

下ケ札

二十一お

出入中不残申候

下ケ札

本文つ番人之後門出入之締ゟ是迄見廻り巳之方中詰、番屋ニ而夜具弐人宛壱人ツヽ不寝番いたし、柏子木番所当時迄ニ柏子木打申溜冬非門相巳候、勤方之者ゟ去ル廿二日暁臨火之節、冬非門ゟ見廻り出入後之御座候

二十一う

二十二お

二十二う

二十三お

二十三う

返上別紙絵図面壱枚相添此段申上候以上

酉八月

藤野勇蔵

三村吉兵衛

二十四お

一 諸付

書面溜之締方之儀、宇佐見巳申上通
天保二卯年掛り取計候処勤役中
其之ヶ条を以厳重ニ御沙汰之趣一同承知之上

之遠失相当精々之油断見巳候
儀ニ付右両時之知ニ而外ニ別段法相
立候沙汰ニ以右候之締方可有之旨
猶又非人頭ニ申渡可申旨伺
之通ニ御沙汰可被成哉ニ付右棒相替
御儀候之摩之先達而申上候同方
御調申之趣ニ有別段之調を不仕候

二十四う

酉八月

吟味方

二 諸付

書面溜之締方之儀、同方新役鑑之通
被而宇佐見巳伺之通ニ御沙汰可被成哉ニ付
溜棒相替御儀ニ付候之事申上候方調申有
同様ニ付此節申越候ニ方ニ有存候

酉八月

吟味方

二十五お

嘉永二酉年九月

品川非人頭松右衛門溜ニ入用取替之儀
相伺候ニ付右調申上候書付

宇佐見巳

品川非人頭松右衛門申立候先松右衛門代々
困窮仕候ニ付勧進場所之儀場来而之方

二

二十五う

多く日勧進場銭相減致候得共右も
小人数ニ而深草堀ヲ被成御用向相勤来り候ニ付
右稽古之者共差支難渋ニ付右去ル天保八酉年以来
堀江入用金之内年々御下ケ之儀相願置候
御下ケ金之内ニ而返納之儀ニ毎月御下ケ金之内ニ而
御引取相願候処右稽古之者共差支候ニ付而も去ル
巳年四月去ル大火ニ而勧進場所多く類焼

二十六お

仕来通り候ニ付右勧進場相減も相減候上焼
人数も少く御座候処去ル卯年十月深草堀焼失
以来之者共宿並類人之皆深川堀江町々相減候ニ付
横川小屋候得共右方ニ而右方之者共一同
之場所も御座候ニ付別段年々御下ケ被下候様ニ
此段堀地揃御願御聞済被下候様ニ相願候ニ付
御下知之上ハ以後小屋八新規相掛り

二十六う

地所之義建替候右入用年賦之儀奉願上
中略一昨前年書之中之ニ付候小人数之儀ニ付相間
人足共門並御中町々家賃上銭増銭高ニ以
外之者難渋仕右稽古之者共文化年中之迄御差出
奉願上候ニ付金百両一ケ月百疋宛一ケ年弐百疋宛
御座候処右二口ニ二口ニ此度一ト金ニ而
御増金被成下金之百両拝借被仰付被下置

二十七お

御拝借仕候年賦相願年々之通り御拝借年賦被
返之候百疋宛ニ而返納仕候中ニ而残金相済候
御座候間右ニ皆済之儀返納之儀ニ而先々
之通り毎月堀江入用御下ケ金之内ニ而合金相
上置候ニ而毎月皆済仕候様被仰付被下置候
御聞済松本町勧進場所之儀去ル新規場所
南西八丁堀谷右衛門方ニ而何れも場所之地所

二十七う

候上去ル巳年青山大火以来未建様場所も
有之日勤進相成候も落々参り候儀も有之七
月合ニ付凡ニ之分一ニ人数高ニ而手人ニも満中
津ニ在方多く不行合之儀有之様同様人足丸日ニ
費ニ付候得共差当御用相勤候儀ニ而ハ猶方差支
候至ニ付難渋仕候ニ付松平右京亮中之通相違
無御座候ハ可相成儀ニ御座候ニ付場合之儀ニ

二十八お

此段得と相糺候通満御入用筋請候儀ニ付御手
伝方ニ而差支候ニ付此段奉存候儀ニ右御書相添
此段申上候以上

酉
九月　　安藤源之進
　　　　荒岡六郎右衛門

二十八う

二十九お

嘉永二酉年九月八日
右懸り御書付奉伺上候

一 品川宿人足松平右京亮先前より引続
借用来多年困窮仕候儀御座候人足七日勤進
場所々格別場末ニ而在方之多く御座候ニ而
落日勤進費錢ニ至迄右之儀ニ付手下ケ人数
御手当相回候　御用向相勤候得共満々猶方之

二十九う

茂文雑役方ゟ十三年以前天保八酉年
十二月廿九日　御入用金百拾両寺家御拝借
年賦上候処同十二月十七日　御黄門様ゟ
御金拾両宛拾ケ年金百両御拝借ニ付御年返御上納
之候ニ付毎月御入用御済之金拾両宛御門済
三ケ月ニ御皆納致返済方不足續御皆納
候毎歳之振合ヲ以御金百両宛御拝借

三十お

仕脱候ニ未年十二月二日ニ付　御年ゟ御金百両返候ニ
両度三月中満御入用金両月致日御済ニ御ニ
御皆納ニ相成難有奉存候ゟ去又六年以前弘化
二巳年二月廿二日表山通不大ニ而勧進場取
建来致焼失仕候不小屋焼失仕一同極難
之者共ニ有候御相談ヲ以勧進ヲ貴銭
減少致満ニ相成方ニ又支ゟ同三月十二日ゟ

三十う

御黄門様ゟ御金百拾両御拝借年賦上候
同月十八日取之通ニ付　御年返御上納候之
毎月満　御入用金御済之金拾両宛三ケ月ニ
御皆納ニ付　御年御返納中御又同未年同月
十二日迄金百拾両御拝借年賦上候取同月廿日
願之通ニ付　御年御返納候ニ付右同日ニ付御済
未ゟ御上納中ニ而金百ニ拾両ゟ返納仕残金

三十一お

拾両ニ相成右ニ付寺家　御憐愍ヲ雑役ヲ
凌難之御済之先延高相続来ル様此段御免高
之候ニ諸勧進相減候ニ付以前ゟ元相成候ニ付日
勧進致ニ付以貴銭度ニ三拾焼勧進ニも
未ゟ遠様ニ相成減少致候間仕候無之様ニ
満地有揮取揃　御修復御下知御座候以来八年
之地不残ニ間持ニ有之其下小屋八軒程引掛

三十一う

外地面ニ而為建替候ニ付、費用嵩ミ有之故、右入用
金高御拝借仕、去ル卯年十月中済方漏
焼失以来追々潤候所、多人数ニ而　御手当ニ而
銘々ニ底出精仕、御本丸御納戸　御用
大切ニ相勤来候得共、年々人少ニ有之、御用人足之
引足不申候ニ付、実ニ難儀至極仕候処、右之外
仕送り諸掛り方滞、此上難立行必至与差支

三十二お

金子融通方之儀ニ付、當時必至与難渋仕罷在候
ニ付、恐多之事ニ御座候得共、前書百両同百両拝借
御拝借金此度御下ケ被成下、御入用金之百両者
御拝借年賦上納之内十二ケ年以前当年分ゟ続
御拝借仕候　御手当ニ而百両之儀者格別之御別段御拝借
御増金之儀此度限年延之儀御座候間何卒
御慈悲を以御沙汰年賦上納右御受済之上者

三十二う

百両拾両御拝借残金拾両程御上納仕、返済御上納
之儀者毎月滞候入用金御済之上、金拾両宛
御上納之年々月々御上納仕度、年賦上納御請
御拝借御増金被成下置候ハヽ、上納返納之儀も
相増申候而、当時　御用繁多之砌ニ付
増金仕候而も相成候儀、難有奉存候御助成国人
相減候ニ付、御入用少金ニ有之候儀相成候人足

三十三お

罷在候間何卒以
御憐愍を以御受済被成下置候様奉願上候、冥加
至極難有仕合ニ奉存候、御用向大切ニ出精
励勤仕候ニ付何卒以
御慈悲願之通被　仰付被下置候ハヽ、難有仕合ニ
奉願上候、以上

丙
九月八日

小川
松右衛門
下

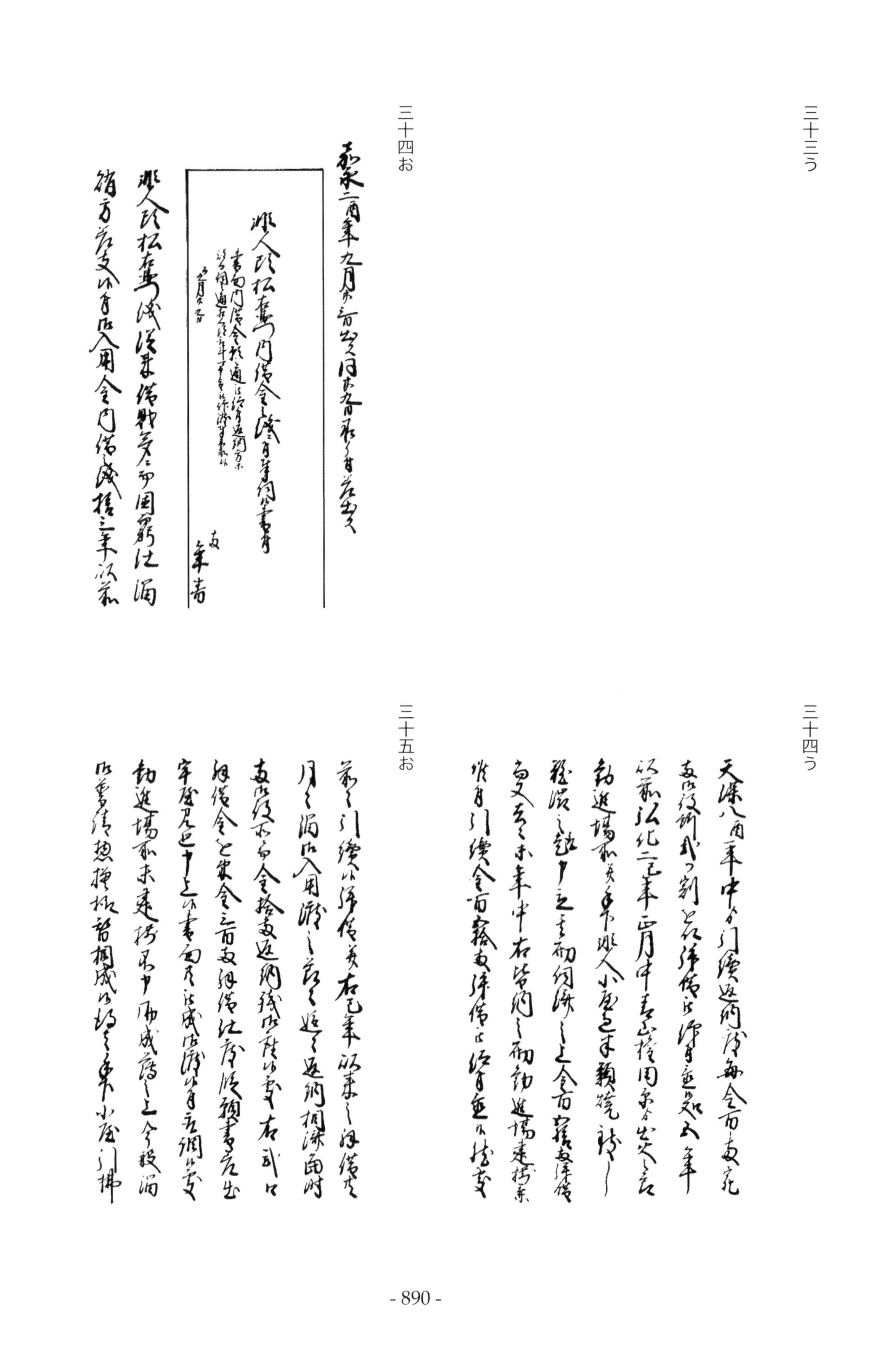

三十三う

三十四お

三十四う

三十五お

三十五う

入用ニ差支難渋之趣ニ而実儀ニ付尤ニ当
急返納候得共今金弐百五拾両之内此節拾両
相増積立通金三百両候得共作事方江相渡
未納之分ニ而去相済以来月々入用済之節
毎金拾両宛返納之積ニ取可作事方江年
以来之儀ハ困窮候得共三百両之外ニ此段
候得共作事方積下済差延候而之拾ヶ月

仁杉八右衛門

三十六お

三百返納相済候間右差支之儀も無之儀ニ而積之通
相成候様試ニ割戻金三百両ハ相済可申作事方江
年賦ニ而取立之事ニ成兄也皆出ニ而書面松本嘉十郎申立候
返上仕候事同ニ而可然哉

酉九月

谷村源左衛門
松尾十右衛門
村井常右衛門

三十六う

三十七お

嘉永二酉年九月晦

上

松本嘉十郎

御金御預證文之事

高金三百両
一高百五拾両

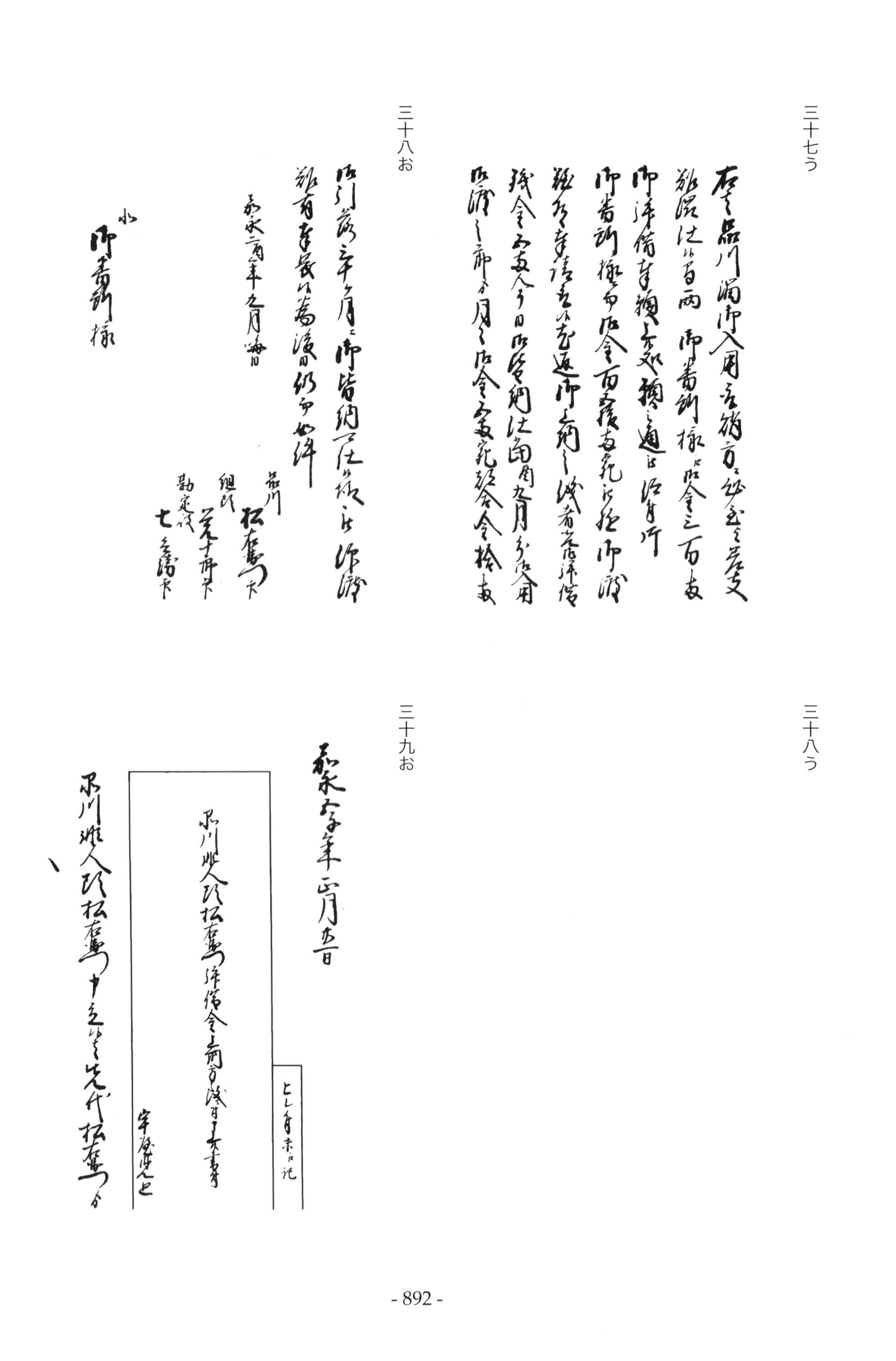

三十七う

三十八お

三十八う

三十九お

三十九う

累年備銭多用困窮仕是迄数度拝借金
ニ付上納中ニ御座候処猶又去冬潤
備方ニも差支候ニ付去ル十二月ゟ御入用見積
金弐拾両拝借之儀奉願候処願之通被仰付分
拝借仕上納之儀右御入用相済候上
皆納可仕候処御済候ハヽ前文十二月ゟ御入用
格外かゝり高金銀合弐拾両程ニ相成候　之

四十お

毎月上納之分金拾三両ツヽ相納方ニ至
不申甚難渋至極仕候ニ付何卒格別之
御慈悲を以去亥拝借金弐拾両之分
当月ゟ十ヶ月ニ割合上納仕候様被下
置候様仕度奉願候右願之通被仰付候ハヽ難有勤続仕
前書申上候通先拝借二口ゟ毎月上納高も
合差支候ニ付相違無御座候以上　松右衛門

四十う

奉願之通御聞済被成下候ハヽ難有仕合ニ奉存候
願書相添此段申上候以上
子正月
安藤源之丞
加藤橘之助

亥七月

書面石川松右衛門儀備拝借金返納之儀
勤兼候ニ付十二月御入用ゟ分一高皆納難

四十一お

出来候ニ付余儀相聞候間申立之通返納
可被仰付哉拾ヶ月ニ返納之儀右ニ而ハ
月数ニも相成候間毎月御入用高ニ見合
返納可仕候様申渡候ハヽ御済可被
奉存候
子正月
年寄

四十一う

四十二お

乍恐以書付奉願上候

一 石川郷非人頭松本嘉一奉申上候私儀先年ゟ御用米

受用蔵役漏之補方被仰付 御役儀

御用向上納中籾文化十三子十二月中漏候入用見積

金之利足 御役儀奉願上候處 月月廿六日

願之通被 仰付 御上納之儀者右之入用箇

二月御渡之節御渡被下御取扱仕合奉存候

四十二う

猶又被仰付之金之儀者 御役儀被為

者難渋之義者毎月漏候入用御渡之節

金之儀元十ケ月之御上納仕度奉存候何卒以

御慈悲此段御聞済被成下置候様奉願上

候以上

子二月廿一日

石川
松本嘉一

四十三お

嘉永六丑年正月十八日差出

非人頭若七願之義奉願候義申上書

宇見此已

淺草非人頭善七申之候去ル六ケ年以前申年中

溜之義囚人之仕技揚并入置候去ル焼失之儀

之

四十三う

補理并諸仕向類入遣以去辰彼是入用
差支候ニ付両御役所ゟ金弐百両拝借仕候
返納之儀者毎月溜御入用御渡之内金壱両
又ヶ月ニ上納仕候得共是又猶々通御難渋
相成候ニ付猶同年十月中溜焼失仕囚人
置之御預相成候ニ付上納可仕相延候間
溜御普請出来候迄御猶予奉願候処

四十四お

御聞済相成候以後三ヶ年以前戌年六月
溜御普請出来仕因人共御引取相成然処諸品
買調方并諸方手当向差支候ニ付猶又
金三百両拝借仕右之通返納仕候者
前同様月々溜御入用御渡之内金十両ツヽ
三十ヶ月賦上納仕候様御聞済相成去子十二月迄
拝借金三百両之内者皆上納相済申候以前書

四十四う

金弐百両拝借之分者溜御普請出来後ゟ
月々金四両ツヽ上納仕来金弐拾八両程相残相成
居候儀ニ付旨之儀先代松右衛門代ゟ引足
溜焼失後種々失費多く月々御引ケ相成
候上難渋者七人長病相煩候以後代相
嵩候以如何とも返弁方行届不申殊去秋
中大風雨ニ而長屋損所出来多分入用

四十五お

存外相掛去暮ニ至諸払方差支候得共右
作ニ付更ニ而種々所中延遣以漸々此節ニ
至以而者此上し中延方も更ニ差支候ニ而難渋
仕猶方も差支以種々御奉願候又今般両
御役所ゟ金三百両拝借仕候以猶年賦
御願申上候以而相成以如何年賦返納方
困窮仕猶方ニも差支以候者右七ヶ年之

四十五う

此通相違無御座候ニ付右之通御受済相成
候ハヽ前條備荒金積立之儀差上納
仕候儀備之分毎月溜ゟ入用相渡候右
金六両宛ニ而六十ヶ月ニ上納仕候旨申上此
段々通備金ニ而御貸附ニ相成候様偏ニ奉願
右出候ニ付別紙書面相添此段申上候
以上

四十六お

丑正月

加藤積之助
安藤源之進

四十六う

丑正月

右懸り書付奉願上候

一 浅草溜人足共七ヶ年前去ル六年以前申年六月
中溜ゟ出火囚人扶持米入置候去寅焼失
致補理并帳面入去寅修復入用之儀差支
御普請様々格別を以御慈悲金弐百両御拝借
右去寅分返済之仕合ニ奉存候返納之義

四十七お

月々溜ゟ入用ニ相渡し候金ニ而毎月弐ヶ月限
ニ上納仕候処同十月中溜焼失女囚人出来
之内ゟ下ヶ金少々月々ニ上納難相成
候ニ付右悲溜出来迄之猶予奉願上候ニ付
御慈悲之受済相成下置候ヶ年以前戌年
六月中溜出来囚人ゟ入候ニ付御貸付ニ相渡
候処諸品高直之方并ニ入囚人共増候之

四十七う

四十八お

四十八う

四十九お

四十九う

五十お

嘉永六丑年十月十二日

此入銀若七両備金之儀奉伺候書付

書面門備金伺之通可申付
下ヶ有之候御勘定奉行
丑十月十二日

両年寄

此入銀若七両先代ゟ備物等之取立来り
先達而申上置候備方ニも差支難渋仕候ニ付

五十う

此入用金三百両門備仕候旨相願寛政九巳年
中ゟ以書面被成御渡候ニ付右調候処去ル巳年
三月中焼失跡去荒補理入用等差支
門備相頼候ニ付右調中ゟ金弐百両戊年
六月中調備方差支同所金三百両門備
ニ付候月々此入用渡し方ゟ返納為致
金三百両之方ハ去子十二月迄ニ返納相済

五十一お

弐百両之方ハいまた弐拾八両納残有之候
ニ付去若七両之儀段々猶又相嘆候ニ付
相成候相減金弐百両両ニ而致二ッ割之門備
ニ御座候前書返納残金弐拾八両之引去
皆納為仕今般門備金返納之儀ハ月々
此入用渡し方之金六百両ニ而拾ヶ月為相
納候ハヽ右差支之儀も江戸表ニ而門備

五十一う

ては御貸付之儀ニ被成御渡候書類返上
此段奉伺候以上

丑正月

仁杉八右衛門
荻野政七
谷村源左衛門
都筑十右衛門

五十二お

御救借證文之事

高金弐百両
一 金百両

右者去秋中大風雨ニ而女湯并外役人振
候藤掛楼出所掛書所家根并板塀木戸損
右浴場之修復手当ニ差支乍恐金三百両
御救借奉願候処今日右内百両

五十二う

御当所様ゟ金百両宛都合金弐百両御救借
被仰付難有仕合奉存候依之返納之儀者漏
御入用御渡之節金四両宛五拾ヶ月御割済
被成下置候段ハ御渡難有御救借仕候得共
先達而金弐百両御救借仕候内金百七拾弐両
皆済迄月々御上納仕候金弐拾八両有之右
金子之内ゟ御引済被下置難有仕合ニ

五十三お

奉存候依之乍恐御請書奉差上候以上

嘉永六丑年正月廿八日

車善七 印
鎗組 定八 印
細工頭清兵衛 孫七 印
勘定役 権右衛門 印

五十三う

五十四お

嘉永六丑年七月十九日差出

浅草溜囲外下水堀浚有之候ニ付書付

宇屋伊兵衛

七月未ニ記ス

浅草溜囲外北方構下水堀浚之方ニ付

合

五十四う

右者此迄者一躰堀幅一丈ニ御座候処先年
非人寄場御差置之相成候後右地所埋方ニ付
浚之方堀共埋之当時五尺之堀幅ニ御座
候処今般非人寄場拙者共へ支配ニ相成
ニ付御用済ニ付右寄場并外囲柵等取
払候処如何ニも家作除地同様相成不要害ニ
御座候ニ付右堀五尺通り堀足前々之通一丈ニ

五十五お

仕度候段非人頭善七願出候ニ付体裁見分
仕候処同人申立候通溜浚之方者寄堀幅
狭く御座候而者不要害之儀何分足迄之
堀幅者通ニ而右御堀之方ニも有
御座候而者一通之儀ニ付善七月ニ
入用を以堀広ヶ候旨申立候迄而非人
寄場再御差置之相成候節者又候為埋之積

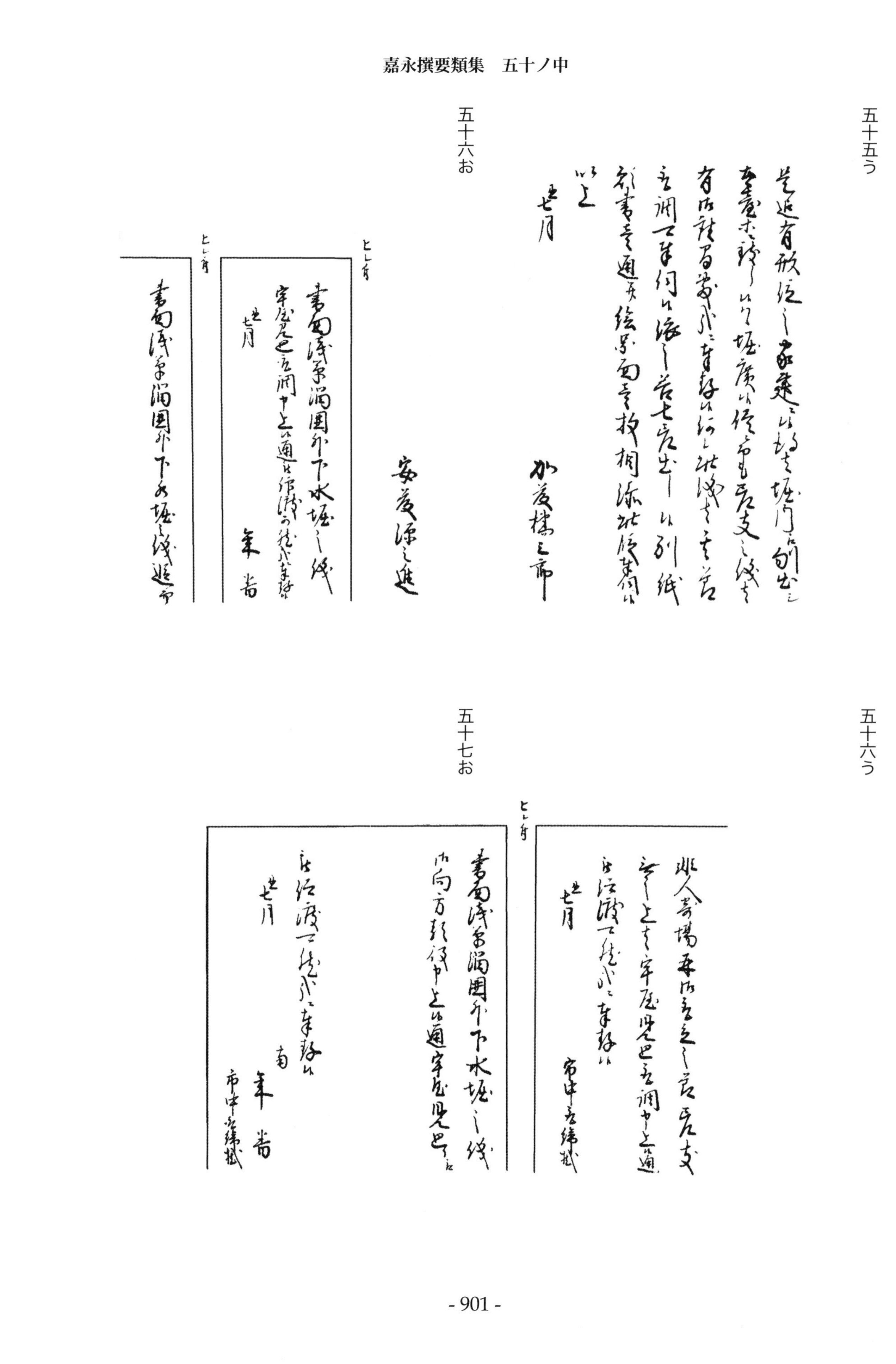

五十五う

五十六お

五十六う

五十七お

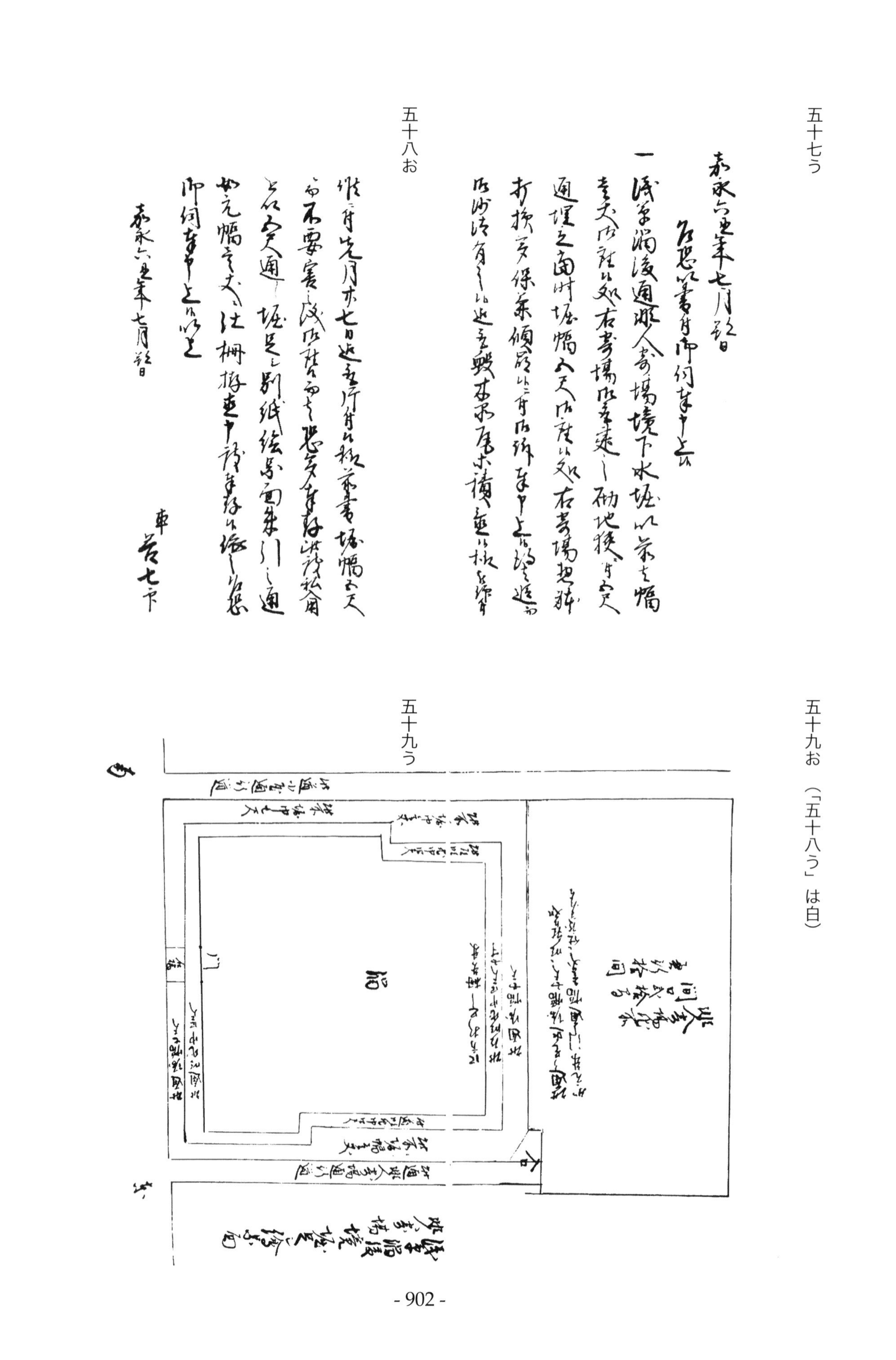

五十七う

五十八お

五十九お（「五十八う」は白）

五十九う

裏表紙

表表紙

表表紙う

一お

嘉永撰要類集　第五十ノ　下

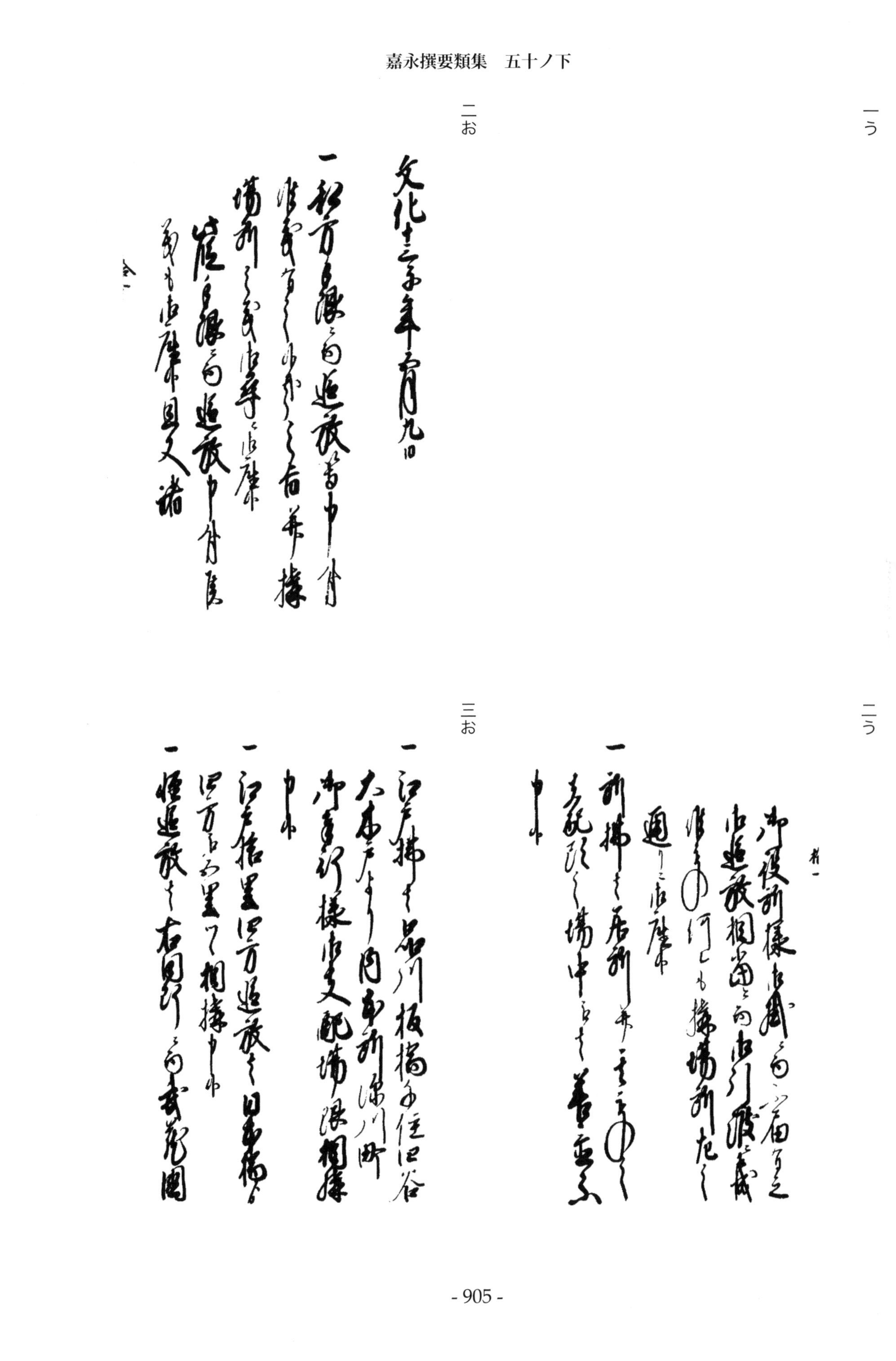

一う

二お

二う

三お

三う

四お

四う

五お

五う

席々并拙者共役所ニ而席々取締被仰付候ニ付
一下通風俗為可相調候処、右之浄瑠璃之儀は
元来女太夫之仕業ニも有之候ニ付、相成候処
右ニ女太夫之浄瑠璃之儀、素人ニ而引合相混、永代橋段々
不正之筋有之、右一件先達而
拙者共役所ニ而浄瑠璃之儀取締出来候処、女太夫共
一旦相廃候様申渡候処、其後前書同様

六お

之儀申立候迄来候ニ付、先ツ入牢申付置候時
吟味中ニ有之、既ニ浄瑠璃之儀は何れとも
咄出風俗書席と申及吟味候処、追而
御談之者、右之趣其段同人共申立候之取計
咄等ニ而取計候処、席之儀も
不致之右様之者共、門前続之処同様
之計咄等ニ而支配之趣不実合及

六う

吟味候ニ付相成候ニ付、此上様子之儀
ニも相成候而、浄瑠璃方之取扱不致候ニ付
不之儀、猶又相成候ニ付之相違も無之趣ニよ
相当右之一類浄瑠璃、尚又同様之段平生
業体不宜之事ニ候、女太夫之門前ニ而罷出
之計方之趣而既右同様之段之芸人共
中間并組合之勤役中、其外風俗入込候

七お

取締方之儀、同様之処、之趣之調候上
他所ニ而止退身為致候ニ付、其之者ニ候
指並候而之此上相更之締も相成自然
元来及雑候ニ付相成所ニ付今般風
俗書之趣之先年之之取扱ニ見合別段
吟味之不及牢屋見廻ニ而相済候為相糺候上
同様之向論、女太夫之儀も風俗不宜ニ付

七う

八お

八う

九お

九う

申付為其扱来候儀ニ処先達而御掛り
役人衆ゟ届ニ不有之、尤其締申付
候処、右仕立御為其扱遣候旨
掛り役之中ゟ以曲事ニ付右始末吟味之後相
届ニ付追而申付不苦候旨大和守
家来江別紙之通申合申候、右ハ御座置
支配掛り役之限候儀ニ付掛り役

十お

[illegible]

十う

下ケ札

御書面之趣承知致し候、別紙ニも
一覧致し候処、御掛り役之存寄ニ
候ニ及御挨拶候

午五月

[illegible]
[illegible]

十一お

弘化三年午四月十七日

松平大和守家来
小笠原源次

大和守前橋領分之[illegible]

十一う

近年拝借致し羽織着致し候者
候得者年始之節羽織袴着致候由
其外一同雨天等之節下駄傘相用往還
之者之内用中村ニ茂近年大小を帯又ハ
平日家居十徳帯致候者又町之百姓
而貫抔等致候而茶屋居門ニ入刻火鉢等之
有合ニ而火を而煙草呑居候并其外酒店等

十二お

而寄人ニ混合飲食等致し酩酊之上
百姓共等ニ口論等仕候ニ付儀も有之右
無筋不続之次第而町在之者共迷惑
被依而茶屋居門ニ入飲食等之儀相成
候得共無之日等中掛或者宿元を会ニ而
在右之悪何事も得心往還迄ニ而知より縁
増長致町人百姓共続之外雑混致し

十二う

其上俗人ニ紛敷風俗致し候ニ相成
不届之儀ニ有事ニ而右様之儀ニ付而ハ
為其締ニ而知右穢多共儀火鼎打前
獄門等仕置之節ニ穢多共ニ申付為業者
勿論鼎人牢屋敷等不浄之者為其扱ニ而儀先
以頃之酒井雅楽頭様御仕来之ニ付右
仕置之用共ニ返中村来ニ而知出候

十三お

之通穢多共不届筋之締ニ而被分
役場ニ対し右仕置之者之周筋相
勤ニ而儀迷惑ニ而之旨張申中之ニ而右仕置
之者之内火鼎傑其外不浄物其扱
在儀も穢多共ニ中村商前ニ分
鼎人ニ前為切ニ而後ニ不届筋ニも而非
也去而板共先而候をニ而仕来之而共ニ返

十三う

十四お

十四う

十五お

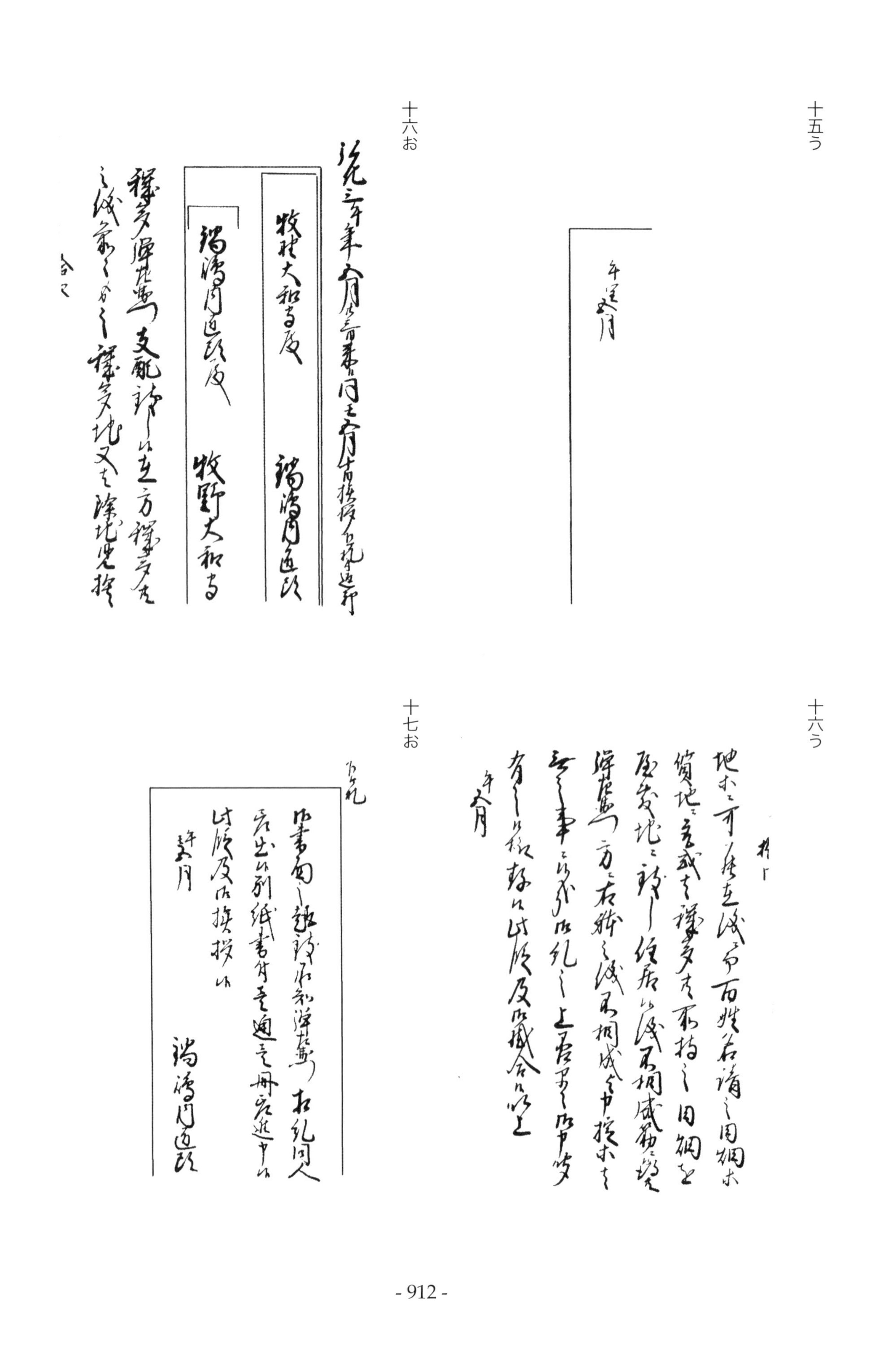

十五う

十六お

十六う

十七お

十七う

午四月五日出ス

私支配在方長吏共儀持地并又ハ除地

或ハ捨地等之分ケ有之居候而百姓共請之

田畑并質地流式ニ長吏共所持いたし田畑を

屋敷地ニ致住居候儀者不相成筋ニ付以来

私方ニ而取極不相成旨申掟等ニ有之候得共

右調可書上旨御沙汰ニ付、左ニ奉申上候

十八お

地所私支配在方長吏共儀是迄抱地并

所持之御年貢地ニ住居之分之者も

御年貢御上納ニ外諸夫銭等迄

差出農業専ニ住居仕候儀ニ付

長吏共除地又ハ捨地等之儀ハ勿論

百姓共請田畑質地ニ而流地

相成長吏共所持致候儀も有之

十八う

有之長吏共所持之田畑并屋敷地ニ

致し住居候儀不相成候筋ニ付右躰

之儀無之様長吏共之者ニ申付候

抱地等ニも申渡等ニ有之候処右

右長吏共之筋ニ而死潰之上家作

住居之分之者も夥候事而右例

別紙之通御座候旨申上候　以上

十九お

午四月

浅草

弾左衛門

十九う

上

差上申一札之事

一 惣代[illegible]持[illegible]之[illegible]御座候ハヽ可申上事

二十お

一 切支丹御座候ハヽ可申上候事

一 怪敷者何時も宿貸申間敷候事

一 博奕之義天下[illegible]之事急度[illegible]事

一 御[illegible]不違[illegible]可申候事

右之條々ハ不及申此外共ニ何事も御法度之[illegible]村中末々迄[illegible]私共[illegible]何之国何村合何ヶ村之小路[illegible]

二十う

面組中、不限他組之門前も御法度[illegible]申上候[illegible]御法度相背申[illegible]申上候面人之[illegible]不及申私共迄[illegible]ニ毎年二月十五日[illegible]差上申候為後日仍一札如件

弘化三午年十二月

何々国何村小路
誰 [illegible]

二十一お

澤左衛門殿

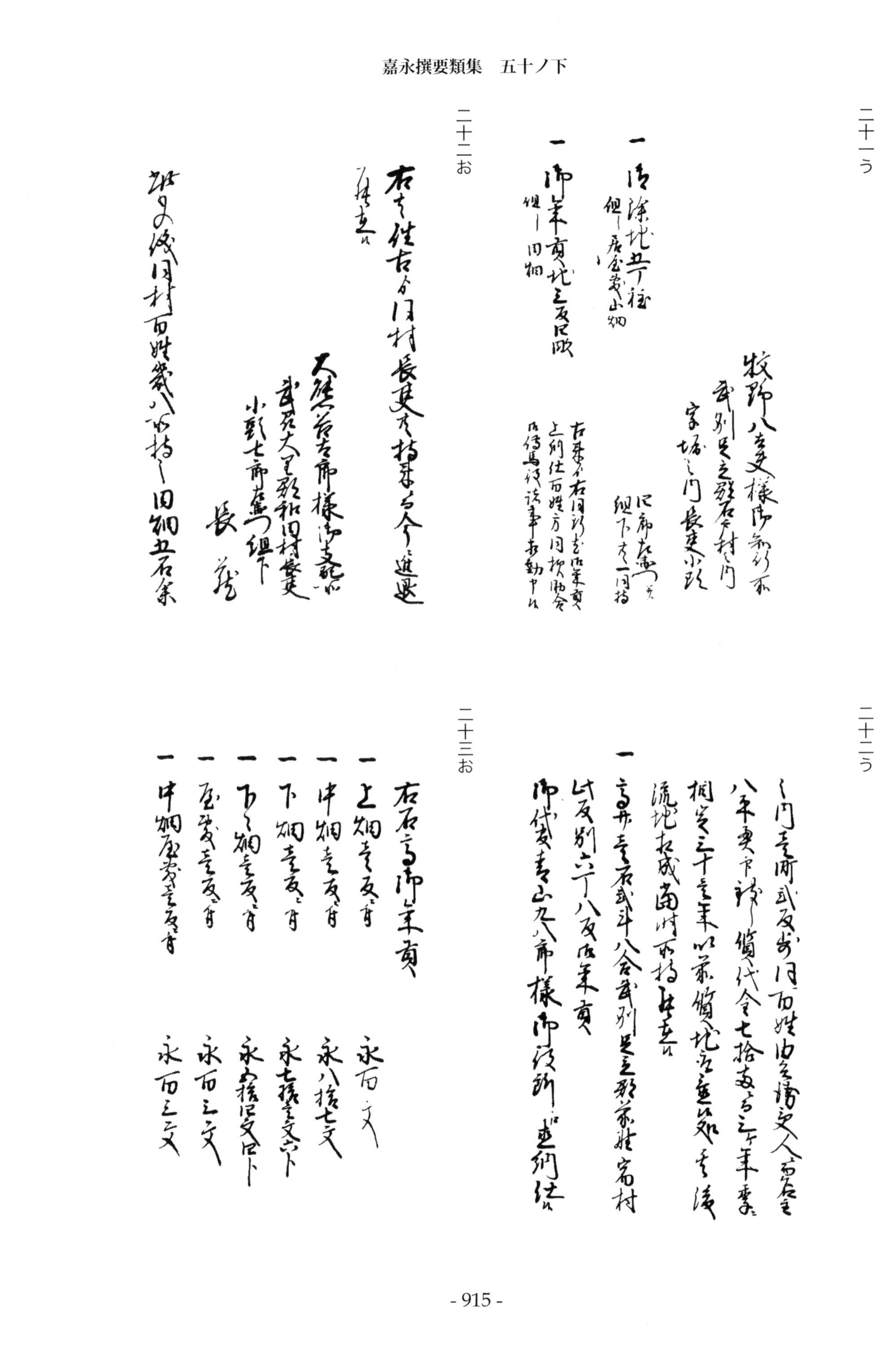

二十一う

二十二お

二十二う

二十三お

二十三う

一 下畑屋敷成壱反二歩　永百三文
一 萩 壱反二歩　永拾五文
一 林 壱反二歩　永廿四文
一 下畑屋敷成壱畝廿壱歩
此取永拾七文弐分壱厘　茂吉
一 同所弐畝歩
此取永廿文六分壱厘　庄太郎

二十四お

一 同所弐畝十歩
此取永廿四文　友助
一 下畑屋敷成弐畝歩
此取永弐拾壱文九分壱厘　太郎兵衛
一 下畑屋敷成壱畝歩　久七
一 同所弐畝歩　茂七

二十四う

此取永拾文二分
一 同所壱畝廿歩
此取永拾七文壱分壱厘　清次郎
一 同所三畝歩
此取永三十文九分　團右衛門
一 同所壱畝歩
此取永拾文二分　傳右衛門

二十五お

一 同所弐畝拾四歩
此取永廿四文七分四厘　勝右衛門
一 同所壱畝歩
此取永拾文二分　忠右衛門
一 同所壱畝廿歩
此取永拾七文壱分壱厘　与吉
一 同所壱畝歩　長太郎

二十五う

此取永拾文六卜
一 同所廿七卜　　甚助
此取永九文弐卜七厘
一 同所三畝弐拾弐卜　　留之助
此取永三十八文四卜弐厘
一 同所弐畝六卜　　常次郎
此取永廿壱文六卜三厘

二十六お

一 同所壱畝卜　　猶右衛門
此取永拾文六卜
一 同所壱畝拾卜　　千蔵
此取永拾三文六卜九厘
一 同所弐畝卜　　熊次郎
此取永弐拾文六卜
一 中畑屋敷成三畝卜　　久右衛門

二十六う

此取永三拾文九卜
一 同所壱畝卜　　市蔵
此取永拾文三卜
一 下畑屋敷成弐畝十弐卜　　源右衛門
此取永廿四文七卜弐厘
一 三反八畝四卜
家数弐拾弐軒

二十七お

右者同郡大島本村
御旗本篠原清次郎様ゟ御預ヶ上ヶ知
ニ付、以前天保十四卯年八月中
御代官関保右衛門様御支配之節、御見分
之上、下畑ゟ屋敷地ニ御済、前書之通
家作仕住居罷在候
右躰　御尋ニ付書上候以上

二十七う

二十八お

二十八う

二十九お

二十九う

三十お

三十う

三十一お

三十一う

三十二お

三十二う

三十三お

三十三う

七左衛門抱非人
吉五郎

其方儀去ル戌年十二月廿日非人頭
善七手下并穢多弾左衛門手下
七左衛門抱非人ニ而[illegible]
[illegible]
[illegible]

三十四お

[illegible]右之通被仰渡奉畏候

右
善七
穢多
弾左衛門

右之通[illegible]

戌八月

三十四う

三十五お

戌八月廿六日

其方儀去ル戌年十二月廿二日非人[illegible]

穢多弾左衛門[illegible]
[illegible]
[illegible]
七左衛門抱非人
吉五郎

三十五う

三十六お

三十六う

三十七お

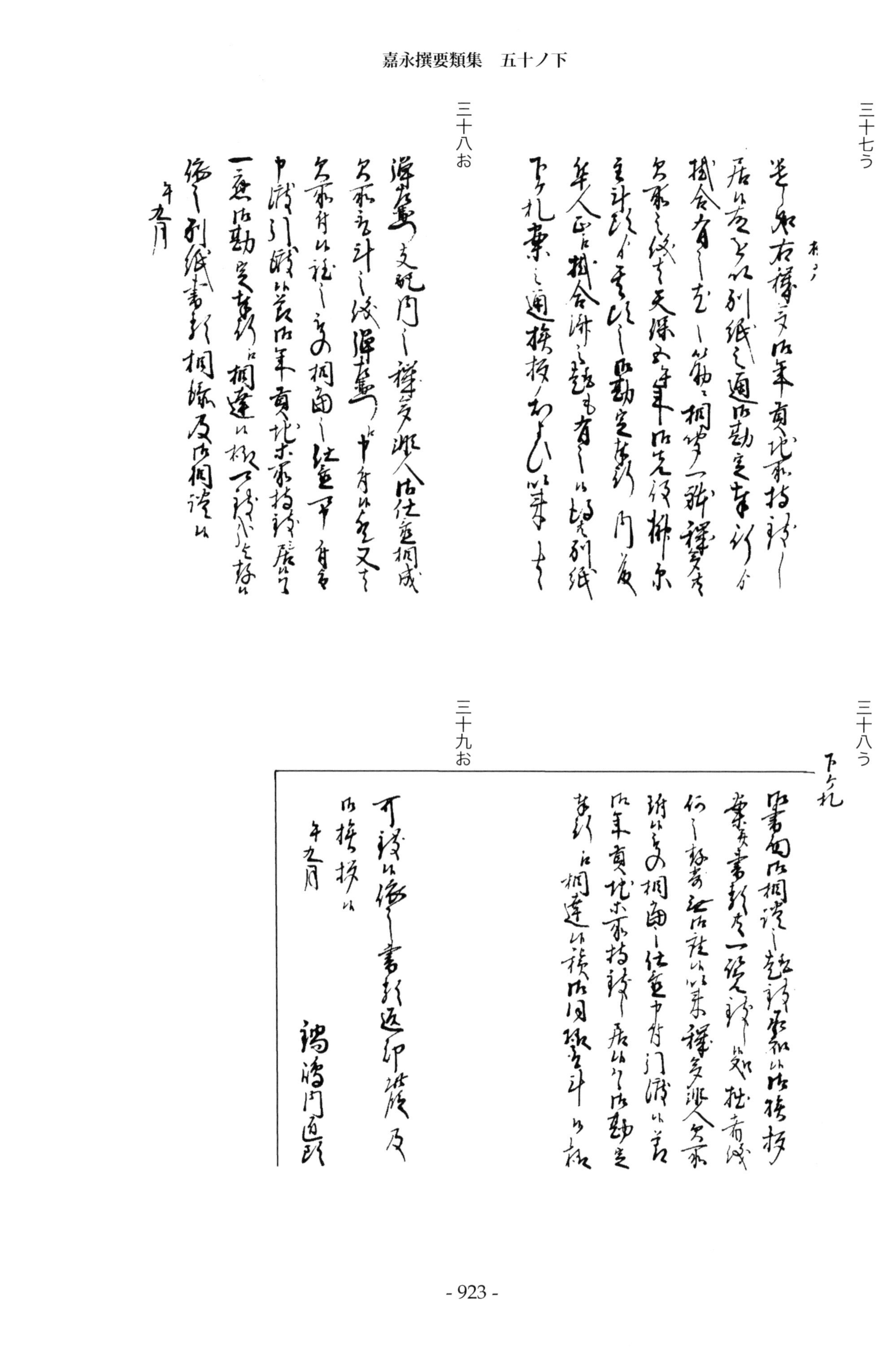

三十七う

三十八お

三十八う

三十九お

三十九う

四十お

四十う

四十一お

四十一う

承知致し候迄今般之儀ハ前書御書面ニ
御取扱之趣ニ而取計候得共文ニ無之候ニ付
以後之見合ニも相成候儀ニ付殊ニ手続書共
根本門村役人共茂前書書面之通相添
訴訟及御掛合候以上

午九月

四十二お

下ケ札

此書面之趣致承知候弾左衛門支配
猿飼共之儀ハ取計方之儀者執而
弾左衛門江申付候様天保九年中先役
御承知之上取計候ニ付先役内寄合人正ニ及
掛合候趣も有之候処今般之儀ニ者右之
基ニ付候儀ニ而御年貢地ニ而持候之

四十二う

居候之由家来共取計方之儀弾左衛門方
江取計候処役所ニ而兼而書面差出候之
候旨右家来ケ条之内別紙書様差添
申候得共係於文言中越之趣ニ候得共
候旨以来ハ右躰之年貢地ニ而持
訴居候之蔵之者為任候之一義
及候迄ニ相願候旦右之所之之林

四十三お

代探候一条ニ付弾左衛門方等申立
候上猶又及御掛合候処先般御採扱
可然候

午九月

遠山左衛門尉

四十三う

四十四お

午九月

下総国根木内新田掃部広右衛門所仕置ニ相成候
同人所持之田畑人別之儀ニ付申上候書付
青山縁平

私御支配所下総国葛飾郡小金上新田
百姓源之助儀先年同郡根木内新田

四十四う

最早広右衛門ゟ林畑合壱町七反七畝歩代金
之拾両ニ而譲請候処右林畑同人ゟ掃部之
中成浅草深右衛門 田内卑赤右衛門江代金
弐拾両ニ而猶又譲渡候後広右衛門之義
不届ニ付田畑家屋敷とも取上ケニ相成候処
掃部之儀も地所之義ニ付申付有之
深右衛門江門渡之相成赤右衛門方田畑永代

四十五お

譲渡之儀を不法之趣申立右ニ付広右衛門
外壱人へ紀中右林畑譲受候段不埒ニ付地面
御取上ケ之上外一件之者共之文ニ御沙汰ニ付
右ニ付赤右衛門林畑壱町七反七畝歩之上
御掃之儀斗方角ニ付中御勘定所
御達御座候処広右衛門田畑家屋敷之儀も
支配所人別之者ニ御座候処何れも御達も

四十五う

[illegible]

四十六お

[illegible]

四十六う

根本門村役人共差出候書面相添申上候

申上候以上

午九月

青山録平

四十七お

弘化三午年九月十日

飛驒守殿書付添申上候

下総国葛飾郡根本門村役人惣代

[illegible]

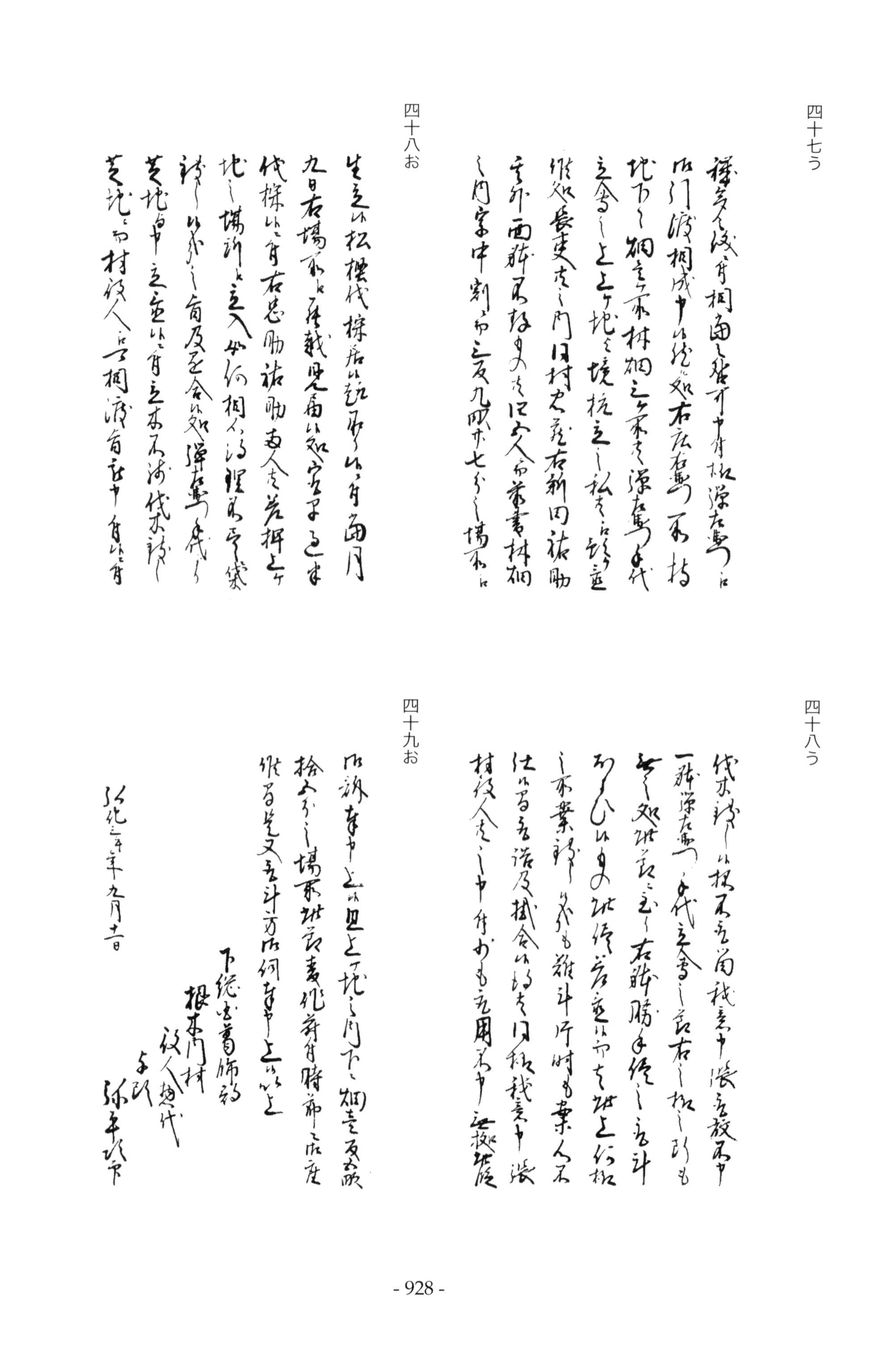

四十七う

四十八お

四十八う

四十九お

四十九う

五十お

五十う

五十一お

五十一う

五十二お

五十二う

五十三お

五十三う

を退キ候姿ニ相成自然年来日合も穢多共
所持之田畑を村役人共見届精相成候
地所紛乱之基地方一体之取締ニも拘り
候儀ニ付前書之通取計候分非人ゟ掛合相成候ニ付
上州下野尾村長吏小頭長兵衛倅平七
外弐人百姓共取計方之儀ニ付畢竟ニ而
穢多共家作百姓代百姓之儀追而頭家来ニ

五十四お

相違無之弾左衛門方引渡く彼是申立候儀
ニ而既ニ去卯同人差出候別紙弐通之内村
穢多共六ヶ年ニ外ニ之者百姓取計之趣
ニ而も先前掛者之内ニ者田畑屋敷百姓不
之儀ハ支配所代官ニ而地所之申渡右之趣
双方ニ而掛合得与遂ニ付其外同人方引渡く
右ニ而差支之儀合相当但一旦之御掛合

五十四う

引渡くも相当之振ニ付殊以答以来右様
所役人共右之振合ニ而取計候之儀料不
之分ニ者田畑屋敷百姓之儀掛者ニも相違
右之以振合諸事同様ニ付今般之儀も右等之地
不持穢多共以之ニ而仕置面申渡以上
右之場合ヶ以候事ニ弾左衛門ニ申渡
之文書中ニ付科ニ而代官私領ニ而支配之地所ニ

五十五お

之候相違之趣ニ而右之地所之上方之儀ニ
支配所代官ニ而地所引渡くね之取計以方趣以
今般之儀ニ付河内守ニ而被為掛之趣之取計
者支配之以儀之以後之取締ニも拘り以儀
ニ付前書之通取計年寄共ゟ掛合之処
弾左衛門差出以書面ニ茂右等六ヶ年之欠落之取計
振書様相添御座候ニ付寺社奉行及御掛合

五十五う

五十六お

五十六う

五十七お

五十七う

五十八お

五十八う

五十九お

五十九う

六十お

裏表紙

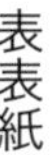

表表紙

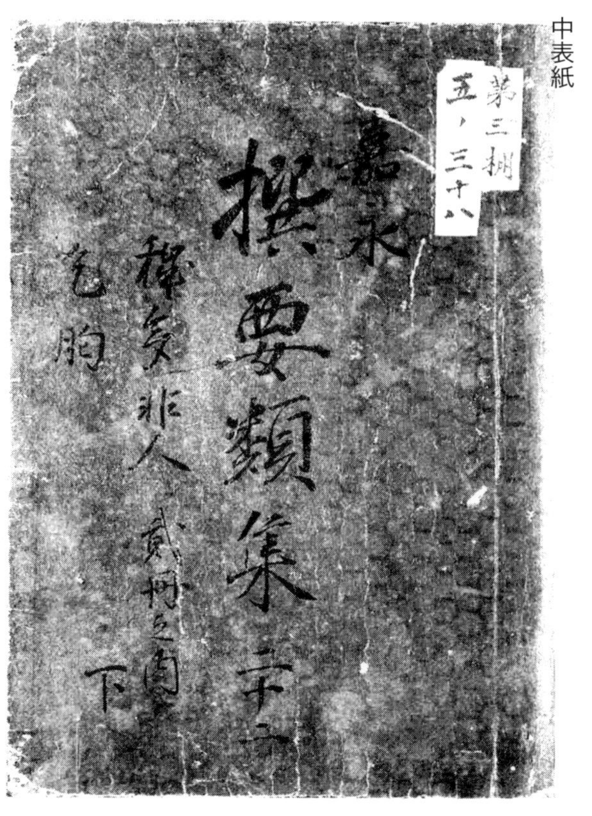

中表紙

表表紙う

中表紙う

一お

嘉永撰要類集 第五十八 上

一う

二お

穢多非人乞胸之部 下

一 壱
乞胸頭仁太夫配下之渡世筋之者
鑑札差拒候ニ付同人願出候事

一 二
一ツ橋門外其外諸之明ル場所ニ而土場通之浄瑠璃
有之候ニ付取扱方之儀ニ付紛事等之儀聞合之事

二う

一　三　浅草称光寺ゟ氣乞指住居施沼之旨
日吉御門主之儀ニ付寺社奉行江問合之事

一　四　御勘定奉行ゟ下総八日市場村蔵商人共ゟ
相渡候手札年々書替之儀評議問合廻
留止方　御出役之者相願候処年来書替

三お

之儀申出候ニ付右御勘定奉行ゟ伺出候ニ付書載

一　五　新材木町地先住居御勘定奉行同所掘返致出
候儀同町奉行ゟ問合ニ付遠山左衛門尉殿取計候
相談書之事

一　六　新吉原埋葬方長吏太左衛門中之儀ニ付

三う

寺社大目付並町奉行ゟ問合之事

一　七　諸国船手御代官江中渡配下之者共江
当相掛候儀ニ付同吟味方江問合之事

一　八　新材木町住居権之助御勘定奉行村方百姓共
出入之儀吟味中其方并外右方之儀ニ付

四お

より問合之写

一　九　星野長兵衛名主勘定奉行支配役人共ゟ
加賀藩御訴訟之ニ付右門渡候処右門渡方
之儀同町奉行ゟ伺出候事

一　十　浦賀表御用向之振合御勘定奉行共外御勘定

四う

小普請組下ニ而知行有之ニ付得其意支配ニ
相成候者相願候ニ付浦賀奉行ゟ掛合之事

一 十一
異国御用向被仰付候先役者共之外支配ニ付
役者相応之候得共相願出候ニ付浦賀
奉行ゟ問合之事

五お

一 十二
右者長崎奉行抱非人ニ相成候者上白洲ニ
并其元調中ニ而罷出候非人之咄
不届之儀目元奉行ゟ問合之事

一 十三
無宿渡世之者之内穢多之者御暇八無之
家業不相成之者之取扱方之儀京都

五う

町奉行ゟ問合之事
但天保十四卯年同所町奉行ゟ證人尚
勝手次第相掛候得共穢多
非人之儀ニ付問合之趣意

一 十四
松平伯耆守殿ゟ右穢多共役元外ニ而
其方之儀ニ付取扱方伺出候之事

六お

一 十五
穢多非人之病気等之節ゟ刑例之者届
有之御用向支配向見分有之儀ニ付
御用ニ付掛合之事

一 十六
松平織丸殿ゟ役場ゟ穢多非人之者江
其方之儀并 右取扱方

六う

伺出候ニ付書取

七お

嘉永元申年三月七日差越同十六日挨拶下ヶ札付差遣

左衛門尉殿　　鍋島内匠頭

内匠頭殿　　遠山左衛門尉

一　元柳町仁右衛門支配下ニ浮世絵師ニ而
錦札差拒候改方ニ及候ニ付

七う

一　其外取之中雑司ヶ谷町　嘉兵衛
店之者外大勢相手取掛合候訴訟ニ
相出候ニ付吟味方ニ而相済為取調候処
返ヶ紀之上見込之趣別紙之通書面
申聞候ニ付猶一統承知致兼候書面之通
而証而振候儀も有之候間ハニ付相尋候
猶又右之趣を以申諭下ヶ書面為差出

八お

候様可申渡旨存候ニ付右之段御掛合申候
自然御外ニも及之可申筋も相尋候
得与御熟考之上其段御存寄も被
承知候様之書取相添御掛合候

申三月

下ヶ札

御書面御掛合之趣致承知書類差返申候

八う

九お

九う

十お

十ウ

札差

辰五郎
外弐十三人

右仁吏桐類ゟ猿若町家住居之者
寺社境内又者明地広場等ニ而見世物
并踊其外講釈之類差出来候銭定ニ而
前之通ニ而座敷講釈いたし候ニ付右之者由申論
家作之座主ニ而返経札桐薄札銭合唱

十一オ

間之者人分江十八文宛差集可差出旨
之説文座主方江集ゟ知辰五郎其外
之者の者右渡世致講釈及掛合候而も
稲荷中央不差出ゟ為筋之通説文等
定家講趣中之辰五郎外弐十三人江
社地又者安楽広小路其外許ニ而成地
内備定類済而小屋補理見世いたし候の

十一ウ

講釈類差出渡世致し候趣ニ而今右之
者の儀者小屋掛ヶ候ニ付而者差障り候旨申立
仁吏下町ニ而通路下之踊札又ニ而者有之
掛之趣も浪人同様之渡世ニ相成候様
候ニ付雑差出趣而も雑混中之ニ而為相
成候先年ゟ右類之筋ニ有之候之既ニ
出入ニも相成候由ニ而差返別紙之通仁吏方ニ

十二オ

請負候ニ付説文類致通同人許持請ニ
居右之見合ニ而何者今明地広場ニ而見世
之者類差出候者の儀者説文差出候ニ而も
可然筋ニ相当候ニ付右相手ニ而内之寄場
渡世之者も有之し仁吏中之ニ而趣ニ而者
市中諸寄場軍書講談若者心学神
道講釈四業之ニ而毎ニ候ニ付不差構是も

十二う

十三お

十三う

十四お

十四う

此者共儀者南茅場町広小路
御成地内又者手前谷八幡
境内ニ而小屋補理手代相
其外合之見世物類差出候
旨申立候

茅場町武兵衛店
長兵衛店
卯之助
外拾人

右之者共者渡世向出方不拘、右之者共相営以来
一躰之者共出来以別紙地代面写之金高之
又者家作之も取下ケ候等、相成居候ニ付畢竟
右故店々合薬年来も出来兼候ニ付、夫事ニ

十五お

相営以来何等金之家作至而も無之以之
為差除店主之者共右文面之内支配取
て取立之儀、御差置候御為筋儀也、随而
者外之儀者前々之振合ニ店並之出銭
之繕メ仁右文方ニ渡方者双方示談之上
無利之二方ニ為差極以而不拘候

本材木町壱町目

十五う

此者共儀者江戸橋
広小路御成地又者
南茅場町広小路御成地内
元飯田町世継稲荷境
内之同社内ニ而
軍書講釈寄場渡世
致度旨申立候

伝之助地借
喜之助
外三人

右之者共年来講釈場渡世致来、当時
市中寄場稲荷社境内九軒ニ而一旦
差極置以前之通者南御成地又者

十六お

境内ニ而是迄講釈場之儀、前書其外
仁寄文中之以市中寄場而講釈、其外
四業ニ而も渡世以其之者共差出し、席料其余
外見世物者差出上者差構中宿
差極て候ニ付此度勘弁も大概訳ニ付
不相成場所ニ而町家内之寄場同様ニ差別も
可致之儀者与方様以て是迄前書卯之助外

十六う

拾人同様之振合ニ而請證申候

但同寺日社内之芸場を家ニ而火葬家
相成居候由ニ付則右者出当人え御訴
而素芸場ニ而差遣候訳者存之是等ハ
相成候得ハ本文之通不極候ニ而も可然候

神田徳治所寺御同
家主

十七お

[illegible]

右之外芸ハ宮年寄書拾弐軒又ハ九軒ニ而
不極之節除ケ之相成候得者相止候又ハ
勝手次第之旨ニ付治済ニ付以来遠く出来

差配
外七人

十七う

以前ハ新吉原之野田傳新を差遣し
芸場之儀者相成候以火葬所相成
場所而町家門之芸場ニ而も遠慮相成候
又ハ御備地ニ而以前ハ華者被差留
中之儀も離れ候ニ付右同様ニ而芸場ニ
差配家書印之外十人同様之振合ニ
而請證申候

十八お

但同町同所八幡旅家御備地之儀を火
葬家ニ而相成候処又者以来前書屋
而全芸場ニ而差遣候場所ニ差遣候本文
之通相成候ニ而も可然候

一体仁王門中之儀相続之儀右古昔
之儀面村ニ而全く其之儀業ニ而
比寿以前聞札ニ而も相済候儀ニ而以来

十八う

往古之藝業之噺し候ものを硯下ニ読し
證札請来候分追々家催主居之述候も
及し候筆与相咲候得共自分彼是筆ホも
出来不申候ニ付右相出之仕為致候得共席之段
所来右之振合ニ相成居候文も有来候筆
有之尚時右等之儀別有之候も穏成る義ニ付
華候ゟ申先前文之趣ニ而極更之利解申付

十九お

尤板下仕候文言者先広小路等ニ而予作讀
其外見世物類之儀出候分者右有端其外之
明地広場ニ而廉を設一般之仕来文中之通
家催主ホ之江右別段ニ而前文之振合之趣文
其外不為右出候板下仕候別紙書類
相添此段奉伺候
申二月　吟味方

十九う

二十お

弘化巳年九月十日
右之趣以書付御沙汰有之
一浅草観音之門前七地借地預候文
来中之候訟先祖役在之段所宅住居
寺社境内并明地広場等而見世物
手踊其外狂芸仕来候文言或者

二十う

二十一お

二十一う

二十二お

二十二う

差放不申候間、當場所ニ而出候儀御願
済ニ而致し候ニ付、乞胸家業致し候上者、私方
鑑札受候札銭差出申仕来ニ御座候
処合候得共、不届之挨拶致候由申
右様成行候而者、乞胸渡世一同難渋
至極仕候ニ付、何卒
御慈悲以　御威光ヲ以書上候ニ付

二十三お

同人共御吟味之上、御理解被仰聞
鑑札受候様被仰付被下置候様奉願上候以上

乞胸頭
仁太夫

弘化四未年七月十日

千駄ヶ谷町
家主
辰五郎

牛込築地片町

二十三う

同
茂右衛門

本所林町同
兼吉店
敬蔵方ニ罷在候
同人代
同
伊右衛門

右之外、乞胸千駄ヶ谷八幡社地ニ而踊狂言

二十四お

乞胸芸出木戸銭受取申候

下柳原同朋町
平五郎店
同
菊治郎

右之外、乞胸之者出席小路ニ而浄瑠理芸出
木戸銭受取申候

乞胸来深川町壱丁目

二十四う

同本両右同所游世話人

同町
平兵衛店
同　又兵衛

同本両右同所游世話人

同町
長兵衛店
同　卯兵衛

二十五お

同本両老年踊世話人右同所游世話人

同町同店
同　辰五郎

同町茂六店
同　千代

同本両右同所游世話人

同町市角兵衛店
同　長右衛門

二十五う

同本両浄瑠璃世話人右同所游世話人

同町徳兵衛店
同　七郎兵衛

同本両康同境兵出代請負受方十人

又兵衛若川町
吉兵衛店
同　平兵衛

同本両中山踊世話人右同所游世話人

二十六お

同兼　師場境地
源兵衛店
同　岩次郎

同本両若衆世話人右同所游世話人

神田江川町
喜八店
同　千吉

同本両踊世話人右同所游世話人

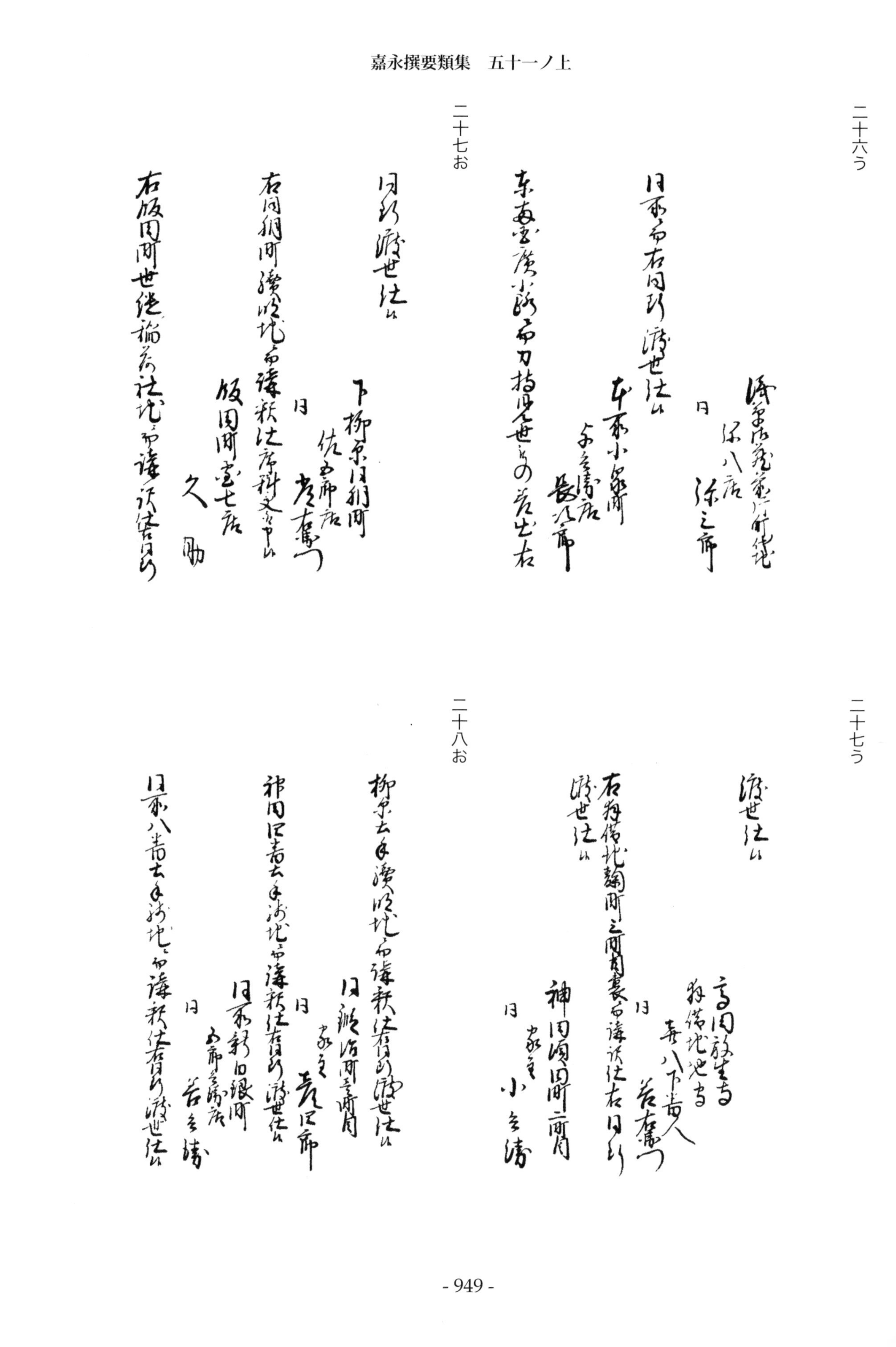

二十六う

二十七お

二十七う

二十八お

二十八う

二十九お

二十九う

三十お

三十う

三十一お

三十一う

三十二お

三十二う

三十三お

三十三う

三十四お

三十四う

三十五お

三十五う

三十六お

三十六う

三十七お

三十七う

三十八お

三十八う

仕候得共今般同寺中江引移
一纏ニ者致余程之儀ニ候得共根深
之義町々外同様永々更地
相成居候而者町入用不掛地主
出願相至り格別難義可
致旨自身之町人共ニ而及違
是皆家業ニ候得共引続

三十九お

有之ニ付右之者人数宿居候
候段追地位並之通年々
無余儀地代取立来候儀ニ而
永久地主一廉之儀ニ付猶又
相除候同所之寄り添地之相成
候共是々向場所柄相成
之地不申も無之ニ付何卒も

三十九う

下候者取計方之者共ニ付右等取計
為引移候ハヽ出格之御沙汰
筋ニ御座候ニ付右達之趣相成候而者
是迄之相成候義ニ付而者右之趣
申談候上同所ニ而御沙汰有之
論候儀ニ付御年寄可申旨申聞
旨書付之通取計仕度奉存候

四十お

此段申上候以上

酉八月　遠山左衛門尉

四十う

四十一お

嘉永二酉年二月廿二日向方江為相談遣ス、同断

横浜ゟ下ケ札有之写、

駿河守殿　遠山左衛門尉

左衛門尉殿　牧野駿河守

猿若町弐丁目弾左衛門へ分下総出羽[illegible]八日市[illegible]

四十一う

場村蔵前人共江相済候手札改、諸商人

触之候処、弾左衛門配下之内蔵組江触之候、

長吏非人共ゟ[illegible]致候者為[illegible]利

同人方ゟ同所之手札差支儀有之、右八日

市場村抱代之者ゟ文化五年中ゟ[illegible]

添候者ゟ以前役永田[illegible]渡る方江預ケ置候

段弾左衛門[illegible]出来候[illegible]有之度候[illegible]

四十二お

掛合之上村方ゟ壱ヶ年為冥加金弐拾匁

弾左衛門方江差出、手札百枚受取年々書替

候答相対致来り極候所[illegible]

候儀ニ而、然ル処去ル酉年中往来之通

書替不致、抱代之者共出府致候処、同屋

組合仲間不埒之儀、停止之師出候[illegible]

[illegible]手札済方差拒候処、再度書替

四十二う

之儀申出候者当節ニ至り年中ハ渡世差障有
右役掛同道路勤役中拙者共役所ニ而
伺出候ニ付吟味之処絹織工之儀既下ニ
在之一手ニ而職業致し候中ニ元極も有之百姓共も
同様商ひ致し候由文化度以来渡世差支へ
右書之絹織工之儀ハ凡百四拾年
以前迄関東筋支配様之者限職業之

四十三お

致候処村上別段別筋向ニ而既下之者
共も職業致し居候処中古ニ相成八日市
場村百姓共絹織工致し候由聞及既下様之者
職分之内ニ相元極有之元家筋も
有之由中ニ之文政之辰年七月下総出
通路取来村百姓長右衛門と申もの
手札有之商ひ致し候処八日市場村絹商人

四十三う

世話致し候百姓共外弐人差障候趣ヲ以
右長右衛門を相手取御勘定奉行石川
主水正方江出訴致し吟味中双方掛合
之上以来右絹商之儀手札受候もの
猶又外方ニ而更ニ商ひ致し可申ものハ有之
札ニ而商ひ致し候ものハ若者共右極熟談
内済致し吟味下ケ相願候ニ付熟談之上右之

四十四お

元来渡世之方ニ而絹商人共と一般之
進退致し候筋ニ有之候同人既下ニ者共
百姓方ニ而絹商ひ致し来候趣混雑
致し候場合ニ付百姓共相互ニ而手札更ニ致し
手続ニ付相願既前書証文之通
有之候者ニ付手札ニ而商ひ致し候ものハ若
右之極ニ而致し候ニ付証文之趣以来之通

四十四う

四十五お

四十五う

四十六お

四十六う

下ヶ札

御書面別紙書類とも一覧仕候処
文政之度未中下総国平高村百姓
長左衛門深谷宿[illegible]配下[illegible]町
長吏小頭共儀外壱人相手取不法
出入石川左近将監御勤役中

四十七お

之節同人方江及出訴吟味中
相対之上手札差遣候処右手札
ニ而商ひ致し候者も右者摘除方
双方江申分出入内済致し手札取
江札ニ而商ひ致し配下之者共者
右摘除候ニ付深谷宿[illegible]中之ニ
相対も有之候上者本文八日市場村江

四十七う

相済候手札之儀者先般定之
趣を以右計江及[illegible]
年々深谷宿方ニ而手札差出
候者も数多有之仲間組合ニ而停止
ニ付[illegible]
又者[illegible]
之極様之儀者自論村々相[illegible]

四十八お

蔵商ひ致し候者之[illegible]相
成候[illegible]
可然[illegible]別紙書類相返之冊
返却いたし候御挨拶相成候

三月

寺社奉行
遠山左衛門尉
御勘定奉行

四十八う

四十九お

四十九う

五十お

五十う

前文之節相達来候処、去ル後下総国
匝瑳郡平木村百姓長兵衛与申もの
手札渡し願請候ニ付、広次郎ハ外
大病ニ而在宅ニ付、弘支配所新治郡府中
宿分町長吏小頭手代見張候ニ付、右
長兵衛ニ而勤定御奉行所江相願其上
一件掛合之上、熟談相成候ニ付、手札下付

五十一お

願請候ニ付、手札宜敷もの共手札之儀ハ手
之ものとも手札不請願出候ニ付、相頼右
熟談仕候以来、右広次郎并忰在宅ニ付
手札世話請候ニ付、其外手札百枚并拾枚
又ハ拾枚程年々書替札料請右広次郎
二拾枚ニ而手札世話料与して広次郎ニ相渡
申候得共、去ル六年以前天保十二丑年十月中

五十一う

右広次郎忰在宅之儀手札書替之出府仕候
ニ付、御勘定奉行所御伺
奉申上候下知次第ニ付奉存候
七年以前丑年之年札ニ而願候し
居候間中御座候処、去ル後同人共書替
中出候ニ付、右奉申上候通、御勘定奉行
宜敷御差配奉存候

五十二お

此段御伺奉申上候以上
未八月廿日
[illegible]

五十二う

嘉永元申年十一月廿二日差出ス

一浅草弾左衛門手下之者ゟ下総国匝瑳郡八日市
場村百姓并職商人ニ私方ゟ相渡来候手札
之儀を拵之候様手続之儀を申立候ニ付
儀御尋ニ付恐乍手下之者ゟ
此段職職之儀を猶又元極ホを申達候

五十三お

差障之儀往古私配下長吏之身限右
職業致し売出し候儀ニ有之候処
職商ひ致来候ニ付場所ニ其職人を
相手取障候儀ニ付少々宛酒代として
差出商ひ致来候儀を定例
之相成候ニ付以来私方ゟ手札差遣
不相成致し候ニ付右差障有中ニ相

五十三う

支配同職人共ニ相渡貰請候ニ付右
差出候酒代雑費之分見積敷高限
差出申候手札相渡り候私共ゟ差出候
候得共前下総国匝瑳郡八日市場村
百姓并職商人之拾七人惣代忠兵衛
外人ゟ之拾二年以前文化十酉年冬中
永田備後守様御当所御勤役中

五十四お

奉出訴候由ニ而私ゟ差出候処御糺之処
同八月二日妻綱以書付御答申上
双方納得掛合いたし之者扱ニ而熟談之上手札
百枚相渡之ケ年熟談金弐拾両宛
毎年正月書面之通ニ相纏メ證文
之極ニ而候処相熟談之仕之趣以申添
相成下委以同八日書面之通以願之事

五十四う

止候同八月十日ニ至出右願之ニ付
御吟味之上双方江御請證文被仰付候
而右以来右之通手札相渡候札之
分ハ商人定用ニ取扱私方ニ而支配仕
且手下ニ申渡置候処去ル弐拾九年
以前文政三辰年三月中右通路
平本村百姓長五郎与申者之手札而

五十五お

箴商人ニ致出候ニ付私支配仕居　別
新治郡府中宿之町長次郎与申
者商人ニ候ニ付右長五郎与申者八日
市場村百姓広次郎外二人相手取
同法出入申立同六月中
石川主水正様御勤役御奉行御勤役中
右　御役所江差出訴候一件双方相合

五十五う

之上熟談内済仕候趣意ニ付以来鉄
箴商人共ニ手札之儀ニ付鉄手
札并請之商札共ニ手札受候ニ付
之手札相商人ニ共ニ候而も相若者手
本村外壱ケ村之分ニ而も先触仕来
通之手札商人共ニ相若者極置之年
十月二日双方ニ而　御評定所ニ而済口證文

五十六お

奉差上候得者相成候而右八日市場村
之分ハ先前之通手札差出置取扱私方ニ
而取来候処同年十日面
御当所様ニ而御訴申上候御吟味之
相成候ニ付以来手札数百枚差出之
趣意今弐拾両之割合年々手札
差出候儀之ニ而御座候得者前書之通

五十六う

手札請候分相渡候者共ニ拝借仕候ニ付
三ケ年賦拾ケ年賦返済候者共江[illegible]
札数百枚之儀ハ早速見届之上候ニ付
此上手札置候者共拝借候ハ右割合を以
何枚宛も相渡申候且又札高商候宛も
不苦旨申聞置候ニ付此上ハ右手札之儀ハ
手操ニ相成候儀ハ一切無御座候右等之儀 御尋

五十七お

右御尋ニ付書付を以申上候以上

申十月十二日

浅草
御蔵[illegible]下

五十七う

五十八お

酉
六月十六日

一 御蔵前[illegible]事申上候下総国匝瑳郡八日
市場村百姓蔵商人共私分拝借仕手札之儀
天保十二丑年中より差出 御尋ニ付右
[illegible]之儀委細以書面御尋有之候ニ
付何事申上候ニ付[illegible]文政之辰年

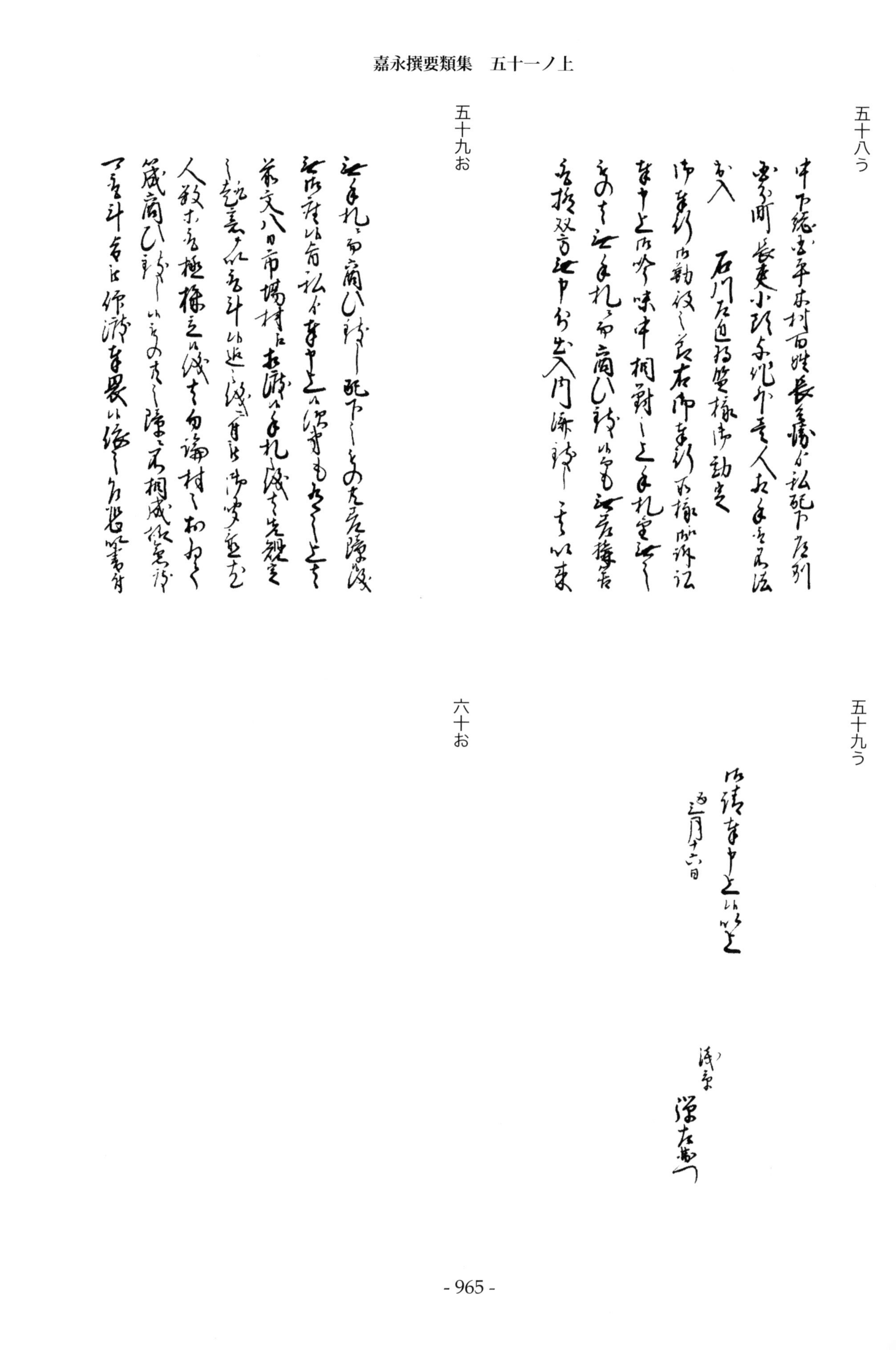

五十八う

五十九お

五十九う

六十お

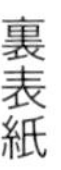
裏表紙

表表紙

表表紙う

一お

嘉永撰要類集　第五十一ノ中

一う

二お

二う

三お

三う

武州多摩郡
下恩方村
従来住居
長吏小頭
弾左衛門支配
小頭
浄之助
右衛門悴
右組下

四お

預人
友之助
長　蔵

右預人先達而別紙書面之通当六月中駈込
預書差出申候処一応差戻候得共猶又歎願
申書面取上下遣取糺申候処書面之通
全以相違も無之駈込候儀ニ付右
預之駈込差出候ニ付而取上ニ相成申候

四う

猶浪人問合ニ付申上候御指図之儀奉願上候
以上

十月二日

長沢門記叔来
中島玄之進

下ヶ札

五お

書面友之助外壱人預書之趣
当平人ニ而合も無之ニ付弾左衛門
手張ニ而吟味相止候儀ニ相成
差出駈込預之儀ニ付旁上ヶ可相成
筋ニ無之候

五う

六お

安永二酉年九月

乍恐以書付奉願上候

一西尾隠岐守様御知行所武州多摩郡
下壱分方村内地先ニ住居仕候浅右衛門
支配長吏小頭仁左衛門組下
六拾七人之内右衛門并惣拾七人
前條大捨人惣代友之助長病故人

六う

年中之以私儀共従古西内田畑耕作
之砌不浄ニ而不届之扱仕候茂御座候元
永續致度候処右小頭右衛門儀元
小頭相勤候処為役儀数年高剥
浄久井場持来候得共住所右
病身相勤兼候ニ付中途退役致候
孫右衛門相勤是又病身ニ而退役致候

七お

右役儀仁之丞相勤候処右衛門勤
役中組下之者不残段取扱
以一同難渋仕候上之先年仍僅
之者上村深谷村百姓加妻伊左衛門与
中者人別西大臣八俵酒樽之石
八拾同すまし六斗入指俵味噌
六樽麦旅以度

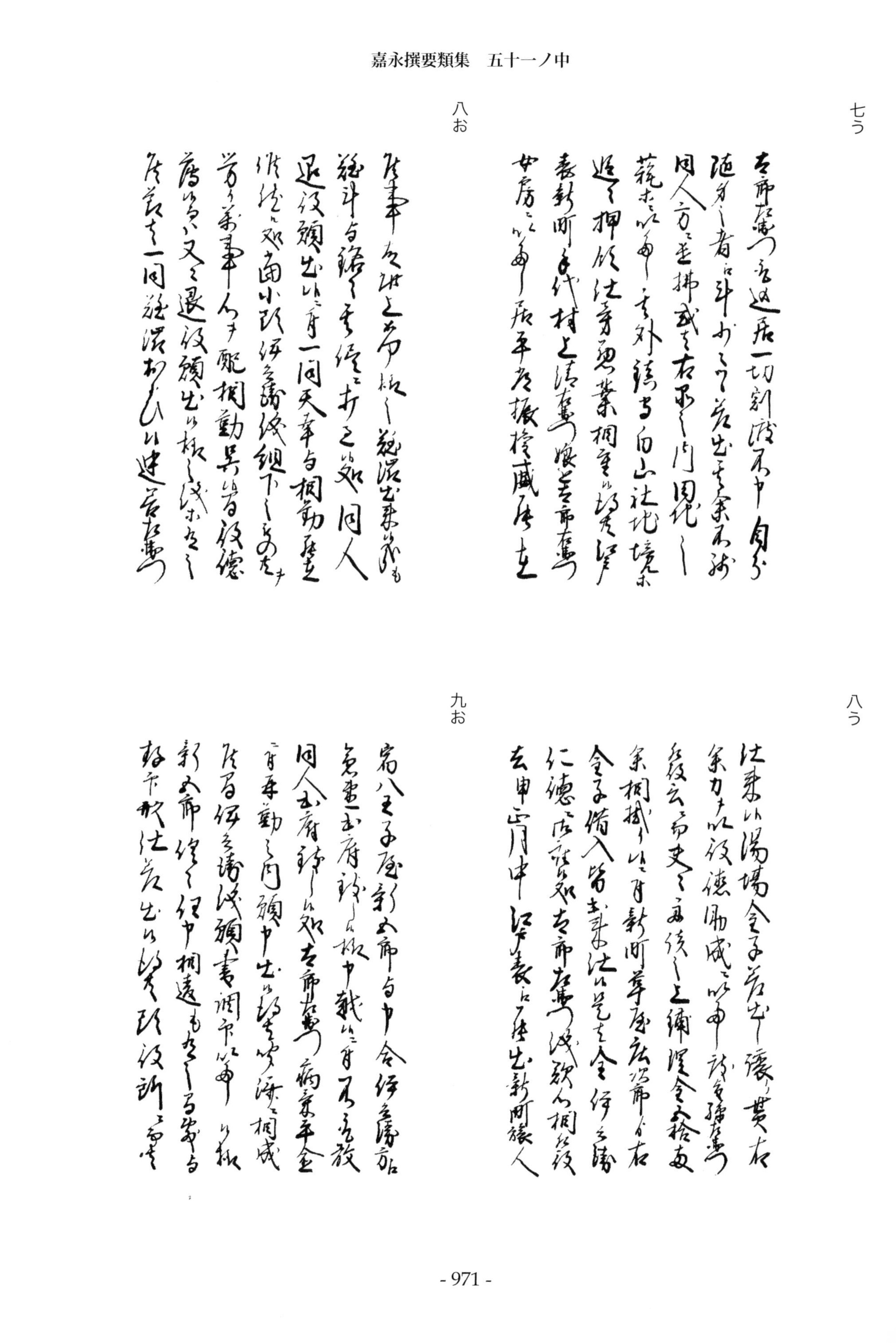

七う

八お

八う

九お

九う

一向不存由訳而不驚入候儀ニ御座候
右調中同之月中来呂役免候得共出
隠居右衛門出府中ニ而同人無其何
親類孫右衛門倅借二郎ヲ私乞月当
捨之人吟味之上村早別谷村迄呼出
差遣候而相中済候相中済候ニ付桐勤別
諸掛リ総捨之文ゟ仕集之内倍済申候

十お

桐済中ニ候得共組下之者ニ而も小頭
之中済ニ遠背候ニ付相中之江戸表
役所ニ右衛門不及出訴右捨之人
之者ニ呼出候代笠原兼助ゟ右衛門
詮吟味一同有故中之取調同人ゟ之
不申打消候ニ付右之内安右衛門八百歳
遊而中張候迄縄掛ケ厳敷折檻之

十う

遊之上仮牢留中付合之者雑混
体之右等之儀全く笠原兼助殿右衛門ニ
対し取計之御方江候合等存候得共
右衛門儀役徳不法之人而当込候
不存候哉之律又井塲之儀者役儀之
不抱先但ケ之指操候相中之取計
既孫右衛門勤役中右同人方ニ徳ケ

十一お

弁来候儀ニ付相渡候段又湯場之儀も無難ニ
右衛門自分之極候而不尽ニ付相渡
右ニ而も入用諸掛リ備銭し源方不相
成候儀絶捨取無之是非去申之月中同
役不ニ小頭伊之助其外ニ拾九人惣代
私も安人及出訴候処無之笠原兼助掛
而当時吟味中ニ付取調候何事も私

十一う

十二お

十二う

十三お

十三う

十四お

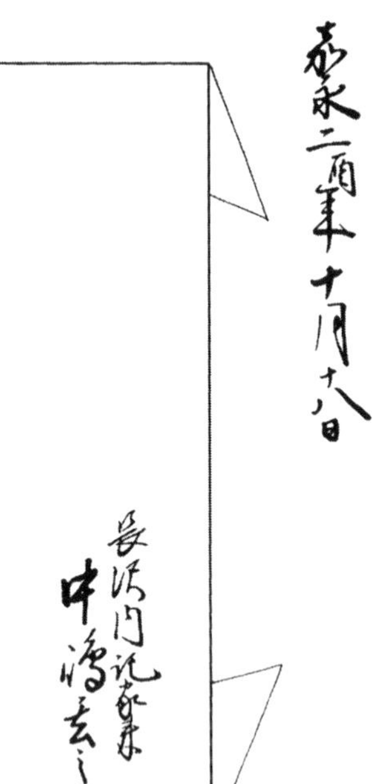

十四う

十五お

十五う

十六お

長沢内記知行所
[illegible]

十六う

下ケ方村
沢本組庄屋
長兵衛
[illegible]支配
小頭
伊之助
右組下
[illegible]
預人　八百蔵
外壱人

十七お

右預人八百蔵外壱人別紙之通被仰付趣書
差出申候一通相紀候処聊相違無之趣
承候之義ニ付右預之趣差出申候ニ
此段申上ケ之相成申候ハヽ此段御同人合候申上候
此段宜敷御沙汰奉願上候以上

十月晦日

長沢内記家来
中嶋玄之進

十七う

十八お

十八う

十九お

十九う

二十お

二十う

二十一お

二十一う

二十二お

嘉永七寅年六月十六日御指出同月十七日挨拶
下ケ札有之返却

對馬守殿　遠山左衛門尉

左衛門尉殿　井戸對馬守

青山大膳亮[illegible]斃死馬有之候ニ付菩提所

二十二う

青山宿梅窓院ニ而菩提[illegible]来り候処
場所ニ而取捨ニ致し[illegible]穢多頭弾左衛門
支配[illegible]大井村字山之内長吏小頭
源左衛門ヲ埋葬之儀差障り出候ニ付
右梅窓院[illegible]御下屋敷門前[illegible]先祖
大膳亮菩提所[illegible]外寺院[illegible]
[illegible]外[illegible]門前[illegible]振合ニ

二十三お

[illegible]斃死馬埋場[illegible]
[illegible]源左衛門[illegible]
[illegible]取捨[illegible]埋葬[illegible]
[illegible]大膳亮[illegible]
[illegible]御左衛門方[illegible]
斃死牛馬[illegible]
場[illegible]村[illegible]取捨場[illegible]

二十三う

[illegible]

二十四お

[illegible]

二十四う

[illegible]

二十五お

[illegible]

二十五う

附札書之通ニ及挨拶候ニ付、右ニ拘り此段御達申候、別紙
書類相添及御掛合候
亥
六月
下ケ札
御書面之趣承知致候、別紙返却、拙者
御役所ニも懸合候処、見合可相成
書面之通可被仰渡候、被仰付

二十六お

二十六う

榊原弾右衛門方江東ニ役人、右ニ付承知も
之段之を附札御渡候文之通ニ而拙者共
存寄無之候ニ付書類返却仕候
及御挨拶候
亥
六月
遠山左衛門尉

二十七お

亥
六月十日
一 浅見弾右衛門支配中より
青山大膳亮様御支配二月晦日就ニ及
青山梅窓院地内ニ埋葬候ニ付私支配
武州荏原郡大井村之内字山之内長連
小頭源右衛門、右之段書付以テ相願
申上候

二十七う

御屋形様ゟ
御尚不様江御伺相成候由ニ而私方支配
之儀御尋ニ付
此段斃死牛馬皮剥之儀者長吏共
家督職場ニ而品川中村之者共捨場共
割合日割も定不相成下職人共中甘
皮剥之持日持之者江者入札割合

二十八お

年来貢銀差上して私方江為相納候処
之而私代詰之者共職場捨場面日割帳
差出候儀ニ而右職業之儀ニ御座候
御入国之砌御馬足痛ニ付差上
御用私先祖江被為仰付奉差上御陳
御用ニ付牛馬皮其外年来御用
相勤其上又年々仕候御納御用

二十八う

御丸下御厩ゟ毎月上納仕来候
御丸様時々御吉歟　御陳
御召鞍候新調御張替共私ゟ献
仰付　御用相勤候儀ニ而有難奉存候
御丸様御馬斃死候節者御厩ゟ私江御渡
其之役人罷出人足ニ而引取日本堤下ゟ
堀堤御次之儀者小塚原仕置場下ゟ

二十九お

堀堤候儀ニ御座候
御三丸様御召御馬斃死候節者右御召様
ゟ私江御沙汰有之前書同様日本堤
下御次之儀者小塚原仕置場前ゟ
堀堤者陣々人足ニ而引取残之者交
究候下置候其外諸家様方御馬
斃死候節者右穢多共捨場ゟ引取捨候

二十九う

成候共身分下賤之人ニ而中村波為引候
菌場主之者ニ而入之方之儀ハ是迄
御殿主様御目見ニ限り場堺之儀ハ皆
波引可成儀ニ而右之私支配関八州
一統之儀ニ御座候右之儀ハ従古来御尋
之節之筆書を以今般御尋ニ付以私方
先格之儀ハ弐拾二年以前文政十二丑年

三十お

十月中自火ニ而諸書物焼失仕
候ニ付委細相調候得共桐生村中筆記
入候分前書筆書を以通被
御免様
御之々様御目御馬御吹之私ニ而御沙汰
之上人足出場堺ニ而御見人足込
候下直ニ而儀ニ御座候

三十う

御公儀様右之通御指引ニ御座候上ニ付
德家様方ニ而相済候ニ付葬御堺ニ而掟儀ニ
御公儀様御例ニ桐生村仕候儀ハ乍恐
筆録ニ而右 御尾張様方相済候ニ付葬
御堺ニ而掟右之通り次第
御尾張様ニ押移　　德家様御免
御堺桐生村ニ而之　　御府内被

三十一お

桐減私配下長吏共職分ニ相支
乍恐一同難渋仕候ニ付御憐愍ヲ以
候掟御堺ニ而儀ニ付別紙之通
諸家様御振合も御座候間宮寿長吏
小頭共ニ而御沙汰之上桐生村之御支配
候下ニ而相仰付度ヲ以
御慈悲御憐愍ヲ以被成下置候様偏ニ

三十一う

奉願上候、此段別紙相添以書付
奉申上候以上
亥
六月十日
浅草
彈左衛門　印

三十二お

嘉永四亥年三月十二日
乍恐以書付奉申上候

一武州荏原郡大井村長吏段源左衛門奉申上候、御預ケ牛馬皮剥取之儀ニ付、右
長吏共職場を唱ヘ、櫓中村々并
捨場所等割合日割を定、請持来、手下
非人共之内ゟ申付為剥取、持日場之長吏共

三十二う

方ニ而皮取入、右割合ヲ以年貢銀差配候
彈左衛門方ニ相納、以定法ニ而同人代皆
之節之職場絵図面日割帳差出来
同人方ニ而者右職業之勤ヲ以
両御丸時御太鼓御陣御太鼓御用并
向鞁皮御絆綱毎月
両御丸下御厩江上納仕、其外諸事願

三十三お

御用相勤来、御府内之儀者夫々張
櫓中町々捨場所等日割ヲ定、場所々長吏
所持手下非人共ゟ申付為剥取、持日場之
者も方ニ而皮取入候儀ニ有之候処
両御丸様御召御馬斃候節者、御厩ゟ
彈左衛門方ニ御沙汰有之、役人差出日本堤
下ニ場所御次之儀者小塚原御仕置

三十三う

場所ニ堀埋申候
御之御様御召御馬斃し候ニ付右御厩
様ゟ弾左衛門方ニ御渡被成候前書同様
品川境下御次ゟ小塚原ニ仕置場所ニ
堀埋申候事外　諸家様方御馬斃ニ
節ハ先格捨場所ニ御為捨ニ成候
右手下非人ニ剥取捨場之先之方ニ

三十四お

皮ハ入丈之方ゟ為手取申候
御領主様御召之御馬堀埋候　御
手余ニ捨場所ニ而剥皮取候儀
被成候右ニ弾左衛門支配関八州一統儀
御極候儀ニ御座候而田舎　御厩様
御召御馬斃し候由前ニ青山梅窓院様
御北門ニ堀埋候旨非人頭松右衛門ゟ私方ニ

三十四う

申来候私儀田舎同様ニ罷出候処
手網候ニ付見物仕候右　御厩様ゟ
被成候ニ付葬埋候旨申之義無之候
被成候ニ付　御上屋敷ニ而御取計相成候
御所出候ニ付定法一通り申之候得とも
御渡被成候斃馬之儀ニ付先格前書
之通於

三十五お

御公儀様ゟ先達　御菩提所ニ堀埋候
皮ハ御渡被成候家書斃し前ニ弾左衛門ニ
御渡被成候右四ツ谷境下ニ御堀埋候ニ付
被成候ニ付先例之御寺院ニ葬候ニ御厩様御馬斃
儀ニ付ニ御寺院ニ葬候ニ相成候ニ付ニ弾左衛門
定法相被成候旦私共職業之筋相立
不申候儀ニ付何卒之儀御渡被成候様

三十五う

元来ニ而も下宿御座候ニ付奉存候ニ付此段以
書付奉伺候以上

嘉永七寅年
三月十二日

長吏
源右衛門

御年番
御役人衆中様

三十六お

嘉永七寅年八月廿日差出　同七日掛り
下ヶ札付返却

禄多次郎弾左衛門手下之人相書相渡
者相糺候段承糺中之旨書付

吟味方

今般人相書相觸出し候ニ付禄多次郎
ニ

三十六う

弾左衛門江相触之趣申渡配下之者江
為相尋候処右之者居所相知元来是迄
彼是いたし候処事等同人江申渡候次第
茂可有之候旨申渡候節上意ニ付申渡
候段
御座候ニ付弾左衛門呼出申渡候趣
相尋事等申渡候段急度申付候旨同人

三十七お

呼出相尋候処先年囲内ニ而出火
いたし記録焼失仕候ニ付来歴ハ
相知兼候得共無拠先年改元
今般吟味ニ付御呼出ニ相成候段
相尋候ニ付相渡候ニ付御沙汰ニ而
相渡候事等ニ而御沙汰も無之旨
中之候ニ付相改候処書物有之旨相糺ニ付知

三十七う

去ル八年以前戌年中ニ而船手等
江も御申通相成不残立候様ニ与
御答御座候ニ付相尋候処
御成　公儀御免向写相済候上
御与頭年番役元へ相尋候而出
候処ニ而月番ニ而当前へ申ニ付済候申候
書面ニ而同人へ控ル之候前へ出ル

三十八お

右廉之儀南番所中済ニ付而御断ニ付
御成之候ハヽ中済ニ候以つ而与左衛
相止候処御免御答御座候も前文之通り
相成候御届候へ候而成候ハヽ以尋候
之候前書之廉々ニ申合候ニ付ス外
様方衆へ之方申合候も相免下候
之者并当事ニ付其之勘弁以候

三十八う

御答御座候ニ而中済御免下之ニ付之奉
相済候而積改而南番方ニ付而御済
不残候へ共相成候
右御答之廉ニ付書面之通り相成ニ付下候
恩召ニ而不対相互度ニも而相済候而成候
而段々共相成ニ付候別紙先年之書上
写相添御届申上候以上

三十九お

亥六月

東條八太夫
中村次郎八
東条八右衛門
中田仁左衛門
原　忠右衛門
安藤源左衛門
稲沢弥一兵衛

三十九う

下ヶ札

書面[illegible]ニ付御尋ニ付申渡方
之儀ニ付伺向方類例之調申上候
一通之法ニ無之外ニ而ハ上筋ニ而
其方面当方ニも同様ニ付
[illegible]

寅九月
吟味方

四十お

嘉永七寅年八月十九日[illegible]同月[illegible]
同九月四日掛披下ヶ札有之伺之通

知行所之儀ニ付伺之通[illegible]

書付

一 知行所門前ニ住居[illegible]
之儀村方百姓共ゟ出入等出来之[illegible]

四十う

[illegible]村方百姓[illegible]
[illegible]遠地[illegible]遠[illegible]
[illegible]村
[illegible]
[illegible]
[illegible]吟味[illegible]
御尋[illegible]遠地[illegible]

四十一お

遠当[illegible]地[illegible]
[illegible]
[illegible]御尋方[illegible]
一 同[illegible]村役人[illegible]御尋
[illegible]
[illegible]
[illegible]

四十一う

奉頼候処御規定相成居申候ニ付
承知仕候奉頼候
右之ケ條為念得奉伺候様之儀ニ而も
相違仕来之分人別等不差出候様知行所ニ
無之候村役人共申付候儀を写之相心
得難網之儀も右様御掛り方ニ奉伺候
差出候ニ付村方之締ニ茂差支申候而

四十二お

委細御問合ニ下候様仕度奉願候以上
八月
下ケ札
知行所内締致居候長吏非人儀
同知行百姓共ゟ差出入地頭ニ而
取扱候等申付候御掛り御役所
支配之事ニ付同人方ニ而相渡之候

四十二う

不待自申渡方之長吏小頭ニ
之衆相成候仕来之通之仕置
地頭手限ニ申付不苦旨之儀も治定
難計且長吏共村方之者ニ相手取候
出入願之方之儀ニ有之候儀ニ付
御掛り方ニ申出同人支配之上
出訴致し候得ハ手續而其地頭所ニ

四十三お

申出候而も差支之儀ニ付相聞候事
亥九月

四十三う

四十四お

嘉永元申年八月廿六日

一浅草御蔵前寺中之内私支配之内長吏
組人共申上候
御地頭所様御掛ニ而御吟味相成候ニ付其之
御仕置筋之儀御手限ニ而者御済ニ不
又者私方江相廻御引渡相成候様ニとの旨
御尋ニ付御請候

四十四う

然ル処篤与相糺候処右之者儀
御地頭所様御掛ニ而御手限ニ而御仕置御裁
ニ而御済ニ付而者古書ニ而同様之儀相知
不申見合ニ付而者何レも私方ニ而
相廻し罷下請旨ニ付御済申上長吏
小頭ニ而相人御引渡相成候儀ニ御請候

一右長吏小頭共同所御掛ニ而相廻御引渡

四十五お

相成候節者何也ニ御引渡相成候ニ付
之旨御尋ニ付御請候
然ル処長吏小頭共右手續ニ而相廻御引渡
相成候節者相渡小頭江御引渡相成候上
右役之もの村方者申上候長吏組下村
相代ニ御引渡相成候儀ニ御請候

一右長吏組人共儀前書之手續ニ而追放

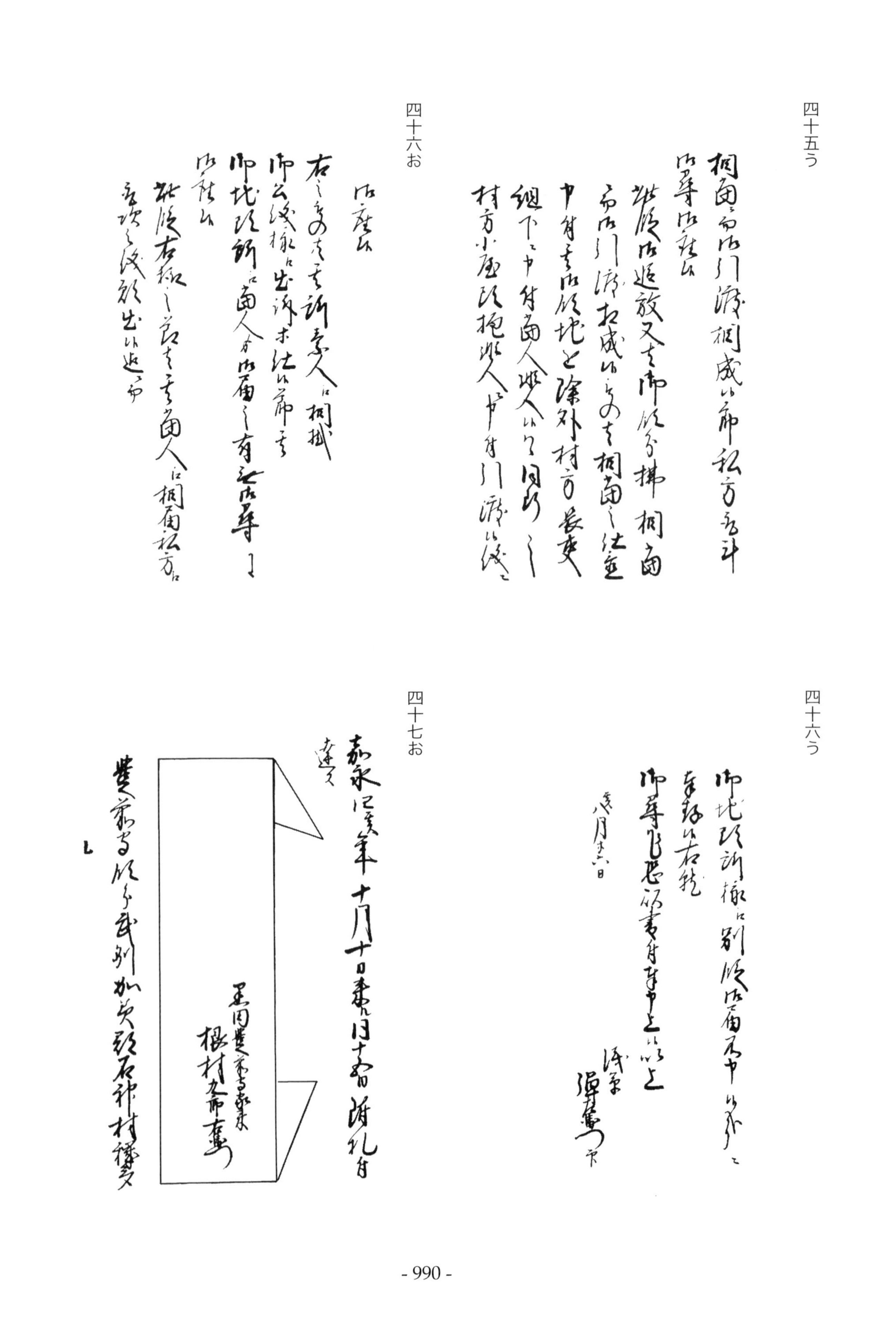

四十五う

四十六お

四十六う

四十七お

四十七う

仁之助母たんニ而七日牧野備前守様ニ
御駕籠訴仕以如同村合役田中松之助ニ
御都合不得穢多長吉妻連居候訴状
ニ付牧野備前守様ゟ小普請支配酒井
対馬守様ニ御引渡ニ相成御同人様ゟ
豊前守方ニ穢多仁之助母御引渡ニ
相成申候以御預り置候仁之助母御預置候

四十八お

右出入之儀又者穢多小頭呼出ニ
引渡申候ニ可有御座哉此段御問合
申上候以上

亥
十月十日

黒田豊前守家来
根村九郎左衛門

附札

書面穢多仁之助母たん儀者私

四十八う

江穢多小頭呼出於役場引渡申候

四十九お

嘉永四亥年十月十三日

一　浅草弾左衛門　東中之以　私支配之方長吏
非人共儀頭ニ而相育候ニ付
御役人様ニ御駕籠訴仕候ニ付　右穢
頭ニ付御主之而相成　御預ニ　御沙汰之
御引渡ニ相成　支配より長吏小頭ニ　御引
渡ニ相成候ニ付　其段又右　御届申上候ニ付　私ニ

四十九う

五十お

五十う

五十一お

五十一う

長吏非人共手下之者を私方江引渡
相成候様仕度奉願上候此段御尋ニ付
以書付奉申上候以上

亥
十月十三日

浅草
弾左衛門 印

五十二お

嘉永四亥年十一月廿八日来ル同十二月七日相済
下ケ札有之

御掛り　井戸對馬守
町奉行　戸田伊豆守　浅野中務少輔

浦賀表困人溜住居御用相勤候
困取締方小屋頭久兵衛持非人小屋頭

五十二う

人足持候を相抱甲州古澤村穢多
小頭年寄共江引渡置支配之者共近年困人入牢
弾左衛門支配之者共追々死罪非人溜住居致候
右之者共弾左衛門江引渡相成候節
支配之者古澤村穢多小頭
年寄方江も相渡候者有之由

五十三お

場所之儀ハ相渡候古澤村年寄方江久兵衛ニ
書面之通ニ而相済候節も往来
三十里余之場所御用之節有之古澤村ニ
而呼出方差支候ニ付浦賀表御用
向之儀ニ付年寄方江も弾左衛門方
代人差出候御用向之儀
其外不都合之儀有之候ニ付

五十三う

古津村吉郎右衛門組抜江戸表御代官支
配ニ相成候様致度旨申出候ニ付尚委
細相調候処難渋之筋相違無之然ル処
浦賀表之儀者兼而御用筋有之事ニ付
代官も類例有之候ニ付而相成者右
様多久之儀者古津村様多小吉郎右衛門
組を放し江戸表撰多取御代官支配、

五十四お

此節仕並御用向等差支候中相
成差障候ニ付此段及御掛合候

子正月

下ケ札

御書面之趣致承知候撰多御代官
相糺候処久之儀吉郎右衛門身不取放し
御代官支配ニ相成候儀者外

五十四う

身不処ニ押移難渋致し候御用
差支等無之相成御用向も代人ニ而
之面之節時入用出銭等之儀も
七分減候様致し以村方久々儀
難渋も致し置候支配之儀を
是迄之通居置候而別紙之通
申立候ニ付右書面写相添

五十五お

及御掛合候

子二月

井戸對馬守

五十五う

五十六お

嘉永五子年二月晦日

一浅草弾左衛門手下之者浦賀表
御奉行所様御仕置御用之儀ニ付
御差支之節々同所長吏久右衛門儀
相州鎌倉郡古沢村長吏小頭右衛門組
下之者私支配之者ニ御座候処右衛門組

五十六う

之様私支配ニ致し右仕置御用向ニ
差支候中拙者罷出候右　御奉行
所様分ニ　御番所様ニ而掛合
之趣ニ私ゟ召出右始末御尋ニ付
付私支配右古沢村長吏小頭右衛門
召出相糺候右久右衛門儀組頭被申出
場所者外組下之者ニ押移難渋し

五十七お

場合も有之候　浦賀表
御奉行所様御仕置御用之儀御差支
相成候ニ付右奉恐入候ニ付以来御仕置
御用之節々相済候上久右衛門私方ニ
訴出右衛門へ方ニ而右訴面之通り
席之差久右衛門代人ヲ以相届其外
勝手入用出候儀等之儀も七ヶ年

五十七う

五十八お

五十八う

五十九お

五十九う

遣而者潤ニ至候儀ニ付探索致候
弾左衛門所ニ而ハ右之次第之儀有之而者甚
並ニ差配致候、弾左衛門支配ニ相成候儀を
外並ニ者先ニ押移候處、混雑致候ニ付、御用
抔之支度ニ付候、諸御用向を仕立人之外
面々、併陳財人用出銭等ニ候儀を差ニ滅少
致候ニ付、以後を旅人之諸懸リ而混雑有之候ニ付

六十お

外者支配之儀を差遣候通居並候ニ付
之者弾左衛門方ニ而ハ其以書付写取添候様申
有之候ニ付、手限ニ而取計置候儀、右之次第之儀
国柄国人宿者之外諸品仕置候御用
為之者ニ而同様非人小屋頭之次第之儀も抔外
並甲斐古澤村探索致候處、右弾左衛門手下
而探索致候、弾左衛門並支配ニ付候

六十う

近年国人入宿人多く御用多く相成候
而者宿者之外御用向等者切ニ相成候ニ付
非人共ニ者右往至自分ニ罷出相勤候処
定例年始挨拶文ニ右小頭弾左衛門
出府之節も同人組下非人小屋頭之内
而壱人ツツ附添罷出候儀ニ而右之次第之儀も
右同様年始ニ相済為附添罷出候ニ付

六十一お

古澤村ニ者一体出丈ケ右弾左衛門方江出府
致し候儀在住遣ニ而も日数相掛り候ニ付併候
相掛り候ニ右弾左衛門旅中諸入用之儀も
附添候者ニ相懸り候ニ付、入費多く且又時ニ
書面之外申来候ニ相添候儀ともニ候ニ罷出候節
往返日数并入用等多分ニ相掛り候ニ付浦賀
表御用向ニ差合候儀有之候而者代人ニ而も

六十一う

六十二お

六十二う

六十三お

六十三う

此段御挨拶旁及御掛合候

子六月　井戸對馬守

朱下ケ札

御下ケ札浦賀表詰方小役人久之丞儀

小役人之儀今般願之通り有之候処

御奉行へ不被申上向後久之丞分久之丞

義右之者不都合久之丞共御奉行

六十四お

連支配いたし浦賀村其外村々長吏

小頭并人足共右久之丞手下之

者共詮有中之書面写差遣し

右ニ付支配之儀候ニ付無據訳

是迄御承知被成候右相成候共

御支配之儀御座候様致度尤

之書面写面差出此段御挨拶

六十四う

相心得候様と

子六月

戸田伊豆守

水野筑後守

六十五お

子六月廿八日書面返却有之御奉行へ代筆奉行

と

一　浅草御奉行申立候浦賀表

御奉行様ニ仕立御用ニ候同所長吏

六十五う

久兵衛ニ為差扱候處同人儀も桐原村甲郷
古沢村長吏小頭吉蔵組下ニ而弘通
支配之もの二無之處近年国人入牢人多
御用御差支之儀も有之候ニ付此節右
久兵衛儀吉蔵組下ニ致シ弘通支配ニ致
御仕置御用向相差支無之様相願候旨
右　御奉行様ニ申達置

六十六お

御当所様ニ御達之趣而右嘆御尋ニ付
古沢村長吏小頭吉蔵組下ニ而桐原甲郷ニ
久兵衛と組分ケ致候ニ付而ニ外組下ニ
押移務合之場合も無之旨候右
御奉行所様御仕置御用御差支桐
成候而ニ存罷入候得共久兵衛儀務合
之場合無之相成候事之吉蔵組

六十六う

中之町甲府二月中委細書付ヲ以申上候
事ニ有之候処右久兵衛同様国人牢番ニ
外請候仕置御用ニ為差扱候国人集り不申
非人小屋頭久兵衛儀も未当ニ相済候右
吉蔵組下弘通ニ而空例無之出府致シ
候節ニ古沢村ニ罷越右吉蔵組下同様
相府請候被仰渡候ニ付候処御日限も

六十七お

桐撫ニ縁ニ吉蔵組下旅中談入候儀も
相済候ニ年来非人吉ニ桐始候儀ニ而費多ク
旦又吉蔵組下ニ内時々書面ヲ以申来テ桐
原儀共も候得共候得而往返相致候而困難致シ
桐撫ニ有之浦賀表仕置御用向ニ差合
非儀有之候而も代人ニ而差出不相済候間
御用向仕差支無之様之務合候ニ而務合も

六十七う

六十八お

六十八う

六十九お

六十九う

七十お

七十う

七十一お

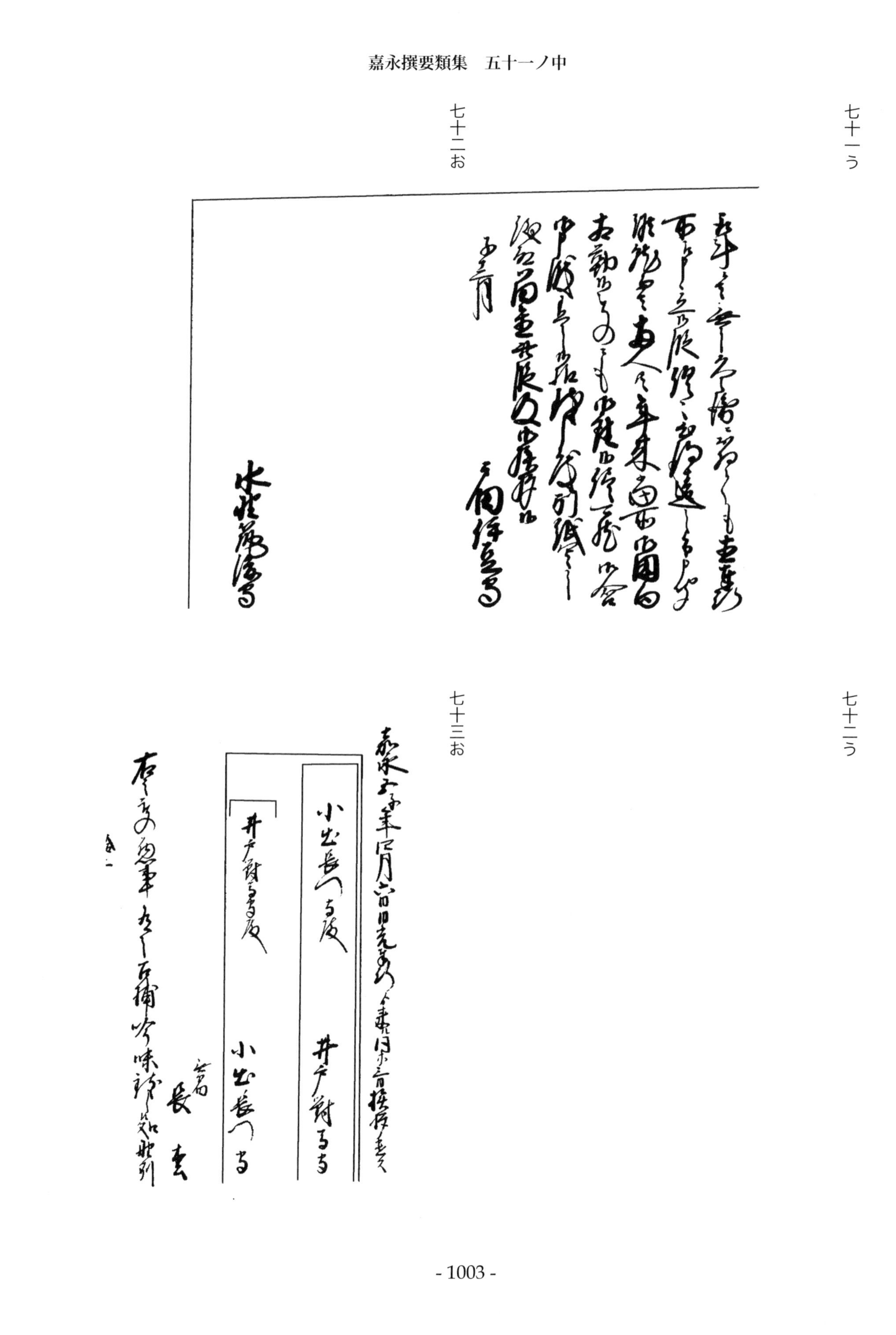

七十一う

七十二お

七十二う

七十三お

七十三う

七十四お

七十四う

七十五お

裏表紙

表表紙

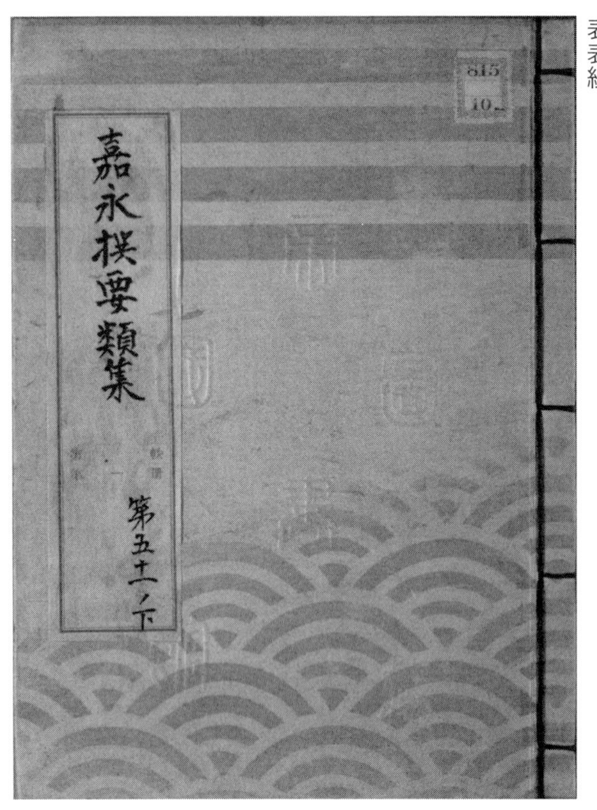

表表紙う

一お

嘉永撰要類集　第五十ノ　下

一う

二お

嘉永六丑年正月七日差出　同月十六日挨拶済

井戸対馬守殿
池田播磨守殿

[illegible]対馬守

[illegible]

二う

[illegible]

三お

[illegible]

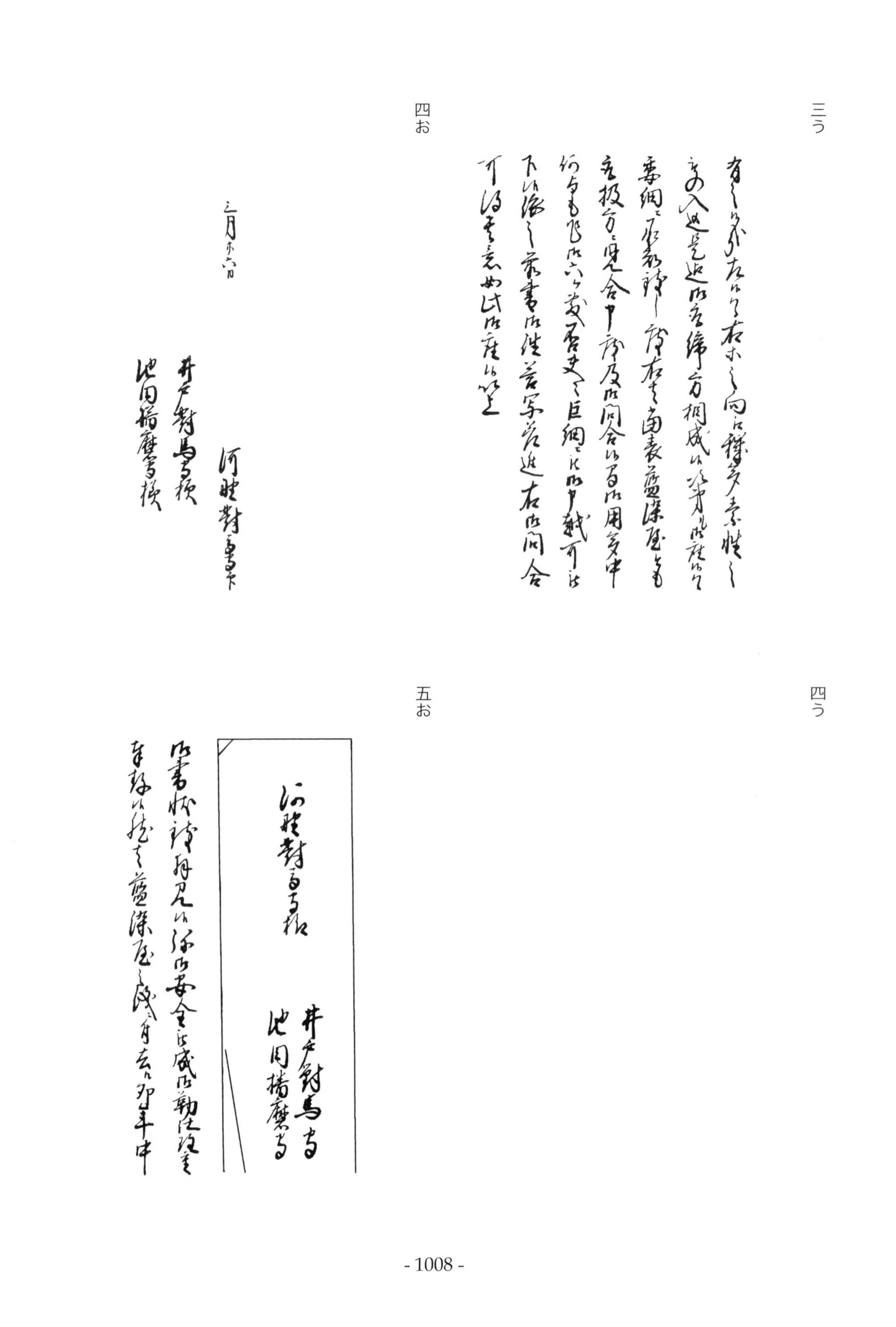

三う

四お

三月廿六日

河野対馬守

井戸対馬守様
池田播磨守様

四う

五お

河野対馬守殿

井戸対馬守
池田播磨守

五う

候先役ゟ先役之者共同合致し候而貸附致通
及候旨承候得共、書写差遣候処地廻
借屋之儀者、候而地借店借之者ニ而、右借屋ハ
平人ニ紛候儀も無之、然ル上ハ往古鞍馬
配下之由ニ而、近年右願人之儀、拙者共
候役所ニ而札文を出入勧候出願請候ニ付
支扱方外商売人之差別無之候ニ付、且又

六お

右願人之儀者渡世柄ニ寄往古鞍馬
支配請候家業之稼方之名代を無之候得共
素性不分明候而流来候町人共縁組を
勿論平日身分合ニも不請候而、下々商売人共之
家業出札文を出入勧候者ニ願之品取扱方
平人之差別無之、渡世勧候者共向ニ而ハ
左候ハヽ右様之向ニ稼方素性之者入込候

六う

支障方相成候義も無之候ニ付、其余ニ而取斗
候得共、右之者共鞍馬寺院之取扱方之
候問合ニ付、寺社奉行所ゟ鞍馬寺院ニ而申立候
願人之儀者、去ル卯年候先役之方江先役共
及候挨拶之通往古之稼方鞍馬配下
之由ニ而、近年右支配相離れ実ハ別派之願人
願人坊配下ニ相成候年之寺院相残同方江

七お

支之来両時迄も月番ニ而掛合候処、役所ゟ出
入勧文を認願等之儀ニ付、品取扱方外
渡世勧候者共差別無之、右願人共之外
渡世柄ニ寄稼方之名代を無之素性不分明之
明ニ而流来候町人共縁組を勿論
平日附合等も不請下々商売人ニ相交候分
之義ニ而鞍馬寺ニハ無之、左右卯年及候挨拶候

七う

通候ニ付穢多之取扱ニ和應ニ寄候ハ
深屋ノ軒下ニ引合ニ而待受所々住居之所人
而素性ヲ不相分明之者共之義ニ而平人ニ
紛ニ候へ共右之地ニ而見合之上相成可申哉
御差図被下候様存候此段奉伺候以上

月　日

池田播磨守
井戸對馬守

八お

河野對馬守殿

相伺候書面ニ別紙之写ニ有之候通御座候以上

八う

九お

天保十己亥年九月十日

一　両地非人穢多之者共方之儀先前ゟ御仕來も
有之候ニ付其平人与不紛様風俗等別之儀

九う

格別親之中ニ而茂書写難相成候当今御地
之振合要用不弁致候事
此段私支配所之者共一通り法網之
商売ハ勿論為請候中小前之者共
婦女之人髪を結候儀不致候様申付
毎月髪を切断髪ニ仕且又衣類之儀も
布木綿之外着用不申候中ニ而甚被

十お

相成一切為請不申候居小屋之儀も蔵作
天井長押障子唐紙等為請不申候
私方ニ而毎年定式之検見致写別紙
之通御座候且又右者共長吏ニも
囲内之者同様古来ゟ綱所為致申候
作之所持田畑不持耕作仕御年貢上納
又者御年貢地御除地之不持仕候者も

十う

御座候且又古来ゟ御定之頂戴仕来候
御書留ニ而御定之御年貢之儀も
御郡代様御屋敷ニ而長吏ゟ差上納仕候
之内も御座候而右御役ニ長吏所人之
不残相ニ仕有之候
一 風村之中ニ穢多村同様之者共之
之儀農業之穢村之外ニ候事

十一お

此段私配下之風村之者共之内
而も之者共ニ而私配下之者
之者共之死失又者所等
退轉仕候而年来之百姓之請居
右様之者共ニ而私支配下之
候儀且又私支配下外ニ而も
右之趣

十一う

御厚恩之様御執成を以御当地ニ出生致し候
義者私国司旅人宿ニ止宿罷在候得
共右御聞之儀者桐箇ニ而私ニ而相控候門跡
私方ニ而聞中付候儀ニ御座候得共右風村
之儀者何様之不業法之御座候ニ付私
支配中ニ者如何御座候

一 穢多素性擇選市中住居不致候ニ付之者

十二お

不輸御法度中付候儀ニ而候へ共先年町並
住居致候処旅籠屋之儀者多者穢多ニ而
相交り居候ニ付候処右神済世多く
者穢多ニ而之御座候ニ付御支配振ニ而
承知仕候事
此段長吏頭人共ゟ擇選市中住居
致し候ニ付之桐殿支ニ而聞候桐箇ニ而私ニ

十二う

相控候門跡私方ニ而聞中付候儀ニ御座候以上
従古縁合
頼朝公ゟ長吏以下弐拾八職支配可致旨之
御条下ニ下候内ニ者屋壱通之内中絶候ニ付
右末ニ者私支配御座候得共いつとなく支配相離ニ付
面附私支配ニ者無之御座候得共旅籠屋之儀者
右者屋壱通之末ニ新ニ而御座候ニ付相兼

十三お

此段ニ御座候以
右之　御尋ニ付書付を以奉申上候

卯九月十一日

浅草
弾左衛門

十三う

十四お

天保十五辰年九月

町奉行え

田村伊勢守
伊奈遠江守

南北神田花房町外近所宿屋共仲ヶ間拾五
公事訴訟人之宿渡世致し支配国之内

十四う

近江丹波大和之もの御役所江呼出之節
差紙為相達候ニ付公事人右宿屋ニ限り
中ニ者右之もの且又銘々御用上京之小役人
共宿并寺院江申付逗留致し向数月之
儀ニ付右宿屋渡世之もの江本陣并代掛候節
御用宿申付来候處仲ヶ間示解ニ付御出
手段も差遣勤来候得共御用宿之儀も

十五お

中ニ付候處御座候儀ニ家業之ヶ其外山城
其他より御役所江呼出之もの其公事人合等ニ而
御役所江罷出候者諸向江猶又修数之旅宿
致し候而ニ者右等も不宜呼出之節差滞候
茂有之右ニ付右地ニ而も仲ヶ間御示解之筋ニ付
他国分登候公事人共之宿料数ニ而も御定相
有之御役所江届来再致し候儀ニ有之候処

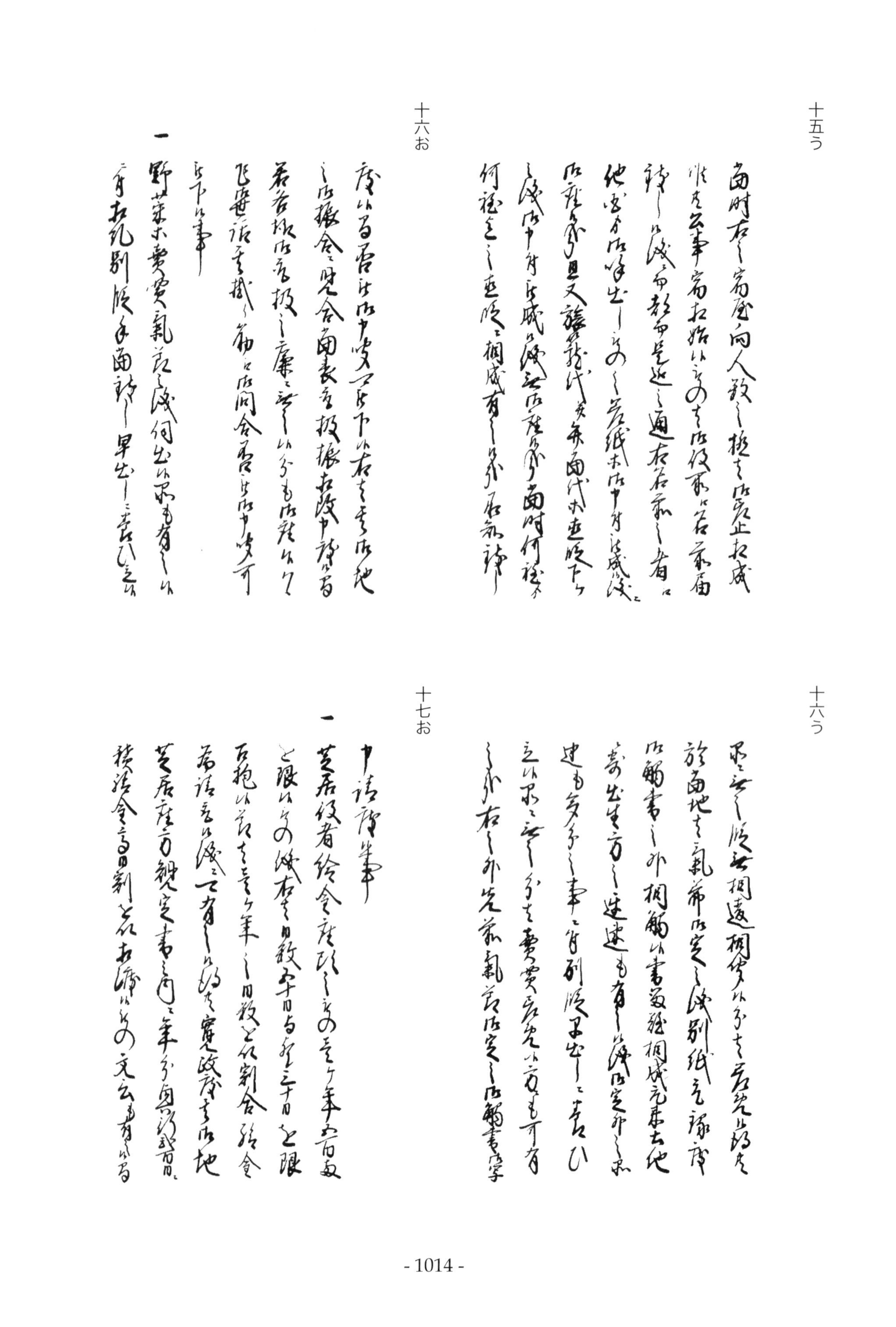

十五う

十六お

十六う

十七お

十七う

致不和並候事

一　前地非人撰之者立締方之儀先年中迄も

有之候處、先年人々不致相同候ニ付、此後

猶後之規定中迄書面種相分置候趣

之仕組合并細不和致し候事

一　同村之中ニ而撰村同等之者も有之、又同村

之儀農業ニ而撰之者ニ而区別も可有

十八お

之分之事

一　撰者之素性と押渡市中ニ住居不致之者ニ

而補仕候並中仍而儀有之、先年来所並ニ

住居致並深居ニ而儀も多分撰勤之

相成候而右他抑而之右非人世勤ニ為

撰勤之もの有之候ニ付不拘振致不和候

様事

十八う

右之儀及御問合候事

九月

初ケ所御下ケ札

此書面旅人宿之儀ニ付而地方食所

小伝馬町組之唱並所、根河住居致し

八拾弐軒組并ニ三十軒組百軒宿々

唱候分ニ而数在之候、組者旅人宿之見方

十九お

之区別有之旅人宿ニ而は相者ニ付往来

候組之者之儀、実以頭之ものより非引事

候出相済八十二軒組之儀ニ而出火之節

評定所並公事方御勤定奉行宅

駆付相勤、右三組ニ而相成旅人宿問屋

被出御用向不来候処、組合仲間不致定並

法ニ致し差延し場所ニ而御世話手筋之

締り行事無之候ニ付拙者共御役所承候
訳ニ茂の者有之候得ハ右同所ニ一ヶ所
御座候ニ付旅人宿共出入等申付候段ニ
有之元仲ヶ間有之候得ハ訳ニ茂の
仮料出方無之候而ハ仲ヶ間一同迷惑
相勤候処御改革後者御役所ゟ雑用
下ヶ置候ニ付而ハ手廣ニ相成候ニ付遊

新規稼方差相始候而も者有之候然處人
共外諸添等ニ而家出候ニ付諸締方
之儀ハ御勤定等ニ而申渡候得共
纏之者の窮難之外之取締向
之儀有之候ニ付新規御免許之者
取締方御尋地元役所芝居之海（？）
引移一纏ニ相成候様可被仰付候

何卒御出仮料之儀ハ壱人ニ付銀
宛之知纏合候ハゝ此後ハ引下ヶ候而も
有之一同当ニ而極難出御用等出府
締り候役人有之候得ハ相対ニ而止宿
締り定之通り相掛御用宿申付候
無之様仕来之通有之候

二ヶ条同御下ヶ札
御書面野等之儀ハ御改革後別紙
町触之申渡候通ニ而右之通
御取計有之候

三ヶ条同断
御書面役者共給金之儀ハ御定之通

二十一う

壱ヶ年日数弐百日之見積興行致候之
定相済候儀ニ而休席又者公儀御法事之
興行相休候者其外席相勤候儀差支之
席元ゟ日数合壱割興行之差支候限席入
候節者其又日割ニ而相済候仕来ニ
有之候

二十二お

四ヶ条目同

御書面穢多非人風俗之儀穢多共
浮在之者相見候ニ付別冊之通申立候間
右写ニ而御承知可有之候

五ヶ条目同

御書面風村之儀者下戸石村々習ニ候

二十二う

陵完者之住居候者も有之候ニ付浮在之方
相見候ニ付御面地ニ可見合者共之的面
之者之候得共素人ニ而乞猶多職札之更
乞食貫受候之ものも有之候ニ付今般
改革之上住居相定候間渡世之儀者
右申渡等ニ而御承知可有之候

二十三お

六ヶ条目同

御書面染屋之儀者御面地染屋渡世ニ
相用候古者浮在也斯下之由ニ付尚者
之後者関八州染屋者其元御細工頭支配
染屋頭太郎兵衛在也御仕事兼行
支配同役太郎兵衛助斯下ニ而年々
藍瓶役銭差出候者表御用之人足ニ

二十三う

相成兼候外、彼是[illegible]ニ而素人
前々[illegible]世間[illegible]得[illegible]下ニ
引合候類有之候而何卒[illegible]方之
往居[illegible]平人之[illegible]候

二十四お

上

一 私方前々御座候田地郷人[illegible]手代松ニ年々申渡候
証文左之通ニ御座候

二十四う

指上申一札之事

一 譜代被仕者共切支丹宗門御法度之
宗門ニ御座候ハヽ早々可申上候事

一 指置候者ニも随分請負仕候者御座候ハヽ其ノ
申上候共怪敷者有之時も抱置申間敷候事

一 長脇差之調並成不及申候脇差刀 指
申間敷候衣類之布木綿計衣類ニも

二十五お

調並申間敷候事

一 仏事祝儀振舞軽ク仕候遊興并天井 縁板
並張付唐紙障子仕間敷候事

一 従先前御法度之通郷人共髪毛毎月切
申候様ニて為仕申間敷候事

一 御蔵方寺社御所郷人共稼ニ[illegible]申
間敷候嘩口論悪口為申間敷候事

二十五う

一 非人共乞食ニ出候節裏家江通り申候ハヽ裏店江
罷為出通り申候得共出候時も右之通唯今迄出
候与罷出入不為致候事

一 火事出来之節ハ非人共早々可罷出場所
急度可申付火事場江差出不申候様
堅可申付候且疑敷者ニ一切非人共も出
申間敷事

二十六お

一 非人共宿ニ差置候相互ニ為致置候得共新非人
男女ニ不限右之外之者共差置候毎日乞食ニ
出させ不申候勿論頭中並ニ棟梁共之外
相互ニ相対為致間敷事

一 非人共乞食罷出候節大きせる為持
申間敷候紙袋之分ハ多分差免ニ而為香申
間敷事

二十六う

一 御役之節小役人足入用次第出可申候尤
人足之義人数等是迄之通り先規之通
役所割合差出可申候勿論役場ニ而定之通
私ニ而罷出人足之不足無之様可仕候事

一 如前之旗蔵人共者年々年ニ二千百人限之御用
之節者是迄之内相手支度出可申候尤人足
御入用之時者何様不限御用次第急度

二十七お

指出可申候勿論其節ニ至り御礼之先規
之通相勤可申事

一 右中非人者百之書附指出御帳ニ有之候場
中非人も同様取扱非人抱置候ハ其外小屋主ニ而
非人抱置申間敷事

一 其外非人成候者ハ抱置候者ニ而通之
相当ニ紙面差出可申事

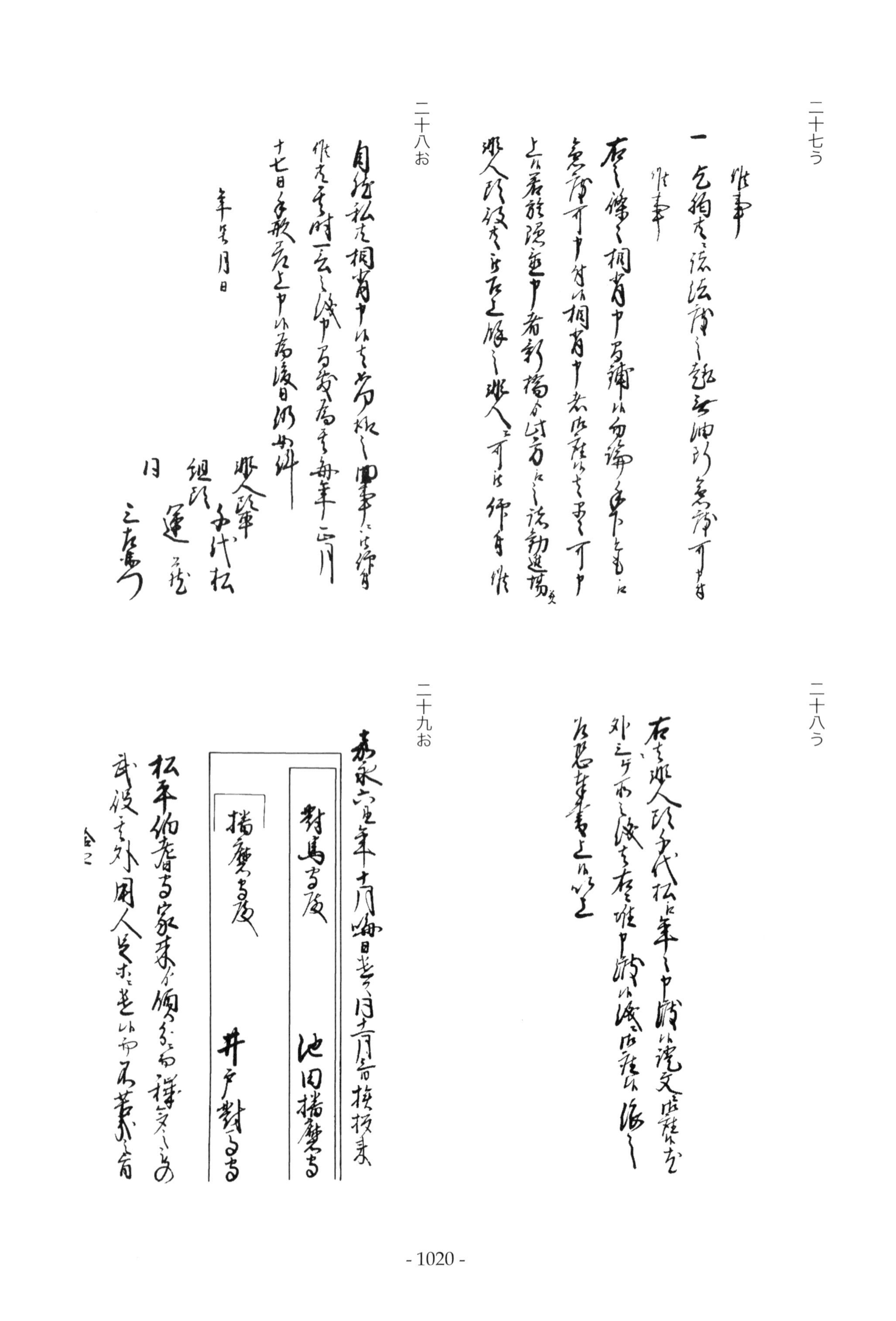

二十七う

二十八お

二十八う

二十九お

二十九う

三十お

丑十月

下ケ札

三十う

十二月

池田播磨守

三十一お

嘉永六丑年九月廿六日

三十一う

三十二お

三十二う

三十三お

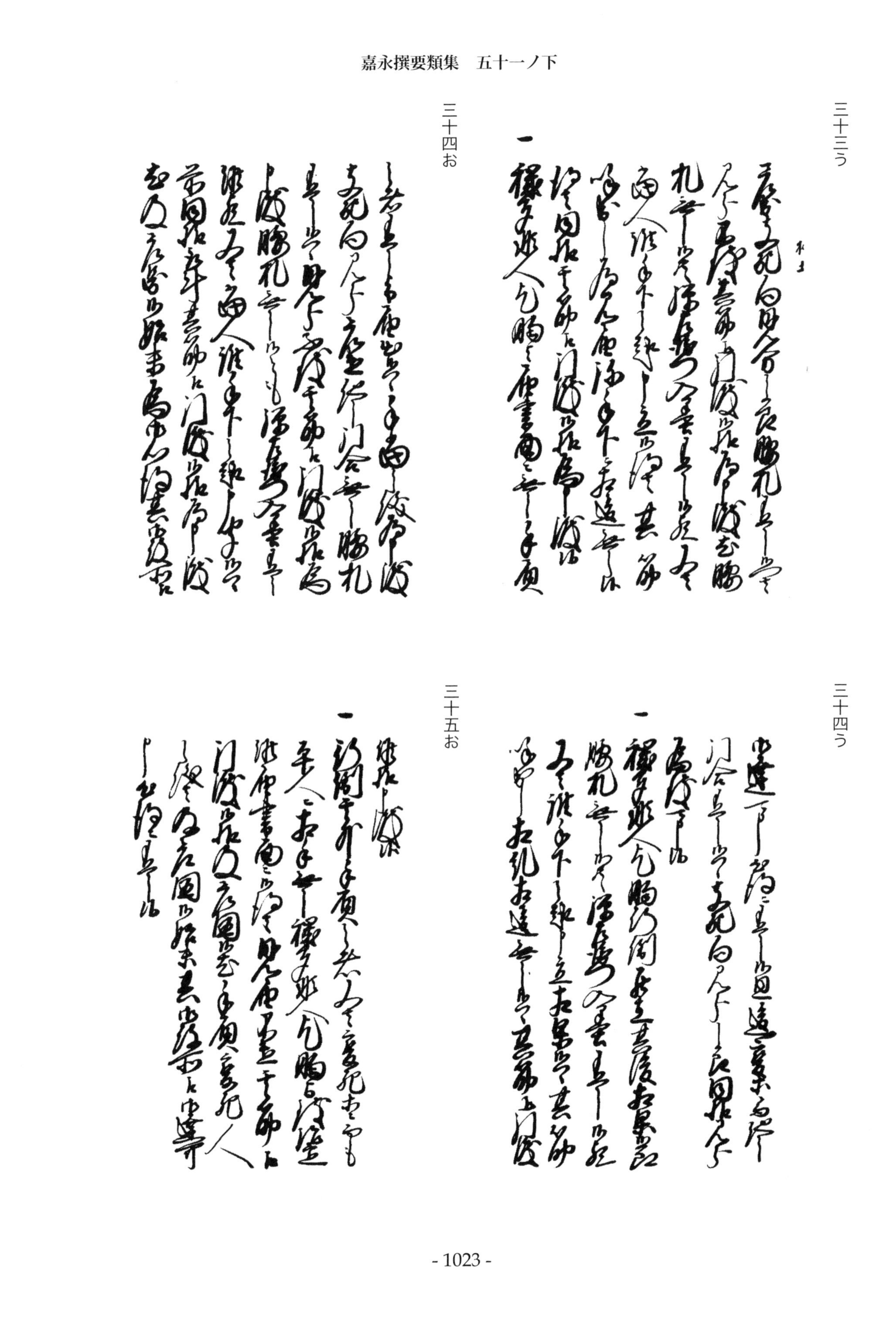

三十三う

三十四お

三十四う

三十五お

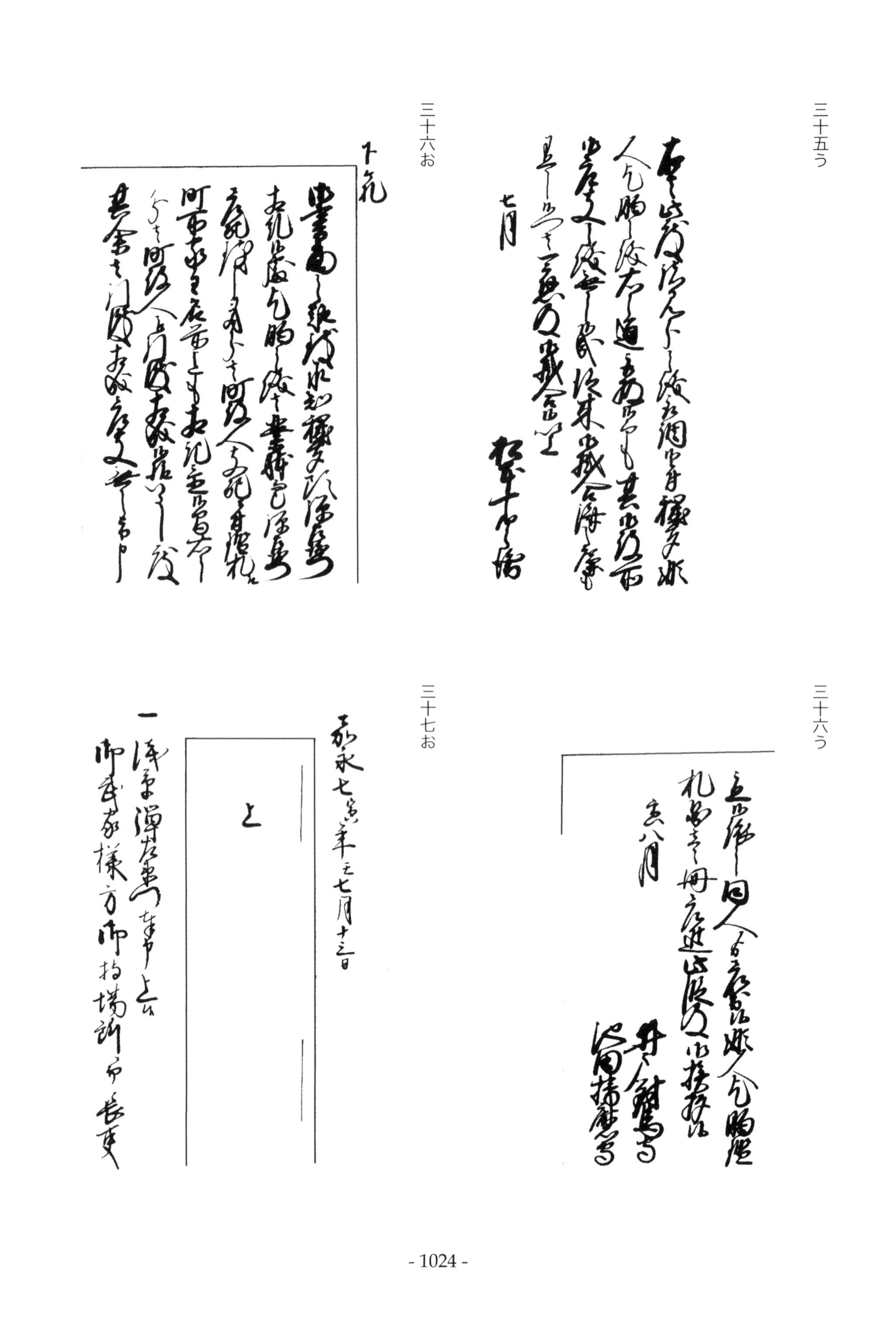

三十五う

三十六お

三十六う

三十七お

三十七う

職人并先約之者共名前而所例　候得共
之も有之候ニ付場所ハ御届ニ書付差出
御用掛様之支配向之儀ニ付候　勝札
有之候ニ付相尋候処ニ付御譲請候ニ付御品差出
之ニ付御免ニ付勝札ニ御座候ニ付私方入置
候処又々当人江相渡候ニ付其中之勝札ニ而
御座候ニ付右之上為見届相渡候桐遠

三十八お

之候勝札同様之門済ニ相成候も
候処文之御座候ニ付右之御尋等之儀
職人松田門弟子平日家業致ハ
華雪端先外ニ雪端職人共ニ而
右等之品又々同事共并御府内
一統ニ而相渡候ニ付古分勝札共為済候之
之儀ニ而候出先ニ而所例一件之

三十八う

候趣ニ御済之儀ニ付早速門之
中ニ而済之儀ニ付早速職人共并家業致候
相其紙ニ付相渡候外相成候ハ、古木
同断共拾ひ候所又々雪端迄
稼共ニ御座候ニ付之右ニ付年ニ以前
之旨ニ付御済之儀ニ付勝札為済
迄之儀ニ弐拾ヶ年以前文政十二已年

三十九お

十二月中私方自火ニ而古書類焼失
仕候ニ付相成候儀ニ付書類ニ而相知
七拾ヶ年以前天明元丑年六月中
絵図面ニ而通勝札相改候所職人
此并本下川職人共又候も中ニ付勝札
迄之月職人共稼先ニ而所例并先約
右勝札差上以前ニ付私方ニ而御済

三十九う

御座候ハヽ不埒之筋ニ付急度可申付
候段ニ御座候

一 天狗之儀者慶安年中之頃長谷
破屋町与申者両人ニ而職人之家業
相営来候ニ付職人ニ而も家業ニ
隣之桐屋組後仕候ニ付職人之家業仕
罷在候右職人ニ若七与右破屋町ニ而

四十お

桐屋与兵衛近右衛門之家業請
来候ニ付自今者若七支配ニ桐屋
罷在候ニ付尓後之上御預け
町御奉行
石谷左近将監様御勤役中右
若七支配ニ而相付候ニ付所ニ八町人之
諸方家業請候処其以来天狗家業

四十う

仕候者共私支配ニ仕来り御座候[illegible]
候所右ニ支配不仕一躰ニ[illegible]人ニ
天狗仲間入請候ニ付ハ其者之[illegible]
之[illegible]又ハ[illegible]人ニ而も諸人ニ
天狗仲間入請候上ハ何方ニ而も[illegible]
持[illegible]之天狗職仁支方ニ而[illegible]
[illegible]天狗家業之者共人別之儀ハ

四十一お

若七方ニ而[illegible]同人ニ而私方ニ而[illegible]
月々右人別増減ホ書出し[illegible]
天狗家業ニ付而者私支配ニ[illegible]
天狗之家業先ニ[illegible]
場所ニ而御座候以不埒之筋ニ
可申付候段ニ御座候

一 [illegible]職人共天狗与[illegible]

四十一う

手負之者有之候ハヽ其所ニ而當
之儀ハ其所支配之者見分之上其
地之引合有之勝札有之候ハヽ其者見分
之上済候筋ニ而引渡勝札渡之候ハヽ
私方へ罷出有之候ハヽ其当人共之并
桐谷ハヽ其最寄同様ニ而差計候筋ニ
而引渡ニ而不拘遠境之者ニ而地之引合

四十二お

有之候ハヽ其支配向ニ而見分之上同様
見分ニ而御目付ハ其者ニ而差支之筋ニ而
候ハヽ之者ニ而御尋ニ而
渡候儀又ハ儀ニ而御用事も有之
町人并浪人共之儀ハ勝札を以前ニ而手負之
者有之候ハヽ地之引合有之ニ而私方ニ
引渡候様ニ付不速之筋ニ而引合

四十二う

中付候儀ハ其後ニ而又浪人之者勝札
之類桐谷ハ又ハ私方へ罷出候ハヽ其者
引渡ニ付不速之筋ニ而引合中付
候上ハ右之趣私方ニ而御目付見分
仕度此段書面ニ申上候
御普請様ニ而御沙汰之上勝手ニ而

四十三お

有之候ハヽ其町年寄ニ而勝手人ニ而
有之ハヽ其者右御場所ニ而見分之上相
何ニ而も其筋ニ而御下知ニ而差計候
浪人之儀ハ其家業之支配ニ而取計
支配ハ無之ハヽ其家業之者ニ而町人ニ而
有之手負之死人有之候ハヽ勝札無之
之節ハ以私方ニ而引渡候ニ而不速

四十三う

[illegible]

四十四お

[illegible]

四十四う

[illegible]

四十五お

[illegible]

四十五う

仁左衛門申上候段ニ御座候
一　引例者外ニ手負之もの亦者変死等ニ而
平人之相手ニ而長吏非人乞胸与　被
治定ニ付御届書面ニ付候者御見届不申
其節ニ而御引渡相掛ニ付相及御察当候儀
御座候之段ニ御座候ニ付此之者御尋ニ御座候
出候引例者外手負之もの又者

四十六お

変死等ニ而平人之相手ニ付長吏
非人乞胸与被治定ニ付御届書面ニ而
御見分之上御座候私方ニ而御渡被仰付候ニ付
其段者御節ニ而引取申候ニ付候
御座候ニ付長吏共之段者引取ニ付上
而右之趣私方ニ而訴出候ニ付前例
見分前同様ニ而書面之通

四十六う

御奉行様ニ而御調中上之申候ニ付
前書之通長吏非人乞胸共之儀者
前書申上候通ニ引例手負人
変死等之趣私方ニ而御渡御座候
被下候節ニ而引取申付候御座候
右儀手負変死等之儀者前々時節
之外之儀御座候之通申上置候

四十七お

前書仁左衛門申上候段御座候
右ニ付　御尋ニ付非人乞胸
札絵図面別紙之相添差出候書付
奉申上候以上
寅七月十二日
浅草
弾左衛門
下

四十七う

四十八お

四十八う

四十九お

四十九う

五十お

嘉永七寅年八月八日為持遣同月廿三日持参
下ケ札九月十六日

對馬守殿　池田播磨守

播磨守殿　井戸對馬守

猿若町河原崎権之助支配之方長吏取入候
修覆之儀ニ付役場ニ而吟味いたし候処仕置

合八

五十う

付札

申渡以後相渡し仕置中前々ゟ仕来之儀示し
長吏小頭ニ引渡弾左衛門方ニ引連出候を
相渡し仕置中付以仕来之処松平織丸
寺社町奉行役場ニ而も重ニ仕置罷在中付
為し甚不都合ニ付以来者
右体御仕置同様引渡以相成以諸賄候旨
弾左衛門方中出以為織丸家来ニ相違之

五十一お

調以来是迄之通穢多非人仕置之儀
都而手限ニ而申付弾左衛門方ニ而相渡
し仕置更以相中付引渡以後之を差し候旨
相談右之義仕来以右不相渡しニ付
相改以相下達知同家来人ニ而料不正
振合御勘定奉行ニ問合之候処右等
相掛り候ニ付相方ニ及相談以ニ付弾左衛門ニ

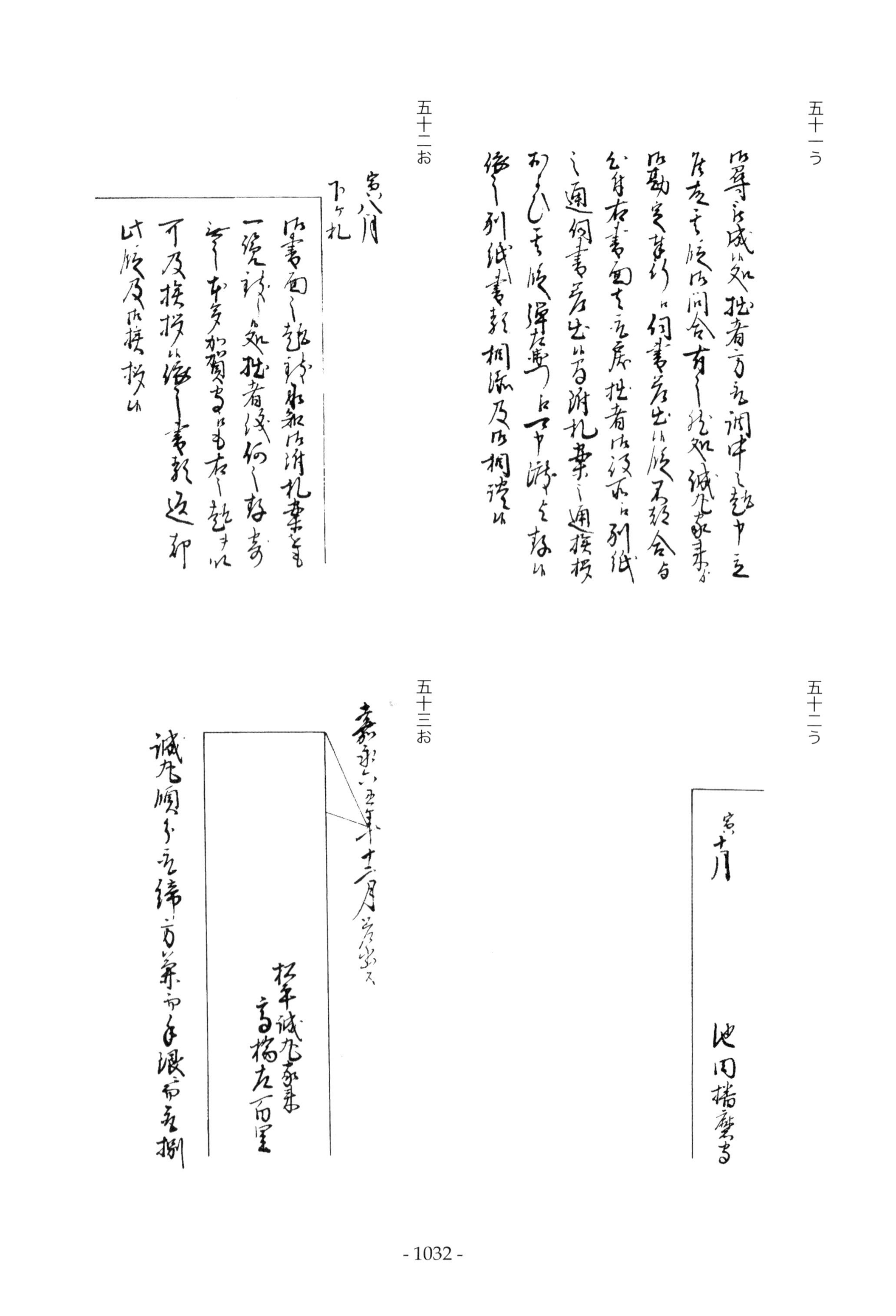

五十一う

五十二お

五十二う

五十三お

五十三う

為御仕置ニ付穢多非人共之儀も不埒之筋
有之候得者吟味之上死罪と御仕置之
節口書中并書中ニ而も死罪御料不申を
死罪遠島之儀者御奉行所ニ而御仕置
手限之儀弾左衛門江御渡之外ニ
御座候を何之御座候得共御渡ニ付候処穢多
非人之儀ニ付弾左衛門江御引渡被成候得

五十四お

同人分桐生之外非人手下ニ付前ゟ御渡
弾左衛門并手下中ニ付と為文御渡中ニ付候
今般兼而仕候者共御料不御扱不申右之通
御座候ニ付職分之御調候之儀も御手御料不
相成死罪永牢之儀者役場ゟ差上ニ付
手外之儀者罪科ニ付候知穢多非人
之儀ニ付弾左衛門方江御渡桐生之外非人手下

五十四う

中渡之長吏小頭ニ而門渡中請書取候
右之者共方ゟ御桐立ニ付候ニ付候之儀
差而役人共ゟ申載候ニ付書面相伺之

十二月　日

松平誠丸家来
高橋右門

附札案　寅十月附札取扱

五十五お

書面穢多非人共御仕置之儀死罪
遠島者差上ニ付其以下者科之
次第中渡弾左衛門ニ而桐渡仕置
為取計候事ニ付御伺之儀者右ニ准之
可被取計候

五十五う

五十六お

嘉永五子年十二月廿日差出ス

一 浅草弾左衛門申上候私支配
上州長吏非人共儀者御領主

五十六う

又者御代官所御預ヶ所ニ不拘不依
有之御料私領之差別無之引受ニ付御仕置
其所長吏小頭ニ申付取計申渡
候得右ニ付御仕置申渡証文写し
拙者共両人ニ而差出長吏小頭共ニ
私方江御差出候儀ニ御座候処不知
頭取之年以来天保之辰年

五十七お

十二月中御領主松平大和守様
御掛りニ而私支配武州入間郡
安生老村長吏元小頭安五郎
倅下松山郷非人ニ同国同人儀を
不届之由御領分掛り當士ニ而
儀ニ付同所相掛り節ニ而儀を被
成候由ニ而御仕付候

五十七う

且又同月中同掛り同所高藤路
小梅村長吏小頭助左衛門 組下
勘右衛門并同人伜新右衛門 妻人
ゝ同国人儀も不埒ニ付御取計
掛勘右衛門儀も不埒ニ付差置
候段又程ゝ申渡候ニ付御用
其段ゝ小頭共江申渡方

五十八お

然ル処其後右長吏小頭共ゟ
私方江訴出候ニ付相糺候処右
右安出差村拾吉郎事雲吉郎儀も
久米次郎并小梅村新右衛門儀も
病死致候ニ付申付候処右之趣
申聞候ニ付如何致候哉
之儀ニ付其段尊志入申

五十八う

然ル処今般右ゝ大和屋録右衛門出掛り同
同村腰谷村長吏小頭宅右衛門
組下伴蔵外弐人儀不埒ニ付
当九月十二日入牢申付御仕置同組
下助右衛門并同人親新右衛門組下
伴蔵親新右衛門江申付一同不埒
有之候段申渡同組下宅右衛門

五十九お

儀も差置候出張罷在候處
申渡候右ニ付御申付候旨申同
当月十九日勘蔵外弐人儀も出牢
申付候ニ付右出張御届有之
右長吏小頭宅右衛門江申渡
右蔵儀ゝ同人ゟ当月十日訴出
候儀ニ付其趣私共ゟ申付

五十九う

六十お

六十う

六十一お

六十一う

六十二お

嘉永六丑年十二月十二日[illegible]同十二月二日[illegible]

對馬守殿

池田播磨守

松平誠丸殿家来[illegible]人仕置之儀ニ付

別紙之通[illegible]加判[illegible]以上

六十二う

一[illegible]方仕来ども[illegible]別紙之通

申立候誠丸殿分之[illegible]人仕置之儀ニ付

之儀ニ付去子十二月[illegible]方ニ而[illegible]

当時御調中ニ付[illegible]

伺済[illegible]拙者方ニ而[illegible]調万一[illegible]

之[illegible]以[illegible]

書類相添此段御問合及御掛合候以

六十三お

十二月

下ケ札

此書面松平誠丸殿[illegible]人仕置

之[illegible]拙者方[illegible]

誠丸殿家来[illegible]

[illegible]

[illegible]

六十三う

相達置候ニ付可及御相談と存候処
此差出候別紙書類返却候得ば及御挨拶候
丑十二月　　井戸對馬守

六十四お

池田播磨守殿　　本多加賀守

別紙之通松平誠丸家来問合申候ニ付因之返
之通書半不苦筋之旨挨拶可致哉与存候

六十四う

一応及御相談候以上
丑十二月
右別紙松平誠丸家来ゟ[illegible]
[illegible]

六十五お

嘉永七寅年十月十七日
一 浅草弾左衛門申上候
御領主松平誠丸様御掛り私支配下
播磨国[illegible]谷村長吏[illegible]
[illegible]
[illegible]
[illegible]

六十五う

六十六お

六十六う

六十七お

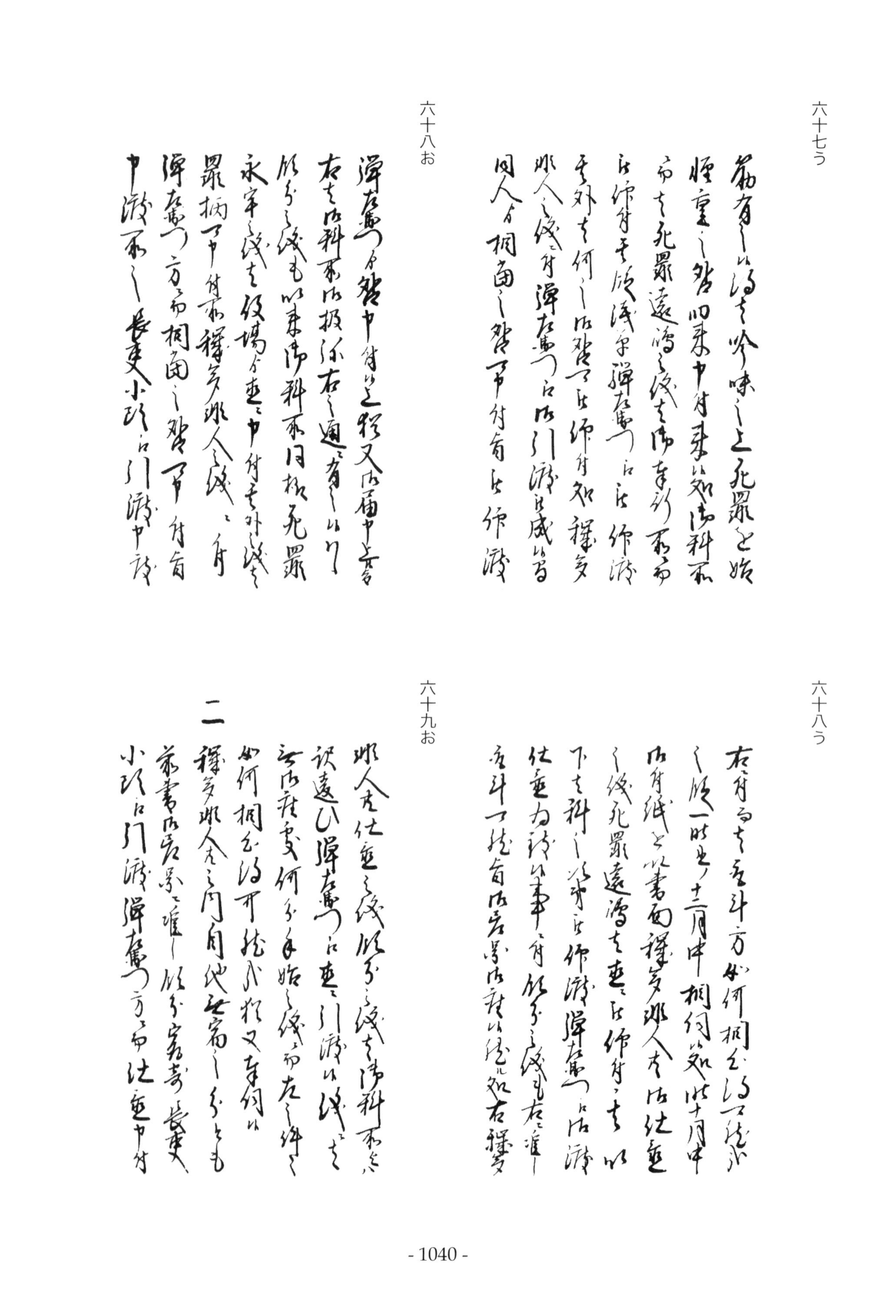

六十七う

六十八お

六十八う

六十九お

二

六十九う

下知有之事

二 一 穢多非人共儀何之之聊来不届ニ付
何科ニ而申付知穢多非人之儀ニ付村方
長吏小頭江川越之差以伺中瀬右小頭ニハ
右之通ニ付川瀬差以る得差図方ニ
申出桐面之仕置更以板中瀬下知
之事

七十お

三 一 右之通長吏小頭江川越差以場ニ而も
役場ニ而手当不致候ハ、手当之儀
川越下知可有又ハ累捕押之不拘手当
桐外之川瀬下知之事

四 一 右役場中瀬之非常長吏小頭當人同道
得差図ノ方ニ申出以上も右之而桐面之
仕置中付以後ニ而有之候右以為も同様

七十う

仕置済之趣右小頭ゟ於役場ニ届出
次第ニ以返ニ而可下知之事
右之趣兼而向入用之儀取計可申伺
定候其所役人共ゟ中執以書付を以
申上

六月　　松平大和守家来
　　　　小川勇之

七十一お

附札朱初ヶ条
書面無宿之儀も穢非人之内ニ而川渡
付札之通心得之以

二ヶ条同
書面之通下ニ中渡以

三ヶ条同
書面伺役場ニ而手当致中付置以ゟ

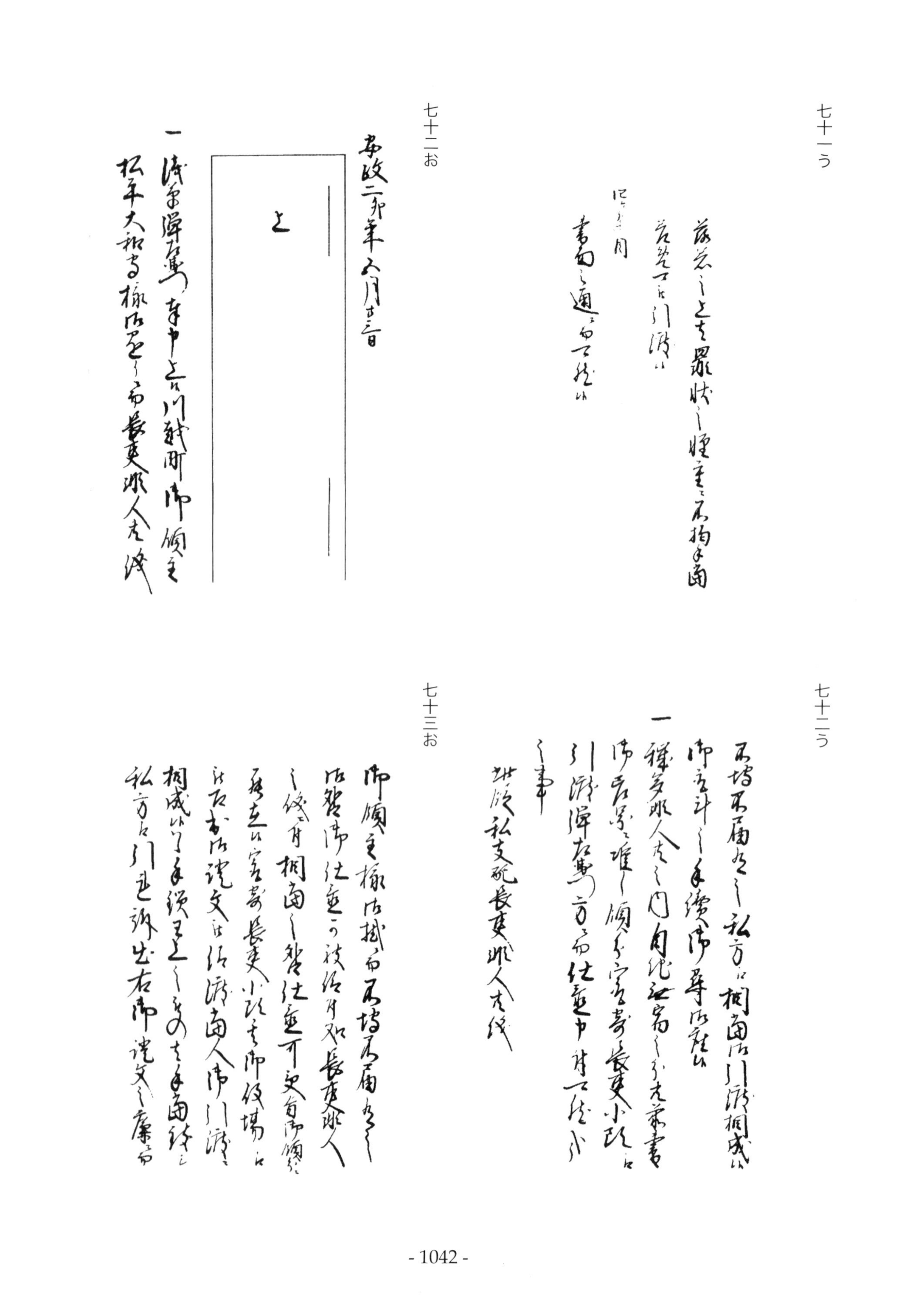

七十一う

七十二お

七十二う

七十三お

七十三う

皆済迄中付置候節ハ川浚差出候ニ
相成候処旧来私支配之内ニ而右名主中
之もの共定法ニ而何色成共自己之
事ニ而取計候哉ニ付右村々之分ハ私支配
手下ハ尤方ニ而無之配下も請候ニ付右村
役人之肩書ニ而相用候処川浚ニ相成候
其外之義同様ニ而諸向之儀ニ而御仕置

七十四お

中付支配手下取人尤方ニ割付川浚
差出候儀ニ御座候

一　操方取人之儀何之も始末不相應之有之何科
ニ而中付置操方取人之儀ニ付村方長吏
小頭ニ而川浚差出候而中浚右小頭之も右通り
川浚差出而得其意方ニ而中ニも相用之仕置
受取候中浚ニ而取計之事

七十四う

然処右被仰渡之趣前同様之手続
而ハ川浚相成候趣私方ニ而取扱相用
之皆済迄中付置候ハ私方ニ而御差支
無御座候

一　右之通り長吏小頭ニ而川浚之場ニ而も役場
ニ而手当等取計候而も手当之後川浚
ニ取計之支配柄相当不抱手当相用

七十五お

川浚ニ取計之事ニ
然所相用候川浚之者之内手続候ハハ
右小頭方ニ而手当請私方ニ而川浚
取扱諸向同様之手続ニ而中浚置候ニ
川浚差中ニ而旧来遠慮致し候儀ニ付
相用候川浚之も相成不申ニ付
御座候

七十五う

一 右役場中溜之儀、長吏小頭両人同居
弾左衛門方ニ而中村以上を右両人桐面之仕置
中村以後ハ両人ニ而右以前之同様仕置致
之趣、右小頭分相又役場ニ而届出候重以近
而可被成之事
然ル所中溜之趣、右小頭分両人ゟ連
私方ニ而係出来同様桐面之故仕置

七十六お

中村其筋ニ而溜差出当右仕置致
し上を早速之處、右小頭分係御承
奉申上ゟ候儀御座候
右之趣 御尋ニ付恐以書付奉申上候以上
卯六月廿二日
浅草
弾左衛門

裏表紙

解説

この論攷は『日本差別史関係資料集成十巻（原文篇）』及び『日本差別史関係資料集成十一巻（解読・解説・索引篇）』を解りやすく説明する目的で記された。このシリーズの目的のひとつとして、徳川期における平人の下層細民と賤民の実態、制度や政策、および彼らへの社会事業にかんする史料の提供にある。原史料は国立国会図書館が所蔵する旧幕引継書から法令や判例を除き、かつ撰要類集を主たる史料として、それらを主題別に解読し、それに原文、解説、索引を附するものである。

旧幕引継書については南和男『江戸の社会構造』（塙書房　一九六九）に詳しいので、ここでは概略に留めたい。江戸幕府の諸記録は幕府崩壊に際して多くが散逸したが、幸い、一部が上野帝国図書館に保管を委託され、現在は後身の国立国会図書館に所蔵しされている。南北江戸町奉行所の史料が大半であるが、評定所、寺社奉行、作事奉行等の史料も含まれている。その総数は五九五六冊、他に絵図等がある。これらは帝国図書館により再整理再製本されており、分冊された原本も少なくない。これらの史料の特徴のひとつとして、施策の決定過程が判明することであると言えよう。貴重な史料を例示すれば、天保撰要類集、市中取締類集、諸色調類集、諸問屋名前帳などをあげることができよう。これらは江戸の経済、社会、文化、風俗などの実態を知る上で一級の史料である。一方で、史料が膨大に過ぎるが故に研究の障碍になる場合も存在すると考えられる。一例として町会所一件がある。これは一二〇冊を超える。町会所は、日雇い人、奉公人らの貧窮病の救済に重要な働きをするが、史料の膨大さが研究の妨げになる憾みがあると思われる。

撰要類集については石井良助編『享保撰要類集』第一（弘文堂書房　一九四四）と前述の南に詳しい。撰要類集とは、多様な主題ごとに編纂され、その主題ごとの一件書類集であり、幕閣にとっての前例集、と一言で表すことができよう。

前述の平人の下層細民としては、このシリーズでは武家奉公人、町方奉公人、隠売女、料理店等抱女、遊女、桶樽職等。制度政策としては諸奉公人宿、日雇座、新吉原、養生所、養育所、人足寄場、佐州水替人足、無宿野非人狩込、幕末の町兵取建等を挙げたい。賤民については、穢多、非人、猿飼等であるが、史料上は両溜穢多非人、紙屑買などとして原本上、括られている。

江戸の下層細民や賤民に焦点を当てて、旧幕引継書や撰要類集を用いて社会構造や社会政策を論じた考察は乏しく、南前掲書や石井良助『江戸の賤民』（明石書店　二〇一二）など数える程に過ぎないため、今後の解明の余地を大きく残していると言えよう。一方、それらを用いて被差別部落史研究の観点からの纏まった史料集として、中尾健次『弾左衛門関係資料集』(解放出版社　一九九五　三冊)があるが、史料に欠落があるだけでなく、翻字された文章は当時の国語から大きく乖離していると考えられる。したがって、文意を理解し難いため、研究に供しにくいといえよう。

本巻は穢多、非人、溜、乞胸に焦点をあてた第一冊である。当時の文書編纂者の意識は細民、賤民、犯罪者(囚人)等の身分上の区別は必ずしも明瞭ではないと考えられる。本シリーズでは原史料上の区分を尊重し、それに従ったため、このような身分のモザイク的構成となった。ご理解いただ上で、このシリーズの他の巻をも参照していただきたい。なお『天明撰要類集』には欠落があるために解読は施さなかった。ただ、「原文篇」で取り上げてあるので参照されたい。また、異体字は極力、採用しなかった。本巻が以後、研究の深化の一助となれば幸いである。

編者識

二〇一八年新春

日本差別史関係資料集成　第X巻〔近世資料編(5)・亨保撰要類集、明和撰要類集、安永撰要類集、天明撰要類集、寛政享和撰要類集、南撰要類集、天保撰要類集、嘉永撰要類集〕
原文篇［世界・日本歴史資料集成　第1期・第X巻］

2017年2月25日　初版第1刷

編　者　近世歴史資料研究会
発　行　株式会社 科学書院
〒174-0056 東京都板橋区志村1-35-2-902　TEL. 03-3966-8600　FAX 03-3966-8638
発行者 加藤 敏雄
発売元 霞ケ関出版株式会社
〒174-0056 東京都板橋区志村1-35-2-902　TEL. 03-3966-8575　FAX 03-3966-8638
定価（本体50,000円＋税）

ISBN978-4-7603-0356-4 C3321 ¥50000E

『樺太二万五千分の一地図集成』

〈2000／平成12年6月刊行〉　陸地測量部編　A2判・ケース入・全5袋・分売不可・367枚

［ISBN4-7603-0228-X C3325 \200000E］　本体価格　200,000円

『千島列島地図集成』

［百万分の一、二十万分の一、五万分の一、五万分の一（陸海編合図）］

〈2001／平成13年5月刊行〉　陸地測量部編　A2判・ケース入・全2袋・分売不可・182枚

［ISBN4-7603-0227-1 C3325 \120000E］　本体価格　120,000円

※日本差別史関係資料集成 XIII［近世資料篇（VI）：アイヌ研究　III］
The Collected Historical Materials of Japanese Discriminations in Yedo Era (IV)：The Study of Ainu Race II (Yezochi Ikken)〈2018／平成30年5月刊行予定〉
＊渋舎利蝦夷蜂起ニ付き出陣書、＊寛政蝦夷蜂起乱取調日記、＊蝦夷騒憂一件取計始末覚　其他、＊蝦夷騒憂一件取計始末

［ISBN978-4-7603-0443-1 C3020 ¥50000E］

※第 14 巻　日本移民史関連資料集成
（2019 年 5 月刊行予定、定価［本体 5 万円 + 税］）
ハワイ、カナダ西海岸部、カリフォルニア州、中央アメリカ、南アメリカ、日本国内など、地域別に、移民の実相について考察。

※第 15 巻　大英帝国東インド会社関連資料集成
（2020 年 5 月刊行予定、定価［本体 5 万円 + 税］）
1600 年の創立以来の、大英帝国東インド会社の形成・発展の過程及び内部機構を、新たなる視点から解析。

※第 16 巻　満州及び南満州鉄道株式会社関連資料集成
（2020 年 7 月刊行予定、定価［本体 5 万円 + 税］）
明治時代の関東都督府立以降の満州の発展の歴史を詳細に解説。

※第 17 巻　日本地図製作史［古代・中世・近世・近代・現代］
（2021 年 5 月刊行予定、定価［本体 5 万円 + 税］）
古代から現代に至るまでに作成された荘園繪圖、國繪圖、町繪圖、村繪圖、地形圖の製作の歴史を詳細に解説。

※第 18 巻 日本・地世界探検史［古代・中世・近世・近代・現代］
（2022 年 5 月刊行予定、定価［本体 5 万円 + 税］）
古代から現代に至るまでに世界各地において展開された探検の歴史を詳細に記述。
※第 19 巻 図説・世界古地図上の日本
（2023 年刊行予定、定価［本体 5 万円 + 税］）
1543 年をひとつの結節点として、世界の人々の日本認識を探ろうとする労作。

＊日本差別史関係資料集成 XI［近世資料篇（VI）：亨保撰要類集、明和撰要集、安永撰要類集、天明撰要類集、寛政享和撰要類集、南撰要類集、天保撰要類集、嘉永撰要類集］

The Collected Historical Materials of Japanese Discriminations in Yedo Era (V)：Kyôhô Senyô Ruishû, Meiwa Senyôshû, Anei Senyô Ruishû, Tenmei Senyô Ruishû, Kansei Kyôwa Senyô Ruishû, Minami Senyô Ruishû, Tenpô Senyô Ruishû and Kaei Senyô Ruishû

〈2018/ ／平成 30 年 2 月刊行〉

●第 2 部　解読篇・解説篇・索引篇

［ISBN978-4-7603-0441-7 C3020 ¥50000E］

※日本差別史関係資料集成 XII［古代・中世・近世篇（II）：総論］

The Collected Historical Materials of Japanese Discriminations from Old Ages to Modern Ages (II)：The General Criticism relating to Japanese Discriminations' Study

〈2018 ／平成 30 年 4 月刊行予定〉

●第 1 部　解説篇

近代以降の差別史研究の歴史を辿り、その内容を解析。支配と被支配の歴史についての総論。白丁など海外の差別史を考究。日本の古代・中世・近世被差別民の研究。英文の梗概を附す。

●第 2 部　年表篇

古代国家の成立期から現代までの差別に関係する年表を作成。特に、差別の形成の過程を詳細に叙述し、研究のための有益な資料を提供する。

●第 3 部　文献解題篇

差別に関係する第一次文献と、それを解説した第二次文献の書誌的な解題。脇田晴子「日本中世被差別民の研究」、金仲燮「衡平運動」、小西愛之助「近世部落史研究」、野中広務・辛淑玉「差別と日本人」など、時代を劃したした名著を解析。

●第 4 部　資料篇（原文篇・解読篇）

「日本書記」「続日本記」「吾妻鏡」「鎌倉遺文」「徳川実記」などの基本的な第一次文献からの抜粋を含めて、重要な原資料を解読及び解題を附して刊行する。

［ISBN978-4-7603-0442-4 C3020 ¥50000E］

＊日本差別史関係資料集成 VIII ［近世資料篇（III）：アイヌ研究 I］

The Collected Historical Materials of Japanese Discriminations in Yedo Era (III)：The Study of Ainu Race I 〈2012／平成24年5月刊行〉

●第1部　原文篇

（01）津輕一統志、（02）蝦夷島奇觀（國文學研究資料舘所藏資料）、（03）蝦夷島奇觀・圖録篇（東京國立博物舘所藏資料）、（04）蝦夷國奇観（國學院大學圖書舘所藏資料）、（05）祠部職掌類聚／作州波多村大法寺一件（附録）

●第2部　解読篇

（01）津輕一統志 解読篇、（02）蝦夷島奇觀（國文學研究資料舘所藏資料）解読篇、（03）蝦夷國奇観（國學院大學圖書舘所藏資料）解読篇、（04）祠部職掌類聚／作州波多村大法寺一件（附録）解読篇、（05）祠部職掌類聚／作州波多村大法寺一件（附録）解説

［ISBN978-4-7603-0354-0 C3020 ¥50000E］

＊日本差別史関係資料集成 IX ［近世資料篇（IV）：アイヌ研究 II（蝦夷地一件）］

The Collected Historical Materials of Japanese Discriminations in Yedo Era (IV)：The Study of Ainu Race II (Yezochi Ikken) 〈2016／平成28年7月刊行〉

●第1部　原文篇

（01）蝦夷地一件（原文）

●第2部　解読篇・解説篇・索引篇

（01）蝦夷地一件（解読・解説・索引）

［ISBN978-4-7603-0355-7 C3020 ¥50000E］

＊日本差別史関係資料集成 X［近世資料篇（V）：亨保撰要類集、明和撰要集、安永撰要類集、天明撰要類集、寛政享和撰要類集、南撰要類集、天保撰要類集、嘉永撰要類集］

The Collected Historical Materials of Japanese Discriminations in Yedo Era (V)：Kyôhô Senyô Ruishû, Meiwa Senyôshû, Anei Senyô Ruishû, Tenmei Senyô Ruishû, Kansei Kyôwa Senyô Ruishû, Minami Senyô Ruishû, Tenpô Senyô Ruishû and Kaei Senyô Ruishû

〈2018/／平成30年1月刊行〉

●第1部　原文篇

［ISBN978-4-7603-0356-4C3020 ¥50000E］

日本差別史関係資料集成 VI［近世資料篇（II）］目　次

●第１部　資料篇

(I)「古事類苑」からの抽出記事…「江戸」「革工」「箕」「石工」「觸穢」

(II)「御府内備考」からの抽出記事…「淺草」「下谷・山崎町／山伏町／新坂本町」「芝・新網町」「四谷」「本所」「牛込」

(III) 白山比咩神社文献集成…「白山記」「三宮記」「白山宮荘厳講中記録」「加賀國石川郡三宮記考」「大里郡鉢形村大字鉢形字立ケ瀬四百六十八番地鎮座　村社　白山神社」「大里郡男沼村大字臺字大明神　村社　白山神社」「肥前國長吏頭小川助左右衛門へ下す状」「細工人由緒書」「龍王神記」

(IV) 鋳物師…「久下村鍛冶先祖代々申伝覚書」「鋳物並に硝石採取史料」「武州児玉郡金屋村鋳物師書類」「虚無僧之事」「虚無僧取締につき」「囚人番心得」「行倒死人金掟につき一礼」「関東取締出役手入」「質屋古着、古鐵買議定」「髪結職分由緒之事」

(V) 江戸町方書上…「地誌御調書上帳　芝新網町」「地誌御調に付書上帳　宝泉坊」「鞍馬願人由来書写」「地誌御調書上帳　芝湊町」「地誌御調に付書上帳　遠藤伊織」「地誌御調に付書上帳　米山内蔵之助」「地誌御調書上　芝田町二丁目」「御調書上　佐藤伝之進」「御調書上　吉祥院」「御調書上　龍光院」「地誌御調書上　芝田町三丁目」「御調書上　芝田町三丁目　水上仙龍」「地誌御調書上　芝田町四丁目」「御調書上　芝田町四丁目　金丸弥門」(VI) 武蔵名勝図会、(VII) 武蔵國横見郡和名村　鈴木家文書目録、(VIII) 木地師由来書、(IX) 三國長吏傳、(X) 穢多河原者遊女由緒

［ISBN978-4-7603-0298-7 C3020　¥50000E］

日本差別史関係資料集成 VII［近代・現代篇（IV）］目　次

●第１部　資料篇

(01) 埼玉県社会福祉協議会『部外秘　社会調査報告書』(1953年)、(02) 大阪市民政局『部外秘　愛隣地区調査報告書』(1968年)、(03) 陸軍省『調査彙報』(1929年)、(04) 東京市商工課『東京における屠場調査』(1927年)、(05) 東京市『紙屑拾ひ調査』(1935年)、(06) 東京製革組合等『木下川・三河島指定促進陳情の内容』(1934年)、(07) 中村無外『我が神奈川県清和会の沿革』(1926年)、(08) 社会事業研究所『不良児童と職業の関係』(1936年)

［ISBN978-4-7603-0353-3 C3020　¥50000E］

達し」「文政三辰年　相之島村明細記録帳」「文政四年三月　高井郡日瀧村宗旨改帳」「文政五年三月　高井郡幸高村宗門人別帳」「文政七年　信濃国高井郡井上村入用帳」「文政十一年三月　高井郡日瀧村五人組改帳」「天保七年七月　国絵図取調につき返答書」「天保十四年七月　喜多見村村方取調書上」「弘化二年　郡中穢多取締一札」「嘉永六年五月　関東御取締出役御請印帳」「安政二卯年二月　穢多一件済口書類」「明治元年　牛馬売買之件」「明治二年九月十七日　東京府下非人乞食旧里へ引渡処分」「明治三年十二月　午諸入用割合帳」「明治三年　寄場取扱之件」「明治三年　刑余之骸取扱之件」「明治五年　自今僧侶肉食・妻帯・蓄髪等可為勝手事」「明治五年　自今華士族子弟・厄介之輩平民籍江加入為致候儀可為勝手事」「明治五年壬申三月　新規苗字奉願候書付」「明治六年　僕婢取調並納税之儀」「明治六年　明治新政府布令遵守につき村民議定書」「明治九年　警察取締之儀」「明治九年　旅客の取締之儀」「明治九年　貸座敷営業之儀」「明治九年　藝娼妓貸座敷渡世規則之儀」「明治九年　獣医取調之儀」「明治九年　村々改正絵図面入用之儀」「明治九年　穢多・非人等ノ呼称之儀」「明治十一年　穢牛馬売買免許鑑札之儀」「明治十二年　火葬・焼場之儀」「明治十四年　伝染病死傷者埋葬設置願」など［「大磯助左衛門関係文書」を含めて、多数収録］

(II) 刑罰…「国定忠治処刑文書」「御関所通手形出所」「評定所定書」「土御門家神職座頭渡世出入一件」「火罪御仕置之事」「獄門御仕置之事」「敲仕置之事」「入墨御仕置之事」「御様之事」「鋸引晒之事」「引廻御仕置之事」「死罪御仕置之事」「磔御仕置之事」「天保五年　高井郡綿内村八藏等牢番由来答書」「文化十一戌年九月　穢多非人欠落取計方」「嘉永五壬午年　無宿松五郎御仕置伺書並御附札済」「明治二年　穢多非人共御仕置筋伺書」「明治五年　戸部獄舎並仮牢入囚人管理之件」など

(III) 山伏・修験道・宗教…「元禄九年五月　岩殿山観音堂役人本山派修験正学院等の不法を訴える同別当正法寺訴状　寺社奉行宛」「元禄十一年十二月　岩殿山観音別当正法寺明細書上」「文政十年　陰陽師掟書」「弘化二年三月　岩殿山観音開帳中諸商許可願」「嘉永七年　陰陽家職掟」「安政四年　城内日光山強飯会入講名前帳」

(IV) 鋳物師・香具師・行商人…「香具師と行商」「久下鍛冶」「鋳物師職免許状」「鋳物師由来書」「釘鐵銅物打物砥石仲間議定連印帳」「享保二十年　関東香具商人一条」「寛政六年頃　鋳物師座法違反ニ付申渡廻文」「天保四年　鋳物師仲間議定書」

(V) 芸能…「人形三番叟」「人形芝居」「瞽女と浪花節語り」「門附け藝」「弘化五年八月　宿村へ立ち廻り遊芸人等追払い達」

製薬・売薬…「年月不詳　家伝薬『紅雪』広告」「年月不詳　家伝薬『紅雪』包紙に記す効能書」「寛政六年　家伝漢方薬調合割合覚」「文化十一年五月　高崎宿内の紅雪看板掛所出入り一件済口証文」「安政四年二月　家伝薬製法控」

(VI) 木地師…「木地屋」

[ISBN4-7603-0294-8 C3020 ¥50000E]

日本差別史関係資料集成Ⅳ［近代・現代篇（III）］目　次

●第１部　資料篇

(I) 水平社運動・世良田事件に関する資料集成

(01)『上毛新聞』記事集成・群馬県篇［1922（大正11）～1925（大正14）年］、(02)『上毛新聞』記事集成・栃木県篇［1922（大正11）～1925（大正14）年］、(03) 吉井浩存・平野小剣『この差別を見よ』［1925（大正14）年５月］、(04) 関東水平社青年連盟『朝鮮衡平運動』［1927（昭和２）年６月］

(II) 社会事業調査資料集成

(05) 東京市政調査局『東京市社会事業批判』［1928（昭和３）年10月］、(06) 東京市社会局『東京市社会事業要覧』［1932（昭和７）年３月］、(07) 同潤会『同潤会共同住宅居住者生活調査』［1939（昭和14）年７月］、(08) 埼玉県内務部地方課『部落改善参考資料』［1920（大正９）年８月］

［ISBN4-7603-0293-X　C3020　￥50000E］

日本差別史関係資料集成Ⅴ［近世資料篇（I）］目　次

●第１部　資料篇

(I) 支配…「穢多非人取扱之事」「長吏弾左衛門由緒書　」「渡船」「高井郡幸高村御検地野帳」「板倉時代の腰浜村」「村差出明細帳」「村鑑帳」「元和六年　日瀧村地詰之御帳」「明暦三年　盗賊人穿鑿條々」「元禄七年三月　病馬につき連印状」「元禄十二年九月　上田領かわた改帳」「元禄十四年三月　高井郡福島村人詰改帳」「享保十四年　差上申五人組帳之事」「寛延元年八月　鷹場につき野犬取締請書」「宝暦四年九月二十一日　牢屋修復入用受取証文」「宝暦八年七月　古河町家数人別数覚」「宝暦九年二月　享保十二年古河町家数並寺社町の間数覚帳」「宝暦十三年五月　松平家御所替に付塩硝等積送証文」「宝暦十三年十月～安永七年七月　馬渡へ申渡覚」「明和元年八月　古河荷物野渡村船揚に付詫状」「明和七年五月～十二月　中田町にて商人荷物船揚並積荷等に付願一件」「明和七年閏六月　先年中田新田にて茶積候聞書」「明和九年十月　御公儀御触印帳」「安永六年八月　岡宮村明細帳」「安永六年九月　御法度連判帳」「安永七戌年十月　穢多非人之儀」「安永九年四月　奥沢村村鑑」「天明四年　国々長吏控手形」「天明七年三月　高井郡井上村穢多宗門人別帳」「寛政元年八月　等々力村差出帳」「寛政二年三月　高井郡雁田村大小百姓・水呑仕訳定」「寛政二年五月　安永八年度荏原郡奥沢村人別増減書上」「寛政十二年九月　高井郡高井野村穢多旦那場軒数書上」「天保七年六月　国絵図御改につき廻状」「天保十二丑年十一月　穢多非人に口達」「天保十四年三月　烏山村明細帳」「天保十四年七月　喜多見村村方取調書上」「文化八年五月　駿州駿東郡根古屋村差出帳」「文化十二年八月　駿州駿東郡根古屋村差出帳」「文化十二年亥四月　穢多非人取締御

達し」「文政三辰年　相之島村明細記録帳」「文政四年三月　高井郡日瀧村宗旨改帳」「文政五年三月　高井郡幸高村宗門人別帳」「文政七年　信濃国高井郡井上村入用帳」「文政十一年三月　高井郡日瀧村五人組改帳」「天保七年七月　国絵図取調につき返答書」「天保十四年七月　喜多見村村方取調書上」「弘化二年　郡中穢多取締一札」「嘉永六年五月　関東御取締出役御請印帳」「安政二卯年二月　穢多一件済口書類」「明治元年　牛馬売買之件」「明治二年九月十七日　東京府下非人乞食旧里へ引渡処分」「明治三年十二月　午諸入用割合帳」「明治三年　寄場取扱之件」「明治三年　刑余之骸取扱之件」「明治五年　自今僧侶肉食・妻帯・蓄髪等可為勝手事」「明治五年　自今華士族子弟・厄介之輩平民籍江加入為致候儀可為勝手事」「明治五年壬申三月　新規苗字奉願候書付」「明治六年　僕婢取調並納税之儀」「明治六年　明治新政府布令遵守につき村民議定書」「明治九年　警察取締之儀」「明治九年　旅客の取締之儀」「明治九年　貸座敷営業之儀」「明治九年　藝娼妓貸座敷渡世規則之儀」「明治九年　獣医取調之儀」「明治九年　村々改正絵図面入用之儀」「明治九年　穢多・非人等ノ呼称之儀」「明治十一年　穢牛馬売買免許鑑札之儀」「明治十二年　火葬・焼場之儀」「明治十四年　伝染病死傷者埋葬設置願」など［「大磯助左衛門関係文書」を含めて、多数収録］

(II) 刑罰…「国定忠治処刑文書」「御関所通手形出所」「評定所定書」「土御門家神職座頭渡世出入一件」「火罪御仕置之事」「獄門御仕置之事」「敲仕置之事」「入墨御仕置之事」「御様之事」「鋸引晒之事」「引廻御仕置之事」「死罪御仕置之事」「磔御仕置之事」「天保五年　高井郡綿内村八藏等牢番由来答書」「文化十一戌年九月　穢多非人欠落取計方」「嘉永五壬午年　無宿松五郎御仕置伺書並御附札済」「明治二年　穢多非人共御仕置筋伺書」「明治五年　戸部獄舎並仮牢入囚人管理之件」など

(III) 山伏・修験道・宗教…「元禄九年五月　岩殿山観音堂役人本山派修験正学院等の不法を訴える同別当正法寺訴状　寺社奉行宛」「元禄十一年十二月　岩殿山観音別当正法寺明細書上」「文政十年　陰陽師掟書」「弘化二年三月　岩殿山観音開帳中諸商許可願」「嘉永七年　陰陽家職掟」「安政四年　城内日光山強飯会入講名前帳」

(IV) 鋳物師・香具師・行商人…「香具師と行商」「久下鍛冶」「鋳物師職免許状」「鋳物師由来書」「釘鐵銅物打物砥石仲間議定連印帳」「享保二十年　関東香具商人一条」「寛政六年頃　鋳物師座法違反ニ付申渡廻文」「天保四年　鋳物師仲間議定書」

(V) 芸能…「人形三番叟」「人形芝居」「瞽女と浪花節語り」「門附け藝」「弘化五年八月　宿村へ立ち廻り遊芸人等追払い達」

製薬・売薬…「年月不詳　家伝薬『紅雪』広告」「年月不詳　家伝薬『紅雪』包紙に記す効能書」「寛政六年　家伝漢方薬調合割合覚」「文化十一年五月　高崎宿内の紅雪看板掛所出入り一件済口証文」「安政四年二月　家伝薬製法控」

(VI) 木地師…「木地屋」

［ISBN4-7603-0294-8 C3020　¥50000E］

日本差別史関係資料集成 IV［近代・現代篇（III）］目　次

●第 1 部　資料篇

(I) 水平社運動・世良田事件に関する資料集成

(01)『上毛新聞』記事集成・群馬県篇［1922（大正 11）～ 1925（大正 14）年］、(02)『上毛新聞』記事集成・栃木県篇［1922（大正 11）～ 1925（大正 14）年］、(03) 吉井浩存・平野小剣『この差別を見よ』［1925（大正 14）年 5 月］、(04) 関東水平社青年連盟『朝鮮衡平運動』［1927（昭和 2）年 6 月］

(II) 社会事業調査資料集成

(05) 東京市政調査局『東京市社会事業批判』［1928（昭和 3）年 10 月］、(06) 東京市社会局『東京市社会事業要覧』［1932（昭和 7）年 3 月］、(07) 同潤会『同潤会共同住宅居住者生活調査』［1939（昭和 14）年 7 月］、(08) 埼玉県内務部地方課『部落改善参考資料』［1920（大正 9）年 8 月］

［ISBN4-7603-0293-X C3020　¥50000E］

日本差別史関係資料集成 V［近世資料篇（I）］目　次

●第 1 部　資料篇

(I) 支配…「穢多非人取扱之事」「長吏弾左衛門由緒書　」「渡船」「高井郡幸高村御検地野帳」「板倉時代の腰浜村」「村差出明細帳」「村鑑帳」「元和六年　日瀧村地詰之御帳」「明暦三年　盗賊人穿鑿條々」「元禄七年三月　病馬につき連印状」「元禄十二年九月　上田領かわた改帳」「元禄十四年三月　高井郡福島村人詰改帳」「享保十四年　差上申五人組帳之事」「寛延元年八月　鷹場につき野犬取締請書」「宝暦四年九月二十一日　牢屋修復入用受取証文」「宝暦八年七月　古河町家数人別数覚」「宝暦九年二月　享保十二年古河町家数並寺社町の間数覚帳」「宝暦十三年五月　松平家御所替に付塩硝等積送証文」「宝暦十三年十月～安永七年七月　馬渡へ申渡覚」「明和元年八月　古河荷物野渡村船揚に付詫状」「明和七年五月～十二月　中田町にて商人荷物船揚並積荷等に付願一件」「明和七年閏六月　先年中田新田にて茶積候聞書」「明和九年十月　御公儀御触印帳」「安永六年八月　岡宮村明細帳」「安永六年九月　御法度連判帳」「安永七戌年十月　穢多非人之儀」「安永九年四月　奥沢村村鑑」「天明四年　国々長吏控手形」「天明七年三月　高井郡井上村穢多宗門人別帳」「寛政元年八月　等々力村差出帳」「寛政二年三月　高井郡雁田村大小百姓・水呑仕訳定」「寛政二年五月　安永八年度荏原郡奥沢村人別増減書上」「寛政十二年九月　高井郡高井野村穢多旦那場軒数書上」「天保七年六月　国絵図御改につき廻状」「天保十二丑年十一月　穢多非人に口達」「天保十四年三月　烏山村明細帳」「天保十四年七月　喜多見村村方取調書上」「文化八年五月　駿州駿東郡根古屋村差出帳」「文化十二年八月　駿州駿東郡根古屋村差出帳」「文化十二年亥四月　穢多非人取締御

日本差別史関係資料集成 III［近代・現代篇（II）］目次

●第 1 部　年表篇

昭和 45 年 1 月 1 日から平成 14 年 3 月 31 日までの差別に関係する年表を作成。

●第 2 部　文献解題篇

（01）師岡佑行『戦後部落解放論争史』［1980-1985 年、柘植書房］、（02）横井清『光あるうちに・中世文化と部落問題を追って』［阿吽社］、（03）原田伴彦他編『日本庶民生活史料集成・第 14 巻』［1971 年、三一書房］、（04）原田伴彦他編『日本庶民生活史料集成・第 25 巻』［1980 年、三一書房］、（05）原田伴彦『日本封建制下の都市と社会』［1981 年、三一書房］、（06）本田豊『江戸の非人』［1992 年、三一書房］、（07）本田豊『江戸の部落』［1994 年、三一書房］、（08）中川清『日本の都市下層』［勁草書房］、（09）江口英一他編『現代の低所得層』［未来社］、（10）柴田道子『被差別部落の伝承と生活』［三一書房］、（11）本田豊『被差別部落の民俗伝承』［1998 年、三一書房］、（12）吉田久一『日本貧困史』［川島書店］、（13）石井良介編『江戸時代の被差別社会』（『近世関東の被差別部落』の増補版）』）［1994 年、明石書店］、（14）部落解放研究所編『近世部落の史的研究（上・下）』［1979 年、解放出版社］、（15）阿部謹也『刑吏の社会史』［1978 年、中央公論社］、（16）網野善彦『日本中世の非農業民と天皇』［1984 年、岩波書店］、（17）上杉聰『明治維新と賤民廃止令』［1990 年］、（18）金静美『水平運動史研究・民族差別批判』［1994 年、現代企画室］、（19）大山峻峰『三重県水平社労農運動史』［1977 年、三一書房］、（20）部落解放研究所編『部落問題文献目録一・二・三』［1983-1994 年、解放出版社］、（21）小林よしのり『ゴーマニズム宣言・差別論スペシャル』［1995 年、解放出版社］、（22）小沢有作『部落解放教育論・近代学校を問いなおす』［1980 年、社会評論社］などを収録。

●第 3 部　資料篇

（01）『同和地区精密調査報告書』［1975 年］、（02）同和対策審議会編『同和対策審議会調査部総会報告』［1965 年］、（03）埼玉県『埼玉県同和地区調査結果報告書』［1980 年］、（04）部落問題研究所『京都市竹田深草地区実態調査報告書』［1975 年］、（05）東京都民生局『山谷地域における簡易宿泊所の実態・研究報告書』［1974 年］、（06）東京都企画審議室『新たな都市問題と対応の方向・路上生活をめぐって』［1995 年］、（07）『同和対策要綱』［1959 年］、（08）財団法人清和会『財団法人清和会概要』［1959 年］

［ISBN4-7603-0267-0 C3020 ¥50000E］

日本差別史関係資料集成 II［近代・現代篇（I）］目　次

●第１部　年表篇

明治４年から昭和44年までの差別に関係する年表を作成（2770項目、340ページ）。

●第２部　文献解題篇

（01）島崎藤村『破戒』［1906年］、（02）酒井真右『日本部落冬物語』［1953年、理論社］、（03）朝日新聞大阪本社社会部編『部落・差別は生きている』［1958年、三一書房］、（04）秋山健二郎・森秀人・山下竹史編著『現代日本の底辺』［全４巻、1960年、三一書房］、（05）磯村英一編著『日本のスラム』［1962年、誠信書房］、（06）福本まり子『悲涛』［1965年、部落問題研究所］、（07）福武直『日本農村の社会問題』［1969年、東京大学出版会］、（08）東京都資源回収事業協同組合二十年史編纂委員会『東資協二十年史』［1970年、資源新報社］、（09）部落問題研究所編『水平運動史の研究』［全６巻、1971-1973年、部落問題研究所］、（10）部落解放同盟中央本部編『狭山差別裁判』［第３版、1972年、部落解放同盟中央本部］、（11）津田真澂『日本の都市下層社会』［1972年、ミネルヴァ書房］、（12）部落解放研究所『部落解放と教育の歴史』［1973年、部落解放研究所］、（13）井上清『部落の歴史と解放理論』［1976年、田畑書店］、（14）本田豊『埼玉県水平社運動史年表』［1978年、埼玉県同和教育研究協議会］、（15）部落問題研究所編『戦後部落問題の研究』［全６巻、1978-1980年、部落問題研究所］、（16）斎藤俊彦『人力車』［1979年、産業技術センター］、（17）江口英一・西岡幸泰・加藤佑治『山谷／失業の現代的意味』［1979年］、（18）部落解放同盟中央本部編『全国水平社六十年史』［1982年、解放出版社］、（19）本田豊編著『群馬県部落解放運動六十年史』［1982年、部落解放同盟群馬県連合会］などを収録。

●第３部　資料篇

（01）『四民平等』、（02）松原岩五郎『最暗黒之東京』、（03）『東京府下貧民の眞況』、（04）鈴木梅四郎『大阪名護町貧民窟視察記』、（05）東京市統計課『浮浪者に関する調査』、（06）東京都社会福祉会館『東京都におけるスラム社会形成に関する研究』、（07）『香具師の研究』、（08）『北足立郡原市町特殊部落の教化施設及び其の成績』、（09）『一般を圧倒する經済力―埼玉県神保村のｘ丁目區』、（10）徳島県『特殊部落改善資料』、（11）清水精一『大地に生きる』、（12）千葉県社会事業協会融和部『融和事業対策資料の考察』、（13）伊藤藤次郎『部落経済問題の一考察―茨城縣下部落經済の實情を中心として』、（14）『静岡県浜名郡吉野村事績』、（15）安藤寛『静岡縣下の産業問題に就て』、（16）萩原原人『栃木縣下の部落産業状況と其の改善私見』、（17）吉川吉二郎『奈良縣下縣下部落經済の實情に就て』、（18）『世良田事件―人間苦の紀念』、（19）『ジラード事件』

［ISBN4-7603-0266-2　C3020　¥50000E］

達し」「文政三辰年　相之島村明細記録帳」「文政四年三月　高井郡日瀧村宗旨改帳」「文政五年三月　高井郡幸高村宗門人別帳」「文政七年　信濃国高井郡井上村入用帳」「文政十一年三月　高井郡日瀧村五人組改帳」「天保七年七月　国絵図取調につき返答書」「天保十四年七月　喜多見村村方取調書上」「弘化二年　郡中穢多取締一札」「嘉永六年五月　関東御取締出役御請印帳」「安政二卯年二月　穢多一件済口書類」「明治元年　牛馬売買之件」「明治二年九月十七日　東京府下非人乞食旧里へ引渡処分」「明治三年十二月　午諸入用割合帳」「明治三年　寄場取扱之件」「明治三年　刑余之骸取扱之件」「明治五年　自今僧侶肉食・妻帯・蓄髪等可為勝手事」「明治五年　自今華士族子弟・厄介之輩平民籍江加入為致候儀可為勝手事」「明治五年壬申三月　新規苗字奉願候書付」「明治六年　僕婢取調並納税之儀」「明治六年　明治新政府布令遵守につき村民議定書」「明治九年　警察取締之儀」「明治九年　旅客の取締之儀」「明治九年　貸座敷営業之儀」「明治九年　藝娼妓貸座敷渡世規則之儀」「明治九年　獣医取調之儀」「明治九年　村々改正絵図面入用之儀」「明治九年　穢多・非人等ノ呼称之儀」「明治十一年　穢牛馬売買免許鑑札之儀」「明治十二年　火葬・焼場之儀」「明治十四年　伝染病死傷者埋葬設置願」など［「大磯助左衛門関係文書」を含めて、多数収録］

(II) 刑罰…「国定忠治処刑文書」「御関所通手形出所」「評定所定書」「土御門家神職座頭渡世出入一件」「火罪御仕置之事」「獄門御仕置之事」「敲仕置之事」「入墨御仕置之事」「御様之事」「鋸引晒之事」「引廻御仕置之事」「死罪御仕置之事」「磔御仕置之事」「天保五年　高井郡綿内村八藏等牢番由来答書」「文化十一戌年九月　穢多非人欠落取計方」「嘉永五壬午年　無宿松五郎御仕置伺書並御附札済」「明治二年　穢多非人共御仕置筋伺書」「明治五年　戸部獄舎並仮牢入囚人管理之件」など

(III) 山伏・修験道・宗教…「元禄九年五月　岩殿山観音堂役人本山派修験正学院等の不法を訴える同別当正法寺訴状　寺社奉行宛」「元禄十一年十二月　岩殿山観音別当正法寺明細書上」「文政十年　陰陽師掟書」「弘化二年三月　岩殿山観音開帳中諸商許可願」「嘉永七年　陰陽家職掟」「安政四年　城内日光山強飯会入講名前帳」

(IV) 鋳物師・香具師・行商人…「香具師と行商」「久下鍛冶」「鋳物師職免許状」「鋳物師由来書」「釘鐵銅物打物砥石仲間議定連印帳」「享保二十年　関東香具商人一条」「寛政六年頃　鋳物師座法違反ニ付申渡廻文」「天保四年　鋳物師仲間議定書」

(V) 芸能…「人形三番叟」「人形芝居」「瞽女と浪花節語り」「門附け藝」「弘化五年八月　宿村へ立ち廻り遊芸人等追払い達」

製薬・売薬…「年月不詳　家伝薬『紅雪』広告」「年月不詳　家伝薬『紅雪』包紙に記す効能書」「寛政六年　家伝漢方薬調合割合覚」「文化十一年五月　高崎宿内の紅雪看板掛所出入り一件済口証文」「安政四年二月　家伝薬製法控」

(VI) 木地師…「木地屋」

［ISBN4-7603-0294-8 C3020　¥50000E］

日本差別史関係資料集成IV［近代・現代篇（III）］目　次

●第1部　資料篇

（I）水平社運動・世良田事件に関する資料集成

（01）『上毛新聞』記事集成・群馬県篇［1922（大正11）～1925（大正14）年］、（02）『上毛新聞』記事集成・栃木県篇［1922（大正11）～1925（大正14）年］、（03）吉井浩存・平野小剣『この差別を見よ』［1925（大正14）年5月］、（04）関東水平社青年連盟『朝鮮衡平運動』［1927（昭和2）年6月］

（II）社会事業調査資料集成

（05）東京市政調査局『東京市社会事業批判』［1928（昭和3）年10月］、（06）東京市社会局『東京市社会事業要覧』［1932（昭和7）年3月］、（07）同潤会『同潤会共同住宅居住者生活調査』［1939（昭和14）年7月］、（08）埼玉県内務部地方課『部落改善参考資料』［1920（大正9）年8月］

［ISBN4-7603-0293-X　C3020　¥50000E］

日本差別史関係資料集成V［近世資料篇（I）］目　次

●第1部　資料篇

（I）支配…「穢多非人取扱之事」「長吏弾左衛門由緒書　」「渡船」「高井郡幸高村御検地野帳」「板倉時代の腰浜村」「村差出明細帳」「村鑑帳」「元和六年　日瀧村地詰之御帳」「明暦三年　盗賊人穿鑿條々」「元禄七年三月　病馬につき連印状」「元禄十二年九月　上田領かわた改帳」「元禄十四年三月　高井郡福島村人詰改帳」「享保十四年　差上申五人組帳之事」「寛延元年八月　鷹場につき野犬取締請書」「宝暦四年九月二十一日　牢屋修復入用受取証文」「宝暦八年七月　古河町家数人別数覚」「宝暦九年二月　享保十二年古河町家数並寺社町の間数覚帳」「宝暦十三年五月　松平家御所替に付塩硝等積送証文」「宝暦十三年十月～安永七年七月　馬渡へ申渡覚」「明和元年八月　古河荷物野渡村船揚に付詫状」「明和七年五月～十二月　中田町にて商人荷物船揚並積荷等に付願一件」「明和七年閏六月　先年中田新田にて茶積候聞書」「明和九年十月　御公儀御触印帳」「安永六年八月　岡宮村明細帳」「安永六年九月　御法度連判帳」「安永七戌年十月　穢多非人之儀」「安永九年四月　奥沢村村鑑」「天明四年　国々長吏控手形」「天明七年三月　高井郡井上村穢多宗門人別帳」「寛政元年八月　等々力村差出帳」「寛政二年三月　高井郡雁田村大小百姓・水呑仕訳定」「寛政二年五月　安永八年度荏原郡奥沢村人別増減書上」「寛政十二年九月　高井郡高井野村穢多旦那場軒数書上」「天保七年六月　国絵図御改につき廻状」「天保十二丑年十一月　穢多非人に口達」「天保十四年三月　烏山村明細帳」「天保十四年七月　喜多見村村方取調書上」「文化八年五月　駿州駿東郡根古屋村差出帳」「文化十二年八月　駿州駿東郡根古屋村差出帳」「文化十二年亥四月　穢多非人取締御

日本差別史関係資料集成 III［近代・現代篇（II）］目次

●第 1 部　年表篇

昭和 45 年 1 月 1 日から平成 14 年 3 月 31 日までの差別に関係する年表を作成。

●第 2 部　文献解題篇

(01) 師岡佑行『戦後部落解放論争史』［1980-1985 年、柘植書房］、(02) 横井清『光あるうちに・中世文化と部落問題を追って』［阿吽社］、(03) 原田伴彦他編『日本庶民生活史料集成・第 14 巻』［1971 年、三一書房］、(04) 原田伴彦他編『日本庶民生活史料集成・第 25 巻』［1980 年、三一書房］、(05) 原田伴彦『日本封建制下の都市と社会』［1981 年、三一書房］、(06) 本田豊『江戸の非人』［1992 年、三一書房］、(07) 本田豊『江戸の部落』［1994 年、三一書房］、(08) 中川清『日本の都市下層』［勁草書房］、(09) 江口英一他編『現代の低所得層』［未来社］、(10) 柴田道子『被差別部落の伝承と生活』［三一書房］、(11) 本田豊『被差別部落の民俗伝承』［1998 年、三一書房］、(12) 吉田久一『日本貧困史』［川島書店］、(13) 石井良介編『江戸時代の被差別社会』(『近世関東の被差別部落』の増補版)』)［1994 年、明石書店］、(14) 部落解放研究所編『近世部落の史的研究（上・下)』［1979 年、解放出版社］、(15) 阿部謹也『刑吏の社会史』［1978 年、中央公論社］、(16) 網野善彦『日本中世の非農業民と天皇』［1984 年、岩波書店］、(17) 上杉聰『明治維新と賤民廃止令』［1990 年］、(18) 金静美『水平運動史研究・民族差別批判』［1994 年、現代企画室］、(19) 大山峻峰『三重県水平社労農運動史』［1977 年、三一書房］、(20) 部落解放研究所編『部落問題文献目録一・二・三』［1983-1994 年、解放出版社］、(21) 小林よしのり『ゴーマニズム宣言・差別論スペシャル』［1995 年、解放出版社］、(22) 小沢有作『部落解放教育論・近代学校を問いなおす』［1980 年、社会評論社］などを収録。

●第 3 部　資料篇

(01)『同和地区精密調査報告書』［1975 年］、(02) 同和対策審議会編『同和対策審議会調査部総会報告』［1965 年］、(03) 埼玉県『埼玉県同和地区調査結果報告書』［1980 年］、(04) 部落問題研究所『京都市竹田深草地区実態調査報告書』［1975 年］、(05) 東京都民生局『山谷地域における簡易宿泊所の実態・研究報告書』［1974 年］、(06) 東京都企画審議室『新たな都市問題と対応の方向・路上生活をめぐって』［1995 年］、(07)『同和対策要綱』［1959 年］、(08) 財団法人清和会『財団法人清和会概要』［1959 年］

[ISBN4-7603-0267-0 C3020 ¥50000E]

日本差別史関係資料集成 II［近代・現代篇（I）］目　次

●第1部　年表篇

明治4年から昭和44年までの差別に関係する年表を作成(2770項目、340ページ)。

●第2部　文献解題篇

（01）島崎藤村『破戒』［1906年］、（02）酒井真右『日本部落冬物語』［1953年、理論社］、（03）朝日新聞大阪本社社会部編『部落・差別は生きている』［1958年、三一書房］、（04）秋山健二郎・森秀人・山下竹史編著『現代日本の底辺』［全4巻、1960年、三一書房］、（05）磯村英一編著『日本のスラム』［1962年、誠信書房］、（06）福本まり子『悲涛』［1965年、部落問題研究所］、（07）福武直『日本農村の社会問題』［1969年、東京大学出版会］、（08）東京都資源回収事業協同組合二十年史編纂委員会『東資協二十年史』［1970年、資源新報社］、（09）部落問題研究所編『水平運動史の研究』［全6巻、1971-1973年、部落問題研究所］、（10）部落解放同盟中央本部編『狭山差別裁判』［第3版、1972年、部落解放同盟中央本部］、（11）津田真澂『日本の都市下層社会』［1972年、ミネルヴァ書房］、（12）部落解放研究所『部落解放と教育の歴史』［1973年、部落解放研究所］、（13）井上清『部落の歴史と解放理論』［1976年、田畑書店］、（14）本田豊『埼玉県水平社運動史年表』［1978年、埼玉県同和教育研究協議会］、（15）部落問題研究所編『戦後部落問題の研究』［全6巻、1978-1980年、部落問題研究所］、（16）斎藤俊彦『人力車』［1979年、産業技術センター］、（17）江口英一・西岡幸泰・加藤佑治『山谷／失業の現代的意味』［1979年］、（18）部落解放同盟中央本部編『全国水平社六十年史』［1982年、解放出版社］、（19）本田豊編著『群馬県部落解放運動六十年史』［1982年、部落解放同盟群馬県連合会］などを収録。

●第3部　資料篇

（01）『四民平等』、（02）松原岩五郎『最暗黒之東京』、（03）『東京府下貧民の眞況』、（04）鈴木梅四郎『大阪名護町貧民窟視察記』、（05）東京市統計課『浮浪者に関する調査』、（06）東京都社会福祉会館『東京都におけるスラム社会形成に関する研究』、（07）『香具師の研究』、（08）『北足立郡原市町特殊部落の教化施設及び其の成績』、（09）『一般を圧倒する經済力―埼玉県神保村のx丁目區』、（10）徳島県『特殊部落改善資料』、（11）清水精一『大地に生きる』、（12）千葉県社会事業協会融和部『融和事業対策資料の考察』、（13）伊藤藤次郎『部落経済問題の一考察―茨城縣下部落經済の實情を中心として』、（14）『静岡県浜名郡吉野村事績』、（15）安藤寛『静岡縣下の産業問題に就て』、（16）萩原原人『栃木縣下の部落産業状況と其の改善私見』、（17）吉川吉二郎『奈良縣下縣下部落經済の實情に就て』、（18）『世良田事件―人間苦の紀念』、（19）『ジラード事件』

［ISBN4-7603-0266-2　C3020　¥50000E］

日本差別史関係資料集成 I［古代・中世・近世篇（I)］目　次

●第１部　年表篇

古代国家の成立期から明治維新期までの差別に関係する年表を作成（2190 項目、273 ページ)。

●第２部　文献解題篇

差別に関連する第一次文献と、第一次文献を解説した第二次文献の書誌的解題。

（01）柳田国男『所謂特殊部落の種類』、（02）三好伊平次『同和問題の歴史的研究』、（03）喜田貞吉『特殊部落研究』、（04）部落問題研究所『部落の歴史と解放運動』、（05）本田豊『新版部落史を歩く』、（06）本田豊『被差別部落の民俗と伝承』、（07）盛田嘉徳『河原巻物』、（08）渡邊実『未解放部落史の研究』、（09）松下志朗『九州被差別部落史研究』、（10）本田豊『白山神社と被差別部落』、（11）部落解放研究所『近世部落の史的研究』、（12）部落問題研究所『部落史の研究・前近代編』、（13）寺木伸明『近世部落の成立と展開』、（14）石尾芳久『部落起源論』、（15）横井清『中世民衆の生活文化』、（16）小林茂他『部落史用語辞典』、（17）高橋貞樹『特殊部落一千年史』、（18）盛田嘉徳『中世賎民と雑芸能の研究』、（19）原田伴彦『被差別部落の歴史』などを収録。

●第３部　資料篇（解読文・解説）

（01）『日本差別史史料』、（02）『江戸の下層階級』、（03）『吉原』、（04）『大坂における近世被差別部落の歴史・史料篇』、（05）『古事記』、（06）日本の賤民由来書『永帳巻物』、（07）『白山大権現略縁起』、（08）「今戸神社略起」、（09）『長吏根源傳』、（10）『長吏由来の巻』『長吏家礼の巻』、（11）『長吏根元并ニ秘察巻』、（12）『平井家文書・武州文書・相州文書・大里郡関係資料』、（13）伊藤常足『屠児考』、（14）青柳種信『恵登理乃考』、（15）浅草彈左衛門『彈左衛門由緒書』、（16）『彈内記身分引上一件』、（17）『異部落一巻』、（18）『乞喰頭丁助　天保凶年秋田南部日記』、（19）『余部文書（付・小法師文書）』、（20）『祠曹雑識』、（21）『御訴書控』、（22）『古今役者論語魁』、（23）『勝扇子事件資料』、（24）『小林新助芝居公事扣』、（25）『番非人資料』、（26）『役人村由来書』、（27）『大坂における皮革製造業の歴史』、（28）『石坂村一件済口証文』

●第４部　資料篇（原文）

（一）浅草弾左衛門『弾左衛門由緒書』（国立国会図書館所蔵)、（二）『弾内記身分引上一件』（国立公文書館内閣文庫所蔵)、（三）『石坂村済口証文』、（四）『被差別部落関係資料（武蔵国児玉郡本庄宿)』

●第５部　附　録

（1）「年号索引」、（2）「府藩県所轄并石高」、（3）「明治初期各府藩県人員表」、（4）「江戸時代の大名配置図（1644 年［寛文４年］、五万石以上)」

［ISBN4-7603-0265-4 C3020 \50000E］

日本差別史関係資料集成 III［近代・現代篇（II）］目次

●第 1 部　年表篇

昭和 45 年 1 月 1 日から平成 14 年 3 月 31 日までの差別に関係する年表を作成。

●第 2 部　文献解題篇

（01）師岡佑行『戦後部落解放論争史』［1980-1985 年、柘植書房］、（02）横井清『光あるうちに・中世文化と部落問題を追って』［阿吽社］、（03）原田伴彦他編『日本庶民生活史料集成・第 14 巻』［1971 年、三一書房］、（04）原田伴彦他編『日本庶民生活史料集成・第 25 巻』［1980 年、三一書房］、（05）原田伴彦『日本封建制下の都市と社会』［1981 年、三一書房］、（06）本田豊『江戸の非人』［1992 年、三一書房］、（07）本田豊『江戸の部落』［1994 年、三一書房］、（08）中川清『日本の都市下層』［勁草書房］、（09）江口英一他編『現代の低所得層』［未来社］、（10）柴田道子『被差別部落の伝承と生活』［三一書房］、（11）本田豊『被差別部落の民俗伝承』［1998 年、三一書房］、（12）吉田久一『日本貧困史』［川島書店］、（13）石井良介編『江戸時代の被差別社会』（『近世関東の被差別部落』の増補版）』）［1994 年、明石書店］、（14）部落解放研究所編『近世部落の史的研究（上・下）』［1979 年、解放出版社］、（15）阿部謹也『刑吏の社会史』［1978 年、中央公論社］、（16）網野善彦『日本中世の非農業民と天皇』［1984 年、岩波書店］、（17）上杉聰『明治維新と賤民廃止令』［1990 年］、（18）金静美『水平運動史研究・民族差別批判』［1994 年、現代企画室］、（19）大山峻峰『三重県水平社労農運動史』［1977 年、三一書房］、（20）部落解放研究所編『部落問題文献目録一・二・三』［1983-1994 年、解放出版社］、（21）小林よしのり『ゴーマニズム宣言・差別論スペシャル』［1995 年、解放出版社］、（22）小沢有作『部落解放教育論・近代学校を問いなおす』［1980 年、社会評論社］などを収録。

●第 3 部　資料篇

（01）『同和地区精密調査報告書』［1975 年］、（02）同和対策審議会編『同和対策審議会調査部総会報告』［1965 年］、（03）埼玉県『埼玉県同和地区調査結果報告書』［1980 年］、（04）部落問題研究所『京都市竹田深草地区実態調査報告書』［1975 年］、（05）東京都民生局『山谷地域における簡易宿泊所の実態・研究報告書』［1974 年］、（06）東京都企画審議室『新たな都市問題と対応の方向・路上生活をめぐって』［1995 年］、（07）『同和対策要綱』［1959 年］、（08）財団法人清和会『財団法人清和会概要』［1959 年］

［ISBN4-7603-0267-0 C3020 ¥50000E］

日本差別史関係資料集成 II［近代・現代篇（I）］目　次

●第 1 部　年表篇

明治 4 年から昭和 44 年までの差別に関係する年表を作成（2770 項目、340 ページ）。

●第 2 部　文献解題篇

（01）島崎藤村『破戒』［1906 年］、（02）酒井真右『日本部落冬物語』［1953 年、理論社］、（03）朝日新聞大阪本社社会部編『部落・差別は生きている』［1958 年、三一書房］、（04）秋山健二郎・森秀人・山下竹史編著『現代日本の底辺』［全 4 巻、1960 年、三一書房］、（05）磯村英一編著『日本のスラム』［1962 年、誠信書房］、（06）福本まり子『悲涛』［1965 年、部落問題研究所］、（07）福武直『日本農村の社会問題』［1969 年、東京大学出版会］、（08）東京都資源回収事業協同組合二十年史編纂委員会『東資協二十年史』［1970 年、資源新報社］、（09）部落問題研究所編『水平運動史の研究』［全 6 巻、1971-1973 年、部落問題研究所］、（10）部落解放同盟中央本部編『狭山差別裁判』［第 3 版、1972 年、部落解放同盟中央本部］、（11）津田真澂『日本の都市下層社会』［1972 年、ミネルヴァ書房］、（12）部落解放研究所『部落解放と教育の歴史』［1973 年、部落解放研究所］、（13）井上清『部落の歴史と解放理論』［1976 年、田畑書店］、（14）本田豊『埼玉県水平社運動史年表』［1978 年、埼玉県同和教育研究協議会］、（15）部落問題研究所編『戦後部落問題の研究』［全 6 巻、1978-1980 年、部落問題研究所］、（16）斎藤俊彦『人力車』［1979 年、産業技術センター］、（17）江口英一・西岡幸泰・加藤佑治『山谷／失業の現代的意味』［1979 年］、（18）部落解放同盟中央本部編『全国水平社六十年史』［1982 年、解放出版社］、（19）本田豊編著『群馬県部落解放運動六十年史』［1982 年、部落解放同盟群馬県連合会］などを収録。

●第 3 部　資料篇

（01）『四民平等』、（02）松原岩五郎『最暗黒之東京』、（03）『東京府下貧民の眞況』、（04）鈴木梅四郎『大阪名護町貧民窟視察記』、（05）東京市統計課『浮浪者に関する調査』、（06）東京都社会福祉会館『東京都におけるスラム社会形成に関する研究』、（07）『香具師の研究』、（08）『北足立郡原市町特殊部落の教化施設及び其の成績』、（09）『一般を圧倒する經済力―埼玉県神保村の x 丁目區』、（10）徳島県『特殊部落改善資料』、（11）清水精一『大地に生きる』、（12）千葉県社会事業協会融和部『融和事業対策資料の考察』、（13）伊藤藤次郎『部落経済問題の一考察―茨城縣下部落經済の實情を中心として』、（14）『静岡県浜名郡吉野村事績』、（15）安藤寛『静岡縣下の産業問題に就て』、（16）萩原原人『栃木縣下の部落産業状況と其の改善私見』、（17）吉川吉二郎『奈良縣下縣下部落經済の實情に就て』、（18）『世良田事件―人間苦の紀念』、（19）『ジラード事件』

［ISBN4-7603-0266-2　C3020　¥50000E］